HOLMAN Old Testament Commentary

Isaiah

General Editor Max Anders | Author Trent C. Butler

A division of PAIDION MISSION
Translated and Published by Permission
Originally published in the U. S. A
HOLMAN Old Testament Commentary
Isaiah

Main Idea로 푸는

이사야

맥스 앤더스(Max Anders) 책임 편집 | 트렌트 C. 버틀러(Trent C. Butler) 지음 | 마영례 옮김

도서출판 디모데

매일 새로운 즐거움을 더해주며
순수한 사랑과 삶의 기쁨을 맛보게 해주는
손녀 로애나 브린 버틀러(Roanna Brynn Butler)를 위해
이 책을 바칩니다.

추천의 글

요즘, 여러 사람들에게 읽히며 회자되는 목사님들의 설교나 글을 읽어보며 많은 생각을 하게 됩니다. 그 글들의 대부분은 성경보다는 성경 이후의 얘기나 성경보다 더 멋지게 말하려는 흔적들로 가득 차 있습니다. 그러한 글들이 처음에 쓰여질 때는 물론 성경에 근거를 두었겠지만 그 글에 영향을 입은 사람들은 성경은 없고 텍스트가 된, 성경과는 전혀 다른 모습의 인간상들을 만들어낼 가능성이 높아집니다.

변하지 않는 것이 있습니다. 사람은 변하지 않습니다. 그리고 하나님은 변하지 않습니다. 그러나 주위를 보면 변화되는 것들을 센스 있게 기록해놓은 것들로만 가득해서 변하지 않는 인간의 영혼, 그 깊숙한 곳의 문제들이 전혀 해결되지 않은 채 남아 있습니다.

영혼을 찔러 쪼개는 유일한 도구는 하나님의 말씀입니다. 그러므로 교회가 다시 성경의 근거를 마련하고 그 토대 위에 말씀을 세우는 작업을 놓쳐서는 안 됩니다. 이것은 이미 했다고 해서 무관심할 것이 아닌, 중단없이 계속되어져야 하는 것입니다. 제 얘기를 얘기하자면, 제 속에 변하지 않는 모습을 봅니다. 하나님 말씀에 불순종하는데 익숙한 제 모습입니다. 신앙 생활을 시작할 때 말씀 공부를 충분히 하면 어느 날엔가는 하나님의 말씀으로 풍성한 삶을 살 것이라 기대하며 오늘까지 달려왔습니다. 그러나 요즘 하나님 말씀에 불순종하는 변하지 않는 제 모습을 보며 경악합니다. 이런 제게 오직 주의 말씀이 은혜로 임할 때, 제가 그 말씀 앞에 순종하는 모습을 봅니다.

우리는 다시 성경을 보아야 합니다. 그 말씀이 무엇을 말하고 있는지 깊이 추적해야 합니다. 이 책, 「Main Idea 시리즈」는 하나님의 말씀에 순종하고자 하는 사람들에게 바른 길잡이이자, 말씀을 깊이 사랑하는 사람들에게 좋은 영향을 줄 책이라고 생각합니다. 또한 성경을 자신의 생각과 형편에 맞추어 해석하려는 것이 아니라 성경이 말하는 진정한 뜻을 찾는 사람들에게 큰 도움이 될 것입니다.

홍정길(남서울은혜교회)

우리 시대는 정보의 홍수 시대라고 할 만합니다.
문제는 이 홍수 속에서 우리가 향방 없이 떠밀려 내려가고 있다는 것입니다.
정보의 부재가 문제가 아니라 정보의 향방이 문제입니다.
우리 시대의 설교와 성경 공부가 동일한 위기에 직면해 있습니다.
이 책은 이런 위기를 돌파하는 예지를 제공합니다.
성경 텍스트의 메인 아이디어는 바로 메시지의 향방이어야 합니다.
저는 그래서 이 책이 모든 진지한 성경학도들과 설교자들을 위한
다윗의 물맷돌이기를 기도하며 추천하는 바입니다.

추천의 글

이 책은 명료한 요약, 명료한 주석, 명료한 적용, 명료한 결론이 명료하게 나타나 있습니다.
거기에 명료한 예문은 설교자의 구미를 돋구기에 가히 매력적입니다.
이 책의 매력에 중독되는 것이 오히려 한국교회 강단의 축복일 것을 예언하고 싶습니다.

감사와 기대를 담아
이동원(지구촌교회)

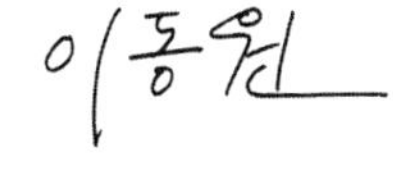

Contents
차 례

Main Idea로 푸는 이사야

하나님의 말씀과 하나님의 백성들과의 관계는 물과 물고기의 관계만큼이나 절실하고 심각한 관계다. 하나님을 사랑하는 사람들은 성경을 통해 말씀하시는 하나님의 음성을 듣기를 갈망한다. 그 이름이 목사든, 전도사든, 선교사든, 교사든 하나님의 말씀을 가르치는 모든 일꾼들 또한 영적으로 굶주린 사람들에게 하나님의 말씀으로 풍성한 양식을 공급함으로 그들이 영적인 활력을 갖게 되기를 갈망한다. 그래서 하나님의 말씀을 보다 쉽게, 보다 재미있게, 보다 분명하게 가르칠 수 있도록 인도해줄 자료를 구하지만 쉽게 찾아볼 수 없는 것이 현실이다. 성경을 가르치는 사람에게는 책임이 있다. 누구를 가르치든, 어느 본문을 가르치든 성경

본문 구성

들어가는 글_ 대표적인 그리스도인 작가들이 쓴 주옥 같은 글을 인용함으로 각 개인과 그룹 모임을 하나님의 말씀으로 끌어들이는 토론으로 유도한다.

본문 이해_ 한 절 한 절을 쉽고 명쾌하게 해설한다.

Main Idea

메인 아이디어_ 각 장의 내용과 가르침을 요약하여 한눈에 파악하도록 돕는다.

결론_ 성경의 원리를 요약하고 그것이 삶과 연결되도록 다리를 놓는다.

에 대한 흥미를 자극하고, 성경에 대한 지식을 확대하며, 구체적으로 순종할 수 있는 성경의 원리를 발견하고, 발견한 진리를 삶에 적용함으로 그들의 삶에 변화가 일어나도록 해야 한다.

본서는 신약성경을 공부해가는 동안 이러한 역동적인 결과를 얻어낼 목적을 가지고 특별한 틀로 구성하였다.

이 작은 도구가 성경을 보다 더 쉽게, 더 분명하게, 더 정확하게 배우고 가르치기를 원하는 모든 하나님의 종들의 손에 들려짐으로 성경에서 막 튀어나온 듯한 건강한 하나님의 백성들을 세우는 성령의 도구로 쓰여지길 기도한다.

발행인 양승헌

삶의 적용_ 현재의 삶과 성경의 진리를 연결하도록 돕는다.

기도_ 각 장에서 발견한 원리와 적용의 실행을 위해 기도할 수 있도록 돕는다.

티칭 가이드

티칭 가이드_ 성경 교사들을 돕기 위한 성경 교수 계획을 제시한다.

심층 연구_ 더 깊은 지식을 원하는 사람들을 위해 낱말과 어구와 주제에 대한 보다 깊은 연구로 인도한다.

이사야 서문

이사야 서문

이사야는 유대에서 약 40년 동안(B.C. 740-700년경) 선지자로 활동했다. 그가 활동하는 동안 웃시야, 요담, 아하스, 히스기야, 이렇게 네 사람이 왕위를 계승했다. 이사야라는 이름은 '여호와께서 구원하신다' 라는 뜻인데, 그것은 그가 전한 예언의 내용을 간결하게 요약한 것이기도 하다.

웃시야 왕이 죽던 해(B.C. 740년경)에 이사야가 소명을 받았다고 이사야서 6장 1절은 우리에게 말해주고 있다. 그러나 이사야서 44장 28절과 45장 1절은 하나님께서 포로 생활을 하고 있던 유다 백성들을 구원하기 위해 하나님의 대리인으로 사용하셨던 바사(페르시아)의 고레스 왕을 언급하고 있는데, 고레스 왕은 이사야가 사역을 시작한 후 거의 200년이 지난 B.C. 559년에 바사의 왕이 되었다. 그리고 이사야서에서 말하고 있는 유대의 구원은 B.C. 538년이 될 때까지 이루어지지 않았다(스 1:1 참고). 이 이유로 이사야서 전체를 이사야가 다 기록했다는 사실에 의혹을 제기하는 학자들이 많이 있다.

그런 의혹은 A.D. 1167년경 유대인 랍비 이반 에스라(Ibn Ezra)가 가장 먼저 제기한 것으로 보인다. 그 당시 그리고 그 이후 18세기까지 이사야서 40-66장을 기록한 저자에 대한 논쟁이 계속 되었다. 결국 이사야서 후반부를 쓴 저자를 '제2의 이사야' 라고 부르는 사람들이 나타났고, 그 제2의 이사야는 바벨론에 유배된 유대인들 가운데 한 사람이었을 것이라는 주장이 제기되었다. 그 후 19세기 말경에는 이사야서를 기록한 저자들이 여러 명일 것이라는 주장이 비평 학자들 사이에서 널리 받아들여지게 되었다. 그들은 이사야서 55-66장을 기록한 또 한 사람의 저자가 있다고 주장하며 그를 '제3의 이사야' 라고 불렀다.

이사야서를 기록한 저자가 여러 명이라는 견해가 때때로 하나의 가정처럼 받아들여지기도 했는데, 그 이유는 그 견해를 지지해줄 수 있는 두 가지 증거가 있기 때문이다. 그 가운데 하나는 적어도 1-39장의 앞부분과 40-66장의 뒷부분이 문체와 주제와 역사적 배경 등에서 차이를 보이고 있다는 점이다. 앞부분에서는 앗수르가 패권을 쥐고 있던 세상을 인정하고 있는 반면, 뒷부분에서는 바벨론이 앗수르를 대신하게 되었음을 보여주고 있다. 앗수르는 앗수르바니팔(B.C. 668-627년)이 통치하는 동안 분쟁을 일으킨 반항적인 바벨론 때문에 상당한 어려움을 겪기 시작하다가 결국 B.C. 614-612년에 메대와 바벨론과 스구디아에 함락되었다. 따라서 바벨론에서 포로 생활을 하던 유대인들의 귀환(사 39:6-7)과 바벨론을 정복한 바사 왕에 대한 이사야서의 예언은 이사야서를 기록한 저자가 여러 명이라는 주장에 힘을 실어준다.

더 나아가 이사야서 앞부분은 하나님의 진노와 심판을 강조하고 있는 반면, 40장은 "내 백성을 위로하라" 는 내용이 주를 이루고 있는 뒷부분을 소개하는 역할을 하고 있다. 두 번째 증거는 이사야서의 두 부분에서 볼 수 있는 신학적 주제에 중점을 두고 있다. 앞부분은 예루살렘과 성전과 왕을 세우신 하나님의 선택이라는 주제가 주를 이루고 있는 반면, 뒷부분인 40-66장은 귀환과 창조와 광야와 정복이 그 주된 내용을 이루고 있다.

오늘날에는 이사야서를 세 명의 저자가 기록했다고 주장하며 이사야서를 세 부분으로 단순하게 구분하는 비평 학자들도 있다. 그들 대부분은 이사야의 제자들이 계속해서 그의 메시지를 그들 시대에 맞추어 새롭게 갱신하면서 그의 말을 보충하고 해석했을 것이라고 주장한다. 그러나 이사야서를 여러 사람이 썼다고 보는 견해는 이사야서 전체 내용을 8세기 선지자 이사야가 하나님께 받은 계시라고 소개하고 있는 성경 본문과 상반되는 것이다. 사실 이사야서를 여러 사람이 썼다고 주장하는 견해에는 여러 가지 어려운 문제들이 수반된다.

그 가운데 하나는 이사야서 전체가 이사야 선지자로부터 나온 것임을 초기 유대교의 문헌들이 한결같이 증거하고 있다는 점이다. 그 문헌들 가운데는 B.C. 2세기의 집회서와 A.D. 1세기 후반의 요세푸스(Josephus)의 주석과 사해 사본의 최초 필사본 등이 있다. 알렉 모티어(Alec Motyer)는 "B.C. 100년에 기록된 가장 오래 된 사본에는 이사야서 40장의 첫 두 줄(많은 학자들이 책을 둘로 나누어야 하는 부분이라고 주장한다)이 39장이 끝나는 단락의 마지막 부분과 중단 없이 이어져 있다"고 설명했다(Motyer, IVP, p. 27). 또 이사야서가 부분적으로 유포되었다는 사실을 증거해주는 문헌은 실제로 그 어느 곳에서도 찾아볼 수 없다.

더 나아가 이사야서는 신약 성경에 22번이나 인용되었는데, 이사야서 전체의 여러 부분에서 발췌한 내용들을 인용하고 있는 신약 성경의 구절들은 그 인용문의 출처가 이사야 선지자라는 것을 분명히 밝히고 있다. 한 예로 예수님께서는 '선지자 이사야로 말씀하신' (마 3:3) 것이라고 밝히며 이사야서 40장 3절을 인용하셨다. 또 바울 사도도 이사야가 '매우 담대하게' 이른 것이라고 소개하며(롬 10:20-21) 이사야서 65장 1-2절을 인용했다.

또 이사야서 1-39장과 40-66장 두 부분에서 볼 수 있는 어조의 분명한 차이에도 불구하고 심판과 위로라는 주제는 두 부분 모두에서 나타나고 있다. '이스라엘의 거룩한 자' 라는 표현이 1-39장에서는 12회 사용되었고, 40-66장에서는 13회 사용되었다(성경의 나머지 부분에서는 모두 7회밖에 사용되지 않았다). 그리고 이사야서의 앞부분과 뒷부분은 모두 똑같은 범죄와 해악, 즉 거짓(10:1, 59:4-9), 학살과 폭력(1:15, 59:3, 7), 우상숭배(1:29, 57:5)를 다루고 있다.

이사야서 40-66장이 바벨론에 유배된 유대인 공동체 안에서 기록되었다면 우리는 그들이 살았던 바벨론의 환경을 보여주는 증거들을 볼 수 있어야 한다. 그런데 40-66장을 기록한 저자는 유대에서 볼 수 있는 나무들을 언급했고(41:19), 그것은 그가 유대 땅에 대해 잘 알고 있음을 보여주는 것이다. 또 이사야서의 뒷부분에서 나타나는 유대의 성읍들은 B.C. 605년, 느부갓네살 왕의 침공이 시작되기 전에 이사야서의 뒷부분이 기록되었다는 견해를 지지해주고 있다(43:6).

그렇다면 어떻게 이사야는 자기 동족을 예루살렘으로 돌려보내기 위한 하나님의 종으로 고레스의 이름을 언급할 수 있었던 것인가? 이사야가 그 이름을 언급하면서 이스라엘 백성들이 예루살렘으로 귀환하는 과정 속에서 고레스가 맡게 될 역할을 예언한 것은 이사야서 40-55장에서 볼 수 있는 하나님의 생각과 일치하는 것이다. 하나님께서는 이방인들이 섬기는 우상들과는 현저하게 다른 분이시다. 우상들은 앞으로 무슨 일이 일어나게 될지를 말할 수 없다. 그들의 선지자들은 이미 일어난 일에 대해 이야기한다. 그러나 하나님께서는 앞으로 일어나게 될 일을 말씀하신다. 사건이 일어난 후에 고레스가 이사야의 예언 속에 등장했다면, 그것은 하나님과 다른 신들의 차이점을 부인하는 것이 된다. 즉 하나님의 선지자들과 우상의 선지자들이 별 다를 바 없다고 말하는 것이 된다.

이 주석서는 이사야서의 저자가 유다 왕 웃시야와 요담과 아하스와 히스기야 시대(1:1)에 예언한 이사야 한 사람이라는 견해를 따르고 있다. 그리고 그 선지자는 자신이 활동하던 당시에 일어난 사건들(1-39장, B.C. 740-690년경), 바사 왕 고레스 당시의 사건들(40-55장, B.C. 559-530년경), 성전이 재건된 이후에 일어난 사건들(56-66장, B.C. 515-480년경)에 대한 메시지를 가지고 있었던 것으로 보고 있다. 이사야가 살았던 당시의 사람들은 앗수르의 공격을 받게 된 자신들이 처한 위험한 상태를 직시해야 할 필요가 있었을 뿐 아니라, 하나님께서 후대들을 위해 계획하신 소망의 시대를 내다보아야 할 필요도 있었다. 힘을 잃은 그들은 긴 안목으로 볼 때 하나님께서 여전히 역사를 다스리고 계신다는 사실을 확신할 필요가 있었다.

그러므로 우리는 이사야서의 각 단원을 공부하면서 관련된 구절의 연대를 가능한 한 정확하게 추정하고, 그 구절에 사용된 표현의 유형을 밝혀내기 위해 노력할 것이다. 40-66장의 경우 그 내용이 가장 먼저 선포된 때와 그곳에서 언급하고 있는 새로운 성전이나 고레스의 통치 기간에 대한 연대를 쉽게 결정할 수 없다. 그러나 예언의 메시지를 받은 사람들의 종교적 상황들을 설명하기 위해 노력할 것이다.

그리고 이 책에서 우리가 사용한 연대와 역사적 설명은 많은 왕들이 그들의 아버지가 세상을 떠난 후 전적인 통치권을 갖게 되기 전까지는 함께 통치했기 때문에 다양한 왕들과 사건들에 대해 학자마다 각기 다른 연대를 사용할 수 있다는 사실을 고려하면서 다음에 이어지는 역사 개요를 기초로 했다.

역사 개요

I. 앗수르 시대

A. 디글랏 빌레셀 3세(B.C. 745-727년)

1. 이스라엘의 므나헴(B.C. 742년)과 다메섹의 르신(B.C. 738년)으로부터 조공을 징수했다.
2. 이에 반발한 이스라엘과 다메섹이 합세하여 반기를 들고 시로와 에브라임 사이에서 벌어진 전쟁(B.C. 734년)에서 예루살렘을 포위하고 유다의 합세를 강요했다.
3. 유다 왕 아하스(B.C. 735-715년)가 디글랏 빌레셀과 합세하여 다메섹을 멸망시키고, 새로 왕위에 오른 호세아 왕이 다스리는 이스라엘을 사마리아 중심의 작은 도시 국가로 전락시켰다(B.C. 731-723년, 왕하 16:5-17:1).

B. 살만에셀 5세(B.C. 727-722년)가 사마리아를 포위했고(B.C. 724-722년), 사마리아는 살만에셀 5세나 사르곤 2세에게 정복되었다.

C. 사르곤 2세(B.C. 722-705년)

1. 바벨론과 하맛과 가사와 사마리아에서 일어난 반란을 진압하고 유다로부터 조공을 징수했다(B.C. 720년). 애굽이 처음으로 패배했다.
2. 유다의 왕위에 오른 히스기야(B.C. 715-687년)가 정치적 종교적 개혁을 수행했다(왕하 18장).
3. 아스돗에서 일어난 반란이 진압되었다(B.C. 712년).
4. 바벨론 사람들이 일으킨 반란이 실패로 돌아갔다(B.C. 710년).

D. 산헤립(B.C. 705-681년)

1. 앗수르와 바벨론에서 일어난 반역을 진압했다.
2. 베니게와 블레셋과 애굽을 패배시켰다(B.C. 701년).
3. 대부분의 유대 성읍들을 멸망시키고 예루살렘을 포위했지만(B.C. 701년), 니느웨로 퇴각하지 않을 수 없었다(왕하 18:13-19:37, 사 36-37장).
4. 므낫세가 유대 왕으로 통치하기 시작했다(B.C. 687-642년).

E. 엣살하돈(B.C. 680-669년)

F. 앗수르바니팔(B.C. 668-631년)은 642년에 일어난 중요한 반란들, 즉 유다의 암몬 왕(B.C. 642-640년)이 암살당하고 독립심이 강한 요시야 왕이 등극하는 데 기여한(B.C. 640-609년, 왕하 22-23장) 반란들을 진압하고 앗수르 제국의 몰락을 불러오는 전기를 마련했다.

II. 바벨론 시대

A. 나봇폴라살(B.C. 626-605년)

1. 앗수르와 니느웨의 함락으로(B.C. 614-612년) 앗수르 제국이 몰락했다.
2. 요시야 왕이 므깃도에서 애굽 군대에게 피살되고(B.C. 609년, 왕하 23:29-30), 여호아하스가 왕위를 승계한 후 다시 여호야긴에게 왕위가 넘어갔다(B.C. 609-598년).

B. 느부갓네살 2세(B.C. 605-562년)

1. 갈그미스 전투에서 애굽의 바롯 느고를 물리치고 수리아와 블레셋 지역의 통치권을 장악했다(B.C. 605년).
2. 유다의 반역을 부추겼던 애굽의 침략이 실패로 끝났다(B.C. 601년).
3. 예루살렘을 함락시키고(B.C. 597년) 에스겔과 새로 등극한 여호야긴 왕을 포함한 수많은 사람들을 바벨론으로 유배시키고 시드기야(B.C. 597-587년)를 명목상의 왕으로 세웠다(왕하 24:1-17).
4. 유대인들이 애굽의 충동을 받아 B.C. 594년과 589년에 일으킨 반역으로 결국 예루살렘이 완전히 몰락하게 되었다(B.C. 587/586년, 왕하 24장).

5. B.C. 582년에 유대인들이 또다시 추가적으로 유배되었다(렘 52:30).

C. 아멜마르둑(B.C. 562-560년, 에윌므로닥이라 불리기도 함)이 여호야긴을 감옥에서 석방했다(왕하 25:27, 렘 52:31)

D. 나보니두스(B.C. 555-539년)는 원거리 여행과 고고학에 심취해 분주했기 때문에 그의 아들 벨사살에게 많은 일들을 수행하는 책임이 맡겨졌다. 그는 또 아무 저항 없이 바벨론을 바사에게 넘겨주었다.

Ⅲ. 바사 시대

A. 고레스 대왕(B.C. 559-530년)

1. 바사 제국을 창건했다(B.C. 559년).
2. 아무 저항도 받지 않고 바벨론을 점령했다(B.C. 539년).
3. 유대인들을 귀향을 허락하는 조서를 내렸다(B.C. 538년, 스 1:1).
4. 예루살렘 성전 재건이 시작되었다(B.C. 538-537년, 스 3:6-8).

B. 캄비세스(B.C. 530-522년)가 애굽을 정복했다(B.C. 525년).

C. 다리오(B.C. 522-486년)가 혁명을 주도했다.

1. 스룹바벨과 예수아와 학개와 스가랴의 지휘로 성전 재건이 다시 시작되었다(B.C. 520-518년).
2. 재건된 새 성전이 봉헌되었다(B.C. 515년, 스 6:15-18).
3. 다리오는 마라톤 전투에서 헬라를 이기지 못하고 패배했다(B.C. 490년).

이 역사 개요의 틀 안에서 우리는 이사야서에 들어 있는 각각의 짧은 설교들을 이해할 것이다. 그리고 그 각각의 설교들의 전후 사정을 밝히기 위해 이 역사 개요와 다음에 소개하는 정보들을 참조하게 될 것이다.

선지자들과 그들의 메시지

이사야는 경이로운 선지자들의 세계로 우리를 인도한다. 선지자라는 말에 우리는 영웅적인 모습들을 떠올리게 된다. 그러나 실제로 선지자의 직무는 무엇이었는가? 사무엘과 말라기와 엘리사와 아모스와 이사야와 오바댜를 연결해주는 공통된 요소는 무엇인가? 엘리야가 한 일들이 열왕기에 나오는 이야기들을 만들어낸 반면, 아모스가 한 일들이 그의 설교 모음집이라는 결과를 낳게 된 이유는 무엇인가? 성경을 공부하는 사람은 성경에 나오는 예언들을 이해할 수 있게 되기를 희망하기 전에 먼저 이런 문제들을 다루어야 한다. 이 책에서는 선지자들이 살았던 당시의 문화와 선지자들로 이루어진 공동체와 선지자들의 소명, 그 당시의 정황과 예언의 내용과 수집과 정경 승인 등을 논의함으로 그런 문제들을 다루는 데 도움이 되는 약간의 자료들을 제공해줄 수 있을 뿐이다.

선지자들이 살았던 당시의 문화

예언에 익숙했던 나라는 이스라엘뿐만이 아니었다. 애굽과 바벨론과 수리아와 베니게에도 다양한 형태로 된 예언들이 있었다. 사울과 다윗이 이스라엘의 왕이 되기 700년 전에도 선지자들이 유브라데 강 유역에 위치한 수리아의 마리라는 성읍에 나타나 왕들에게 예언을 전했다. 다른 신들에게도 그들의 선지자들이 있었다고 성경은 기록하고 있다(왕상 18:19-20, 왕하 10:19, 렘 29:9). 예언은 이스라엘만 독차지했던 그런 것이 아니었다. 또 정지된 상태로 머물러 있었던 그런 것도 아니었다. 문화가 바뀌는 대로 예언도 달라졌다. 또 하나님께서 예언하도록 부르신 사람들이 그들의 전임자들과 다른 사람들이었던 것처럼 그들의 예언도 서로 달랐다. 사무엘과 사울을 둘러싸고 화려한 언변을 자랑했던 선지자들과 여로보암에게 설교한 다음 다시는 설교하지 않기 위해 다시스로 도망친 요나 선지자는 얼른 보기에도 예언이라 불렸던 진기한 일이 매우 다양하게 이루어졌음을 알 수 있게 해준다. 또 아하스 왕과 맞섰던 이사야와 감옥 구덩이에서 살아나게 된 예레미야의 차이점 역시 예언이 행해졌던 당시의 문화를 만들어내고 그 문화를 이루는 사람들과 사건들이 얼마나 다양했는지를 잘 보여준다.

선지자들로 구성된 공동체

그런 다양성은 예언이 행해졌던 당시의 사회 속에서도 볼 수 있다. 사무엘이 활동했던 당시의 사회에서는 선지자들이 예배 처소에 함께 모여 살았다(삼상 10:5). 선지자들이 왕궁에서 살았던 시기도 있었다(왕상 1, 18, 22장). 또 지도자들을 단순하게 따라다니던 선지자들도 있었다(왕하 4:1, 9:1, 사 8:16). 선지자들이 상당히 큰 무리를 이루기도 했지만(왕상 18:4, 22:6), 격리되어 외로움을 느껴야 했던 선지자들도 있었다(왕상 19:10, 렘 15:17). 그들은 그들의 평범하지 않은 행동을 경멸하는 사람들로부터 모욕을 당하기도 했다(삼상 10:6, 19:24, 왕하 2:23-25, 사 20:1-5, 호 1장, 겔 4장). 선지자들로 이루어진 다양한 공동체들은 하나님의 백성들을 위한 중요한 과업을 수행했으며, 선지자들이 한 말과 설교들을 보존하는 역할을 했다.

선지자의 소명

그런 공동체의 핵심에는 선지자들의 소명이 자리를 잡고 있었다. 선지자들이 부르심을 받는 경험은 매우 개인적인 일이었다. 이상(사 6장), 꿈(삼상 2장), 가문(렘 1장) 등을 통해 부르심을 받았던 선지자들의 소명은 각기 달랐다. 부르심을 받은 선지자들은 자신들이 부적격한 사람이라는 느낌을 받았지만 메시지를 전달해야 한다는 거부할 수 없는 충동을 느꼈다. 그런 그들의 소명은 새로운 역사적 상황에 대한 새로운 메시지를 그들에게 주시는 하나님을 지속적으로 만나야 하는 결과를 불러왔다.

예언의 정황

선지자는 역사라는 정황 속에서만 이해될 수 있다. 선지자들은 여선지자 드보라(삿 4:4)로부터 시작해서 말라기 당시 또는 그 이후까지 적어도 700년 동안 이스라엘 백성들을 향해 설교했다. 선지자들은 각기 다른 문제들과 유혹들과 필요들을 안고 있었다. 이사야서를 통해 앞으로 살펴보게 되겠지만, 선지자들 가운데는 그가 살았던 시대 속에서 일어난 격렬한 변화를 목격한 사람들도 있었다. 하나님을 새롭게 만나는 경험만이 순간순간 필요한 메시지를 그들에게 제공해줄 수 있었다. 역사적 정황뿐 아니라 사회적 정황 역시 달라졌다. 사무엘과 이사야는 성전과 깊은 관계를 맺고 있었다(삼상 2장, 사 6장). 그러나 아모스와 예레미야에게는 성전에 들어가는 것조차 금지되었다(암 7장, 렘 36:5). 에스겔은 성전에서 멀리 떨어진 곳에서 유배 생활을 했고, 학개와 스가랴는 파괴된 성전을 재건하는 일에 힘을 기울였다.

남부 지역 출신인 아모스는 메시지를 전하기 위해 북부로 가야 했던 반면, 북부 지역 출신인 호세아는 자신의 고향 사람들에게 메시지를 전했다. 그리고 대부분의 다른 선지자들은 남왕조에서 활동했다. 그들 가운데는 왕을 대면하고 직접 메시지를 전한 선지자들도 많이 있었다(사 7장, 38장, 렘 22장). 선지자가 언제 어디서 누구에게 메시지를 전달했는지를 알 때 우리는 그 선지자와 그의 메시지를 더 잘 이해할 수 있다. 선지자들의 예언에는 그들이 예언한 시간과 장소에 대한 직접적인 언급이 없다. 따라서 그런 정보를 찾아내는 데 도움을 주는 것이 주석가가 해야 할 일들 가운데 하나다.

예언의 내용

선지자들이 전한 메시지의 내용을 파악하는 것은 매우 중요한 일이다. 신학적으로는 선지자들이 선포한 말을 하나님의 말씀으로 본다. 그리고 그것이 선지자들이 전한 메시지에 대한 진술의 출발점이 된다. 그러나 각각의 선지자에게는 말하려는 주제와 독특한 표현 방식이 있다. 그것을 우리는 어떻게 해석해야 하는가? 영감의 놀라운 비밀과 그 힘을 볼 수 있도록 우리에게 문을 아주 조금 열어주는 다음 세 가지 유형의 증거들이 있다.

첫째, 선지자는 매우 개인적인 경험 때문에 청중들과 일체감을 가지고 그들에게 말할 수 있었다. 하나님의 말씀은 호세아의 아픈 결혼 생활, 삶을 바꾸어놓은 거룩하신 하나님을 만난 이사야의 경험, 에스겔이 본 기이한 이상들, 파수꾼의 입장에서 기다리며 참았던 하박국의 인내, 고통스럽게 하나님과 씨름했던 예레미야의 고민들을 기초로 하고 있다. 하나님께서 하나님 자신의 대변인들이 체험한 사적인 경험들을 어떻게 전달해야 하는지를 그들에게 보여주셨다.

하나님께서 그들에게 또 하나의 도구를 주셨다. 그것은 선지자가 설정한 배경과 분위기를 통해 청중들의 관심을 일깨우는 표현 방식이었다. 그런 표현 방식을 이해하는 것이 선지서들을 이해하는 데 도움이 된다. 여기서 우리는 그 표현 방식들을 가장 잘 보여주는 예들을 간단하게 살펴볼 것이다.

재난에 대한 예언은 이사야서 1장 10절이나 7장 13절에서 볼 수 있듯이 귀를 기울이라는 명령으로 시작된다. 그리고 이사야서 1장 11-12절과 7장 13절에서 볼 수 있듯이 청중들의 죄를 열거하는 고발이 그 뒤를 잇는다. 그런 다음 "그러므로 여호와께서 말씀하시되" (1:24-25 참고)라는 문구로 시작되는 재난에 대한 예언이 결론에 이른다. 따라서 청중들은 '그러므로' 라는 말이 나오면 그 뒤에 좋지 않은 소식이 이어진다는 것을 알았다.

재난을 알리는 선지자들의 경고 메시지는 이스라엘의 장례식에서 빌려온 것이었다. 먼저 선지자는 "화로다" 라고 외치며 큰 슬픔과 비통함을 표현했다. 그것은 백성들과의 감정이입을 보여주는 것이었다. 그런 다음 선지자는 백성들의 죄를 열거하고 심판을 선포했다. 그 좋은 예로 이사야서 5장 5-10절을 들 수 있다.

선지자는 종종 법정에서의 재판 모습을 모방했다. 증인들을 법정으로 소환하고 (1:2, 5:3) 피고와 증인들을 상대로 한 변호사의 심문을 보고하며(5:4) 판결을 선포했다(5:5-6).

구원을 선포하기 위한 표현은 성전의 제사장들로부터 빌려왔다. 어려움을 안고 성전을 찾아온 사람들에게 확신을 심어주는 것이 제자장의 역할이었다. 구원의 메시지는 "두려워하지 말라"는 말로 시작되었으며, 하나님의 도우심을 약속하고 그 도우심으로 인해 나타나게 될 결과들을 설명했다(사 7:4-7).

이런 방법들은 선지자들이 법정, 장례식장, 성전 등과 같은 곳에서 빌려와 사용했던 중요한 표현 도구들이다. 이런 도구들은 오늘날 우리가 각 선지자의 설교를 다른 선지자들의 설교와 구분하는 데 도움이 될 수 있다. 그리고 선지자가 살았던 사회의 정황을 파악하고, 선지자가 메시지를 전달했던 회중들의 전반적인 분위기를 재현하는 데에도 도움이 된다. 또한 선지자들이 일상 생활의 모든 영역에서 그들의 표현 방식을 빌려왔다는 사실을 우리에게 일깨워준다. 우리는 선지자들이 자신의 목적을 이루기 위해 다양하게 사용했던 그들의 새로운 표현 방식들을 찾아내는 일에 주의를 기울여야 한다. 이 책에서는 각각의 중요한 부분들에 대한 설명을 시작하면서 선지자가 사용했던 표현 방식의 유형을 소개할 것이다. 예언의 각 부분을 공부하면서 각 표현 방식의 다양한 요소들을 찾아보는 것도 도움이 될 것이다.

선지자들이 하나님의 말씀을 하나님의 백성들에게 선포하기 위해 사용했던 또 하나의 도구가 있었다. 그것은 이스라엘의 종교적 전통이었다. 선지자들은 허공을 향해 말한 것이 아니었다. 그들은 이스라엘 백성들의 선조들을 메소포타미아에서 가나안 땅으로, 그리고 애굽을 거쳐 출애굽하기까지 인도해오신 창조주 하나님을 예배하는 사람들을 향해 메시지를 선포했다. 그들의 하나님께서는 투덜거리는 사람들이 광야를 지나 시내 반도로 나아갈 수 있도록 지휘하시고, 그들에게 율법을 주시며 광야를 지나 약속의 땅을 취할 수 있도록 인도하신 분이었다.

그러나 하나님의 역사는 거기서 끝나지 않았다. 왕권이 수립되게 하셨고, 성전이 건축되며, 성전 예배 절차가 확립되게 하셨다. 이 모든 일들은 선지자들이 하나님의 새로운 목적들을 청중들에게 설명하기 위해 사용한 새로운 표현 방식들을 제공해주었다. 특정한 선지자가 어떤 전통을 사용했는지 그리고 새로운 역사적 상황 속에서 하나님의 새로운 말씀을 선포하기 위해 옛 표현 방식들을 어떻게 사용했는지를 관찰한다면 많은 것들을 배울 수 있을 것이다.

이사야는 창조, 출애굽, 광야 생활, 땅이라는 선물, 왕권 등과 같은 사건들의 전통적인 본래의 의미를 하나님의 새로운 행동들과 새로운 역사에 맞추어 적용시키는 일에 특별히 정통했다. 따라서 그는 새 창조와 바벨론에서 귀환하게 된 새로운 형태의 출애굽, 바벨론에서 이스라엘로 향하는 광야에 난 새 길, 되찾은 땅에 대한 새로운 소유, 이새의 줄기에서 난 새로운 왕을 강조하고 있다.

선지자들은 하나님의 영감을 따르며 이런 역사적, 전통적 도구들을 가지고 하나님의 말씀을 감정적인 초청으로 구체화함으로 하나님의 백성들이 듣고 배우며, 그들을 인도하시는 하나님을 따를 수 있게 했다. 그렇게 하면서 그들은 하나님과 인간의 관계에 대한 신학적 진리들을 가르쳤다. 이사야서의 경우 그 진리의 많은 부분들이 강력한 히브리 단어들 속에 내포되어 있다. 이 책의 '심층 연구' 부분에서 그것들을 자세하게 살펴볼 것이다. 이사야서 66장을 통해 이사야는 백성들이 그들의 거짓 종교, 불의, 사회적으로나 경제적으로 불리한 처지에 있는 사람들을 억압하는 횡포를 회개하고 진실을 말하며, 자신이나 다른 신들이나 이방의 통치자들을 신뢰하는 대신 하나님을 신뢰하고 궁극적으로 유일하신 하나님, 곧 이스라엘 백성들을 하나님의 백성으로 선택하신 창조주 하나님 한 분만이 존재한다는 사실을 깨달을 수 있도록 그들을 가르치고자 했다.

이사야는 이스라엘 백성들이 처한 환경은 하나님께서 그들을 돌아오게 하시려는 하나님의 한 방법이라는 사실을 그들이 볼 수 있도록 돕는 데 필요한 모든 가능한 방법들을 다 사용했다. 그는 이 땅에서 그리고 새 하늘과 새 땅에서 하나님의 백성들을 구원하기 위해 하나님께서 계획하신 그분의 새로운 일들을 하나님의 백성들이 볼 수 있게 되기를 바랐다.

이사야서 요약

이사야서는 신뢰, 거룩, 정치적 종교적 충성, 공평, 정의, 소망 등의 중요한 주제들을 우리에게 말해주고 있다. 그러나 우리는 책의 구조 자체가 긴 역사를 경험한 사람들에게 하나의 메시지를 제공해주고 있으며, 그 메시지를 통해 이스라엘 백성들을 깨우치고자 노력하고 있음을 이해해야 한다. 나라의 몰락을 경험하고 재건된 예루살렘을 중심으로 다시 일어서게 된 이스라엘이 하나님께 기대한 것은 무엇이었는가? 그리고 하나님께서는 그들에게 어떤 기대를 하셨는가?

이사야서 1장은, 몰락한 성읍에 대한 하나님의 심판을 정당한 것으로 받아들이며 그런 몰락을 불러온 죄를 회개하고, 하나님께서 그 성읍에서 그들을 구원하실 새로운 날을 기대하며 기다릴 것을 촉구하는 것이 이사야서가 말하고 있는 기본적인 메시지라는 사실을 요약적으로 보여주고 있다. 1-12장은 회개를 통한 회복이라는 주제를 자세하게 설명하면서 하나님께서 그들을 구원하실 새 날을 축하하며 부를 노래를 제공해주고 있다.

13-23장은 하나님께서 하나님의 백성들을 구원하기 위해 일하시며 심판하시게 될 나라들을 열거하고 있다. 그 목록은 하나님의 백성들에게 충격을 주었는데, 그것은 그 목록에 그들도 포함되어 있기 때문이다. 그러나 과거를 돌아보면서 그들은 하나님께서 그 나라들을 심판하신 것처럼 약속의 말씀을 성취하시고 이방 나라들을 심판하실 것이라는 확신을 가지고 안심할 수 있었다. 하나님의 심판을 받고 있는 나라들 가운데 하나가 된 공동체가 과연 하나님께서 그분의 과업을 수행하시는 동안 신뢰하며 기다릴 수 있을 것인가?

24-27장은 하나님의 백성들의 역사 속에서 하나님께서 행하시는 새로운 일이 전 세계에 적용될 것이라는 사실을 알리기 위한 묵시적 표현 방식을 채택하고 있다. 그 어떤 계층의 사람도, 그 어떤 지리적 위치도, 또 그 어떤 정치적 세력도 피할 수 없을 것이다. 모든 사람이 다 포함될 것이다. 하나님의 백성들은 놀라운 사건을 기다리면서 두 가지 일에 전념할 것이 요구되었다. 그들은 적절한 때에 노래하기 위해 하나님께서 공급해주신 것을 감사하는 장엄한 찬송을 준비해야 했고, 하나님의 심판을 불러왔고 구원의 날에 결코 용납될 수 없는 악한 일들을 제거해야 했다.

28-39장은 이스라엘 자국의 군사력이나 동맹국들의 군사력이 궁극적인 해결책이 될 수 없다는 사실을 이스라엘 백성들에게 보여주고 있다. 하나님께서 엄청난 혼란과 불화 속에서도 승리를 거두실 수 있었다. 그러나 하나님께서는 외국 대사의 말이 아니라 선지자들의 말을 전적으로 신뢰할 것을 요구하셨다. 하나님의 백성들은 일시적

인 안전이 아니라 하나님의 말씀 안에 있는 하나님의 백성들을 위한 영구적인 안전을 추구해야 했다.

40-55장은 고통 받고 있는 사람들을 위로하고 있다. 그러나 그 위로는 또 한편으로 신뢰를 요구하는 것이었다. 이스라엘은 하나님의 구원의 날, 곧 하나님의 백성들을 위해 고통 받는 하나님의 종이 이끌어오게 될 날에 참여하기 위해 과거의 불평들을 잊고 현재의 안락함을 버려야 했다. 이스라엘은 그들과 그들의 역사를 그 종의 역사와 동일시하고, 세상을 구원하시려는 하나님의 도구가 되어야 했다. 그렇게 할 때에만 그들은 하나님과 언약을 맺은 하나님의 백성이 될 수 있었다.

55-66장은 하나님의 구원을 새롭게 정의하며 책을 마무리하고 있다. 하나님의 구원은 한 민족이나 한 장소에 국한될 수 없다. 가난한 사람들을 돕고 사회의 공의를 구현하며 하나님의 성전에서 하나님을 올바로 예배하는 모든 사람들을 위한 것이다. 모든 나라의 사람들이 다 포함될 수 있었다. 그들은 또 신뢰할 것을 촉구하시는 하나님을 거부하는 모든 사람들에 대한 하나님의 심판에도 포함될 수 있었다. 그들에게는 죄를 자백하고 하나님께서 하신 일과 하나님의 백성들을 위해 하시는 일을 감사하는 것이 중요했다.

하나님께서는 하나님의 역할에 자신을 헌신하기로 하셨다. 하나님의 백성들은 하나님께 신실하게 반응하며 그들의 역할을 할 수도 있었고, 아니면 성전이라는 보호벽 안에 숨어 다른 사람들과의 접촉을 피하면서 하나님께서 하나님의 약속을 지키지 않으셨다고 불평할 수도 있었다.

이스라엘 백성들은 예언에 대한 오랜 역사를 지니고 있었다. 그 역사는 광야에서 추방된 하나님의 백성들을 보호하기 위해 하나님께서 자신의 능력을 증거해주셨던 위대한 구원의 때까지 거슬러 올라갈 수 있다. 그들은 모든 소망이 하나님께 있음을 그분이 증명하셨던 창조로까지 거슬러 올라가는 역사의 증거를 가지고 있었다. 그럼에도 불구하고 이스라엘 백성들은 하나님의 말씀을 따르고 하나님께서 주신 소망을 믿으며 하나님의 약속을 신뢰하기를 망설이며 주저했다.

우리는 기독교 교회의 역사를 통해 하나님의 백성들과 함께하시는 하나님의 역사를 보아왔다. 그리고 약속된 메시아가 오신 것을 보았고, 하나님의 백성들에게 하신 하나님의 약속들이 성취되는 것을 보았다. 하나님의 말씀이 전 세계 모든 나라들을 다 에워싸는 것을 보아왔다. 그러나 여전히 우리는 두 번째 성전의 벽 안쪽에 숨어 있던 이스라엘처럼 교회 안에서 기다리고 있다. 우리는 고난의 종이 되시고, 선지자의 임무를 맡으셨으며(사 61장 참고), 제자들에게 더 어렵고 복잡한 임무를 맡겨 세상으로 보내신(마 28:19-20) 메시아를 알고 있다.

그 임무에 우리는 어떻게 반응하고 있는가? 우리의 반응은 망설이던 이사야의 독자들이 보였던 반응과 다르다고 말할 수 있을 것인가?

이사야 1장

회개를 통한 회복

"모든 불행의 유일한 요인이 바로 우리 자신이라는 사실을 깨달을 때
가장 쓰라린 슬픔을 느낀다."

- 소포클레스(Sophocles)

이사야서 1장에서 하나님 아버지께서는 반역하는 백성들에게 죄 때문에 징계를 받아야 하는 경험을 한 후에도 어째서 자신에게 돌아오지 않는 것인지를 물으셨다. 하나님께서 그들에게 원하신 것은 종교적 의식에 참여하는 것이 아니라 공의를 행하는 것이었다.

Isaiah

들어가는 글

컨트리클럽에서 일어난 회심

에벌린 크리스텐슨(Evelyn Christenson)은 컨트리클럽에서 점심을 함께 먹은 한 여자에 대한 이야기를 했다. 그녀의 남편이 그 클럽 주식의 대부분을 소유하고 있었기 때문에 그녀는 자신이 원하는 자리를 선택할 수 있었고, 클럽에서 제공하는 최고의 서비스를 받을 수 있었다. 그래서 두 사람은 편안하게 이야기할 수 있는 한적한 자리를 선택했다. 두 여자는 그 도시에서 가장 화려한 레스토랑의 한적한 자리에서 무슨 이야기를 나눴을까? 에벌린은 그녀에게 그녀가 어떤 죄인인지를 이야기해주고 회개해야 한다고 설명했다. 한동안 서로 논쟁을 벌인 후 두 사람은 레스토랑을 나와 그 여자의 고급 승용차로 갔다. 거기서 그녀는 자신의 죄를 회개했고, 하나님께 죄를 용서해주실 것을 구한 다음 그리스도를 영접했다.

"어떻게 컨트리클럽에서 사교계의 한 명사를 그리스도께로 인도할 수 있단 말인가"라고 묻고 싶을 수도 있을 것이다. 에벌린은 그 대답을 알고 있었다. 그녀에게는 복음을 전하는 동안 그녀를 위해 기도하도록 선택된 여덟 명의 기도 용사들이 있었다. 목요일 아침, 한 사람이 그녀의 집을 청소하기 위해 찾아왔다. 그녀는 에벌린에게 "화요일 오후에 무슨 일이 있었어요?"라고 물었다.

에벌린은 "왜요? 그걸 왜 묻는 거예요?"라고 되물었다. "왜냐하면 주일날 주님께서 제게 금식하며 기도하라고 말씀하셨기 때문이에요. 그리고 화요일 오후까지 아무것도 먹지 못하게 하셨어요. 화요일 오후가 지나서야 '이제 먹어도 된다' 고 말씀하셨어요. 주일날부터 화요일까지 당신을 위해 기도했어요. 화요일에 무슨 일이 일어난 거죠?"

에벌린은 그녀를 껴안았다. 그리고 그날 일어났던 이야기를 해주었다. 하나님의 백성들이 기도하기 때문에 사람들은 회개하고 구원하시는 하나님을 알게 된다(Christenson, pp. 16-17).

이사야는 그것이 하나님의 방법이라는 것을 알고 있었다. 그는 이스라엘 사회의 핵심부를 찾아가 나라 전체의 회개와 순종을 촉구했다. 그는 그들에게 회개한 후 어떤 삶을 살아야 하는지를 분명하게 보여주었다.

심판이 이사야서 1-12장의 주된 내용을 이루고 있다. 백성들의 마음을 둔하게 하고 그들의 눈을 어둡게 하는 선지자의 임무(사 6장)를 통해 우리는 그들에게 심판이 따를 것이라는 사실을 예측할 수 있다. 그러나 이 열두 장의 구조와 순서는 재앙이 끝이 아니라는 사실을 보여준다. 어둠 속에서 빛이 발하는 것을 볼 수 있다. 이 부분의 절정에서는 소망의 빛이 무대를 밝혀주고(사 9:2-7, 10:1-11:16), 12장에서 시작되는 감사의 찬송을 부르고 있다. 모든 어둠에도 불구하고 남은 자를 위한 회복이 이사야서의 첫머리에서 볼 수 있는 주제다.

본문 이해

회개를 통한 회복

Main Idea	하나님을 거역하고 그 죄에 대한 하나님의 심판으로 고통 받게 된 사람들은 종교적인 의식을 통해서가 아니라 선한 행실을 통해 자신들이 회개했다는 사실을 실제로 보여주어야 한다.

A. 혼란에 빠진 사람들의 법정 소환(1:1-3)

증인의 소환(B.C. 740년경)[1]

Supporting Idea	계속해서 하나님을 거역하는 사람들은 하나님 아버지께서 그들에게 말씀하실 때에도 결국 깨닫지 못하는 지경에까지 이르게 된다.

1:1. 이사야의 메시지는 이상을 근거로 한 것이라고 이 머리말(1절)은 설명하고 있다. 그리고 선지자가 B.C. 740년경부터 B.C. 690년경까지 사역했음을 보여준다. 이사야의

1 선지자가 언급한 시대적 상황을 알려주는 연대와 그 메시지의 표현 방식을 각 단락의 제목과 함께 표기해두었다.

사역 기간은 1절에 언급한 네 명의 유다 왕들의 통치 기간을 참고로 정할 수 있다. 이상(히, chazon)이란 하나님의 뜻과 미래에 대한 계획을 알리시는 하나님을 마주 대하는 경험을 뜻한다(호 12:10). 그런 경험은 깨어 있는 동안에 할 수도 있고(겔 12:27), 잠자는 동안에 할 수도 있다(미 3:6). 이상은 꿈과는 다른 것이다.

하나님의 심판으로 이상이 없는 기간이 한동안 이어지기도 했다(삼상 3:1, 애 2:9, 미 3:6). 참 선지자와 거짓 선지자 모두(렘 14:14, 겔 13:16) 이상을 보았다고 주장했다. 그러나 그 이상이 역사적으로 성취되었는지 또는 성취되지 않았는지에 따라 참 선지자인지 거짓 선지자인지가 검증되었다(신 18:22, 렘 28:9). 참 선지자들에게는 이사야의 경우처럼 종종 그들의 예언을 수집해 책으로 만든 제자들이 있었다(합 2:2). 왕의 행적도 선지자들의 묵시록 속에 포함될 수 있었다(대하 32:32). 그리고 선지자의 사역을 기록한 책 전체가 하나님의 계시 또는 이상으로 분류되기도 했다.

1:2-3. 이사야의 메시지는 하나님의 고발을 들을 수 있도록 온 천하를 배심원석으로 불러내는 것으로 시작된다. 고발은 통명하다. 하나님의 백성들이 먹이를 주는 사람의 손만큼은 알아볼 줄 아는 가축보다 더 우둔하다는 것이다. 하나님의 백성들은 그들의 하나님 아버지를 의식조차 하지 못하고 있었다. 이스라엘 백성들에게 있어 하나님이라는 개념은 아버지라는 뜻을 포함하고 있었는데 반해, 그들 주변 국가들은 그 개념을 다산을 약속하는 신을 숭배하는 데 사용했다(렘 2:27). 그래서 이스라엘 백성들은 그 개념을 신중하게 사용했다. 이사야는 자녀들을 돌보며(신 1:31, 호 11:1) 잘못을 징계하는(잠 3:12) 아버지로 하나님을 묘사했다. 신명기 32장은 하나님께서 창조주시기 때문에 아버지가 되신다고 말하고 있다. 성경은 또 국가의 탄생이라는 정황 속에서 '아버지'의 개념을 사용했다(신 32:18, 출 4:22-24). 신명기는 이사야서에서처럼 거역하고 신실하지 못한 자녀들에게 초점을 맞추고 있다(신 32:5, 19-21, 렘 3:4, 19, 말 1:6).

B. 길 잃은 사람들에 대한 탄식(1:4-9)

탄식(B.C. 701년)

Supporting Idea	하나님께서는 재판관으로서가 아니라, 불순종하는 백성들이 하나님께 돌아올 수 있는 길을 모색하시며 그들을 돌보시는 아버지로서 그들을 징계하신다.

1:4. 엄격하고 냉담한 재판관이 아니라 슬퍼하는 아버지가 피고가 된 이스라엘 백성들을 고발하고 있다. 범죄한(히, chote')이란 단어는 백성들이 어떤 특정한 법을 어겼다는 말이 아니라 인격적인 관계를 파기했다는 말이다(창 50:17). 허물진(히, 'won) 백성이란 원래의 모양을 잃고 어그러지며 비뚤어진 생활 방식을 따르는 사람들이라는 뜻이다(사 30:13). 행악은 가장 일반적이고 포괄적인 의미의 악독함을 말하는 것이다. 부패(히, mere 'im)는 인간이 행복해질 수 있는 가능성을 제거하는 파괴를 뜻하는 군사적인 용어다. 그런 행동은 사람들이 하나님을 버리고 만홀히 여겨 멀리했음을 보여주는 것이다.

사람들이 자신들의 행동과 태도에 따르는 결과를 모르고 있다는 것은 슬픈 사실이었다. 그들은 계속해서 하나님의 백성으로 남아 있을 것이라고 생각했다. 그러나 선지자는 그들에게 진실을 밝혀주지 않을 수 없었다. 부모와 자녀 사이의 관계처럼 서로 사랑하고 신뢰하는 인격적인 관계가 하나님과 하나님의 백성들 사이에서 사라졌다.

여기서 하나님을 이스라엘의 거룩한 자라고 부르는데, 이것은 이사야가 즐겨 사용한 표현이었다(이 표현은 이사야서를 제외하면 왕하 19:22과 시 71:22, 78:41, 89:19, 렘 50:29, 51:5에서만 볼 수 있다). 이사야의 사명은 전적으로 순전하신 하나님을 묘사하고 있는 이 표현의 의미에 새로운 힘을 더해주었다. 인간의 죄는 하나님의 순전하심과 분명한 대조를 이룬다.

1:5-9. 하나님께서는 앗수르의 산헤립에게 침략을 받은 후 절망적인 상태가 된 이스라엘의 모습을 묘사하시면서 이스라엘 백성들을 일깨우기 위해 수사 의문문을 사용하셨다. 나라는 거의 멸망된 상태였다. 그러나 그들은 상처를 싸매주고 기름으로 부드럽게 해줄 치료를 받으려 하지 않았다. 좀더 정확히 말해서 나라는 사람이 살지 않는 폐허가 되었고, 성읍들은 불에 타 무너져 내렸다. 외국 군대가 농작물을 약탈해가고 논밭에 불을 질러 식량 공급의 씨를 말려버렸다. 이곳에서 시온의 딸로 묘사된 사람들에게는 더 이상 보호받을 피난처가 없었다. 하나님의 백성들은 폐허가 된 포도원이 내려다보이는 망대에서 평생을 살아야 할 것처럼 보였다. 그들은 하나님께서 조금 남겨두시는 은혜를 베풀지 않으셨다면, 아브라함 당시 의인 열 사람을 찾을 수 없었기 때문에 멸망당한 두 도성 소돔과 고모라처럼 되는 운명을 피할 수 없었다(창 18-19장). 하나님께서 그런 이스라엘의 아픔을 진단하셨다. 그러나 이스라엘은 하나님께 돌아와 치료 받으려 하지 않았

다('시온의 딸'에 대해서는 8-11장의 '심층 연구'를, '남은 자'에 대해서는 2-4장의 '심층 연구'를 참고하라).

C. 신앙의 회복(1:10-17)

예언적 교훈을 기초로 한 법정 고소(B.C. 740 또는 715년경)

Supporting Idea	하나님께서는 자기 백성들에게 형식적인 종교 의식을 통해서가 아니라, 공정하고 도덕적인 행실을 통해 회개했다는 사실을 증명해보일 것을 촉구하셨다.

1:10. 선지자는 국경일로 정해진 성회에 제물로 바쳐지기 위해 끌려와 있는 동물들을 보았다. 그리고 교사로서의 자신의 역할을 수행하기 위해 일어섰다. 그는 모인 사람들을 고대 소돔과 고모라 지역의 사람들과 동일시했다. 그런 선지자의 말에 충격을 받은 청중들은 말없이 서 있었다. 그들은 정말 소돔 사람들과 다를 바 없었는가?

1:11. 선지자는 이어 종교적인 축제 분위기와는 전혀 어긋나는 것처럼 보이는 질문을 던졌다. "무엇 때문에 제사를 드리는가?" 그러자 그들은 "모세가 명한 일이 아닌가? 지금까지 우리가 늘 해온 일이다!"라고 대답했다. 선지자는 하나님께서 실제로 "싫증이 난다. 이 모든 것이 역겹다!"고 말씀하신다는 주장으로 사람들을 더 큰 충격으로 몰아넣었다('제사와 번제 제물'에 대해서는 '심층 연구'를 참고하라).

1:12-15. 선지자에게는 새로운 가르침과 새로운 법이 있었다. 제물과 절기와 기도는 더 이상 필요하지 않았다. 그렇다면 이사야는 성전의 문들을 닫고 싶어했던 것인가? 아니다. 그는 우선 순위를 바로 잡고 싶어했다. 하나님께서 사람들에게 요구하시는 것을 회피하기 위한 대체 수단으로 예배를 사용하려 해서는 안 된다는 것이었다. 종교 의식으로 사람이 의롭게 되는 것이 아니기 때문이다. 종교 의식을 행하는 것으로 다른 사람들을 섬기는 생활을 대체할 수는 없는 것이다. 심사 위원회가 성전의 문들을 열어도 좋다고 허락하기 전에 모든 사람을 위한 공의가 먼저 이루어져야 한다. 그런 다음에야 종교 의식은 우리의 구원자이신 하나님의 풍성하심에 대한 올바른 반응이 될 수 있다.

월삭은 이스라엘 백성들이 하나님께 번제의 제물을 드리는 매달 첫 날을 말한다(민

10:10, 28:11, 시 81:3). 사울과 그의 가솔들은 정기적으로 이 절기를 지켰다(삼상 20:5, 18, 24, 대하 8:13, 느 10:34). 아모스 당시 사람들은 월삭에 가게 문을 열지 않았다. 에스겔은 새 성전에서 새 월삭 예배를 기대했다(겔 45:17). 그러나 이사야는 월삭 예배를 하나님께 대한 헌신이나 새로운 삶에 대한 헌신이 결여된 하나의 종교 의식으로 보았다(사 47:13, 호 2:11).

안식일을 지키는 것은 창조 기사(창 2:2-3)와 출애굽 사건(출 16장) 속에서도 볼 수 있다. 안식일은 인간에게 휴식을 주고 하나님께서 하신 일을 기념하기 위한 날이었다. 그러나 이스라엘 백성들은 종종 안식일 예배를 그들이 지켜야 하는 하나의 전통으로만 보았다(출 31:12-17). 그리고 경제적으로 이익을 얻을 수 있는 기회들을 불필요하게 제한하는 하나의 제약으로 볼 때가 많았다. 성회는 예배를 위해, 특히 해마다 기념하는 무교절이나 맥추절 등의 절기와 관련하여 공식적으로 이루어진 대규모 집회였다(레 23:2, 37, 민 28:18, 25-26).

이사야는 예배의 중심을 이루는 행동들에 대해 책망했다. 이스라엘 백성들은 하나님께서 명하신 공의로운 일을 하게 될 때까지 예배를 멈추어야 했다. 기도마저도 하나님께서 '싫어하시는 것들' 가운데 하나가 되었다. 가증한 죄를 버리지 않고 하는 기도는 하나님의 거룩한 보좌 앞에 나아가는 길이 될 수 없었다.

1:16-17. 이사야는 제사장과 흡사한 말투로 가르치기 시작했다. 정결 의식은 예배의 한 부분이었으며, 부정한 사람을 의식적으로 정결케 함으로 예배에 참여할 수 있게 한다는 의미를 가지고 있었다(출 29:4, 40:12, 레 17:15, 삼하 12:20).

그러나 이사야는 물을 필요로 하지 않는 다른 유형의 정결을 생각하고 있었다. 백성들에게는 마음을 씻고 생활 자세와 생활 방식을 바꾸는 정결이 요구되었다. 예배와 기도는 다른 일들을 멈출 때에만 가능한 것이었다. 이사야는 대충 타협하며 넘어가려 하지 않았다. 그는 악행을 멈추고, 잘못된 일을 버리고, 옳은 일을 행하고, 공의를 추구하라고 촉구했다. 학대받는 사람들을 도와주고 과부와 고아를 위해 변호하라고 가르쳤다. 하나님께서는 형식적인 종교 의식을 행하기 위해 정해 놓은 특별한 날에 어떻게 행동하는지를 중요하게 여기지 않으신다. 오히려 일상 생활 속에서 어떻게 살아가고 있는지를 매우 중요하게 여기신다('공의' 에 대해서는 '심층 연구' 를 참고하라).

D. 회개를 촉구하기 위한 변론(1:18-20)

회개의 촉구(B.C. 705년)

Supporting Idea	하나님께서는 정당한 분이시며 하나님의 백성들에게 선택권을 주신다. 순종하고 죄 씻음을 받게 되는 선택을 하거나, 아니면 거역하고 멸망하게 되는 선택을 할 수 있게 하신다.

1:18-20. 재판관은 판결을 내리는 대신 피고에게 선택권을 주었다. 증거는 명백했다. 유죄였다. 그러나 재판관이신 하나님께서는 새로운 출발을 할 수 있도록 기회를 한 번 더 주기로 하셨다. 이스라엘은 순종하며 번성할 것인가, 아니면 계속 거역하다가 죽을 것인가? 길은 분명했다. 그들은 죄인들이었다. 그들은 씻음 받을 필요가 있었다. 하나님께서 그들이 범한 죄에서 그들을 씻어주겠다고 제안하셨다. 그렇지만 그들이 먼저 기꺼이 순종하지 않으면 안 되었다. 그런 다음 하나님께서 폐허가 된 그들의 땅을 회복시켜 주시고 풍성한 농작물로 그 땅을 덮어주실 것이다. 그러나 그들이 거역하고 저항한다면 죄 씻음은 불가능한 일이 될 것이다. 땅의 아름다운 소산을 먹게 되는 일도 없을 것이다. 대신 적들이 그들을 죽일 것이다. 이치에 맞는 회개를 하고 분명하게 순종하라. 그렇게 하지 않는다면 거역한 대가를 치를 것이다. 하나님께서 그렇게 단언하셨다.

E. 회복(1:21-26)

장례 애도와 탄식(B.C. 740년)

Supporting Idea	하나님을 거역하던 불충했던 사람들을 순전하고 의로우며 신실한 사람들로 돌아오게 하기 위해 그들의 죄를 씻어주시는 하나님을 보게 될 것이다.

1:21. 예루살렘은 최대의 번영을 누리고 있었지만, 선지자는 예루살렘의 장례식을 묘사했다. 그는 그 성읍을 매춘 때문에 남편을 버린 신부로 묘사했다. 신부는 세 가지 중요한 자질을 갖추고 있어야 했다.

첫째 자질은 '신뢰할 만하고 충성스러울' 뿐 아니라 '강인하고 오래 견디는' 특징을 보여주는 신실(히, 'munah)함이었다. 신실함은 이사야가 요구한 가장 기본적인 것이었다(사 7:9, 8:2, 28:16).

공평(히, misphat)은 사람들과 나라들 사이에서 동등한 권리와 평화가 이루어지고 유지될 수 있게 하는 하나의 특성이다. 특히 유죄와 무죄를 결정하는 재판이 이루어지는 상황과 밀접한 관계가 있다. 어려움에 처한 사람을 돕는 모든 결정, 소송, 판결, 선고, 법, 행동은 이 공평이라는 말로 설명될 수 있다. 공평한 분위기를 조성하는 것은 정부나 종교의 책임이라고 주장할 수도 있을 것이다. 그러나 하나님께서는 그 책임을 각 사람에게 부여하셨다. 각 사람은 사회의 각 부분에서 공평과 온전함을 불러오는 결정과 선택을 해야 한다.

의리(히, tsedeq)는 관계를 보여주는 용어다. 이 세상에서 모든 것이 정상적인 관계를 유지하고 있는 상태를 말하는 것이다. 하나님의 기대와 일치하는 세상의 질서를 말하는 것이다. 의리에는 사회 구성원들 사이에서 볼 수 있는 충성에 대한 헌신이 포함되는데, 그 헌신은 가난하건 부유하건 사회 구성원 모두에게 유익이 되는 모든 행동을 불러온다.

예루살렘 주민들이 하나님의 신부가 될 수 있는 자질을 더 이상 갖추고 있지 않았기 때문에 하나님께서는 예루살렘을 책망하셨다. 그들은 전적으로 타락해 있었다. 살인이 그곳을 지배하고 있었다.

1:22-23. 그 성읍 안에는 순전한 것이라고는 아무것도 없었다. 은과 포도주에까지 불순물이 섞여 있었다. 지도자들이 훔치고 빼앗는 삶을 살았다. 그들에게는 뇌물이 신뢰보다 훨씬 더 중요한 것이 되었다. 하나님의 백성들이 율법이 가장 먼저 보호하도록 명하고 있는(신 16:11, 14, 26:12-13, 욥 24:9, 렘 5:28, 겔 22:7, 슥 7:10) 가장 불쌍한 사람들, 곧 고아와 과부들을 무시하고 돌보지 않았다.

1:24-25. 주 만군의 여호와께서는 그런 그들을 그냥 두실 수 없었다. 이스라엘의 전능자가 슬퍼하며 진노하셨다. 이 두 명칭은 고대 이스라엘의 하나님을 일컫는 칭호였다. 군사적인 칭호인 '주 만군의 여호와' 는 이스라엘 군대를 승리로 이끌었던 언약궤와 연결되어 있으며(삼상 6:2), 하나님께서 하늘과 땅에서 하나님의 지휘를 따르는 모든 권세의 원천이 되는 분이심을 보여주는 하나님의 명칭이다('주 만군의 여호와' 에 대해서는 '심층 연구' 를 참고하라). 주 만군의 여호와는 구약 성경에서만 볼 수 있으며, 이와 밀접한 관계가 있는 '야곱의 전능자' 라는 표현을 창세기 49장 24절과 시편 132편 2, 5절에서 볼 수 있다. 하나님의 백성 이스라엘 또는 야곱이 행한 모든 일의 배후 능력과 권세의 원천은 바로 하나님이셨다.

이사야가 선포한 메시지는 이스라엘 백성들을 위한 좋은 소식처럼 들렸다. 드디어 하나님의 군대가 행진할 것이다. 그러나 이사야는 늘 그랬던 것처럼 사람들을 놀라게 했다. 이스라엘을 하나님의 적이라고 선포했기 때문이다. 하나님의 군대가 예루살렘으로부터 나오는 것이 아니라 예루살렘을 공격하러 올 것이다. 그렇다. 하나님께서 하나님의 백성들을 공격하실 것이다. 만군의 대장이신 하나님께서 반역하는 자기 백성들 속에 있는 불순물을 제거하기 위해 그 손을 용광로에 넣으셔야 했다. 이사야에게는 그 백성들을 위한 소망이 있었다. 그러나 그들에게는 먼저 하나님께 징계를 받고 겸손해지는 것이 필요했다.

1:26. 사사들(shophet)은 군사적, 정치적, 사법적, 도덕적 지도력을 발휘하도록 되어 있었다. 그러나 사사기는 처음부터 그들이 백성들을 이끌어가는 지도자의 역할을 하기보다는 이끌려 다녔음을 보여준다. 다윗과 솔로몬은 이스라엘 정권을 정비하고 주도해 나가는 일에 지혜로운 모사들의 조언을 받아들였다(삼하 16장). 하나님께서는 하나님 자신이 이스라엘의 왕으로 인정되었던 초기 이스라엘 당시의 통치 방식을 되돌리기로 결정하셨다. 그렇게 되면 예루살렘은 하나님께서 원하셨던 대로 의의 성읍, 신실한 고을이 될 것이다.

F. 바알 숭배자들의 소멸(1:27-31)

시온을 구속할 것에 대한 선포(B.C. 715년)

Supporting Idea	하나님께서 사랑하시는 성읍이 구속될 것이다. 그러나 거역한 사람들에 대한 심판이 먼저 이루어질 것이다.

1:27. 이 장에서 반복되고 있는 소망과 위협에 대한 명백한 해석을 이 구절에서 볼 수 있다. 이스라엘 백성들의 예배에서 볼 수 있듯이(사 1:29-31) 그들의 생활은 잘 돌아가고 있었던 것이 분명하다. 앗수르 군대의 위협은 아직 그리 심각하지 않은 상태였다. 문제는 신학적으로 중요한 의미를 담고 있는 시온이었다. 시온은 예루살렘 도성의 동남쪽에 위치한 언덕(삼하 5:7)으로 솔로몬이 성전을 지은 곳이었다. 그 후 시온은 예루살렘 전체를 뜻하는 용어로 그 의미가 확장되었다. 성전 예배는 시온에 대한 찬양을 불러일으켰다(시 46, 84, 132편). 그곳은 하나님께서 '영원히 쉴 곳'으로 선택하신 곳이었다(시

132:14).

그러나 이사야는 그 견해에 동의하지 않았다. 그는 대중적인 견해를 수정했다. 시온은 죄를 범했기 때문에 하나님께서 구속하셔야 할 곳이었다. 그 구속은 공평을 불러올 것이다. 구속되는 것은 자유롭게 되는 것이다. 구속은 자유를 잃게 되었을 때 필요한 것이다. 자유를 회복하기 위해서는 누군가 그 대가를 지불해야 한다(출 21:8, 30, 레 19:20-22, 욥 6:23). 하나님께 속한 장자들과 동물들에게 구속이 필요했다(민 18:16, 삼상 14:45). 하나님께서 그들을 구속하는 데 필요한 대가를 지불하셨고, 그 결과 공평이 이루어지게 되었다. 죄인들이 회개하고 하나님의 의를 대행할 대리인이 될 때, 그들은 공평을 향한 첫걸음을 내딛게 된다.

1:28-29. 이사야는 공평에 대한 보기 드문 해석을 하고 있다. 하나님께 순종하고 공평을 추구하는 대신 하나님을 버리고 거역한 죄인들에게 사형 선고를 내리는 파멸로부터 공평이 시작되고 있다. 공평은 또 적절치 못하게 행해지는 종교적 활동에 대한 수치심을 불러일으켰다. 이스라엘의 죄는 그들이 기뻐하던 상수리나무와 그들이 택한 동산에서 가나안의 이방 신들을 섬긴 것이었다.

1:30-31. 하나님의 심판은 결국 불에 타 죽는 사형 선고가 될 것이다. 물이 없어 축 늘어지고 시든 나무처럼 사람들이 작은 불티에도 쉽게 타오를 것이다. 그 불길은 걷잡을 수 없는 큰 화재로 번질 것이며, 그 불길을 진압할 수 있는 사람은 아무도 없을 것이다. 자신들이 종교적이기 때문에 막강한 힘을 가지고 있다고 생각하는 사람들에게는 아무런 소망도 남지 않게 될 것이다. 그러나 회개하는 사람들은 이 심판으로 소망을 가질 것이다.

Main Idea 복습	하나님을 거역하고 그 죄에 대한 하나님의 심판으로 고통 받게 된 사람들은 종교적인 의식을 통해서가 아니라 선한 행실을 통해 자신들이 회개했다는 사실을 실제로 보여주어야 한다.

결론

법정 출두

하나님의 백성들은 재판을 받고 있는 자신의 모습을 보기 위해 법정에 직접 나가볼 필요가 있다. 우리의 재판관은 형식적인 존경 그 이상을 요구한다. 즉 변화된 삶의 증거를 요구한다. 이 세상의 가치로부터 구속되었는가? 그 가치로부터 자유롭게 되었는가? 법정은 종교적인 사람들이 다른 사람들을 도와주는 것을 통해 공평을 추구하고 있음을 보여주는 구체적인 증거들을 요구한다.

이사야는 매우 종교적인 사람들에게 '유죄'를 선고하시는 하나님의 판결을 선포했다. 그들은 너무나 종교적이었기 때문에 성전에서는 하나님께 제사를 드렸고, 다산을 기원하는 이교도 제단과 산당에서는 바알을 섬기며 그에게 절했다. 자신들을 순전하다고 생각했던 사람들이 실제로는 피로 물들어 있는 자신들의 모습을 보게 되었다. 자신들이 신봉하는 종교 안에서 안전하다고 생각했던 사람들이 그들에게 사형 선고가 내려진 것을 보게 되었다. 하나님의 백성들은 도움을 필요로 하는 사람들을 자신이 어떻게 대하고 있는지에 따라 자신이 믿고 있는 종교가 안전한 것인지 아닌지를 측정해야 한다. 하나님께서는 형식적인 종교 의식을 준수하는 사람들이 아니라 의를 행하는 사람들을 원하신다.

■ **진리 알기**

- 종교적인 사람들은 하나님을 모르면서도 알고 있다고 생각하며 스스로를 속이고 있을 수 있다.
- 하나님을 거역하고 순종하지 않는 것이 죄다.
- 하나님의 징계는 죄를 회개하고 하나님께 순종하게 만드는 것이 되어야 한다.
- 종교 의식만을 준수하면서 의로운 삶을 살지 않는다면 하나님의 은혜를 기대할 수 없다.
- 하나님께서는 계속 죄를 범하는 사람들의 기도를 듣지 않으신다.
- 하나님께서 신자들에게 원하시는 삶의 방식은 도움이 필요한 사람들을 돕는 것이다.
- 종교적인 전통을 지키는 것으로는 하나님의 은혜를 선물로 받을 수 없다.

· 하나님께서는 남은 하나님의 백성들을 회복하고 구원하기로 계획하셨다.

■ 적용하기

· 자신의 죄들을 적어보고 그 죄들을 하나님께 고백하라.

· 지금 죄를 회개하라.

· 죄를 용서해주시고 깨끗게 해주시기를 하나님께 구하라.

· 하나님의 은혜를 받기 위해 종교적인 의식이나 예배에 참여하는 일을 그만 두라.

· 도움이 필요한 사람들을 돕기 위한 일을 찾아라.

· 징계하신 하나님이 옳았다는 사실을 하나님께 인정하라.

· 옳은 일을 할 수 있는 하나님의 방법을 가르쳐달라고 기도하라.

· 하나님의 구원 계획에 감사하라.

삶의 적용

실제적인 회개

죄를 자백하고 회개하라는 하나님의 초청을 잘 보여주는 예가 될 수 있는 경우들을 생각해보라. 술을 끊게 된 술주정뱅이의 이야기? 여자 꽁무니를 쫓아다니던 사람이 설교자로 변화된 이야기? 찰스 콜슨(Charles Colson)의 회심처럼 잘 알려지게 된 회심 이야기? 그런 사람들의 이야기는 너무 극단적이라 자신과는 거리가 멀다고 느껴질 수도 있을 것이다. 그런 사람들이 회개했던 것처럼 모든 사람이 다 그렇게 회개할 수는 없을 것이다. 아마도 내 경우와 비슷한 사람들이 더 많을 것이다. 초등학교 저학년이었던 나는 주일마다 교회에 갔고, 주중에도 교회에 가는 날이 많았다. 나는 주로 책을 읽으며 혼자 지내는 조용한 아이였기 때문에 말썽을 일으키는 경우가 거의 없었다. 사람들은 우리 부모님에게 내가 얼마나 착한 아이인지를 이야기해주며 나를 자랑스러워해야 한다고 말했다.

그러던 어느 날 목사님이 나를 불렀다. 그리고 예수 그리스도께서 나의 구세주가 되신다는 사실을 알고 있는지를 물었다. 돌연 나는 내가 가장 나쁜 죄를 지었다는 사실을 깨달았다. 나는 하나님을 믿지 않고 있었다. 하나님의 구원 방법을 신뢰하지 않고 있었다. 영생을 약속하는 하나님의 초청을 받아들이지 않고 있었다. 나는 목사님과 함께 기도했다. 하나님께 죄를 지어 죄송하다고 말씀드렸다. 내가 했던 사소한 거짓말들과 부모님께 불순종했던 일들과 화를 냈던 일들을 고백했다. 무엇보다 나는 내가 예수님을 믿지 않고 있었다는 사실을 하나님께 알리고 예수님을 믿고 싶다고 말씀드렸다. 그날 하나님께서 내 죄를 용서해주셨다.

그날 이후 나는 우리가 '무서운 죄'라고 부르는 일들을 한번도 한 적이 없었다. 그러나 다른 사람들은 전혀 보지 못하고 또 의심하지도 않는 내 죄들을 용서해달라고 매일 하나님께 기도해야 한다. 교회에서 내가 성실하게 하는 일들로는 하나님을 감동시킬 수 없다는 사실을 나는 알고 있다. 하나님께서는 계속해서 내 마음과 의향과 분노와 이기심, 그리고 하나님과 다른 사람들보다 나 자신을 먼저 생각하는 이기적인 태도들을 보신다.

대부분의 사람들은 아마도 술주정뱅이보다는 이런 나와 더 비슷할 것이다. 술이 그 사람에게 스며들 듯이 죄가 우리의 삶 속에 스며든다. 그 죄는 아마도 우리 자신과 다른 사람들에게 숨길 수 있는, 그리고 하나님께도 숨길 수 있을 것이라고 생각할 정도로 잘 드러나지 않는 그런 죄일 수도 있을 것이다. 하나님께서는 우리와 우리의 교회를 통해 놀라운 일을 하기 위해 기다리고 계신다. 우리가 죄에 대한 용서를 구하고 하나님을 섬기는 일에 헌신하기를 기다리고 계신다.

기도

주 하나님, 하나님께서는 제가 하고 있는 종교적인 활동들을 알고 계시며, 그런 활동들이 그리 의미 있는 일이 될 수 없음을 알고 계십니다. 제 기분을 좋게 해주는 종교 활동들을 의지하고 하나님께서 기대하시는 공의로운 행동을 외면하고 무시했던 것을 용서해주십시오. 제 죄를 회개합니다. 용서해주시고 정결케 해주시기를 기도합니다. 공평과 의를 이루기 위해 하나님께서 일하시는 곳을 보여주시고, 그 일에 어떻게 참여해야 하는지를 알게 해주십시오. 아멘.

심층 연구

A. 유다의 왕들(1:1)

이사야서 1장 1절은 이사야 선지자가 네 사람의 왕이 유다를 다스린 기간 동안 활동했음을 말해주고 있다. 그들의 통치 기간을 계산하는 것은 성경을 연구하는 사람들에게 오랫동안 쉽지 않은 문제였다. 웃시야(아사랴라고 알려지기도 함)는 가장 오랫동안 통치한 유다 왕들 가운데 한 사람으로 42년간 왕위에 있었다(왕하 15:2). 대부분의 학자들은 그의 통치 기간을 B.C. 792-740년으로 보고 있다. 그는 그 기간의 상당 부분을 그의 아버지 아마샤(B.C. 796-767년)와 혹은 그의 아들 요담(B.C. 750-731년)과 함께 통치했다. 사람들이 웃시야의 아버지를 암살하고 열여섯 살이던 웃시야를 왕위에 오르게 했다(왕하 14:19-21). 웃시야는 남쪽 해안 지대와 가나안의 해안을 따라 난 대로에 대한 지배권을 장악하면서 자신의 왕권을 확고히 했다(대하 26:2-6). 그는 예루살렘과 유대 지역의 방어를 강화하고 군대를 재조직했다(대하 26:6-10). 말년에는 무서운 피부병에 걸려 아들에게 대부분의 권력을 넘겨주지 않을 수 없게 되었다(왕하 15:5).

요담은 앗수르와 동맹을 맺은 북왕조와 대립하게 되었지만(왕하 15:37) 유다의 번영을 계속 유지할 수 있었다(왕하 15:33-38). 그는 나라를 지키기 위해 수많은 방어 시설들을 개축했다.(대하 27:3-4).

아하스는 B.C. 735년경부터 713년까지 통치했다(왕하 16:2). 수리아 왕과 이스라엘 왕이 동맹을 맺고 앗수르 왕과 싸우기 위해 아하스를 끌어들이려 했지만, 이사야는 아하스에게 하나님을 신뢰하고 다른 왕들의 말에 귀를 기울이지 말 것을 경고했다(사 7장). 수리아는 에돔과 남쪽 해안 지대에 대한 유다의 통치권을 빼앗고(왕하 16:6) 에돔(대하 28:17-18)과 블레셋을 상대로 싸워야 했다. 아하스는 앗수르의 디글랏 빌레셋에게 일종의 경의를 표했고, 반역적인 앗수르의 악습들을 수용했다(대하 28:23).

히스기야 왕(B.C. 729-686년)은 가나안의 우상 숭배를 타파하고 예루살렘 성전을 일신하며 전통적인 예배 형식을 부활시킴으로써 유다의 영적 쇄신을 단행했다(대하 29:1-31:21). 그는 정치적인 지혜를 발휘하며 종교 개혁을 수행했기 때문에 712년 블레셋이 반란을 일으켰을 때 앗수르와의 대결을 피할 수 있었다. 그 후 그는 B.C. 701년 산헤립이 침략했을 때 도성 내에 충분한 물 공급이 이루어질 수 있도록 수로를 만들어 군사적으로 미리 대비책을 세워 놓았다(왕하 20:20).

히스기야는 앗수르의 위협에 굴복하는 대신 이사야의 조언을 따름으로 그의 종교적인 신실함을 보여주었다. 따라서 그는 예루살렘이 함락되는 것을 막고 하나님의 기적적인 구원을 경험할 수 있었다. 그러나 라기스를 포함한 여러 성읍들을 잃었고, 앗수르에게 조공을 바치지 않을 수 없었다(왕하 18:13-19:37, 사 36-39장). 이사야가 한 설교의 많은 부분은 히스기야 왕이 앗수르와 대치하고 있는 기간 동안에 선포한 것이었다.

B. 이스라엘의 거룩한 자(1:4)

성전에서 하나님을 만난 이사야는 하나님을 인간의 이해를 초월하는 순수함을 지니고 있으며 죄를 조금도 용납할 수 없는(삼상 6:20) 이스라엘의 거룩한 자로 알게 되었다. 이스라엘이 신을 거룩한 존재로 본 첫 번째 백성은 아니었다. 가나안 족속 역시 그들의 신을 거룩한 존재로 묘사했다. 그러나 이스라엘은 '거룩' 을 하나님과 사람을 구분하는 도덕적 용어로 사용한 첫 번째 백성이었다(사 17:7). 따라서 거룩은 하나님께서 인간의 죄를 심판하시고 하나님의 백성들을 징계하시는 한 근거가 되었다. 이사야는 죄를 범한 하나님의 백성들을 경고하고 회개할 것을 촉구하시는(사 30:12) 하나님을 묘사하기 위해 '이스라엘의 거룩한 자' 라는 표현을 30번 이상 사용했다. 시편 71편 22절, 78편 41절, 예레미야 50장 29절, 에스겔 39장 7절에서도 이 칭호가 사용된 것을 볼 수 있다.

이스라엘은 이스라엘의 거룩한 자를 버렸다(사 1:4). 그들은 이스라엘의 거룩한 자 대신 애굽을 의지했고(30:15, 31:1), 그분의 경고를 무시했으며(30:11), 그분을 신뢰하라는 그분의 초청에 화를 내며 거절했다(30:11). 그들은 그들의 거룩한 자를 무시하고 버렸다(30:12). 따라서 그분의 심판을 받아 마땅했다. 하나님께서는 하나님의 백성들에게 의와 공평을 강력히 주장하심으로 하나님 자신이 거룩하신 분이라는 것을 보여주셨다(5:16). 그리고 그 백성들로 하나님을 신뢰하고 하나님 안에서 확신할 수 있게 해주려 하셨다

(17:7, 29:23). 하나님께서는 그들의 창조주시며(43:15) 구원자시기(43:3, 14, 48:17) 때문이었다. 하나님께서는 이스라엘을 높이시고 그들을 통해 다른 나라들을 자신에게 이끄실 것이다(55:5). 그래서 결국 하나님의 백성들은 그들의 거룩한 자를 찬양하게 될 것이다(17:7, 29:19).

C. 제사와 번제 제물(1:11)

구약 당시의 예배는 레위기 서두에서 설명하고 있는 행사들과 일상 생활의 구체적인 상황들에 맞추어 정해 놓은 특정한 제물들을 드리는 제사 제도가 그 특징을 이루었다. 그 예배는 인간이 생각해낸 것이 아니었다. 하나님께서 모든 방식을 모세에게 알려주시고 백성들이 따를 수 있게 하셨다. 왕정 시대에는 이 제도에 다음과 같은 몇 가지 문제가 따랐다.

첫째, 제사 드리는 장소에 대한 문제가 제기되었다. 예루살렘에서만 제사를 드려야 하는 것인가? 아니면 북왕조에 살고 있는 경우라면 벧엘과 단에서 제사를 드려도 되는 것인가? 둘째, 이스라엘의 하나님께 신실하게 제사 드리는 것이라면 다른 신을 섬기는 다른 나라의 제사 방식을 따를 수도 있는 것인가? 셋째, 이스라엘의 제사 제도와 가나안의 제사 제도의 차이점은 무엇인가? 넷째, 하나님께서는 절기와 매일 그리고 매주 드려야 하는 제사를 성실하게 수행하는 것 외에 또 다른 것도 요구하시는가? 마지막으로 이스라엘의 제사를 통해 하나님께서 얻으실 수 있는 것은 무엇인가? 다시 말해서 하나님께 왜 제사가 필요한 것인가?

이사야는 갑자기 무대 위에 나타나 전혀 다른 점을 강조했다. 그는 예배와 제사를 생각하기 전에 먼저 의와 공평을 이루기 원하시는 하나님의 기대에 부응해야 한다고 가르쳤다. 일상 생활을 바로잡지 않는다면 매일 드리는 제사, 매주 안식일에 드리는 예배, 월삭을 지키는 것, 해마다 지키는 절기와 성회는 모두 무의미한 것이라고 했다. 그런 것들은 하나님께 필요한 것들이 아니며, 그런 것들이 하나님의 위상을 높여주거나 하나님의 존재를 보증해주는 것이 결코 아니라고 주장했다.

제사와 예배는 하나님께 나아가는 방법을 사람들에게 보여주기 위한 것이었다. 하나님께 대한 감사와 신뢰를 어떻게 표현하는지를 보여주고, 하나님께서 베풀어주시는 죄 용서와 속죄의 방법을 보여주기 위한 것이었다. 제사와 예배는 의를 추구하는 대신 죄에 빠져 사는 사람들을 위해 마련된 것이 아니었다. 하나님께 인정받지 못하는 삶을 살아가는 사람들의 예배는 그분이 받으실 만한 예배가 아니었다. 이사야의 메시지는 분명했다. "올바른 삶을 살라. 그런 다음에야 올바른 예배를 드릴 수 있다."

D. 공의 또는 공평(1:17)

구약 성경에서 425번 나오는 히브리 단어 misphat('공의' 또는 '공평')은 이사야서에서도 42번이나 나온다. 이 용어는 이스라엘의 법적 제도 속에서 폭넓게 사용되었다. 문맥에 따라 '하나님의 지시', '하나님의 율법', '법정', '재판 사건', '심판', '판결', '선고' 등으로 번역되기도 했다. 또 하늘과 땅에 세워진 법정의 판결 제도 전체를 가리킬 수도 있다. 이 히브리 단어를 80개의 다른 영어 단어로 번역한 성경 번역본(NIV)도 있다.

이사야에 따르면 하나님께서는 공의의 하나님이시며(30:18), 지도자들 특히 왕에게 공의를 실현할 것을 기대하신다(5:7, 32:1). 공의는 기본적으로 가난한 사람들과 고아들을 어떻게 대하는지에 따라 측정될 수 있다(3:14, 10:2). 인간의 법적 판단이 고난의 종을 학대했고(53:8), 하나님의 백성들이 범한 죄의 일부가 되었다(58:2). 하나님의 목적은 공의가 이루어지는 것이었다(9:7, 32:16, 34:5, 61:8). 그러므로 하나님의 백성들은 공의를 추구하고 실천하는 것을 배워야 했다(1:17, 56:1), 그들은 그들의 소송 사건에 귀를 기울이고 변호해주시는 하나님을 신뢰해야 했다(41:1, 54:17).

E. 만군의 여호와(1:9, 24)

'만군의 여호와'라는 칭호는 구약 성경에서 285번 사용되었고, 하나님을 하늘과 땅의 군대를 지휘하는 강력한 힘을 가진 사령관으로 언급하고 있는 이사야서에서는 62번 사용되었다(삼상 17:45, 사 13:4). 이 이름은 창세기와 사사기를 제외하고는 선지서에서 가장 많이 볼 수 있는 하나님의 칭호다. 하나님의 막강한 군대는 하나님의 백성들을 치는 데 사용될 수도 있었지만(사 1:24-25), 일반적으로는 다른 나라들을 겨냥했다(13:4-6). 그 군대는 언약궤의 그룹들 사이에 있는 보좌 위에 왕으로 앉아 계신 하나님께서 지휘하셨다(삼하 6:2, 왕하 19:15).

이사야서에서 '만군의 여호와'는 거룩하신(사 8:13, 47:4) 이스라엘의 하나님(사 5;16, 24, 21:10, 44:6)을 부르는 가장 중요한 칭호들 가운데 하나다. 만군의 여호와께서 하나님의 뜻을 이루기 위해 하늘의 군대를 소집하고 명령하셨다(13:4, 45:12). 하나님의 뜻을 이루는 한 방법은 구세주를 통해 공의를 확립하는 것이다(24:23). 그리고 또 다른 한 방법은 죄인들을 심판하시고(28:22), 징계받은 하나님의 백성들을 하나님께 돌아오게 하시며(9:13, 19:20), 그들의 적을 응징하는 것이었다(10:16-26, 17:3, 29:6). 그 일을 통해 하나님의 공의가 드러나고 증명되며 만군의 여호와께서 영광을 받으실 것이다(5:16).

만군의 여호와의 뜻은 교만한 자를 벌하시고(2:12, 10:33, 23:9) 가난한 자를 보호하시는 것이다(3:15). 하나님께서 벌하시는 교만은 하나님의 성읍에 사는 하나님의 백성들의 교만이 될 수도 있었다(5:24, 39:5). 하나님께서는 그들을 벌하신 후 이스라엘을 위해 조금(남은 자를) 남겨두셨다(1:9, 37:32). 그리고 열방을 포함하는 구원을 계획하셨다(25:6).

교안

A. 들어가는 글

1. '컨트리클럽에서 일어난 회심' 이야기로 시작하라.

2. 배경 설명: 이사야는 반세기 동안 이스라엘과 유다를 향해 하나님의 말씀을 담대하게 선포했다. 그는 네 사람의 왕이 유다의 왕위를 거쳐가는 것을 보았다. 그는 당대의 백성들뿐 아니라 그 후에 이어진 2세기 동안의 백성들을 다루시는 하나님의 방법들을 약술했다. 그는 북왕조를 멸망시키신 하나님, 히스기야를 앗수르의 산헤립으로부터 구원하신 하나님, 남왕조의 멸망, 바벨론 유수와 포로들의 귀환, 재건된 새로운 성전과 함께 다시 시작하게 된 새 출발 등으로 이스라엘 백성들의 주의를 환기시켰다. 그의 설교를 모아 책으로 엮은 사람들은 1장의 설교들을 조심스럽게 한데 모아 이사야가 전한 메시지의 서론으로 삼았다.

3. 적용: 1장에서 우리는 회개할 것을 촉구하는 이사야의 목소리를 들을 수 있다. 그리고 회개하지 않는 사람들에 대한 그의 경고를 볼 수 있다. 선지자는 하나님과 바른 관계를 맺고 있다고 잘못 생각하고 있는 종교적인 사람들의 모습을 묘사했다. 그는 그들에게 올바른 행실이 결여된 종교적 의식이 얼마나 무익한 것인지를 보여주고 있다. 그리고 그는 그들이 죄를 회개하고 일상 생활 속에서 의와 공평을 이룸으로써 하나님께 씻음받게 되기를 촉구하고 있다.

B. 본문 이해

1. 혼란에 빠진 사람들의 법정 소환(1:1-3)
2. 길 잃은 사람들에 대한 탄식(1:4-9)
3. 신앙의 회복(1:10-17)
4. 회개를 촉구하기 위한 변론(1:18-20)
5. 회복(1:21-26)
6. 바알 숭배자들의 소멸(1:27-31)

C. 결론: '실제적인 회개' 를 읽어주라.

1. 요약: 하나님께서 그분의 백성들을 법정으로 부르셨다. 그들은 하나님에 대한 자신들의 신앙과 하나님께서 그들을 위해 하신 일들을 증거하기 위해 증인석에 서게 될 것이라고 기대했다. 그러나 그들은 하나님을 거역하고 하나님과 어긋난 관계를 맺고 있으면서도 종교적이고 신실한 사람들인 것처럼 사칭한 것에 대해 고발당한 피고가 된 자신들을 보게 되었다. '매우 종교적' 이던 사람들이 버림받은 사람들이라는 선고를 받은 것이다. 그들은 새로워져야 했고, 하나님과 하나님께서 중시하시는 것을 되찾아야 할 필요가 있었다. 하나님께서 중시하시는 것은 성전 예배나 종교적인 의식과는 아무 관계도 없는 것이었다. 성경이 그런 것들을 가르치고는 있지만, 하나님께서 중시하시는 것은 가난하고 힘없는 사람들을 돕고 그들을 위해 의와 공평을 이루고 추구해나가는 일상 생활이었다. 하나님의 백성들이 의롭지 못한 삶을 회개하지 않고 하나님께 깨끗함 받을 자세가 되지 않는다면, 그들은 하나님의 심판과 징계를 받게 될 것이다. 그리고 오직 남은 자들만이 소망을 갖게 될 것이다.

2. 도전: 법정에 서 보라. 당신의 삶을 꿰뚫어보고 있는 이사야를 대면하라. 종교로 의로운 삶을 대신하려 하는가? 공의를 삶의 목표로 삼는 대신 '그저 그럭저럭 넘어가도 된다는' 자세를 가지고 있는가? 하나님께 죄를 용서해주시고 깨끗하게 해주시기를 간청할 필요가 있는가? 아니면 돌아오라고 부르시는 하나님을 무시하고 하나님의 징계와 심판을 맞이하고 싶은가?

토의 질문

1. 형식적인 종교적 의식으로 하나님께서 요구하시는 것들을 충족시킬 수 없는 이유는 무엇인가?

2. 교인들이 오늘날 가장 자주 범하는 죄는 무엇인가?

3. 아무 잘못도 없다고 생각하는 사람들이 하나님 앞에서 유죄 판결을 받을 수도 있는가? 왜 그런 일이 일어나는 것인가?

4. 하나님께서는 오늘날 하나님의 백성들을 어떻게 징계하고 심판하시는가?

5. 하나님께서 우리 기도를 듣지 않고 외면하시는 이유는 무엇이겠는가?

이사야 2-4장

다가오는 심판의 날

"하나님께서는 매주 지불하지 않고 마지막에 다 청산하신다."

- 네덜란드 격언

이사야서 2-4장에서 이사야는 방종하는 이스라엘 지도자들과 사치를 좋아하는 여자들을 책망하는 설교들의 앞과 뒤를, 의로운 남은 자들을 위해 하나님께서 예비하신 영광스러운 미래에 대한 설명으로 둘러싸고 있다. 주의 마지막 날에 경건한 남은 자들은 평화와 안전을 누리게 될 것이다. 그러나 대다수의 죄인들은 멸망당할 것이다.

Isaiah

들어가는 글

두려움 - 치명적인 흠

매기(Maggie)는 우리들 대부분을 대표하는 사람이라 할 수 있다. 언뜻 보면 매기는 무엇이든 원하는 것은 다 가질 수 있는 그런 사람인 것처럼 보인다. 그녀는 주택 소유자 조합의 회장과 축구팀 코치를 맡고 있고, 그녀가 만나는 모든 사람들에게 즐거운 이야기와 듣기 좋은 말들을 골라서 잘할 줄 아는 사교적인 안주인의 역할을 잘 해내고 있다. 그리고 그녀는 만나는 사람들마다 모르는 이가 거의 없다. 결혼하기 전부터 자신의 사업을 해왔고, 요리를 잘하며 정원 가꾸기도 좋아한다.

그녀의 신실한 남편과 아이들은 이러한 그녀를 자랑스럽게 생각했다. 그러나 그녀는 자신을 자랑스럽게 생각하지 않는다. 그녀는 여전히 자신이 정말로 무언가 해냈다는 것을 보여줄 수 있는 위대한 업적을 이루고 싶어한다. 문제는 그 위대한 업적이라는 것이 몇 주에 한 번씩 바뀐다는 것이다. 그 지역에서 가장 큰 실내 장식품 가게를 열고, 식도락가들을 위한 커피 바를 시작하며, 시골집을 사람들의 흥미를 끄는 별스런 침대와 아침 식사를 제공해주는 휴게소로 개조할 계획을 세운다. 그러나 그녀의 이런 계획들을 억누르는 것이 한 가지 있는데 그것은 바로 실패할 것에 대한 두려움이었다.

이스라엘 여성들 역시 원하는 것은 모두 다 가질 수 있었다. 파티, 옷, 사회적 지위, 가정, 종교 활동 등 모든 것에 부족함이 없었다. 그러나 마음속 깊은 곳에 자리잡고 있는 두려움이 그들의 파티를 망쳐놓고 그들의 꿈을 깨뜨려놓았다. 이사야는 그들의 그런 두려움을 지적한 다음 소망의 길을 보여주었다. 당신에게도 모든 일이 다 잘 돌아가고 있을 것이다. 그러나 마음속 깊은 곳에서 정체를 알 수 없는 막연한 두려움이 그 조용한 목소리를 계속 높이고 있는 것은 아닌가? 이스라엘의 아름다운 여성들과 같은 그런 처지에 있는 것은 아닌가(Breathnach, pp. 159-160)?

본문 이해

다가오는 심판의 날

Main Idea	모든 사람이 평화롭게 살면서 하나님을 섬기고, 그들 속에 함께하시는 거룩하신 하나님의 영광을 누리는 것이 하나님께서 계획하신 것이다. 그러나 먼저 하나님의 심판으로 죄인들 - 그들이 남자든지 여자든지, 또는 지도자든지 평범한 시민이든지 - 을 겸손하고 정결케 하실 것이다.

A. 평화로운 예배를 드리게 될 날(2:1-5)

시온에서 이루어질 구원에 대한 예언(B.C. 701년)

Supporting Idea	열국이 하나님의 성전에서 하나님을 예배하고, 하나님의 길을 따르며, 평화를 선언하게 되는 것이 하나님께서 계획하신 것이다.

2:1. 이 단락은 이사야서 1장 1절과 매우 흡사한 서두로 시작된다. 그러나 이 구절은 책 전체를 소개하는 역할이 아니라 바로 뒤에 이어지는 설교들만을 소개하는 역할을 하고 있다. 이 구절에 이어지는 내용은 이사야가 받은 이상이다. 흥미롭게도 그 이상의 첫 부분이 미가서 4장 1-5절에서도 나타나는 것을 볼 수 있다. 이 설교는 구원에 대한 예언으로 시작하면서 예배를 촉구하는 형식을 취하고 있는 것으로 보인다. 이사야와 동시대에 활약한 그보다 어렸던 미가는 이사야와 마찬가지로 하나님의 백성들에게 말씀을 전하기 위해 예루살렘 성전에서 예배 드릴 것을 초청하는 방식을 똑같이 사용하고 있다. 그것은 하나님께서 성전에서 부르는 찬송가를 하나님의 영감된 말씀을 전달하기 위한 하나의 출처로 사용하셨다는 것을 의미한다.

2:2. 예루살렘의 몰락이 1장 전체의 주된 내용을 이루고 있기는 하지만, 이 구절은 열방을 구원하는 일의 중심지가 될 예루살렘 성의 역할을 보여주고 있다. 말일은 각각의 나라들이 각기 움직이는 세계 역사 속에 포함되어 있다. 이스라엘 주변의 고대 근동 국가들은 자국의 신전을 그들의 신들이 그들 자신을 위해 싸우는 지구상에서 가장 높은 산

으로 묘사했는데, 이스라엘도 그들과 크게 다를 바 없는 개념을 가지고 있었다(시 46:48). 이사야 선지자는 예루살렘이 이스라엘에서 볼 수 있는 가장 높은 산이 아니라는 사실이 분명했음에도 불구하고 예루살렘에 있는 성전에 그 개념을 적용시켰다. 예루살렘은 높이 들려질 것이다. 왜냐하면 하나님께서 그곳에서 일하시며 이 세상을 위한 하나님의 목적을 역사 속에서 드러나게 하실 것이기 때문이었다. 그러므로 예루살렘의 높이를 강조한 것이 아니라 하나님을 예배하기 위해 예루살렘으로 오게 될 생소한 이방 국가들에게 그 강조점이 있었다. 하나님께서는 언제나 하나의 작은 나라가 아니라 전 세계를 다 아우르고 싶어하신다(창 12:1-4).

2:3-4. 선지자는 그가 자주 해온 것처럼, 사람들의 찬송가에 포함된 잘 알려진 신학을 취한 다음 그것의 현재형을 미래형으로 살짝 바꾸었다. 시온은 말일이 되어서야 높아진 위상을 가질 것이다. 그때는 하나님께서 다른 나라들과 전쟁하는 일이 더 이상 없을 것이다. 예루살렘은 열방들이 큰 선물과 조공을 가지고 예루살렘의 승리한 왕에게 나올 것이라는 소망 때문에 영광을 누리는 일은 없을 것이다. 대신 하나님의 말씀이 세상의 무기가 될 것이라는 소망을 가질 것이다. 육군 사관학교와 무기들은 사라질 것이다. 사람들은 하나님의 뜻에 따라 살아가는 것을 배울 것이다. 그들은 하나님의 가르침에 순종할 것이다. 열방들은 승리한 왕의 강요 때문이 아니라, 예루살렘에 거하시는 하나님과 그곳에서 베푸시는 하나님의 지혜에 매력을 느끼기 때문에 예루살렘으로 모여들 것이다. 서로의 차이점을 해결하기 위해 서로 싸우는 일은 더 이상 일어나지 않을 것이다. 하나님께서는 예루살렘에서 인간의 모든 분쟁을 전쟁 없이 해결하는 위대한 중재자가 되실 것이다. 전쟁 무기는 폐물이 될 것이다. 세상이 맞서 싸울 유일한 전쟁 상대는 빈곤과 기아가 될 것이다('율법' 에 대해서는 '심층 연구' 를, '여호와의 말씀' 에 대해서는 28-33장의 '심층 연구' 를 참고하라.)

2:5. 선지자는 그렇게 될 수 있는 유일한 길을 알고 있었다. 따라서 그는 예배를 촉구했던 것이다. 그 예배는 성전에만 국한되는 것이 아니라 사람들이 하나님의 말씀 안에서 행하는 매일의 생활 속에서 그 빛을 발하게 된다. 이스라엘은 군사력이 지배하는 세상에 소망을 둘 수 없었다. 그들은 하나님의 가르침에 순종하고, 하나님의 인도하심을 따르며, 하나님의 뜻을 따르는 삶의 탁월성을 세상에 보여줌으로써 이 세상의 소망이 될 수 있었다.

B. 거절한 이유(2:6-9)

심판에 대한 선포(B.C. 740년경)

Supporting Idea	이 세상 신을 섬기며 하나님을 무시하고 성공한 부자들은 하나님께서 영광을 받으시는 날 수치를 당할 것이다.

2:6. 선지자는 하나님과 백성들의 대화로 심판에 대한 선포를 시작하고 있다. 백성들은 하나님께서 곤경에 처한 자신들을 외면하고 내버려두셨다고 비난하면서 자신들에게 신실함을 보이지 않으셨다고 고발했다. 그런 그들에 대한 하나님의 대답은 그들을 내버려두신 이유가 무엇인지를 보여준다. 그들은 동서로부터 찾을 수 있는 온갖 미신적인 종교들을 수입해 들였다. 평안을 누리며 번성하던 시절 이스라엘은 국제 무역을 통해 이익을 올리고 있었다. 그러나 그들은 무역 상품들과 함께 이방 종교까지 수입했던 것이다. 이스라엘에게는 언약의 하나님께서 계셨다. 그런데 이스라엘의 적이었던 블레셋(삿 3:31, 삼상 4:1-2, 삼하 8:12)이 그들의 주 무역 상대국이 되었고 유혹의 원인이 되었다.

우리는 이 단락의 하나님 말씀을 공부하면서 매우 조심해야 한다. 히브리 원문 가운데는 매우 난해한 부분들이 있다. 6절 후반부는 원래 "그들에게는 동방에서 온 블레셋과 같은 술객들이 가득했다"라고 말하고 있다. 번역자들은 일반적으로 '동방 풍속'과 매우 비슷한 뜻을 가진 '술객들'이라는 한 단어를 추가했다. 손을 잡았다는 표현은 이 구절에만 나오기 때문에 그 뜻을 정확히 알 수 없다. 사해 사본에는 9절 하반부와 10절이 포함되어 있지 않다.

2:7-9. 이사야는 부자들을 상대로 말했다. 그는 그들이 멸망받게 될 이유를 설명했다. 그들은 선지자들 대신 술객들의 말에 귀를 기울였으며, 이방 풍속을 따르고 이방 신을 섬기며 거드름을 피웠고, 왜 하나님께서 화를 내시는지 모르겠다고 생각했다. 전통적으로 선지자들의 역할은 백성들을 대신해 하나님을 기쁘시게 하는 것이었다. 그러나 너무나 절망적인 상황이 되었기 때문에 이사야는 그들을 용서하지 마옵소서라는 무시무시한 저주의 목소리를 높일 수밖에 없었다.

C. 교만에 대한 경고(2:10-22)

재앙에 대한 예언(B.C. 740년경)

Supporting Idea	교만하고 독자적으로 행동하며 거짓 신을 숭배하는 사람들은 두려운 공포의 날을 맞이할 것이다. 그 날 하나님께서 위엄과 영광을 드러내실 것이다.

2:10. 이사야는 백성들에게 하나님의 무서운 심판을 피하라고 간곡히 타이르며 신속하게 백성들의 관심을 집중시켰다. 그러나 문제는 그들이 그 심판을 피해 숨으려 한다 해도 하나님을 피할 수 없다는 사실이었다. 이스라엘 백성들은 인간의 손으로 화려하게 장식한 그 어떤 신보다 우월하고 이 세상의 그 어떤 것보다 탁월한 분이라는 사실을 보여주시는 하나님의 위엄과 능력과 존귀 때문에 영광을 누릴 수 있었다. 그러나 죄를 범한 이스라엘은 그 영광을 누릴 수 없었다. 죄는 그들의 눈을 멀게 했고, 그들을 파멸로 몰아갔다. 그들은 자기들의 하나님을 피하기 위해 바위를 찾아 도망쳐야 했다. 구속된 이스라엘만이 하나님의 영광을 볼 수 있었다(35:2).

2:11. 이 구절은 그 누구도 '말일' 을 피할 수 없다는 사실(2절)을 독자들에게 상기시켜주기 위해 2장 첫 부분, 즉 **그 날**에라는 말로 그들의 주의를 돌리고 있다. 그 날에는 하나님만이 영광을 받으실 오직 유일한 분이시다. 백성들은 불순종하면서 교만하게 자신들을 높이려 할 수도 있을 것이다. 그러나 결국 그들은 **낮아**질 것이다.

2:12. 이사야는 선지자 아모스처럼 경건에 대한 잘 알려진 표현을 변형시켜놓았다. 모든 사람들이 이스라엘의 하나님 여호와의 날은 이스라엘의 적을 물리치는 승리의 날이 될 것이라 믿고 있었다. 그런데 선지자는 하나님께서 하나님의 원수인 이스라엘을 물리치고 승리하시는 날이 될 것이라고 선포했다(암 5:18-22). 이사야는 하나님의 백성들에게 그가 앞서 꾸짖었던 책망을 강조했다. 하나님의 날은 교만한 사람들을 위한 날이 아니라 진정한 하나님의 백성들을 위한 승리의 날이 될 것이다('주의 날' 에 대해서는 13-14장의 '심층 연구' 를 참고하라).

2:13-16. 창조의 경이로움과 인간이 만든 작품의 경이로움은 인간의 눈으로 볼 수 있는 가장 격조 높은 실체를 보여준다. 그러나 그 훌륭한 것들도 하나님의 심판의 날에는 사라질 것이다.

2:17-19. 번영을 누리던 좋은 시절은 곧 지나갈 것이다. 인간의 교만과 업적은 사라질 것이다. 하나님만이 홀로 높임을 받으시고 영광을 받으실 것이다. 사람들이 만들어 숭배하던 우상들(사 2:6)은 온전히 없어질 것이다. 거만하고 교만한 사람들은 선지자의 조언에 따라(10절) 암혈과 토굴로 들어가 피해야 할 것이다. 그렇게 해야 하는 이유는 무엇인가? 사람들은 낮아지고 하나님께서 일어나사 땅을 진동시키실 것이기 때문이다.

2:20-21. 심판하시는 하나님께서 땅을 진동시키실 때, 사람들이 숭배하기 위해 만들었던 우상들은 땅의 어두운 곳에 거하며 자신의 아름다움을 알지 못하는 동물들에게나 어울리게 될 것이다. 그래서 선지자는 암혈과 험악한 바위 틈에 들어가게 될 것이라고 다시 반복해서 말하고 있다. 하나님을 경외하지 않던 사람들이 결국은 하나님을 두려워하며 그 앞에 설 것이다. 하나님의 위엄을 찬양하지 않던 사람들이 두려워하며 그 위엄 앞에서 뒷걸음을 칠 것이다.

2:22. 선지자는 신실한 사람들에게 인생을 의지하지 말라고 경계하며 또 다른 경고로 끝을 맺고 있다. 인생은 하나님께서 생기를 불어넣어주신 티끌에 불과하다(창 2:7 참고). 선지자는 비꼬는 수사 의문문으로 마무리를 적절하게 하고 있다. 인간에게는 교만해야 할 아무런 근거가 없다. 교만한 인간은 결국 인생을 마치기 위해 암혈 속으로 떨며 기어 들어가게 될 것이다. 그들은 자신들이 땅의 먼지 그 이상의 가치가 없다는 사실을 인정할 수밖에 없을 것이다.

D. 지도력의 부재(3:1-12)

재앙의 절정이라 할 수 있는 멸망에 대한 예언(B.C. 740년)

Supporting Idea	공공연하게 행해지고 있는 범죄와 충성된 지도력의 부재 때문에 하나님께서는 하나님의 백성들을 심판하신다. 그러나 의로운 사람들에게는 확신을 주신다.

3:1-12. 히브리 원문은 우리에게 또다시 조심할 것을 요구하고 있다. 공교한 장인(3절)은 '마술'을 뜻하는 아람과 수리아 단어들에 비추어 보통 '요술자'로 번역되었다(TEV, NLT, NRSV 참고). 여기서 아이들(4절)은 '권력의 남용과 학대와 불행'을 뜻한다. 고치다(7절)는 '단단히 묶다'라는 의미를 가진 단어에 대한 결말 놀이로 '상처를 싸매

다, 안장을 얹다, 다스리다' 라는 뜻으로 사용되었다.

안색(9절)은 이 구절에서만 사용되었기 때문에 그 의미가 분명치 않다. 아마도 신명기 1장 17절에서와 같이 '편견' 을 뜻하는 것일 수도 있다. 몇 개의 번역본들을 살펴보면 12절을 번역하기가 얼마나 어려운지를 쉽게 짐작할 수 있다. **내 백성을 학대하는 자는 아이**요라는 표현은 아마도 '감독자들이 백성들을 학대했다' 는 뜻이거나 '한 아이가 백성들을 학대했다' 는 뜻일 것이다. 그리고 **관할하는 자는 부녀**라고 한 표현은 아마도 '고리대금업자들이 백성들을 지배했다' 는 뜻이거나 '여자들이 백성들을 지배했다' 는 뜻일 것이다.

본문의 메시지는 분명하다. 전심으로 하나님을 섬기지 못한 결과 지도력에 공백이 생길 것이다. 하나님께서는 백성들을 유혹하여 함정에 빠뜨리는 지도자들(12절)을 앗수르의 포로가 되어 잡혀가게 하셨다. 이사야는 그 유배를 자세하게 묘사했다. 종교, 정치, 군사, 법률 등 모든 영역의 지도자들이 체포되어 먼 앗수르 제국의 각지로 흩어져 살아가게 되었다. 그 결과 그들의 땅은 외국 정부가 다스리고, 경험을 가진 지도자들을 찾아볼 수 없게 되었다.

3:1-3. 선지자는 번영하면서 교만해진 유다 백성들을 향해 그들에게 곧 닥칠 운명을 알려주었다. 적이 성을 포위하고 공격전을 펼칠 것이기 때문에 그들의 식량 공급이 끊어질 것이다. 그리고 지도자들이 포로로 잡혀갈 것이다.

3:4-7. 경험이 없는 지도자들로 나라는 무정부 상태가 될 것이다. 사회 전체가 뒤죽박죽이 될 것이다. 살아가는 데 필요한 필수품을 소유하고 있는지의 여부가 고위직에 오르는 유일한 자격을 결정하는 기준이 될 만큼 처절한 상황이 될 것이다. 또한 임명된 사람들은 당선되는 것을 피하기 위해 거짓말을 하고 외면할 것이다.

3:8-9. 이 모든 일들은 하나님의 백성들이 마치 아이들처럼 행동하면서 하나님의 영광이 분명하게 드러날 때에도 도전적으로 하나님께 불순종하기 때문에 일어날 것이다. 그들은 자신들의 죄를 공개적으로 과시할 만큼 뻔뻔하고 교만했기 때문에 그들과 비교될 수 있는 사람들은 오직 소돔 사람들뿐이었다(창 13-14, 18장). 그런 교만과 극악한 반역에 대한 하나님의 반응은 특히 주목할 만한 것이다. 하나님께서 하나님의 백성들에게 미칠 화를 장례식 애가로 삼으시고 슬퍼하며 탄식하셨다.

3:10-12. 그러나 하나님께서는 의로운 남은 자들에게 소망의 확신을 갖게 해주셨다.

그들에게는 두려워할 이유가 없었다. 그런 다음 하나님께서는 악한 자들에 대한 심판을 선포하시며 다시 슬퍼하셨다. 청산할 때가 다가오고 있었다. 지도력의 부재는 그들이 처하게 된 상황의 원인이기도 했고, 또 그 결과이기도 했다. 그것은 하나님의 심판을 불러왔고 하나님의 마음에 상실감을 주는 것이었다. 하나님께서는 그들의 절망적인 상태를 묘사하시며 나의 백성이여라고 부르며 슬프게 탄식하셨다.

E. 가난한 사람들을 탈취한 방백들(3:13-15)

법정 심리(B.C. 740년)

Supporting Idea	재판관이신 하나님께서 가난하고 힘없는 사람들을 희생시킨 대가로 권력과 재물을 취게 된 지도자들을 고발하는 진술을 하신다.

3:13. 이사야는 장례식장을 떠나 법정으로 자리를 옮겨 백성들의 지도자들을 책망하고 있다. 선지자는 '백성들' 을 심판하기 위해 법정에 서 계신 하나님을 묘사하고 있다. 그의 청중들은 자신의 적들에게 형을 언도할 선지자의 선고를 기대하며 주의를 기울이기 위해 자리에서 일어섰다.

3:14. 그러나 14절에서 그 청중들은 무슨 일이 일어나고 있는지를 별안간 깨닫게 된다. 선지자는 청중들을 체포해서 심판을 받고 선고를 받도록 하나님의 법정으로 끌고 갔다. 초점은 지도자들에게 맞추어져 있었다. 장로들은 원래 유목민 부족 공동체를 통치하기 위해 세워진 사람들이었다. 그러나 정착 생활을 하게 된 이후에는 자기 부족을 위한 정치적 결정을 내리며 가나안 성읍의 장로들이 하는 것과 같은 역할을 했다(수 9:11). 그리고 국가적인 차원에서는 왕의 자문 역할을 감당했다. 룻기 4장에서 장로들은 성문에서 재판관의 역할을 수행했다. 이 역할에 대한 법적 근거는 신명기 19장 11-12절, 21장 1-9절, 18-21장, 22장 13-21절, 25장 5-10절에서 볼 수 있다. 그러나 이사야 당시 장로들은 자신들의 배를 채우기 위해 그들에게 주어진 법적, 정치적 권세를 남용했다. 그것은 다른 잘못들과 함께 하나님께서 이스라엘을 심판하시는 한 이유가 되었다.

방백들은 모세 당시로까지 거슬러 올라가는 왕실의 관리들이었다(출 18:25). 따라서 그들은 엄격한 자격과 지위를 갖추고 있었다(출 18:21). 그들은 군 장교들이었으며 사람들을 감금할 수 있는 권세를 가지고 있었다(왕상 22:26). 방백이라는 말은 점차로 모든 왕실 관리들을 포함하는 용어로 일반화되었다(왕상 4:2). 때때로 그들은 왕에게 위협을 가하기도 했다(렘 38:24-27). 그들은 또 가난한 시골 농부들을 위협해서 선물이나 지불 대금을 요구하는 일에 자신들의 정치적 권력을 사용했다. 그런 요구를 거부하는 농부들은 그들의 포도원이 불에 타 없어지는 것을 지켜보아야 했다. 이사야는 그런 강탈을 적나라하게 책망했다.

3:15. 장로들과 방백들은 그런 자신들의 횡포가 얼마나 심각한 문제인지를 보지 못하고 있었다. 그러나 하나님께서는 간과하지 않으셨다. 그런 비리는 하나님께서 나라를 몰락하게 하시는 근거가 되었다. 여호와 내가 말하였느니라. 이 표현은 하나님께서 말씀하셨다는 것을 단언하는 기술적인 용어로 사용되었으며, 성경에는 365번 나타나는 것을 볼 수 있다. 이 표현은 청중들이 일반적으로 선지자의 말을 잘 믿지 않았기 때문에 그가 선포한 말에 권위를 부여해주기 위해 선지서에서 가장 자주 사용된 것을 볼 수 있다.

F. 교만한 여인들이 받게 될 심판(3:16-4:1)

멸망에 대한 예언(B.C. 740년)

Supporting Idea	화려한 모임을 좋아하는 사치스런 여인들은 그들의 교만 때문에 귀빈 대우를 받는 그들의 남편들과 함께 하나님의 심판을 받게 될 것이다.

3:16. 선지자는 매우 용감했다. 그는 예루살렘의 사교계 여인들까지 공격했다. 바람을 피우며 시시덕거리는 시온의 범죄에 걸맞는 심판이 또다시 선포되었다.

3:17. 긁어 파는 손가락이 비듬을 떨어지게 하고, 두피에 심한 상처를 만들어 아름다운 머리 장식을 떨어지게 할 것이다. 하나님께서 그 과정을 끝내시고 그들의 머리를 대머리가 되게 하실 것이다.

3:18-23. 그런 다음 그들의 모든 장신구들을 제거하실 것이다. 장신구들 자체가 악한 것이기 때문이 아니라 그것들 때문에 높아진 그들의 잘못된 교만 때문이었다. 이사야는 성경의 다른 책들에서는 볼 수 없는 용어를 이곳에서 사용했다. 그래서 불확실한 번역이 남아 있게 되었다. 성경을 연구하는 사람들은 여러 번역본을 비교해보는 것이 필요하다.

3:24-26. 새 옷이 준비될 것이다. 그 옷은 성전을 찾아가는 순례 여행보다 포로로 잡

혀가는 여행길에 더 잘 어울릴 것이다. 그 길은 고달픈 여행 길이 될 것이다. 남자들이 전쟁터에서 죽게 될 것이기 때문이다. 장례식이 그들에게 남은 유일한 사회적 활동이 될 것이다.

4:1. 여자들은 살아남은 남자들이 어떤 사람들이든지 그들을 차지하기 위해 싸우면서 모든 자존심을 다 잃어버릴 것이다. 그들이 남자들에게 원하는 것은 물질적인 것이 아니었다. 결혼하지 못하고 아이를 낳을 수 없는 치욕에서 벗어날 수 있도록 결혼해주고 자녀들을 갖게 해주는 것, 그것이 그들이 남자들에게 원하는 것이 될 것이다. 탐욕스럽고 거만하게 날뛰던 여자들과 그들의 교만이 불러온 심판의 결과는 매우 대조적이다.

G. 경건한 사람들이 받게 될 보호(4:2-6)

소망에 대한 예언(B.C. 701년)

Supporting Idea	심판 후 하나님께서 하나님의 백성들을 구속하시고 정결케 하시며 영광중에 안식을 누리게 하실 것이다. 그 결과 거룩하신 하나님께서 그들 가운데 함께 거하실 것이다.

4:2. 그 날이 아주 어둡기만 할 수는 없었다. 이 부분은 시작할 때처럼 소망을 이야기하며 끝을 맺고 있다(2:1-5 참고). '그 날'이 언제인지는 모호하다. 중요한 것은 달력에서 그 해당 날짜를 찾아 동그라미 표시를 하는 것이 아니라, 하나님의 백성들을 위한 하나님의 구원 계획을 확인하는 것이다. 우리가 알 수 있는 것은 그 구원의 날이 심판 후에 올 것이라는 사실이다. 이 구절은 농사와 관계가 있는 용어로 소망의 날에 대한 묘사를 하고 있다.

그 날 그 땅에 남아 있는 사람들을 위해 나무에 꽃이 피고 풍성한 열매가 맺힐 것이다. 싹은 사무엘하 23장 5절('이루다')과 시편 132장 17절('나게 하다')에 나오는 왕위에 대한 소망을 연상케 하는 '싹트다'라는 동사와 관계가 있다. '싹'이라는 명사는 구원을 얻게 할 것으로 기대되는 왕을 가리킨다(렘 23:5, 33:15, 슥 3:8, 6:12). 초기 유대교는 이 구절을 왕에 대한 미래 소망의 근거로 보았다. 이스라엘의 피난한 자는 이사야서 10장 20절과 37장 31-32절에 나오는 구원이라는 소망에 대한 근거가 되고 있다.

4:3. 남아 있는 자는 이사야서에서 27번 사용되었는데, 재앙과 소망이라는 이중의 의

미를 지니고 있다. 여기서는 살아남게 될 기회와 새로운 삶에 대한 소망을 강조하고 있다('피난한 자'와 '남아 있는 자'에 대해서는 '심층 연구'를 참고하라).

이 남은 자에 대한 소망은 구약의 문헌들 속에서 상당히 많이 볼 수 있다(창 7:23, 왕상 19:9-18, 암 5:15). 남은 자에 포함된 선택된 사람들은 예루살렘에 머물러 있는 자 곧 예루살렘에 있어 생존한 자 중 녹명된 사람들이다. 이것은 정치적인 목적으로 행해진 인구조사와 기록된 계보(느 7:64 참고)에서 빌려온 비유적인 표현이다. 남은 자들은 거룩한 사람들이라는 선언을 받을 것이다. 그것은 제사장이 성전을 찾아온 사람에게 성전에 들어가 예배하기에 합당한 사람이라는 선언을 했던 종교적 관례를 반영하는 것이었다.

4:4. 이사야는 사람들에게 거룩하다는 선언을 해야 할 제사장이 없어질 것이라고 말했다. 그리고 그런 거룩함을 보여주는 도덕적인 일들도 없어질 것이다. 하나님께서 친히 더러움을 씻어주셔야 하는데 그 일은 심판과 파멸을 통해서만 가능하게 될 것이다.

4:5-6. 선지자는 창조 기사로 돌아간다. 남은 자들을 위한 소망은 모든 것을 다시 시작하고 남은 자들이 거할 수 있는 새로운 장소를 보존하시는 하나님의 능력 안에 있었다. 출애굽 사건 속에서 상징적으로 드러난 보호하시는 하나님의 임재(출 14:20-24)가 그들이 거하게 될 곳의 영광이 될 것이다. 거룩한 성전뿐 아니라(왕상 8:10-11) 시온 산 전체가 하나님께서 이 땅에서 거하시는 곳이 될 것이다.

5하반절과 6절에 나오는 결론적인 진술은 매우 난해하다. 문자적으로 번역하면 다음과 같다. "모든 영광 위에 천막이 있어 낮에는 뜨거운 더위를 피하는 그늘을 만들고 또 구름과 비를 피하는 피난처가 될 것이다." 함께하시는 하나님의 영광이 예루살렘의 지붕이 되어 예루살렘과 함께 머물고, 따라서 예루살렘을 떠날 수 없게 될 것이다(겔 10:18-19). 이스라엘은 그들의 생활을 위협하는 모든 위험으로부터 보호를 받을 것이다. 인간 지도자들이나 교만이 그들을 그렇게 보호해주는 것이 아니다. 그들과 함께하시는 하나님께서 그런 보호를 보장해주시고, 인간이 교만해질 수 있는 모든 근거들을 제거하신다.

Main Idea 복습	모든 사람이 평화롭게 살면서 하나님을 섬기고, 그들 속에 함께하시는 거룩하신 하나님의 영광을 누리는 것이 하나님께서 계획하신 것이다. 그러나 먼저 하나님의 심판으로 죄인들 - 그들이 남자든지 여자든지, 또는 지도자든지 평범한 시민이든지 - 을 겸손하고 정결케 하실 것이다.

결론

재앙과 소망

하나님께서는 하나님의 백성들을 위해 놀라운 미래를 계획하셨다. 그리고 그 미래를 다양한 표현으로 설명하셨다. 그때는 전쟁이 없을 것이며, 모든 나라가 하나님께 배우기 위해 그분이 선택한 곳으로 밀려들 것이다. 그때는 하나님께서 남은 자들을 심판으로 깨끗하게 하시고, 그들과 함께 거하시는 아름답고 풍요로운 때가 될 것이다. 새로운 출애굽의 때가 될 것이며, 첫 출애굽 세대가 저버렸던 하나님의 목적이 이루질 것이다.

소망의 날이 어떻게 묘사되었든지 그 날은 재앙이 임한 후에야 올 것이다. 하나님께서 약속하신 소망의 날을 하나님의 백성들에게 허락하시기 전에 거만하고 교만한 그들을 먼저 낮추셔야 하기 때문이다. 지도자들은 가난한 사람들을 도와야 할 책임이 자신들에게 있으며, 부정한 방법으로 축적한 재산과 잘 치장한 아름다움을 자랑해서는 안 된다는 사실을 깨달아야 한다. 하나님께서 새로운 소망의 아침을 허락하시기 전에 그들로 먼저 슬퍼하며 탄식하게 하실 것이다.

교만은 우리 각자의 삶 속에서 그 보기 흉한 얼굴을 내민다. 당신의 삶 속에서 교만이라는 유혹에 빠지기 가장 쉬운 영역은 어디인가? 지금 자신 안에 있는 교만을 찾아내어 하나님께 용서를 구하라. 사회에서 버림받고 학대받는 사람들을 돕는 일에 하나님께서 주신 재능과 자원들을 사용하기로 결단하라. 하나님의 심판을 맞이하는 대신 하나님의 구원을 누리며 의로운 행실의 열매를 맺을 수 있도록 기도하라.

■ **진리 알기**

- 세계 평화는 하나님께서 하시는 일과 하나님의 법을 따르는 우리의 순종에 달려 있다.
- 전쟁은 하나님의 백성들을 위한 하나님의 계획이 아니다.
- 미신과 점술과 점성술로는 하나님의 뜻을 알 수 없다. 또 미래를 맞이하는 일에도 도움이 되지 않는다.
- 재물은 행복이나 영원한 성공을 우리에게 가져다주지 못한다.

· 인간의 손으로 만든 것들은 예배할 만한 가치가 없는 것들이다.
· 인간이 교만해야 할 아무런 이유도 없다.
· 하나님만이 우리가 예배하고 신뢰할 만한 유일한 분이시다.
· 하나님께서 세상을 최종적으로 심판하실 날이 올 것이다.
· 하나님께서 의인들을 하나님의 무시무시한 심판으로부터 보호하신다.
· 남자뿐 아니라 여자들도 그들 자신의 교만과 이기주의 때문에 심판을 받을 것이다.
· 하나님께서 남은 백성들을 구원하시고 거룩하게 하신 후, 그들과 함께 거하실 것이다.

▣ 적용하기

· 하나님을 예배하기 위해 모든 나라와 모든 종족과 모든 계층의 사람들을 다 초청하라.
· 하나님의 말씀과 하나님의 뜻을 배울 수 있는 성경 공부 모임에 참석하라.
· 하나님의 방법대로 세상의 평화를 추구하라.
· 재물에 대한 소유권을 하나님께 넘겨드리고 어려울 때 재물을 의지하려 하지 말라.
· 교만을 하나님께 자백하고 용서를 구하며 하나님께서 그 교만을 제거해주시도록 기도하라.
· 하나님 대신 인간적인 능력과 자원들을 의지하고 있는 것은 아닌지 점검해보라.
· 가난한 사람들과 힘없는 사람들을 억압한 일이 있다면 그 죄를 자백하라.

삶의 적용

성취할 수 없는 것을 성취하려면

내 서재 한쪽 책장에는 내가 썼거나 편집했거나 기고한 책들로 가득 차 있다. 컴퓨터를 켜고 「Holman Christian Standard New Testament」, 「Holman Bible Dictionary」, 「Holman New Testament Commentary on Luke」 등을 비롯한 여러 책의 원고들을 펴보며 "자, 내가 얼마나 많은 일을 해냈는지 보라고. 이 정도면 나도 상당한 사람이라고 할 수 있지"라고 생각하기 쉽다.

교회에 모여 자신이 얼마나 괜찮은 사람인지, 또 우리 교회에 좋은 사람들이 얼마나 많은지, 그리고 서로 다투며 난리 법석을 떠는 사람들이 아닌 것이 얼마나 다행한 일인지를 서로 이야기하며 자축하는 사람들 틈에 끼여 있기가 쉽다. 그렇다. 나는 어디를 가나 내가 얼마나 훌륭한 사람인지를 자신에게 말해주며 부추기는 유혹을 받게 된다. 그러면 나는 성경으로 돌아와 우리의 유일한 소망은 나와 내가 하는 일이 아니라 하나님과 하나님께서 하시는 일이라는 사실을 상기시켜주는 이사야의 말에 귀를 기울인다. 나는 새로운 책들을 출간하기 위해 내가 하는 모든 일들은 그저 불안과 염려와 장시간에 걸친 작업을 요구할 뿐이라는 사실을 잘 알고 있다. 그런 것들이 내가 살아가면서 원하는 것들인가? 그보다 좀더 나은 것은 없는 것인가?

이사야는 샬롬(shalom, 평안, 온전함, 만족)이라는 한 단어로 내가 원하는 것을 잘 묘사해주었다. 나는 샬롬을 원한다. 그러나 그것은 내 힘으로 취할 수 있는 것이 아니다. 하나님께서 내게 주시는 선물로 받아야 한다. 그리고 그런 놀라운 선물을 주신 하나님을 찬양해야 한다. 업적을 이루기 위해 헌신하는 것이 아니다. 하나님께 헌신하고 그분을 섬기는 것이 원하는 것을 갖게 해주고 필요한 것을 채워준다.

당신은 어떤가? 살아오면서 성취한 업적들을 열거할 수 있는가? 하나님께서 주시는 평안을 누리기보다는 그런 업적들에 만족하고 있는 것은 아닌가? 하나님께서 종교와 업적을 내세우려는 위험으로부터 당신을 구원해주시고, 하나님만이 주실 수 있는 평안을 누리며 하나님을 예배하는 삶을 살아갈 수 있도록 인도해주시기를 기도하라.

기도

하나님, 하나님께서 소망의 하나님이신 것을 감사드립니다. 하나님의 백성들을 지켜주시고 평안을 얻게 하시려는 하나님의 계획에 감사를 드립니다. 제 교만과 불손을 용서해주십시오. 제가 이룩한 업적들과 소유한 것들에 마음을 빼앗기게 만드는 유혹들을 물리칠 수 있게 해주십시오. 하나님의 법과 하나님의 방법들을 가르쳐주시고, 하나님께서 인도하시는 곳으로 기꺼이 따라가는 마음을 갖게 하셔서 하나님의 구원의 날에 참여할 수 있도록 해주시기를 기도합니다. 아멘.

심층 연구

A. 율법(2:3)

하나님께서는 자기 백성들이 잘 배우는 사람들이기를 바라시는 교사다. 하나님께서 가르치시는 것은 토라, 즉 하나님의 명령 또는 율법이다. 구약 성경에서 토라라는 말이 220번 나오는데, 그 가운데 12번이 이사야서에 나온다. 인간의 일상 생활 속에서 토라는 자녀들을 가르치는 부모의 훈계(잠 4:1, 4, 11, 31:26)뿐 아니라, 잠언을 지은 지혜자가 구술로 가르친 교훈(잠 5:13, 7:2, 13:14)이기도 하다.

제사장들에게도 가르쳐야 할 중요한 책임이 있었지만(레 10:11, 신 17:11, 왕하 17:27-18, 렘 18:18, 미 3:11) 그 책임을 잘 수행하지 못하는 경우가 많았다(겔 22:26, 습 3:4). 제사장에게는 정한 것과 부정한 것, 하나님께서 받으실 만한 것과 그렇지 않은 것을 백성들에게 알려주어야 할 의무가 있었다(레 11:46, 겔 44:23, 학 2:11-13). 그는 예배 의식이 어떻게 적절하게 행해져야 하는지를 백성들에게 알려주어야 했다.

제사장들이 뇌물을 받고 하나님의 율법을 가르치지 않거나 백성들이 하나님의 율법을 따르지 않으면(사 24:5, 42:24), 선지자들에게 하나님의 가르침을 따를 것을 촉구했다(암 2:4). 이사야는 이스라엘 백성들에게 그들이 거부한(5:24) 하나님의 율법에 귀를 기울이라고 간청했다(1:10). 그들의 거부는 하나님의 '율법을 크게 하고 존귀케 할' 기회를 하나님께 드렸다(42:21). 그들은 하나님의 율법을 알고 있었다. 하나님의 율법을 암기하고 마음속에 그 율법을 두고 있었다(51:7). 이사야는 많은 나라의 백성들이 하나님의 말씀을 듣기 위해 예루살렘으로 오게 될 하나님의 날을 강조했다(2:3). 백성들이 이사야의 증거에 귀를 기울이지 않자 이사야는 제자들과 함께 그 증거의 말씀을 글로 기록하여 봉합하고(8:20), 그것을 후손들이 하나님의 권위 있는 말씀으로 주목하게 될 하나님의 율법이라 불렀다(8:16).

하나님의 종은 흩어진 백성들을 위한 소망의 근거로 하나님의 율법을 제시할 것이다(42:4). 하나님께서 공의를 만민의 빛으로 삼기 위해 율법을 반포하실 것이다(51:4). 따라서 이스라엘은 지혜로운 교훈과 제사장의 가르침과 선지자의 경고 형식으로 된 토라를 가르치는 그들의 스승에게 귀를 기울여야 했다(30:20). 결국 그 모든 가르침은 하나의 율법 책으로 묶였다(신 4:8, 28:61, 31:26, 32:46). 그 기록된 토라는 모든 인간의 행동을 판단하는 최종적인 권위를 가진 하나님의 가르침이 되었고, 하나님 자신을 드러내주는 역할을 하게 되었다(수 1:7-8, 22:5, 왕하 21:8, 대상 22:12, 대하 15:3, 35:26).

토라는 사람들에게 그들의 의지에 반하는 것을 강요하는 그런 것이 아니다. 토라는 하나님께서 가르쳐주신 삶의 방식이며, 그 삶의 방식을 배우고 순종하는 사람들에게 기쁨과 즐거움을 누릴 수 있게 해준다(시 19:7).

B. 피난한 자/ 남아 있는 자(4:2)

피난한 자는 전쟁에서 칼을 피한 사람(렘 44:28, 암 9:1)이나 끔찍한 패배의 소식을 알리기 위해 전쟁터를 벗어난 사자(창 14:13, 겔 24:26-27)를 말한다.

하나님께서는 사람들을 위험에서 피하게 하실 수 있는 분이다(대하 12:7, 사 31:5). 시편은 탄식(시 17:13, 89:48)과 감사(107:20, 116:4)를 표현하면서 이 용어를 종종 사용했다. 위기에 처한 하나님의 백성들은 소망과 구원을 알리는 하나님의 말씀에 귀를 기울였다. 그들의 유일한 소망은 피할 길을 만들어주시는 하나님께 있었다(사 49:23-25). 주의 날에 하나님께서는 마지막 심판을 피할 수 있게 하신 그 사람들을 구원하실 것이다(사 4:2, 37:30-32, 단 12:1). 피난한 하나님의 사람들에게는 이 세상을 위해 해야 할 사명이 있었다(사 66:19).

시온에 남아 있는 자들(4:3)은 하나님의 남은 자들이었다. 이사야는 '남아 있다' 라는 뜻을 가진 이 히브리 용어를 27번이나 사용했다. 음식(삼상 9:24), 곡물과 기름(신 28:51), 추수한 것의 일부(렘 49:9), 돈(창 47:18) 등은 모두 남을 수 있는 것들이다. 아무도 남지 않았다는 것을 말하기 위해 군사적 상황에서도 이 용어가 사용될 수 있었다(수 8:17, 왕하 10:21). 뿌리가 뽑힌 가정은 그 이름과 그 일가의 남은 사람들이 모두 멸망된 것을 말한다(사 14:22).

하나님께서 남아 있는 것들과 사람들을 멸망시킬 것이라고 위협하셨다(렘 47:4-5, 암

1:8). 심판 후 이스라엘의 남은 자들마저도 위협받을 수 있었다(신 7:20). 불순종하는 사람들에 대한 하나님의 진노는 그들을 심판하게 만들었다. 그 심판은 약간의 무력한 사람들을 남겨둘 수도 있었고(사 6:13, 암 5:3), 아무도 남기지 않을 수도 있었으며, 또 세상을 위한 하나님의 구원 계획을 이루기 위해 하나님께서 계획하신 사람들을 남길 수도 있었다. 첫 번째 남은 자는 하나님의 은혜를 입은 노아였다(창 6:8, 7:23). 그때 하나님께서는 남은 사람들을 모두 멸하는 일은 다시없을 것이라고 약속하셨다(창 8:21-22). 그리고 남은 자들을 보존하기 위해 요셉을 보내셨다(창 45:7). 하나님께서는 그저 남은 사람들이 아니라 하나님께 충실하고 믿음직스러운 남은 사람들을 찾으신다(왕상 19:10-18). 남은 자들을 두시는 것은 하나님께서 결정하시는 일이며, 아무도 남기지 않으실 수도 있었다(암 5:15).

이사야가 말하는 남은 자 사상의 핵심은 '남은 자가 돌아올 것이다' 라는 뜻을 가진 그의 아들 스알야숩의 이름 속에 반영되어 있다(사 7:3). 그 아이는 아하스 왕에 대한 경고였다. 아하스 왕은 이사야의 지시를 성실하게 따라야 했다. 그렇게 하지 않는다면 그의 나라는 전쟁에서 돌아온 소수의 남은 자들만을 보게 될 것이다. 그러나 그 남은 자들에게는 확고한 소망이 있었다(사 10:20-23). 그 남은 자들은 하나님을 전적으로 의존해야 한다(10:20). 그 소망은 하나님께서 기대하시는 공평과 의를 불러올 거룩한 씨인 것이 분명하다(6:13, 28:5-6).

이사야는 바벨론에 포로로 잡혀가야 하는 고통을 경험하고 있는 세대에게 소망을 주고 있다. 하나님께서 풍성한 복으로 하나님의 백성들을 놀라게 하실 것이다.

고안

A. 들어가는 글

1. '두려움 - 치명적인 흠' 이야기로 시작하라.

2. 배경 설명: 1장에서 이사야가 전한 메시지는 2장 1절에서 볼 수 있는 새로운 머리말로 이어진다. 소망(4:2-6)은 주의 날에 있을 심판을 예고했다. 하나님께서는 하나님의 율법을 알고 순종하는 사람들을 세우시며, 군사적인 위협이나 위험이 없는 삶을 그들에게 허락하실 것이다. 그러나 그들은 그렇지 못했다. 따라서 하나님의 심판이 요구되었다.

3. 적용: 1장에서 볼 수 있는 회개의 촉구는 2장에서 말하는 평화의 약속으로 이어진다. 그 영광스러운 소망의 영광이 현실 앞에서 경감되었다. 하나님의 구원은 현재의 불순종과 우상 숭배에 비추어볼 때 미래 속으로 그 자취를 감추었다. 주의 날은 영원한 역사 속에서 영광스러운 한순간이 될 것처럼 보였다. 그러나 현실 속에서는 심판과 징계가 따를 것이다. 죄를 짓고 자신들의 손으로 만든 우상에게 절하며 교만하게 머리를 치켜드는 사람들은 곧 외국 땅으로 쫓겨갈 것이다.

B. 본문 이해

1. 평화로운 예배를 드리게 될 날(2:1-5)
2. 거절한 이유(2:6-9)
3. 교만에 대한 경고(2:10-22)
4. 지도력의 부재(3:1-12)
5. 가난한 사람들을 탈취한 방백들(3:13-15)
6. 교만한 여인들이 받게 될 심판(3:16-4:1)
7. 경건한 사람들이 받게 될 보호(4:2-6)

C. 결론: '성취할 수 없는 것을 성취하려면' 을 읽어주라.

1. 요약: 하나님께서 아름다운 승리의 날을 그분의 백성들에게 약속하셨다. 군대는 사라질 것이다. 농사를 짓는 가정 생활의 기쁨을 누리게 될 것이다. 하나님의 거룩한 백성들이 다시 예루살렘에 거하고, 하나님께서 선택하신 가지가 그들의 지도자가 되어 그들을 이끌 것이다. 징계와 심판은 과거 역사로 남을 것이다. 사람들은 하나님의 영광 속에서 살아갈 것이다. 그러나 먼저 이루어져야 할 일이 있었다. 현재 누

리는 번영이 곧 사라질 것이다. 왜냐하면 이스라엘 백성들이 교만하고 우상을 숭배하는 삶을 살아가고 있었기 때문이다. 하나님께서 예루살렘의 모든 자원들을 제거하실 것이다. 그리고 하나님의 백성들을 공격하는 군대를 이끌고 이스라엘 백성들에게 그 영광을 드러내실 것이다. 인간에 대한 신뢰가 사라질 것이다. 암혈이 하나님을 피해 달아나려는 사람들의 피난처가 될 것이다. 하나님께서 예루살렘이 의지하던 모든 자원들을 제거하실 것이다. 사람들은 능력 있는 지도자를 찾으려 하겠지만 헛수고가 될 것이다. 그들을 이끌 만한 사람은 아무도 없을 것이다. 거드름을 피우던 여자들이 노인들에게 남편이 되어 보호해줄 것을 간청할 정도로 추락할 것이다. 그러나 하나님의 심판이라는 재앙 속에서도 하나님께서는 의인들을 지켜주실 것이다.

2. 도전: 자신의 영적인 상태를 점검해보라. 이스라엘이 그 대가를 지불해야 했던 죄들을 확인해보라. 당신의 삶 속에서 그런 죄들을 범하고 있지는 않는가? 용서받고 영적인 삶을 새롭게 살아가기 위해 무엇을 어떻게 하고 있는가? 당신은 하나님께서 보호해주실 의로운 사람들 가운데 포함되어 있다고 생각하는가? 아니면 징벌을 받게 될 교만한 우상숭배자들 가운데 포함되어 있다고 생각하는가?

토의 질문

1. 하나님께서 이땅에서 승리하시게 될 마지막 날에 당신이 기대하는 것은 무엇인가?

2. 오늘날 교인들은 어떤 우상들을 섬기고 있는가?

3. 오늘날 여자들은 어떤 면에서 이사야가 묘사한 여자들과 비슷하다고 생각하는가?

4. 오늘날 교인들은 그들의 건강하지 못한 교만을 어떻게 표현하고 또 드러내고 있는가? 그런 사람들을 위해 교회가 할 수 있는 일은 무엇인가?

5. 하나님의 백성들에 대한 그분의 심판이 오늘날에는 어떤 모습으로 나타나고 있는가?

이사야 5장

포도원에 내린 심판

"하나님의 물레방아는 비록 천천히 돌아간다 할지라도 아주 곱게 갈아 비순다."

- 프리드리히 폰 로가우(Friedrich von Logau)

이사야서 5장에서 하나님께서는 기대에 미치지 못하는 하나님의 백성들에게 닥칠 재앙을 경고하시며 그들을 향해 포도원의 노래를 부르셨다. 그리고 그들의 이기적이고 독선적이며 부조리한 생활 방식이 불러온 화를 선언하셨다. 이방의 군대가 하나님의 심판을 수행하는 대리인의 역할을 하게 될 것이다.

Isaiah

들어가는 글

마음이 곧 그 사람이다

맥스 루케이도(Max Lucado)는 인도의 한 전설에 관한 이야기를 했다. 고양이를 무서워하며 불쌍하게 살아가는 쥐 한 마리가 있었다. 어느 날 그 쥐는 마술사를 찾아가 도움을 청하며 그를 설득했다. 그래서 마술사는 그 쥐를 고양이로 만들어주었다. 그러나 고양이가 된 쥐는 사나운 개를 만나게 되었다. 늘 개에 대한 두려움을 안고 살아가야 할 처지가 된 그는 더 이상 고양이로 살아갈 수 없다고 고집을 피웠다. 그래서 마술사는 다시 그가 바라는 대로 그를 개로 만들어주었다. 고양이가 되었다가 다시 개가 된 쥐가 호랑이와 우연히 부딪히게 되기 전까지는 아무 이상이 없었다. 마술사는 한 번 더 마술을 펼치며 호랑이 가문에 새로운 가족을 하나 더 늘려주었다. 그러나 그 호랑이는 사냥꾼을 피할 수 없었다. 그러자 그는 다시 마술사에게로 달려갔다. 그는 여전히 두려움에 시달리고 있었다. 그를 본 마술사는 단호한 자세를 취하며 "다시 쥐로 만들 것이다. 넌 호랑이 몸을 가지고 있으면서도 마음은 여전히 쥐의 마음을 가지고 있기 때문이다"라고 말했다(Lucado, 「The Applause of Heaven」, p. 77).

이사야도 이스라엘에 대해 그와 비슷한 묘사를 했다. 하나님께서는 사랑하는 백성들을 위해 할 수 있는 모든 일을 다하셨다. 하나님 자신이 원하시는 사람들이 될 수 있도록 그들에게 가장 생산적인 환경을 만들어주셨다. 그러나 이스라엘은 아무 열매도 맺지 않았다. 그들은 하나님을 거역했고, 악을 행하는 나라로 남아 있었다. 하나님께서 가만히 계실 수 없을 정도까지 되었다.

이사야서 5-11장에서 예언 문학의 두 가지 형태가 나타나는 것을 볼 수 있다. 시 문학의 형태(5:1-30)에 이어 예언에 관한 산문체 이야기(6:1-8:22)가 이어지고, 재앙을 선포하고 있는 5장 8-23절이 10장 1-4절에서 다시 시작된다. 그리고 5장 25절의 후렴구가 9장 12, 17, 21절, 10장 4절에서 다시 나타나고 있으며, 전체적인 구조가 예술적으로 잘 엮여져 있다. 선지자의 책망과 심판이 상당히 많은 분량 다시 이어지고 있지만, 그 정점에서는 남은 자들을 위한 소망과 구원이 핵심 주제가 되고 있음을 볼 수 있다(10:5-11:16).

본문 이해

포도원에 내린 심판

Main Idea	하나님께서는 백성들을 위해 할 수 있는 모든 것을 다하신 후, 하나님을 버리고 부도덕하게 살아가는 하나님의 백성들에게 화가 임할 것이라고 선언하셨다.

A. 열매 없는 포도원(5:1-7)

법정 재판으로 바뀐 추수의 노래(B.C. 740년)

Supporting Idea	하나님께서는 백성들에게 필요한 모든 것을 공급해주셨지만 그들은 썩은 열매만을 맺었다. 따라서 그들은 하나님께서 공급해주신 모든 것을 잃어버릴 것이다.

5:1. 우리는 가장 뛰어난 예언 문학, 실제로 가장 탁월한 문학 작품들 가운데 하나를 앞에 놓고 있다. 선지자는 그의 청중들을 위해 유화 그림을 그려놓았다. 그는 추수를 마치고 난 가볍고 흥겨운 분위기에 잘 어울리는 사랑의 노래를 불렀다. 그 속에서 그는 신랑 친구의 역할을 하고 있다. 그 역할은 오늘날 신랑 들러리들의 역할과 같은 것이었다. 결혼이 시작되기 전까지 신랑과 신부는 서로 보지 못하게 되어 있었기 때문에 신랑의 친구가 신부 앞에서 신랑을 대신했다. 그는 사랑을 주제로 한 이스라엘의 시가 문학 속에서 흔히 볼 수 있는 풍습인 농경 사회의 언어를 사용했다(아가서 참고).

5:2. 신랑의 친구는 세부적인 모든 것을 준비하면서 신랑의 신실함을 보여주었다. 그는 포도나무가 잘 자랄 수 있도록 자신이 알고 있는 가장 좋은 방법으로 밭을 일구었다. 그래서 신랑은 큰 기대를 하고 있었다. 그 포도원은 전국에서 가장 좋은 포도원이 되어야 했다.

5:3-4. 선지자는 갑자기 분위기를 바꾸었다. 그는 시민들을 배심원으로 하는 재판을 요청했다. 먼저, 그는 신랑을 피고석에 세우고 좋은 포도를 생산하기 위해 자신이 한 것

이상으로 무엇을 더할 수 있을 것인지를 물었다.

5:5-6. 그런 다음 그는 신속하게 판결을 내렸다. 신부가 잘못이라고 그녀에게 사형을 선고했다. 열매가 없는 포도원을 더 이상 그냥 둘 수 없었다. 그런 포도원은 기회를 다시 가질 수 없었다.

5:7. 또다시 선지자는 갑자기 그의 이야기를 바꾸었다. 그는 사랑 노래와 법정 재판 전체를 하나의 비유로 해석했다. 이스라엘의 하나님 여호와는 신랑이었고, 유다는 신부였다. 하나님의 기대는 아름다운 두운법으로 묘사되었는데, "그는 공평을 바랐지만 보이는 것은 포학뿐이었다. 또 의로움을 바랐지만 보이는 것은 부르짖음뿐이었다"라고 번역할 수 있다. 사랑의 하나님께서는 실망하고 거부당하는 고통을 겪으셨다. 사랑하는 사람들을 징계하셔야 했다(호 1-3장). 그러나 하나님께서는 또다시 기대하시는 것, 곧 공평과 의로움을 알리셨다('공평'과 '만군의 여호와'에 대해서는 1장의 '심층 연구'를 참고하라).

B. 속된 사람들에 대한 저주(5:8-30)

탄식(B.C. 740년)

Supporting Idea	가난한 사람들을 억압하고 방탕한 생활을 하며, 다른 사람들을 속이고 의심하며, 영적으로 눈이 멀어 우쭐대며 불의와 불공평을 행하는 악인들은 하나님을 거부한 것 때문에 전혀 예상치 못했던 방법으로 하나님의 심판을 받을 것이다.

5:8-30. 하나님이나 선지자는 죽음이나 파멸을 쉽게 선포하지 않았다. 보통 "화로다. 아아, 슬프도다!" 등의 장례식에서 들을 수 있는 탄식이 그 뒤를 따랐다. 이곳에서 우리는 이사야서 28-31장, 하박국 2장, 아모스 5-6장에서 볼 수 있는 것과 같은 탄식이 이어지는 것을 볼 수 있다. 어려운 곳이 몇 군데 있다. "만군의 여호와께서 내 귀에 말씀하시되"라고 말한 9절은 맹세의 간소화된 형태였다. 따라서 '맹세하여'와 같은 동사를 추가해서 번역해야 할 것이다. "그 귀한 자는 주릴 것이요"(13절)는 "그 귀한 자들은 굶주린 사람들이요"라고 번역할 수 있다. "그 귀한 남자들은 굶주려 죽을 것이요"라고 번역한 경우도 있는데, 그것은 히브리 사람들이 비슷한 소리와 철자를 가진 '남자들'과 '죽다'라는 두 단어를 가지고 언어유희를 사용했기 때문일 것이다.

17절은 보기 드문 단어들과 표현 형식들로 가득하다. 그래서 다양한 번역이 가능할 수 있다. "어린 양들은 자기 초장에 있는 것처럼 풀을 뜯어먹겠지만, 유리하는 사람들은 가축의 고기를 먹을 것이다" 라고 번역할 수 있을 것이다. 다양한 번역본과 주석서들을 참고하라.

25-30절의 문법과 문장의 구조는 매우 불확실하다. 미래 시제로 번역한 사람들도 있고 현재로 번역한 사람들도 있으며 또 과거로 번역한 사람들도 있다. 30절 끝에 나오는 히브리 단어는 성경 가운데 유일하게 이곳에서만 사용되었고 그 의미가 불확실하다. '구름', '흑암', '언덕 꼭대기' 등이 포함될 수 있는 것으로 제안할 수 있다.

5:8. 이 구절은 부를 축적하고 즐기는 일에 너무 몰두한 나머지 다른 일에는 아무 관심이 없는 부자들에 대한 심판을 퍼붓고 있다. 그들은 자신들만 즐길 수 있는 아름다운 대저택을 가질 때까지 부당한 경제 활동을 통해 가난한 농부들을 착취하고 농지를 빼앗았다.

5:9-14. 성전에서 잔치를 벌이고 먹고 마시는 일에 몰두하던 사람들은 하나님께서 그들에게 심판을 내리기 위해 자리를 뜨실 때(12절)에도 개의치 않았다. 하나님께서는 그들에게 합당한 심판을 내리셨다. 대저택은 사람이 살지 않는 흉가가 되었다. 농부들은 기대했던 농작물의 십분의 일밖에 수확하지 못했고, 지주들은 포로로 잡혀갔으며, 그들의 잔치는 강제적인 단식으로 바뀌었다. 음부(히, Sheol, '죽은 자의 집')만이 그 식욕을 채웠다('음부'에 대해서는 '심층 연구'를 참고하라). 성경에 사용된 단위들은 이스라엘의 역사와 함께 달라진 것을 볼 수 있다(신 25:13-16, 겔 45:11). 바트는 22리터, 호멜은 100리터, 에바는 10리터였다.

5:15-17. 하나님의 심판을 통해 유다의 귀한 자들은 낮아진 반면, 하나님께서는 거룩하고 의로운 분이시라는 사실이 분명해졌다('이스라엘의 거룩한 자'에 대해서는 1장의 '심층 연구'를 참고하라). 하나님께서는 높아지시고 사람들은 낮아졌다. 하나님께서 '높고 강한 자'로 그 자리를 계속 유지하셨다. 약속의 땅과 거룩한 성은 어린 양들과 유리하는 사람들이 거하는 곳이 되었다. 부자들이 떠나고 폐허가 된 곳에서 어린 양들이 풀을 뜯어먹게 될 것이다.

5:18-19. 상황은 더 악화되었다. 이스라엘은 수확물을 시장으로 가져가는 대신 그들의 죄를 묶어 소달구지에 실어 시장으로 가져갔다. 이스라엘의 죄가 너무 많아 달구지에

실어야 할 정도였다. 그러나 달구지 자체가 의문을 제기하는데, 그 이유는 거짓이 달구지와 소를 묶은 끈이기 때문이다. 그 끈은 썩은 밧줄과 부정한 사람들을 보여주는 그림이었다. 사람들은 선지자와 하나님을 조롱하며, 하나님께서 하실 일을 속히 행하심으로 그들이 볼 수 있게 해보라고 말할 만큼 악에 깊이 빠져 있었다.

5:20-23. 선지자는 우선 순위를 바로잡을 것을 촉구했다. 창세기에서 아담과 하와는 스스로 선악을 결정할 수 있는 힘을 갖고 싶어했다(창 3:5-6). 이사야는 그 당시 사람들이 선악을 혼동하고 있다고 말했다. 그들은 옳은 것과 그른 것을 구별할 수 있는 능력을 상실했다. 흑암 속에서 살아가고 있었기 때문에 그들은 하나님의 선하심과 그들을 위한 하나님의 선한 계획을 보지 못했다. 그들에게 지도자가 되어주기를 바라는 백성들을 괴롭혀왔기 때문에 그들은 인생의 단맛이 어떤 것인지를 모르게 되었다. 그들은 자신들의 지혜와 명철한 계획을 너무나 오랫동안 의존해왔기 때문에 하나님께서 하시는 일을 보지 못하게 되었다. 그 결과 그들은 독주에 취해 있었고, 정의를 위한 사회 제도를 비웃으며 조롱했다.

5:24-25. 따라서 세상에서 지혜롭기는 하지만 사악한 사람들에 대한 하나님의 심판을 예고하는 불길한 예언이 두 번에 걸쳐 선포되었다. 그들은 삶에 대한 교훈인 하나님의 율법을 알고 있다는 것 때문에 교만해졌다('율법'에 대해서는 2-4장의 '심층 연구'를 참고하라). 율법을 알고 있던 그들이 율법을 따르지 않았다. 지식만으로는 충분할 수 없었다. 그들은 하나님의 가르침에 순종하지 않음으로 이스라엘의 거룩하신 자의 말씀을 멸시했다. 율법을 따르지 않았을 뿐 아니라 선지자의 말도 무시했다. 따라서 그들은 갑절의 죄를 범한 것이었다. 하나님의 가르침에 따라 살기를 거부하는 죄를 범했을 뿐 아니라 하나님의 선지자의 경고를 무시하는 죄를 범했다. 하나님께서 진노하셨다. 하나님을 무시한 결과 예루살렘 거리에는 매장되지 않은 시체들이 즐비하게 될 것이다.

5:26-30. 하나님의 심판이 어떻게 나타날 것인가? 앗수르와 다른 먼 나라들을 부르실 것이다. 이스라엘의 하나님을 대수롭지 않게 무시하던 그 나라들이 빨리 달려올 것이다. 그들은 눈에 띄는 먹이를 찾아 어슬렁거리는 굶주린 사자와 같을 것이다. 전쟁의 소음과 광포로 나라가 어지럽게 될 것이다. 그 세대에게 소망은 사라졌다. 빛과 어둠을 분별하지 못하는 그 세대에게는 흑암만이 있게 될 것이다. 먹구름이 그들 위에 드리워져 있었다.

Main Idea 복습

하나님께서는 백성들을 위해 할 수 있는 모든 것을 다하신 후, 하나님을 버리고 부도덕하게 살아가는 하나님의 백성들에게 화가 임할 것이라고 선언하셨다.

결론

분간치 못하는 눈먼 사람들

하나님의 은총에도 불구하고 그분의 백성들은 하나님을 무시하고 거부했다. 그 결과 그들은 현실을 보지 못하고 선과 악, 빛과 어두움, 단맛과 쓴맛을 분별하지 못하게 되었다. 그들은 하나님과 하나님의 계획과 하나님의 명령을 무시하고 조롱했다. 그리고 자신들의 구미에 맞는 자신들의 법을 만들었다. 그런 그들에게 하나님께서 말씀하셨다. "이제 충분하다. 심판의 때가 되었다. 흑암이 너희를 덮칠 것이다. 앗수르의 왕이여, 방향을 돌려 전진하라! 내 백성을 네가 취하라."

▣ 진리 알기

- 하나님께서는 우리를 하나님의 백성으로 만들기 위해 하실 수 있는 모든 일을 다하셨다.
- 하나님께서는 기대하시는 열매를 맺지 못하는 하나님의 백성들을 징계하신다.
- 하나님께서는 자기 백성들에게 공평과 의를 기대하신다.
- 재물은 만족이 아니라 단절만을 불러올 수도 있다.
- 하나님을 무시하고 외면하는 것은 재앙을 불러오는 것이다.
- 죄는 영적인 눈을 멀게 한다. 그래서 선악을 분별할 수 없게 된다.
- 하나님께서는 교만과 독선을 벌하신다.
- 하나님께서 모든 정치적 군사적 세력을 지배하신다.

■ 적용하기

· 하나님께서 베풀어주신 사랑을 이야기해보라.

· 하나님을 위해 맺고 있는 열매들에 대해 설명해보라.

· 당신이 맺은 열매들에 대해 하나님께서 어떻게 반응하실 것이라 생각하는지 설명해보라.

· 우리 사회가 어떻게 정의를 구현하고, 또 불의를 조장하고 있는지 이야기해보라.

· 하나님을 위해 자신의 재물을 어떻게 사용할 것인지를 보여주는 계획안을 작성해보라.

· 하나님께 죄, 곧 먹고 마시고 떠들며 범한 모든 죄를 자백하라.

· 교만과 독선을 회개하라.

· 하나님 자신이 선택하신 방법으로 이 세상을 다스리시는 하나님께 만족하고 있으며, 하나님께서 행하시는 방법에 대해 더 이상 불평하지 않을 것이라고 말씀드려라.

삶의 적용

실망할 때

블레이크(Blake)는 교회에서 태어날 뻔했다. 그리고 태어난 후 처음 맞이하는 주일에 강보에 싸여 교회를 찾았다. 그 이후 한 주도 빠지지 않고 교회에 갔다. 성경 암송 대회에서 상을 받았고, 여름 성경 학교와 수련회에도 꼬박꼬박 참석했으며, 학생 성가대원으로 활동했고, 학생들이 주관하는 대내외 행사를 치를 때마다 임원으로 선출되었다. 그리고 대학에 들어갔다. 대학에서 블레이크는 부모님이 주의를 주었던 여러 가지 일들, 즉 술, 마약, 절도, 시험 부정 행위 등을 배우게 되었다. 그리고 결국 감옥에서 한동안 생활하게 되었다.

부모님은 블레이크에게 기대했던 것들을 볼 수 없었다. 사정을 아는 사람들은 블레이크의 부모가 그를 위해 할 수 있는 모든 일을 했다고 말했지만, 그럼에도 불구하고 그들에게 남은 것은 고통과 실망과 염려와 죄책감과 자책뿐이었다. 그리고 블레이크는 여전히 반항하고 있었다.

하나님께서도 그런 일을 겪으셨다. 하나님께서는 이스라엘을 하나님의 백성으로 택하셨다. 그리고 그들에게 필요한 모든 것을 공급해주셨다. 그들에게 기대하시는 것을 분명하게 알려주시고, 그들이 그 기대대로 행한다면 최선의 삶을 살게 될 것이라고 약속해주셨다. 그러나 실망하셨다. 이스라엘이 하나님의 의의 길을 버리고 다른 길로 나갔기 때문이다. 그들은 하나님의 기대를 저버릴 수 있는 것이라면 무엇이든지 하려는 것처럼 보였다. 결국 블레이크가 감옥에 갇힌 것처럼 이스라엘 역시 심판을 피할 수 없게 되었다.

기도

거룩하신 하나님, 하나님께서는 제가 구할 수 있는 것 이상으로 저를 위해 모든 일을 하셨습니다. 세상을 창조하기 전부터 구원 계획을 세우시고, 나의 구세주가 되신 하나님의 아들 예수 그리스도를 통해 그 모든 계획을 수행하셨습니다. 하나님의 뜻을 따르지 않고 제 뜻대로 행하며, 하나님의 가르침이 아니라 제 욕구를 따르고, 하나님의 사랑으로 사람들을 대하는 대신 제 자신에게 유리한 방법으로 사람들을 대했던 것을 용서해주십시오. 제 마음을 새롭게 해주시고 하나님의 진노를 거두어주십시오. 아멘.

심층 연구

음부 또는 스올(5:14)

히브리 단어 스올(Sheol, 음부)은 구약 성경에서 죽은 사람들이 거하는 곳을 언급하기 위해 60번 이상이나 사용되었다. 스올은 사람들이 내려가는 지옥이었다(민 16:30, 시 88:3-4, 사 7:11, 암 9:2). 스올은 그곳을 보호하는 성문을 가진 지리적인 장소로 묘사되었다(욥 38:17, 사 38:10, 렘 15:7, 계 1:18). 스올은 모든 사람이 죽은 후 가는 곳으로 보인다(시 89:48, 창 37:35). 심지어는 살아서 스올에 들어갈 수도 있었다(시 55:15). 궁극적으로는 하나님께서 사람들을 그곳에 보내신다(창 42:38, 삼상 2:6, 겔 31:16). 죽은 자들이 거하는 그곳에서는 아무 빛도 비치지 않고(욥 17:13,18:18), 아무 소리도 들리지 않는다(시 31:17-18, 94:17, 사 47:5).

스올은 벗어날 수 없는 곳이었다(욥 7:9). 스올에 거하는 자들은 범죄자처럼 끈이나 사슬에 매여 있는 것처럼 느꼈다(삼하 22:6). 스올에 누워 있는 것은 사람이 태어나서 돌아가는 진토 속에 누워 있는 것이었다(욥 17:16, 시 7:5). 어떤 형태로 존재하든지 스올에서는 누구나 연약하고 덧없어졌다(사 14:9-10).

구약 성경은 스올을 만족할 줄 모르는 욕망(잠 27:20, 30:15-16, 사 5:14, 시 141:7)과 잠자는 자들을 흔들어 깨울 수 있는 능력(사 14:9)으로 묘사했다.

하나님께서는 스올과 그곳에 거하는 자들을 다스리시는 권세를 가지고 계신다(호 13:14). 그리고 하나님의 종들을 스올에서 구속하시고(사 49:15) 구원하신다(시 86:13). 그리고 하나님의 백성들이 그곳에서 벗어나 위를 향해 갈 수 있도록 인도하신다(잠 15:24). 왜냐하면 스올은 하나님 앞에서 열려 있기 때문이다(잠 15:11). 신약 성경은 의인과 악인이 맞이하게 될 사후의 삶을 더욱 분명하게 구분하고, 죽음과 스올을 이기고 승리하신 하나님을 더욱 확실하게 보여준다.

교안

A. 들어가는 글

1. '마음이 곧 그 사람이다' 이야기로 시작하라.

2. 배경 설명: 2-4장에서 선지자는 하나님의 심판의 날을 보여주는 끔찍한 그림의 앞과 뒤를 하나님의 백성들을 위해 하나님께서 마련하신 소망의 약속을 보여주는 두 개의 스냅 사진으로 감싼 다음 그 심판이 왜 필요한 것이었는지를 5장에서 설명하고 있다.

3. 적용: 하나님 탓이 아니었다. 하나님께서는 모든 것을 완벽하게 계획하고 수행하셨다. 자기 백성들을 사랑하셨고, 그들이 하나님께서 계획하신 대로 성장하는 데 필요한 모든 것을 공급해주셨다. 그러나 백성들은 하나님께 협조하지 않았다. 그들은 포로 생활을 하던 자신을 구원해주시고, 약속의 땅을 주신 하나님을 따르는 대신 이기주의와 탐욕과 불의와 방탕을 따랐다. 그 결과 슬퍼하시는 하나님의 진노가 하나님께서 사랑하시는 그 백성들 위에 임하게 되었다.

B. 본문 이해

1. 열매 없는 포도원(5:1-7)
2. 속된 사람들에 대한 저주(5:8-30)

C. 결론: '실망할 때' 를 읽어주라.

1. 요약: 하나님께서는 하실 수 있는 모든 일을 다하셨다. 하나님의 사랑과 은혜 안에서 자랄 수 있는 최선의 환경을 하나님의 백성들에게 제공해주셨다. 그러나 그들은 순종하는 대신 죄를 범했다. 하나님을 거부하고 하나님께서 아시는 것보다 선악을 더 잘 아는 길을 선택하기로 했다. 그 결과 하나님께서는 다가오는 주의 날을 심판과 징계의 날로 선포하셨다. 그리고 적군들에게 파괴하러 오라는 신호를 이미 보내

셨다. 이제 어떻게 할 것인가?

2. 도전: 당신이 최선의 삶을 살아갈 수 있도록 하나님께서 하신 모든 일들을 생각해보는 시간을 가지라. 그 모든 것을 행하신 하나님께 감사하라. 이제 죄의 짐을 무겁게 만든 자신의 행위들을 생각해보라. 만군의 여호와의 율법을 어떻게 어겼는가? 이스라엘의 거룩하신 자의 말씀을 어떻게 거역했는가? 이제 다음 단계로 해야 할 일은 무엇인가?

토의 질문

1. 하나님께서 자기 백성들을 위해 사랑의 노래를 부르셨다는 것이 뜻하는 바는 무엇인가?

2. 오늘날 사람들은 하나님을 향해 어떤 비난을 가하고 있는가? 그런 비난들에 대해 당신은 어떻게 대응할 것인가?

3. 오늘날 하나님의 백성들은 이스라엘 백성들이 했던 것보다 경제적인 성공을 더 잘 다루고 있다고 생각하는가?

4. 술을 마시는 것에 대해 성경은 어떻게 가르치고 있는가?

5. 사람들이 선악을 분별하지 못하고 있다는 사실을 보여주는 사회적인 현상들에 대해 이야기해보라.

이사야 6-8장

부르심과 정결함 그리고 사명 받은

"거룩이 하나님과 인간을 구분하는 한편, 하나님의 거룩하심은 그분과 인간 사이의 새로운 교제를 회복시킨다."

- S. H. 위자프라나와(S. H. Widyapranawa)

이사야서 6장은 예언적 설교의 권위를 입증하기 위한 주춧돌 역할을 한다. 이사야는 자신의 열망이 아니라 하나님께서 주신 소명을 근거로 멸망을 선포했다. 선지자는 그의 사명을 뒤로 하고 백성들을 위해 하나님께 간청했다. 그러나 하나님께서는 인간의 목적이 아니라 하나님의 목적을 이루기 위해 그를 보내셨다.

Isaiah

들어가는 글

어느 날 우리도

래리 크랩(Larry Crabb)은 자기 삶의 진로를 바꾸어놓은 중대한 순간을 떠올렸다. 그가 초등학교 5학년 때 만난 담임 선생님은 대학을 갓 졸업한 분이었다. 그 선생님은 가장 좋은 선생님이 되기로 결심한 후, 각 학생들의 잠재력을 찾아내려 노력했다. 그리고 그 어느 때보다 열심히 최선을 다하도록 학생들을 독려했다. 학생들은 선생님이 자신들을 좋아하고 또 믿어주었기 때문에 최선을 다했다. 학기가 시작한 지 한 달쯤 지난 어느 날 오후, 업(Erb) 선생님은 학생들에게 쉬는 시간을 주면서 "래리, 잠깐 선생님과 얘기 좀 하자"라고 말했다.

래리는 무슨 일인지 궁금했다. 선생님은 래리를 잠시 동안 응시한 다음 그의 삶을 바꾸어놓은 말을 했다. "네가 단어들을 좋아한다는 걸 알고 그 문제를 생각해봤거든. 넌 언젠가 작가가 될 수 있을 거야." 그리고 래리를 격려해주기 위해 선생님은 매일 특별한 숙제를 내주었다. 래리는 사전에서 새로운 단어를 찾아 그 단어의 뜻을 이해하고 있다는 것을 보여주는 문장을 만들어야 했다. 그런 다음 선생님과 그 문장에 대한 이야기를 나누었다.

그 문장들이 바로 래리 크랩을 뛰어난 작가로 성공하게 만든 그의 첫 번째 문장들이었다. 그는 그 문장들을 자신이 글을 쓰도록 성령님께서 삶을 인도하셨음을 확증해주는 증거로 여긴다. 하나님께서 재능을 가진 소년에게 재능을 일깨워주기 위해 대학을 갓 졸업한 젊은 교사를 사용하셨던 것이다(Crabb, pp 157-158).

하나님께서는 선지자의 사명을 수행하도록 이사야를 부르시기 위해 예배를 사용하셨다. 죄를 깊이 깨닫고 하나님께서 주시는 사명을 기꺼이 받아들일 수 있도록, 선지자에게 경이로움을 느끼고 경외하는 마음으로 응답할 수 있게 그의 마음을 감동케 하셨다.

본문 이해

부르심과 정결함 그리고 사명 받은

Main Idea	하나님께서 신의가 없는 왕을 대면하고, 현재에 대한 심판과 미래에 대한 소망을 선포하도록 하나님의 선지자를 부르셨다.

A. 저주하도록 부르심을 받은 선지자(6:1-13)

선지자의 소명 이야기(B.C. 740년)

Supporting Idea	거룩하신 하나님께서 범죄한 백성들에게 심판을 알리시기 위해 죄인을 하나님의 선지자로 부르셨다.

6:1. 이사야의 전기를 간단히 살펴보면 앞에서 우리가 본 무시무시한 예언들이 어떻게 선포될 수 있었는지를 알 수 있다. 기본적으로는 하나님께서 선지자에게 그 일을 위임하셨다는 설명을 할 수 있다. 질병에 시달리고 있가는 했지만 성공을 거두었고, 강력한 힘을 가지고 있던 웃시야 왕이 B.C. 640년에 죽었다. 가장 어려운 시기에 젊은이 한 사람이 예배를 드리기 위해 성전을 찾아갔고, 그 예배를 통해 그는 영원히 다른 삶을 살게 되었다. 이사야는 주님을 보았다. 그 일은 예루살렘 성전 안에서 일어났다. 그것은 그가 성전에서 일하는 사람들을 섬기는 성직자였을 것이라는 사실을 보여주는 증거가 될 수도 있다. 성전이 갑자기 달라졌고, 선지자는 하나님께서 하늘과 땅 위의 모든 피조물 위로 높이 들린 보좌에 앉아 계신 천상의 평의회 모습을 볼 수 있게 되었다. 하나님의 위대하심은 장엄한 성전 전체를 가득 메운 하나님의 옷자락의 크기로 표시되었다.

6:2. 하나님의 스랍들이 하나님을 섬기고 있었다. 스랍(세라빔, seraphim은 히브리 단어 'seraph' 에 복수형 어미 '-im' 을 추가해 음역한 것이다)은 '타는 듯한 것, 또는 타고 있는 것' 이라는 뜻이며, 스랍이 하나님의 평의회를 구성하고 있는 일원으로 나타나는 것은 구약 성경 가운데 이곳에서만 볼 수 있다. 스랍들은 하나님의 거룩하심을 보지 않기 위해 얼굴을 가리고 있었다. 그들의 발을 가렸다는 것은 아마도 거룩하신 분 앞에

서 부정하게 여겨지지 않기 위해 음부를 가리고 있는 것에 대한 완곡한 표현이었을 것이다. 그들은 거룩한 보좌 위에서 그들의 자리를 지키기 위해 날고 있었다('스랍과 하나님의 사자' 에 대해서는 '심층 연구' 를 참고하라).

천상의 평의회는 이스라엘 백성들이 그들의 고대 근동 이웃들과 공유하고 있던 여러 가지 개념들 가운데 하나였다. 이방 종교들은 하위의 신들로 구성된 평의회를 지배하는 신들을 다스리는 왕을 인정하고 있었다. 그러나 이스라엘은 유일하신 참 신이신 그들의 여호와 하나님만이 그분을 섬기는, 특별히 하나님의 사자의 역할을 하는 그룹들을 통치하신다고 주장했다(왕상 22:19). 또 이스라엘은 하나님께서 단순한 신들의 왕이 아니라 그들 국가의 왕이시라는 파격적인 주장을 했다.

6:3-4. 이사야는 천상의 평의회를 구성하고 있는 두 일원들이 서로 부르고 응답하는 송영(계 4:8) 속에서 그의 소명을 받았다. 그들은 땅을 내려다보면서 그 땅이 하나님의 영광, 즉 하나님의 명성과 풍요와 명예를 반영하고 있음을 보았다. 그렇다. 땅을 바라보는 것은 하나님의 사람들에게 그분의 위대하심에 대한 또 다른 견해를 갖게 해주었다('하나님의 영광' 에 대해서는 '심층 연구' 를, '하나님의 거룩하심' 에 대해서는 1:4에 대한 설명을 참고하라). 번제와 유향의 향내가 성전 안에 가득했고, 그것은 특별한 분위기를 조성했다. 하늘에서 나는 소리는 경이로움과 긴장감을 일으켰다. 그런 경이로움에 성전이 흔들렸다. 하나님께서 광야에서 이스라엘을 처음 인도하셨을 때처럼 하나님의 연기가 성전을 가득 메웠다.

6:5. 이사야는 그런 거룩한 자리에 자신이 설 수 없다는 사실을 깨달았다. 그것은 모세에게도 금지되었던 것이다(출 33:20). 그러나 그가 하나님을 본 첫 번째 사람은 아니었다(창 16:13, 삿 6:22, 시 11:7, 27:4, 63:2, '하나님을 보는 것' 에 대해서는 '심층 연구' 를 참고하라).

이사야가 본 이상은 그의 죄를 깨닫게 해주었다. 이사야가 나라의 운명을 슬퍼하며 '화로다' 라고 탄식했던 말이 이제 선지자 자신의 문제가 되었다. 다른 사람들에게 선포했던 화를 자신이 직접 당하게 되었다. 나라의 멸망을 예언했던 그가 이제 자신이 죽게 되었다고 고백했다. 나여, 망하게 되었도다라는 말은 아마도 "나는 입을 열 수 없다. 대답할 수 없다" 라는 뜻일 것이다. 왜냐하면 그것이 이 히브리 단어의 의미로 가장 자주 쓰이기 때문이다.

선지자는 천상의 평의회에 서 있었다. 그러나 그는 자신을 땅 위에 있는 자신의 동족들과 같은 사람으로 보았다. 그와 그의 동족은 부정한 백성이었다. 부정하다는 말은 율법을 제대로 따르지 않았거나 자신을 부정하게 만드는 물건과 접촉한 사람을 언급하기 위해 성전 예배에서 사용되던 용어였다('심층 연구'를 참고하라).

6:6-7. 스랍들은 이사야를 위해 적절한 의식을 거행했다. 구약 예배의 역동적인 특성이 죄의 혐오스러운 속성과 용서하시는 하나님의 능력을 극적으로 표현하고 있다. 핀 숯은 거룩한 단과 매우 밀접하게 연결되어 있기 때문에 제단의 거룩한 특성을 공유한다. 선지자의 입술에서 죄를 태워 없애버리고 하나님의 사자로서 그 입술을 사용할 수 있도록 그를 준비시키기 위해 뜨거운 열과 거룩함이 결합되었다. 하나님께서는 선지자의 고백을 받아주셨다. 선지자는 '입술이 부정한' 사람이었다(5절). 그는 죄인이었다. 그러나 그런 상태로 머물러 있을 필요가 없었다. 그의 악이 제하여졌고 그의 죄가 사하여졌다(이 '속죄'에 대해서는 '심층 연구'를 참고하라).

6:8-10. 이사야는 하나님 앞에 설 수 있도록 천상의 평의회의 일원으로 온전히 받아들여졌다. 그는 하나님께서 거룩한 평의회를 향해 던지시는 질문을 들었다. 누가 우리를 위하여 갈꼬? 이사야는 스랍들 가운데 하나로 하여금 대답하게 하는 대신(왕상 22:21) 자신이 용감하게 자원했다. 내가 여기 있나이다. 나를 보내소서! 그는 이스라엘 백성들을 완고하게 만들어야 하는 쉽지 않은 과업을 받아들였다. 이 구절은 구약 성경 가운데서 그분의 세상을 향한 하나님의 완전한 자유를 가장 적나라하게 진술하고 있다. 하나님께서 바로의 마음을 완고하게 하셨던 것처럼(출 7-14장) 하나님의 원수가 된 이스라엘을 완고하게 하셨다. 여기서 인간은 하나님의 주권과 하나님의 백성들을 향한 하나님의 목적 앞에서 무릎 꿇고 절해야 한다는 것을 알 수 있다. 예수님께서도 당시의 사람들에게 같은 말씀을 하셨다(막 13:10-15, 눅 8:10, 요 12:37-43).

때때로 하나님께서는 하나님의 구원 계획을 이루시기 전에 한 세대를 멸망시키셔야 했다. 사람들이 죄와 반역의 길을 따라 너무 멀리까지 나아갔기 때문에 하나님의 개입이 그분의 거룩하심과 공의에 대한 잘못된 메시지로 전달될 수도 있었다. 그럴 경우 하나님께서는 사자들에게 혹독한 심판의 말씀을 주셨다. 그에 대해 월터 브루거만(Walter Brueggemann)은 "하나님께서는 인간의 완고함 속에서도 그 목적을 이루어가신다. 손쉬운 해결 방법은 없다. 신속한 방향 전환이 이루어지지도 않는다. 해결 방법은 준비되어 있지 않고 방향을 전환하기는 매우 어렵다. 간편한 복음은 없다. 값싼 은혜나 쉽고 빠른 거래를 바라는 사람들에게 줄 수 있는 확신의 말 같은 것은 없다. 그런 것들은 우둔함과 끔찍한 결과만을 불러올 뿐이다" 라고 말했다(Brueggemann, p. 63).

6:11-13. 선지자는 어느 때까지니이까라고 물으며 뒤로 물러섰다. 하나님께서는 완전히 멸망할 때까지라는 흉측한 그림으로 그 질문에 대답하셨다(11-12절). 13절은 어둠 속에 비치는 희미한 소망의 빛을 보여주고 있다. 그러나 이해하기 매우 어려운 문장이다. 아마도 "그 가운데 십분의 일은 남아 있을 것이다. 그러나 그것도 베임을 당한 밤나무와 상수리나무(아마도 이방인들이 제사를 드리던 곳이었을 것이다)처럼 불타 없어지기 위해 돌아올 것이다. 그러나 거룩한 씨는 그 그루터기처럼 남게 될 것이다" 라고 읽을 수 있을 것이다.

대부분의 용어들은 신성한 것으로 여겨지던 나무와 돌들이 있는 산당에서 행해진 우상 숭배와 관계가 있는 것들이며, 거듭되는 파멸을 묘사하기에 적절한 것으로 보인다. 그러나 마지막 결론은 우리를 매우 놀라게 한다. 왜냐하면 거룩한 씨가 그 결과로 나타나고 있기 때문이다. 이스라엘 역사의 가장 어두운 순간, 즉 완고함과 파멸이 아무 위로 없이 선포된 때에도 여전히 하나님의 용서의 빛이 나타나는 것을 볼 수 있다. 하나님께서는 언제나 소망의 말로 끝을 맺으셨다. 남은 자는 심판 속에서도 구원을 베푸시는 하나님의 방법이었다.

B. 신뢰 또는 실패(7:1-9)

예언적 보고(B.C. 733년)

Supporting Idea	하나님께서 세계 역사를 주관하신다. 하나님의 백성들은 그들의 적이 아니라 하나님을 신뢰해야 한다.

7:1-2. 전기 형식의 보도가 계속되면서 왕족들과 귀족들 사이에서 선지자가 경험한 일로 옮겨가고 있다. 이 두 구절은 선지자가 자신의 임무를 신실하게 수행하고 있음을 보여준다. 그의 메시지는 백성들과 왕의 마음을 완고하게 하면서 하나님께서 말씀하신 것을 정확하게 이루었다(6장). 르신(왕하 16:5-9)은 수리아의 왕위를 찬탈한 것이 분명하다. 738년 그는 앗수르의 디글랏 빌레셀 3세에게 조공을 바쳤다. 계속되는 앗수르의 위

협에 맞서면서 르신은 이스라엘의 왕위를 찬탈한 베가와 블레셋과 다른 이웃 나라들의 지지를 받았다. 그 즈음 유다의 왕 요담이 숨을 거두자 르신은 유다에게도 합세할 것을 요청했다. 젊은 아하스 왕은 그 요청을 거절했다('유다의 왕들' 에 대해서는 1장의 '심층 연구' 를 참고하라). 르신과 베가는 앗수르 공격에 유다가 참여하도록 아하스에게 압력을 가하기 위해 예루살렘을 포위했고(왕하 15:37), 유다 땅의 일부를 취하는 데 성공했다(왕하 16:5-9).

7:3-4. 결정을 앞두고 두려워하던 아하스는 하나님의 명을 받고 온 이사야 선지자를 만났다(3절). 이사야는 "남은 자는 돌아올 것이다"라는 불길하면서도 상징적인 의미의 이름을 가진 그의 아들 스알야숩을 데리고 갔다. 그의 이름은 말로 익살을 부리는 것이었다. '남은 자' 는 희망이 없는 소수 또는 새로운 사회의 기초라는 뜻이었을 것이다. 그리고 '돌아오다' 는 아마도 전쟁에서 돌아오거나 '회개하다' 라는 히브리 단어와 같은 의미로 영적으로 돌아오는 것을 의미할 것이다. 군사적 상황에서 그 이름은 전쟁에서 패배할 것을 암시했다. 아이를 함께 데려간 것은 하나님의 백성들에게 회개하고 남은 자의 일원이 될 것을 촉구하는 도전일 뿐 아니라, 왕에게 전쟁에 참여하지 말 것을 알리는 경고였다.

그 만남이 이루어진 장소(3절)는 군사적인 상황을 알아보기 좋은, 도시를 벗어난 곳이었다. 그 상황에 대한 하나님의 말씀은 분명했다. 구원의 선포였다(4절). 왕에게 아무것도 하지 말 것을 요구했다. 그의 적들은 그저 불에 타다 남은 찌꺼기에 불과했다.

7:5-6. 5절은 새로운 예언을 소개하는 '왜냐하면' (한글 개역 성경에는 나타나 있지 않다)이라는 말로 시작하면서 이어지게 될 설교의 배경이 될 상황을 묘사하고 있다. 아하스에게는 절망적인 상황이었다. 적들이 유다를 점령하고, 아하스 대신 아람 사람이며 따라서 수리아와 관계가 있는(수리아는 아람어를 사용했고, 성경에서도 아람으로 불렸기 때문에) 디브엘의 아들을 왕으로 앉히려 할 것이다. 그는 동족인 수리아인들의 계획에 더 개방적일 것이며, 이스라엘의 왕이나 다윗의 집과는 무관하게 행동할 것이다. 그것은 분명히 하나님의 계획에 어긋나는 것이었다. 왜냐하면 하나님께서는 다윗의 후손들이 유다의 왕위를 지킬 것이라고 약속하셨기 때문이다(삼하 7장).

7:7-9. 주 여호와의 말씀에라는 예언 메시지의 형식이 하나님의 결정을 소개하고 있다. 이 형식은 선지자가 하나님의 권위 있는 말씀을 백성들에게 전달하는 하나님의 사자

라는 사실을 보여주는 것이었다. 하나님께서는 상대의 악한 왕들은 하나님이 아니라 그들의 정치적 지위를 의지하고 있기 때문에 성공하지 못할 것이라고 말씀하셨다. 다메섹을 수도로 하고 르신이 왕으로 통치하던 수리아는 하나님과 맞서 싸워 이기기에는 너무 약했다. 에브라임, 즉 사마리아를 수도로 하고 베가가 왕으로 통치하던 북왕조 이스라엘도 마찬가지였다.

아하스에게는 에브라임을 두려워해야 할 이유가 없었다. 한두 세대 후에 그 나라는 붕괴될 것이다. 이스라엘은 B.C. 722년에 정치적 권력을 모두 잃게 되었다. 그러나 선지자는 그보다 더 큰 정체성의 손실을 앞서 지적했다. 그 일은 수리아의 엣살하돈과 앗수르바니팔이 에브라임 인구의 대부분을 국외로 강제 퇴거시키고 그 땅에 외국인을 이주시켰던 B.C. 670년에 일어났다(에 4:2, 10).

선지자는 언어유희로 된 하나님의 말씀을 가지고 아하스와 그의 고문들을 찾아갔다. 그 히브리 단어에는 '믿다' 라는 뜻과 '세워지다, 견고해지다, 굳게 서다' 라는 뜻이 둘 다 포함되어 있다. 그러므로 9절 마지막 부분은 "너희 모두 (이것을) 굳게 믿지 않는다면 굳게 서지 못하게 될 것이다" 라고 번역할 수 있다. 아하스의 반응은 보고되지 않았다. 하나님께서 하나님의 백성들과 함께 일하시며 사용하시는 원리는 분명하다. 하나님께서는 그들이 정치적 또는 군사적 힘을 믿고 행동하는 것이 아니라 하나님을 믿고 행동하기를 기대하신다.

C. 혼란스러운 생각(7:10-17)

예언적 보고(B.C. 733년)

Supporting Idea	하나님께 대한 불신과 불순종은 비록 궁극적인 소망은 남아 있다 할지라도 분명한 심판을 불러온다.

이 구절의 해석은 기독교 교회 안에서 가장 큰 논쟁을 불러일으켰고, 많은 사람들에게 그리스도의 영을 조금도 드러내지 못하는 말과 행동을 하게 만들었다. 이 구절은 이사야와 아하스가 나눈 대화를 보여주는 것으로, 관련된 사람들이 처해 있던 역사적 정황 속에서 이사야서와 구약 성경 전체를 고려하면서 해석해야 한다. 후기 문헌들 특히 신약 성경에 사용된 이 구절과 그곳에서의 의미는 이 구절이 역사의 다른 시기에 더 완전한

의미를 가지고 성취된 것을 보여준다. 우리는 그 의미도 이해하려고 해야 한다. 그러나 원래의 의미도 무시해서는 안 될 것이다.

7:10-11. 왕은 하나님의 말씀에 순종하지 않았다. 그러자 이사야는 다시 아하스를 대면했다. 왕은 하나님의 도우심을 확인시켜주는 징조를 하나님께 구함으로 그의 믿음을 보일 수 있었다. 이 구절은 선지자가 그의 말이 참되다는 것을 즉각적으로 증명할 기회를 가질 수 있었던 독특한 한 예다. "깊은 데서든지 높은 데서든지 구하라"고 한 11하반절의 히브리 본문은 분명하지 않다. 대부분의 번역가들은 '구하다'라는 히브리 단어의 모음들을 약간 바꾸어 "스올처럼 깊게 만들거나 하늘처럼 높게 만들라"(NASB)고 번역했다(REB, NIV, NRSV 비교). 하나님께서는 한계를 정하지 않으셨다. 왕은 그가 원하는 곳에서 어떤 징조라도 구할 수 있었다('스올'에 대해서는 5장의 '심층 연구'를 참고하라).

7:12-13. 그러나 왕은 "나는 여호와를 시험치 아니하겠나이다"라는 매우 경건한 대답으로 그 제안을 거부했다. 그러나 그것은 하나님께서 원하시는 대답이 아니었다. 하나님께서는 믿음을 원하셨다. 아하스는 그의 불쌍한 백성들이 피곤에 지쳐 쓰러질 때까지(NIV 성경에 따르면 왕에 대한 백성들의 인내가 다할 때까지) 그들을 괴롭히는 일로 분주했다. 선지자는 아하스의 대답이 하나님까지 지치고 참으실 수 없게 만들었다고 책망했다. 하나님께서 친히 왕에게 한 징조를 주실 것이다.

7:14. 그 징조는 한 아이의 탄생을 알리는 전통적인 방법으로 주어졌다(창 16:11, 삿 13:3, 5). 그 탄생은 그 당시의 상황 속에서 왕을 위한 징조가 될 것이다. 히브리 원문은 "젊은 여자가 잉태하여 아들을 낳을 것이다"(14절)라고 되어 있다(REB, TEV, NRSV, NJB, JPS를 보라. 사 7:14에 대한 해석은 '심층 연구'를 참고하라).

아하스는 아마도 선지자가 언급한 그 여인을 알고 있었을 것이다. 어떤 사람은 그의 아내와 아들이었다고 주장한다. 또 다른 사람들은 이스라엘의 다른 한 여성이었을 것이라고 생각한다. 아마도 아하스의 아내가 가장 적합한 후보자가 될 것이다. 왜냐하면 왕에게 징조가 된 왕자는 임마누엘이라는 이름으로 "하나님께서 우리와 함께하신다"는 사실을 끊임없이 왕에게 상기시켜주며 예언의 성취를 놀랍게 이루었기 때문이다. 그런 징조는 하나님을 신뢰하는 왕에게는 희망을 주었을 것이다. 그러나 자신의 전략을 고집하는 왕에게는 지속적인 위협이 되었을 것이다. 이에 대에 차일즈는 "임마누엘의 징조에는 이중의 목적이 있다. 아하스와 그의 백성들처럼 신실하지 못한 사람들에게는 멸망의 징조가 되었지만(17절) 믿음의 사람들에게는 구원을 베푸시는 하나님께서 늘 함께하시겠다는 약속이었다(16절)" 라고 설명했다(Childs, pp. 67-68).

70인역은 '처녀가 잉태할 것' 이라고 번역했고, 마태복음 1장 23절이 그 번역을 취하면서 그 이후 계속 기독교의 전통이 되었다. 교회는 하나님 말씀의 원래 메시지가 성취된 후 하나님께서 종종 그 의미를 더욱 깊고 풍성하게 해주시는 것을 보아왔고 또 계속 보고 있다. 이 구절의 경우도 마찬가지다. 신약 성경은 예수 그리스도께서 동정녀에게서 나셨고, 우리와 함께하시는 임마누엘이라는 것을 우리에게 보여주고 있다. 예수 그리스도는 우리에게 이중적인 의미를 가지는 하나님의 표적이다. 예수 그리스도를 믿는 사람들은 구원을 얻게 되지만, 예수님 안에서 우리와 함께하시는 하나님을 보지 못하는 사람들은 그들을 심판하시는 하나님을 보게 될 것이다.

7:15-16. 애매한 언어유희가 계속되고 있다. 버터와 꿀은 정착 생활을 하지 못한 채 먹을 것을 '그냥' 얻을 수 있는 땅을 찾아다니는 사람들을 위한 최상의 축복이었다(수 5:6). 외적의 침입으로 황폐화된 땅에서 사는 사람들에게 버터와 꿀은 유일한 식량을 뜻하는 것이었으며, 황폐화되기 전에 누릴 수 있던 것보다 훨씬 구하기 힘든 것이었다. 문맥상 버터와 꿀은 가까운 장래, 즉 스스로 도덕적 선택을 할 수 있게 되기 전까지는 그 아이를 위한 축복의 약속처럼 보일 것이다.

아이에 대한 약속은 적군인 수리아와 이스라엘의 왕들에 대한 심판을 뜻하는 것이었다. 그 소망의 메시지를 받은 아하스는 선지자와 작별할 준비가 되었다. 그러나 이사야에게는 왕에게 전할 메시지가 하나 더 있었다.

7:17. 선지자는 왕의 완고한 마음을 알고 있었다. 결과는 분명했다. 심판이 유다에게도 임할 것이다. 선지자는 그 사실을 알리기 위해 충격적인 표현들을 사용했다. 이사야는 유다에 임할 심판을 B.C. 928년에 유다로부터 분열한 북왕조에 임했던 심판과 비교했다(왕상 12장). 심판의 도구 역시 분명했다. 앗수르 왕이었다. 그는 수리아와 이스라엘뿐 아니라 유다까지도 위협했다.

그러나 아하스는 귀를 기울이지 않았다. 비굴한 왕은 조상들의 신실한 하나님을 신뢰하지 못하고 앗수르 왕에게 도움을 청하기 위해 달려갔다(왕하 16:7-9). 그러나 선지자는 아하스를 위한 소망과 함께 그의 메시지까지 그저 묻어버리지는 않았다. 대신 그는 하나님께서 의도하신 것은 인류에게 은총을 베푸시는 것이었음을 보여줄 새로 태어날 왕가의 자녀를 기다리며, 그의 제자들과 함께 그 메시지를 보존했다(사 8:16). 하나님의 백성들은 그 아이가 태어나기까지 700년을 기다렸다. 그럼에도 낙원은 여전히 약속으로 남아 있었다. 교회는 그 날을 계속 기다리고 있다.

D. 멸망의 날(7:18-25)

재앙을 선포하는 예언적 보고(B.C. 733년)

Supporting Idea	불신앙은 하나님께서 불시에 부르신 방문객을 통해 이루어질 멸망의 날을 불러온다.

7:18-19. 앞부분의 의미를 분명하게 하기 위해 일련의 예언들이 이어지고 있다. 그 예언들은 예상된 재앙의 날을 규정하고 있다. 과거의 적들은 북쪽과 남쪽으로부터 와서(호 9:3, 렘 2:36) 유다가 안전하다고 생각하는 모든 곳에 정착할 것이다. 그리고 유다의 물 공급을 통제할 것이다.

7:20. 하나님께서 유다를 위해 예상치 못했던 방문객을 부르셨다. 아하스가 도움을 청했던 바로 그 왕이었다(왕하 16:7-9). 앗수르는 유다에게 삭도가 될 것이다. 그 삭도가 머리털과 수염을 기를 것이 기대되는 사람들에게 수치를 가져다줄 것이다.

7:21-22. 심판은 소수의 남은 자들만을 제외하고 모두에게 임할 것이다. 심판으로 황폐해진 후 목자 한 사람에게는 세 마리의 가축만이 남게 될 것이다. 그러나 하나님께서 가난한 사람들과 함께하실 것이다. 동물들과 꿀을 사용해 그 땅에 남은 사람들에게 풍성한 식량을 공급해주실 것이다.

7:23-25. 그러나 부자 농부는 그의 포도원이 비록 그 땅에서 가장 비싼 땅이라 해도 잡초 밭으로 바뀌는 것을 보게 될 것이다. 그 땅을 사용하던 사람들이 사냥감을 찾아 다니는 사냥꾼들이 될 것이다. 반면에 그 땅은 질려와 형극 속에서 필사적으로 먹을 것을 찾아다니는 동물들에게 남겨질 것이다. 그 날은 하나님을 신뢰하지 않는 왕과 그 백성들을 위해 하나님께서 예비하신 끔찍한 날이 될 것이다.

E. 심판을 상징하는 아이(8:1-4)

상징적 행동을 통한 예언적 보고(B.C. 713년)

Supporting Idea	하나님께서는 다가오는 파멸이 빠르고 확실할 것이라는 징조로 선지자의 가족을 사용하셨다.

8:1. 출산은 왕과 그의 백성들을 위해 또 다른 하나의 징조가 되었다. 선지자는 자기 아들의 출생을 하나님께서 주신 하나의 징조로 해석했다. 아이가 태어나기 전 하나님께서 선지자에게 광고판을 준비한 다음 "노략이 신에 속하며 약탈이 재빠르다"라고 쓸 것을 지시하셨다. 그러나 신은 누구이며 무엇을 '노략' 한다는 말인가? 그 의미가 분명하지 않다. 유다가 그의 적들을 약탈할 것인가, 아니면 적들이 유다를 약탈할 것인가? 선지자는 유다의 구원을 뜻하는 것이기를 소망했던 것이 분명하다. 그러나 그는 왕의 신뢰가 요구된다는 것을 잘 알고 있었다. 우리는 왕도 그 사실을 알고 있었다는 것을 확신할 수 있다.

8:2. 선지자는 두 사람의 증인을 세우고 모든 법적 절차를 다 따랐다(신 17:6, 19:15). 두 증인은 성전의 제사장(왕하 16:10-11)과 왕의 친척이었던 스가랴(왕하 18:2)였다. 이사야는 높은 지위에 있는 사람들과 친분을 맺고 있었으며, 그것은 그가 성전에서 일하고 있었음을 암시해주는 것이 될 수 있다(6장 설명 참고).

8:3-4. 이사야는 또 여선지자로 성전에서 일했을 것으로 보이는 여자와 결혼했다. 그녀의 출산은 하나님께서 지시하신 일의 의미를 분명하게 암시해주는 것이었다. 아이가 처음으로 '엄마, 아빠' 라는 말을 하기 전에 앗수르 왕이 유다의 두 적이 노략한 모든 재물을 취할 것이다.

F. 사납게 흐르는 강(8:5-8)

재앙에 대한 예언(B.C. 733년)

Supporting Idea	심판은 하나님의 백성들과 함께하시는 하나님을 보여주는 것이다.

8:5-6. 징조가 유다에게 전적으로 좋은 것이 아니라는 사실이 바로 뒤에 주어진 선지

자의 메시지에 의해 분명해졌다. 히브리 원문에는 6하반절에 일반적으로 '기쁨'을 뜻하는 단어가 사용되었다(사 24:8, 11, 60:15, 렘 49:25 참고). 그 단어는 아마도 '기뻐하다' 라는 단어와 거의 비슷하게 발음되지만 '낙심하다' 라는 뜻을 가진 단어일 수도 있을 것이다(NRSV, TEV 참고).

실로의 물은 기혼 샘으로부터 예루살렘에 있는 실로암 못까지 물이 졸졸 흐르게 되어 있는 약 400미터 가량의 상수도 시설을 말한다. 하나님께서 이 시설을 사용하기로 약속하셨다. 그것은 인간의 입장에서 보면 그리 전망이 좋아 보이는 것은 아니었다. 하나님께서는 또 수리아와 이스라엘의 포위를 견디기 위해 예루살렘 도성 안에서 필요한 모든 자원을 공급해주시기로 약속하셨다.

8:7-8. 그러나 백성들은 앗수르에게 도움을 청하면서 그들을 보호해주시기로 한 하나님을 신뢰하지 않았다. 그래서 선지자는 앗수르를 흉용하고 창일한 큰 하수 유프라테스 강으로 묘사했다. 그렇다. 앗수르는 다메섹과 사마리아뿐 아니라 유다 전 지역을 뒤덮을 때까지 퍼져나가는 거센 홍수처럼 될 것이다. 그 하수가 유다의 목까지 찰 것이다. 그러나 도와줄 사람이 아무도 없을 것이다.

그리고 장면이 바뀐다. 앗수르는 그들의 먹이 위로 날개를 펴고 높이 날아오르는 새의 모습이 된다. 그것은 군대를 전 지역에 파병한 적군의 무시무시한 모습을 보여주는 것이었다. 그 새는 유다의 전 지역을 다 덮을 수 있을 만큼 매우 컸다. 유다는 이사야서 7장 14절의 징조를 언급하며 임마누엘이여라고 외칠 수밖에 없었다. 하나님께서는 파멸의 격노 속에서도 그들과 함께하셨다. 그러나 동시에 그 외침은 하나님의 개입을 소망하는 기도로 남아 있었다. 여기서 우리는 또다시 이중적인 의미를 가진 단어를 사용하는 선지자의 기량을 엿볼 수 있다.

G. 보호(8:9-10)

군대 소집을 비웃는 풍자(B.C. 733년)

Supporting Idea	교만한 나라들은 전쟁터로 나올 것을 요구하시는 하나님께 귀를 기울여야 한다. 하나님께서는 그 전쟁터에서 그들을 물리치심으로 하나님 자신이 어떤 분인지를 드러내실 것이다.

8:9-10. 선지자는 전쟁 용어를 사용해서 싸우다 패배하기 위한 나라들을 소집하고 있다. 그것은 또다시 선지자 자신의 동족들에게는 희망을 주는 것이었다. 그런 소망의 기초는 임마누엘(하나님이 우리와 함께하심이라)이었다. 그러나 그것은 패배와 멸망 뒤에 오는 소망이었다. 하나님께서 하나님의 백성들을 심판하신 다음 이방 나라들을 심판하실 것이다.

H. 두려워 넘어짐(8:11-15)

예언적 교훈(B.C. 733년)

Supporting Idea 위기는 누구를 두려워하고 누구를 섬겨야 하는지를 밝혀주는 역할을 한다. 그리고 그 위기 앞에서 화합할 것을 촉구한다.

8:11-12. 선지자는 거룩하신 하나님 앞에서 어떻게 행동해야 하는지를 가르치는 책임을 맡고 있는 제사장을 모방했다. 그는 가르침을 심판으로 바꾸었다. 이사야는 자신을 동족들과 구별했다. 하나님께서 그에게 새로운 삶의 양식을 주셨다. 그것이 그의 새로운 가르침의 기초가 되었다. 그 새로운 삶은 새로운 정치를 중심으로 하고 있었다. 왜냐하면 위기가 공황 상태를 불러왔기 때문이다. 모든 사람이 반역자를 경계하고 있었다. 정상에서 조금이라도 벗어난 말과 행동은 모반으로 여겨졌다. 유다 안에서 앗수르 당과 수리아 당과 여호와 당이 서로 맞서고 있었다. 그들은 서로를 신뢰하지 않았다. 모두 서로를 두려워하고 있었다.

8:13. 여호와께서 놀라거나 두려워하지 말고 신뢰할 것을 촉구하셨다. 적국의 왕은 염려하고 두려워하며 떨 만한 가치를 지닌 존재가 아니다. 실제로 만군의 여호와만이 우리가 마땅히 두려워해야 할 분이다. 이 구절에서는 언어유희가 매우 분명하게 나타나는 것을 볼 수 있다. 하나님을 두려워하는 것이 물론 하나님과 인간 사이의 관계를 이루는 중심 개념이다. 그러나 이 구절에 사용된 특정한 히브리 단어는 그런 관계를 보여주기 위해 이 구절 외에는 말라기 1장 6절과 2장 5절에서만 사용되었다. 그 외 다른 곳에서는 끔찍한 전쟁 공포를 표현하는 데 사용된다. 이사야는 군사적 맥락 속에서 언어유희를 하기 위해 이 전쟁 용어를 의도적으로 사용했다. 이와 똑같은 언어유희를 시편 17편 11절에서도 볼 수 있다. 유다는 전쟁을 두려워할 필요가 없었다. 이사야는 또 군사적 맥락 속에서

군대를 지휘하시는 사령관으로서의 하나님을 언급하면서 만군의 여호와라는 칭호를 사용했다('만군의 여호와'에 대해서는 1장의 '심층 연구'를 참고하라).

8:14-15. 여기서도 거룩한 피할 곳이라는 단어의 사용에서 언어유희가 나타난다. 그곳은 거룩하신 하나님을 예배하는 곳이었다. 그리고 또 적을 피해 도망한 사람이 그의 추적자로부터 보호받기 위해 찾아가는 곳이라는 뜻이 될 수도 있었다. 하나님께서는 종종 보호하시는 능력을 암시하는 이스라엘의 반석으로 불렸다. 그런데 이스라엘과 유다가 그 반석에 걸려 비틀거릴 것이다. 믿음이 없는 이스라엘은 넘어질 것이다. 사냥꾼들은 종종 동물을 잡거나 적군을 함정에 빠뜨리기 위해 바위 사이에 함정이나 올무를 놓아 두었다. 이제 하나님께서 신실하지 못한 예루살렘이 걸려들 함정이 되실 것이다.

I. 증거의 말씀을 싸매라(8:16-22)

예언적 지시(B.C. 733년)

Supporting Idea	위기의 때에는 하나님을 신뢰하고 공포감에서 나온 해결책을 거부하며 하나님의 말씀이 가르치는 교훈들을 배울 것이 요구된다.

8:16. 이사야는 전쟁에서 승리할 것을 알고는 있었지만, 자신이 전투에서 졌다는 사실을 깨달았다. 그는 왕과 백성들을 대면하는 일에서 물러나 신실한 제자들의 피난처로 갔다. 그리고 그 학생들을 가르치는 일에 시간을 할애했다. 그는 자신이 하는 말에 대한 확신이 있었고, 그 말에 사람들이 귀를 기울이게 되는 날까지 그 메시지가 보존되길 원했다. 하나님께서 이사야의 예언을 법규집으로 만드는 일을 시작할 신실한 제자들을 세우셨다.

8:17. 아하스는 하나님을 신뢰하지 않았다. 이스라엘과 유다의 백성들도 마찬가지였다. 신실하게 남아 있는 사람은 선지자 자신과 그의 가족과 제자들뿐인 것처럼 보였다. 그런 참담한 상황에서도 이사야는 하나님 한 분만을 신뢰하는 자신의 믿음을 계속 고백했다. 하나님께서 백성들에게 그 낯을 가리고 말씀하지 않으시는 그런 때에도 이사야는 하나님께서 어느 날 그 모습을 드러내시고 구원 계획과 예언적인 약속들을 성취하실 것을 알고 있었다. 선지자는 그 때를 기다릴 것이다.

8:18. 이사야는 메시지를 전하지 않을 때에도 선지자로서의 자신의 임무에 충실했다.

그의 침묵은 말보다 더 큰 소리로 말하고 있었다. 이사야와 상징적인 이름을 가진 그의 아들들은 왕과 왕의 신하들에게 그가 전한 메시지를 생각나게 해주는 징조와 예표가 되었다. 이사야는 침묵하면서도 선지자로서의 자신의 역할을 수행했다. 하나님도 비록 침묵하셨지만 시온 산을 자신의 거처라고 주장하셨다.

8:19. 사람들은 이사야를 통해 하나님의 뜻을 깨달아야 했다. 그러나 유다는 산 자를 위하여 죽은 자에게 구하는 사람들로 여겨지던 신접한 자들을 찾아갔다(삼상 28장, 레 19:31, 사 19:3). 이사야는 그들로부터 지절거리는 소리만 듣게 될 것이라고 경고했다. 그럼에도 불구하고 위기 상황에서는 신접한 자들이 사람들의 마음을 사로잡았다('신접한 자와 마술사'에 대해서는 '심층 연구'를 참고하라).

그들은 참 선지자들을 방해했다. 그러나 그 방해는 오래 가지 못했다. 이사야는 하나님께서 예언의 말씀을 성취하시고 백성들이 다시 그에게로 돌아오게 될 것을 알고 있었다.

8:20. 선지자는 마술사들의 말보다 자신의 말이 우월하다는 사실을 확신하고 있었다. 그는 백성들에게 자신의 제자들에 의해 보존된 자신의 메시지로 돌아올 것을 촉구했다. 예언의 말씀 속에서 나오는 빛이 없다면, 그들은 아침 햇살을 볼 것이라는 소망을 갖지 못한 채 어둠 속에서 살아갈 것이다.

8:21-22. 그런 상황에서 선지자는 피할 수 없는 패배, 즉 죽은 자에게 자문을 구하여 삶의 소망을 찾으려는 사람들에게 보장된 패배에 뒤따를 기근과 기아를 볼 수 있었다. 이 구절의 히브리어 본문이 난해하기 때문에 우리는 사건의 주체가 누구인지, 그리고 그 사건이 어디에서 일어난 일인지 알 수 없다. 환난과 흑암과 고통이 지배하고 출애굽기 22장 28절에서 금지한 저주가 깨졌다. 절망한 신하들은 왕과 하나님을 백성의 지도자로 여기지 않았다. 그 결과 모두 흑암 속에서 살게 될 것이다.

Main Idea 복습	하나님께서 신의가 없는 왕을 대면하고, 현재에 대한 심판과 미래에 대한 소망을 선포하도록 하나님의 선지자를 부르셨다.

결론

하나님께서 다스리신다

하나님께서 선지자를 부르시고 힘든 일을 맡기셨다. 하나님을 신뢰하지 않는 백성들의 마음을 완고하게 하는 일에 하나님께서 이사야를 사용하셨다. 아하스 왕은 불신앙을 단적으로 보여주었다. 그는 하나님께서 주신 징조를 받아들이지 않았다. 그러나 하나님께서는 그에게 몇 가지 징조들, 즉 세 명의 아기들을 보여주셨다. 그 가운데 두 아기는 이사야의 아들들이었다. 그들의 이름은 나라가 멸망하고 회개한 소수의 사람들만이 남게 될 것을 보여주는 징조였다. 세 번째 아기는 아하스 왕의 자녀였던 것이 분명하다. 그 아기는 '하나님께서 우리와 함께하신다' 라는 뜻의 임마누엘을 뜻하는 징조였다.

그렇다면 하나님께서 우리와 어떻게 함께하시는가? 약속으로, 또는 형벌로? 선지자는 경우에 따라 그 답이 각각 다르다고 말했다. 하나님을 신뢰하는가, 아니면 신뢰하지 않는가? 하나님께서는 하나님을 신뢰하는 사람들을 구원하시고, 의심하는 사람들을 망연자실케 하신다. 하나님을 신뢰하는 대신 앗수르에게 도움을 청한 왕은 앗수르를 통해 그 벌을 받았다. 백성들이 거부한 하나님께서 자기 백성들을 걸려 넘어지게 하는 암초와 올무가 되셨다. 선지자는 하나님께서 심판을 행하시기까지 신실하게 하나님을 기다렸다. 그는 자신의 가르침을 신실하게 따른 남은 자들을 하나님께서 구원하실 때, 그분께 둔 자신의 소망이 정당한 것으로 입증되는 것을 볼 것이다.

■ 진리 알기

- 하나님께서 전 세계 모든 나라를 통치하신다.
- 하나님께서는 거룩한 분이시기 때문에 악한 것은 그 어느 것도 그분과 함께할 수 없다.
- 거룩하신 하나님 앞에서 인간은 죄인이며 깨끗해져야 할 필요가 있다.
- 하나님께서 사람들을 부르시고 하나님의 일에 동참케 하신다.
- 하나님께서는 하나님 자신이 보내시는 곳으로 기꺼이 갈 사람들을 원하신다.
- 대부분의 사람들은 하나님께서 말씀하시는 것을 들으려 하지 않거나 이해하지 못할 것이다.

· 하나님의 사람들은 세속적이고 정치적인 권력을 가진 사람들을 두려워할 이유가 없다. 하나님 한 분만을 두려워해야 한다.
· 하나님을 신뢰하는 것이 모든 의사 결정의 유일한 기초가 되어야 한다.
· 하나님께서는 자기 백성들을 징계하시기 위해 하나님을 믿지 않는 사람들을 사용하신다.
· 하나님께서는 자기 백성들과 함께하신다는 사실을 말해주는 징조들을 그들에게 보여주신다.
· 하나님께서는 사람들이 하나님의 말씀을 듣고 배우게 될 때를 위해 말씀을 보존하신다.

■ 적용하기

· 하나님의 부르심에 귀를 기울이고 자원해서 하나님의 일에 참여하라.
· 죄를 하나님께 자백하고 그 죄를 용서하며 지워주시기를 기도하라.
· 우리 죄를 대속하실 예수님을 보내시기 위해 동정녀 마리아를 사용하신 하나님께 감사하라.
· 하나님께서 얼마나 거룩하고 위대하며 장엄하신 분인지를 그분에게 고백하며 기도하라.
· 하나님께 귀를 기울이지 않고 그분의 말씀에 순종하지 않았던 것을 용서해주시기를 하나님께 간청하라.
· 하나님의 말씀을 공부하고 하나님을 알아가는 일에 힘써라.
· 모든 두려움을 제거해주시기를 하나님께 구하라.
· 하나님께 순종하는 마음으로 모든 결정을 내릴 수 있도록 도와주시기를 기도하라.

삶의 적용

거룩하게 구별된 보통 사람

무디(D. L. Moody)는 평범한 구두 수리공이었다. 하나님께서 복음을 전하도록 그를 부르시고 그의 삶 속에서 일하기 시작하셨다. 교육도 받지 못했고 성공하지도 못한 그런 사람이 어떻게 그렇게 성공적으로 복음을 전할 수 있었던 것인가? 어느 날 무디는 헨리 바를레이(Henly Varley)를 비롯한 몇 명의 친구들과 함께 목초장에 모였다. 그들은 서로의 죄를 고백하고 하나님을 섬기는 일에 헌신하고 기도했다. 바를레이는 "하나님께서 온전히 헌신된 사람들을 통해서 그들을 위해 그리고 그들과 함께 어떤 일을 하실 수 있는지 세상은 아직 보지 못하고 있다"라는 말을 그들에게 상기시켜주었다.

나중에 무디는 스펄전(Charles Haddon Spurgeon)이 설교하는 것을 듣게 되었다. 갑자기 그는 스펄전이 설교하는 것이 아니라는 사실을 깨달았다. 하나님께서 일하고 계셨던 것이다. 하나님께서 스펄전을 통해 일하실 수 있다면 무디를 통해 일하실 수 없는 이유가 없었다. 그는 그 자리에서 하나님께서 온전히 사용하실 수 있는 사람이 되기로 결단했다. 그 결과는 세계 복음 역사의 곳곳에 기록되어 있다. 교육받지 못한 구두 수리공이 하나님의 부르심을 깨닫고 온전히 하나님께 헌신하기로 결심했기 때문에 수천 명의 사람들이 예수 그리스도를 구세주로 알게 되었다.

무디와 스펄전은 하나님의 부르심에 귀 기울이고, 하나님께서 인도하시는 곳으로 따라가면서 이사야 선지자의 선례를 따랐다. 이제 무디는 지나갔고, 하나님을 알지 못하는 새로운 세대가 하나님의 말씀을 듣게 되기를 기다리고 있다. 하나님께서 온전히 헌신된 한 사람을 통해 어떤 일을 하실 수 있는지를 보여주기 위해 계속해서 사람들을 부르고 계신다. 하나님의 부르심에 귀 기울이고 있는가? 자녀들이 그리고 가족들이 하나님의 부르심에 귀 기울일 수 있도록 격려해주고 있는가? 온전히 헌신된 우리를 통해 하나님께서 하실 수 있는 일들을 상상해보라.

기도

하나님, 우리는 힘든 상황을 별로 좋아하지 않습니다. 우리는 풍요롭게 살며 기쁨을 누리고 싶습니다. 그러나 우리의 죄와 하나님을 믿지 못하는 불신이 하나님의 심판을 부르고 있습니다. 모든 사람이 의심할 때에도 하나님을 믿고 신뢰하는 믿음을 갖게 하시고, 심판이 임할 때 보호해주십시오. 이 땅에서 하나님의 나라를 이루어가는 신실한 주님의 남은 자가 되게 해주시기를 기도합니다. 아멘.

심층 연구

A. 스랍들과 하나님의 사자들(6:2)

스랍들(히, 복수형 seraphim - 세라빔)은 하나님의 사자들이나 천사들과 관계가 있으며, 하나님 나라의 구성원들이다. 스랍은 성경의 이 구절에서만 볼 수 있는데 기본적으로 '불에 타는 듯한 존재' 라는 뜻이다. 비슷한 히브리 단어는 '불에 타는 듯한 뱀' 을 의미한다. 그러므로 세라빔이 뱀처럼 생겼을 것이라고 생각하는 사람들도 있다. 그러나 이사야서에 의하면 날개를 가지고 있으며, 뱀보다는 사람과 더 비슷한 모습을 하고 있는 것으로 보인다. 구약 시대와 신약 시대 사이에 기록된 문헌들은 세라빔의 종류들을 포함해 천사들의 종류와 계급들을 열거하고 있다. 이사야는 그들을 천상의 평의회에 참석했으며, 그 평의회에 초대받지 않은 존재의 참여를 막고 하나님을 찬양하는 노래를 불렀던 존재로 묘사하고 있는 것처럼 보인다.

B. 하나님의 영광(6:3)

'영광'(kabod)에 해당하는 히브리 단어는 '무게' 또는 '무거운' 이라는 뜻을 가진 단어다. 그 단어는 한 사람의 명성이나 중요성이나 한 사회에서 차지하는 비중을 말하는 것이다. 사람들은 하나님께 영광을 돌릴 수 있었다. 즉 하나님을 높임으로 하나님의 명성과 중요성을 인정할 수 있었다(사 24:15, 대상 16:29, 시 96:8, 말 2:2). 외국인들도 하나님께 영광을 돌리도록 초대되었다(사 25:3). 하나님의 구원의 날에는 동물들도 하나님을 영화롭게 할 것이다(사 43:20). 재물(잠 3:9)과 가난한 사람들을 도와줌(잠 14:31)으로 그리고 안식일을 지킴(사 58:13)으로 하나님께 영광을 돌릴 수 있다.

우주를 다스리시는 하나님의 높은 지위와 그 위엄 속에서 하나님의 영광이 나타난다(시 57:5, 113:4). 하늘이 하나님의 영광을 선포한다(시 19:2, 민 14:22, 사 60:22). 그리고 하나님의 구원 활동도 하나님의 영광을 선포한다(사 40:5). 하나님께서는 하나님의 백성들이 그들의 행실과 성품을 통해 하나님께 영광을 돌리도록 그들을 지으셨다(사 43:7). 하나님께서는 이스라엘의 영광이었지만, 이스라엘은 그 영광을 거부하고 다른 신들을 좇아갔다(렘 2:11). 시편 기자는 하나님께 영광을 돌릴 수 있도록 도와주시기를 기도했다(시 79:9).

구약 성경은 여호와의 영광이라는 표현을 30번 정도 사용하고 있는데, 그 가운데 10번은 에스겔서에 사용되었다. 그 표현은 하나님께서 자신이 거하시는 곳을 자기의 거룩하심으로 채우실 때 경험하게 되는 하나님의 임재를 뜻하는 것이었다(출 29:43, 왕상 8:11, 시 26:8, 겔 9:3). 하나님의 영광은 또 온 땅 위에 충만할 수도 있었다(민 14:21, 합 2:1). 그러나 하나님 자신의 영광을 이스라엘의 성전에서 거두어가실 수도 있었다(겔 10:18-19). 이사야는 심판 후 성전에 돌아온 하나님의 영광을 보았다(사 24:23, 40:5, 60:2, 13, 66:18-19).

하나님의 영광은 눈으로 볼 수도 있는 것이었다(출 16:7, 10). 그 영광은 산꼭대기에서 타오르는 불꽃처럼 보였다(출 24:17). 따라서 하나님께서는 '영광의 왕' 이시다(시 24:7-10). 하나님의 영광스러운 임재는 두려움을 불러일으켰다(사 59:19).

그러나 모세에게는 하나님의 영광을 보는 일이 허락되지 않았다(출 33:18, 22). 이새의 뿌리가 나타나게 될 마지막 날에 하나님께서 영광을 받으실 것이다(사 11:10).

C. 하나님을 봄(6:5)

하나님께서는 영이시기 때문에 눈으로 볼 수 없다. 그러나 많은 사람들이 하나님을 보았다고 주장했다. 하나님의 사자와 이야기한 후 하갈은 "내가 어떻게 여기서 나를 감찰하시는 하나님을 뵈었는고"라고 외쳤다(창 16:13). 야곱은 밤새도록 씨름한 후 하나님을 대면하여 보았다고 말했다. 놀라운 것은 그가 하나님을 대면하고서도 그의 생명이 보존되었다는 사실이다(창 32:30). 사사기에서 기드온은 '하나님의 사자' 를 보았다(삿 6:22). 또 마노아는 그의 아내와 함께 하나님을 보았기 때문에 죽게 될 것을 두려워했다(삿 13:22).

그러므로 하나님을 대면하면 목숨을 잃을 것이라는(출 33:20) 신학적 주장에서 예외가 될 수 있는 예들이 많이 있다. 그 주장 뒤에는 우상을 쉽게 대면할 수 있는 이방인들의 신학에 맞서기 위한 입장이 있었다. 모세는 하나님의 영광이 지나가는 것을 보고 하나님의 뒷모습을 볼 수 있는 허락을 받았다(출 33:18-23). 하나님께서는 일년에 세 번 지키는 연중 절기에 하나님의 백성들이 하나님 앞에 나아오기를 기대하셨다(출 23:15, 17). 예배 중에 하나님을 보았다고 주장한 사람들도 있었다(시 27:4, 63:2, 호 5:15). 하나님을 보는 것은 하나님께서 함께하시는 것을 매우 개인적인 방법으로 깨닫게 되는 예배의 한 경험이다. 거룩하신 하나님 앞에 나아가면서 하나님을 보는 것은 하나님의 은혜로만 가능한 놀랍고도 경이로운 경험이다.

D. 부정한 사람(6:5)

구약 성경에서 '부정하다' 라는 말이 160번 나오는데 그 가운데 85번은 레위기에, 30번은 에스겔서에, 23번은 민수기에 나오고, 나머지 22번은 이사야서에 나온다. 형용사 형태로는 레위기에서 47번, 이사야서에서 5번 등을 포함해 모두 89번 나온다. 이스라엘 백성 가운데 부정한 자는 예배에 참석할 자격을 잃게 된다. 대부분의 부정함은 이방 종교 풍습과 관계가 있고, 나머지는 위생과 건강에 관한 것들이었으며, 또 오랜 경험을 바탕으로 지켜져 내려온 신념들과도 관계가 있는 것들이었다.

레위기 12-21장은 사람들이 부정하게 될 수 있는 여러 가지 경우들을 보여준다. 무의식적이건 의도적이건 그런 부정은 하나님 앞에서 죄가 되는 것이며, 속죄 의식을 통해 정결케 되어야 하는 것이었다(민 6:9-11). 예배 장소와 기구들도 부정하게 될 수 있었다(레 16:18-20). 물에 씻거나 제물을 바치거나 피나 기름이나 소금을 바르거나 머리를 자르는 등의 의식 절차를 통해 정결해질 수 있었다(레 14:8-9, 17;15, 민 19:19, 겔 36:25). 또 특정한 경우에 맞는 적절한 제물이 요구되기도 했다(레 14:4-7, 10-20). 이스라엘 백성들은 아무도 순전할 수 없었으며(잠 20:9), 속죄는 하나님의 자비에 달려 있다는 사실을 잘 알고 있었다(시 51:3-4, 겔 36:25, 33, 말 3:3).

이사야 역시 부정한 자신을 보았다. 그는 성전에서 거룩하신 하나님 앞에 서서 자신이 하나님을 마주 대하고 있다는 사실을 깨달았다. 거룩하지 못한 자가 거룩하신 분을 볼 때 부정한 자신의 상태가 드러나고 정결해져야 할 필요가 있다는 사실을 깨닫게 된다. 그리고 그의 부정함 때문에 성전 안에 설 수 없다는 사실을 알게 된다. 따라서 하나님을 본 이사야는 하갈과 야곱과 마노아처럼 죽게 될 것이라 생각했다. 정상적인 성전 예식으로는 그를 정결케 할 수 없었다. 실제로 하나님께서는 하나님의 은혜로 독특한 의식을 행하셨다. 거룩한 제단에서 타고 있는 숯불을 취해 선지자의 입술에 대고 그를 정결케 하셨다.

이사야는 포로 생활을 마치고 돌아갈 거룩한 성읍은 부정한 사람들을 더 이상 볼 수 없는 공동체가 될 것임을 약속했다(사 52:1). 실제로 귀환한 사람들은 부정한 사람들이 살 수 없는(35:8) 거룩한 삶을 살아갈 것이다. 그들은 자신들을 정결케 하고, 자신들이 부정하지 않다는 것을 확인할 것이다(52:11).

E. 속죄(6:7)

이스라엘은 의미상으로나 체험상으로나 죄에 대해 알고 있었다. 그들은 자신들이 하나님을 거역했고, 불의를 행했으며, 하나님께서 약하고 가난한 사람들을 위해 요구하신 공평한 삶을 살지 못했다는 것을 알고 있었다. 그것은 하나님과 화해하고 하나님과 인간을 갈라놓은 죄라는 장벽을 허물어 내릴 방법이 있어야 한다는 것을 뜻했다. 죄를 제거하고 죄가 만든 장벽을 제거하는 과정을 속죄(kippurim)라고 불렀다. 제사장이 죄를 범한 사람을 위해 속제 제사를 드렸다(레 4:1-5, 13장, 겔 45:15, 17). 속죄일에 대해서는 레위기 16장이 자세하게 설명하고 있다. 피가 속죄 의식의 중심을 이루었다(레 17:11).

속죄에는 하나님과의 관계를 재확립하는 일뿐 아니라, 용서받은 사람이 하나님을 섬길 수 있도록 헌신하게 하고 거룩하게 하는 일도 포함되었다. 속죄의 결과 죄를 범한 사람은 용서를 받게 된다. 그 용서는 종교적인 의식을 형식적으로 준수하는 것으로부터 오는 것이 아니라 하나님께로부터 오는 것이었다. 속죄의 필요성을 깨달아야 하고, 속죄를 불러오는 적절한 행동을 취하는 것이 요구되었다.

이사야는 속죄가 제물이나 제사 의식과는 아무런 관계도 없다는 설명을 하고 있다. 하나님만이 속죄하신다(시 65:3, 79:9). 하나님께는 속죄를 거부하실 수 있는 자유가 있다(삼상 3:14, 사 22:14). 하나님께서는 제단에서 섬기는 스랍들을 통해 이사야의 죄를 속죄하기로 선택하셨다. 그것은 그의 죄를 용서하고, 그에게 하나님을 볼 수 있는 자격을 부여해주며, 천상의 평의회에 참여하고, 하나님의 일에 기꺼이 자원할 수 있게 해주는 것이었다.

F. 이사야 7장 14절에 대한 해석

이 구절은 조심스런 연구를 필요로 한다. 이것은 하나님의 초청을 거부하고 선지자의 말을 믿게 해줄 징조를 구하지 않기로 한 완고한 아하스 왕에 대한 반응에서 나온 구절이다. 어쨌거나 하나님께서 아하스에게 징조를 보이실 것이라고 맞서셨다('너희'는 다윗 왕조를 말하는 것이다). 이 구절에는 세 개의 동사가 사용되었다. '잉태하다'는 일반적으로 과거 시제로 사용되는 형태다. 그러나 예언일 경우 미래 시재로 사용되는 것을 종종 볼 수 있다. 그러므로 서로 다른 번역이 나올 수 있다. '낳다'는 지속적인, 또는 즉각적인 행동을 보여주는 분사형으로 되어 있다. '부를 것이다'는 일반적으로 미래 시제를 보여주는 동사다.

이 동사들을 차례대로 과거 시제, 가까운 미래 시제, 미래 시제로 번역하는 것이 가장 자연스런 방법이 될 것이다. 그것은 출생의 자연스런 단계들을 보여준다. 잉태하고 출산하여 이름을 지어줄 것이다. 그것은 이사야와 아하스의 상황에도 맞는 것이었다. 하나님께서 징조를 주시기 위해 아홉 달을 기다리기로 계획하신 것이 아니었다. 처녀는 이미 잉태하여 막 출산하려 하고 있었다. 그리고 곧 아이에게 이름을 지어줄 것이다(그러나 시제와는 무관하게 "처녀가 임신하고 아들을 낳아 이름을 지어주다"라고 이해할 수도 있을 것이다).

처녀는 누구인가? 본문에서는 그저 'almah라고만 말하고 있다. 이 히브리 단어는 히브리 성경에서 일곱 번 사용되었는데(창 24:43. 출 2:8, 시 68:25, 잠 30:19, 아 1:3, 6:8 사 7:14), 임신하여 출산할 준비를 하고 있는 여자를 말하는 것이 분명하다.

이 단어와 쌍을 이루는 남성형 명사 'elem을 사무엘상 17장 56절(골리앗과 싸우는 어린 다윗)과 20장 22절(요나단을 시중드는 소년)에서 볼 수 있다.

'almah는 아이를 가질 수 있는 젊은 여성인 것이 분명하다. 이 문장에서 사용된 것은 '처녀'를 뜻하는 히브리 단어 bethulah가 아니다(그러나 bethula를 결혼 적령기에 이른 여자를 뜻하고, 'almah는 결혼하지 않은 소녀를 뜻하는 것으로 이해하는 사람들도 있다). 존 월튼(John Walton)은 이 문맥에서 중요한 것은 출산이라고 말했다. "아내가 되거나 성 관계의 파트너가 될 때가 아니라 어머니가 될 때 여자는 더 이상 'almah가 아니다" (Walton, NIDOTTE, 3, p. 417). 그것은 남자들도 마찬가지였다.

그러므로 이사야서에서 'almah는 아이를 해산하게 될 젊은 여자이며, 왕이 알고 있던 여자였다. 마태는 'almah와 같은 뜻의 헬라어 단어 parthenos를 사용하고 그 의미에 포함된 한 요소를 강조했는데, 그것은 아이를 낳은 적이 없을 뿐 아니라 성 관계를 가진 경험이 없다는 사실이었다. 그는 이사야가 사용한 단어들과 그가 한 예언의 원래 의미보다 더 큰 의미로 보았다.

오스왈트(Oswalt)는 다음과 같이 설명했다. "여기서 'almah의 용법을 설명하는 것이 예언이 가지고 있는 두 개의 핵심이다. 간단히 말해서 잉태 자체가 가장 중요한 것으로 보이지 않는다. 그보다는 그때 잉태된 아이가 위협적인 두 나라가 멸망할 때까지 성장할 것이라는 사실(16절과 25절)이 중요하다. 이사야가 여기서 bethulah를 사용했다면 아하스는 아마도 그 단어에 너무 몰두한 나머지 그 일이 자기 시대와 구체적인 관계가 있다는 사실을 인식하지 못했을 것이다. 한편 이중적인 의미를 가지고 있는 징조는 그 이상을 요구했다. … 아하스 당시 처녀에게서 태어난 아이가 없었다는 것은 어느 시대에나 함께하시는 하나님을 보여주는 증거였다. 그러나 성령으로 말미암아 처녀가 잉태하고 아이를 낳았다면, 그것은 우리와 함께하시는 하나님을 보여주는 징조가 된다. 그러나 그보다 더 좋은 것은 하나님을 실제로 경험하는 일일 것이다. … 'almah는 이런 이중적인 과업에 매우 잘 어울리는 역할을 한다" (Oswalt, p. 211).

아하스 당시 정상적인 방법으로 태어난 아이는 백성들과 함께하시는 하나님을 보여주는 징조였다. 기적적인 방법으로 동정녀에게서 난 예수님께서는 하나님께서 성육신하셔서 우리와 함께 거하시는 임마누엘이셨다.

G. 신접한 자와 마술사(8:19)

이사야는 영적인 권세가 있다고 주장하는 이방의 종교인에 대해 '신접한 자' (히, 'oboth)와 '마술사' (또는 박수 히, yede'onim)라는 두 용어를 사용했다. 히브리 성경에는 신접한 자가 16번 나오는데, 그 가운데 11번은 매우 밀접한 의미를 가진 이 두 단어가 함께 나타나는 것을 볼 수 있다. 모세의 율법은 이스라엘 백성들에게 이런 사람들을 금하고 있다(레 19:31, 신 18:10-11). 그 법을 어긴 사람은 죽임을 당하게 되어 있었다(레 20:27). 신접한 자들에게 자문을 구한 왕들은 심판을 받았다(왕하 21:6). 그리고 신접한 자들을 쫓아낸 왕들은 칭찬을 받았다(황하 23:24). 사무엘상 28절은 그들이 어떻게 죽은 사람들과 대화하는지를 보여주고 있다. 신접한 자들은 죽은 자들을 불러냈고, 죽은 자의 영혼이 신접한 자의 몸을 통해 말했다.

신명기 18장 10-11절을 보면 그들은 아이들을 제물로 바치고, 점을 치고, 사술을 행하고, 징조를 해석하고, 주문을 외우고, 죽은 자에게 자문을 구하는 일 등을 행했다(왕하 21:6). 절망적인 위기 속에서 다른 길을 찾지 못하고, 낙담한 사람들이 종종 그들을 찾아갔다. 신접한 자는 이런 일들 가운데서도 특히 죽은 자의 자문을 구하는 일을 주로 했다(사 29:4). 사무엘상 28장은 죽은 자와의 접촉을 통해 실제적인 능력을 발휘하는 사람들이 있었음을 보여주는 듯하다. 이사야서 29장 4절은 속임수를 사용하고 유령 같은 소리를 흉내내면서 '고객들' 을 우롱한 그들을 모방해 표현한 것으로 보인다. 따라서 70인역은 'ob을 복화술로 번역했다.

이사야는 이스라엘 백성들의 그런 끔찍한 선택을 책망했다. 하나님의 뜻과 기회들을 알 필요가 있었던 그들은 하나님과 하나님의 선지자를 찾아야 했다. 그러나 그들은 분명하게 말하는 대신 이방인들의 풍습을 좇고 귀신 같은 소리를 내며 지절거리고 속살거리는 말로 사람들을 현혹하는, 찾아가서는 안 될 사람들을 찾아갔다. 이사야는 백성들의 그런 무모함에 분노했다. 죽은 자들은 산 자들을 위해 아무것도 할 수 없다. 살아 계신 하나님만이 살아 있는 자들을 위해 말씀하신다. 그래서 이사야는 사람들이 죽은 자가 아니라 하나님께 귀를 기울일 때까지 제자들과 함께 예언들을 보존했다.

고안

A. 들어가는 글

1. '어느 날 우리도' 이야기로 시작하라.

2. 배경 설명: 이사야서 6-8장은 이사야가 한 예언의 첫 번째 부분(1-12장)의 중심을 이루고 있다. 이사야의 전기적 이야기들은 하나님께서 어떻게 이사야에게 소명을 주시고, 완고하게 믿지 않는 왕들을 대면하게 하셨는지를 보여준다. 여기서 우리는 고집스러운 사람들의 마음을 완고하게 만든 예언들을, 이사야가 하나님의 말씀을 듣고 반응을 보일 미래 세대를 위해 어떻게 보존했는지를 볼 수 있다.

3. 적용: 선지자는 66장으로 된 책을 우리에게 남겨준 성령의 감동을 받은 저자 그 이상이었다. 선지자는 하나님의 일을 하기 위해 중요한 사람들과 함께 참호 속으로 내려갔다. 이사야는 그 당시의 정치적인 정책과 관계가 있는 하나님의 말씀을 전하려 했다. 하나님의 말씀에 몰두했던 그는 자신의 자녀들로 하나님께서 이스라엘에게 하실 일을 보여주는 징조가 되게 했다. 그러나 가장 큰 징조는 다른 아이였다. 이 부분은 우리에게 그 당시를 위한 그 아이의 단기적인 중요성과 우리를 위한 장기적인 중요성을 보여주고 있다.

B. 본문 이해

1. 저주하도록 부르심을 받은 선지자(6:1-13)
2. 신뢰 또는 실패(7:1-9)
3. 혼란스러운 생각(7:10-17)
4. 멸망의 날(7:18-25)
5. 심판을 상징하는 아이(8:1-4)
6. 사납게 흐르는 강(8:5-8)
7. 보호(8:9-10)
8. 두려워 넘어짐(8:11-15)
9. 증거의 말씀을 싸매라(8:16-22)

C. 결론: '거룩하게 구별된 보통 사람' 을 읽어주라.

1. 요약: 선지자의 소명과 그의 경고는 하나님의 말씀을 거역하는 완고한 자세를 취하다 멸망하게 된 사람들을 향한 것이었다. 그럼에도 불구하고 여전히 남은 사람들을 위한 견고한 소망이 있었다.

2. 도전: 하나님께서 하나님 나라의 일을 위해 당신을 부르셨던 때를 돌아보라. 그때 어떻게 반응했는가? 지금은 어떻게 반응하고 있는가? 하나님께서 맡기신 일을 신실하게 수행해왔는가? 하나님께서 주신 사명에 재헌신할 필요가 있는가? 하나님께서 맡기신 과업을 수행하는 일에 당신의 가족은 어떻게 참여하고 있는가?

토의 질문

1. 하나님께서 특정한 과업을 맡기기 위해 사람들을 부르시는 일을 지금도 계속 하시는가?

2. 하나님께서 일을 맡기시면서 긍정적인 결과가 나타나지 않을 것이라는 사실을 알리실 때, 그것은 하나님에 대해 무엇을 말해주는 것인가?

3. 당신이 알고 있는 하나님께로부터 온 징조는 무엇인가? 하나님께서는 지금도 여전히 하나님의 사람들에게 징조를 보여주시는가?

4. 이사야서에 나타난 동정녀 탄생에 관한 예언과 마태복음이 그 구절을 사용한 것에 대해 어떻게 이해하고 있는지 설명해보라. 기독교 신앙에 있어서 동정녀 탄생에 대한 믿음이 어떤 면에서 중요한 것인가?

5. 우리와 함께하시는 하나님께서는 약속이 될 수도 있고 위협이 될 수도 있다. 하나님께서 우리와 함께하신다는 말의 의미를 설명하고, 오늘 하나님께서 어떻게 당신과 함께하시는지를 이야기해보라.

이사야 9-11장

대리인을 통한 형벌

"역경은 거의 모든 사람이 다 이겨낼 수 있다. 어떤 사람의 성품을 시험해보고 싶다면 그에게 권력을 갖게 해보라."

- 에이브러햄 링컨(Abraham Lincoln)

하나님께서 백성들에게 지도자와 소망을 주시기 위해 새로 태어날 아기를 약속하셨다. 그러나 불의를 행하고 백성들을 잘못된 길로 인도하는 교만한 사람들을 향한 하나님의 진노는 사라지지 않았다. 하나님께서는 또 이스라엘과 유다를 심판하기 위한 하나님의 도구 그 이상을 넘어선 앗수르에게도 진노하셨다. 심판 후 하나님의 남은 자들은 하나님을 신뢰하게 되고 하나님의 진노는 멈출 것이다. 하나님께서는 하나님 자신의 영으로 백성들을 구원하여 고국으로 돌아가게 할, 이새의 뿌리에서 나올 메시아를 보내실 것이다.

Isaiah

들어가는 글

포옹할 사람과 집 그리고 소망도 없이

게리 스몰리(Gary Smalley)는 그의 딸 캐리(Kari)가 처음 교사가 되었을 때 경험한 이야기를 했다. 그녀는 아이들에 대한 사랑이 상대적으로 부족하고 집세가 싼 주택 지역에서 가르치고 있었다. 그녀는 방과 후 아이들이 학교를 떠나기 전에 그들을 하나하나 포옹해주기로 했다. 그런데 후안(Juan)은 매일 그녀의 포옹을 피할 수 있는 방법을 찾아냈다. 캐리는 후안이 그러는 이유를 찾아냈다. 그녀는 후안이 여러 명의 손자들을 돌보고 있는 할머니 집에서 살고 있다는 사실을 알게 되었다. 후안의 어머니는 가끔씩 찾아왔다. 그러나 찾아와서도 그녀는 잊고 싶은 결혼 생활을 통해 낳게 된 후안을 외면했다. 대신 다른 아이들에게는 애정을 표하고 같이 외출을 하기도 했다. 그러나 어린 후안은 늘 외면당했다.

캐리는 후원금을 모집해 그 할머니의 집을 학교에서 가까운 좀더 안전한 곳으로 옮기게 한 다음 집안에 필요한 물건들을 마련해주었다. 후안은 조금씩 달라지기 시작했다. 학교 성적도 나아졌다. 싸움도 멈추고 두려워하지도 않게 되었다. 그는 선생님과 포옹하는 시간을 오히려 기다렸다. 마침내 후안은 소망과 사랑과 삶의 의미를 찾았다. 그 이유는 바로 자기를 믿어주고 사랑해주는 사람을 찾을 수 있었기 때문이다. 그 때문에 그는 자기 자신을 믿고 사랑할 수 있게 되었다(Smalley and Trent, pp. 13-14).

이사야는 하나님을 믿지 않고 자신도 믿지 못하는 이스라엘 백성들에게 하나님께서 하실 일을 상징적으로 보여주기 위해 자기 가족을 사용했다. 그는 고통과 궁핍을 통해 소망의 때로 나아가는 길을 보여주었다. 그는 흑암 속에서 살고 있는 사람들에게 위대한 빛이 그들을 위해 비칠 것이라고 약속했다. 그 빛은 공평과 의를 세우게 될 구원자이며 왕이신 분에게서 나올 것이다.

본문 이해

대리인을 통한 형벌

Main Idea	하나님께서는 가난한 사람들을 억압하는 교만하고 악한 사람들을 심판하실 것이다. 또 하나님의 백성들을 벌하기 위해 하나님께서 사용하실 나라 역시 심판하실 것이다. 그리고 약속된 메시아로 한 아기를 보내시고 다윗과 맺으신 언약을 다시 지켜나가실 것이다.

A. 구원의 노래(9:1-7)

감사(B.C. 732년)

Supporting Idea	하나님께서 형벌을 견딘 사람들을 위한 소망의 말씀을 하셨다. 소망은 새로 태어난 아기로부터 나올 것이다. 그 아기는 왕의 권세를 가지고 다윗 왕조를 공평과 의로 다스릴 것이다.

9:1. 이 구절은 산문체이며 히브리어 원문에서는 8장을 마무리하고 있다. 9장 2-7절은 시가 형태로 되어 있으며, 소망을 주제로 한 새로운 단락을 시작하고 있다. 1절은 앞에서 본 어둠과 뒤에 이어질 빛을 연결하고 있는데, 그렇게 하기 위해 이전의 상황과 새로운 소망을 대조해서 보여주고 있다. 앗수르는 B.C. 732년 북왕조의 북동부 지역(납달리 땅, 수 19:32-39)과 북서부 지역(스불론 땅, 수 19:10-16)을 그들의 손에 넣었다. 선지자는 잠시 동안 예루살렘 상황에서 벗어나 북왕조를 향해 희망의 메시지를 전하고 있다. 새로운 날이 올 것이다. 이사야는 새로운 영광을 묘사하기 위해 앗수르의 지리적인 경계(해변길과 요단 저편 이방의 갈릴리)를 사용했다. 그 영광의 기초가 2-7절에 설명되어 있다. 제프리 그로간(Geoffrey W. Grogan)은 "군인들의 불길한 발걸음을 가장 먼저 경험할 이 지역들(5절)이 하나님께서 이스라엘에 초점을 맞추어 비추실 새롭고 위대한 빛을 가장 먼저 보게 될 것이며(60:1-3), 마태는 갈릴리에서 행하신 예수님의 사역을 통해 이 예언이 성취된 것으로 보았다(마 4:15-16, 눅 1:79, 요 8:12, 갈릴리에 대해 언급한 요 7:42)"라고 설명했다(Grogan, EBC, commentary on Isaiah 9:1).

9:2-5. 감사의 노래는 하나님께서 새롭게 하신 일을 찬양하기 위해 추수의 기쁨과 전쟁에서 거둔 승리의 기쁨으로 묘사되었다. 기뻐하는 이유는 전쟁에서 승리한 것 때문이 아니라 영원한 평화를 얻게 될 것이기 때문이다. 갑옷과 군복들이 땔감이 될 것이기 때문이다. 미래에 일어날 그 일들이 실제로 일어난 사건, 즉 아들의 탄생으로 보장되었다.

9:6-7. 이 구절은 왕족의 출생을 선언하고 있다. 선지자와 왕이 함께 서서 그 행복한 사건을 기뻐하고 있다. 그러나 아기를 바라보고 평화에 대한 이스라엘의 소망을 묘사하는 선지자의 말 속에서 예상 외의 분위기를 느낄 수 있다. 그 소망은 왕인 아기의 아버지에게 있는 것이 아니었다. 나라의 소망도 아버지가 바라듯이 그렇게 아기에게 있는 것이 아니었다. 왕족과 함께 감사하면서도 선지자는 계속해서 아하스를 책망하고 있다.

시편은 새로 태어난 아기에게 사용된 이름들이 왕권에 대한 유대인들의 이해로부터 나온 것임을 우리에게 보여준다. 그 왕은 마치 하나님처럼 놀라운 계획과 정사를 고안했는데(삼하 16:23), 그렇게 비유한 것은 궁극적으로 하나님께서 기묘자요 모사이시기 때문이었다. 전능하신 하나님 또는 '영웅다운 하나님' 이라는 이름은 히브리어 원문에서 왕을 '신' 으로 부르고 있는 시편 45편 6절의 배경이 된 개념을 반영해주는 것이다. 그것은 또한 다른 사람들과는 달리 유일하신 하나님 여호와와 밀접한 관계를 맺고 있는 그 왕에게 으레히 돌려야 할 존경과 권위를 반영해주는 것이기도 하다. 시편 2편 7절은 그 왕이 보좌에 오를 때 하나님의 아들로 받아들여지는 것을 보여주고 있다(시 89:26-27). 따라서 오직 하나님께만 사용할 수 있는 이름인 '전능하신 하나님' 을 '순종하는 왕' 으로 바꿀 수 있을 것이다. 전통적으로 왕의 타이틀 가운데 하나로 사용되었던 영존하시는 아버지는 하나님의 성품 가운데 하나였다. 평강의 왕은 국가의 모든 영역에서 볼 수 있는 왕의 역할을 반영하는 것이다. 평강은 전쟁의 반대 그 이상을 뜻한다. 개인적인 행복을 뜻하는 것이며, 또 물질적인 번영을 뜻하는 것이기도 하다. 소망을 이루고 성취한 완벽한 삶을 말하는 것이다. 그 아이, 즉 그 새 왕이 앗수르의 종이 아니라 자기 백성들의 아버지가 정말 될 수 있을 것인가? 왕과 백성들은 그렇게 되기를 소망했다. 그리고 그들은 선지자가 그렇게 될 것이라고 선포하는 것을 들었다.

그러나 선지자는 더 이상 보이지 않았다. 그 아기는 그의 아버지가 하는 일을 크게 향상시킬 것이다. 그러나 하나님의 기대에 미치는 삶을 살지는 못할 것이다. "그의 통치에 대한 묘사는 그가 메시아와 같은 역할을 하게 되리라는 사실을 보여준다. 다윗의 보좌 위에서 다스리는 그의 통치에는 끝이 없다. 그는 공평과 의로 영원히 다스릴 것이다. … 이 구절은 더 나은 때를 위한 막연한 소망이 아니라, 아하스와 같은 믿을 수 없는 왕들을 단번에 그리고 영구적으로 대신하게 될 하나님의 통치에 대한 이스라엘의 믿음을 고백하고 있다"(Childs, p. 81).

9:7. 그런 영원한 평강은 **공평과 정의**를 가장 중요한 목표로 삼고 있는 왕에게 달려 있었다. 정의는 선지자가 하나님의 백성들에게 요구한 핵심적인 것이었다. 그러나 정의를 뜻하는 히브리 단어는 정의를 이루는 율법(사 26:9), 올바른 가르침(28:26) 그리고 율법을 강화하는 심판(4:4) 등을 뜻하기도 했다. 정의는 인간의 법이나 재판이 아니라 하나님의 성품에 기초를 두고 있었다(5:16). 장래 소망은 새 왕의 권력에 있는 것이 아니라 **만군의 여호와의 열심**에 달려 있었다('심층 연구' 참고).

아하스의 새 아기는 예언의 요구들을 성취하지 못했다. 다윗의 보좌에 오른 왕들 가운데 그 요구를 성취한 사람은 아무도 없었다. 하나님의 백성들은 그 요구를 성취하고 그 이상의 기대까지 채워주신 나사렛 예수께서 오시기까지 700년 이상을 기다려야 했다. 예수님께서 모든 성취를 즉각적으로 다 이루지는 않으셨다. 그러나 평강의 왕이 오실 것을 바라보며 기대하는 일을 그 제자들에게 맡기셨다. 그 일은 마지막 원수들을 모두 물리치고 공평과 정의를 영원히 세우실 하나님의 열심에 의해 뒷받침되었다.

B. 하나님의 계속된 분노(9:8-10:4)

북왕조에 임할 재앙에 대한 예언(B.C. 734년)

Supporting Idea	형벌을 받고도 하나님께 돌아오지 않는 사람들은 하나님께서 그들의 불의와 압제 때문에 그들을 향해 품으신 진노를 드러내실 때 더 큰 심판을 받게 될 것이다.

이 구절은 그 주체가 남왕조가 아니라 북왕조라는 점에서 이사야서에서는 독특한 부분이라 할 수 있다. 이사야는 남왕조를 위해 활동한 선지자였다. 이사야서 9장 8절-10장 4절은 13-23장에서 볼 수 있는 것과 비슷한 이방 국가들에 대한 심판이다. 메시지는 적국을 향해 수사적 표현으로 전달되었다. 그러나 청중들은 선지자의 동족들이었다. 적에 대한 심판을 선언하면서 선지자는 일반적으로 자기 동족의 구원을 선포했다.

우리는 7장 4-9절과 8장 4절에서 이사야가 수리아와 에브라임과의 전쟁 속에서 유다가 구원될 것을 약속하고 있음을 보았다. 그러나 그 구원은 믿음을 요구하는 것이었으며, 하나님을 신뢰하지 않고 앗수르를 의지한 유다에 대한 심판이 수반되는 것이었다. 9장 12, 17절, 21절의 후렴구는 5장 24-25절과 연결되는 반면, 10장 1-4절의 재앙은 5장 8-23절과 연결된다. 그것은 이 부분이 5장과 연결되어 있음을 말해주는 것이다. 그렇게 한 이유는 무엇인가? 그것은 심판이 남왕조에도 적용되는 것임을 보여주고 싶었기 때문이다. 9장 8절-10장 4절은 남왕조를 위한 소망의 메시지와 북왕조를 위한 심판의 메시지로 읽힐 수도 있다. 그런데 뒤로 거슬러 올라가 5장을 강조한 것은 심판이 북왕조를 모방하며 그 역사를 되풀이하고 있는 남왕조에게도 선포된 것임을 보여주는 것이다.

9:8-10. 하나님께서 심판을 선언하셨지만 아직 그 심판이 임한 것은 아니었다. 하나님께서는 선포된 하나님의 말씀을 이루어지게 할 사자로 하나님의 말씀을 보내셨다. 야곱, 이스라엘, 에브라임, 사마리아는 그 족장의 이름(창 35:10)과 공식적인 국명과 주요 지파와 수도에 대한 언급으로 북왕조를 묘사하는 특이한 방법이다. 선지자는 북왕조에 대한 자신의 입장에 대해 조금의 의심도 남기지 않았다. 그들은 교만하고 오만했다. 그들의 교만은 하나님의 징계를 경멸하는 것으로 분명하게 드러났다. 하나님께서는 그들을 패배시키고 멸하셨다. 그러나 그들은 모든 것을 더 좋은 것으로 되살릴 수 있을 것이라 생각했다.

9:11-12. 수리아와 이스라엘은 그들 영토의 일부가 점령당했음에도 불구하고 앗수르의 위협을 무시했다. 이사야는 하나님께서 그들의 적과 함께하신다는 사실을 분명히 알려주었다. 하나님께서 수리아와 블레셋에게 이스라엘을 공격하고 패배시키게 하셨다. 이제 수리아가 하나님의 심판을 경험하게 될 것이다. 하나님의 노가 쉬지 않을 것이다.

9:13-17. 하나님의 백성들에 대한 하나님의 심판에는 분명한 목적이 있었다. 하나님께서는 그들에게 우상을 버리고 하나님께 돌아오는 회개를 원하셨다. 회개한다는 것은 '돌아서다, 또는 돌아오다' 라는 뜻이다. 그러나 회개에는 하나님과의 관계를 회복시키는 그보다 더 큰 효과가 있다. 이 부분의 후렴구에는 하나님께서 돌아오지 않으셨다는 슬픈 탄식이 메아리치고 있다. 그러나 그것은 하나님의 백성들이 돌아오지 않았기 때문이다. 하나님께서는 백성들의 지도자들을 제거하시며 하나님의 심판을 연장하셨다. 강하고 젊은 용사들을 더 이상 기뻐하지 않으셨다. 또 하나님께서 일반적으로 특별히

보호하시는 고아와 과부도 긍휼히 여기지 않으셨다. 대신 하루 사이에 돌연 이스라엘을 내리 덮치고 그들의 무익한 지도자들을 제거하셨다. 여전히 하나님의 노는 사라지지 않았다.

9:18-21. 이스라엘은 하나님께 돌아오지 않았다. 그래서 하나님도 그들에게 돌아가지 않으셨다. 그래도 이스라엘은 여전히 주의를 기울이지 않았다. 그들은 정치적 권력을 쥐기 위해 서로 싸우고, 유다 왕조의 형제들을 적대시했다. 그들의 죄는 식인종들의 만행으로밖에는 달리 묘사할 길이 없었다. 하나님께서 그들을 징계하셨지만 그마저도 아무 소용이 없었다.

10:1-4. 선지자가 유일하게 할 수 있는 일은 죽어가는 그의 동족들을 슬퍼하며 구슬프게 그들의 장송곡을 부르는 것이었다. 불공평하게 판결하고 과부와 고아의 것을 약탈하는 사람들은 사형 선고를 받아 마땅했다. 그들의 악행은 포로로 잡혀갈 그들의 미래를 보장하는 것이었다. 적이 오고 있었다. 어디로 도망칠 수 있을 것인가? 누구에게 도움을 구할 수 있을 것인가? 여호와의 노는 쉬지 아니할 것이다. 그것은 하나님의 백성 가운데 남은 사람들, 즉 유다가 그 다음 차례가 될 것임을 암시하는 것이었다.

C. 회초리를 휘두름(10:5-19)

얄궂은 재앙에 대한 예언(B.C. 705년)

Supporting Idea	하나님께서는 목적을 이루기 위해 불경한 사람들을 사용하실 수도 있다. 그러나 그들이 자신들에게 지휘권이 있는 것이 아니라는 사실을 거부할 때 하나님께서 그들도 벌하실 것이다.

10:5-6. 재앙은 계속된다. 의외로 그 주체는 유다가 아니라 앗수르였다. 5절은 "그 손의 몽둥이는 나의 분깃이라"고 말하고 있다. 그것은 하나님께서 하나님의 백성들을 벌하실 때 앗수르가 맡게 될 역할을 설명하는 것이다. 앗수르는 하나님의 공표되지 않은 대리인이었다. 앗수르는 여호와께서 이스라엘을 벌하기 위해 자신들을 사용하신다는 사실을 알지 못했다.

10:7-10. 앗수르는 자신들의 성공을 자신들의 힘으로 이룬 자신들의 공로로 돌렸다. 앗수르는 수리아 성읍들, 즉 갈로(B.C. 738년), 갈그미스(B.C. 717년), 하맛(B.C. 738년과

11:12-16. 이 구절에서 말하는 구원의 소망은 북왕조와 남왕조 모두를 위한 것이다. 북왕조의 백성들은 B.C. 732년과 B.C. 722년에 포로로 잡혀갔다(왕하 17장). B.C. 701년 산헤립이 침입한 일과 히스기야가 애굽에 원군을 청한 일(왕하 19장)은 유대인들을 애굽으로 도망치게 만드는 계기가 되었을 것이다. 그러나 애굽으로 대거 도피한 일은 B.C. 609년부터 587년까지 바벨론의 침입으로 나라가 위기에 처할 때였다(왕하 23:29-25:30).

이 예언은 두 왕조가 회복될 새로운 기적을 위해 여호와를 신뢰하게 될 때를 내다보고 있는 것이 분명하다. 그때 하나님의 백성들을 고향으로 돌아가게 할 나라들을 향해 하나님께서 신호를 보내실 것이다. 하나님께서 둘로 나뉜 백성들을 하나로 연합하게 하실 것이며, 그 결과 투기와 적대감이 사라질 것이다. 이스라엘은 동서로 뻗어나가며 다시 그들의 이웃을 정복하고, 다윗 왕조 때의 영토를 회복할 것이다(삼하 8장). 하나님의 새로운 출애굽은 북왕조가 포로로 잡혀갔던 앗수르에서부터 난 대로를 통해 이루어질 것이다(왕하 18:9-12). 이사야는 유다가 바벨론으로부터 귀환하게 될 일을 설명하기 위해 이사야서 후반부에서도 이와 비슷한 표현을 사용했다(사 40:3, 62:10).

Main Idea 복습	하나님께서는 가난한 사람들을 억압하는 교만하고 악한 사람들을 심판하실 것이다. 또 하나님의 백성들을 벌하기 위해 하나님께서 사용하실 나라 역시 심판하실 것이다. 그리고 약속된 메시아로 한 아기를 보내시고 다윗과 맺으신 언약을 다시 지켜나가실 것이다.

결론

구세주를 위해 길을 예비하심

하나님의 형벌이 부당하고 지나치게 보일 수도 있을 것이다. 그러나 그것은 근시안적인 견해다. 장기적으로 볼 때 우리는 하나님께서 친히 무슨 일을 하시는지 잘 알고 계셨음을 볼 수 있다. 하나님께서는 하나님만을 신뢰할 신실한 남은 백성들을 준비하기 위해 하나님의 백성들을 징계하셨다. 또한 하나님의 방법을 신뢰할 모든 사람들에게 구원을 베푸실 구세주께서 오실 길을 예비하시며, 전 세계 역사를 주도적으로 통치하고 계심을 보여주셨다.

■ 진리 알기

- 하나님께서는 공평과 의로 하나님의 나라를 세우실 계획을 가지고 계신다.
- 하나님께서는 교만하고 오만한 사람들에게 진노하신다.
- 하나님께서는 하나님의 백성들을 징계하셔서 그들이 하나님을 찾고 하나님께 돌아올 수 있도록 하신다.
- 하나님께서는 하나님의 목적을 이루기 위해 사람들이 하나님께서 자신을 사용하고 계신다는 사실을 깨닫지 못하고 있을 때에도 그들을 사용하실 수 있다.
- 하나님께서는 다윗과 그의 후손들과 맺은 언약을 이루시고, 의와 공평의 하나님 나라를 이루실 것이다.
- 하나님께서 거룩한 남은 자들을 통해 구원을 이루어가신다.

■ 적용하기

- 암담한 때에 하나님을 바라보고 그분의 도우심을 구하라.
- 하나님께서 오늘 당신을 위해 하시는 일들을 기뻐하라.
- 하나님께서 우리를 구원하시기 위해 보내신 아기에게 경배하라.
- 교만과 오만이 자리잡고 있는 부분을 찾아내고, 하나님께 그것들을 제거하고 용서해달라고 기도하라.
- 죄를 버리고 하나님을 찾아라.
- 도움이 필요한 사람들을 도울 수 있는 방법들을 찾아보라.
- 두려워하는 것들을 적어보라. 그런 다음 그것들을 하나님께 맡기라.

삶의 적용

새로운 일을 행하시는 하나님

지난 몇 년 동안 나는 정말 놀라운 일들을 경험했다. 이 주석서를 쓰면서 나는 재혼으로 말미암아 아내와 일곱 살짜리 딸과 며느리와 손녀딸을 새 가족으로 맞이하게 되었다. 아이들을 모두 출가시키고 아내가 암으로 세상을 떠난 후, 나는 실제로 남은 자가 된다는 것이 어떤 것이며 하나님과 함께 다시 시작한다는 것이 어떤 것인지를 잘 알게 되었다. 내가 소중하게 여기고 내게 소망과 안전과 계속 살아갈 의미를 갖게 해주었던 것들을 대부분 다 잃는다는 것이 어떤 것인지를 알게 되었다. 나는 새로운 시작을 위해 죄와 나쁜 습관들을 제거해내시며 나를 준비시키기 위해 일하시는 하나님을 보아왔다. 그리고 새로운 사람들과 새로운 사역과 새로운 일들과 새로운 사랑과 새로운 도전들을 내 삶 속에 허락하시는 하나님을 경험해왔다. 하나님께서는 내게 새로운 일을 행하시는 분이시다.

이사야를 통해 하나님께서는 이스라엘 백성들에게 새로운 시작을 약속하셨다. 그들은 고통과 실패를 먼저 경험할 것이다. 그러나 남은 자들은 고향으로 귀환해 하나님을 다시 찾을 것이다. 하나님께서 하나님의 백성들 가운데서 구원 사역을 다시 시작하기 위해 약속하신 메시아를 보내실 것이다. 하나님께서는 지금도 여전히 다시 시작하고 계신다. 우리도 새롭게 시작할 필요가 있을 것이다. 큰 손실과 절망 속에서 이스라엘 백성들처럼 하나님께서 어디 계시는지 그리고 왜 우리가 기대하는 일을 행하시지 않는 것인지 의아하게 생각할 수도 있을 것이다. 그러나 하나님께 대한 믿음과 신뢰를 새롭게 하라. 지금 하나님께서 일하시는 부분이 어디인지 보여달라고 기도하라. 하나님께서 은혜의 일을 새롭게 시작하시는 때를 기다릴 수 있는 인내를 달라고 기도하라. 하나님께서 다시 시작하실 때 자신의 삶의 방식을 바꿀 준비를 하라.

기도

하나님, 우리의 죄를 벌하시는 하나님의 징계를 받아들이고 하나님만을 신뢰하는 대신 다른 많은 것들을 의지하려 했던 잘못을 고백합니다. 우리를 의와 공평의 길로 인도해주시고 이새의 뿌리에서 나온 가지, 우리의 모사와 지혜와 전능하신 하나님이 되신 예수 그리스도께 대한 우리의 감사를 받아주시기를 기도합니다. 아멘.

심층 연구

A. 여호와의 열심(9:7)

하나님의 열심은 동시에 하나님의 질투이기도 하다. '열심' 이라는 말은 고대 근동 지역에서 서로를 질투하는 신들의 관계를 묘사하기 위해 사용된 용어다. 이스라엘은 그 말을 하나님을 예배하는 사람들을 향한 하나님의 심정을 묘사하는 데 사용했다. 그 하나님의 심정이 다른 신을 섬기지 말라고 명한 십계명의 기초가 되었다(출 20:5). 그 질투는 불순종하는 사람들에 대한 심판을 불러왔다. 그러나 심판의 고통을 경험하게 된 이스라엘은 하나님의 질투를 근거로 한 소망을 가지고 기도할 수 있었고(사 63:15), 하나님의 백성들을 회복시키기 위해 질투심을 가지고 열심히 일하시는 하나님을 볼 수 있었다. 본문에서 하나님의 열심과 질투는 이스라엘 왕권에 대한 소망으로 나타나고 있다. 하나님께서 일하기로 결정하실 때에만 하나님의 백성들은 자신들을 다스릴 왕에 대한 소망을 가질 수 있었다.

B. 딸 시온(10:32)

성경은 하나님의 백성들과 함께 행하시는 하나님의 일을 묘사하기 위해 다양한 비유적 표현들을 사용하고 있다. 특히 하나님과 하나님의 백성들의 친밀한 관계를 보여주기 위해 가족에 비유하는 경우가 많았다. 유다와 예루살렘 사람들은 시온의 딸, 또는 처녀 시온으로 불렸다(왕하 19:21, 애 2:13). 따라서 예루살렘과 그 거민들은 하나님께서 보호하시고 사랑하시는 하나님의 자녀들이었다.

시온은 다윗이 예루살렘을 정복한 때로 거슬러 올라가 볼 수 있는 지명이며, 예루살렘의 남동쪽 산마루에 있는 가장 오래 된 지역의 명칭이었다(삼하 5:7). 솔로몬은 새로운 성전 지역으로까지 그 경계를 넓히면서 시온의 범위를 확장했다(왕상 8:1). 따라서 시온은 이스라엘의 하나님 여호와께서 거하시는 곳이 되었으며, 사람들은 하나님께 예배와 제사를 드리기 위해 그곳을 찾았다(시 9:11, 76:2). 그곳은 하나님께서 하나님의 이름을 두신 곳이었으며(사 18:7), 그곳에서 하나님께서는 유다를 하나님의 사랑하는 백성으로 택하시고(시 78:68) 주의 기업으로 삼으셨다(시 74:2). 예루살렘을 공격하는 자는 하나님께서 사랑하시는 딸을 공격하는 것이었으며(사 10:32), 하나님의 백성들(사 1:8, 미 4:10)과 그들의 극심한 사악함(미 3:1-12)을 심판하는 것이었다.

또 시온은 이스라엘의 장래 소망을 품고 있었다. 어느 날 하나님께서 시온에서 외치실 것이다(욜 3:16). 좋은 소식이 시온에게 전해질 것이다(사 40:9, 52:7). 하나님께서 하나님의 백성들을 다시 시온으로 부르실 것이다(시 126:1). 그리고 그들은 시온을 신뢰하게 될 것이다(예 50:5). 하나님께서 승리를 거둔 하나님의 왕을 그곳에 보내실 것이다(사 62:11, 마 21:5). 그곳에서 메시아가 다스리실 것이다(시 2:6). 시온으로부터 구속자(롬 11:26), 곧 시온의 초석(사 28:16, 벧전 2:6)이 나올 것이다. 하나님께서는 시온에서 세상을 영원히 통치하실 것이다(미 4:7). 이방 나라들이 시온으로 와서 경배할 것이다(사 16:1). 어린양이 144,000명의 신실한 사람들과 함께 시온에 설 것이다(계 14:1).

교안

A. 들어가는 글

1. '포옹할 사람과 집 그리고 소망도 없이' 이야기로 시작하라.

2. 배경 설명: 이사야서 9-11장은 선지자의 전기적 이야기로 시작해서 심판과 구원에 대한 예언으로 이어지고 있으며, 9장과 11장에 나타난 메시아에 대한 두 개의 약속이 중심을 이루고 있다.

3. 적용: 이사야는 하나님의 백성들이 하나님을 신뢰하지 않기 때문에 경험하게 될 하

나님의 심판이 어떤 것인지를 보여주고 있다. 그러나 그는 또 그 심판이 하나님의 백성들이나 하나님 계획의 끝이 아니라는 사실을 보여주고 있다. 하나님께서 남은 백성들을 보존하시고 그들에게 메시아를 보내실 것이다.

B. 본문 이해

1. 구원의 노래(9:1-7)
2. 하나님의 계속된 분노(9:8-10:4)
3. 회초리를 휘두름(10:5-19)
4. 남은 자들에게 주어질 보상(10:20-27)
5. 살육 행진(10:28-32)
6. 강한 자를 제거함(10:33-34)
7. 구원을 이룰 성령의 그루터기(11:1-9)
8. 결정의 날(11:10-16)

C. 결론: '새로운 일을 행하시는 하나님' 을 읽어주라.

1. 요약: 하나님께서 고대의 역사를 주관하셨고, 현대의 역사를 주관하고 계신다. 하나님의 백성들에게 심판이 임할 것을 경고하시고 회개할 것을 촉구하신다. 우리가 회개하기를 거부할 때 하나님께서는 우리를 징계하시기 위해 그분이 원하는 방법과 도구들을 선택하신다. 그렇게 하시면서 우리를 구원하실 하나님의 계획을 이루어 가신다.

2. 도전: 교회는 이 시대 이 세상에서 하나님을 드러내도록 하나님께서 선택하신 남은 자다. 당신은 하나님을 어떻게 드러내고 있는가? 그렇게 하기 위해 더 많은 징계가 필요한가? 아니면 메시아께서 오셨으며, 그 메시아를 믿는 사람은 누구든지 멸망치 않고 영생을 얻을 수 있다는 복된 소식을 세상에 알리고 있는가?

토의 질문

1. 하나님께서 오늘날 세계 역사 속에서 일어나는 사건들 가운데 개입하고 계신다는 사실을 어떻게 알 수 있는가?

2. 오늘날 하나님께서 공평과 의를 위해 일하도록 어떤 특별한 방법으로 당신이 속한 교회를 부르고 계신다고 생각하는가?

3. 예수님께서 이사야서 9장과 11장에 기록된 메시아에 관한 예언을 어떻게 성취하셨는지 설명해보라.

4. 남은 자 신학은 지금도 하나님께서 하나님의 교회와 함께 일하시는 방법 가운데 하나인가?

이사야 12장

남은 자의 반응

"진노하셨던 하나님께서 이제 이스라엘의 친구, 옹호자, 동맹국,
지지자, 유일한 소망이 되신다는 사실이 알려지게 되었다.
그분은 바로 놀라운 능력과 권세를 가지고
역사적 상황을 완전히 바꾸어놓을 수 있는 분이시며,
또 그렇게 하실 분이시다."

- 월터 브루거만(Walter Brueggemann)

이사야의 설교를 수집한 그의 제자들은 예언이 성취되고, 하나님의 백성들 가운데 남은 자들이 외국에서의 포로 생활을 마치고 귀환하게 되는 '그 날에' 불러야 할 노래로 첫 수집의 마지막을 장식했다. 따라서 1장에서 12장까지는 귀환한 공동체가 예배에서 사용할 수 있도록 준비된 것이다.

Isaiah

들어가는 글

내가 말썽꾸러기인 너를 선택했다

한 사람이 불안해보이는 한 십대 소녀를 입양했다. 마을 사람들은 그 소녀에 대한 평판을 잘 알고 있었다. 그 소녀는 거짓말을 했고, 종종 사기도 쳤다. 권위에 복종하기를 거부했고, 종종 파괴적인 모습을 보이기도 했다. 누가 무엇 때문에 그녀를 입양하겠는가? 그러나 그 사람은 그 소녀를 자기 집으로 데리고 가서 방을 꾸며주고 자신의 친딸처럼 대했다. 소녀는 모든 사람이 예상했던 대로 그를 대했다. 어느 날 소녀는 수업을 마치고 집으로 달려와 돈을 찾기 위해 온 집안을 다 뒤졌다. 돈을 찾을 수 없게 되자 눈에 보이는 것마다 집어던지고 때려 부수며 난동을 피웠다. 일을 마치고 돌아온 그는 끔찍한 상황이 벌어진 것을 보게 되었다. 집안은 온통 난장판이 되어 있었다. 소중한 물건들도 산산 조각난 상태로 마루 바닥에 흩어져 있었다.

예상하던 그 소녀의 폭발적인 행동을 지켜본 그의 이웃 사람들이 조언을 해주기 위해 그를 찾아왔다. "입양 서류에 도장을 찍지 말고 그 아이를 돌려보내세요"라고 그들은 말했다. 그러나 그는 그런 조언을 모두 거부하고 전과 같이 변함없이 대했다.

이웃 사람들과 친구들은 거듭 "그 아이를 돌려보내라. 어차피 그 아이가 진짜 딸이 될 수는 없는 일이다"라고 말했다.

그는 "나도 안다. 그러나 나는 그 아이에게 내 딸이라고 말했다"라고 대답했다 (Lucado, In the Grip of Grace, p. 127).

이사야 1-11장은 우리에게 우리 자신의 최악의 상태를 보여준다. 우리가 생각할 수 있는 모든 죄가 우리 앞에 열거되어 있다. 우리 각자는 "맞아. 그것이 바로 나야"라고 사실을 인정하지 않을 수 없다. 나는 죄인이다. 나는 하나님께서 말씀하신 모든 심판과 하나님께서 내리시는 모든 벌을 받아 마땅하다. 그렇게 인정한 후 우리는 하나님 아버지를 바라보며 "우리를 하나님 앞에서 영원히 내쫓으실 것입니까?"라고 애처롭게 탄식한다.

그런 우리를 향해 하나님께서는 "아니다. 나는 너에게 내 자식이라고 말했다. 그것은 그냥 한 말이 아니었다. 이리 와서 내가 베푸는 구원을 보라. 그리고 나와 함께 기뻐하라" 고 말씀하신다.

이제 우리는 이사야서 12장을 공부하면서 하나님께서 베푸시는 구원을 이렇게 축하해야 하는지를 살펴볼 것이다.

본문 이해

남은 자의 반응

Main Idea	하나님의 진노가 지나가고 하나님께서 베푸시는 구원을 보게 될 마지막 날은 하나님의 백성들이 찬양하고 감사하는 날이 될 것이다.

A. 구원 찬양(12:1-6)

감사의 노래(B.C. 700년)

Supporting Idea	하나님의 구원을 경험한 사람들은 하나님을 찬양하고 하나님을 온 세상에 알리고 싶어한다.

12:1-2. "여호와여, 내게 진노하신 것을 감사하나이다" 라고 시작하는 이 노래의 첫머리에 독자들은 깜짝 놀랄 것이다. 그것은 하나님께서 마음을 돌리고 진노하셨던 것을 후회하며, 하나님의 백성들을 위로하시는 것을 묘사하기 위한 것이었다. 노래는 일인칭 단수로 되어 있는데, 그것은 개인적인 노래로 만들기 위한 것이었다. 자신의 개인적 역사를 돌아보면서 신자는 하나님께서 징계하셨던 때와 위기로부터 구원해주셨 때를 기억하며 하나님을 찬양하고 있다. 그런 다음 그는 신자와 하나님과의 관계 속에서 볼 수 있는 하나님의 위대하심을 묘사하기 위해 전통적인 찬양의 표현들을 사용했다(출 15장, 시 118편).

하나님의 위로와 위안이라는 주제는 40장에서 다시 나타날 것이다. 하나님의 징계를 경험하게 되면 우리는 하나님은 나의 구원이시라는 사실을 깨닫는다. 이사야는 그 사실을 담대하게 노래할 수 있었고, 독자들에게도 그렇게 하기를 초청할 수 있었다. 그는 "여호와는 구원이시다"라는 뜻의 이름을 가지고 있었다. 우리도 진노하시는 하나님께 감사하고 찬양할 수 있다. 왜냐하면 우리는 진노가 아니라 구원을 베푸시는 것이 하나님의 가장 중요한 일이며, 하나님께서 사랑이시라는 사실을 알고 있기 때문이다.

12:3. 1절의 단수형 '너'에서 전 회중을 뜻하는 복수형 '너희'로 바뀌었다. 하나님의 큰 구원은 개인뿐 아니라 회중 전체를 위한 것이었다. 선지자는 회중들에게 영원히 흘러 넘치는 하나님의 우물에서 나오는 구원으로 그들의 물동이를 채우라고 초청하고 있다.

12:4-6. 모든 사람이 찬송하는 일에 다 참여해야 한다. 개개의 회중만으로는 충분하지 않다. 찬양은 온 세상에 울려퍼져야 한다. 하나님의 이름이 온 세계에 높여져야 한다. 그 찬양은 먼 곳에 있는 나라들까지 울려퍼지며, 그들에게도 함께 참여할 것을 초청하는 것이 되어야 한다. 심판은 이스라엘을 전 세계로 흩어지게 했다(11:11-12). 하나님의 구원의 소식 역시 그만큼 퍼져나가야 한다. 온 세계가 하나님께서는 약속을 지키시고, 하나님의 백성들을 구원하시며, 자신을 믿을 만하고 권세가 있는 분으로 증명하셨다는 사실을 보아야 한다. 그들도 구원의 노래를 부르도록 초청되어야 한다.

음울한 분위기가 이사야서 1-12장을 어둡게 한다. 그러나 남은 자의 열렬한 반응이 그 어두움의 끝을 알리고 있다. 구원은 하나님의 백성들을 위한 하나님의 약속이다. 이스라엘의 거룩하신 분이 시온에 있는 성전, 곧 찬양의 중심지에 거하신다.

Main Idea 복습	하나님의 진노가 지나가고 하나님께서 베푸시는 구원을 보게 될 마지막 날은 하나님의 백성들이 찬양하고 감사하는 날이 될 것이다.

결론

마시라

이사야서 1-12장은 이스라엘 백성들에게 회개를 촉구하고(1장), 감사 찬양에 그들을 초대한다(12장). 그 두 장 사이에는 하나님의 실망, 진노, 거부 그리고 하나님의 백성들과 그들의 정복자들을 향한 형벌의 선언이 들어 있다. 암울함이 구원과 메시아에 대한 약속과 미래에 대한 소망 속에서 가끔씩 단전되는 것을 볼 수 있다. 그러나 현 정부에 대한 심판이 선포되고 있다. 그리고 우리는 구원의 하나님을 찬양하고, 구원의 샘에서 마실 것을 초청하는 12장의 노래를 기쁜 마음으로 맞이하게 된다.

▣ 진리 알기

- 감사가 하나님과 함께하는 삶의 중심이다.
- 하나님께서 모든 구원과 구출의 원천이시다.
- 하나님께서는 믿을 수 있는 분이시다.
- 하나님의 백성들은 역사 속에서 보여주신 하나님의 구원을 온 세계에 증거한다.
- 하나님을 찬양하는 것은 하나님과 동행하며 하나님을 예배하는 삶을 이루는 중요한 한 부분이다.

▣ 적용하기

- 하나님께서 당신을 위해 하신 모든 일에 감사하는 찬양의 노래를 만들어보라.
- 하나님을 예배하지 않는 사람에게 하나님께서 당신을 어떻게 구원하셨는지 그리고 그 사람을 얼마나 구원하고 싶어하시는지를 말해주라.
- 하나님께 맡겨야 할 구체적인 걱정거리들을 하나님께 맡기라.
- 하나님께서 당신의 삶 속에서 하신 일들을 열거해보라.
- 한 시간 동안 묵상하고 기도하면서 함께하시는 하나님을 경험해보라.

삶의 적용

아빠도 노래할 거야

나는 초등학교 4학년 때 합창단에 들어가지 못했다. 몇 년 후, 청년 성가대의 지휘자는 주일 오후에 연습할 것이라는 광고를 하곤 했다. 모든 청년들이 참석하는 것으로 되어 있었다. 그런데 그는 종종 나에게 "트렌트, 넌 오지 않아도 돼"라고 말하곤 했다. 그 후 수년이 지난 뒤 내 옆에 앉아 함께 예배드리게 된 우리 아이들이 "아빠, 제발 노래하지 마세요. 부탁이에요"라고 말했다.

상상할 수 있을 것이다. 세상에서 나는 노래할 기회를 거의 얻지 못했고, 아무런 초대도 받지 못했다. 나는 음정에 맞지 않게 노래하는 사람을 본 적이 없지만, 내 친구들과 가족들은 내가 음정에 맞지 않게 노래한다고 말했다. 그러나 내가 천국에 가면 하나님께서 내게 특별할 노래를 부를 수 있게 해주실 것이다. 발성법을 배울 필요도 없고, 연습할 필요도 없을 것이다. 나는 그저 하나님께서 나와 하나님의 사람들 모두를 위해 하신 모든 일을 찬양하는 천사들과 함께 노래하게 될 것이다. 그 날은 신나는 날이 될 것이다.

하나님께서 베풀어주신 구원을 받아들이고 천국에서 하나님 백성의 일원이 될 것이라는 확신을 갖게 될 때 그 흥분이 시작된다. 오늘 예수님께 마음을 드리고 그분을 찬양하는 노래를 시작하라. 우리 모두 천국에 들어갈 때 나도 당신과 함께 합창할 것이다.

기도

하나님, 제게 진노하신 것을 감사드립니다. 하나님께서 진노하신 것은 하나님께서 제게 관심을 가지고 계시며, 저를 하나님께서 원래 계획하신 사람이 될 수 있게 하시기로 결단하셨다는 사실을 보여주는 것입니다. 그것은 또 하나님께서 여전히 이 세상에서 일하고 계시며, 하나님의 구원 계획에 참여하도록 사람들과 나라들을 인도하고 계심을 보여주는 것입니다. 나의 구원의 하나님께 소리 높여 찬양합니다. 그리고 주님의 영광을 선포하는 일에 나와 함께 참여하도록 모든 나라 사람들을 초대할 것입니다. 아멘.

심층 연구

하나님의 진노(12:1)

오늘날 교인들 가운데 많은 사람들이 하나님의 진노를 구약 성경에 나오는 하나님의 종교적인 개념으로만 여기면서, 신약 성경에 나오는 사랑의 하나님으로 대치함으로써 하나님의 진노라는 단어를 교회 안에서 제거해버리고 싶어한다. 그런 신학적인 움직임은 구약 성경을 영감 된 하나님의 말씀보다 열등한 것으로 여기게 만들고, 신약 성경의 많은 부분, 특히 성전을 정결케 하신 예수님의 이야기, 바리새인들과 유대 종교 지도자들과 뜨겁게 논쟁하신 예수님의 이야기, 나사로와 부자 청년에 대한 비유, 마태복음 23-25장과 마가복음 13장과 누가복음 21장의 설교 속에 나오는 세상 끝에 대한 예수님의 가르침을 무시하게 만든다.

이사야서 12장 1절에 사용된 용어(히, 'anaph)는 하나님의 진노와 연관된 몇 가지 개념을 우리에게 소개해준다. 인간의 죄가 하나님의 백성들을 징계하게 만드는 하나님의 진노를 불러일으킨다(왕상 8:46, 대하 6:36). 이스라엘의 전 역사는 진노를 일으키는 죄의 역사라고 말할 수 있다(신 9:3-29). 그것은 집단적으로뿐 아니라 개인적으로도 마찬가지다(신 1:37, 왕상 11:9-11). 인간의 죄와 하나님의 진노가 대화를 영구적으로 단절시키는 것은 아니다. 기도와 회개가 실제로 하나님의 용서와 동정심과 회복을 불러올 수 있기 때문이다(왕상 8:47-53).

시편에는 하나님의 백성들을 잊어버린 것처럼 보이고, 하나님의 진노를 영원히 연장시키실 것처럼 보이는 진노하시는 하나님과 새로운 관계를 맺으려는 기도들이 많이 포함되어 있다(시 85:4-7, 시 60:1-5). 그런 기도들은 하나님의 명성을 지키고 죄를 범한 나라들을 벌하실 것을 하나님께 간청하고 있다(시 79:1-13). 이스라엘 백성들은 하나님의 진노를 돌이킬 수 없을 때가 있다는 것을 알고 있었다(스 9:14-15). 하나님의 진노를 경험한 후 하나님의 백성들은 진노를 그치고 하나님의 백성들을 위로하시는 하나님께 감사하고 있다(사 12:1).

교안

A. 들어가는 글

1. '내가 말썽꾸러기인 너를 선택했다' 이야기로 시작하라.

2. 배경 설명: 불순종한 백성들, 탐욕스런 통치자들, 사치를 일삼는 여자들, 그리고 하나님의 백성들을 벌하기 위해 하나님께서 사용하신 무자비한 이방 나라들에 대한 심판이 이사야서 1장부터 11장까지의 대부분을 차지하고 있다. 징계를 능가하는 소망의 약속들 사이에 이 심판에 대한 선포가 들어 있다. 그 소망의 약속들은 당시의 지도자들이 아니라 세상에 오게 될 남자 아기에 특별히 초점이 맞추어져 있다.

3. 적용: 이사야는 하나님께서 진노를 그치고 약속하신 구원을 베푸실 때 하나님의 백성들이 부르게 될 노래를 제공해주었다. 그 노래는 진노하신 하나님께 감사드리는 간단한 감사의 찬송이다. 그 찬송은 우리에게 진노하시는 하나님께 어떻게 반응하고, 무엇을 기대해야 하는지를 보여주고 있다.

B. 본문 이해

1. 구원 찬양 (12:1-6)

C. 결론: '아빠도 노래할 거야' 를 읽어주라.

1. 요약: 우리의 죄가 하나님의 진노를 불러일으킨다. 우리가 어떤 죄를 짓고 있는지 살펴볼 필요가 있다. 그런 다음 그 죄를 하나님께 자백하고 용서를 구해야 한다. 그

것으로 이야기가 끝나는 것은 아니다. 우리는 또 진노하신 하나님께서 우리를 하나님께 되돌아오게 하려고 하신 일들과 진노를 멈추신 후 우리를 도와주고 위로하기 위해 하신 일들에 감사하는 시간을 낼 필요가 있다.

2. 도전: 하나님의 진노에 함축된 의미들을 생각해보라. 하나님의 진노를 가장 최근에 경험한 때는 언제인가? 그때 어떻게 반응했으며, 하나님의 진노와 관련해 지금 해야 할 일은 무엇인가?

토의 질문

1. 하나님께서 전혀 진노하지 않으셨다면 우리 각자의 삶은 어떻게 달라졌을 것이라 생각하는가?

2. 당신이 속한 교회의 역사를 하나님의 진노와 관련해 기록한다면 어떻게 기록할 수 있겠는가?

3. 하나님께서 진노하신 것에 대해 감사한 적이 있는가?

4. 하나님을 신뢰하는 것이 어떻게 두려움에서 벗어나게 해주는가?

5. 하나님의 이름을 온 세상에 알리기 위해 당신과 당신이 속한 교회는 무엇을 하고 있는가?

이사야 13-14장

바벨론에 대한 경고

"의로우신 하나님을 생각할 때 나는 우리나라를 위해 떨지 않을 수 없다."

- 토마스 제퍼슨(Thomas Jefferson)

이사야는 예루살렘과 남왕조를 멸망시킨 바벨론을 지적하면서 이방 나라들에 대한 경고를 시작하고 있다(13:1-23:18). 그는 바벨론의 교만 때문에 그리고 하나님께서 택한 백성들을 그들에게 주신 땅으로 돌아가게 하기 원하시기 때문에 주의 날이 바벨론에 임할 것이라고 경고했다.

Isaiah

들어가는 글

놀라운 구원의 출처

구원은 우리에게 일어나는 놀라운 일들 가운데 하나일 것이다. 테어도어 루즈벨트(Theodore Roosevelt) 대통령의 삶 속에서도 어떻게 구원이 이루어졌는지를 보여주는 한 순간이 있었다. 다중 초점 렌즈가 발명되기 전에 살았던 그는 어디를 가나 늘 두 개의 안경을 가지고 다녔다. 하나는 글을 읽기 위한 것이었고, 또 하나는 세상을 보기 위한 것이었다. 어느 날 그는 밀워키를 방문했다. 갑자기 한 사람이 그에게 총을 발사했다. 의사는 신속하게 그의 부상을 치료했다. 치료를 마친 의사는 대통령에게 뜻밖의 물건을 되돌려주었다. 그것은 쇠로 만든 안경집이었다. 암살자의 총탄이 대통령의 심장을 꿰뚫고 들어가는 대신 그 안경집에 맞았던 것이었다. 대통령은 그가 가지고 다니고 싶지 않았던 안경집 덕분에 목숨을 구할 수 있었다.

세상을 구원하기 위한 계획을 수행하시는 하나님께서는 여러 가지 방법으로 우리를 놀라게 하신다. 바벨론 사람들은 그들이 세상을 쥐고 흔들 수 있다고 생각했고, 아무도 그들을 위협할 수 없을 것이라 생각했다. 너무나 절망적인 상태가 되어버린 이스라엘 백성들은 하나님께서 자기들을 잊으셨다고 생각했다. 그리고 하나님께는 구원할 뜻도 없고, 방도도 없을 것이라고 생각했다. 그러나 하나님께서는 바벨론과 이스라엘을 모두 놀라게 하셨다. 무슨 일이 어떻게 될지 다 알고 있다고 생각하는 습관 속에 빠져 있을 때 하나님께서는 우리도 놀라게 하신다(Patterson, p. 1).

이스라엘의 선지자들은 종종 정치적인 위기에 처한 나라와 그 지도자들에게 조언하고 충고했다. 전쟁중에는 적을 물리치고 승리할 것을 약속하는 예언으로 군인들에게 확신을 심어주었다(삼상 15:2-3). 그것은 이스라엘이 이웃 나라들과 공유하고 있었던 또 하나의 관례였다(민 22-24장). 적에 대한 경고는 전쟁 시에만 국한되지 않았다. 국가의 힘이 약해지거나 위기에 처하게 되었을 때, 국가 차원의 슬픔과 비탄을 표현하는 예배를 드리기 위해 성전에 백성들을 불러모았다. 선지자들은 국가 차원의 기도에 대한 하나님의 응답을 알리기 위해 일어섰다.

그 응답의 일부는 이스라엘에게 고통을 야기한 적국에 대한 경고였다. 아모스는 몇 개의 설교들을 함께 열거한 후 이방 국가들을 경고하는 예언중에 돌연 자기 동족을 포함시킴으로써 이방 국가들에 대한 전통적인 설교를 문학적인 예술 형식으로 바꾸었다(암 1:3-2:16). 우리는 이사야서 9장 7절-10장 11절에서 이사야 역시 그와 비슷한 구조를 사용하고 있는 것을 볼 수 있다. 다른 선지자들도 대부분 적국에 대한 경고 예언을 포함시키고 있다.

적국에 대한 경고가 이사야서 13장 1절-23장 18절의 대부분을 차지하고 있지만, 그 속에는 하나님의 적들 가운데 하나가 된 유다를 향한 경고도 포함되어 있다(22절). 그렇게 함으로 하나님의 백성들에게 소망이 되어야 할 부분이 어떤 국적을 가지고 있든지 일반적인 죄인들에 대한 심판으로 바뀌게 되었다. 다른 설교들도 있다. 그 설교들은 유다와 정치적인 동맹을 맺으려는 국가들을 향한 것이었고, 유다에게는 다른 나라들과 정치적 동맹을 맺지 말 것을 경고하는 역할을 하고 있다. 유다의 유일한 동맹은 그들의 하나님이었기 때문이다.

본문 이해

바벨론에 대한 경고

Main Idea	세상의 사악한 교만과 오만 때문에 하나님께서 세상을 심판하실 때 이스라엘의 적국들에게 주의 날이 임할 것이다. 그러나 그 심판이 하나님의 백성들에게는 새로운 소망이 될 것이다.

A. 바벨론에 대한 메시지(13:1-22)

전쟁 소집(B.C. 701년경)

Supporting Idea	바벨론의 영광은 끝이 났다. 하나님께서 공포 정치를 행한 그 교만한 나라와 오만한 왕을 벌하실 것이다. 그런 다음 하나님의 백성들을 다시 모으시고, 그들에게 새로운 삶을 살게 하실 것이다.

13:1. 경고라는 히브리 단어는 선지자가 한 설교나 선언을 뜻하며, 일반적으로 책을 소개하는 제목으로 사용된 것을 볼 수 있다(느 1:1, 슥 1:1, 렘 23:33-38). 그 외에는 잠언 30장 1절, 31장 1절, 열왕기하 9장 25절, 예레미야애가 2장 14절, 역대하 24장 27절에서만 사용되었다.

고대 바벨론의 수도 바벨론은 티그리스와 유프라테스 강 사이에 위치해 있었다. 그곳은 지금의 바그다드 남부 지역이다. 이사야 당시 바벨론은 함무라비 당시의 영광을 회고하고 있었으며(B.C. 1792-1750년), 느부갓네살 왕의 통치로 잠시 부흥을 이루었으나(B.C. 1146-1123년) 앗수르의 지배 아래서 고통을 당하고 있었다. 이사야는 바벨론 사람들이 앗수르를 전복시키기 위해 은밀한 외교를 펼치고 있는 것을 보았다(사 39장). 그러나 그는 바벨론을 '열국의 영광' 으로 보지 않았다(13:19). 이 구절에서 볼 수 있는 바벨론의 역사적 정황은 B.C. 626년 나봇폴라살이 등극한 후와 느부갓네살이 B.C. 587년 예루살렘을 멸망시킨(바벨론이 유다의 가장 큰 적으로 자리잡게 된) 이후다.

13:2-5. 선지자는 B.C. 538년 유배 생활을 마치고 귀환할 때 백성들이 찬양할 수 있도록 준비했던 것처럼(12장) 여기서도 이름이 알려지지 않은 용사들에게 휘장을 높이 들고 싸움을 준비할 것을 촉구하고 있다. 그 군대는 두려움을 일으키게 하는 분위기를 강조하면서 여호와의 거룩히 구별한 자들로 구성되었다. 하나님의 진노가 전체를 지배하고 있다. 사령관은 하나님, 곧 만군의 여호와였다. 하나님께서는 소집한 군대의 특징을 바로 드러내지 않으셨다. 다만 그들이 먼 나라에서, 하늘가에서 온 사람들이라는 사실만을 간단하게 언급하고 있다.

13:6-16. 선지자는 너희는 애곡할지어다 여호와의 날이 가까웠으니(2:12-22, '심층 연구' 참고)라고 말하며 애도식에 참여할 것을 요청하고 있다. 전능자(히, Shaddai, '심층 연구' 참고)가 노를 품고 파멸할 것이다('하나님의 진노' 에 대해서는 12장의 '심층 연구' 를 참고하라). 적들에게 공포를 느끼게 하고, 세상을 혼란 속에 빠트릴 것이다. 그런 공포를 야기시키는 것은 무엇인가? 인간의 죄다. 하나님께서는 바벨론의 교만을 주목하셨다. 남은 자들은 순금처럼 드물게 될 것이다.

오빌은 예맨(또는 동아프리카) 인근 아라비아에 위치한 성읍이었으며, 그 거민들은 노아의 셈족 후손들 가운데 하나였다(대상 1:23). 여기서 오빌은 지역을 뜻한다. 오빌은 순금(왕상 9:28, 대하 8:18, 시 45:9)과 값비싼 물건들(대하 9:10)을 수출하는 곳으로 잘 알려져 있었다. 포로로 잡힌 사람들이 혼란 속에서 고향으로 피하게 될 것이다. 전쟁과 무시무시한 잔학 행위가 다반사가 될 것이다(15-16절).

13:17-22. 그런 긴장과 암울한 분위기를 조성한 후, 선지자는 드디어 그 배역을 소개하고 있다. 하나님께서 하나님의 목적을 이루기 위해 소집한 군대는 지금 이란의 북서쪽에 자리잡고 있었으며, 엑바타나에 수도를 둔 메대 사람들이었다. 그들은 B.C. 1400년경 그 지역에 정착했으며, B.C. 800년 이후 앗수르와 계속 전투를 벌이긴 했지만 B.C. 720년경부터 키악사레스 왕이 바벨론과 합세해 앗수르를 물리칠 때까지(B.C. 612-610년) 앗수르 왕에게 조공을 바쳐야 했다. 미디안 왕의 아들로 바사의 왕위에 오른 고레스는 메대에게 저항했고, 그 제국을 멸망시켰다(B.C. 533년). 이사야 13장 21절은 예레미야 51장처럼 메대를, 하나님께서 유다를 괴롭힌 바벨론을 징벌하시는 여호와의 날에 사용하신 하나님의 대리인으로 묘사하고 있다. 열왕기하 17장 6절과 18장 11절은 유배 생활을 하던 이스라엘의 백성들 가운데 일부가 메대로 갔음을 보여준다.

하나님의 대리인은 뇌물로 매수될 수 없었다. 그들은 바벨론이 모든 전쟁의 광포로 유다를 괴롭혔듯이 그렇게 바벨론을 대할 것이다. 드디어 선지자는 파멸을 앞에 둔 하나님의 적이 강대한 바벨론이라는 사실을 밝히고 있다.

갈대아인들(히브리어 원문 19절에서 교만이라는 단어와 함께 사용됨)은 바벨론 사람들이란 말과 동의어로 원래 페르시아만 근처 바벨론 남부 지역에 살던 부족민들을 일컫는 말이었다. 그들은 나봇폴라살 왕과 느부갓네살 2세 당시 바벨론의 정치적 통제권을 장악하게 되었고, B.C. 587년 예루살렘을 멸망시켰다. 이제 선지자는 그들의 때가 왔다고 말한다. 그들의 성읍은 죄악으로 인해 형벌을 받게 된 대표적인 예라 할 수 있는 **소돔과 고모라**(창 10:19, 신 32:32, 렘 49:18, 애 4:6, 암 4:11, 마 10:15, 눅 10:12, 롬 9:29, 유1:7)처럼 사람이 살지 않는 폐허가 될 것이다.

아라비아 사람(20절, 대하 17:11, 느 6:1)은 한 종족을 지칭하는 말이며, '유목민' 또는 '집 없이 돌아다니는 사람' 으로 번역하는 것이 아마도 더 나을 것이다. 교만한 바벨론 사람들은 그들이 냉대하고 미워하던 부류의 사람들처럼 될 것이다.

B. 택한 자들에 대한 긍휼(14:1-23)

구원의 선포(B.C. 701년)

Supporting Idea

적에 대한 심판은 하나님께서 택한 백성들에게 긍휼을 베푸시고 세상을 구원하기 위한 하나님의 계획을 진전시켜 나가신다는 사실을 보여주는 것이다.

14:1-2. 이사야서 14장은 바벨론이 이스라엘을 멸망시킨 결과를 보여주고 있다. 이스라엘은 다시 하나님의 **긍휼**을 알게 될 것이다. 자녀들을 향한 하나님의 사랑은 그들의 안전을 보장해주는 것이었다. 그 사랑을 통해 하나님께서는 회개하는 사람들을 용서하시고, 그들을 그들의 땅으로 돌려보내셨다. 사랑은 심판을 불러온 하나님의 진노와 동일한 것이다. 하나님의 백성들을 다루시는 하나님의 자유를 보여주는 것이기 때문이다(출 33:19). 그 사랑은 하나님의 성품에 속한 것이다('하나님의 긍휼'에 대해서는 '심층 연구'를 참고하라).

하나님께서는 그 사랑 때문에 이스라엘을 **다시 택하셨다**. 이 택함에 대한 신학은 고대 근동 지역 국가들 가운데 이스라엘에게서만 볼 수 있는 독특한 것이며, 신명기 7장 6-7절에 가장 먼저 표현되었다. 그 선택에 대한 반응 역시 신명기 10장 12-16절에서 분명히 볼 수 있다(45-46장의 '심층 연구'를 참고하라). 이스라엘이 비록 하나님의 택함을 받긴 했지만 그들의 불순종은 예상된 형벌을 불러왔다(신 30장 참고). 형벌 후 하나님의 사랑은 또 한 번의 기회를 위해 이스라엘 백성들을 **그들의 본토**로 돌아가게 하는 새로운 선택을 불러왔다(신 4:36-39). 이제 이스라엘에 대한 정의가 확장되었다. 왜냐하면 그 땅에 살고 있는 외국인들도 이스라엘에 포함될 것이기 때문이었다. 이스라엘은 그들을 정복했던 정복자들을 역습하고 정치적 위력을 되찾을 것이다.

14:3-8. 이스라엘은 다시 가나안 정복의 목표(신 12:10, 수1:13, 15, 23:1)였던 안식(사 14:1, 3, 7절에서 볼 수 있는 히브리 단어와 같음)을 되찾을 것이다. 하나님의 사랑과 택함과 안식을 되찾게 된 이스라엘은 그들이 당했던 것처럼(시 137) 그들의 적을 조롱할 것이다(4-20절). 한때 바벨론이 지배했지만 이제는 안식을 얻게 된 온 세상이 그들과 합세할 것이다. 심지어는 나무들까지도 그렇게 할 것이다.

14:9-10. 고향으로 돌아오게 된 것을 축하하는 잔치가 준비되었다. 바벨론 왕은 세력을 잃은 이전 왕들의 환영 인사를 받을 영원한 무덤으로 호송될 것이다(사 5:8-30, 무덤 또는 스올에 대해서는 5장의 '심층 연구'를 참고하라). 그 무덤에 있는 사람들은 일어나서 새로 온 사람을 맞이할 수도 없을 만큼 쇠약해 있었다. 그들의 환영 인사는 나라들과

나무들이 시작한 조롱에 합세하는 것이었다. 스올에서 바벨론은 그들의 군대가 그곳으로 보낸 왕들처럼 쇠약해졌다.

이에 대해 오스왈트(Oswalt)는 "그것은 히브리인들이 죽음의 세계를 무기력하게 살아가는 사람을 희미하게 반영해주는 어둡고 무미 건조한 곳으로 생각하고 있었다는 증거다.…그러나 이런 생각이 완전히 정리된 것은 아니었다. 왜냐하면 영원하고 신실하신 하나님에 대한 개념이 그런 생각과 현저한 대조를 이루며 완전하게 정리되는 것을 막고 있기 때문이었다. 이 시가 이스라엘 밖에서 기록되었다면 시의 주인공으로 등장했을 지하 세계의 신이나 여신들이 이곳에서는 등장하지 않고 있다. 유일하신 하나님의 존재가 그런 가능성을 배제하고 있으며, 인간을 주연으로 만들고 있기 때문이다"라고 설명했다(Oswalt, p. 318, n. 15).

14:11-19. 화려한 궁중 예복을 입은 사람들이 배고픈 **구더기**와 **지렁이**에게 그들의 자리를 내주었다. 그렇게 된 것은 다 하나님의 보좌를 차지하려 했던 바벨론의 교만 때문이다. 바벨론의 왕은 탄식과 함께 조롱거리가 되었다. **어찌라**는 말은 종종 슬픔과 사별에 대한 진술 앞에 나타나는 것을 볼 수 있다. 악한 왕은 자신을 계명성(이스라엘 백성들이 신으로 여기던 금성)으로 묘사하려 했다. 그 망상은 이제 스올의 세계 속으로 사라지게 되었다. 참담한 몰락이었다. 그는 **지극히 높은 자**는 결코 될 수 없었다('지극히 높은 자, 전능자' 에 대해서는 '심층 연구' 를 참고하라).

그것은 사탄의 몰락이 아니라 하나님의 권위를 빼앗고, 하나님이 받으셔야 할 예배를 자신이 대신 받으려 했던 교만한 인간의 몰락이었다. 신들의 집회에 참여하기 원하는 자는 지렁이 밭에서 만족해야 한다. 세상을 지배하던 자가 지렁이 음식으로 전락하게 된 그런 몰락에는 스올에 거하는 자들도 놀라움을 금치 못했다. 땅에서도 상황은 마찬가지였다. 바벨론 사람들은 그에게 왕족의 매장보다 훨씬 못한 평범한 매장조차 해주지 않았다. 그는 전사자들이 쌓여 있는 전쟁터에 누워 있어야 했다. 그는 왕으로서 남길 수 있는 정상적인 유산을 남기는 것도, 아들이 왕위에 오르는 것도 기대할 수 없었다. 대신 그의 아들들은 사람들에게 잊혀진 채 역사에서 사라질 것이다. 바벨론의 유일한 왕조는 죽은 자들의 나라에서나 세워질 것이다.

14:20-23. 선지자는 그런 교만과 파멸이 반복되는 것을 막기 위해 노력하며 바벨론에 대한 저주로 끝을 맺고 있다. 보좌를 물려받을 것을 주장하는 사람은 멸망할 것이다

(왕하 10:17). 유다처럼 포로가 된 백성들은 이제 더 이상 바벨론 왕의 영광을 위해 왕궁을 건축하는 일을 하면서 고통 받아서는 안 될 것이다. 하나님께서 기도에 응답하시고 저주를 내리기로 결정하셨다.

C. 표적이 된 앗수르(14:24-27)

적을 물리치기로 한 하나님의 맹세(B.C. 701년)

Supporting Idea	하나님께서 심판을 선포하셨을 때 막강한 힘을 가진 앗수르나 그 밖의 다른 어떤 나라도 주권을 가지신 하나님의 계획을 막을 수 없었다.

14:24. 사령관이신 만군의 여호와께서 바벨론처럼 앗수르도 역사를 지배할 수 있는 결정권을 가질 수 없을 것이라고 엄숙하게 맹세하기 위해 손을 들어올리셨다. 앗수르가 한때 '진노의 막대기'(10:5) 역할을 하기는 했지만, 하나님께서 이제는 앗수르를 향한 회초리를 아끼지 않으실 것이다. 하나님께서는 모든 대안들을 다 검토하셨고 계획을 수립하셨다('하나님의 계획과 목적'에 대해서는 42-44장의 '심층 연구'를 참고하라).

14:25-27. 한때 하나님의 백성들을 향했던 하나님의 편 손(5:25, 9:12, 17, 21, 10:4)이 이제 앗수르를 향하게 되었다. 앗수르를 치기 위해 뻗은 하나님의 손은 전 세계에 영향을 미칠 것이다. 왜냐하면 이사야 당시 앗수르는 실제로 그 지역 전체를 지배하고 있었기 때문이다. 그 예언적 심판은 모든 역사적 가능성에 상반되는 것이었다. 왜냐하면 앗수르 왕 산헤립이 이미 나의(하나님의) 땅, 나의(하나님의) 산에 들어와 있었기 때문이다. 선지자는 만군의 여호와가 이 세상 그 어떤 장군의 군사력보다 더 강하다는 사실을 확신하고 있었다. 하나님의 능력은 이스라엘에 국한되지 않고 온 세계에까지 미쳤다. 그 누구도 하나님의 손을 밀어낼 수 없었다. 그 누구도 하나님의 계획을 폐할 수 없었다. 인간의 눈에 보이는 것이 어떤 것이든지 믿음의 눈을 가진 사람들은 하나님께서 모든 상황을 통제하고 계신다는 사실을 알고 있다. 그 어떤 인간의 능력도 하나님과 맞서 싸워 이길 승산은 없다.

D. 블레셋 사람들에게 임한 공포(14:28-32)

애도식 참가 초청(B.C. 725년)

Supporting Idea

사람들은 역사를 오해하고 다가오는 어둠의 때를 미리 보여주는 것에 불과한 사건들을 소망과 승리를 약속하는 사건으로 잘못 생각하기 쉽다.

14:28-30. 블레셋은 이스라엘의 독립에 가장 큰 위협을 주는 나라였다(삿 14:16, 삼상 4:7, 13-14장, 17장, 27-31장). 다윗이 그들을 정복하기는 했지만(삼하 5:17-25) 왕조가 분열된 뒤(왕상 12장) 다시 독립을 되찾게 된 블레셋은 그 이후 계속 이스라엘과 유다를 위협했다. 앗수르가 B.C. 734년 블레셋을 진압했고, B.C. 733년에는 다시 디글랏 빌레셀의 지배를 받게 되었다.

14:31-32. 디글랏의 죽음으로 블레셋은 기뻐하며 더 좋은 앞날을 기대했다. 그러나 이사야는 그들에게 감사하기 위해서가 아니라 슬퍼하기 위해 모이라고 했다. 아직 더 험한 일이 남아 있었다. 북쪽의 앗수르가 이미 쳐내려오고 있었다. 앞으로 가사(B.C. 720년)와 아스돗(B.C. 711년)과 에글론(B.C. 701년)을 위시한 블레셋의 주요 성읍들이 무너질 것이다. 이사야는 가장 위협적인 이스라엘의 적국에 대한 심판만을 예언한 것이 아니었다. 그 예언과 함께 그는 유다에게 어리석은 블레셋에 동조하면서 앗수르에게 저항하지 말 것을 경고했다.

7장에서처럼 선지자는 정치적인 동맹이 하나님의 백성들을 구해줄 수 없다고 주장했다. 하나님의 백성들의 소망은 이웃 나라들이 아니라 하나님께 있었다. 선지자는 앗수르에게 저항하도록 유다를 부추기는 블레셋의 사절단을 향해 분명한 메시지를 전달했다(32절). 하나님의 백성들은 외부의 적들과 그들의 통치자들에 의해 괴롭힘을 당했다. 신실한 사람들은 더 이상 왕이나 군대를 믿지 않을 것이다. 그들은 하나님 안에서 피난하고 그 안에서 안식을 찾게 될 것이다.

Main Idea 복습

세상의 사악한 교만과 오만 때문에 하나님께서 세상을 심판하실 때 이스라엘의 적국들에게 주의 날이 임할 것이다. 그러나 그 심판이 하나님의 백성들에게는 새로운 소망이 될 것이다.

결론

우리는 하나님을 신뢰한다

하나님의 선지자는 자기 동족뿐 아니라 그들의 적국에 대한 메시지도 선포했다. 하나님께서 모든 나라와 역사를 주관하신다. 불순종하는 나라들을 징계하기 위해 사람들을 사용하신다. 한 왕이 당분간 세상을 지배할 수 있도록 허용하실 수도 있다. 그러나 그것은 통치자의 능력과 권세와 선량함 때문이 아니다. 그 왕이 하나님의 권세를 가진 것처럼 교만해지면 하나님께서는 신속하게 그의 몰락을 계획하신다. 그가 하나님의 백성들을 범하면 하나님께서 하나님의 택하신 백성들을 구하러 오신다. 그것은 하나님의 백성들에게 두 가지를 말해준다. 첫째, 하나님만이 신뢰할 만한 유일한 분이시기 때문에 정치적 동맹국들을 의지하려 해서는 안 된다. 둘째, 하나님을 신뢰하면서 그들의 적을 물리치시는 하나님의 권세를 보고 기뻐할 수 있다. 그것은 또 하나님의 백성들을 향한 하나님의 긍휼을 보여주는 것이기도 하다.

■ 진리 알기

- 하나님께서 이 세상에서 가장 강력한 나라들까지도 통제하신다.
- 하나님께서 하나님을 거역하는 모든 사람을 심판하실 때가 있다.
- 하나님께서 모든 나라와 모든 사람들을 위한 계획을 가지고 계시며 그 계획을 수행하실 것이다.
- 하나님께서 은혜를 베푸시고 구원 계획에 사용할 사람들을 선택하신다.
- 하나님의 백성들은 마지막 승리를 거둘 것이다.
- 하나님의 백성들은 승리하기 전에 고통과 슬픔과 혼란의 때를 먼저 맞이한다.
- 권력을 가진 교만한 지도자들은 영원한 형벌의 고통을 받을 것이다.
- 인간은 결코 하나님처럼 높아질 수 없다.
- 하나님께서는 이 세상에서 가난하고 부당한 대우를 받는 사람들을 위한 안전한 피난처시다.

■ 적용하기

· 불의한 통치자들과 나라들을 징벌하기로 계획하신 하나님께 감사하라.

· 하나님께서 세상을 위한 하나님의 계획을 완수하실 때까지 기다리며 인내할 수 있도록 도와주시기를 기도하라.

· 자신이 하나님의 백성이며 이 장에서 말하고 있는 심판을 받지 않을 것이라는 사실을 확신할 수 있게 해달라고 기도하라.

· 하나님께 긍휼을 베푸시고 지금 처한 어려운 상황에서 구해달라고 기도하라.

· 하나님께서 심판하고 징계하시는 그런 교만이 있다면 하나님께 드러내달라고 기도하라.

삶의 적용

교만하고 편견을 가진 사람들을 위한 완전한 계획

나는 교만과 편견을 두 가지 관점에서 보아왔다. 소년 시절 나는 내 삶의 한 부분을 결코 이해할 수 없었다. 나는 소년 야구 리그나 청소년 야구 리그에서 뛰어난 흑인 운동 선수들이나 영어 대신 스페인어를 주로 사용하는 선수들과 함께 경기를 할 수 있었다. 그러나 그들은 나와 같은 학교에 함께 다닐 수 없었다. 성장하면서 나는 학생 수가 매우 적어 두 개의 교육 시스템이 필요 없는 서부 텍사스의 작은 도시에서 학교 제도를 분리할 수밖에 없도록 만드는 편견과 미움을 보았다. 어른이 된 후 나는 어린 시절의 그 경험이 특정한 사람들과 환경에 대한 내 인식에 나도 모르는 사이에 영향을 미치고 있다는 사실을 알게 되었다.

그러나 유럽에서 선교 활동을 하게 되었을 때 형세가 역전되었다. 그곳에서 나는 보잘것없고 세련되지 못한 백인 나부랭이 취급을 받고 있는 나 자신을 보게 되었다. 나는 몇 개 국어를 구사하는 유럽인들과 같은 재주도 없었고, 수천 년 이상 지켜 내려온 그들의 관습을 잘 알지도 못했기 때문이다. 그들은 더 좋은 옷을 입고 더 많은 돈을 가지고 있었으며 분명히 더 좋은 문화를 지니고 있었다. 그곳에서 나는 흑인들과 라틴계 사람들이 내 고향에서 느꼈을 분노와 좌절감을 어느 정도 이해할 수 있게 되었다. 차별 대우를 받는다는 것은 결코 즐거운 일이 아니다.

이스라엘은 애굽과 앗수르와 바벨론 사람들을 대하면서 편견에 대한 교훈을 배워야 했다. 그 나라들은 풋내기 이스라엘보다 훨씬 더 발전한 역사와 문명과 문화를 가지고 있었다. 때때로 이스라엘은 오만하게 자신들의 종교와 하나님의 약속을 강조하면서 자신들이 다른 나라들보다 얼마나 더 우월한지를 보여주려 하곤 했다. 또 때때로 그들은 다른 나라들의 군사력 앞에서 몸을 움츠리며, 다른 사람들을 그렇게 강대하고 우월하게 하신 하나님을 원망하기도 했다.

하나님께서는 이스라엘에게 세계 열강들 속에서 그들이 어떤 입장에 놓여 있는지를 보여주셔야 했다. 그들은 하나님께서 지으신 피조물이기 때문에 그곳에 자리잡고 있었다. 그들은 하나님께서 모든 나라를 통치하시는 최고의 권세를 발휘하시기 때문에 그 자리를 유지할 수 있다는 소망을 가질 수 있었다. 이스라엘은 자신의 무력함과 연약함뿐 아니라 편견까지 모두 묻어야 했다. 왜냐하면 그들은 하나님을 신뢰하고 열강들 속에서 일하시는 하나님의 사역의 참여할 수 있었기 때문이다.

기도

만군의 하나님, 하나님께서는 비범한 사령관이십니다. 모든 군대와 군사력과 무기를 통제하는 권세를 가진 분이십니다. 하나님과 맞서 이길 수 있는 사람은 아무도 없습니다. 하나님께서 세계 역사를 주관하시듯이 각 개인의 역사도 주관하시는 것을 감사드립니다. 하나님께서는 우리나라를 위한 계획과 저를 위한 계획을 가지고 계십니다. 그 계획을 수행하시는 하나님을 볼 수 있게 해주시고, 하나님께서 하시는 일에 어떻게 참여해야 하는지를 알려주시기를 기도합니다. 하나님을 신뢰하며, 오직 하나님만을 신뢰합니다. 아멘.

심층 연구

A. 여호와의 날(13:6)

여호와의 날은 복잡한 역사와 목적을 가진 구약 성경의 개념이다. 이사야 당시뿐 아니라 그 이후에도 사람들은 여호와의 날에 대해 논쟁을 벌였고, 그 날에 반대하는 견해들을 가르쳤다(암 5:18-20).

여호와의 날에는 인간이 아니라 하나님께서 찬미와 찬양을 받으실 것이다(사 2:17). 그 날 하나님께서는 하나님 자신의 위엄과 권세를 드러내실 것이다. 하나님께서 무서운 능력을 발하실 때가 사람들이 두려워하며 엎드려 경배하는 날이 될 것이다(욜 1:15, 2:1). 사람들이 하나님 편인지 아닌지가 드러나는 결정의 날이 될 것이다(욜 3:14). 사람들이 한 행동에 대한 보응이 이루어지는 날이 될 것이다(옵 15절). 죄인들과 하나님을 신뢰하지 않는 사람들에게 하나님의 진노가 임하는 날이 될 것이다(습 1:14-15). 특히 하나님께서 인간의 교만을 꺾으시는 날이 될 것이다(사 2:12).

사람들은, 특히 참되고 유일하신 하나님을 섬기는 일에 참여한 사람들은 여호와의 날이 승리와 보상의 날이 될 것이라 기대할 수도 있을 것이다. 그러나 그들도 아마 놀랄 것이다(암 5:18, 마 25장 참고). 인간의 힘으로는 하나님의 날에 살아남을 수 없을 것이다(욜 2:11). 여호와의 날은 하나님께서 온 세상의 왕이시며, 하나님을 대적할 힘을 가진 사람은 아무도 없다는 사실을 세상에 알리시기 위해 하나님의 우주적인 계획을 가지고 선택하신 날이다.

그런 날은 바벨론과 같은 적국들에게 임할 것이며, 그들에게 잔인한 것처럼 보일 수도 있을 것이다(사 13, 겔 30:2-4). 또 하나님의 백성들에게도 임할 수 있다(사 22:5, 슥 14:1-5). 그런 날은 기뻐할 것이 아니라 슬퍼할 것을 촉구하는 날이 될 것이다. 하나님께서 택하신 나라를 학대한 사람들에게 하나님께서 보복하시는 날이 될 것이다(사 34:8). 그 날에 재물과 재주는 아무 가치도 없게 될 것이다(습 1:18). 하나님을 예배하려는 겸손한 사람들만이 심판을 피할 기회를 얻을 것이다(습 2:3).

역사 속에서 하나님의 여러 적들을 물리친 여호와의 날이 여러 번 있었다. 그러나 매번 그 자체를 넘어서서 하나님께서 보상해주시고 마지막으로 적을 벌하시게 될 마지막 주의 날(말 4:5)을 하나님의 백성들에게 강조하고 있었다. 요한계시록은 그 마지막 주의 날을 생생하게 묘사하고 있다(마 22-25장, 눅 21장).

B. 전능자(13:6)와 지극히 높은 자(14:14)

이사야는 하나님의 이름과 칭호를 계속 다르게 사용했다. 각각의 이름은 그 자체의 역사와 의미를 가지고 있었다. 13장 6절에 사용한 전능자는 히브리 단어 Shaddai를 번역한 말이다. 그 이름은 종종 하나님을 뜻하는 고대 용어인 'El'과 결합되어 'El Shaddai'(엘 샤다이)가 되었다(창 17:1, 35:11, 48:3, 출 6:3, 룻 1:20-21, 욥 5:17-40:2[31번], 시 68:4, 사 13:6, 겔 1:24, 욜 1:15).

그 이름은 이스라엘의 족장들, 즉 아브라함(창 17:1), 이삭(창 28:3), 야곱(창 35:11), 야곱의 열두 아들들(창 43:14), 고대를 배경으로 하고 있는 이야기의 주인공 욥과 밀접한 관계가 있었다. 그리고 이스라엘을 저주하기 위해 초청되었던 선지자 발람(민 24:4, 16, '지극히 높은 자'가 사용되었음)과 이스라엘 초기 역사 속에 나오는 또 한 사람이었던 룻과 시편 68편에 나오는 고대 찬가와도 관계가 있다. 핵심이 되는 본문은 족장들에게 계시하신 이름인 Shaddai를 모세에게 계시하신 이름인 '여호와'와 구별하고 있는 출애굽기 6장 3절이다. 그 외에 Shaddai라는 용어는 이스라엘의 역사에서 거의 사라졌다가 시편(91편)과 세 명의 선지자들(사 13:6, 겔 10:5)을 통해 다시 나타났다. 그 각각은 하나님의 능력과 위엄에 대한 어두운 어조를 더해주고 있다. 그 이름 자체가 너무 오래 되었기 때문에 우리는 그 원래의 의미를 잃었다. '전능자'라는 번역은 구약 성경을 초기 헬라어로 번역한 70인역에서 나온 것이다.

Elyon(지극히 높은 자)는 하나님을 시적으로 지칭하는 또 하나의 고대 이름이다. 그러나 이 이름의 한 부분인 'El'은 하나님을 뜻하는 히브리 단어 'El'과는 무관하다(창 14:18-20, 22, 신 32:8, 시 7:17, 21:7, 50:14, 77:10, 91:1, 9, 107:11, 애 3:35, 38).

Elyon은 아마도 예루살렘이었을 살렘의 제사장이었고, 아브라함이 십일조를 주었던 멜기세덱(창 14장)과 위에서 본 발람과 민족들의 경계를 구분하신 하나님의 일(신 32:8)과 관계가 있다. 그 이름은 이스라엘 백성들이 그들의 구원 역사를 되풀이해서 말하고(시 78편), 성막과 성전에서 드리는 기도의 일부를 이루었다. 사람들은 고대와 같이 하나님께서 그들에게 오시기를 초청했고(삼하 22:14, 시 18:13, 77:10), 하나님께 그들을 구원해주신 것을 감사했다(시 9:2). 하나님께서는 하나님의 백성들의 소망이고 피난처였다(시 91:1, 9). 그들은 왕을 위해(시 21:7) 나라들을 심판하시는(시 82:6) 하늘의 왕께 기도했다(시 47:2, 97:9).

지극히 높은 자는 이스라엘이 예루살렘을 정복하기 전에 사용되던 이름이었고, 이스라엘 백성들이 우주를 표현하기 위해 고대에 사용하던 이름이었다. 그 이름은 모든 창조세계를, 심지어는 신적인 능력을 가지고 있다고 주장하는 왕들까지 다스릴 수 있는 권세와 권위를 지니신 창조주와 왕이신 하나님을 보여준다.

C. 하나님의 긍휼(14:1)

이사야는 하나님의 백성들과 하나님의 관계를 설명하기 위해 racham이라는 동사를 사용하셨다. 이 동사는 '자궁' 을 뜻하는 히브리 단어와 관련이 있으며 막 태어난 아기에 대한 부모의 깊은 사랑을 표현하는 용어다. 그런 사랑은 보통 추상적인 개념이 아니라 구체적인 행동을 불러오는 감정이다. 그 사랑은 언제나 사회적으로나 경제적으로 우위에 있는 사람이 자신보다 못한 사람에게 베푸는 것이었으며, 시편 18편 1절을 제외하고는 하나님을 향한 사람의 사랑에 사용된 적은 한번도 없었다. 사랑을 표현하는 사람은 종종 분노나 배신으로 방해를 받고 있거나 단절되어 있던 관계를 회복시켰다(신 30:3, 호 1:6, 렘 12:15, 겔 39:25).

따라서 애정 어린 긍휼이 진노를 대체했다(신 13:18, 사 54:8, 렘 3:32, 슥 1:12). 하나님의 긍휼은 죄를 용서했다(왕상 8:50, 잠 28:13, 렘 3:32, 단 9:9).

명사형인 rechumim은 기도와 자백 속에서 볼 수 있으며, 도움이 필요한 사람에게 베푸시는 하나님의 선물로서의 긍휼을 강조한다(시 25:6, 51:1, 77:9, 103:4, 119:77, 145:9, 렘 3:22, 느 9:19, 27-28, 31). 예언을 선포할 때에도 가끔씩 나타나는 것을 볼 수 있다(렘 16:5, 슥1:16). 불순종하던 이스라엘은 하나님의 진노 아래서 살아가고 있었다. 그들은 사랑하는 사이나 가족의 연합을 회복시켜주시고, 이스라엘을 적의 압제와 고문으로부터 구해주시는 하나님의 긍휼을 간청하며 기도했다. 하나님께서 이사야서 14장 1절에서처럼 하나님의 긍휼을 약속하고 보여주셨을 때, 이스라엘은 그들을 택하신 하나님의 선택이 계속된다는 것을 알았다. 그리고 창조주시며, 언약을 맺으신 분이시며, 구속자이시며, 주님이신 하나님과 맺고 있는 관계를 또다시 의지할 수 있었다.

고안

A. 들어가는 글

1. '놀라운 구원의 출처' 이야기로 시작하라.

2. 배경 설명: 이사야서의 첫 부분은 이스라엘이 하나님의 진노를 경험하고, 유배 생활을 마친 후 귀환하면서 부를 찬송으로 끝이 난다. 두 번째 부분은 이방 나라들에 대한 경고가 줄을 잇고 있다. 그 경고들은 세계 열강들 위에 뛰어난 하나님의 주권을 보여준다. 또 이스라엘 백성들에게 하나님의 구원 활동을 위해 준비하고 다른 나라들이 아니라 하나님을 신뢰할 것을 촉구하고 있다.

3. 적용: 적에 대한 경고를 듣고 하나님께서 다스리신다는 사실에 안도하며 기분 좋게 느끼기가 쉽다. 하나님께서 적들과 싸우시도록 하나님을 부추기려 하기 쉽다. 선지자는 우리들을 위해 여러 가지 아이디어들을 보여주고 있다. 그는 우리의 영적 상태를 점검해보고 우리가 하나님 편에 있는지, 아니면 적의 편에 있는지를 확인해보기 원한다. 우리는 하나님을 신뢰하는가, 아니면 하나님께서 공격하시는 사람들을 의지하고 있는가? 하나님께서 하나님의 백성들을 범한 적들에게 공세를 취하시게 만드는 것은 무엇인가? 우리는 하나님의 백성들의 특징들을 나타내 보이고 있는가, 아니면 하나님의 적들에게서 볼 수 있는 특징들을 드러내고 있는가?

B. 본문 이해

1. 바벨론에 대한 메시지(13:1-22)
2. 택한 자들에 대한 긍휼(14:1-23)
3. 표적이 된 앗수르(14:24-27)
4. 블레셋 사람들에게 임한 공포(14:28-32)

C. 결론: '교만하고 편견을 가진 사람들을 위한 완전한 계획' 을 읽어주라.

1. 요약: 하나님께서는 모든 권세 위에 뛰어난 주권자시다. 그리고 교만한 모든 자를 단호하게 벌하신다. 물질적인 자원과 권력과 특권을 가지고 횡포를 부리는 나라들을 경계해야 한다. 하나님의 표적이 되는 나라나 개인의 명단에 우리가 포함되어 있는 것은 아닌가? 적에 대한 경고가 우리를 향하고 있는 것은 아닌가?

2. 도전: 매일 교만이라는 유혹으로 당신을 괴롭히는 죄들을 열거해보라. 그 밖에 하나님의 적이 되게 만드는 것은 어떤 것들인가? 그런 죄들을 용서하며 제거해주시고, 그런 죄의 유혹을 피할 수 있는 생활 방식을 보여주시도록 하나님께 기도하라. 용서해주시는 하나님의 긍휼을 구하라.

토의 질문

1. 적을 이기고 승리하도록 군대를 이끌기 위해 용사의 복장을 하고 계신 하나님께 당신은 어떤 반응을 보이고 있는가?

2. 여호와의 날을 어떻게 이해하고 있는지 설명해보라. 그 날이 곧 오게 되길 바라는가? 그렇다면 그 이유는 무엇이며, 그렇지 않다면 또 그 이유는 무엇인가?

3. 하나님께서 우리나라를 벌하시고 온 나라를 사람이 살지 않는 광야처럼 만드실 수도 있다고 생각하는가?

4. 하나님의 목적을 위해 한 민족을 사용하시고, 그런 다음 그들을 벌하시는 것이 정당한 일이라 생각하는가?

5. 하나님께서 온 세상을 위한 계획과 목적을 가지고 계신다고 주장할 때 그 주장이 뜻하는 바는 무엇인가?

이사야 15-17장

반석을 기억하라

"믿음이 있는 사람에게는 아무 설명도 필요하지 않다.
반면 믿음이 없는 사람에게는 그 어떤 설명도 할 수 없다."

- 토마스 아퀴나스(Thomas Aquinas)

모압과 수리아의 멸망을 알리는 성명과 함께 이방 국가들을 향한 경고가 계속 되고 있다. 선지자는 또 다윗 왕조를 이어갈 왕에 대한 새로운 소망과 우상 대신 하나님께 다짐할 새로운 헌신을 약속하고 있다.

Isaiah

들어가는 글

정당한 행위와 부당한 성취

미국을 대표하는 여성이라는 명성을 얻은 사람일지라도, 혹은 모든 일을 정당하게 했음에도 불구하고 모든 것이 다 엉망이 되어버린 그런 경험을 이야기할 수 있을 것이다. 십대 소녀인 쉐리 로즈 쉐퍼드(Sheri Rose Shepherd)는 한 친구가 의기 소침하게 자포자기하고 있다는 것을 느낄 수 있었다. 어떻게든 그 친구를 도와주려고 애를 쓰면서 그녀는 그 친구의 집을 찾아갔다. 집은 엉망진창이었다. 몇 개월 동안 집을 청소하려고 한 사람이 아무도 없었던 것처럼 보였다.

명랑한 쉐리는 바로 정리 정돈에 들어갔다. 곧 소굴은 십대 소녀가 할 수 있는 만큼의 보기 좋은 모습으로 바뀌었다. 그리고 진공 청소기로 마루 바닥을 청소했다. 총채로 쌓인 먼지를 털어내고 묵은 때가 낀 욕실 청소도 했다. 그런 다음 가장 지저분한 부엌으로 갔다. 곰팡이가 슨 접시들이 스토브 위, 선반 위, 식탁 위, 그리고 심지어는 냉장고 안에까지 사방으로 흩어져 있었다. 쉐리는 씻어내고, 옮기고, 특히 버릴 것들을 쓰레기통에 던져 넣으며 열심히 청소했다. 너무 더럽고 곰팡이가 진을 친 접시들은 다른 쓰레기들과 함께 쓰레기통에 던져버렸다. 드디어 쉐리가 원하는 대로 모든 것이 정돈된 것처럼 보였다. 그때 누군가 부엌을 향해 걸어오는 발자국 소리가 들렸다. 환한 미소를 지으며 기뻐할 친구 어머니의 얼굴을 보기 위해 고개를 돌린 쉐리는 숨이 막힐 것 같았다. 그녀의 표정에서 천둥 번개가 치고 있었기 때문이었다. 그리고 세상에서 가장 큰 비명 소리가 울려퍼졌다.

놀란 쉐리는 "왜 그러세요?"라고 물었다.

화가 난 그녀는 "어쩌자고 우리 할머니의 도자기를 내다버린 거야"라고 소리쳤다(Shepherd, pp. 21-23).

그렇다. 최선을 다해 한 일이 때로는 최악의 결과를 불러오기도 한다. 모압은 고대 근동 지역의 정치적 상황을 조심스럽게 진단하면서 모든 일을 다 제대로 했다고 생각했던 것이 분명하다. 애굽, 앗수르, 바벨론, 이스라엘, 유다, 수리아 모두 모압의 도움을 청하고 있었다. 조심스럽게 그들은 할 수 있는 한 가장 교활하게 서로를 대하고 있었다. 그 때 갑자기 새로운 목소리가 교섭 장소 안으로 뛰어들었다. 그러나 아무런 거래도 제안하지 않았다. 그분은 만군의 주 여호와였다. 그분은 기뻐하는 땅에게 슬퍼할 것을 요구했다. 파멸은 임박해 있었고, 피할 길은 없었다.

승리와 기쁨의 노래를 부르며 세상 꼭대기에 앉아 있다가 세상이 푹 꺼지는 경험을 한 적이 있는가? 어떻게 그런 일이 일어날 수 있는 것인가? 붕괴 후에도 소망은 있는가, 아니면 그 붕괴를 막을 수 있는 길이 있는가? 오늘날 우리를 위한 경고와 소망의 말씀이 하나님께 있다.

본문 이해

반석을 기억하라

Main Idea	재물을 의지하고 정치적 책략을 모색하는 사람들이 비록 하나님의 백성일지라도 하나님께서는 그들의 기쁨과 찬양을 슬픔과 눈물로 바꾸신다. 그러나 새로운 왕과 그 왕이 공평과 의로 다스리게 될 새로운 미래에 대한 소망을 주신다.

A. 모압의 통곡(15:1-16:14)

모압에 임할 심판에 대한 예언과 애도 의식(B.C. 728년경)

Supporting Idea	재물을 숭상하는 나라들의 교만과 기쁨과 찬양과 예배가 슬픔과 통곡으로 바뀔 것이다. 한편 하나님께서는 자기 백성들을 위한 새로운 의의 왕을 약속하셨다.

15:1-4. 모압은 이스라엘이 요단 동편에서 요단 강을 건너기 위해 준비하는 동안 그들의 길을 가로막았다(민 22:1-24:25). 또 이스라엘 백성들에게 우상을 숭배하도록 유혹

했다(민 25:1-5). 모압인들의 조상은 롯으로 거슬러 올라간다(창 19:37, '모압과 그 성읍들' 에 대해서는 '심층 연구' 를 참고하라). 그런 모압의 반대는 모압인들이 이스라엘의 예배에 참석하는 것을 허락하지 말라는 하나님의 경고를 불러왔다(민 23:3-6). 두 나라는 끊임없이 서로 싸웠다.

반면 다윗의 조상들이 모압인들이었기 때문에(룻 1:4, 삼상 22:3-4) 유다는 모압을 가까이했다. 모압 국경 지대의 유목민들이 앗수르의 디글랏 빌레셀 통치 말기에 국경을 넘어 모압 북쪽에 있던 주요 성읍 몇 군데를 파괴했다. 모압인들은 그들의 산당을 찾아가 슬픔과 애도를 표현하기 위한 국가적 차원의 의식을 거행했다.

15:5-9. 탈주자들은 가능한 한 남쪽으로 도망갔다. 선지자는 재앙을 피해 달아나는 모압 사람들을 묘사하면서 그들의 슬픔을 흉내냈다. 자연도 비를 내리지 않고 그들의 어려움을 가중시켰다. 수로에는 피가 가득했다. 그리고 선지자는 더 큰 고통이 오게 될 것을 예고하고 있다. 그 땅의 남은 자들마저도 파멸을 피할 수 없게 될 것이다.

16:1-5. 이 구절은 번역자들에게 문제점들을 야기해왔다. 그 문제점들은 초기 헬라어 번역에서조차 나타나고 있다(KJV, NEB, NRSV, TEV, NIV 비교). 히브리어 원문은 "그 땅 치리자의 숫양을 광야의 셀라(또는 반석)로부터 시온의 딸의 산으로 보내라" 고 되어 있다. 그 땅의 지명이나 치리자의 이름은 나타나 있지 않다. 그러나 아마도 모압을 뜻할 것이다. 왜냐하면 모압의 왕은 그의 무리들에게 잘 알려져 있었기 때문이다(왕하 3:4). 왕은 에돔의 수도인 셀라에 있거나 바위가 많은 광야에 있었을 것이다. 선지자는 그 왕에게 예루살렘에 조공을 보내어 자신과 그의 동족 피난민들을 위한 정치적 피난처를 요청하라고 조언했다.

2절에서 선지자는 그의 예루살렘 청중들을 향해 모압의 곤경을 설명하고 쫓겨난 자들에게 친절을 베풀어야 할 것을 조언했다(3-4절). 그 조언의 근거가 5절에 요약되어 있다. 이사야가 9장 2-7절과 11장 1-9절에 설명한 유다 왕의 역할이 이곳에서 다시 반복되고 있다. 이사야는 유다에게 모압 피난민들을 받아들이고, 하나님의 공평과 의로 그들을 대할 것을 조언했다. 그러나 이사야 당시의 유다 왕은 그 역할을 이행하지 않았다. 유다의 다른 왕들도 마찬가지였다. 기독교 교회는 예수 그리스도를 유일한 예언의 성취로 강조한다. 그러나 우리는 여전히 예수님께서 의의 나라를 세우기 위해 다시 돌아오실 때 이루어질 완전한 성취의 날을 기다려야 한다.

16:6-14. 피난민들을 도와주어야 할 예루살렘의 책임을 강조하면서 선지자는 모압이 받아 마땅한 형벌에 대해서도 언급했다. 그들의 교만이 멸망을 불러왔다(9:9, 14:11, 25:11). 가뭄으로 모압의 비옥한 땅과 포도원이 폐허가 되는 벌을 받았다. 추수를 축하하는 노래를 부르는 대신 모압은 적군이 부르는 승리의 찬가를 듣게 될 것이다. 모압의 감사 축제는 적의 압제에서 벗어날 수 있는 길을 모색하기 위한 한 노력으로 행해질 것이다. 그러나 이사야는 그런 그들의 노력이 승리를 가져다주지 않을 것이라고 예언했다. 나중에(13절) 새로운 상황이 승리에 대한 새로운 소망을 갖게 해줄 것이다. 그러나 선지자는 똑같은 노래의 두 번째 절을 반복했다. 흩어진 소수의 생존자들도 아무 일을 이루지 못할 것이다.

이사야에게 있어서 모압의 미래는 확실했다. 파멸이 기다리고 있었다. 모압이 시작한 모든 술책은 실패할 것이다. 예루살렘은 앗수르와 맞서기 위해 모압을 의지해서는 안 된다. 대신 예루살렘은 자신의 왕권에 따르는 과업과 하나님께서 주신 약속들을 기억해야 한다. 나중에 선지자 예레미야도 같은 내용의 메시지를 거의 같은 말로 표현했다(렘 48장). 그러나 유다와 그 왕들은 하나님의 교훈을 받아들이지 않았다.

B. 다메섹의 운명(17:1-3)

이방 나라에 임할 재앙에 대한 예언(B.C. 733년)

Supporting Idea	심판의 날에 하나님께서 불순종한 하나님의 백성들만 심판하시는 것이 아니다. 하나님께 영광을 돌리는 대신 자신의 힘과 자원을 믿고 의지한 모든 나라들을 심판하실 것이다.

17:1-3. 수리아와 에브라임에 맞서 전쟁(7-8장)이 벌어지고 있을 때, 선지자는 수리아의 수도 다메섹으로부터 온 수리아 군대와 그 동맹국인 이스라엘이 패하게 될 것을 예언했다. 아로엘은 모압과의 국경 지대에 있던 암몬의 한 성읍이었다. 수리아의 하사엘 왕 당시에는 수리아의 남부 국경이 되었다(왕하 10:33). 아로엘에 대한 이사야의 예언은 수리아의 침략으로 성취되었다. 예레미야 48장 19절과 메사 석비('심층 연구' 참고)는 B.C. 850년경 모압이 아로엘을 지배하고 있었음을 말해주고 있다. 아로엘은 디본에서 남동쪽으로 약 4,3킬로미터 떨어져 있으며, 왕의 대로에서 동쪽으로 약 4킬로미터 떨어

진 곳에 있는 아르논 강 북쪽의 깊은 계곡을 내려다보고 있었다. 하나님께서는 시혼 왕을 이기고 승리한 모압(신 2:36, 수 12:2)과 르우벤 지파(수 13:16)에게 그곳을 주셨다. 갓 지파는 그곳을 견고한 성읍으로 재건축했다(민 32:34).

이사야는 이상하게도 아람의 남은 백성이 모든 방어력을 상실한 이스라엘의 영광처럼 될 것이라는 결론을 내리면서 아르엘은 양 무리를 치는 곳으로만 남게 될 것이라고 예언했다. 따라서 북왕조 이스라엘은 하나님의 심판을 받고 있는 이방 나라들처럼 자기 차례가 오기를 기다리고 있는 상태였다.

C. 야곱의 마지막(17:4-14)

이방 나라에 임할 재앙에 대한 예언(B.C. 733년)

Supporting Idea	자신을 하나님의 백성으로 생각하는 사람들은 하나님의 생각이 자신들의 생각과 좀 다를 수 있다는 사실과 그들의 적들 가운데도 하나님의 백성으로 포함될 사람들이 있다는 사실을 볼 것이다.

17:4-6. 다시 북왕조 야곱을 강조하고 있다. 하나님의 백성인 그들이 마치 하나님께서 멸망시키셔야 하는 이방 나라들 가운데 하나와 다를 바 없이 되었다(9:8-10:4). 이스라엘의 남은 자들은 추수가 끝난 후 가난한 사람들이 이삭까지 다 줍고 난 뒤 밭에 남은 아주 적은 양의 낟알처럼 그렇게 손으로 셀 수 있을 정도의 적은 수가 될 것이다(레 19:9-10, 룻 2:2-23). 르바임 골짜기는 예루살렘 남서쪽으로 유다와 베냐민 사이의 국경에 위치한 비옥한 골짜기였다(수 18:16). 하나님께서 그렇게 적은 수의 남은 사람들을 가지고 무엇을 하실 수 있을 것인가?

17:7-9. 이스라엘 백성들은 그들이 만든 우상을 버리고, 그들을 만드신 창조주에게 돌아갈 필요가 있었다. 그들은 잘못된 예배 장소를 찾았고, 잘못된 예배에 초점을 맞추고 있었다. 이스라엘은 가나안 사람들이 섬기던 풍요의 여신 아세라를 받아들여 우상으로 숭배했다. 나무들이나 특별한 나무 기둥들은 그 우상 숭배의 중요한 구성 요소들이었다. 그리고 그 상징들 자체도 아세라라고 불렸다. 이 구절에서 말하는 자기 손으로 만든 단은 가나안 우상 숭배에서만 사용되었던 특별한 유형의 제단을 언급하는 것으로 보인다. 하나님께서 이스라엘의 군사 요새를 풀숲으로 만드실 것이다.

17:10-11. 징벌을 받게 된 이유는 분명하다. 이스라엘의 방어 체계는 그들의 반석을

중심으로 구축되어 있었지만 그들은 반석이신 자기 구원의 하나님을 잊어버렸다. 이스라엘은 우상 숭배를 통해 이방의 신들을 섬겼다. 그들은 우상의 능력을 보여주기 위해 꽃이 피는 특별한 식물 심는 일도 마다하지 않았다. 하나님께서 농작물을 없애버리고 그들에게 근심과 심한 슬픔의 날을 주실 때 그런 우상 숭배는 아무 도움도 되지 못할 것이다.

17:12-14. 마지막으로 선지자는 이방 나라들에 대해 그가 알고 있는 경고 내용들을 요약했다(12절의 슬프다는 히브리 단어 '화로다'를 번역한 것이다). 그 나라들은 아무 의미도 없는 소리를 내며 격노할 것이다. 그러나 하나님께서 그들을 겨처럼 흩날리게 하실 것이다. 그들은 폭풍 앞에 떠도는 티끌같이 되어 순식간에 사라질 것이다. 그것은 이사야의 청중들인 유다의 백성들에게도 적용되었다. 그들은 이유 없이 두려워했다(7:4). 그들은 외국의 군대와 동맹을 맺을 필요가 없었다. 그들에게는 하나님을 신뢰하는 것만이 요구되었다.(7:9).

Main Idea 복습	재물을 의지하고 정치적 책략을 모색하는 사람들이 비록 하나님의 백성일지라도 하나님께서는 그들의 기쁨과 찬양을 슬픔과 눈물로 바꾸신다. 그러나 새로운 왕과 그 왕이 공평과 의로 다스리게 될 새로운 미래에 대한 소망을 주신다.

결론

인간의 군대와 하나님의 군대

우리는 누구를 신뢰하고 있는가? 세속적인 관점으로 볼 때 그 답은 상당히 분명하다. 가장 크고 성능이 가장 좋은 총을 가지고 있는 사람일 것이다. 이스라엘과 유다도 그렇게 하려고 했다. 하나님께서 인간의 군대는 하나님의 군대와 견줄 수 없다는 사실을 보여주기 위해 선지자를 보내셨다. 인간 군대의 동맹으로 하나님의 계획을 이길 수는 결코 없으며, 하나님께서 역사를 주관하시고 모든 군대를 물리칠 수 있는 분이라는 사실을 거듭거듭 보여주셨다. 우리는 언제나 하나님을 믿게 될 것인가?

■ 진리 알기

· 하나님의 심판은 종종 예상치 못한 때에 갑자기 임한다.

· 하나님의 심판을 피하는 데 축적한 재물은 아무 소용이 없다.

· 하나님의 백성들은 적과의 관계에서도 공평과 의를 이루기 위해 노력해야 한다.

· 우리의 교만을 부추기는 모든 것들은 일순간에 사라질 수 있다.

· 잘못된 신을 숭배하는 예배와 종교 의식은 아무 도움이 되지 않는다.

· 자랑스런 전통이 하나님의 심판을 피할 수 있게 해주는 것은 아니다.

· 심판은 참 하나님을 올바로 섬기는 일로 사람들을 돌아오게 하려는 것이다.

· 하나님을 무시하는 것은 재앙을 불러오는 것이다.

· 하나님의 백성들은 두려워할 이유가 없다. 왜냐하면 하나님께서 그들을 보호해주실 것과 승리를 약속하셨기 때문이다.

■ 적용하기

· 가장 끔찍한 시기에 우리를 지켜주시는 하나님을 신뢰하라.

· 지금 하나님과 사랑의 관계를 형성하라. 그러면 나중에 하나님의 심판을 맞이하지 않게 될 것이다.

· 재물에 관련된 자신의 태도와 행동들을 평가해보라. 잘못된 부분이 있다면 하나님께 자백하고 재물을 의지하는 대신 하나님을 신뢰할 것을 맹세하라.

· 하나님의 적의 일원이 아니라 하나님 백성의 일원으로 적극적인 삶을 살라.

· 적에 대한 잘못된 자세에 대한 용서를 구하고 그들에게 공평과 의를 행하는 길을 하나님께서 보여주시기를 기도하라.

· 적의 불행에 기뻐하는 대신 슬퍼하는 것을 배우라.

· 참 하나님과의 올바른 관계 대신 종교적인 전통이나 교회를 의지하고 있는 것은 아닌지 자신을 점검해보라.

· 참 하나님을 전심으로 예배하는 시간을 정기적으로 가지라.

· 거짓 우상을 섬기고 있는 부분은 없는지 살펴보고 있다면 그런 부분을 참 하나님께 넘겨드려라.

삶의 적용

싸우고 있는가, 아니면 믿고 있는가?

나는 마누엘(Manuel)과 그의 동생 로드리고(Rodrigo)를 결코 잊지 못할 것이다. 그들의 부모는 나의 신학원 제자들이었다. 그들은 우리 집 옆에 있는 결혼한 학생들을 위한 아파트에서 살았다. 두 어린 소년은 그들과 다른 언어를 사용하는 아이들의 낯선 문화 속에서 혼란스러워했고 또 두려워했다. 소년들은 그들이 알고 있는 방식으로만 반응했다. 그들이 찾을 수 있는 모든 무기를 가지고 싸웠다. 우리 아들들은 언제나 마누엘과 로드리고에 관한 새로운 소식을 가지고 집으로 돌아왔다. 그들은 돌을 던졌고 부엌에서 칼을 가지고 나왔다. 그리고 자신들이 했던 일들과 자신들이 해쳤던 사람들에 대한 정말 일어날 것 같지 않은 거짓말을 했다. 그 두 어린 소년은 세상 모두가 자신들을 두려워하게 되길 바랐다.

모압도 그들과 상당히 비슷했다. 아주 작은 나라를 이루고 있던 모압 사람들은 높고 험한 절벽 사이에 숨어 강한 전선을 구축하려 했다. 그들은 자신들이 난공 불락의 방어선을 구축하고 있으며, 자신들의 성읍은 안전하다고 생각했다. 그러나 그들은 곧 그들이 소유한 그 어떤 바위보다 더 크고 더 높은 한 반석을 발견했다. 하나님께서는 그들이 정말로 신뢰할 수 있는 유일한 방어 체계였다.

우리 삶 속에서도 로드리고와 마누엘, 또는 모압의 이야기들을 많이 볼 수 있다. 우리는 두려움을 키우고 혼란에 맞서 싸우며 세상을 향해 주먹을 날린다. 내가 얼마나 강한지를 보라. 내가 어떤 공을 세울 수 있는지 보라. 감히 나와 맞서겠다는 것인가! 그러나 한편 우리는 로드리고와 마누엘처럼 우리의 상처를 핥고 부모에게 달려가 안전해지기 위해 허둥지둥 집으로 종종걸음을 칠 때가 많다. 하나님께서 우리의 유일한 소망이라는 사실을 인정하기 전까지 우리는 도대체 얼마나 더 많이 패배해야 하는 것인가? 우리 자신의 힘과 능력을 포기하고, 우리의 싸움을 대신 싸우시고 우리에게 승리를 안겨주시는 하나님을 신뢰할 수 있게 되기 전까지 도대체 얼마나 더 많이 패배해야 하는 것인가?

기도

하나님, 하나님께서는 우리의 반석이십니다. 이 세상에서 효과적인 유일한 방어 체계는 하나님과 하나님의 약속을 중심으로 구축된 것입니다. 우리 자신의 힘을 의지하려 하는 우리를 용서해주십시오. 하나님의 영원하신 팔을 의지하는 대신 세상의 권력을 가진 사람들을 보고 그들의 군사력 앞에서 몸을 움츠리는 우리를 용서해주십시오. 우리에게 의와 공평의 길을 보여주시고, 그 길을 가며 다른 사람들을 그 길로 인도할 수 있게 도와주십시오. 아멘.

심층 연구

모압과 그 성읍들(15:1-16:9)

모압은 아라비아 사막 동쪽까지 뻗어 있는 가나안의 동쪽에 위치한 사해 건너편에 자리잡고 있는 나라였다. 북쪽에서 남쪽까지는 약 96.6킬로미터 정도이며, 동쪽에서 서쪽까지는 약 24.1킬로미터 가량 되는 작은 나라였다. 그 지역은 해발 914미터 정도 높이에 위치한 완만한 고원지대였다. 모압의 남쪽 국경에는 세렛 강이 흘렀고 북쪽에는 아르논 강이 모압의 북부 지역을 관통하고 있었다. 두 강은 모두 사해로 흘러들었다.

모압의 남부 지역은 상당히 고립되어 있었지만 북부 지역은 국제적인 전쟁터가 되었고, 때때로 갓 지파(민 21:21-31, 32, 삿 11:12-28)와 모압과 수리아가 지배하기도 했으며, 결국은 앗수르와 바벨론이 통치하게 되었다. 성경은 롯의 아들들 가운데 한 사람의 이름을 따서 그 지역을 모압이라 불렀다(창 19:37). 모압은 나오미와 룻 당시 가뭄이 들었을 때를 제외하고는(룻 1:1, 6) 농사를 지을 수 있는 곳이었고, 양과 염소를 키울 수 있는 목초지가 있는 곳이었다.

애굽은 B.C. 1500년경 모압에 영향력을 행사했다. 모세가 이끌던 이스라엘 백성들은 암몬의 시혼 왕으로부터 모압 북부 지역을 빼앗았다. B.C. 1300년부터 1100년까지 정착민이 점차로 증가했다. 모압의 왕이었던 메사는 유적 발굴을 통해 발견된 석비를 통해 잘 알려지게 되었다. 메사는 B.C. 860년경부터 835년경까지 통치했다. 그는 이스라엘로부터 모압에 대한 통치권을 되찾았고, 모압 신인 그모스에게 봉헌한 신전을 세운 것으로 알려져 있다. 모압의 살라마누 왕은 B.C. 734년경 앗수르 왕 디글랏 빌레셀에게 조공을 바쳤다. 앗수르의 사르곤 왕은 B.C. 713년 모압에게 아스돗 거민들과 함께 앗수르에 저항한 책임을 물었다.

아르는 '성읍' 을 뜻하는 모압 단어이며, 모압의 북쪽 국경 지대인 아르논 강 근처에 위치해 있던 중요한 한 도시를 가리켰던 것이 분명해보인다(신 2:18). 아르는 또 나라 전체를 뜻하는 더 큰 지역을 의미하는 용어로 사용되었을 수도 있다(신 2:9, 29). 기르는 히브리어로는 '벽' 을 뜻하지만 모압어로는 '성읍' 을 뜻한다. 이 곳에서는 '성읍' 을 뜻할 수도 있고, 길이라는 성읍의 이름일 수도 있다. 길헤레스(렘 48:31, 36, 왕하 3:25-27)와 같은 곳으로 보인다. 그곳은 아르논 강으로부터 남쪽으로 약 27.3킬로미터, 사해로부터 동쪽으로 약 17.7킬로미터 떨어진 왕의 대로가 있었던 곳으로 현대의 게렉에 해당하는 지역이다. 한때 그곳은 모압의 수도이기도 했다.

디본은 아람 왕 시혼에게 가장 먼저 정복된 모압의 성읍이었다(미 21:26-30). 그런 다음 이스라엘이 그곳을 정복해서(민 21:21-25, 31) 르우벤 지파에게 할당했다(수 13:15-23). 그러나 곧 갓 지파가 그곳을 통치했다(민 33:44-45). 메사 석비라고 불리기도 하는 모압의 비문에는 갓이 그곳을 통치한 것이 언급되어 있다. 디본은 요르단 암만 남부에서 약 61.1킬로미터 가량 떨어진 곳에 위치한 디반이라는 곳에서 가까운 지역에 위치해 있었고, 아르논 강 바로 위쪽이었으며, 왕의 대로가 통과하는 곳에 위치한 중요한 상업도시였다(민 21:22). 모압 왕 메사는 B.C. 850년이 되기 바로 직전에 디본을 자신의 수도로 삼았다.

느보는 모압의 북서쪽에 위치한 성읍 가운데 하나였고, 이스라엘 백성들이 약속의 땅을 향해 가는 도중 머물렀던 느보 산 근처에 있었다(민 33:47). 아마도 지금의 키르벳 엘-멕카얏(Khirbet el-Mekhayyat)일 것이다. 느보라는 이름은 바벨론 사람들이 섬기던 신들 가운데 하나에서 나온 것이며, 모압에 정착했던 바벨론 사람들을 나타내는 이름이었을 것이다. 르우벤 지파가 느보를 차지했다(대상 5:8). 예레미야 역시 느보를 책망했다(렘 48:1, 22).

헤스본은 암몬의 시혼 왕을 위한 수도 역할을 했으며, 모압 북쪽 산지에 위치해 있던 성읍이었다(민 21:25-30, 34, 삿 11:12-28). 요단강 동쪽에서 약 24.1킬로미터 가량 떨어져 있었고, 예루살렘 동쪽에서 약 53.1킬로미터 가량 떨어져 있었다. 요르단 암몬에서는 남쪽으로 약 19.3킬로미터 떨어져 있었고, 느보 산에서는 북동쪽으로 약 6.4킬로미터 가량 떨어져 있었다. 헤스본은 역사를 거치며 그 주인이 자주 바뀌었다(수 13:15-28, 대상 6:81, 렘 48-49장).

엘르알레는 헤스본에서 남동쪽으로 약 2.4킬로미터 가량 떨어진 곳으로 지금의 키르벳 엣 알(Khirbet et Al)에 위치했던 모압 북쪽 성읍들 가운데 하나였다. 르우벤 지파가 차지했고(민 32:3, 37), 예레미야의 책망을 받았다(48:34).

모압 북방에 위치했던 야하스는 시혼 왕이 이스라엘과 전투를 벌인 곳이었다(민 21:23, 삿 11:20). 야하스는 모압 평지의 동쪽 경계에 있던 헤스본 남쪽에 있었던 것이 분명하다. 지금의 키르벳 메데니예(Khirbet Medeiniyeh) 지역일 것이다. 르우벤 지파에게 분배된 땅 가운데 레위 지파에게 주어진 곳이었다(수 13:18). 예레미야는 야하스를 책망했다(렘 48:21, 34). 메사 왕은 B.C. 850년경 야하스를 되돌려줄 것을 이스라엘에게 요구했다.

소알은 사해에서 동쪽으로 약 3.2킬로미터 가량 떨어진 곳으로 세렛 강 바로 남쪽에 위치한 에돔 땅에 자리잡고 있었다. 모압의 피난민들이 그곳으로 도망쳤다(창 13:10, 신 34:3). 예레미야 역시 소알을 책망했다(48:4, 34).

에글랏 슬리시야는 아직 길들여지지 않은 삼 년 이하의 어린 송아지라는 뜻이다(렘 46:20, 호 10:11). 여기서 그리고 예레미야 48장 34절에서 아마 그런 뜻으로 사용되었거나 아니면 에돔에 있는 알려지지 않은 한 도시를 뜻하는 것으로 보인다.

루힛은 모압 남동쪽에 위치한 성읍이며 예레미야의 책망을 받은 곳이었다(렘 48:5). 아마도 지금의 카트라바(Katrabba) 지역일 것이다.

호로나임은 모압의 중앙 또는 남쪽에 위치한 성읍으로 세렛 강과 아르논 강 사이에 있었다.

니므림 물은 모압 평지 남서쪽 끝에서 사해로 떨어지는 절벽들 사이로 흐르는 시내이며 지금의 세일 엔 누메라(Seil en Numera)다.

포플라 골짜기라고 번역되기도 한 버드나무 시내는 우기에 물이 넘쳐 요단 강이나 사해로 흘러 들어가는 수많은 와디나 골짜기들 가운데 하나였다.

에글라임의 위치는 정확하지 않지만 아마도 사해를 둘로 가르는 리산 반도에 있는 마스라 지역이었을 것이다.

브엘엘림은 민수기 21장 16절에 나오는 브엘(히브리어로 '우물' 을 뜻함)과 같은 곳으로 보인다. 게렛 근처 아르논 강 남쪽에 위치한 지역이었을 것으로 보는 사람들도 있지만 아마도 아르논 강 북부 와디 엣 데메드('샘') 지역에 위치해 있었을 것이다.

디몬은 그 첫 두 자음이 피를 뜻하는 히브리 단어와 같은 형태를 취하고 있기 때문에 언급되었을 것이다. 사해 사본과 라틴 불가타 성경에는 디본으로 되어 있기 때문에 사본 필경자가 잘못 베낀 것이라고 생각하는 학자들도 있다. 디몬이 맞다면 아마도 모압의 람바에서 약 4킬로미터 떨어진 키르벳 딤네 지역에 위치해 있었을 것이다.

모세는 십마를 르우벤 지파에게 배정했다(수 13:19). 그 위치는 정확하게 알 수 없지만 헤스본의 한 마을이었거나 벳 바알 므온 근처이 있었던 메뎁 평지였을 것으로 보는 사람들이 있다.

야셀은 모세가 점령했고(민 21:31-32), 갓 지파에게 속한 땅 가운데 레위 지파에게 할당된 성읍이었다(민 32:35, 대상 6:81). 암몬과 경계를 이루고 있었고(민 21:24, 32:1), 다윗 왕조의 일부가 되었다(삼하 24:5, 대상 26:31). 이사야와 예레미야(렘 48:32)는 둘 다 이 성읍을 책망했다. 야셀은 요단 강으로 흘러 들어가는 수엡 와디의 상류 쪽에 있는 기르벳 야셀 지방으로 사해 북쪽 끝으로부터 북동쪽에 위치해 있었다.

교안

A. 들어가는 글

1. '정당한 행위와 부당한 성취' 이야기로 시작하라.

2. 배경 설명: 이방 나라들을 향한 이사야의 경고는 그 당시 강대국들, 곧 바벨론과 앗수르를 향한 경고로부터 시작되었다. 이사야는 그 막강한 군대를 가진 나라들이 세계 역사 속에서 그 이름을 떨칠 때가 있겠지만, 하나님께서 세계 역사(하나님의 백성들을 구원하기 위한 역사)를 주관하시기 때문에 그 기간은 그리 길지 못할 것이라는 사실을 보여주고 있다. 문제는 신뢰였다. 하나님의 백성들이 자신들의 정치적 계획보다 하나님의 계획을 더 신뢰할 것인가?

3. 적용: 15-17장에서 선지자는 유다 주변의 작은 국가들, 곧 블레셋, 모압, 수리아, 심

지어 이스라엘까지 주의를 돌렸다. 대상은 이방 나라였지만 선지자의 청중은 남왕조 유다였다. 선지자는 하나님의 백성들에게 하나님께서 그들의 반석이시며, 다윗 보좌 위에 오를 왕이 그들의 소망이라는 사실을 확신시킬 수 있을 것인가? 아니면 유다가 하나님을 신뢰하는 대신 이방 동맹국들을 더 의지하는 일을 계속할 것인가?

B. 본문 이해

1. 모압의 통곡(15:1-16:14)
2. 다메섹의 운명(17:1-3)
3. 야곱의 마지막(17:4-14)

C. 결론: '싸우고 있는가, 아니면 믿고 있는가?' 를 읽어주라.

1. 요약: 하나님의 백성들을 구원하시려는 하나님의 계획은 교만한 이방 나라들과의 동맹이 아니라, 하나님께서 약속하신 다윗의 보좌 위에 오를 왕을 중심으로 돌아가고 있다.

2. 도전: 구세주이신 하나님을 잊고, 다른 곳에서 소망과 의미와 구원을 찾으려 하고 있음을 드러내는 삶을 살아가지는 않는가? 눈을 돌려 창조주께 초점을 맞추어야 하는 것은 아닌가?

토의 질문

1. 하나님께서 한 나라가 처한 곤경의 위급함을 알리신 후 더 큰 재앙을 경고하시는 이유는 무엇인가?

2. 이사야서 16장 5절에서 이사야가 강조한 왕은 누구인가?

3. 일상 생활 속에서 하나님께서 책망하시는 교만이 쉽게 나타나는 영역은 어디인가?

4. 오늘날 교인들이 창조주이신 하나님을 외면하고 그 대신 바라보고 있는 것은 무엇인가?

5. 사람들이 세상에서, 특히 교회 안에서 우리의 구세주이시며 반석이신 하나님을 잊고 있다는 사실을 입증하는 흔적들에는 어떤 것들이 있는가?

이사야 18-20장

정략을 훨씬 능가하시는 하나님

"하나님께서 주신 것이라면 하나님께서 거두어가실 수도 있다.
그리고 하나님께서 지혜를 거두어가시면 한때 총명했던 사람의 지혜는
어리석음과 우둔함과 망상으로 전락하게 된다."

- 월터 브루거만(Walter Brueggemann)

구스와 애굽은 서로 믿을 수 없는 동맹을 맺고 있었다. 다른 나라들을 마음대로 조종할 수 있을 것이라 생각했던 구스 같은 나라들은 하나님의 계획에 맞서며 그들이 응당 치러야 할 대가를 치르지 않을 수 없었다. 거짓 우상과 인간의 지혜를 신뢰했던 애굽과 같은 나라들은 하나님께서 하나님을 섬기도록 모든 나라를 부르실 계획을 세우셨기 때문에 심판을 면할 수 없었다.

Isaiah

들어가는 글

말을 움직이게 하는 파리

에이브러햄 링컨(Abraham Lincoln)은 대통령 자문이라는 중요한 자리에 한 사람을 임명했다. 사람들은 그 자문이 대통령의 계획이나 제안에 대해 대부분 반대하는 유일한 사람이라는 사실을 곧 알게 되었다. 마침내 링컨의 친구들은 논쟁하기 좋아하는 그 자문을 영향력을 미칠 수 있는 그 중요한 자리에서 조용히 떠나보낼 것을 제안했다. 링컨은 늘 하던 대로 다음과 같은 이야기로 그들의 제안에 응답했다.

어느 날 링컨이 시골길을 따라 걷다가 말과 함께 밭을 갈고 있는 농부를 보았다. 가까이 다가간 그는 말 주위를 훨훨 날아다니며 그 힘센 말을 깜짝깜짝 놀라게 만드는 커다란 말파리 한 마리를 보았다. 늘 도와주기 좋아하던 링컨은 팔을 들어 파리를 쫓아버리고 말을 진정시켜주려 했다. 그러자 늙은 농부가 그를 저지하면서 "젊은이, 그만 두게나. 그 말파리가 이 늙은 말을 계속 움직이게 할 수 있는 유일한 놈이라네"라고 말했다(Templeton, p. 72).

이사야도 링컨의 그 자문과 같은 느낌을 느끼며 거의 대부분의 삶을 살았을 것이다. 그는 대부분의 사람들과 통치자들이 생각하는 것에 언제나 맞섰다. 실제로 그는 하나님의 백성들이 원하든 원하지 않든 그들을 계속 괴롭히며 움직이게 만드는 말파리였다. 사람들이 듣고 싶어하는 메시지를 전할 때에도 그는 사람들을 당황하게 만드는 의외의 난제를 첨부했다. 애굽이 패망할 것이라는 그의 예언은 이스라엘이 원했던 일이었을 것이다. 그러나 그 메시지와 함께 애굽이 이스라엘의 예배에 참여하게 될 것이라는 약속이 뒤따랐다.

하나님의 말씀을 들을 때 익숙한 말씀이나 듣고 싶은 말씀뿐 아니라, 예상치 못하고 듣고 싶은 말씀이 아닐지라도 순종과 예배를 촉구하는 하나님의 의외의 말씀에도 귀를 기울이라.

본문 이해

정략을 훨씬 능가하시는 하나님

Main Idea	하나님께서 모든 사람으로 하나님을 경배하도록 계획하셨기 때문에 정치적인 패권이 절대적인 권력을 보여주는 것은 아니다.

A. 예물을 가지고 올 이방인들(18:1-7)

이방 나라들에 임할 재앙에 대한 경고(B.C. 712년)

Supporting Idea	가장 위협적이던 최강국이 결국 우주의 참 하나님께 찬사를 바칠 것이다.

선자자의 눈은 이스라엘이 가장 먼저 물리쳤던 남쪽의 적을 향했다. 애굽에서 탈출하면서 이스라엘은 자신들의 하나님의 이름이 여호와라는 것을 알게 되었고(출 3:13-16), 하나님의 능력을 경험했고(출 14장), 하나님을 어떻게 경배해야 하는지를 배웠고(출 12-13장), 여호와에 대한 그들의 믿음을 표현했다(출 14:31-5:21). 세월이 흐른 후 역사의 운명은 전혀 달라졌다. 애굽이 아니라 앗수르가 세계의 정치적, 군사적 패권을 장악했다. 애굽은 자신을 보호하기 위해 가능성이 있는 동맹국들의 도움을 청하지 않을 수 없었다. 그들은 유다에게 군사적 경제적 원조를 약속하며 앗수르에게 반기를 들도록 유인하려 했다. 그런 상황 속에서 이사야는 유다의 지도자들에게 하나님의 말씀을 전하며 조언했다. 이사야서 18-20장에는 그의 그런 조언들이 함께 모아져 있다.

18:1-2. 애굽은 스스로 정권을 나눈 나라였다. 서로 경쟁하는 통치자들이 타니스, 레온토폴리스, 헤라클레오폴리스, 허모폴리스, 사이스, 더베에서 통치권을 행사했다. 마침내 구스(히브리어 구스는 우리가 에티오피아라고 부르는 곳을 말한다) 통치자들이 B.C. 730년경 북상하기 시작했고, B.C. 715년에 애굽 전체를 지배하게 되었다('애굽과 구스' 에 대해서는 '심층 연구' 를 참고하라). B.C. 725년 이스라엘은 앗수르에 대항하기 위해 애굽과 정치적 동맹 관계를 맺었다(왕하 17:4). 그 결과 북왕조가 무너지게 되었다. B.C.

720년 애굽은 가사를 도우려 했지만 성공하지 못했다. B.C. 716년에는 앗수르의 사르곤 2세가 애굽 국경까지 행군해 타니스의 왕으로부터 조공을 받았다. B.C. 712년 일어난 아스돗 사람들의 반란으로 사르곤은 블레셋으로 돌아갔다. 그러나 애굽 왕은 블레셋 통치자에게 피난처를 제공해주는 대신 그를 사르곤 왕에게 넘겨주었다.

유다가 황폐화되고 예루살렘이 포위되는 일이 벌어졌던(36장) 산헤립의 가나안 원정 중(B.C. 702-701년) 새로 즉위한 애굽 왕이 유다를 돕기 위해 북상했지만 곧 퇴각하고 말았다. 애굽을 통치한 구스의 바로는 앗수르에 대항하기 위한 음모를 꾸미기 위해 B.C. 712년 또는 702년에 예루살렘으로 정치 파견단을 보냈다. 이사야는 그들에게 미칠 화를 경고하며(18:1-7) 유다의 지도자들에게 애굽의 힘없는 약속 대신 하나님의 말씀을 신뢰할 것을 촉구했다. 동맹국들을 찾으며 경첩한 사자들을 보낸 나라는 하나님의 심판을 받았다.

18:3-7. 구스는 세상의 모든 거민들과 함께 하나님께서 주신 징조들에 주목할 필요가 있었다. 그들은 자신들이 그 징조를 보고 들을 수 있을 것이라 확신했다. 하나님께서 하나님의 처소에서 종용히 감찰하시고 추수를 위해 나라들을 준비하실 것이다. 애굽은 곧 만군의 여호와를 위한 예물과 함께 예루살렘으로 또 다른 파견단을 보낼 것이다. 군사적 동맹을 구하기 위해 사자들을 보냈던 사람들이 이제 마지막 승리자이신 하나님께 조공을 바치게 될 것이다. 그들은 하나님께서 그 이름을 두신 성전에 이를 것이다.

B. 애굽의 출애굽 재연(19:1-10)

이방 나라에 대한 경고(B.C. 716년)

Supporting Idea	하나님께서 하나님의 백성들의 출애굽을 인도하셨듯이 다시 애굽의 경제를 무너뜨리실 것이다.

19:1-3. 이사야는 애굽의 도움을 받으려 하지 말라고 유다에게 경고했다. 출애굽 당시처럼 이스라엘의 적을 패배시키기 위해 하나님께서 친히 애굽으로 가실 것이다. 하나님의 임재로 애굽 신들은 공포에 떨게 될 것이다. 내부적인 혁명으로 나라가 흔들릴 것이다. 지혜로 그 이름을 오랫동안 떨쳤던 애굽의 계획이 혼란에 빠지고 쓸모없게 될 것이다. 결국 그들은 신접한 자와 마술사들이 섬기는 우상들을 버리게 될 것이다(6-8장의

'심층 연구' 를 참고하라).

19:4-10. 하나님께서 애굽을 가혹하게 다스릴 잔인한 군주의 손에 그들을 붙이실 것이다. 이사야가 앗수르와 같은 외국 왕을 언급한 것인지, 아니면 애굽 내에서 혁명을 통해 새로운 권력을 잡게 될 인물을 언급한 것인지는 분명하지 않다. 나일 강을 전적으로 의존해온 애굽의 경제가 무너질 것이다. 강이 완전히 말라버릴 것이다. 농업과 직조업과 어업이 사라질 것이다. 일꾼들은 모두 슬픔에 잠길 것이다.

C. 소안에 집중된 포화(19:11-15)

이방 국가를 조롱하는 노래(B.C. 726년)

Supporting Idea	하나님의 계획은 이집트의 '현명한 상담가' 를 어리석게 만들고, 그 나라를 그분 앞에 무력한 국가로 만든다.

19:11. 하나님께서 교만하지만 나약해진 애굽을 조롱하는 노래를 시작하셨다. 지중해에서 약 46.7킬로미터 정도밖에 떨어지지 않은 곳에 위치한 소안(타니스라고도 알려짐)은 가나안에서 가장 가까운 애굽의 정치 중심지였다. 이스라엘 백성들은 오래 전부터 그곳을 잘 알고 있었다(민 13:22). 소안은 21번째 애굽 왕조(B.C. 1176-931년)의 정치 수도였고, 22번째 왕조(B.C. 931-725년)가 끝날 때까지 계속 정치 수도로서의 역할을 수행했다. 수도가 사이스와 나파타로 옮겨진 후에도 소안은 중요한 도시로 번창하고 있었다. 아몬과 뭇과 콘수의 신전들이 도시를 차지하고 있었다. 수세기 동안 애굽은 현자들의 지식을 수집해 지혜 문학이라는 형태로 보존하고 있었다. 그러나 이제 하나님께서 그들의 조언자들과 통치자들을 어리석게 하실 것이다.

19:12-15. 하나님께서 너의 지혜로운 자가 어디 있느냐고 물으셨다. 애굽은 아무 대답도 하지 못했다. 선지자만이 이스라엘의 하나님, 만군의 여호와의 목적을 선포할 수 있었다. 멤피스는 카이로에서 남쪽으로 약 21킬로미터 가량 떨어진 나일 강 유역에 있었다. 그 역사는 첫 번째 애굽 왕조가 멤피스를 건설했던 B.C. 3050년까지 거슬러 올라간다. 그곳은 정치적 수도였고, 바로의 매장지 역할을 했으며, 하돌과 프타 신을 섬기던 우상 숭배의 중심지였다. 멤피스는 B.C. 2200년부터 1526년까지, 그리고 다시 B.C. 1300년에 애굽의 수도를 대신하게 되었다. 그 후에도 B.C. 1070년부터 애굽이 쇠퇴하게 된 711

년까지 정치적으로 중요한 역할을 하는 장소로 남아 있었다. 고대 멤피스 사람들의 지혜나 후대 소안 사람들의 지혜로 애굽을 구할 수는 없었다. 여호와께서 애굽의 모든 지혜자들을 혼란에 빠지게 하셨다. 애굽은 술에 취해 토하면서 비틀거리는 사람처럼 되었고 제대로 움직일 수 없게 되었다. 하나님께서 조금의 지혜도 남겨두지 않으셨다. 애굽은 아무 할 일이 없게 되었다(애굽은 아무 일도 할 수 없게 되었다).

D. 모든 나라가 함께 드리게 될 예배(19:16-25)

미래 사건에 대한 고지(B.C. 712년)

Supporting Idea	하나님께서 애굽의 용기를 고갈시키시고, 하나님을 예배할 곳을 그들 가운데 만드시며, 그들을 치유하셔서 이스라엘과 앗수르와 함께 하나님을 경배하게 하실 것이다.

19:16-17. 시가 형태의 예언이 16-25절에서 산문 형식으로 바뀌며 1-15절의 경고를 명쾌하게 해석하고 있다. 각 단락은 그 날에라는 반복구로 시작하며 애굽을 향한 하나님의 위협을 강조하고 있는데, 그것이 유다에게는 하나님의 장래 계획을 약속하는 것이었다. 하나님께서 애굽 위에서 그 손을 흔드실 때 애굽의 용사들이 갑자기 나약해질 것이다. 하나님의 명성 때문에 애굽은 유다라는 말만 들어도 떨며 두려워할 것이다.

19:18. 애굽의 다섯 성읍이 강력해진 유다 백성들과 의사를 소통하고 여호와를 경배하기 위해 가나안에서 사용되는 언어를 배울 것이다. 그 성읍들 가운데는 장망성도 포함되어 있었다. 장망성은 파멸의 도시라는 뜻인데, 필사하는 사람이 예루살렘을 '신실하던 성읍'(1:21)이라 부르며 말재주를 부렸던 것처럼 '의의 도시'(70인역에서 볼 수 있듯이)를 '파멸의 도시'로 바꾼 것으로 보인다. 아마도 '태양성'인 헬리오폴리스를 언급하지 않기 위해 필사가가 시도한 노력의 결과였을 것이다(사해 사본과 여러 가지 히브리 필사본들을 기초로 한 REV, TEV, NLT, NRSV, NAB, NJB, GW와 NIV 성경의 각주를 참고하라).

19:19-22. 여호와를 위한 제단이 애굽에 세워질 것이다. 그것은 유대인들의 사고 방식과는 전혀 상반되는 것이었다. 그들에게 제단은 예루살렘에 속한 것이었고, 오직 예루살렘에만 속한 것이었다. 더 나아가 기둥(히, matstsebah, 기념비)도 세워질 것이다. 이스라엘은 역사 초기에 신성한 곳을 기념하기 위해 기둥들을 세웠다(창 28:18, 출 24:4).

율법은 그런 기둥들을 예배의 대상으로 여기지 못하도록 금하고 있다. 왜냐하면 가나안 우상 숭배와 연결되어 있었기 때문이다(출 23:24, 신 7:5). 그러나 이스라엘은 여전히 그 기둥들을 세웠다(왕상 14:23, 호 3:4). 예레미야 43장 13절은 그 기둥들을 헬리오폴리스에서 행해졌던 애굽의 우상 숭배와 연결시키고 있다. 이사야는 이방인들의 땅에 성전을 허락하면서 여호와를 섬기는 것에 대한 새로운 면모를 보여주고 있다.

그런 예배는 애굽 사람들에게 증거가 될 것이다. 여호와를 그들의 '공포' 의 대상으로 여길 필요는 없었다(17절). 대신 하나님께서는 오래 전 애굽 땅에서 이스라엘을 구원하셨던 것처럼(출 14:10-14) 그들에게도 구원자가 되실 수 있었다. 이스라엘은 하나님을 경배하기 위해 더 이상 애굽에서 도망칠 필요가 없었다(출 5:1-3). 애굽 사람들도 이제 그들과 함께 하나님을 경배할 것이다. 하나님께서 모세에게 자신을 알리셨고(출 6:3), 출애굽 당시 바로에게도 자신을 알리고자 하셨다(출 5:2, 8:10, 22, 11:7). 선지자는 애굽이 정말로 여호와를 알게 될 날을 내다보고 있었다. 하나님께서 패배한 애굽에게 출애굽 때처럼 재앙을 내리는 것이 아니라 그 패배를 통해 그들을 치유하실 것이기 때문에 사실상 애굽의 패배는 곧 승리가 될 것이다.

19:23-25. 선지자가 전한 메시지의 절정은 불가능한 일을 약속하고 있다. 하나님께서 세 나라, 즉 애굽과 앗수르와 이스라엘을 하나님을 섬기는 나라로 만드실 것이다. 대로에서는 이제 짓밟는 군대의 소리가 아니라 여호와를 예배하는 사람들의 트럼펫 소리가 들릴 것이다. 마침내 아브라함의 자손들이 모든 나라의 복이 될 것이라고 하신 약속이 성취될 것이다(창 12:17).

E. 애굽의 수치를 상징하는 예표(20:1-6)

선지자의 상징적 행동으로 표현된 보고(B.C. 712년)

Supporting Idea	선지자는 수치를 상징하는 자신의 행동을 통해 애굽과 그 동맹국들에게 임박한 수치와 파멸을 경고하고 있다.

20:1-6. 블레셋에 속한 다섯 개의 주요 성읍들 가운데 하나였던 아스돗이 B.C. 712년에 반란을 일으켰다. 유다는 애굽의 원조를 예상하고 그들과 합세하려 했다. 이사야는 예루살렘의 지도자들의 주위를 환기시키고 자신의 말에 귀를 기울이게 만들기 위해 극

단적인 일을 했다. 하나님의 명령에 순종하면서 그는 상징적인 행동을 보여주었다('선지자가 보여준 상징적 행동'에 대해서는 '심층 연구'를 참고하라). 선지자는 유배지로 끌려가는 전쟁 포로처럼 보이기 위해 자기 옷을 벗었다. 그것은 새로운 구스 통치자들이 애굽을 다스리게 될 것을 상징적으로 보여주는 것으로서 포로들이 모두 벗은 몸으로 앗수르와 바벨론으로 끌려갈 것을 보여주는 것이었다.

벗은 몸으로 다니는 이사야의 이상한 행동이 삼 년 동안이나 계속되었다. 그것은 유대인들에게 큰 영향을 미치기 위한 것이었다. 그러나 유다는 애굽이 그들의 반란을 도와줄 것이라 생각했다. 이사야는 아스돗의 반란에 참여하지 말 것을 유다에게 분명히 경고했다. 앗수르 왕으로부터의 보복을 피할 수 있을 때 뒤로 물러날 것을 경고했다. 그렇게 함으로 이사야는 정치적 동맹국들을 믿는 것은 아무 소용없는 일이라는 사실을 알리는 그의 메시지를 잠시 동안 유다 백성들에게 전달할 수 있었다. 오직 하나님을 신뢰하는 것만이 성과를 거두는 길이다. 애굽이나 블레셋은 좋은 동맹국이 되지 못했다. 하나님만이 우리의 완전한 맹방이 되신다.

Main Idea 복습	하나님께서 모든 사람으로 하나님을 경배하도록 계획하셨기 때문에 정치적인 패권이 절대적인 권력을 보여주는 것은 아니다.

결론

진정한 능력의 소유자

겉으로 보이는 것은 믿을 만한 것이 못 된다. 특히 정치나 외교 영역에 있어서는 더욱 그렇다. 진정한 능력의 소유자이신 분을 신뢰하지 않는 한, 결국 아군의 동맹국들과 적군의 동맹국들이 벌이는 게임에서 잘못된 추측을 하게 될 것이다. 우리의 모든 어려움에서 우리를 구해줄 수 있는 동료는 있을 수 없다. 하나님께서는 하나님을 신뢰하고 찾는 사람들에게 언제나 귀를 기울이신다. 그리고 모든 사람이 하나님을 경배하게 되기를 바라신다.

■ 진리 알기

- 국제 무역이나 정치적인 세력이 하나님의 심판을 피할 수 있게 해주지는 못한다.
- 점, 점성술, 12궁도 같은 것으로 운세를 알아보려는 것은 쓸모없는 일이다. 왜냐하면 하나님만이 미래를 알고 계시기 때문이다.
- 하나님께서는 하나님 자신이 심판하신 사람들까지도 돌보신다. 그리고 그들이 믿음으로 하나님을 부를 때 그들을 치유하실 것이다. 왜냐하면 그분은 모든 사람에게 복을 주고 싶어하시는 분이기 때문이다.
- 하나님께서는 모든 사람이 모든 편견과 증오를 극복하고 하나님 자신에게 예배할 수 있는 길을 모색하신다.

■ 적용하기

- 하나님을 신뢰한다면 그 누구도, 그 어떤 그룹이나 나라도 두려워할 이유가 없다.
- 하나님의 음성을 듣지 못하거나 하나님께서 하시는 일을 이해할 수 없을 때에도 하나님을 신뢰하라.
- 하나님의 심판을 받고 어쩔 수 없이 하나님께 예물을 드리지 않을 수 없게 되기 전에 기쁘게 그리고 기꺼이 드리라.
- 심령술에 쓰이는 점판, 타로 카드, 무당, 12궁도, 점성술 같은 은밀한 방법을 사용해 자신의 미래를 점치려 하지 말라.
- 세상을 위한 하나님의 목적을 이루는 데 도움이 되기 위해 선교 여행에 참여하라.

삶의 적용

우리가 따라야 할 사람

로스(Ross)는 나에게 몇 가지 교훈을 가르쳐준 사람이다. 그는 우리 동네에서 가장 나이가 많은 소년이었다. 어느 날 그는 화를 내며 돌을 들고 나를 추격해 내 뒤통수에 던져 피를 흐르게 했다. 그 일로 나는 싸움을 해서는 안 될 때와 장소를 알게 되었다. 그는 내가 알게 된 사람들 가운데 전에 들어보지 못했던 욕설들을 하는 첫 번째 사람이었다. 그리고 맥주를 마시는 것이 어떤 것인지를 이야기해준 첫 번째 사람이기도 했다. 그렇다. 로스를 통해 나는 여러 가지 교훈들을 배울 수 있었다.

그러나 조우(Joe)는 내게 좀더 나은 교훈들을 가르쳐준 사람이었다. 우리가 럭비를 할 때마다 로스는 언제나 자신이 원하는 사람들을 자기 팀에 포함시켰고, 체구가 작은 나머지 우리들은 불가능한 일을 완수하기 위해 노력해야 하는 사람들로 구분되었다. 조우는 우리들 가운데서 가장 작고 가장 어렸다. 로스보다는 네다섯 살 정도 어렸다. 로스나 덩치가 큰 로스의 친구들은 공을 잡고 우리 작은 꼬마들 사이를 달렸다. 그때 조우가 힘센 팔들 아래로 재치 있게 몸을 숙이고 우왕좌왕하는 무릎들 사이로 고개를 들어올리며 움직였다. 그리고 작지만 강한 두 팔로 여러 사람의 발목을 끌어안았다. 숨을 헐떡이며 뛰던 선수가 몸을 낮추며 조우에게 거친 말을 쏟아부었다. 조우는 일어나서 다음 게임을 준비하기 위해 뒤로 달려갔다.

우리가 공을 잡으면 조우가 모든 사람에게 어떻게 해야 할지를 간단하게 지시하고, 공을 잡은 다음 기다리고 있는 사람에게 엄청난 속도로 날려보냈다. 조우는 내게 큰 아이들을 상대해 이길 수 있는 기회를 만들어주었다. 로스는 우리를 떠나 방탕한 생활을 계속하다가 아주 젊은 나이에 세상을 떠났다. 조우는 전문직에 종사하면서 매우 성공적인 삶을 살아가고 있다.

온화했던 조우는 내게 어떤 사람을 신뢰하고 따라야 하는지를 보여주었다. 즉 계획한 일을 자랑하는 것이 아니라 실제로 일을 성취할 수 있는 사람을 신뢰하고 따라야 한다는 사실을 보여주었다. 하나님께서 이스라엘 백성들에게도 같은 교훈을 가르쳐주셨다.

애굽은 이스라엘 동맹국들 가운데 큰 힘을 가지고 있었던 것이 분명했다. 그리고 문화적 역사와 지혜로운 조언자들의 전통을 지니고 있는 나라였다. 그러나 하나님께서는 세상의 실제적인 속성을 이해하지 못하고 그 세상 속에서 어떻게 살아가야 하는지를 알지 못하는 어리석은 자들을 모아놓은 곳이 바로 애굽이라는 사실을 분명하게 보여주셨다. 우리는 자기 확신에 차 허풍을 떨어대지만 도움이 필요할 때는 아무 도움도 줄 수 없는 사람들과의 동맹이 아니라, 눈에 보이지 않는 조용한 하나님을 신뢰하는 것을 배워야 한다.

기도

하나님 아버지, 누구를 신뢰해야 하는지, 또 누구를 따라야 하는지 모른 채 너무나 오랫동안 결정하지 못하고 꾸물거리고 있었습니다. 오늘 우리의 어리석음을 고백합니다. 그 동안 사람들의 도움과 어리석은 지혜를 의지해왔습니다. 이제 더 이상 그렇게 어리석은 삶을 살고 싶지 않습니다. 주님, 주님을 온전히 신뢰합니다. 주님은 지혜와 능력의 하나님이십니다. 이 세상을 위한 주님의 계획에 동참하기 위해 우리를 주님께 드립니다. 주님만을 신뢰합니다. 아멘.

심층 연구

A. 애굽과 구스(18:1-19:1)

애굽은 세계에서 가장 오래 된 문명 국가들 가운데 하나였다. 애굽과 이스라엘과의 관계는 아브라함(창 12:10)과 요셉(창 37:10) 그리고 출애굽(출 1-15장) 당시로 거슬러 올라간다. 애굽인들이 남긴 증거는 B.C. 3000년경부터 무역이 이루어지고 군사적 접촉이 있었던 것을 보여준다. 애굽은 여호수아가 가나안을 점령하기 전까지 몇 세기 동안 가나안을 지배하고 있었다. 애굽은 이스라엘의 적들을 도왔고(왕상 11:14-22, 26-40), 이스라엘과 조약을 맺었으며(왕상 9:16), 유다를 침략했고(왕상 14:25-26, 대하 14:9-15), B.C. 853년 카르카르 전쟁에서 앗수르와 대항한 유다와 합세했고, 앗수르를 견제하기 위해 동맹을 맺었다(왕하 17:4, 19:9). 애굽이 바벨론과 싸우는 앗수르를 도우려 했지만 B.C. 605년 갈그미스 전투에서 패하게 되면서 애굽은 가나안에서 완전히 물러나게 되었고, 앗수르가 들어서게 되었다(렘 46장).

성경은 종종 애굽과 구스를 함께 언급하고 있다(시 68:31, 겔 29:10, 나 3:9). 구스는 일반적으로 '에티오피아(Ethiopia)'로 번역되는데, 오늘날 우리가 말하는 에티오피아와 정확하게 일치하지는 않는다. 고대 사본들은 애굽 사람들과는 무관한 사람들이 살고 있는 애굽의 남쪽 지역을 구스로 언급하고 있다. 국경이 불분명한 구스의 남부 경계는 아프리카 내륙까지 뻗쳐있었다. 구스의 남쪽은 풋 땅에 있었다.

구스의 기후와 지형은 북부의 건조한 대초원으로부터 남서쪽의 습지와 해발 약 2,400미터까지 올라가는 남동쪽의 산간 지역까지 다양했다. 바사 제국은 구스의 서부 지역까지 이르렀다. 신약 시대에는 누비아로 알려졌고, 현재의 수단과 에티오피아를 포함한 지역이었다. 구스는 그 강들로 잘 알려졌다(창 2:13, 습 3:10). 욥기 28장 19절은 구스가 상아와 무소와 각재와 흑단과 황옥과 향신료와 유향과 노예와 그 밖의 진귀한 물품들을 거래했던 중요한 무역 거래 당사자 가운데 하나였음을 보여주고 있다. 다양한 구스 거민들은 검은 피부와 키가 크고 날씬한 체형을 가진 사람들로 알려져 있었다(사 18:2). 창세기 10장 6-8절은 그들의 발길이 아랍 서부까지 미쳤음을 보여주고 있는 듯하다(사 43:3, 대하 21:16-17).

모세의 아내는 구스 사람이었다(민 12:1). 구스 사람들 가운데 가나안으로 이주한 사람들이 있었다(삼하 18:21-32, 렘 38:7-13). 아사 왕은 거대한 구스 군대를 물리쳤다(대하 14:9-13). B.C. 700년경(이사야의 활동 후기)에는 구스의 통치자들이 애굽을 다스렸다. 열왕기하 17장 4절에 나오는 소 왕은 애굽을 다스린 구스의 통치자였을 것이다. 그러므로 이사야는 애굽과 구스를 공격하는 앗수르를 보았다(사 20:3-4). B.C. 689년경 구스 장군이 애굽의 군대를 이끌고 가나안에서 앗수르와 싸웠다(왕하 19:9, 사 37:9). 아모스 9장 7절은 구스를 돌보시는 하나님을 보여주고 있다. 스바냐는 구스의 멸망을 경고하고(습 2:12), 참 하나님을 예배할 것을 촉구했다(습 3:10).

B. 선지자가 보여준 상징적 행동(20:1-6)

이사야의 충격적인 행동은 상징적 행동이라는 더 큰 범위 안에서 이해되어야 한다. 그의 행동은 하나님의 뜻밖이고 충격적인 메시지를 하나님의 백성들에게 전달하기 위한 한 방법이었다. 호세아는 창기와 결혼했고 그의 자녀들에게 수치스러운 이름을 지어주었다(호 1-3장). 예레미야는 그의 목에 멍에를 메고 바벨론에게 항복할 것을 백성들에게 호소했다(렘 27-28장). 유배지에 있던 에스겔은 심판을 기록한 하나님의 두루마리를 먹었고(3장), 포위된 예루살렘 성을 점토로 만들어 보여주었으며, 부정한 음식을 먹으면서 일 년 이상 그렇게 포위된 상태로 지낼 것을 알렸다(4장). 그는 머리를 밀고 도시의 운명을 보여주는 일에 그의 머리카락을 사용했다(5장). 그는 또 포로로 잡힌 사람들이 성을 떠날 일을 흉내냈고(12장), 아내의 죽음 앞에서도 슬픔을 표현하지 않았다(24:17-19).

이런 극적인 행동들을 통해 선지자들은 그들의 청중들로 하나님의 말씀을 들을 뿐 아니라 또 볼 수도 있게 해주었다. 그런 행동들은 그들이 전하는 메시지가 말 이상이라는 사실을 보여주는 것이었다. 실제로 그것은 선지자의 삶을 통해 구체적으로 표현된 현실이었다. 하나님께서는 하나님의 백성들의 주의를 환기시키고 적어도 메시지에 대해 생각해볼 수 있도록 만들기 위해 가능한 가장 극적인 수단들을 기꺼이 사용하셨다. 삼 년 동안 옷을 벗고 예루살렘 주위를 돌아다닌 이사야의 행동은 하나님께서 정말로 그 시민들을 포로로 잡혀가게 하실 것이라는 사실을 사람들에게 확신시켜주는 것이 되어야 했다. 그러나 그런 극적인 표현으로도 완고한 사람들의 마음을 감동시킬 수 없었다.

고안

A. 들어가는 글

1. '말을 움직이게 하는 파리' 이야기로 시작하라.

2. 배경 설명: 이사야는 남방 국가들에 대한 경고로 방향을 바꾸었다. 북방의 초강대국들과 그 이웃 나라들이 맞이하게 될 운명을 선포한 후 남쪽으로 방향을 튼 선지자는 무역으로 부를 축적하고 초강대국들과 맞서기 위해 군사적 동맹을 꾀한 애굽과 구스에 초점을 맞추었다.

3. 적용: 사람들의 약속이 하나님께로부터 우리를 멀어지게 하는 것은 아닌가? 물질주의가 하나님께 대한 우리의 믿음을 약하게 만들고 있는 것은 아닌가? 상황이 어려워지고 미래에 대한 소망이 약해질 때 우리는 어떤 선택을 하는가?

B. 본문 이해

1. 예물을 가지고 올 이방인들(18:1-7)
2. 애굽의 출애굽 재연(19:1-10)
3. 소안에 집중된 포화(19:11-15)
4. 모든 나라가 함께 드리게 될 예배(19:16-25)
5. 애굽의 수치를 상징하는 예표(20:1-6)

C. 결론: '우리가 따라야 할 사람' 을 읽어주라.

1. 요약: 하나님을 경배하는 하나님의 일에 참여하도록 하나님께서는 우리 모두를 부르신다. 우리는 하나님의 징계를 받고 징벌을 받은 후에야 그 메시지를 깨닫게 되는 경우가 너무 많다.

2. 도전: 가장 절망적인 순간 당신은 어떤 반응을 보이는가? 무당이나 점치는 사람을 찾아가는가, 아니면 하나님께서 당신의 삶 속에서 그리고 당신이 속한 나라 안에서 하나님의 목적을 이루어가실 것을 기대하는가?

토의 질문

1. 다른 사람들을 두려워하게 만드는 것은 무엇인가? 세상 것들에 대한 두려움은 우리가 맺고 있는 하나님과의 관계에 대해 무엇을 말해주는가?

2. 오늘날 교육 수준이 높고 세련된 사회 속에서 살아가는 사람들이 무당이나 점술가나 점치는 사람들을 찾아가는 이유는 무엇인가?

3. 하나님께서는 하나님과 하나님의 계획을 계시해주기 위해 우리의 처한 상황들을 어떻게 사용하시는가?

4. 참 하나님을 섬길 것으로 기대되지 않거나 또는 하나님을 섬기게 되는 것을 당신이 바라지 않는 사람들이 있는가?

이사야 21-23장

참된 능력

"하나님의 은혜에 의기양양하게 활개를 치며 과시했던 반응이

하나님의 격렬한 심판을 부르고 있다."

- 브레버드 차일즈(Brevard Childs)

이사야서 21-23장은 예루살렘이 여호와의 적들과 다를 바 없이 되었고 멸망할 운명에 처해 있다는 사실을 보여준다. 군사적, 경제적, 지리적, 정치적 힘을 가진 다른 나라들은 예루살렘에게 아무런 소망을 줄 수 없었다. 예루살렘의 뛰어난 종교적 전통마저도 다를 바 없었다.

Isaiah

들어가는 글

잔인한 천재의 광기

윈스턴 처칠(Winston Churchill) 경은 세계 역사의 중대한 한순간을 다음과 같이 묘사했다. "거대한 세력들이 어찌할 바를 몰랐다. 허공이 열리고 잠시 후, 그 허공 속으로 잔인한 광기로 뭉친 천재, 인간의 마음을 부패케 한 악의에 찬 미움 덩어리를 안고 있던 히틀러(Hitler)가 성큼 걸어 들어섰다." 찰스 스윈돌(Charles Swindoll)은 "오늘날에도 그와 비슷한 특성을 가진 사람들이 권력에 굶주린 채 독재를 행하거나 비논리적이고 극단적인 잔학성과 무정한 결단력으로 무장한 폭동들을 일으키고 있다. 앞으로 무슨 일이 일어날지는 아무도 모른다. 그것은 우리를 덮고 있는 무서운 구름들을 어둡게 만들 뿐이다"라고 덧붙였다(Swindoll, p. 74).

힘과 권력에 대한 욕구는 어느 세대에서나 그리고 우리 삶의 어느 영역에서나 직면하게 된다. 정부에서, 일터에서, 오락에서, 가정에서, 심지어는 교회에서도 권력을 행사하려 하고, 자신들이 주관하고 있다는 사실을 보이고 싶어하는 사람들을 만나게 된다. 이사야는 오래 전에 이 문제에 맞섰다. 예루살렘의 교만한 지도자들은 자신들의 정치적 기지를 자랑하고, 자신들의 정치적 입장을 변호하며, 군사적 정치적 자원을 가진 사람들로부터 도움을 구하면서 종교적이고 상투적인 말들을 거침없이 쏟아냈다.

하나님께서는 더 심오한 삶의 실체를 분명한 그림으로 그려내셔야 했다. 힘은 하나님께, 오직 하나님께만 속한 것이었다. 그 누구도 하나님을 방해하는 힘을 행사할 수 없었다. 우리는 그 사실을 잘 알고 있다. 그런데 애석하게도 그 사실을 근거로 우리가 언제나 행동하는 것은 아니다. 우리는 마치 모든 것이 우리의 작전과 힘 그리고 우리의 자원에 달려 있는 것처럼 그렇게 살아가고 있다. 하나님의 말씀은 한 번 더 우리의 마음과 영혼 속에 파고들어 참된 능력의 원천으로 우리를 데려가고 싶어한다.

본문 이해

참된 능력

Main Idea	하나님의 심판의 날을 피할 수 있다고 주장할 만한 사람은 아무도 없다. 아무리 막강한 군사력, 풍부한 경제적 자원, 뛰어난 종교적 전통, 안전한 지리적 위치, 수많은 정치적 동맹국들을 가지고 있다 할지라도 그 날을 피할 수 있는 사람은 아무도 없다.

A. 바벨론을 휩쓸어버림(21:1-10)

바벨론에 대한 혹독한 묵시(B.C. 701년)

Supporting Idea	하나님의 심판의 날에는 다른 사람들을 죽이고 굴욕감을 느끼게 하는 일에 자신의 힘을 남용한 군대가 패배하고 멸망할 것이다.

21:1. 바벨론은 앗수르를 대적할 음모를 꾸몄다(39장). 바벨론은 B.C. 586년 예루살렘을 멸망시켰다(왕하 25장). 이 예언적 경고의 제목은 좀 유별나다. 적에 대한 묘사가 아니라 선지자가 본 묵시의 특성을 묘사하고 있다. 묵시는 광야 또는 해변 광야에 관한 것이었다(출 13:18). 하나님께서는 종종 하나님의 백성들에게 말씀하시기 위해 광야 남부에서 또는 거룩한 산에서 오셨다(신 33:2, 왕상 19:8).

21:2-5. 묵시는 전쟁으로 인한 약탈과 파괴를 경고하는 무섭고 혹독한 것이었다. 엘람과 메대가 공격자가 될 것이다. 그러나 누가 그 공격을 받게 될 것인가? 세상에 고통을 준 사람들이다. 선지자는 자신의 반응을 묘사했다. 청중들을 우롱하고 적의 멸망을 기뻐하는 거짓 선지자들과 달리 그는 그런 두려운 일이 일어나야 한다는 사실에 임산한 여인의 고통과 같은 심한 고통을 느꼈다. 그는 놀라고 떨려서 잠을 이루지 못했다. 장면은 잔치를 벌이며 즐거워하던 장군들이 전쟁터에 나오라는 소환 명령을 받게 되는 모습으로 바뀌었다. 그 장군들은 누구인가?

21:6-10. 그 다음 우리는 전쟁 소식을 알리는 파수꾼을 세우라는 하나님의 명령을 듣

게 된다. 파수꾼은 하박국처럼 자세히 보고 유심히 들어야 했다(합 2:1). 전쟁에 대한 보고가 올 것이다. 바벨론이 함락되었다. 그 우상들의 장대한 형상들이 다 부서져 땅에 떨어졌다. 마침내 선지자는 자신의 청중들에게로 향했다. 전쟁의 공포로 충분히 시달린 유다 백성들을 향해 이야기했다. 그는 하나님께서 자신에게 보여준 대로 모든 진실을 사실대로 말할 것이라고 맹세했다. 그리고 결론은 청중들에게 맡겼다. 유다는 앗수르와 싸우면서 정말로 바벨론과 바벨론의 우상들을 의지해도 되는 것인가? 아니면 미래를 예언할 수 있는 자신들의 하나님을 신뢰하기 위해 돌아서야 할 것인가?

B. 아라비아로 날아간 화살들(21:11-17)

이방 나라들에 임할 심판을 알리는 예언의 선포(B.C. 695년)

Supporting Idea	경제적인 능력이 있다고 해서 하나님의 심판의 날을 피할 수 있을 것이라고 생각할 아무런 근거가 없다. 경제적인 능력은 다른 사람들이 그 날을 피하기 위해 따를 수 있는 본보기가 결코 되지 못한다.

21:11-12. B.C. 738년 이후 앗수르는 아라비아 사막에 살고 있는 부족들과 성읍들에게 세금을 바칠 것과 앗수르 왕의 권위를 인정할 것을 거듭 강요했다. 그 부족들은 독립을 되찾기 위해 거듭 노력했지만 성공하지 못했다. 바벨론의 마지막 왕 나보니두스는 데마에서 10년(B.C. 550-540년경)을 보냈다. 게달의 유목민들은 B.C. 500년경 마침내 유다의 국경 지대와 애굽에까지 이르는 아라비아 사막의 거대한 지역을 장악하게 되었다. 그들의 경제력은 군사력을 능가했다. 그들은 금과 보석과 향료와 가축들을 북방의 무역 상대국으로 수출하면서 그 무역 통로를 지배했다.

아라비아에서 일어난 반란들은 유다에게도 비슷한 모험을 통해 성공할 수 있는 기회가 있다는 사실을 보여주는 것이었다. 그래서 선지자는 아라비아 사람들에게 세 개의 간략한 선언을 했다. 첫 두 선언의 제목은 이해하기 어렵다. 첫 번째는 두마('심층 연구' 참고)에 대한 경고였다. 선지자는 밤을 지키는 파수꾼들의 역할을 군인들의 보초 의무와 같은 것처럼 말하고 있다. 그는 에돔의 다른 이름인 세일 지역의 남쪽 국경을 가로질러 들려오는 질문 소리를 들었다. 아무 소식도 받지 못한 파수꾼은 질문하는 사람에게 나중에 다시 돌아오라고 말했다. 아라비아로부터 아무 대답을 듣지 못한 것은 유다가 앗수르에 맞서 반란을 일으킬 시간이 없음을 뜻하는 것이었다. 그러나 언제든지 일은 벌어질 수 있었다.

21:13-15. 아라비아에서 일이 벌어지지는 않았다. 13절은 제목이 불분명한 두 번째 경고를 소개하고 있다. 히브리 단어 아라비아가 이 구절에서 두 번 나타난다. '사막' 또는 '광야'를 뜻하는 단어와 '밤'을 뜻하는 단어의 발음은 매우 비슷하다. 이곳에서는 두 의미 모두를 암시하고 있다.

드단과 데마는 아라비아 사막의 두마 남쪽에 있는 오아시스였다. 선지자는 데마에게 무역 대상을 하다가 공격을 받고 사막에서 오도 가도 못하게 된 이웃 나라 사람들에게 도움을 주라고 촉구했다. 자신의 마차를 지킬 수 없었던 사람들이 초강대국에 맞서 반역을 일으킬 수 있으리라는 소망을 갖지는 못했을 것이다.

21:16-17. 아라비아에 관한 경고는 게달의 유목민들에게 임할 재앙을 예언하는 것으로 끝이 난다. 아라비아는 유다가 앗수르에 저항하는 것을 도와줄 수 없었다. 이사야는 계속해서 유다에게 똑바로 앉아 하나님께서 일하시기를 기다리라고 말했다.

C. 시온의 위기(22:1-14)

유다에 대한 경고(B.C. 701년)

Supporting Idea	하나님의 심판의 날에는 하나님의 백성으로서 가지게 된 뛰어난 종교적 전통과 역사가 있다 할지라도 그런 것들이 그들이 범한 죄에 대한 대가를 치르지 않도록 그들을 보호해줄 수 없을 것이다.

22:1-3. 이사야는 B.C. 701년에 난감한 상황을 경험했다(36-39장 참고). 그리고 그의 설교를 따르는 사람이 아무도 없다는 것을 알게 되었다. 하나님께서 예루살렘에서 앗수르를 물리치고 승리하셨을 때 백성들은 크게 기뻐하고 환호했다. 잔치가 금식을 대신했다. 이사야는 백성들의 상태를 좀더 깊숙이 들여다보았다. 고난이 닥쳤을 때 그들은 변절했다. 지도자들은 자신의 목숨을 구하기 위해 그들이 맡은 역할을 저버렸다. 그러나 하나님께서 예루살렘 도성과 자신의 자리를 신실하게 지킨 사람들을 보호하셨다.

22:4-5. 앗수르와 그 동맹국들은 예루살렘을 둘러싸고 있는 계곡에 진을 쳤다. 이 구절에서는 이상의 골짜기가 특별히 강조되어 있는데, 예루살렘 밖 힌놈 골짜기에 관한 이

상을 반어적으로 표현한 것으로 보인다(수 15:8). 그 예언자들은 이방의 신들에게 사람을 제물로 바쳤다(왕하 23:10, 렘 19:2-6). 이사야는 진정한 이상은 여호와와 여호와의 선지자들에게만 속한 것이라고 말했다. 믿음이 없던 유다는 불길한 여호와의 날을 불러왔고(2:12), 하나님께서는 유다를 심판하시기 위해 적의 군대들을 사용하셨다.

22:6-11. 엘람과 기르는 예루살렘을 공격하는 앗수르 군대에 군인들을 보내도록 압력을 받은 작은 나라들이었을 것이다('심층 연구' 참고). 유다는 하나님을 바라보는 대신 수풀 곳간에 있는 그들의 병기를 바라보았다(왕상 10:17). 아름다운 골짜기는 레바논 숲의 집이라고 불렸던 곳으로(왕상 7:2, 대하 9:16, 20) 성전 창고의 한 부분이었다. 그곳은 레바논에서 온 목재로 지어졌던 것이 분명하다. 유다는 마지막 순간에 방책을 치고 방어벽을 수리했다. 히스기야는 도성의 서쪽으로 확장된 지역을 둘러싸기 위해 성벽을 확장했다(대상 32:5). 새로운 벽을 쌓기 위한 돌들은 무너진 개인 가옥으로부터 가져온 것이 분명했다. 히스기야는 또 물을 도시 안으로 끌어들이기 위해 실로암 수로를 건설했고, 두 성벽 사이에 저수지를 만들었다(왕하 20:20, 사 7:3, 36:7).

하나님만이 그들을 구하실 수 있었다(사 37:36-38). 이스라엘을 지으신 창조주께는 그들을 보호하고 보존할 능력이 분명히 있었다. 그러나 유다는 그 일을 하신 자를 앙망하지 아니하였고 그 일을 옛적부터 경영하신 자를 존경하지 않았다.

22:12-13. 이스라엘이 승리를 축하하는 중에 하나님께서 새로운 말씀을 보내셨다. 기뻐하고 즐거워하는 대신 통곡하고 애호하게 될 것이라고 말씀하셨다. 그 이유는 무엇인가? 통곡하는 중에나 기적의 순간에나 유다가 배워야 할 교훈이 있었다. 유다는 회개하고 하나님을 신뢰하려 하지 않았다. 그래서 선지자는 무턱대고 잔치를 벌이는 사람들을 깨우치기 위해 "내일 죽으리니 먹고 마시자"라고 말하는 사람들에게 그들을 비유했다.

22:14. 이 구절은 처음과 끝에 경고문의 형식을 취하면서 메시지를 극적으로, 그리고 매우 단호하게 요약하고 있다. 선지자의 조언을 따르지 않고 그 결과 고통과 파멸을 맞이하게 된 사람들에게 회개할 마지막 기회가 주어졌다. 그런데 그들은 마치 자신들의 힘으로 승리를 얻게 된 것처럼 축하 잔치를 벌이고 있었다. 속죄의 날은 그들에게 이미 지나간 역사가 되었다. 하나님께서는 하나님 자신을 무시하는 그들의 범죄를 참을 만큼 오래 참으셨다. 그들의 죄를 용서한다는 것은 이제 불가능한 일이 되었다. 심판만이 남아

있을 뿐이었다('죄 사함 또는 속죄'에 대해서는 6-8장의 '심층 연구'를 참고하라).

D. 유명한 자의 멸망(22:15-25)

예언적 보고(B.C. 701년)

Supporting Idea	명예와 지위가 있어도 하나님의 심판을 피할 수는 없다.

22:15-19. 왕실의 국고를 책임진 최고 관리였던 셉나는 자신의 관직을 이용해 영화를 누리고 있었다. 그는 자신을 위해 왕족의 묘실에 버금가는 화려한 묘실을 준비했다. 그리고 사사로이 사용하기 위해 마차들을 끌어모았다. 그는 자신과 그 주인의 집에 수치를 끼쳤다. 하나님께서는 그를 관직의 지위를 행사할 수 없고 그의 묘실도 사용할 수 없는 먼 나라로 던지기 위해 개입하셨다.

22:20-25. 선지자는 셉나의 후임으로 엘리아김이 관직에 오를 것을 축하하고 있다(왕하 19:2, 사 37:2). 선지자는 엘리아김을 하나님의 종이라 부르며 상당한 소망이 있음을 보여주고 있다. 구약 성경은 종종 낮은 관직에 오른 사람에게 '여호와의 종'이라는 호칭을 사용하셨다. 그 여호와의 종은 관직의 권위를 행사하는 사람들에게 아비와 같은 사람이 되어야 했다. 그러나 애석하게도 엘리아김 역시 별로 나을 바 없었다. 그는 왕실의 높은 관직을 요구하는 자기 가족들을 잘 다스리지 못했다. 그래서 '그 날에' 그는 삭아 부러져 떨어지는 못처럼 될 것이다.

E. 두로에 관한 경고(23:1-18)

애도할 것에 대한 초청(B.C. 704년)

Supporting Idea	경제적인 번영을 누릴 뿐 아니라 안전을 보호받을 수 있는 지리적 특성을 지닌 곳이라고 해서 하나님의 심판의 날에 안전하게 보호받을 수는 없다.

23:1-6. 나라들에 대한 경고는 예루살렘에 대한 경고로 끝나지 않았다. 이스라엘은 왕조 초기부터 무역 거래를 위해 베니게를 의지했다(삼하 5:11). 그것은 자연스런 일이

었다. 바벨론, 앗수르, 특히 애굽 등의 강대국들은 자기 나라의 상품을 다른 나라로 수출하기 위해 베니게의 선원들을 의지했다. 베니게 인들은 2300년에 걸쳐 노련한 뱃사람들이 되었다. 베니게 사람들에 대한 의존은 이스라엘에 경제적 문제들을 야기했다(왕상 9:10-14). 그런 문제들을 해결하기 위한 한 방법은 결혼을 통해 그들과 동맹하는 것이었다(왕상 16:31). 그러나 그 방법은 종교적인 문제들을 야기했다(왕상 16:32-33).

두로는 베니게의 주요 도시였다. 두로는 베이루트에서 남서쪽으로 약 72.4킬로미터, 하이파에서 북동쪽으로 약 56.3킬로미터 가량 떨어진 곳에 위치해 있는 해안의 암석 지대였다. 두로에서 북쪽으로 약 40.2킬로미터 떨어진 곳에 시돈이 있었다. 두로 사람들은 인종적으로 가나안 사람들이었다(11절). 그러나 정치적으로는 애굽과 연결되어 있었다. 그들은 아프리카의 카르타고와 스페인의 다시스를 오가며 무역을 했다. 물질적인 풍요와 바다를 장악한 해상권에도 불구하고 베니게 사람들은 정치적으로는 독립을 유지할 수 없었다. 이사야는 무역 거래를 마치고 집으로 돌아오는 베니게 선원들을 묘사했다. 키프로스로 돌아온 그들은 패배 소식을 들었다. 선지자는 그들에게 슬피 부르짖으라고 외쳤다. 바다는 이익을 내지 못한 두로에게 불평했다. 슬픔은 다시스는 물론 그들의 무역 동업자인 애굽에까지 미쳤다. 다시스와 애굽은 베니게 사람들이 항해하던 뱃길의 양쪽 두 끝을 뜻하는 것으로 보인다.

23:7-12. 두로는 알아볼 수 없게 되었다. 누가 그 일을 정했는가? 앗수르의 왕일 수도 있을 것인가? 물론 아니다. 이스라엘의 하나님, 만군의 여호와에게만 그 일을 정할 수 있는 권세가 있었다. 하나님께서는 세상에서 부하고 존귀한 자들의 교만을 욕되게 하시기 위해 세계 역사 속에서 일하신다. 10절은 번역하고 해석하기가 매우 어렵다(TEV, NIV, REB, KJV, NASB, NAB, NJB 비교). NIV 번역이 옳다면 두로의 항구가 파괴되었으므로 나일 강 유역에 살고 있는 애굽 사람들처럼 농사짓는 일로 돌아가도록 하나님께서 두로를 부르셨다. 그 사건을 설명할 수 있는 유일한 길은 출애굽 당시 손을 펴신 하나님의 일뿐이었다. 두로의 왕이 키프로스로 도망칠 수는 있을 것이다. 그러나 그것은 아무런 도움도 되지 않을 것이다.

23:13-14. 우리는 13절에서 다시 번역상의 어려운 문제들을 만나게 된다. 히브리어는 그 어떤 변화도 주지 않고 다음과 같이 글자 그대로 말하고 있다. "보라, 갈대아 사람(바벨론 사람)의 땅을! 갈대아인은 사람이다. 그러나 그들은 사람이 아니었다. 앗수르 사

람들은 그들을 들짐승으로 보았다(13:21, 34:14에 쓰인 것과 같은 단어이며, 32:21, 민 24:24, 겔 30:9, 단 11:30에서는 '양떼' 로 사용되었다). 그들은 그곳에 망대를 세우고 궁전을 헐어 황무케 했다." 갈대아인들은 B.C. 626년에 바벨론을 정복했다. 그들은 B.C. 585년부터 시작해서 두로를 13년 동안 포위하고 공격했다. 그리고 두로의 왕을 바벨론으로 유배시키고 국제적인 강국으로서의 두로의 명성에 종지부를 찍는 계기를 만들었다. 그 사건이 일어나기 오래 전 사르곤 왕과 산헤립 왕이 이끌던 앗수르가 바벨론을 패배시켰다. 바벨론이 당한 고통을 두로도 당할 수 있었다. 다시스까지 드나들던 선척들은 그들 본국의 항구가 파멸된 것 때문에 슬퍼하게 될 것이다.

23:15-18. 두로는 매력을 잃어버린 늙은 기생으로 그려지고 있다. 그녀는 낙담한 채 성읍을 두루 다니며 사람들의 관심을 얻기 위해 기묘한 곡조로 노래할 것이다. 그 형벌은 최소한 칠십 년(한 세대를 뜻하는 숫자로 사용되었던 기간, 시 90:10) 동안 계속될 것이다. 그 후 두로는 다시 그 매력을 되찾고 전 세계의 외국인들과 함께 무역하는 일에 몰두할 것이다. 그리고 새로운 주인을 맞이하고 무역으로 얻은 것을 예루살렘 성전에 있는 그 주인에게 돌릴 것이다. 하나님의 백성들은 베니게 무역으로부터 이익을 얻을 것이다(18:7, 49:22-23). 두로에 관한 경고는 다른 나라들에 대한 경고와 마찬가지로 정치적 동맹을 맺으려는 유다에 관한 경고이기도 했다. 두로라는 요새도 유다를 도울 수 없을 것이다. 그러나 유다가 기다린다면 하나님께서 그들에게 승리를 주실 것이다. 그리고 두로의 전리품들을 유다가 누릴 것이다. 그러나 두로의 멸망에도 불구하고 유다는 하나님께 귀를 기울이지 않고, 두로가 그들에게 가져올 선물도 결코 누리지 못한 채 망할 것이다. 이 예언은 다음 두 가지 측면으로 볼 수 있다. 이 약속은 유다의 순종을 조건으로 한 약속이고, 따라서 불순종한 나라에 그 약속은 이루어지지 않을 것이다. 또는 이 약속은 마지막 날에 영광을 회복할 이스라엘을 위해 성취될 때까지 남아 있게 될 것이다.

Main Idea 복습	하나님의 심판의 날을 피할 수 있다고 주장할 만한 사람은 아무도 없다. 아무리 막강한 군사력, 풍부한 경제적 자원, 뛰어난 종교적 전통, 안전한 지리적 위치, 수많은 정치적 동맹국들을 가지고 있다 할지라도 그 날을 피할 수 있는 사람은 아무도 없다.

결론

무익한 정치적 동맹

우리는 경제적인 관심이 모든 것을 지배하는 그런 시대를 살아가고 있다. 정치인들은 "사람들은 자신들의 지갑이 될 수 있는 사람에게 표를 던진다"는 말을 종종 듣는다. 교회는 거짓 안전으로 우리를 때때로 안심시키는 오래 되고 유력한 종교적 전통을 이어가는 후계자의 자리에 서 있다. 특히 미국은 아메리카 대륙의 다른 나라들과 함께 전쟁이나 공격을 받게 될 위협과는 아무 상관없는 곳에서 살고 있다고 생각하는 경향이 있다. 전쟁으로 인한 참혹한 피해를 피하기 위해 다른 나라들과 정치적 동맹을 맺고 그 동맹을 의존하고 있다. 그러나 하나님께서는 그렇지 않다고 경고하신다. 하나님의 심판의 날에는 그 누구도 하나님의 징벌로부터 우리를 지켜줄 수 없다. 하나님의 말씀을 신뢰하고, 하나님의 능력을 의지하며, 하나님의 은혜를 받아들일 준비가 되었는가?

▣ 진리 알기

- 하나님께서는 눈에 보이는 결과가 없을 때에도 우리에게 맡기신 일을 충성스럽게 해나갈 것을 요구하신다.
- 비록 온 세상을 다 지배한다 해도 세속적인 나라는 멸망케 하시는 하나님의 심판을 받을 것이다.
- 절실한 필요와 힘든 고통 속에서도 하나님의 백성들은 하나님의 말씀에 귀를 기울여야 한다.

▣ 적용하기

- 다른 사람들에게 하나님의 말씀을 명료하게 말할 수 있도록 하나님의 말씀을 공부하라.
- 의사 결정을 내리기 위해 하나님을 찾아가 조언과 도움을 구해야 할 때 실제로 누구를 의지하고 있는지 자신을 점검해보라.
- 함께 일하는 사람들에게 유익이 될 수 있도록 자신의 지위를 활용하기로 다짐하라.

삶의 적용

폐허가 된 로마

로마에 갔을 때 나는 깜짝 놀랐다. 그 도시의 위엄과 역사와 거대한 건물들과 격조 높은 조각품들과 비할 데 없이 뛰어난 예술 작품들 앞에서 나는 작아지고 보잘것없는 존재가 된 것처럼 느꼈다. 놀라운 현대 기술의 도움을 받을 수 없던 그 옛날에 어떻게 그렇게 놀라운 업적을 이룰 수 있었던 것인가? 그러나 그때 그 장엄한 건물들 속에 아무도 살고 있지 않다는 사실을 퍼뜩 깨달았다. 그 건물들은 폐허에 불과했다. 그것들은 세상에서 가장 뛰어난 문명을 자랑하던 나라가 우상 숭배와 퇴폐로 멸망하지 않았더라면 어떤 모습이었을지를 보여주는 흔적들로 남아 있었다. 그리고 나는 하나님께서 지옥의 도시에서 하나님의 교회를 지키기 위해 하나님께서 하셨던 일들에 또다시 놀라움을 금할 수 없었다. 문명국들은 업적을 이루고 사라진다. 그러나 하나님께서는 오셔서 머무르며 구원하신다.

아직 폐허가 되지 않은 세상, 창조 이후 가장 위대하다는 인정을 받고 있는 세상, 현대 과학 기술이 이루어놓은 세상을 유심히 살펴보라. 앞으로 200년 후에 어떻게 될 것인가? 지금 폐허로 남아 있는 애굽이나 바벨론이나 그리스나 로마처럼 그렇게 하나님의 심판을 반영해주는 세상이 될 것인가? 문명화가 이룬 업적에 매료되는 대신 한 발 뒤로 물러나 하나님께서 하신 일과 지금 하시는 일과 앞으로 하실 일들을 다시 한번 새롭게 바라보라.

기도

전능하신 하나님, 하나님께서 우주를 다스리십니다. 하나님께서는 언제라도 원하시는 때에 공격을 명하실 수 있는 분이십니다. 우리의 종교적인 전통이나 지형적인 위치나 군사력이나 경제력에서 안전을 느끼며 하나님을 더 이상 신뢰하지 않게 된 것을 용서해 주십시오. 우리를 진정한 하나님의 백성으로 만들어주시고 심판의 날에 우리를 보호해 주십시오. 아멘.

심층 연구

A. 두마

두마는 에돔 땅(TEV, NASB, NLT, NAB, NIV), 에돔의 성읍, 아라비아 오아시스 등으로 다양하게 해석되었고, 그저 간단하게 '침묵' 이라는 보통 명사로 해석되기도 했다. 이사야서 21장에서는 무역 통로의 북쪽 분기점에 있는 아라비아의 한 성읍을 말하는 것으로 보인다.

B. 엘람과 기르

기르의 위치에 대해서는 논쟁의 여지가 있다. 따라서 그 역사를 기록할 수는 없다. 엘람은 성경에서 자주 나오는 것을 볼 수 있다(스 4:9, 렘 25:25, 겔 32:24, 행 2:9). 엘람에 대한 기록은 B.C. 3200년경으로 거슬러 올라간다. 수메리아와 바벨론이 번갈아가며 엘람을 통치했다. B.C. 2000년경에는 엘람이 카스피해까지 이르는 페르시아만 동쪽과 북쪽 지역에 대한 통치권을 행사하는 정치적 연립을 뜻하는 의미로 사용되기도 했다. 몇 개의 왕조가 일어났다 멸망하면서 메소포타미아 왕들과 싸웠고, 매우 정교한 지식과 기술로 수사 성을 건축했다. B.C. 1000년 이후 메대와 바사가 자그로스 산맥의 동쪽과 수사 성을 중심으로 하고 있었던 페르시아만 북부까지 쳐들어와 엘람을 압박했다. 천연 자원의 거대한 매장지가 엘람에 있었거나, 아니면 그 매장지로 갈 수 있는 진입로가 엘람에 있었던 것으로 보인다. 몇 사람의 엘람 왕들은 앗수르에 저항한 므로닥발라단과 같은 바벨론 지도자들의 원조를 받았다. 그러나 결국 B.C. 700년 직후 엘람은 앗수르에게 패배했다. B.C. 691년 엘람은 앗수르를 물리치기 위해 바벨론과 바사와 손을 잡았다. B.C. 665년부터 653년까지 앗수르의 앗수르바니팔이 또다시 엘람을 공격해 패배시켰다. B.C. 647년에 일어난 반란은 B.C. 640년 앗수르에게 또 한 번의 승리를 거두게 하는 계기가 되었고, 그 거민들의 일부가 사마리아로 추방되는 결과를 불러왔다(스 4:9-10). 바사의 고레스가 권력을 잡고 B.C. 539년 엘람을 정복했다. 그러나 수사 성은 알렉산더(Alexander) 대왕이 그곳을 정복하게 될 때까지 중요한 행정 도시로서의 역할을 했다.

C. 베니게 사람들

B.C. 859년 베니게 사람들은 앗수르의 살만에셀 3세에게 조공을 바쳤다. 그들은 일반적으로 별 불평 없이 조공을 바치는 편이었지만 가끔씩 반란을 일으켰다. 우리는 두로가 앗수르에 대항해 B.C. 734-723년(두로가 5년 동안 포위되었을 때), B.C. 704-701년(두로가 베니게에 대한 지배권을 대부분을 잃게 되었을 때), B.C. 676년(시돈이 멸망되었을 때) 그리고 B.C. 671년과 B.C. 663년에 반란을 일으켰다는 것을 알고 있다. 이사야 23장은 B.C. 704년에 일어난 대규모 반란에 두로가 참여했지만(36-39장) 실패했고, 두로의 왕이 바사의 고레스 왕에게로 도망치지 않을 수 없게 된 일을 기록하고 있다.

고안

A. 들어가는 글

1. '잔인한 천재의 광기' 이야기로 시작하라.

2. 배경 설명: 이방 나라들에 대한 경고로 시작된 선지자의 메시지는 유다가 어떤 이유로든 의지하고 있는 강대국들, 그리고 심지어는 예루살렘 자체와 그 종교적 전통을 책망하는 엄중한 메시지로 끝이 나고 있다.

3. 적용: 이미 오래 전에 사라진 세계 열강들을 향한 경고에 대한 공부를 마치면서 우리는 우리가 의지하고 있는 것은 무엇인지를 점검해보는 것이 필요하다. 오래 전 하나님의 심판을 경험한 그들에게서 볼 수 있는 우리의 모습은 어떤 것들인가?

B. 본문 이해

1. 바벨론을 휩쓸어버림(21:1-10)
2. 아라비아로 날아간 화살들(21:11-17)
3. 시온의 위기(22:1-14)
4. 유명한 자의 멸망(22:15-25)
5. 두로에 관한 경고(23:1-18)

C. 결론: '폐허가 된 로마' 를 읽어주라.

1. 요약: 마지막 날은 살아 계신 하나님보다 물질적인 힘과 종교적인 전통을 더 의지하던 사람들과 나라들에 대한 심판의 날이 될 것이다. 우리는 우리의 안전을 위해 누구를 신뢰하며 의지하고 있는지를 끊임없이 점검해야 한다.

2. 도전: 우리가 안전을 위해 군사력, 경제력, 종교적 전통, 지리적 위치, 혹은 정치적 동맹을 의지하고 있음을 보여주는 것은 어떤 것들인가? 그런 것들을 크게 의지하고 있음을 보여주는 활동은 어떤 것들인가? 시간과 돈과 에너지를 어떤 일에 사용하고 있는지 그리고 사람들과 주로 어떤 대화를 나누고 있는지 점검해보라.

토의 질문

1. 우리나라는 어떤 식으로 하나님의 심판을 받고 있는가? 하나님께서 오늘날에도 거역하는 나라들을 심판하실 수 있고, 또 심판하실 것이라 생각하는가?

2. 하나님을 바라보고 하나님을 경외한다는 것이 뜻하는 바는 무엇인가?

3. 우리나라와 우리가 살고 있는 세상을 보고 슬퍼하며 애통해하라고 촉구하시는 하나님의 음성에 현대 교회들이 귀를 기울이고 있는가? 그런 하나님의 요청에 당신이 속한 교회는 어떻게 반응하고 있는가?

4. '당신이 만약 내일 죽는다면' 당신에게 어떤 일이 일어날 것인가?

5. 경제력이 우리나라의 안전을 지켜주는 가장 중요한 자원이라고 많은 사람들이 생각하고 있음을 보여주는 증거에는 어떤 것들이 있는가? 교회는 이 문제에 대해 그들과 어떻게 다른 견해를 가지고 있다고 생각하는가?

이사야 24-27장

묵시적 선포

"패배는 일시적인 상태일 경우가 많다.
그러나 포기는 패배를 영원한 것으로 만들어놓는다."

- 마를린 보스 세이번트(Marlene vos Savant)

이방 국가들에 대한 경고는 하나님께서 하나님의 나라를 수립하기 위해 모든 사람을 심판하실 것이라는 사실을 말해준다.

Isaiah

들어가는 글

낙원에 있는 나병 환자들

하와이에 있는 나병 환자들의 집단 거주지는 이 세상의 실제 상태를 잘 볼 수 있게 해주는, 우리가 찾을 수 있는 가장 적나라한 한 예가 될 수 있을 것이다. 하와이란 말을 들으면 사람들은 '아!', '오!' 등의 감탄사를 발한다. 그리고 하와이 여행을 꿈꾸며 그들의 눈이 반짝거리기 시작한다. 선교사 데미언(Damien)은 하와이에서 새로운 꿈을 찾았다. 푸른 바다와 솟아오른 화산들과 맑은 하늘과 살랑살랑 소리를 내는 야자수와 모래 해변이 펼쳐진 곳에서 데미언은 나병 환자들의 집단 거주지를 발견했다. 모든 것이 에덴 동산처럼 보이는 그곳에도 그 오래 된 뱀이 있다는 사실을 보게 된 것이다. 몰로카이(Molokai)의 모퉁이마다에서 데미언은 죽음의 그림자를 보았다. 영원히 숨을 멎는 것만이 유일한 피난처가 될 수 있다는 사실을 알고 있는 사람들이 실제로 안절부절못하고 있었다(Miller, The Empowered Leader, p. 10).

이사야는 적들을 물리치고 전 세계 모든 강대국들을 곧 제거할 것이라고 약속하시는 하나님을 본 사람들에게 말했다. 이스라엘이 최종 승리의 문턱에 서 있다는 사실을 누구나 쉽게 알 수 있었다. 드디어 이스라엘은 하나님께서 그들에게 주신 운명을 깨닫고 세상을 다스리게 되었다. 그런데 이사야가 그들을 멈추어 세웠다. 그렇다. 하나님께서 하나님의 나라를 세우실 것이다. 그러나 공포와 두려움이 먼저 찾아올 것이다. 마지막 날은 인간의 군사적 승리로 오는 것이 아니다. 그 날은 하나님께서 이 세상에 마지막 심판을 내리신 후에 찾아올 것이다.

그리스도인들도 세상을 위한 하나님의 궁극적 계획에 대한 미숙한 견해를 가지고 살아가는 경우가 너무 많다. 하와이 섬 한가운데에서 나병 환자들의 집단 거주지를 발견하기 전에 우리는 하와이에서의 휴가를 먼저 생각한다. 데미언 선교사는 누구나 절망적이라고 생각하는 사람들을 돕는 일에 자신의 남은 생애를 헌신하기 위해 그곳에 갔다. 하나님의 마지막 심판과 승리의 시간을 기다리며 헌신해야 할 하나님께서 주신 사명이 당신에게도 있는가?

본문 이해

묵시적 선포

Main Idea	세상을 위한 하나님의 계획은 전 세계적인 심판과 공포의 날로 이어질 것이다. 그 일은 죽음과 공포가 더 이상 존재하지 않는 하나님의 영원한 나라가 오기 전에 일어날 것이다.

A. 대 이변(24:1-13)

세상에 임할 재앙에 대한 예언(B.C. 695년)

Supporting Idea	하나님께서 인간의 죄를 심판하실 때 그 어떤 나라도 피할 수 없다.

24:1-3. 이 부분은 앞으로 이어지게 될 내용을 위한 무대를 제공해주면서 앞에서 일어난 일들을 요약하고 있다. 12-23장의 메시지를 감안해보면 완전한 대재앙이라는 한 가지 결론을 내릴 수 있다. 그 어떤 사회적, 경제적 계층에도 예외는 없다. 그 이유는 무엇인가? 온 땅이 하나님 앞에서 모두 유죄로 서 있기 때문이다.

24:4-13. 사람들이 하나님의 영원한 언약을 파기했다. 하나님의 영원한 언약은 노아의 때와 같은 멸망이 다시는 없을 것이라고 약속했다(창 9:8-17). 이사야 24장은 영원한 언약에 온 세상이 이해하고 순종해야 할 율법과 율례가 포함되어 있음을 보여준다. 온 세상이 보편적인 도덕률을 무시할 때 하나님께서는 무섭게 심판하지 않으실 수 없다. 언약을 파기한 것에 대한 저주가 따르지 않을 수 없기 때문이다(단 27:11-26). 기쁨이 그치고 잔치가 사라졌다. 슬픔과 처량함이 땅을 덮을 것이다.

B. 기뻐해야 할 이유?(24:14-23)

선지자의 논쟁과 개인적으로 미치게 될 화에 대한 경고(B.C. 695년)

Supporting Idea

하나님의 심판의 날에 하나님께서 왕이시라는 사실이 만방에 알려질 것이다. 그러나 그 날이 올 때까지 그 어떤 나라도 기뻐할 이유를 찾지 못할 것이다.

24:14-20. 세상에 임할 재앙에 대한 예언을 들은 하나님의 백성들은 찬양의 노래를 불렀다. 의로우신 자에게 영광을 돌리세! 세상 곳곳에서 돌아온 포로들이 모두 합세했다. 그런데 이사야는 격한 반응을 보였다. 그는 자신에게 화가 미칠 것이라고 말했다. 기뻐해야 할 때는 아직 이르지 않았다. 하나님의 백성들조차 그 교훈을 배우지 못하고 있었다. 그들은 신실함이 아니라 궤휼을 행하고 있었다. 심판에 대한 선언을 반복하지 않을 수 없었다(겔 48:43). 하나님을 거역하는 죄악이 중하기 때문에 땅이 떨어지고 다시 일지 못할 것이다.

24:21-23. 심판이 끝은 아니다. 그 날이 올 것이다('주의 날' 에 대해서는 13-14장의 '심층 연구' 를 참고하라). 그 날에 높은 군대와 땅의 왕들이 낮아질 것이다. 하나님께서 그들을 감옥에 던져넣고 형벌을 내리실 것이다. 이스라엘의 이웃 나라들로부터 우주의 높은 신으로 섬김받던 해와 달이 왕이신 여호와의 광채 앞에서 부끄러워하며 그 얼굴을 가리게 될 것이다('왕으로서의 하나님' 에 대해서는 '심층 연구' 를 참고하라). 예루살렘에서 왕으로 경배받으시던 하나님(시 93, 95-99편)께서 그 빛나는 영광으로 왕권을 드러내실 것이다. 시내 산에서 그랬던 것처럼 그분 백성들의 장로들이 그분 앞에 서게 될 것이다. 이사야가 소명을 받으며 깨달았던 영광(사 6장)이 마침내 온 세상에 알려질 것이다.

C. 구원자를 찬양함(25:1-12)

감사 찬송(B.C. 695년)

Supporting Idea

하나님의 백성들은 땅 위에 임할 하나님의 나라와 빈핍한 자를 돌보시는 하나님의 보호하심과 죽음을 이기신 하나님의 승리를 찬미하며, 그분을 찬양하는 일에 동참할 수 있다.

25:1-5. 하나님께서 하나님의 보좌를 온 세상 위에 높이실 때 감사와 기쁨이 따를 것이다. 선지자는 백성들이 부를 찬송까지 제공해주고 있다. 감사는 소문이 아니라 개인적

인 관계를 기초로 한 나의 하나님께 드려지고 있다. 일반적으로 하나님께서는 하나님 자신이 행하시는 놀라운 일 때문에 찬양을 받으신다(출 15:11, 시 77:11, 14). 여기서는 그 초점이 미래에 맞추어져 있다. 선지자는 구원 역사라는 경이로운 일과 비교될 수 있는 것으로 하나님께서 계획하신 일들 때문에 하나님을 찬양했다(9:5). 하나님께서 옛적에 그 일들을 세우시고 성실함과 진실함으로 행하셨다('성실함과 진실함'에 대해서는 '심층 연구'를 참고하라). 그 일들은 성읍, 즉 이름을 알 수 없는 대적의 수도로 묘사되었다. 그 결과는 놀라운 것이다. 패배한 적들이 하나님을 향해 돌아서서 하나님을 영화롭게 하고 경외하게 될 것이다('하나님을 영화롭게 하고 하나님을 경외하는 것'에 대해서는 '심층 연구'를 참고하라). 하나님의 백성들에게는 평화가 임할 것이다. 그것은 24장에서 볼 수 있는 사건 후에 감사로 이어지고 있는 것이 분명하다.

25:6-8. 감사는 또 하나님의 왕권을 축하하는 연회로 표현되었다. 그 연회는 모든 민족에게 개방되어 있었다. 나라들이 면박을 쓰고 전쟁터에서 목숨을 잃은 사람들을 위해 슬퍼하는 일은 이제 더 이상 없을 것이다. 하나님께서 기뻐하고 축하하기 위해 남겨진 모든 사람을 다 초대하실 것이다. 마지막 적인 사망이 정복될 것이다. 사람들이 적당한 때까지 기쁨을 자제할 수 있다면, 하나님께서 기뻐해야 할 새로운 이유를 그들에게 주실 것이다. 사망이 세상을 더 이상 위협하지 않게 될 것이다. 슬픔이 사람들 사이에서 사라질 것이다. 기쁨과 감사가 영원히 계속될 것이다.

25:9-12. 하나님의 백성들은 다시 우리 하나님께 감사를 표할 것이다. 그들은 구원을 단번에 이해하게 될 것이다. 우리가 그를 기다렸으니 그가 우리를 구원하시리로다. 구원에 대한 그와 같은 경험과 확신은 기뻐하고 즐거워할 완전한 이유가 된다. 이 장은 모압을 적으로 규정하고 있으며 모압의 운명을 묘사하고 있다(15-16장도 보라). 모든 나라들은 마지막 승리 잔치에 초대될 것이다. 그러나 모압처럼 계속 교만을 버리지 못하는 사람들은 그들의 교활에도 불구하고 멸망을 맞이할 것이다. 감사하는 사람들은 하나님의 구원을 의지하기 위해 교만을 버린 사람들이 될 것이다.

D. 평강의 약속에 대한 찬양(26:1-21)

신뢰와 탄식의 노래(B.C. 695년)

Supporting Idea

마지막 승리는 하나님을 신뢰하고, 의로운 사람들에게 보상해주시며 죽은 사람들을 다시 살리시는 하나님을 본 하나님의 사람들에게 기쁨을 가져다줄 것이다. 그리고 그들로 하여금 하나님을 찬양하게 할 것이다.

26:1-7. 이 구절은 사람들이 보여야 할 적절한 반응을 보여주고 있다. 이 노래는 하나님께서 마지막 승리를 거두게 하신 사람들이 예루살렘을 향해 행진하면서 불러야 할 노래다. 승리는 신을 지키는 의로운 나라(11:5과 '심층 연구'를 참고하라), 곧 하나님을 의뢰한 사람들을 위한 것이다(12:2). 그 신뢰는 영원해야 한다. 하나님께서 빈궁한 자들을 위해 그들의 신뢰에 승리로 반응해주신다. 그들은 의인의 첩경을 평탄케 하시는 정직하신 주님에 대한 신뢰를 거듭 고백하기 위해 잘 알려진 속담들을 사용할 수 있을 것이다.

26:8-11. 하나님의 백성들은 앞으로 맞이하게 될 승리를 축하하는 노래에 만족하고 있어서는 안 되었다. 그들은 혹독한 현실을 하나님께 들고 나아가야 했다. 이 구절에 나오는 애도의 노래는 시편을 통해 매우 잘 알려져 있다. 그들은 자신들의 순종을 주장했다. 왜냐하면 그들은 주의 심판하시는 길에서 기다리고 있었기 때문이다('주의 심판'에 대해서는 1장의 '심층 연구'를 참고하라). 그러나 여전히 그들은 그들의 가장 깊은 열망, 즉 함께하시는 하나님을 경험하지 못하고 있었다. 히브리어 원문에는 '탄식하며'(NIV는 수정된 원문을 따랐다)라고 되어 있지 않고 '내 영혼이 주를 사모하오니'라고 되어 있다. 하나님의 백성들도 그렇게 하기로 했다. 악인들로 하여금 의를 배우고 의롭게 행하는 것의 가치를 깨달으며 의롭게 행해야 할 필요를 볼 수 있도록 하기 위해서였다. 그러나 악인들은 은총을 입고도 배우지 못했다. 그들은 여호와의 위엄을 돌아보지 않았다. 그래서 불이 주의 대적인 그들을 사르게 될 것이다.

26:12-15. 하나님의 백성들은 신뢰하고 또 탄식하면서 하나님께서 평강을 베푸실 것이라는 그들의 확신을 고백해야 했다. 자신들이 이룩한 것에 대해 주께서 우리를 위하여 이루심이니이다라고 고백하기 위해서는 교만을 버려야 했다. 그들은 엄청난 유혹에도 불구하고 범죄하지 않았다고 주장했다. 앗수르의 지배하에서도 그들은 하나님만을 의뢰하면서 다른 신들도 섬기라는 유혹에 굴복하지 않았다. 그들은 과거에 하나님께서 자신들을 위해 행하시는 놀라운 일들을 기억했다. 하나님께서 그들의 적을 위협해 다시 일어나지 못하도록 완전히 멸절하셨다. 하나님께서 다윗과 아브라함에게 하신 약속을 또다시

이루시며 이스라엘의 경계를 확장하셨다. 그것은 이스라엘이 아니라 하나님께 영광이 돌아가야 할 일이었다. 이 노래(사 24:1-15)는 하나님께서 노래할 때가 되었다는 신호를 보내실 때, 하나님의 백성들이 부르게 될 승리의 노래였다.

26:16-18. 승리는 고통 후에만 찾아왔다. 이스라엘의 승리의 노래는 과거를 돌아보며 그들이 겪은 절망과 슬픔을 묘사하고 있다. 16절은 거의 번역을 할 수 없을 정도다. 히브리어 원문에는 "여호와여, 그들이 환난중에 주를 찾았고, 주문(또는 요술)으로 제한을 받으며(또는 괴로워졌고), 주의 징계(또는 가르침)는 그들을 위한 것이었습니다"라고 되어 있다. 사람들은 자신들이 하나님의 징계를 받고 있다는 사실을 알고 있었다. 그들이 힘든 상황을 모면해보기 위해 주문을 외우거나 요술을 사용한 이후에 그들에게 하나님의 징계가 임했던 것이 분명하다. 그들은 해산하게 된 여인처럼 고통을 호소했다. 결국 다른 신을 찾거나 주문을 외우거나 하는 일을 하지 않았고 하나님께 호소했다. 18절 뒷부분은 "우리가 … 땅에 구원을 베풀지 못했고 세계의 거민을 생산치 못하였나이다"라고 되어 있다. 이것은 "우리는 그 어떤 승리도 얻지 못하였고 이 세상에 거할 사람을 아무도 낳지 못하였나이다"라고 번역한 TEB 성경과 그 의미가 가깝다고 할 수 있을 것이다.

하나님께서 계획을 실행하실 때까지 인간의 모든 노력은 헛된 수고일 뿐이다. 발명과 과학 기술의 발달 때문에 이 세상이 점점 더 좋아지지는 않을 것이다. 세상은 흉악한 가치관들과 물질적 목표를 계속 추구하고 있다. 하나님께 징계를 받고 순종하는 사람들만이 구원, 즉 인간의 노력이나 지혜로 얻을 수 있는 구원이 아니라 하나님께서 베푸시는 구원을 보게 되리라는 기대를 할 수 있다('구원'에 대해서는 47-49장의 '심층 연구'를 참고하라).

26:19-21. 하나님께서 들으시고 응답하셨다. 하나님의 응답에 대한 여러 가지 해석이 있어 왔다. 히브리어 원문은 "주의 죽은 자들은 살아날 것이고 내 시체들은 일어나리이다. 티끌에 거하는 자들아, 너희는 깨어 기뻐하라. 빛난 이슬은 주의 이슬이지만 르하임 땅은 무너질 것이다"라고 말하고 있다.

초기 해석자들은 사해 사본에서 이 구절을 해석하고 번역하는 데 어려움을 겪었다. 본문을 공부하기 전에 현대어로 번역된 여러 번역본들을 먼저 대조해보면 도움이 될 것이다. 이 구절에는 25장 8절에 주어진 사망을 이기고 승리할 것에 대한 약속이 반복되며, 이스라엘의 적을 맞이했던 운명(14절)과는 뚜렷한 대조를 이루고 있다. 아마도 이 구절은 18절에서 아이를 낳지 못할 것이라고 언급했던 이스라엘의 적들과는 달리 이스라엘이 다시 살아나서 아이를 낳게 될 것이라는 의미일 것이다.

이 구절의 뒷부분이 농사를 짓고 살았던 이스라엘의 경제에 매우 중요했던 이슬에 대해 언급하고 있음을 주목하라. 마치 죽은 땅에서 농작물이 다시 자랄 것을 약속하고 있는 듯하다. 그러나 문맥은 분명히 그 이상을 요구하고 있다. 하나님의 백성들이 처한 끔찍하고 황량했던 상태(24:16-23)는 전적으로 새로운 어떤 것에 의해서만 변화될 수 있었다. 존 오스왈트(John Oswalt)는 이 구절이 25장 8절과 함께 "구약 성경에서 부활의 개념을 매우 잘 보여주고 있다"(Commentary, p. 485)는 결론을 내렸고, 각주에서는 하나님의 계시가 진화론적 체계에 종속당하지 않는다는 사실을 우리에게 상기시켜주고 있다.

이것은 이 구절이 바벨론 유수 이전과 심지어는 그 이후 문헌들까지 다루고 있기 때문에 이사야가 말한 내용이 될 수 없고, 바벨론 유수 이후 기록으로 보아야 한다고 주장할 수 없다는 말이다. 이스라엘은 하나님께서 그들을 징계하기 위해 불러오신 무장한 군대와의 전쟁에서 목숨을 잃은 사람들을 위해 애도했다. 하나님께서는 선지자를 통해 죽은 자들이 살아날 것이라고 약속하셨다. 티끌에 거하는 자들이 그 티끌에서 일어나 깨어 노래하라고 말씀하시는 하나님의 초청 소리를 듣게 될 것이다. 그들의 무덤 위에 있던 이슬은 아침 햇살에 사라지는 이슬처럼 사라질 것이다. 땅이 죽은 자들을 삼켰다. 그러나 그것은 단지 잠시 동안이었다. 이스라엘은 하나님의 징계 때문에 그 땅에 거주할 수 없었다. 그러나 땅이 죽은 자를 내어놓게 될 것이다.

이 부활의 소망이 이스라엘 백성들에게 당장 이루어질 그런 소망은 아니었다. 그러나 하나님의 백성들은 기다려야 한다. 기다리는 동안 하나님께서 잠깐 숨을지어다라고 말씀하셨다. 그것은 하나님의 들어올리신 손이 더 이상 숨겨져 있지 않을 것이기 때문이었다. 여호와께서 그 처소에서 나오사 땅의 거민의 죄악을 벌하실 것이다. 살인을 더 이상 숨길 수 없을 것이다. 하나님께서 하나님을 따르는 죄 없는 사람들의 결백을 입증해주실 것이다. 그러나 하나님께서 그렇게 하실 때까지 하나님의 백성들은 하나님의 분노가 지나가고 부활의 소망이 현실로 이루어져 승리와 평화의 행진에 참여해 노래하게 될 것을 예비하며 숨어서 기다려야 한다.

E. 부흥과 복수를 준비하라(27:1-13)

하나님의 궁극적인 구원에 대한 약속(B.C. 695년)

Supporting Idea	하나님의 마지막 심판과 승리의 날은 하나님께서 선택하신 곳에서 세계 각국에서 온 사람들과 함께 하나님을 찬양할 수 있도록 모든 우상 숭배를 버릴 것을 하나님의 백성들에게 촉구한다.

27:1. 나라들에 대한 심판과 마지막 날에 대한 전망이 창조로부터 마지막 구원의 날까지를 언급하는 진술 속에서 절정을 이루고 있다. 하나님과 큰 악어(욥 3:8, 시 74:14) 리워야단과의 전쟁으로 시작하고 있다. 깊은 바다를 휘젓고 다니는 끔찍한 바다의 용을 대적하는 모습이 고대 사람들이 들을 수 있었던 가장 무시무시한 표현으로 묘사되었다. 하나님께서 그런 두려운 모든 것을 영원히 잠잠케 하실 계획을 세우셨다. 어둠의 세력과 혼돈이 하나님의 백성들을 두렵게 할 수 없는 날이 곧 올 것이다. 하나님께서 태초부터 주관하셨고, 그 날에 그 사실을 단번에 증명해보이실 것이다.

27:2-6. 새 날은 전혀 다른 날이 될 것이다. 선지자의 메시지도 달라질 것이다. 이사야서 5장 1-7절에 나오는 '포도원의 노래', 곧 이스라엘에 대한 심판의 노래는 더 이상 불리지 않을 것이다. 대신 하나님께서 하나님의 포도원을 찬양하는 노래를 부르도록 하나님의 청중들을 초대하실 것이다. 하나님께서 5장에서처럼 그 포도원을 황무케 하지 않고 얼마나 신실하게 돌보고 계시는지를 묘사하고 있다. 하나님의 진노는 사라졌다. 하나님께서는 하나님의 사랑하는 포도원을 보호하기 위해 그 누구라도 대적하여 싸우실 준비를 하고 계신다. 또한 한때 사람들이 안전을 위해 하나님의 성전으로 달려가 제단 뿔을 잡았던 것처럼 모든 사람이, 심지어는 적까지도 화친과 보호를 위해 하나님께 나오기를 원하신다.

5절은 "또는 그에게 내 요새의 은신처를 붙잡게 하라"고 되어 있다. 하나님의 구원 계획에서 이스라엘(하나님의 포도원)은 어느 날 그 결실로 번창하고 그 과실을 온 세상에 공급하게 될 것이다.

27:7-11. 하나님의 백성들을 위한 그런 소망은 자동적으로 이루어지는 것이 아니다. 하나님께서 그들에게 요구하시는 것들이 있다. 7-11절의 메시지가 비록 번역하고 해석하기는 쉽지 않지만, 하나님께서 그들에게 요구하시는 것들이다. 8절은 해석하기가 특

히 더 어렵다(아마도 TEV의 번역이 옳은 번역일 것이다). 하나님께서 하나님의 백성들을 벌하셨다. 그러나 그들의 적을 벌하시는 것처럼 그렇게 엄정하게 벌하지는 않으셨다. 죄를 없이하는 속죄에는 하나님께서 행동하시기 전에 이스라엘 백성들에게 요구되는 무엇인가가 있었다('속죄' 에 대해서는 6-8장의 '심층 연구' 를 참고하라). 하나님의 은혜와 평강을 원한다면 이스라엘은 단들과 우상들을 숭배하는 데 사용했던 기구들을 훼파하신 하나님의 처벌에 합당한 반응을 보이는 것이 필요했다. 그렇지 않으면 이스라엘은 화려한 역사를 지니고 있기는 하지만 미래가 없는 황폐한 도시에 만족하며 살아가지 않을 수 없게 될 것이다. 하나님의 백성들을 위한 궁극적인 구원에 대한 묵시적 약속에도 하나님의 백성들에게 요구되는 것들이 포함되어 있었다. 자동적으로 이루어지는 하나님의 구원은 없다. 지각이 없고 하나님을 생각하지 않는 사람들은 하나님께서 놀라운 은혜를 베푸시고 불쌍히 여기시기로 결정하실 때까지 기다리지 못한다('불쌍히 여기심' 에 대해서는 13-14장의 '심층 연구' 를, '하나님의 은혜' 에 대해서는 28-33장의 '심층 연구' 를 참고하라). 그들을 지으신 분은 악의 세력과 혼란이 영원히 제거될 날을 내다보신다. 그러나 또 한편, 그 백성들이 분별력을 가지고 신뢰함으로 그들에게 형벌을 초래했던 죄들을 거부할 수 있게 될 날을 기다리신다.

27:12-13. 그 날이 오면 하나님께서 동서로 흩어져 유배 생활을 하고 있는 하나님의 백성들을 불러모으기 위해 나팔을 부실 것이다. 창일하는 하수, 즉 유프라테스 강은 가나안과 앗수르/바벨론 사이를 구분하는 이상적인 경계인 반면, 애굽 시내는 엘-하리쉬 와디를 말하는 것으로 가나안과 애굽 사이를 구분하는 이상적인 경계였다(수 15:4, 47). 하나님께서는 그 경계들에 구애받지 않고 유배 생활을 하는 하나님의 백성들을 이끌어내 귀환시키실 것이다. 하나님의 백성들은 더 이상 이방의 신들을 섬기지 않을 것이며, 성산에서 이스라엘의 거룩한 분에게 경배하기 위해 하나님께서 선택하신 곳에 모일 것이다. 다른 모든 신들을 버리고 하나님을 예배하는 일에 하나가 되는 것, 그것이 바로 하나님의 백성들을 위한 하나님의 궁극적인 목표였다.

Main Idea 복습	세상을 위한 하나님의 계획은 전 세계적인 심판과 공포의 날로 이어질 것이다. 그 일은 죽음과 공포가 더 이상 존재하지 않는 하나님의 영원한 나라가 오기 전에 일어날 것이다.

결론

하나님의 궁극적인 계획

하나님의 백성들을 위한 하나님의 궁극적인 계획에는 죄에 대한 심판과 순종하는 사람들의 구원이 포함되어 있다. 가장 큰 보상은 모든 거짓 우상 숭배를 떨쳐버릴 수 있는 승리뿐 아니라 사망을 이기는 승리가 될 것이다. 바다의 무시무시한 괴물도 중무장한 군대도 계획을 이루어가시는 하나님을 저지할 수 없다. 문제는 누가 거짓 신들과 허무한 정치적 동맹을 버리고 하나님을 신뢰할 것인가라는 점이다. 그렇게 하는 사람들은 우리 하나님의 구원을 볼 것이다.

▣ 진리 알기

- 심판이 임할 때는 사회적 지위도 경제적 부도 직업도, 심어지는 종교적인 업적도 아무 소용이 없게 된다.
- 하나님의 마지막 심판을 피할 수 있는 길은 그 어디에도 없다.
- 심판의 날에는 하늘의 권세를 잡은 자들도 징벌을 받을 것이다.
- 심판은 하나님의 영광스러운 통치를 불러올 것이다.
- 하나님의 최종적인 승리는 사망 그 자체를 물리칠 것이다.
- 하나님의 심판은 사람들에게 공의를 가르치기 위한 것이다.

▣ 적용하기

- 마지막 심판으로부터 구원해주실 하나님을 신뢰하라.
- 하나님께서 심판과 구원의 역사를 이루실 때까지 인내하며 신뢰하고 신실하게 기다리라.
- 자신의 삶을 점검해보고 유일하신 참 하나님 이상으로 섬길 것을 요구하는 거짓된 신들을 모두 제거하라.

삶의 적용

애굽의 멸망

가족들과 함께 여름 성경학교를 막 마친 컬리지 하이트 침례교회(College Heights Baptist Church)로 갔다. 주제는 십계명과 애굽을 중심으로 한 것이었다. 오아시스, 야자수 나무, 낙타, 파란 하늘, 각 방에 쌓아놓은 모래 둔덕 등은 아이들에게 하나님의 진리를 배울 수 있는 실제적인 무대 역할을 했다. 그러나 몇 시간 후 우리는 그 애굽을 무너뜨렸다. 모래와 낙타와 나무와 하늘과 다른 모든 장식들이 제거된 교실은 다시 보통 모습을 되찾았다.

그 다음 주 목요일 밤 나는 애굽을 다시 쌓았다. 그렇다. 컬리지 하이트 침례교회에서 애굽을 가져다가 겔라틴 침례교회(Gallatin Baptist Church)에서 다시 만들었다. 그곳은 우리가 한때 여름 성경 학교를 열었던 곳이다. 새로 만든 애굽에는 우리 교회의 미술가들이 제공해준 특별히 화려하게 만든 장식들이 추가되었다. 애굽은 그 어느 때보다 멋진 모습이었다.

이사야는 이 세상이 그 어느 때보다 보기 좋아질 것이라고 말했다. 하나님께서 새 하늘과 새 땅을 지으실 것이다. 기존의 하늘과 땅은 사라질 것이다. 모든 것이 새로워질 것이다. 눈물이 사라지고 풍성한 연회가 베풀어질 것이다. 그보다 더 좋은 삶은 결코 없을 것이다.

하나님께서 지으실 이 새로운 세상을 맞이할 준비가 되었는가? 정치적 수완과 경제력을 의지하는 대신 하나님의 능력을 의지하고 있는가? 하나님을 구원자로 신뢰하고 있는가? 그렇게 할 때에만 우리는 새로운 하나님의 세상에 속한 일원이 될 수 있다. 그렇게 할 때에만 하나님께서 천상의 합창단을 위해 계획하신 구원의 노래를 함께 부를 수 있을 것이다. 그렇게 할 때에만 파멸의 공포에서 벗어나 새 창조의 영광에 참여할 수 있을 것이다.

기도

하나님 아버지, 하나님께서는 우리의 구원자이십니다. 하나님께서 하나님의 백성인 우리를 구원하기로 하셨습니다. 하나님의 놀라운 구원 계획의 일부가 되고 싶습니다. 죄를 버리고, 거짓 우상에게서 돌아서며, 물질적인 힘을 의지하지 않고, 하나님만을 전적으로 의지합니다. 주 예수님, 어서 오시옵소서. 아멘.

심층 연구

A. 왕으로서의 하나님(24:23)

구약 성경은 종종 찬송과 시로 이 세상의 왕이신 하나님을 축하하고 있다(출 15:18, 사 24:23, 시 29:10, 93:1, 97:1, 99:1, 4, 145:1, 149:2). 왕은 예루살렘과 성전에 들어오시고(시 68:24) 하나님의 백성들을 위해 승리를 거두시는 영광의 왕, 여호와시다(시 44:4). 그분은 모든 나라와 모든 신들을 다스리는 분이시다(대상 29:11, 시 22:28, 103:19, 단 4:34). 하나님의 나라는 영원하기 때문에(단 4:3) 이스라엘의 왕은 여호와께 속했고, 이스라엘의 거룩한 자에게 속했다(시 89:18).

그러나 이스라엘은 역사 초기부터 왕이신 여호와를 거부하고 자신들의 왕을 원했다(삿 8:22-23, 삼상 8:7, 12:12). 그래도 하나님께서는 여전히 백성들과 이 세상을 다스리는 왕으로서의 지위를 주장하셨다(사 43:15, 겔 20:33). 전쟁에서 승리한 이 세상의 한 왕 때문에 세상을 다스린다고 주장하는 거짓 신들에게 하나님께서는 하나님의 우월성을 보여주셨다(사 41:21). 그러므로 왕이신 하나님께서 하나님의 백성들을 구원하기 위해 세상에 오실 것이다(습 3:15). 하나님의 백성들은 위험으로부터 구조되고 도움을 얻기 위해 하나님께 부르짖는다(시 5:3, 74:12).

왕이신 하나님을 본 이사야는 경이로운 두려움을 느끼고 회개하면서 무릎을 꿇어 엎드렸다(사 6:5). 그 하나님 앞에서는 천상의 존재들까지도 부끄러워했다. 하나님의 영광이 그들의 빛이었다(사 24:23). 이 모든 증거는 이스라엘 백성들에게 왕께 순종하고 그분을 섬길 것을 촉구하고 있다. 그러나 역사는 끊임없이 다른 왕을 찾고 있는 이스라엘의 모습을 보여주고 있다.

B. 믿음, 성실함, 진실함, 신뢰(25:1)

히브리 단어 'mn은 '믿음, 성실함, 진실한, 신뢰, 믿다, 성실하다, 진실하다, 신뢰하다, 믿음직한, 성실한, 진실한, 신뢰할 만한' 등을 모두 아우르는 명사, 동사, 형용사를 만들 수 있는 어근이다. 이사야는 못이 단단하게 박힐 수 있는 벽의 견고한 곳(22:23, 25)을 묘사하기 위해 동사형 형용사를 사용했다. 그리고 믿을 만한 증인에게도 똑같은 용어를 사용했다(8:2). 이사야는 하나님을 성실한 분으로 묘사했는데(25:1, 신 7:9), 그것은 하나님께서 세상을 창조하시기 오래 전부터 작정하신 구원 계획을 성실하게 수행하고 계시기 때문이다. 따라서 약속된 메시야로 오실 왕 역시 성실한 분이시다(사 11:5).

성실함은 하나님에 대한 그저 추상적인 묘사가 아니라 하나님께서 행하시는 방식을 입증해주는 한 특성이다. 인간의 불성실과 불충실함과는 대조적으로 하나님께서는 하나님의 약속을 성취하실 성실한 분이시다(신 32:4, 시 33:4, 40:10, 89:1-50, 98:3, 애 3:23). 하나님의 성실하심은 사람들이 하나님을 믿을 수 있다는 것을 의미한다. 성실하신 하나님께서는 기도에 응답하실 것이다(시 143:1). 그리고 이스라엘을 하나님의 백성으로 선택하시고(사 49:7), 다윗을 하나님의 왕가로 삼으셨다는 사실을 보여주실 것이다(삼하 7:16, 23:5). 하나님께서는 마지막 심판 날에 공정하고 공평하게 심판하실 것이다(시 96:13).

하나님의 성실하심은 사람들에게 신뢰할 만한 인간 관계를 촉구한다(잠 11:13, 25:13). 그리고 하나님과의 관계와 하나님과 맺은 언약을 신실하게 지켜나갈 것을 촉구한다(시 78:8, 37, 101:6). 그러나 이사야는 성실하지 못한 예루살렘 때문에 슬퍼했고, 성실함이 새롭게 될 날을 기대하고 있었다(1:21, 26).

사람들은 하나님을 신실하게 믿고 신뢰함으로써만 자신의 성실함을 드러내고 믿을 만한 이들이라는 사실을 보일 수 있었다(창 15:6, 합 2:2-4). 하나님께서는 애굽 사람들에게 하나님과 하나님의 말씀을 믿도록 도전하기 위해 재앙을 사용하셨다(출 4:5, 9). 그러므로 이사야는 아하스 왕에게 하나님의 말씀을 믿어야 한다고 촉구했다(7:9). 그리고 사람들에게 하나님께서 기초로 삼으신 견고한 기초 돌을 신뢰하라고 촉구했다(28:16). 하나님께서 보내신 메시지를 아무도 믿지 않고 신뢰하지 않는 때가 왔다(사 53:1). 그러나 하나님에 대한 믿음만이 한 사람이 가질 수 있는 유일한 소망이 될 것이다(시 27:13). 하나님께서는 하나님을 알고 그분이 하신 일을 만방에 알리는 그분의 종으로 하나님의 백성들을 선택하신다(사 43:10).

C. 하나님께 돌려야 할 영광(26:15)

'영광'에 해당하는 히브리 단어에는 '무겁다', 또는 '큰 비중을 차지하다'라는 기본적인 의미가 포함되어 있다. 이사야는 이 단어의 동사형을 20번 사용했고, 명사형을 38번 사용했다. 이사야서 36장 2절에 나오는 '대군(heavy army)'은 글자 그대로 하면 '무거운 군대'라는 말이다. 전쟁에 뛰어난 사람들이 그 상대편을 무겁게 누르며 압박했다(사 21:15). 하나님께서도 심판하실 때 멍에를 무겁게 하신다(47:6). 죄 역시 사람들을 무겁게 짓누르는 짐이다(24:20). 듣지 않으시는 하나님의 귀 역시 무겁거나 둔한 것으로 묘사되었다(59:1). 마음을 완고하게 하는 것도 마음을 무겁게 하는 것으로 표현되었다(6:10). 부귀도 견디기 힘든 무거운 짐이다(10:3, 66:12).

동사형은 영광을 받는 사람의 비중이나 중요성을 인정하는 것을 의미한다. 그러므로 아이들은 부모를 공경해야 한다(출 20:12). 나라들은 명성과 권세와 부를 영광으로 삼았다(사 8:7, 16:14). 이스라엘에게도 그들의 영광이 있었고(사 62:2), 그들의 지도자들에게도 마찬가지였다(사 22:23). 자연도 그 영광의 빛을 발한다(사 10:18, 60:13). 병거와 같이 사람들이 만든 것들도 영광스러울 수 있다(사 22:18). 하나님께서 구세주이신 왕에게 영광의 자리를 약속하셨다(사 11:10, 4:2).

잠언은 영광을 얻는 흥미로운 방법들을 알려주고 있다(잠 27:18). 그런 영광은 한 사회에서 얻을 수 있는 지위를 인정받는 것이다. 그러나 그렇다고 해서 선천적으로 다른 사람보다 좀더 나은 사회적 계급 조직을 말하는 것일 필요는 없다. 인간의 영광은 결국 하나님의 보호와 은혜에 달려 있다(시 3:3, 84:11). 때로는 자신이 원치 않는 영광을 받게 되는 경우도 있다(사 22:24).

이 세상에서 하나님만큼 중요하거나 하나님처럼 큰 비중을 차지할 수 있는 것은 아무것도 없다. 하나님께서는 인간이 인정할 수 있을 뿐, 결코 소유할 수 없는 영광을 지닌 분이시다(출 24:16-17). 그런 영광은 창조 세계를 통해 볼 수 있다(시 19:1). 그럼에도 불구하고 하나님의 영광은 하나님의 성전에 속해 있고(왕상 8:11, 출 40:34-35). 또 하나님께서 벌하실 때 그 영광이 성전과 도시를 떠나게 된다(겔 10:4, 18-19, 11:22-23). 하나님의 비중과 중요성을 인정하면 하나님을 찬양하고 그분에게 영광을 돌리지 않을 수 없다. 그러므로 '영광'의 동사형은 예배 용어의 한 부분을 이루게 된다(시 22:23, 66:2).

어려움에서 구출되면 하나님을 찬양하게 된다(삿 13:17, 삼상 6:5). 곤경에 처한 사람들이 도움을 구할 때 하나님의 영광이 드러날 것이다(시 79:9). 의로운 삶과 예배는 둘 다 하나님께 영광을 돌리는 것이 된다(시 50:23). 십일조 역시 하나님께 영광을 돌리는 것이다(잠 3:9). 그러나 거짓되고 정직하지 못한 찬양도 있다(사 3:8, 43:23, 말 2:2). 하나님께서 그분의 영광을 열방 가운데 예루살렘의 능력과 아름다움으로 드러내실 날이 올 것이다(사 4:5, 62:2). 그때 열방은 하나님을 인정하고 하나님께 영광을 돌릴 것이다(시 86:9, 사 25:3).

고안

A. 들어가는 글

1. '낙원에 있는 나병 환자들' 이야기로 시작하라.

2. 배경 설명: 이사야는 하나님께서 약속하신 이스라엘 주변 국가들의 운명을 묘사하면서 세계 역사를 주관하시는 하나님의 주권을 설명하고 있다. 모든 나라가, 이스라엘과 유다까지도 하나님의 심판을 피할 수 없었다. 이방 나라들에 대한 경고는 형벌을 능가하는 소망의 빛을 던져주고 있다. 그러나 심판으로 모든 것이 끝나고 말 것인가라는 의구심이 남는다.

3. 적용: 이사야서 24-27장은 마지막 때를 묘사하기 위해 비유적인 언어를 사용하면서 새로운 유형의 예언과 이스라엘의 문학 형태를 보여주고 있다. 그런 표현은 결국 다니엘서와 요한계시록 같은 묵시 문학을 불러왔다. 이사야는 하나님의 백성들과 하나님의 세상을 위한 하나님의 영원한 목적에 초점을 맞추고 있으며, 하나님께서 얼마나 신실하게 하나님의 구원 계획을 수행해나가고 계시는지를 보여주고 있다.

그 구원은 완성될 것이다. 모든 나라에 영향을 미치고, 모든 사람에게 심판이 임하며, 마지막 원수인 사망이 영원히 패배할 것이다. 이사야는 이 부분에서 죽음을 물리친 승리에 대해 구약 성경 가운데 가장 설득력 있게 진술하고 있다.

B. 본문 이해

1. 대 이변(24:1-13)
2. 기뻐해야 할 이유?(24:14-23)
3. 구원자를 찬양함(25:1-12)
4. 평강의 약속에 대한 찬양(26:1-21)
5. 부흥과 복수를 준비하라(27:1-13)

C. 결론: '애굽의 멸망' 을 읽어주라.

1. 요약: 하나님께서는 이 세상의 종말에 대한 계획을 가지고 계신다. 종말에 하나님께서 모든 나라를 주관하시는 주권자이심을 단번에 드러내실 것이다. 그리고 하나님의 백성들이 죽음뿐 아니라 그들의 적을 물리치고 승리할 수 있도록 신실하게 일하실 것이다.

2. 도전: 죽음을 준비하고 있는가? 하나님께서 마지막 날에 승리자가 되실 것이며 사망 자체가 패배하게 되리라는 사실을 정말로 믿는가?

토의 질문

1. 무엇이 이 세상의 멸망을 불러올 것이라 생각하는가? 그렇게 생각하는 이유는 무엇인가?

2. 하나님께 영광을 돌려야 할 이유는 무엇인가? 당신은 어떻게 하나님께 영광을 돌리고 있는가?

3. 하나님께서 당신의 삶 속에서 행하신 놀라운 일들을 설명하고, 당신을 위한 그분의 위대한 행하심에 대해 다른 사람들에게 이야기함으로 하나님께 영광을 돌릴 수 있는 방법들을 이야기해보라.

4. 당신은 어떻게 죽음을 준비하고 있는가? 우리의 죽음과 그 이후 일어날 일들 가운데 하나님께서는 어떤 역할을 하실 것이라고 생각하는가?

5. 당신이 하고 있는 일들 가운데 어떤 활동들이 영원한 하나님의 구원 계획을 믿으며 신뢰하고 있다는 사실을 세상에 드러내주고 있는가?

이사야 28-33장

군사력을 의지하지 말라

"사자가 이끄는 양 무리가 양이 이끄는 사자 무리를 이길 것이다."

- 아랍 격언

이사야는 하나님 대신 군사 강국의 도움을 받으려는 술 취한 이스라엘에 임할 재앙을 경고했다. 그리고 위선에 찬 예루살렘 성읍과, 하나님을 무시하고 하나님의 선지자들을 거부하며 애굽에게 도움을 청하려는 유다에게 미칠 재앙에 대한 경고를 추가했다. 그러나 하나님께는 여전히 소망의 말씀이 남아 있었다.

Isaiah

들어가는 글

얼굴에 흉터가 있는 구원자

캘빈 밀러(Calvin Miller)는 어릴 때 입은 사고로 얼굴에 보기 흉한 상처 자국이 남은 한 여자의 어린 딸에 대한 이야기를 우리에게 들려주었다. 그 딸은 소녀로 자라가며 친구들을 사귀고 자신의 정체성을 형성해가면서 어머니의 징그러운 외모에 점점 더 큰 수치심을 느꼈다. 어머니와 함께 길을 따라 걷던 그녀는 사람들이 길 한쪽 끝으로 피하거나 심지어는 길을 건너가버리는 것을 보았다. 점차로 그 소녀는 어머니와 함께 다른 사람들 눈에 띄지 않게 피할 수 있는 방법들을 찾아냈다. 그리고 성인이 된 그녀는 결혼을 했고 다른 곳으로 이사를 했다. 혼자 남게 된 그녀의 어머니는 경제적인 어려움을 겪었고 굶주리게 되었다. 그녀는 그런 빈곤에 빠져 있는 자신의 어머니를 계속 외면했다.

어느 날 그녀는 어머니의 오래 된 일기장을 발견했다. 그 일기장에는 그들의 집을 휩쓸어간 무서운 화재에 대한 기록이 남아 있었다. 어머니는 불에 타고 있는 집으로 뛰어들어가 딸을 가슴에 품고 달려나오다 불길에 휩싸여 화상을 입었다. 딸은 진실을 알게 되었다. 어머니의 그 흉한 흉터는 딸의 생명을 구하려다 생긴 것이었다. 그녀는 예전과는 다른 수치심을 느꼈다. 그리고 어머니를 찾아가 이제는 아름답게 보이는 어머니의 얼굴을 두 팔로 감싸 안았다. 눈물을 흘리며 어머니가 자신을 위해 한 모든 일에 감사를 표현했다. 그 이후 두 사람은 다시 새로운 사랑의 관계를 맺게 되었다(Miller, Until He Comes, p. 139).

우리는 친구나 지도자를 선택하면서 외적인 면에 치중할 때가 너무 많다. 어떤 사람이나 프로그램이나 조직체가 우리를 도와줄 수 있는 능력이 있는지를 알아보기 위해 눈에 보이는 외적인 면 그 이상을 보려 하지 않는다. 이스라엘은 적으로부터 자신들을 보호하기 위해 힘 있는 동맹국을 찾으려 했다. 하나님께서는 하나님만을 신뢰하며 유일한 동맹국으로 삼을 것에 대한 메시지를 거듭 보내셨다. 우리를 정말 도울 수 있고 우리의 필요를 채워줄 수 있는 사람에 대한 진실을 알아보려면 어떻게 해야 하는가? 우리가 처한 절망적인 상황 속에서 우리가 믿고 신뢰할 만한 사람으로 입증된 사람은 누구인가? 우리는 신실한 분에게 돌아갈 준비가 되어 있는가? 아니면 또 다른 동맹 관계를 맺기 위해 이 세상을 둘러봐야 할 것인가?

본문 이해

군사력을 의지하지 말라

Main Idea	하나님께서 그분의 백성들에게 하나님의 나라와 구원을 드러내실 것이다. 그들은 회개하고 정치적 동맹이나 군사력을 의지하는 대신 하나님을 신뢰해야 한다.

A. 취한 자 에브라임의 운명(28:1-13)

재앙에 대한 경고(B.C. 724년)

Supporting Idea	권력과 술에 취해 있는 지도자들은 자신들을 패배와 멸망으로 비틀거리게 하시는 하나님을 볼 것이다.

이사야서 가운데 앗수르와 관련된 부분(1-33장)은 유다가 위기에서 구출받기 위해서는 자신들의 군사력이나 동맹을 맺은 나라들의 군사력을 의지하지 말 것을 경고하며 대신 하나님을 신뢰할 것을 촉구하는 선지자의 설교와 이야기로 끝이 난다. 이 구조는 모든 적들이 패배하게 될 마지막 날에 대한 묵시적 소망(24-27장)이 선지자의 마지막 메시지가 아니라는 것을 보여준다. 그 소망은 하나님의 백성들이 그들에게 닥친 위기 속에서 하나님과 하나님의 방법을 신뢰해야 하는 이유였다.

28:1-4. 북왕조는 B.C. 732년 그들 영토의 대부분을 잃었고, 독립에 대한 소망까지도 잃게 되었다. 그러나 지도자들은 그 소망을 영영 버리지 않았다. 호세아 왕은 조공을 바치지 않았다(왕하 17:4). 이사야는 북왕조의 수도 사라미아에서 벌어지고 있던 술잔치를

묘사하면서 그런 교만한 행동이 얼마나 어리석은 것인지를 보여주었다. 그 잔치는 아마도 벧엘에 있는 신전에서 벌어졌을 것이다(겔 23:36-45). 이사야는 그런 그들에게 임할 재앙을 앗수르의 반응을 묘사하는 것으로 대신했다. 성벽에 둘러싸인 사마리아 성은 골짜기가 내려다보이는 언덕 위에 교만한 면류관처럼 자리잡고 있었다. 그곳은 잔치에 참석하는 사람들이 머리에 면류관처럼 쓰고 있는 쇠잔해가는 꽃처럼 될 것이다. 앗수르 군대가 술 취한 그들을 곧 집어삼킬 것이다. 이 예언은 B.C. 721년에 성취되었다.

28:5-8. 진짜 면류관을 지닌 사람이 그들의 유일한 소망이었다. 그는 그의 백성들을 아름답게 할 것이다. 애석하게도 남은 자들만이 그 면류관을 받기 위해 남을 것이다. 그들은 이사야 당시 술에 취한 통치자들과는 달리 공평으로 다스릴 새로운 통치자를 갖게 될 것이다('공평'에 대해서는 1장의 '심층 연구'를 참고하라). 그 새로운 통치자는 성문 안으로 이미 들어온 적이라 할지라도 그들과의 싸움에서 그들을 물리칠 것이다.

왕실 잔치만이 문제가 아니었다. 하나님의 말씀을 백성들에게 전해야 할 종교 지도자들까지도 독주에 취해 정신을 잃고 헤매고 있었다. 예언 대신 잔치가 그들의 삶을 지배하고 있었다(레 10:8-9). 성전 직무를 맡은 사람들 가운데는 제사장과 선지자가 모두 포함되어 있었다. 하나님의 백성들을 가르치고 하나님께서 백성들에게 주신 메시지를 해석하는 것이 그들에게 맡겨진 일이었다(신 17:8-12). 술 취한 잔치 분위기 속에서 그들은 자신들의 과업을 제대로 수행할 수 없었다. 하나님께서 아기들(혹은 아기들보다 조금도 나을 바 없이 행동하는 어른들)에게 하나님의 백성들을 가르치도록 내버려두셨다.

28:9-13. 제사장들과 선지자들은 이사야를 흉내 내려 하면서 상황에 따라 말이 달라진다고, 즉 한 번은 심판을 말하고 또 한 번은 소망을 말한다고 그를 비난했다. 그들은 하나님의 백성들을 위한 소망을 자신들이 계속 약속하고 있다고 생각했다. 10절의 번역과 설명은 분명하지 않다(NRSV, REB, TEB, 특히 NIV와 비교해보라). "똑같은 말을 중얼거리고 또 중얼거리며, 불평하고 또 불평하면서 여기서 조금, 저기서 조금 하는구나"라고 해석한 JPS 번역본이 우리에게 가장 큰 도움이 될 것이다. 브레버드 차일즈(Brevard Childs)는 이 구절의 말을 '이해할 수 없는 무의미한 말'이라고 설명했다. 이사야를 적대시하는 사람들은 그를 조롱하려 노력했지만 이해할 수 있는 문장조차 찾지 못했다. 하나님께서 더 이상 그런 전문 사역자들을 사용하실 수 없게 되었고, 이제 생소한 입술과 하나님의 백성들이 이해할 수 있는 유일한 방언, 즉 군사력을 동원해서 말씀하시지 않을

수 없게 되었다. 그들에게 안식을 주려 하셨지만 그들이 듣지 않았기 때문이다. 그래서 그들이 이해할 수 없는 언어로 말씀하시고, 8장 15절에 인용된 심판을 행하실 것이다. 그 모든 일은 하나님의 사역자들이 그들의 메시지를 술과 섞고, 믿음으로 지켜야 할 절기들을 어리석은 관례로 만들어버렸기 때문에 일어날 것이다. 잘못된 영이 그들을 지배하고 있었다.

B. 경만한 지도자들을 대신할 돌(28:14-22)

재앙에 대한 예언(B.C. 733년)

Supporting Idea	정치적 동맹은 악한 자들을 멸망시키기로 한 하나님의 판결을 능가할 만큼 강하고 견고하지 못하다.

28:14-20. 이 경고의 연대를 알아내고 해석하기는 쉽지 않다. 아하스 왕이 이사야의 조언을 거부한 후(7:1-9) 선지자는 왕의 정치 고문들을 향해 앗수르와 맺은 새로운 정치적 동맹의 결과를 경고했다. 이사야는 그 고문들이 사용하는 용어로 그들의 지혜를 조롱하는 익살을 부리고 있다. 백성을 치리하는 자들이란 말은 '격언을 만드는 사람들' 이라는 뜻이기도 하다. 사망과 언약했다는 것은 지하 세계의 이방 신을 섬기는 의식이나 죽음에 맞서 싸우기 위한 동맹이나 외국 군대와의 조약을 뜻하는 것으로 보인다. 거짓과 허위는 자기편에 더 이상 이익이 되지 않을 때는 언제든지 파기할 수 있는 조건으로 조약을 체결하는 정치인들의 영리한 능력을 말하는 것으로 보인다. 또 우상 숭배를 언급하는 것일 수도 있다. 기초 돌은 성전이나 새로운 왕이나 도시의 안전을 보장해줄 수 있는 새로운 건축 사업이나 새로운 믿음의 공동체를 말하는 것으로 보인다. 애굽의 영향을 받은 것으로 보고 그 기초 돌이 '견고한 요새' 를 뜻한다고 주장하는 최근 학자들의 주장이 옳지 않은 것이라면 선지자에게 있어서 그것은 시험한 돌 또는 시험하는 돌이었다.

이사야는 예루살렘의 지도자들이 한 말을 그대로 옮기며 그들이 경만한 자들이라는 사실을 책망했다. 그들은 하나님의 통치를 거부하고 이방 나라들과 정치적 군사적 협정을 맺었다. 실제로 그들은 치명적인 의식을 통해 이방 신들의 이름으로 그 협정을 체결했다. 그들은 그것을 탁월한 정치적 전략이라 생각하고 있었지만, 하나님께서는 그들이 이방 나라들과 함께 거짓 신을 섬기는 일에 참여한 것으로 보셨다. 하나님께서는 새로운 믿음의 공동체와 새로운 성전과 메시아이신 새로운 왕으로 구성된 새로운 하나님의 나라를 세우고 계신다.

그당시 지도자들은 하나님의 성전을 단순히 시험하는 돌로 볼 것이다. 그러나 그들은 그 시험에 통과하지 못할 것이다. 그들은 그들에게 다가오는 위험을 앗수르 군대의 도움으로 피할 수 있을 것이라 생각하는 어리석음을 범하고 있었다. 그들은 약속을 지킬 의도가 없는 상대와 잘못된 언약을 맺었다. 위기가 닥치면 애굽의 군대는 유다를 돕지 않을 것이다. 유다의 지도자들은 숨을 곳을 찾지 못할 것이다. 선지자는 정치인들에게 믿음을 요구하시는 하나님의 초청(7:9)을 상기시켜주기 위해 그들이 최근에 이룩한 정치적 업적을 기뻐하는 것이 얼마나 어리석은 일인지를 지적했다. 이방 나라가 아니라 하나님을 신뢰한 사람들만이 소동을 피하고 하나님의 새 일에 참여하게 될 것이다.

한편, 목수의 대가께서 성을 찾아오셨다. 그런데 집을 지을 태세가 아니었다. 대신 성의 안전을 확인하고 싶어하셨다. 줄과 추를 가지고 똑바르게 지어진 것인지를 확인하셨다. 그 목수는 의와 공평을 도구로 사용하셨다. 적절한 반응은 재빠른 행동이나 거짓 협약이 아니라 믿음이었다. 뛰어난 건축가께서 그들이 지은 것을 무너뜨리기 위해 하늘에서 돌들을 우박처럼 퍼부으실 것이다. 그들과 협약을 맺은 상대방이 죽음과 파멸을 불러올 것이다. 한 사람도 살아남을 수 없게 될 것이다. 외국 군대가 계속 그들의 땅을 휩쓸 것이다. 그제야 그들은 이사야의 메시지를 이해할 것이다. 그러나 그것은 때늦은 깨달음이 될 것이다.

이사야가 알렸지만 그들이 무시했던 일들이 실제로 닥칠 때 그들은 그저 두려움에 떠는 것 외에 아무것도 할 수 없을 것이다. 그래서 이사야는 잘 알려진 격언을 인용했다. 정치인들은 그들이 만든 침상을 붙잡을 것이다. 그러나 그 길이가 너무 짧아서 제대로 그 역할을 하지 못할 것이다. 하나님의 때가 이르면 갈릴리에 한 목수가 나타나 사람들에게 그당시 정치 지도자나 종교 지도자들의 길 대신 자신의 길을 따르라고 초청할 것이다. 그가 하나님의 기초 돌이 될 것이다. 그 기초 돌을 통해 갈릴리 사람들까지도 믿음으로 의롭게 될 것이다. 그는 또 걸림돌이 될 것이다. 믿지 않는 사람들이 그 돌에 걸려 그들의 부족함을 드러내게 될 것이다(롬 9:30-33, 벧전 2:6).

28:21-22. 하나님께서 브라심 산에서 다윗에게 첫 번째 승리를 거두게 하시고(삼하 5:18-20), 기브온 골짜기에서 여호수아가 가나안 사람들을 물리치게 하셨던(수 10장) 때

와 같이 하나님의 일을 하시기 위해 앗수르를 사용하셨다. 그것은 하나님의 백성들에게 승리를 주시는 대신 패배하게 하시는 이상하고 어색한 일이었다. 정치인들은 계속해서 선지자들을 조롱했다. 이사야가 경고했듯이 산헤립이 와서 그들의 땅을 짓밟았다(36-39장 참고).

C. 농부에게 배울 수 있는 사실(28:23-29)

선지자의 교훈[B.C. 701년(?)]

Supporting Idea	하나님의 방법은 우리의 이해를 초월한다. 하나님께서는 지혜로운 분이시고, 하나님의 백성들과 함께 하나님의 목적을 이루기 위해 해야 할 필요가 있는 일들을 행하시며 끊임없이 행하고 계신다.

28:23-29. 이사야는 40년 동안 선지자로 활동하면서 다양한 상황들을 접했고, 각 상황에 맞는 하나님의 구체적인 말씀을 찾아냈다. 예루살렘 사람들과 심지어는 그의 제자들조차도 언제나 그를 이해할 수 있었던 것은 아니었다. 유다의 적들에게 임할 심판을 선포한 다음에 어떻게 그 적들이 유다를 벌하기 위한 도구로 사용될 것이라고 말할 수 있단 말인가? 하나님께서 유다를 벌하기 위해 어떻게 앗수르를 사용하실 것이라고 선언할 수 있는 것인가? 또 앗수르 군대가 예루살렘 성을 포위하고 있는데 어떻게 예루살렘의 구원을 선포할 수 있단 말인가? 하나님께서 끊임없이 마음을 바꾸신다는 말인가? 하나님께서 일관성 없이 행동하신다는 말인가? 이사야는 제자들에게 자신이 뜻하는 바를 가르칠 시간을 가졌다. 그는 유다의 현자들의 표현과 방식을 빌어 그들이 사용했던 비유를 사용하면서 설명했다. 하나님께서는 땅을 갈아 준비하고 씨를 뿌리며 추수를 하고 곡식을 타작하는 등의 여러 가지 다양한 일을 하는 농부에 비유될 수 있었다. 농부는 똑같은 일을 하면서 시간을 다 보내지 않는다. 적은 양의 향신료와 양념 재료들을 뿌리고 타작할 때, 수확량이 많은 곡물을 뿌리고 타작하는 것과 똑같은 방법을 사용하지 않는다. 그렇다. 그런 면에서 농부는 일관성을 가지고 일한다고 말할 수 없을 것이다. 그 사실을 부인할 수는 없다. 그러나 그는 성공적으로 그의 농작물들을 거두어들인다. 그 이유는 하나님께서 그에게 적당한 방법을 보이고 가르치시기 때문이다.

그렇다면 하나님의 백성들이 적절한 열매를 맺도록 일하시는 하나님의 지혜는 그보다 훨씬 더 뛰어나지 않겠는가! 하나님께서는 적절한 결과를 내기 위해 적절한 때에 필요한 모든 것을 하신다. 사람들이 항상 똑같은 방식을 기대할 수 있는 그런 방법으로 모든 것을 하기로 결정하지 않으셨다. 농부가 자신의 농작물을 자세히 살펴보고 각 성장 단계에 맞게 일하는 것처럼 하나님께서도 하나님의 백성들을 자세히 살펴보시고 그들을 창조하시며 의도하셨던 사람들이 될 수 있도록 그들을 적절하게 이끌어가신다. 하나님께서는 기계적인 분이 아니라 인격적인 분이시다. 우리는 하나님께서 하시는 일을 예견하는 것이 아니라 찬양해야 한다.

D. 아리엘을 위한 탄식(29:1-8)

재앙에 대한 경고와 구원의 약속(B.C. 701년)

Supporting Idea	하나님의 백성들은 하나님의 자유를 존중하고 그들을 위한 하나님의 목적을 이루어가시는 하나님을 신뢰하면서 역사적 상황에 맞는 적절한 반응을 해야 한다.

29:1-4. 앗수르 군대가 예루살렘을 향해 진격하고 있는 동안 유다 백성들은 매년 돌아오는 절기(출 23:14-17)를 지키며 평소와 다를 바 없이 살아가고 있었다. 이사야는 그런 그들의 활동과 태도에 재앙이 따를 것을 선언하기 위해 절기에 관한 용어들을 사용했다. 아리엘은 제물을 태우는 제단의 상단부를 말한다(겔 43:15-16). NIV 성경에서는 제단 화덕으로 번역한 2절에서도 아리엘이 사용되었음을 주목하라. 다윗이 진을 친 성읍 예루살렘(삼하 5:7)은 자신은 타지 않고 주위에 있는 모든 것을 불태우는 연기 나는 제단에 비교될 수 있는 유일한 곳이었다.

자랑스러운 과거와 뒤틀린 현재를 가진 성읍이 슬픔으로 가득 찬 두려운 미래를 맞이할 것이다. 적들이 곧 그 성벽을 둘러쌀 것이다. 하나님께서 하나님의 백성을 적군의 손아귀에 넘기시는 일은 결코 없을 것이라 생각하며 거만하게 굴던 사람들이 적을 피하기 위해 땅속에 숨어 죽은 척하게 될 것이다. 그들은 너무 두려워서 신접한 자처럼 지껄일 것이다(19:3). 무수한 적의 수가 모든 것을 절망적으로 보이게 만들 것이다.

29:5-8. 갑자기 선지자는 분위기를 바꾼다. 모든 기대와는 달리 절망 속에 하나님께서 경각간에 개입하실 것이다. 그러나 하나님께서 무엇을 하실 것인가? 하나님의 개입은

보통 심판이나 형벌을 뜻했다. 폭풍과 맹렬한 불꽃은 불길한 징조처럼 보인다. 열방의 무리가 뜻하는 바는 무엇인가? 그들은 꿈같이, 밤의 환상같이 사라질 것이다. 구체적이고 역사적인 예는 앞부분의 교훈이 정확한 것임을 입증해주고 있다. 하나님께는 그분이 원하시는 대로 하나님의 백성들에게 반응하실 수 있는 자유가 있다. 하나님께서 하나님의 백성들을 공격하고 징벌하실 수 있다. 하나님께서는 또 징계 대리인을 역습하실 수도 있다. 하나님의 백성들은 하나님의 자유를 존중하고, 상황에 맞게 그리고 하나님의 말씀에 어긋나지 않도록 행동해야 한다.

E. 기계적인 종교의 몰락(29:9-16)

화가 미칠 것에 대한 경고와 재앙에 대한 예언(B.C. 701년)

Supporting Idea 하나님과 인격적인 관계를 맺고 있지 않다면 그 어떤 인간적인 동기나 종교적인 활동도 하나님의 심판을 피하는 데 도움이 될 수 없다.

29:9-12. 이사야는 이상중에 소명을 받으면서 사람들이 자신의 메시지를 무시할 것이라는 사실을 알게 되었고(6:9-10), "어느 때까지니이까?"(6:11)라고 탄식했다. 그의 오랜 사역 기간은 그가 본 이상의 진실성을 입증해주었다. B.C. 701년에 닥친 위기 앞에서 유다의 정치인들은 하나님의 말씀을 듣지 않았다. 대신 앗수르로부터 독립하기 위해 애굽과 다른 동맹국들을 의지했다. 이사야는 그들에게 계속 그렇게 하면서 현실을 외면하라고 말했다. 그는 퉁명스럽게 "소경이 되라"고 말했다(9절). 그들의 완고한 마음은 구체적인 역사적 상황과 관계가 있었고, 그런 마음은 어리석은 태도와 행동과 함께 시작되었다. 그리고 하나님의 행동이 그 뒤를 따랐다. 선지자들에게 하나님의 신을 부어주시는 대신 깊이 잠들게 하는 신을 부어주셨다. 그래서 선지자들은 더 이상 이상을 보지 못했다. 사람들은 적절한 하나님의 때에 적절한 하나님의 대변인으로부터 하나님의 말씀을 구하려 하지 않았다. 그래서 하나님께서 더 이상 하나님의 말씀을 들을 수 있는 기회도 제공해주지 않으셨다. 선지자들에게 주시는 생명의 말씀이 끊어진 것이다. 하나님의 책에 기록된 말씀 역시 봉해졌고, 말씀을 읽기 위해 봉인을 뗄 수 있는 사람은 아무도 없었다.

29:13-16. 사람들은 전혀 다른 견해를 가지고 있었다. 그들은 계속 예배를 드렸고, 찬송을 불렀으며 기도를 드렸다. 성전은 계속 번창했다. 그러나 그들은 제사장이 가르치는

것만을 행했다. 그들은 개인적인 경험을 통해 하나님을 알고 있는 것이 아니었다. 그들은 하나님께 아무것도 기대하지 않았다. 그들에게 종교는 실제적인 것이라기보다는 기계적인 절차에 불과했다. 그러나 하나님께서는 실제적인 종교를 약속하셨다. 기이하고 가장 기이한 일로 그들을 다시 놀라게 하실 것이다. 그 기이한 일들이 정치적 위기에서 유다를 구해주지는 않을 것이다. 하나님의 지혜를 구하지 못하도록 막고 있는 인간의 지혜라는 짐에서 정치인들을 구해주지도 않을 것이다. 지혜자의 지혜가 없어지고 명철자의 총명이 사라질 것이다.

하나님의 기이한 일을 대하면서 선지자는 다시 화가 있을 것이라 외쳤다. 인간의 지혜가 하나님의 보좌 위로 기어올라갔다. 하나님의 조언을 구하는 대신 유다의 정치 고문들은 자기들끼리 결정하고 그 결정을 하나님께 숨기려 했다. 그들은 아무도 모를 것이라 생각했다. 그래서 계획이 실패한다 해도 자신들을 비난할 사람은 아무도 없을 것이라 생각했다. 그러나 그런 그들의 생각은 전혀 빗나간 것이었다. 피조물이 창조주께 지시할 수는 없었다. 그들은 하나님보다 더 큰 지혜와 능력을 가졌다고 주장하려 했지만 그런 주장은 결코 할 수 없는 것이었다.

F. 겸손한 사람들을 위한 거룩한 도움(29:17-24)

구원의 약속[B.C. 725(?)]

Supporting Idea	하나님의 백성들이 불행한 사람들을 부당하게 대우하지 않고, 하나님의 말씀에 귀를 기울이며, 자신들의 영적 굶주림을 깨닫고, 하나님께 영광을 돌릴 때 하나님께서 그들에게 소망을 주신다.

29:17-24. 어리석음과 무감각이 선지자의 마지막 기대는 아니었다. 히스기야의 대관식이 새로운 소망을 가져올 것이다(11:1-9). 자연도 소망을 비출 것이다. 레바논의 삼림이 과실을 맺는 나무들로 빽빽해질 것이다. 책이 펼쳐질 것이고(11절), 귀머거리가 그 말을 들으며, 소경(9절)이 보게 될 것이다. 하나님의 기이한 일이 또다시 사람들을 치유할 것이다.

사람들은 새로운 형상을 가질 것이다. 교만한 정치인들이 가난한 사람들의 약점을 이용해 부자가 되는 일은 다시 없을 것이다. 성문에서 판단하는 자들이 가난한 사람들을 희생시키면서 정치적 경제적 이익을 취하는 일도 다시는 없을 것이다. 그 날에 여호와께서 겸손한 자와 빈핍한 자의 기쁨이 되실 것이다. 하나님의 백성들이 인간의 지혜 대신 하나님을 의지하는 가난한 사람들로 자신들을 인식하게 될 때 하나님께서 그들의 부끄러움을 제거해주실 것이다. 그렇게 되면 사람들은 자연히 하나님의 이름을 거룩하다 말하게 될 것이다. 마침내 이스라엘은 하나님과 하나님의 참 선지자가 전하는 말을 신뢰할 것이다. 그들은 자신들의 정치적 지혜로 인한 공로를 인정받으려 하는 대신 하나님의 기이한 모든 일들을 보며 하나님께 영광을 돌릴 것이다. 이것이 주기도문 서두의 기초가 되었다. 그런 자세는 29장 13-16절의 진술과는 전적으로 상반되는 것이었다. 결국 사람들은 선지자의 교훈을 받아들일 것이다.

G. 무익한 애굽의 대사들(30:1-7)

재앙에 대한 경고(B.C. 701년)

Supporting Idea	인간적인 동맹 관계는 하나님을 신뢰하지 않는 사람들에게 도움이 될 수 없다.

30:1-5. 애굽 사람들의 문제에 대한 이사야의 메시지는 이사야서 18-20장에서 끝나지 않았다. 이사야에게는 할 말이 아직 남아 있었다. 부모에게 순종하는 자녀가 되는 것을 매우 중요시하는 사회(신 21:18-20)에 살고 있는 유대인들이 그들의 하나님 아버지를 거역했다. 그들의 거역은 분명했다. 그들은 선지자를 통해 주신 하나님의 말씀을 의지하는 대신 애굽과 맺은 정치적 동맹 관계를 믿었다(애굽의 그늘에 피하려 했다). 전에도 늘 그랬듯이 애굽의 원조는 너무 보잘것없고 뒤늦은 것이었다. 25번째 왕조의 바로 사바카(Pharaoh Shabaka)는 비록 애굽의 위쪽과 아래쪽을 모두 통치하고 있었지만, 그가 유다에게 준 도움은 애굽의 다른 바로들보다 조금도 나을 바 없었다. 유다가 받은 것은 수치와 수욕뿐이었다.

유다는 역사를 통해서도 선지자를 통해서도 배우지 못했다. 그들은 계속해서 자신들의 정치적 기지를 믿고 조언과 군사적 도움을 얻기 위해 애굽의 성읍인 소안(사 19:11 설명 참고)과 하네스로 끊임없이 밀사를 파견했다. 그러나 아무 유익도 얻지 못했다. 하네스는 22번째 왕조(B.C. 935-735년경)의 왕가가 있고 헬라어 이름인 헤라클레오폴리스

(Heracleopolis)로도 알려져 있는 곳이기도 하며, 카이로(Cairo)에서 남쪽으로 약 96.6킬로미터 가량 떨어진 곳에 있었다.

30:6-7. 애굽의 도움은 헛된 것이었다. 왜냐하면 애굽은 무익한 나라였기 때문이다. 애굽의 도움을 받기 위해 보화를 싣고 광야를 통과하기 위해 유다가 했던 모든 노력은 헛수고로 끝났다. 그런데 얄궂게도 그 광야는 그들이 모세를 따라 애굽을 피해 나아갔던 바로 그곳이었다. 애굽은 여호와께서 부수고 저미신 혼돈의 괴물 라합(욥 9:13, 시 87:4, 사 51:9)처럼 무익했다. 이방 동맹국들은 힘이 없었지만 하나님께는 유다를 도울 수 있는 능력이 있었다.

H. 추방을 불러오는 책(30:8-17)

재앙에 대한 예언(B.C. 701년)

Supporting Idea	거룩하신 하나님께서 불경한 사람들에게서 하나님의 책을 빼앗으셨다. 그러나 이전 세대가 거부했던 교훈을 새로운 세대들이 배울 수 있도록 그 책을 보존하셨다.

30:8-11. 하나님께서는 충분히 다 보셨다. 히스기야 왕이 앗수르에 저항하지 못하도록 막기 위해 할 수 있는 모든 일을 다 하셨다. 하나님께서 하신 일은 모두 소용없이 끝났다. 드디어 이사야에게 하나님의 메시지를 기록하게 하셨다. 그래서 오는 세대들이 피할 수 없는 재앙을 하나님께서 하신 일에 비추어 해석할 수 있게 하셨다. 유다가 고통스럽게 감수해야 했던 멸망 때문에 하나님을 탓할 수 없게 하셨다. 그들의 멸망은 하나님의 백성들이 앗수르뿐 아니라 하나님을 거역하고 대항했기 때문이었다. 그들은 여호와의 법을 듣기 싫어했다. 하나님께서 선견자와 선지자들을 보내셨다(여기서 이사야는 선지자를 뜻하는 히브리 단어를 의식적으로 사용하지 않았다). 그러나 그들은 들으려 하지 않았다. 대신 부드러운 말을 하고 거짓된 것을 보이라고 말했다. 그들은 하나님을 따르는 사람에게 거룩한 사람이 될 것을 요구하시는(6장) 거룩하신 하나님께 귀 기울이고 싶어하지 않았다. 그들은 자기들이 원하는 선지자들을 찾았다(사 9:15, 미 3:5-8). 그러나 그런 선지자들의 말은 사실로 입증되지 않았다. 그들의 메시지는 시간이라는 시험대를 통과할 수 없었다(렘 28:9).

30:12-14. 하나님께서 그들의 죄를 구체적으로 열거하셨다. 그들은 이사야의 말을 업신여겼고, 가난하고 힘없는 사람들을 압박하며, 거짓 선지자들의 허망과 자신들의 정치적 술수를 의뢰했다. 그들의 죄는 처음에는 잘 보이지 않지만 경각간에 홀연히 담을 무너지게 하는 벽에 갈라진 작은 틈과 같았다. 그 무너짐이 너무나 완벽해서 토기장이가 자신이 만든 그릇에 화를 내며 그 그릇을 가루로 부수어 마치 쓸 수 있는 조각은 하나도 남지 않게 만든 것처럼 될 것이다. 모두 티끌처럼 될 것이다. 이사야 당시 깨진 그릇은 메시지를 기록하는 서판으로 사용되거나 아궁이에서 타는 불을 휘젓거나 물웅덩이에서 물을 떠올리는 데 사용되었다. 유다는 너무 쇠약해져서 아무 쓸모없게 될 것이다.

30:15-17. 이사야는 유다에게 정치적으로나 군사적으로 가장 힘든 상황에서 하나님을 신뢰할 것을 계속 촉구했다(7장). 그러나 유다는 끊임없이 정치적 동맹을 맺은 나라들과 자신의 정치적 기지를 의지하려 했다. 이사야는 출애굽과 가나안 정복을 통해 그 능력을 입증하신 하나님을 믿었다. 그는 유다에게 회개하고 그들에게 승리할 수 있는 힘을 주시는 하나님을 잠잠히 신뢰할 것을 요구했다.

유다는 애굽과 앗수르의 기병을 원했다. 이사야는 위기의 때에 그런 군대는 믿을 만한 것이 될 수 없다는 주장으로 그들과 맞섰다. 그들은 문제가 생기면 유다를 속수무책으로 버려두고 도망칠 것이다.

유다는 이사야의 말을 들으려 하지 않았다. 그래서 그는 다음 세대에게 하나님의 능력 대신 자신의 힘을 믿고 의지했던 사람들을 하나님께서 추방하셨다는 사실을 상기시켜 주기 위해 하나님의 말씀을 책으로 기록했다. 이사야 당시의 완고했던 사람들은 그를 거부하고 하나님의 말씀을 거부했다. 그러나 새로운 세대가 그 말씀으로 돌아와 회개하고 신뢰하며 순종할 것을 촉구하는 말씀을 듣게 될 것이다.

I. 더 이상 울지 않게 되기를 기다림(30:18-26)

장래 세대를 위한 구원의 약속(B.C. 695년경)

Supporting Idea	하나님의 백성들에게는 눈물이 마지막이 아니다. 파멸이 그들을 향한 하나님의 마지막 말씀이 아니다. 은혜로우신 하나님께서는 기도하고 순종할 사람들을 위한 새로운 미래를 계획하신다.

30:18-22. 엄중한 심판이 하나님의 최종 선언은 아니었다. 선지자는 하나님의 성품을 알고 있었다. 하나님께서는 공의로우실 뿐 아니라 은혜를 베풀고 긍휼히 여기시는 분이시다. 공의의 하나님께서는 세상에 공평한 질서를 회복하실 것이다. 그러나 그 질서는 죄인을 공정하게 벌한 후에 이루어질 것이다. 하나님의 백성들은 하나님을 기다리는 사람들이다. 예레미야애가에서 볼 수 있는 것처럼 파괴된 성전을 보고 탄식하는 때는 지나갈 것이다. 하나님께서는 하나님의 백성들의 통곡을 들으시고 은혜를 베푸시며 응답하실 것이다. 19절은 하나님의 백성들이 하나님을 전적으로 신뢰하고 하나님의 응답을 기대할 뿐 아니라 솔직하게 기도하며 부르짖어야 할 이유들을 말해주고 있다.

하나님께서 하나님을 따라야 할 필요가 있음을 하나님의 백성들에게 가르치기 위해 그들을 벌하셨다. 그러나 징벌 후 하나님께서는 그들을 인도하기 위해 다시 그들을 찾으셨다. 벌 받기 전 그들은 하나님의 교훈을 거부하고 조롱했다. 그러나 이제 그들은 그들의 스승인 선지자들에게 귀를 기울일 것이다. 그들은 거룩하신 하나님과 하나님께서 그들에게 행하도록 가르쳐주신 거룩한 정로를 알게 될 것이다.

그것은 하나님의 백성들이 하나님께로부터 자신을 멀어지도록 유인하는 것들의 제거를 통해 하나님의 자비로운 인도하심에 응답할 것을 뜻하는 것이었다. 그런 것들의 끔찍한 속성은 불결한 물건을 던짐같이 던지고 나가게 될 것이라고 표현한 히브리 단어들 속에 잘 드러나 있다. 값비싼 금을 입힌 우상들은 쓰레기처럼 될 것이다. 왜냐하면 하나님의 백성들이 드디어 그런 것들이 허무한 것들이라는 사실을 깨닫게 될 것이기 때문이다.

30:23-26. 하나님께서는 은혜를 베푸시며 인간의 순종에 반응하신다. 가축들도 매일 배가 부르도록 먹게 될 것을 약속하셨다. 가뭄으로 끊임없이 기근에 시달리던 가나안 땅의 모든 고산 준령에 개울과 시냇물이 흐르게 될 것이다. 그러나 모든 사람이 다 그 낙원의 축복을 누리게 되는 것은 아니었다. 하나님의 백성들에게는 은혜의 날이었지만, 동시에 하나님의 적에게는 크게 살육하는 날이 될 것이다. 하나님의 벌을 받고 매를 맞은 하나님의 백성들은 하나님께서 그들의 모든 상처를 싸매주시는 위대한 치유자가 되어주실 것이라는 사실을 발견할 것이다. 하나님께 불순종한 사람들은 통곡할 것이다. 그러나 그것이 세상을 향한 하나님의 마지막 결정이 될 수 없었다. 하나님께는 기도하고 순종하는 사람들을 위한 은혜와 구원의 새로운 말씀이 남아 있었다.

J. 맹렬한 불(30:27-33)

하나님의 출현(B.C. 701년)

Supporting Idea	하나님의 자비로운 구원이 하나님의 백성들을 징계하기 위해 도구로 사용된 사람들에게는 심판을 불러온다. 그러나 하나님의 백성들이 그들의 교훈을 배우지 못한다면 그 심판이 그들에게 되돌아올 것이다.

30:27-33. 유다는 산헤립이 모든 성읍을 파괴하는 엄청난 재앙을 경험했다(36-39장). 남은 성읍은 예루살렘뿐이었다. 선지자는 그런 극한 위기의 순간에 하나님께서 하시는 일을 묘사하고 있다. 사람들은 하나님께서 먼 원방에서 자신들을 잊고 계신다고 생각했다. 그러나 하나님께서는 하나님의 백성들을 괴롭히는 열방을 벌하기 위해 하나님의 거룩한 곳에서부터 그 모습을 드러내실 것이다. 농부가 짐 나르는 짐승을 제어하듯이 하나님께서 그 나라들을 통제하실 것이다. 하나님의 백성들을 해하려는 다루기 힘든 그 짐승들을 하나님께서 다른 방향으로 이끌어가실 것이다.

이스라엘의 슬픔은 거룩한 절기를 축하하는 기쁨으로 바뀔 것이다(24:14-16). 기뻐하고 즐거워하게 될 것이다. 마침내 31절에서 우리는 하나님께서 진노하신 이유를 알게 된다. 한때 하나님의 진노의 막대기 역할을 했던 앗수르(10:5)가 이제 진노하시는 하나님의 예봉을 맞게 될 것이다.

32-33절을 번역하고 해석하기는 상당히 어렵다. 여기서 이사야는 도벳(33절)을 '불타는 곳' 또는 '화덕'을 의미하는 용어로 사용하며 언어유희를 보이고 있다(TEV, NRSV, NAB). 고유명사인 도벳은 예루살렘 남쪽, 이방 신들에게 아기를 제물로 바치는 일을 행하던 힌놈 골짜기에 위치해 있었다(왕하 23:10, 19:6, 11-14). 왕(히, melech)이라는 용어를 사용한 것에서도 앗수르 왕뿐 아니라, 사람들이 아기들을 제물로 바쳤던 이방 신 몰렉에게도 심판이 임할 것을 약속하는 재담이 발휘되는 것을 볼 수 있다.

선지자는 하나님께서 적을 태울 제단 불을 준비하시고 친히 불사르실 것이라고 말했다. 진노하시는 하나님의 방문으로 적은 불에 탈 것이다. 그러나 하나님의 백성들은 절기를 축하하는 잔치를 벌이게 될 것이다. 그러나 하나님의 그 행동은 엄하게 벌하셔야 할 사람들에 대한 은혜의 행동으로만 이해될 수 있다는 사실을 그분의 백성들은 기억해야 한다(18절). 그런데 예루살렘 사람들은 그 사실을 잊고 있었다. 그래서 그들은 결국 22장 12-14절에 기록된 하나님의 심판을 자신들에게 불러오는 결과를 맞이하게 되었다.

K. 보잘것없는 사람들의 도움(31:1-3)

재앙에 대한 경고(B.C. 701년)

Supporting Idea	하나님의 백성들이 하나님을 신뢰할 때 하나님께서는 그들이 승리할 수 있게 도우신다. 그러나 그들이 하나님 대신 군사력과 외교 전략을 의지할 때는 하나님께서 그들과 그들의 동맹국들을 낮추신다.

31:1-3. 반역에 대한 반응으로 앗수르는 군사력을 총동원해 수리아와 블레셋을 침략했다. 애굽이 엘데게로 군대를 보내며 도우려 했지만 앗수르는 블레셋을 쳐부수었다. 그런 다음 앗수르는 유다로 향했다. 이사야의 경고에도 불구하고 히스기야와 그의 정치 고문들은 계속해서 애굽을 의지했다. 절망한 선지자는 애굽과 애굽에게 도움을 구하는 자에게 미칠 재앙을 선포했다. 그는 명명백백한 사실을 보지 못하고 이스라엘의 거룩하신 자로부터 도움을 구하지 않는 유다의 지도자들을 이해할 수 없었다. 히스기야 왕의 정치 고문들의 지혜는 하나님의 지혜와 비교될 수 없었다. 그러나 왕은 선지자가 선포한 하나님의 지혜 대신 그 사람들의 어리석음을 따랐다. 아하스처럼(7장) 히스기야도 하나님을 믿고 의뢰하지 못했다. 그 결과는 쉽게 예측할 수 있었다. 하나님께서 경고의 말씀을 신실하게 지키시고, 히스기야와 그의 고문들의 계획을 무산시키실 것이다.

잘못된 견해가 근본적인 죄였다. 유다는 하나님 대신 애굽을 전능한 자로 보았다. 애굽은 그들의 왕에게 신적인 능력이 있다고 주장했다. 그러나 이사야는 그런 능력은 하나님께만 있다고 주장했다. 유다의 안전은 펴신 하나님의 손에 달려 있었다. 세상을 통제하는 것은 인간이나 동물의 힘이 아니라 하나님의 신이었다. 애굽의 군사력과 유다의 지혜로운 정치 고문들은 함께 사라질 것이다.

L. 앗수르 침략으로부터의 보호(31:4-9)

구원의 약속(B.C. 701년)

Supporting Idea	하나님의 백성들이 어떻게 행동하든지 하나님께서는 그들에게 회개할 것을 촉구하시며, 그들을 구원할 계획을 변함없이 수행하는 신실함을 보이신다.

31:4-5. 이사야는 주변 국가들과의 모든 동맹 관계를 경고했다. 그는 예루살렘 통치

자들의 정치적 활동을 책망했다. 그러나 모든 것이 절망적으로 보일 때에도 그는 여전히 그의 청중들을 위한 놀라운 소식을 가지고 있었다. 하나님의 백성들의 불신에도 불구하고 만군의 여호와께서는 자기 백성들에 대한 변함없는 신실함을 입증하실 것이다. 하나님께서 그들의 수도를 보호하실 것이다. 이사야가 **목자**라는 용어를 사용한 것은 왕들이 종종 목자로 불렸기 때문이었다. 하나님께서는 앞발로 **식물**을 움켜쥔 **사자**로 묘사되었다. 목자들은 그 사자를 쫓아내려 했다. 하나님께서는 강한 힘으로 **예루살렘**을 신실하게 지키고 예루살렘을 버리지 않으실 것이다. 유월절이라는 명사가 파생되어 나온 **넘어와서**라는 동사는 출애굽 당시 하나님의 죽음의 사자가 이스라엘을 넘어갔던 사건과 예루살렘을 지키기로 약속하신 하나님의 행동을 상기시켜주는 역할을 하고 있다.

31:6-9. 인간은 하나님의 그런 행동을 보고 적절한 반응을 보여야 했다. 그들의 회개는 거짓 신들을 던져버리고 만군의 주 여호와만을 전적으로 신뢰하는 것을 통해 표현되어야 했다. 정치적으로 그것은 하나님의 용사가 **앗수르**를 물리치기 위해 그의 **칼**을 들어 올리는 것을 의미했다. 하나님께서 예루살렘을 공격하는 적을 제물로 태우기 위해 이미 예루살렘에 불을 준비해두셨다(30:33).

M. 왕권의 회복(32:1-8)

메시아에 대한 약속(B.C. 700년)

Supporting Idea	하나님께서는 가장 나쁜 시기에 의로운 메시아를 통해 하나님의 백성들을 구원하시겠다고 계속해서 약속하신다.

32:1-2. 나이 든 선지자는 거절당하기 일쑤였던 자신의 생애를 되돌아보았다. 히스기야에게 기대했던 소망(9:2-7)은 역사 속에서 물거품이 되어 사라졌다. 나라는 휘청거리고, 겨우 수도만 남아 있었다. 선지자는 다시 하나님을 향했다. 또다시 놀라운 말씀이 나왔다. 새로운 왕이 소망의 원천으로 남아 있었다. 그는 공평을 기뻐하는 기품 있는 조언자들을 거느리고 그들과 함께 의로 통치할 것이다('심층 연구'를 참고하라). 군사적인 폭풍이건 자연적인 폭풍이건 간에 그를 위협할 수 있는 것은 아무것도 없을 것이다.

32:3-8. 그 왕은 하나님의 선지자가 보지 못하고 듣지 못하는 청중들, 즉 이사야가 그렇게 오랫동안 마주 대하여 수고해야 했던 사람들(6:10, 29:9-10)을 더 이상 마주 대하지

않게 될 그런 사회를 이룰 것이다. 사회는 더 이상 혼란에 빠지지 않을 것이다(5절, 3:1-12). 불공평하고(31:2), 하나님의 말씀을 잘못 해석하며(30:9-11), 자신들의 사회적 책임을 외면하고, 법정에서 자신의 법적 지위를 남용하는(29:21) 어리석은 지도자들은 더 이상 찾아볼 수 없게 될 것이다. 그 왕은 계획하고 지키며 방어하는 일을 정말로 고명하게(히브리 단어에는 '편견 없이 관대하게' 라는 뜻이 내포되어 있음) 할 것이다.

여기서 유다 왕권에 대한 이사야의 성숙한 정의를 볼 수 있다. 그러나 이사야나 그의 후계자들이 모두 그 이상이 현실로 이루어지는 것을 보지는 못했다. 실제로 히스기야의 뒤를 이은 므낫세는 그 이상과는 너무나 거리가 먼 왕이었다(왕하 21:1-16). 때가 되자 하나님께서는 하나님의 아들을 보내시고 그 이전 왕들이 거부했던 왕의 역할을 성취하게 하셨다. 하나님의 아들마저도 들을 귀 있는 자는 들으라고 촉구해야 했다. 그렇다. 메시아도 이사야 선지자가 대면해야 했던, 듣지 못하는 사람들을 마주 대하셔야 했다.

N. 안일한 부녀들아, 슬퍼하라(32:9-14)

슬퍼하라고 부르는 초청(B.C. 701년)

Supporting Idea	하나님께서는 하나님의 백성들이 시대의 징조를 알아볼 수 있기를 기대하신다. 그들은 하나님께서 그분의 세상에서 하시는 일을 보면서 적절한 때에 기뻐하고 적절한 때에 울 수 있어야 한다.

32:9-14. 선지자는 교사로서 교실 앞에 서서 여자 아이들이 어리석게 행동하는 것을 보았다. 그는 그들에게 주의를 환기시키고 당시의 정치적 상황을 심각하게 받아들일 것을 경고했다. 경박하게 행동할 때가 아니었다. 위험이 닥치고 있었다. 하나님께서 불행을 막아주시기를 소망하며 슬피 울어야 할 때였다. 안일하게 염려 없이 지낸다는 것이 나쁜 것은 아니다. 18절에 사용된 똑같은 히브리 단어는 하나님의 백성들이 '화평한 집' 과 '안전한 거처' 에서 살게 될 때에 대한 하나님의 약속을 언급하고 있다. 이 단어들의 기본적인 의미는 '안전' 과 '신뢰' 다. 문제는 사람들이 어디에서 안전을 찾고 언제 신뢰하는지에 달려 있었다. 예루살렘은 자신들의 정치적 대책이 자신들을 지켜줄 안전의 근거가 될 수 있다고 보았고, '언제든지' 신뢰할 수 있다고 생각하고 있었다. 그러나 선지자는 하나님만이 안전의 근거가 될 수 있으며, 신뢰해야 할 때가 있을 뿐 아니라, 하나님께

서 징계하실 때도 있다는 사실을 백성들에게 가르쳐야 했다.

일년 남짓 지나면이란 그 의미가 확실하지 않은 하나의 관용어다. 아마도 새해를 축하하는 열매 거두는 기한의 끝을 강조하면서, 내년까지 또는 '해가 바뀔 때' (REB)까지 기다리면이라는 뜻일 것이다. 그때가 되면 새해 축하 잔치는 슬픔이 될 것이다. 하나님께서 불순종하는 사람들에게 추수 대신 파멸을 임하게 하실 것이라고 선지자는 예언했다. 들짐승들만이 즐거워하게 될 것이다. 하나님의 백성들은 "울 때가 있고 웃을 때가 있으며 슬퍼할 때가 있고 춤출 때가 있다"는 사실을 알아야 한다(전 3:4).

O. 구원을 심는 하나님의 성신(32:15-20)

구원의 약속(B.C. 701년)

Supporting Idea	의와 공평을 불러오는 하나님의 신이 다스릴 때만이 화평과 안전과 신뢰가 이루어질 수 있다.

32:15-17. 이 장은 서두를 반영하면서 끝이 난다. 예루살렘이 섬뜩하게 파괴된 후 오게 될 구원을 약속하고 있다. 하나님의 자비로운 행동으로 사람들이 무너뜨린 것이 다시 세워질 것이다. 이 구원의 그림은 하나님께서 그분의 백성들을 위해 그것들을 어떻게 되돌리시는지를 보여주기 위해 9-14절에 나오는 형상과 비유를 사용하고 있다. 이 구절은 또 9-11장에 표현된 소망의 절정을 이루고 있다. 이사야의 소망이 간결하게 요약되어 있다. 그 소망은 하나님께서 부어주신 **성신**으로부터 시작되었다. 하나님께서는 낮은 곳에 있는 사람들을 변화시키기 위해 위에서 일하셨다. 하나님께서는 육체적인 영역과 도덕적 영역에서 모두 사람들의 삶을 변화시키실 것이다. 적에 의해 짓밟힌 옥토(10절)가 늘어나고 사람들이 살 수 없는 **광야**에서도 과일 나무가 마치 **삼림**에 있는 나무들처럼 그렇게 빽빽하게 자랄 것이다. 약육강식의 법칙이 지배하던 광야가 **의**와 **공평**으로 다스리는, 사람이 살 수 있는 곳으로 변하게 될 것이다.

사람들 사이에 의와 공평이 편만해지면 **화평**이 이루어진다. 여기서 선지자가 강조하는 것을 놓쳐서는 안 된다. 화평과 안전(**평화롭**게 쉬는 생활)과 신뢰(또는 확신)는 의와 공평을 불러오는 하나님의 신이 다스릴 때만 사람들 속에서 이루어질 수 있다.

32:18-20. 그때에만 전쟁과 소문이 그칠 것이다. 그때에만 내 백성이 '시온에서 안일

하게' (암 6:1) 될 것이다. 19절의 의미는 우리에게 알려져 있지 않다. 왜냐하면 히브리어 원문이 잘 보존되어 있지 않기 때문이다(KJV, TEV, NRSV, REB). REB 성경에는 "삼림의 사면이 시원하게 될 것이다. 그리고 성읍들이 평원에 평화롭게 자리하게 될 것이다"라고 번역되어 있다. 그러나 그것은 잘 알려진 히브리 용어들에 대한 새롭고 독특한 의미들을 찾기 위해 아라비아어를 사용한 것이다. 아마도 원문은 하나님의 구원과는 정반대 극단, 즉 적의 도시에 대한 하나님의 심판을 묘사한 것일 수 있다. 또는 "각 사람이 자기 포도나무 아래와 자기 무화과나무 아래 앉을 것이라 그들을 두렵게 할 자가 없으리니" (미 4:4)라고 표현된 목가적인 시골 생활을 떠난, 복잡한 혼란과 유혹거리들을 안고 있는 모든 도시 생활의 몰락을 묘사하고 있는 것일 수도 있다. 그렇게 볼 때 20절은 하나님 백성의 일원이 된 사람들에게 축복된 삶을 선언함으로 그들을 축하하는 것이 된다. 사람들과 짐승들이 자신들이 원하는 곳에서 아무 두려움 없이 정상적인 삶을 영위하게 될 것이다. 인간의 권력과 협정은 그런 화평을 가져다주지 못한다. 그런 화평은 하나님의 성신만이 가져다줄 수 있는 것이다.

P. 이방의 적들을 물리친 것을 축하하는 잔치(33:1-24)

종말론적 예배(B.C. 695년)

Supporting Idea	하나님의 징벌로 인한 모든 두려움과 절망이 지난 후 하나님께서 하나님의 나라를 이루실 것이다. 하나님의 나라는 슬퍼하고 불평하는 대신 찬양하고 예배드리는 완전한 분위기를 하나님의 백성들에게 제공해줄 것이다.

33:1-6. 이사야서 12, 25, 26장에서처럼 이 장에서도 선지자는 하나님의 구원을 경험한 하나님의 백성들을 위한 예배 의식을 제공해주고 있다. 이 부분은 하나님의 백성들이 자신들이 경험하고 있는 하나님의 구원을 즉각 인식하지 못하고 있다는 점에서 상당히 주목할 만하다. 이 장은 이름을 지칭하지 않은 적에게 임할 재앙에 대한 경고로 시작한다(1절). 그리고 그에 대한 반응으로 사람들이 슬퍼하는 내용이 이어지고(2-9절), 또다시 이름을 지칭하지 않은 적에게 임할 하나님의 심판을 선언하는 선지자의 경고가 있은 후(10-13절), 하나님 편에 서기 원하는 사람들에게 요구되는 것들을 열거하고 있다(14-16절). 이 장은 하나님의 백성들이 하나님의 나라를 경험하게 될 것이라는 선지자의 약속

으로 끝이 난다.

재앙에 대한 경고는 다른 사람에게 한 그대로 받게 될 것이라고 말하고 있다. 그런 경고에 대한 적절한 반응은 적들이 합당한 대우를 받게 되었다고 좋아하며 축하하는 것이 아니었다. 하나님의 백성들은 국제적인 혼란을 염두에 두고 하나님의 은혜와 도움을 구해야 한다. 모든 사람이 그들을 통치하는 나라와 그들의 파괴적이고 믿을 수 없는 행동들을 증오했다. 그러나 그 적국이 국제적인 질서를 어느 정도 유지시켜 나가고 있었다. 세계 최대 강국의 멸망은 더 큰 혼란을 불러올 수 있었다.

아침마다 하나님의 백성들은 하나님의 팔과 구원을 구해야 한다. 하나님의 소리만이 즉각적인 순종을 불러올 수 있고, 따라서 질서가 유지될 수 있다. 공격하던 나라가 하나님의 소리에 그 노략물을 남겨두고 도망치게 될 것이다. 노략을 당했던 사람들은 그 노략당한 물건들을 되찾기 위해 그것들 위로 뛰어오르게 될 것이다. 이 약속들은 사람들에게 높은 데 거하시는 그들의 하나님을 찬양하고 예배할 것을 촉구한다. 과거의 왕들은 선지자와 하나님의 기대에 미치지 못했다. 이제 하나님께서 친히 공평과 의로 시온에 충만케 하실 것이다.

6절은 중요한 용어들로 가득 차 있다. 그러나 그 용어들의 결합이 뜻하는 정확한 의미는 분명하지 않다. "하나님께서 너희 시대의 신실함이 되실 것이며, 구원과 지혜와 지식의 보화가 되실 것이다. 여호와를 경외하는 것, 그것이 너의 보화다"라고 번역한 경우도 있다. 이 구절은 분명히 앞 구절의 찬양의 연속이며, 사람들에게 필요한 모든 것은 하나님을 경외하고 섬기는 것을 통해서만 채워질 수 있다는 것을 보여준다. 다른 곳에서 보화를 찾으려 하는 사람들은 화를 입게 될 것이다.

33:7-9. 하나님에 대한 이런 그림을 가지고 있었음에도 불구하고 사람들은 더 큰 슬픔으로 빠져 들어갔다. 실제 생활은 그들의 찬양과 같지 않았다. 7절, 특히 첫 단어에 대한 번역과 해석은 분명하지 않다. 용사는 29장 1-2절의 히브리어 '아리엘(Ariel)'과 관계가 있다. 이 구절은 그당시의 정치 군사적 불안을 묘사하고 있는 것이 분명한 반면, 8절은 경제적인 문제를 묘사하고 있다. 정치적으로 파견되었던 사신들은 성공을 거두지 못했고, 무역이 이루어지던 대로는 황폐화되어 더 이상 다닐 수 없었다. 그리고 경제적으로 맺은 조약은 깨졌다. 조약을 뜻하는 히브리 단어는 국가 또는 개인 간에 맺은 경제적 협정과 이스라엘이 하나님과 맺은 언약 두 가지를 모두 뜻하는 이중적인 의미로 사용되

었을 것이다. 아무도 다른 사람을 존경하지 않았다. 이런 혼란은 자연 질서에도 해를 미치는 결과를 불러왔고, 풍요로움은 곧 사라질 것이다.

사론은 야르콘 강에서 북쪽으로 타니님 강까지 지중해를 따라 남북으로 약 35.4킬로미터, 동서로 약 17.7킬로미터 가량 뻗은 비옥한 평지였다(대상 27:29, 사 35:2). 사막은 갈릴리 바다와 요단 계곡과 사해를 지나 남쪽으로 아쿠아바 만을 경계로 한 남서쪽 지역을 가리킨다. 사막은 터키를 지나 모잠비크까지 이어진다. 그러나 이사야서에서는 사람들이 좀더 많이 살며 사해와 아쿠아바 만 사이에 있는 매우 건조한 지역으로 사론과는 완전히 대조되는 지역을 뜻하는 좁은 의미로 사용되었다.

바산은 요단 강 동편과 헤르몬 산 아래 위치한 야르묵 강 북쪽에 자리잡고 있는 푸르고 비옥한 땅이다. 갈멜은 사론 평지의 북쪽 끝과 현재의 하이파(Haifa) 근처에 있는 이스르엘 계곡의 남쪽 끝에 위치한(아 7:5, 렘 46:18, 암 1:2) 지중해 연안의 비옥한 산맥이다. 산맥의 길이는 약 20.9킬로미터, 넓이는 약 12.9킬로미터, 높이는 해발 약 169미터에서 549미터까지 다양하다.

33:10-12. 하나님께서는 하나님의 백성들의 슬픔을 외면하지 않으실 것이다. 그리고 행동하기로 약속하셨다. 하나님께서 받아 마땅한 영광과 명예를 받으시기 위해서다. 적들에게는 기회가 없다. 그들이 만들 수 있는 것은 쓸모없는 짚뿐이다. 그들이 가하는 위협은 그들에게 되돌아갈 것이며, 따라서 스스로 멸망할 것이다. 그들은 제대로 매장되지도 못할 것이다. 전쟁터에 흩어진 시체들이 그대로 불에 태워질 것이다.

33:13-16. 하나님의 백성들은 메시지를 듣게 될 것이다. 전쟁이 그들을 먼 곳으로 보내어 흩어놓았다. 하나님께서 듣고 반응하도록 그들을 모두 부르셨다. 사람들이 일하시는 하나님을 깨닫고 하나님의 권능을 인정하도록 그렇게 하셨다. 적에 대한 공포가 시온에 사는 사람들까지 사로잡았다. 그들도 죄인들과 경건치 아니한 자들과 다를 바 없었다. 경건치 아니한 자란 겉으로는 경건한 척하지만 일상 생활 속에서는 실제로 하나님을 무시하는 위선자들을 말하는 것이다. 선지자는 하나님의 심판 때에 그런 사람들에게 일어날 한 가지 일을 보여주었다.

불과 영영히 타는 것은 성전 제사에서 사용되는 불의 역할과 하나님께서 세상을 심판하실 때 사용하시는 도구로서의 불의 역할을 보여주는 단어들이다. 하나님의 백성들은 심판을 피하고 하나님의 보호를 받기 위해서 예배하러 성전에 들어온 사람들에게 하나님께서 요구하시는 것이 무엇인지를 기억하고 있어야 한다. 경건한 사람은 가난한 사람들을 속이고, 적절한 법적 절차를 무시하며, 무고한 사람에게 해를 가하고, 악한 계략이나 활동에 가담하는 일들을 하지 않는다. 그런 경건한 사람에게 하나님께서 참된 안전과 공급을 약속하셨다.

33:17-19. 위기 상황 속에서 적절하게 반응하는 사람들을 위해 선지자는 한 가지 약속을 하고 있다. 그들은 영광 중의 왕을 보게 될 것이다. 그 왕은 앗수르와 바벨론 제국의 지배를 받고 있는 이스라엘의 좁은 땅을 훨씬 능가하는 광활한 땅을 다스릴 것이다. 이방의 압제로 인한 공포와 이스라엘의 군사적 방어력을 실제로 통제하고 있는 이방 통치자에게 조공을 바쳐야 하는 괴로움은 역사를 돌아보는 순간에만 생각나게 될 지나간 과거의 일이 될 것이다. 지도자들이 혼란에 빠져 이방의 언어와 생소한 풍습으로 그들을 괴롭히는 일도 다시는 없을 것이다.

33:20-24. 하나님의 때에 하나님을 예배하는 사람들은 이방 관리들의 모습이 보이지 않는 시온성을 보게 될 것이다. 그들은 예루살렘 성으로 다시 돌아와 절기를 지키는 즐거움을 누릴 것이다. 적에게 파괴되고 빼앗길 수 있는 성전에서 예배드리는 일이 다시는 없을 것이다. 애굽과 애굽의 나일 강이나 앗수르와 앗수르의 유프라데스 강을 부러워하지 않게 될 것이다. 하나님께서 적국의 해군이 보낸 큰 배에게 나라를 열어주지 않고도 아름답고 안락하며 편안한 모든 것과 그들에게 필요한 운송 수단들을 공급해주실 것이다. 그렇다. 하나님께서 친히 그들과 함께하시고 그들을 다스리시며 모든 적으로부터 구원해주실 것이다. 그들은 하나님과 선지자가 알려준 왕의 역할을 거부하는 이 세상 왕들의 변덕과 기분을 더 이상 두려워할 필요가 없게 될 것이다(1:11). 현재의 능력은 항해할 수 없는 거대한 배처럼 보일 것이다. 그러나 적을 약탈하거나 먼 곳에서 탈취한 물건들을 실어오기 위한 배가 없어도 하나님께서 그들에게 필요한 모든 재물을 공급해주실 것이다. 질병이 사라지고 질병을 죄의 결과라고 생각하는 일이 더 이상 없게 될 것이다. 왜냐하면 하나님께서 백성들의 죄를 용서하실 것이기 때문이다.

Main Idea 복습	하나님께서 그분의 백성들에게 하나님의 나라와 구원을 드러내실 것이다. 그들은 회개하고 정치적 동맹이나 군사력을 의지하는 대신 하나님을 신뢰해야 한다.

결론

하나님의 최후 통첩

길게 이어진 이 이사야의 예언들은 몇 가지 중요한 점들을 단단히 주입해주고 있다. 하나님께서는 신실한 분이시다. 하나님께서는 우주를 주권적으로 다스리는 통치자시다. 하나님께서는 이 땅에서 하나님의 나라와 메시아의 역할을 감당할 왕을 세우실 계획을 이루어가신다. 그러나 사람들은 전혀 다르다. 그들은 믿을 수 없다. 그들은 신실하지 못하다. 그들은 가장 비싼 노동의 대가를 요구하고 가장 싼 값으로 문제를 해결하려 한다. 그들은 사람들을 믿는 것과 속이는 것 둘 가운데 어느 것을 택할 것인지를 망설인다. 하나님께서 우리에게 최후 통첩을 하셨다. 하나님을 믿고 하나님께 충성하며 하나님의 나라를 기다리든지, 아니면 하나님의 심판을 받게 될 이방 나라들처럼 되든지 둘 가운데 하나를 선택하게 하셨다. 회개할 것인가, 아니면 뒤로 물러설 것인가? 하나님을 신뢰할 것인가, 아니면 하나님의 심판을 두려워할 것인가? 하나님께서는 왕이시며 구원자시며 입법자시며 소망이시다. 당신은 지금 하나님 편에 서 있는가?

■ 진리 알기

- 구원은 하나님 고유의 일이다. 그러나 그 일을 이루기 위해 하나님께서는 심판하시는 일을 하셔야 한다.
- 하나님께서는 하나님의 백성들을 징계하고 심판하신 후 그들을 구원하신다.
- 하나님께서는 우리가 생각하는 것과 행하는 것을 모두 알고 계신다. 하나님께 감추려 하고 하나님의 심판을 피할 수 있다고 생각하는 것은 아무 소용없는 일이다.
- 하나님께서는 매일 하나님의 방식대로 살도록 하나님의 백성들을 가르치고자 하신다.
- 참된 안전은 오직 하나님께로부터 온다.
- 하나님의 심판은 악으로부터 자유로워진 생활과 용서로 그 절정을 이룰 것이다.

■ 적용하기

· 구원하시는 하나님을 신뢰하라.

· 의와 공평을 행하는 사람이 되라.

· 하나님께서 들으시고 응답하실 것을 기대하며 어려움을 그분에게 호소하라.

· 하나님께서 도덕적으로 우리에게 기대하시는 것들을 자세히 알아보고, 하나님께서 원하시는 삶을 살기로 다짐하라.

삶의 적용

분노와 절망

한 번은 설교 단상에 서서 어떤 사람을 향해 말하는 시간을 가진 적이 있었다. 작은 독일 침례교회에서 설교하고 있는 동안, 한 사람이 뒷문을 확 열어젖히고 들어와 나에게 소리를 지르며 복도를 따라 비틀비틀 걸어왔다. "당신네들의 여호와에 대해 더 이상 말하지 말아요. 충분히 다 들었으니까. 하나님이 나에게 어떻게 했는지를 보라구요." 한눈에 그가 무슨 말을 하고 있는지 알 수 있었다. 그 사람은 기독교 가정에서 자랐다. 그러나 그는 갈증을 해소하기 위해 구걸을 하거나 음식을 찾기 위해 쓰레기통을 뒤지거나 쓸 돈을 줍기 위해 길거리를 비틀거리며 돌아다니고 있었다. 그는 자신을 부끄럽게 여기고 있었고, 그의 곤경을 놀림감으로 삼는 사람들에게 화를 내며 비참해진 자신의 상태에서 헤어나지 못하고 있었다. 그가 할 수 있는 일은 자신의 처치를 한탄하며 자신이 얼마나 부당한 대우를 받고 있는지에 귀 기울여줄 사람에게 소리를 질러대는 것뿐이었다.

나는 그 사람과 차근차근 이야기하려 했지만 그는 제정신이 아니었다. 집사들이 그를 조용히 데리고 나가 그를 도와줄 수 있는 방법을 찾아보려 했다.

교인들 가운데 자신도 그 사람과 같은 처지라고 생각하고 있는 사람들을 많이 볼 수 있다. 교회를 찾아 멋진 약속들에 귀를 기울이고 집으로 돌아간다. 그리고 고통과 가난과 무력한 자신의 상태에 대해 불평한다. 그들은 길을 찾지 못하고 있다. 그들에게는 소망도 없다. 자신에게는 없는 것을 다른 사람들은 가지고 있는 것처럼 보이기 때문에 그들은 화를 내고 분노한다. 하나님의 말씀은 그런 그들에게 영원한 소망을 약속하고 있다.

기도

전능하고 신실하신 하나님 아버지, 우리는 너무 많은 경고를 들었습니다. 우리가 처한 곤경에 대해 너무 오랫동안 탄식해왔습니다. 이 세상의 비참한 참사에서 우리 눈을 들어 하나님의 나라를 볼 수 있게 해주십시오. 하나님을 신뢰합니다. 하나님께서 하나님의 나라를 이루실 것을 알고 있습니다. 주님, 하나님의 나라가 이루어지고 하나님의 뜻이 하늘에서 이룬 것같이 땅에서도 이루어질 것입니다. 아멘.

심층 연구

A. 여호와의 말씀(28:3)

이사야는 12번이나 '여호와께서 말씀하시되' 라는 문구를 사용했다. 에스겔도 똑같은 문구를 18번 사용했다. 구약 성경에서 '여호와의 말씀' 이라는 표현은 242번 나타나는데, 아브라함에게 말씀하셨을 때가 그 첫 번째(창 15:1)이고 대부분(225번)은 선지서에서 볼 수 있다. 에스겔이 66번, 예레미야가 52번 사용했다. 그러나 이사야는 9번밖에 사용하지 않았다. 여호와의 말씀은 하나님의 뜻을 하나님의 백성들에게 알리는 하나님의 방법이다.

하나님께서는 사람들이 한 번도 들어보지 못했던 명령에 순종할 것을 기대하시며 그들을 속이시는 것이 아니다. 하나님께서는 그들을 위한 하나님의 뜻이 무엇인지를 정확하게 말씀하시고 그들이 순종할 것을 기대하신다. 따라서 이사야는 모압을 지적하면서 권위를 가지고 "이는 여호와께서 전에 모압을 들어 하신 말씀이어니와"(16:13)라고 말했다. 이사야는 또 여호와의 말씀을 권위 있는 말씀으로 선포하기 전에(28:14) 거짓 선지자들을 흉내 내며 빈정대는 어투로 여호와의 말씀을 사용하기도 했다(28:13). 흥미롭게도 이사야서에서는 여호와의 말씀을 출애굽기에서부터 신명기까지의 율법을 언급하는 것으로는 거의 사용하지 않았다. 그보다는 특정한 역사적 상황에 대해 하나님의 선지자가 구체적인 청중들을 대상으로 하는 구체적인 요구나 약속들일 경우가 대부분이었다.

그러므로 여호와의 말씀은 하나님의 율법이라기보다는 어떤 사람이나 백성에 대한 하나님의 뜻일 경우가 훨씬 더 많았다. 이사야의 경우는 이스라엘의 지도자들에게 회개할 것을 촉구하고 하나님께서 약속하신 구원의 때를 묘사하면서(2:3) 여호와의 말씀을 '우리 하나님의 법' (1:10)과 같은 것으로 말하기도 했다. 그는 또 히스기야의 순종에 대한 하나님의 약속을 언급하는 용어로 여호와의 말씀을 사용하기도 했다(38:4). 그러나 여호와의 말씀은 히스기야의 불순종에 대한 심판을 선언하는 것일 수도 있었다(66:5).

그 말씀은 실없는 무의미한 소리가 아니었다. 그 말씀에는 인간의 마음속에 변화를 일으키고 하나님께서 원하시는 것을 이룰 수 있는 힘이 있었다. "내 입에서 나가는 말도 헛되이 내게로 돌아오지 아니하고 나의 뜻을 이루며 나의 명하여 보낸 일에 형통하리라"(55:11). 바로의 신하들은 여호와의 말씀에 제대로 반응하는 예를 보여주었다. 그들 가운데 '여호와의 말씀을 두려워하는 자들' 은 서둘러 행동했다(출 9:20). 시내 산에서 이스라엘 백성들은 "여호와의 명하신 대로 우리가 다 행하리이다"(출 19:8)라고 올바른 대답을 했다.

B. 하나님의 은혜(30:18-19)

히브리어에는 하나님의 선하심과 사랑과 자비와 긍휼과 은혜에 대해 말하고 있는 단어들이 있다. 그 가운데 하나가 '누군가에게 호의를 베풀다', '그들에게 은혜롭다' (창 33:5, 11, 출 33:19, 왕하 13:23, 시 9:14, 26:11, 30:11, 41:5, 11, 56:1, 59:5, 77:19, 102:13, 123:2-3, 사 27:11, 33:2, 암 5:15)라는 뜻을 가진 chanan이라는 용어다. 앞에 열거한 성경 구절들에서 나타나는 것을 쉽게 볼 수 있듯이, 이 용어는 사람들이 하나님의 은혜를 찬양하면서 그들에게 은혜를 베풀고 곤경에 처한 그들에게 호의를 베풀어주시기를 간청하는 시편에서 자주 사용되었다. 노아가 하나님께 은혜를 입고 홍수에서 살아남을 수 있었던 창세기 6장 8절과 하나님께서 롯에게 은혜를 베푸신 창세기 19장 19절에서 볼 수 있는 명사형 chen이 사용된 것에서 그 의미를 볼 수 있다.

그런 호의 또는 은혜는 우리 분수에 넘치는 과분한 것이며, 요구한다고 해서 기대할 수 있는 것이 아니다. 은혜롭고 호의적인 하나님의 성품 때문에 하나님께서 거저 주시는 것이다(출 33:19). 그러나 하나님께서는 언제든지 호의를 베풀지 않으실 수 있다(삼하 15:25-26). 하나님의 은혜를 입은 사람들은 하나님을 더 잘 알고 더 많은 호의를 얻기 위해 기도한다(출 33:12-14). 악하고 어긋난 사람들에게도 여전히 소망은 있는데, 그것은 하나님께서 은혜로운 분이시기 때문이다(왕하 13:23, 사 30:18-19). 문제는 하나님의 은혜를 통해 배우려 하지 않는 사람들에게 있다(사 26:10). 그러나 성경은 여전히 "여호와께서 기다리시나니 이는 너희에게 은혜를 베풀려 하심이요"(30:18)라고 말한다. 그리고 하나님을 사모하는 사람들은 "우리에게 은혜를 베푸소서"(사 33:2)라고 기도한다.

C. 의(28:17)

히브리 단어 tsedeqah는 인간 관계를 묘사하는 합성어다. 구약 성경에는 157번 나온다. 어근이 같은 단어들도 523번이나 사용되었다. 이사야서에서는 36번 사용되었고, 같은 어근을 가진 단어들은 81번 사용되었다. 이 단어는 신실함과 충성을 기초로 형성된 공동체의 질서와 관계가 있다. 공동체의 질서를 회복하고, 죄가 없는 사람들의 권리를 온전히 인정해주며, 각 범죄가 공동체에 미치는 영향과 죄를 제거하기 위해 사법 제도가 수립되어 있었다(삼하 15:4).

의는 특정 공동체 내에서 도덕적이고 의로운 것들의 기준을 포함하는 것으로 사법 제도의 한계를 넘어서는 것이다. 따라서 의는 사회의 한 개념이며 그 사회 안에 내재된 결과가 수반되는 행동들이다. 의로운 질서가 보편화되기 위해 적절한 결과가 수행되어야 한다. 사람들, 특히 지도자들이 공동체의 올바른 질서를 파괴하는 행동을 하고도 벌을 받지 않는다면 그 질서가 회복될 때까지 그 공동체는 혼란에 빠진다. 그렇게 되면 질서를 회복하기 위해 의인과 악인이 모두 벌을 받아야 하는가라는 문제가 생긴다(창 18:22-23).

한 사람이 공동체에 충성하고, 공동체의 법을 따르며, 공동체가 정한 기준에 맞는 도덕적인 삶을 살아가고 있을 때 그 사람은 의인이라 할 수 있다(창 6:9). 의인은 구체적인 상황 속에서 적절하게 행동하는 반면, 악인은 적절치 못한 행동을 한다(삼상 24:17). 그런 의인을 하나님께서 인정하시고 그에 맞는 보상을 해주신다(삼하 22:21-25).

의의 궁극적인 기준은 하나님 자신이다. 그 이유는 하나님께서 의로운 분이시기 때문이다(출 9:27, 대하 12:6, 느 9:8). 하나님께서는 옳은 행동, 즉 사람들과의 관계에 충실하고 신실한 행동으로 의를 드러내 보이신다. 흥미롭게도 성경은 일반적으로 그런 의로운 행동을 언약과 연결시키지 않고 있다. 오히려 하나님과 예배자의 인격적인 관계를 의로 보고 있다. 하나님께서는 한 사람의 충성스런 행동을 적절하고 의로운 행동으로 인정하신다(신 6:25). 아브라함의 믿음도 그런 충성스런 행동으로 인정되었다(창 15:6). 하나님께서 의인으로 인정하시는 사람만이 예배 처소에 들어갈 수 있는 것으로 보인다(시 24:3-4). 그런 사람이나 그런 백성들을 위해 하나님께서 의를 행하신다. 즉 하나님께서 그들에게 원하시는 삶을 살게 하시고 질서가 유지될 수 있도록 그들 속에 개입하신다.

이사야는 다른 어느 선지자보다 의에 대한 언급을 많이 했다. "이사야는 사회적 정의와 억압받는 사람들의 필요를 고집스럽게 tsdq와 연결시키고 있다" (Reimer, NIDOTTE, 3, p. 765). 이사야에게 있어서 의와 공평은 "개인, 특히 가장 약하고 혜택을 가장 적게 받고 있는 사람들의 권리를 옹호하는 사회적 질서를 잘 요약해주는 개념이다" (Blenkinsopp, AB, p. 187). 하나님께서 이스라엘과 세상을 구원하시는 것은 이스라엘의 행동이나 충성심에 달려 있는 것이 아니라 하나님의 의와 공평에 달려 있다(1:27, 59:16-17). '나의 입에서 의로운 말이 나갔은즉' (45:23) 그 의는 '폐하여지지 않을' 것이다(51:6, 8). 하나님의 완전하심이 그 의를 보장하고 있다. 그러나 마음이 완악한 사람들에게 그 의는 하나의 위협이 될 것이다(46:12-13).

하나님의 의는 죄인들을 멸망케 한다(10:22). 왜냐하면 하나님께서는 그분의 백성들이 의로울 것을 기대하시기 때문이다(48:18). 그들은 가난한 사람들을 억압함으로 의와 공평이라는 시험을 통과하지 못했고, 평안과 구원이라는 하나님의 질서를 파괴했다(5:7, 23, 48:1). 창조주시며 왕이시며 만유의 재판관께서 의와 공평을 기초로 한 삶의 질서를 확립하시고 결국 모든 것을 바로 잡으실 것이다(32:16-17, 45:8, 60:17). 그 새로운 질서 속에서 의가 이루어질 것이다. 반면 독재와 공포와 두려움은 사라질 것이다(54:14, 17). 하나님께서 메시아를 통해 의와 공평을 확립하실 것이다(9:7, 62:1-2). 그래서 신실하고 충성되고 의로운 사람들은 심판의 불을 참고 견딜 필요가 없게 될 것이다(33:14-15).

구원을 불러오는 하나님의 의로운 행동은 의롭지 못한 자신을 인정하고 죄를 회개하는 사람들을 위한 것이다(59:9, 14). 하나님께서 하나님의 백성들을 위해 행하신 일을 통해 하나님의 거룩하심을 드러내실 것이다(5:16). 한편 하나님의 백성들은 의를 행하시는 하나님을 기다리며 "공평을 지키며 의를 행한다" (56:1). 그러나 그 의는 보이기 위한 행위가 아니라 참된 의가 되어야 한다(57:12).

교안

A. 들어가는 글

1. '얼굴에 흉터가 있는 구원자' 이야기로 시작하라.

2. 배경 설명: 하나님께서 백성들을 위해 예비하신 영광스러운 미래를 묘사한 이사야의 그림(24-27장)은 책의 마지막 부분으로 잘 어울릴 듯하다. 그 이상 더 무슨 말을 할 수 있겠는가? 그러나 선지자는 그 뒤를 이어 서른아홉 장을 더 기록했다. 하나님의 말씀은 마지막 구원에 참여하게 될 사람들과 참여하지 못하게 될 사람들에 대해 조심스럽게 차근차근 써내려가고 있다. 하나님의 나라가 이루어질 것이다. 그렇다면 그 나라의 일원이 되기 위해 우리는 무엇을 어떻게 해야 하는 것인가?

3. 적용: 이사야서 28-33장은 사실을 있는 그대로 묘사하고 있다. 신학을 이야기하면서 들떠 흥분할 수 있지만, 그런 논쟁은 우리 미래에 대한 모든 것을 결정하는 매일의 의사 결정들과는 아무 관계가 없을 경우가 많다. 압제와 불공평과 전쟁과 기아와 죽음이 지배하는 세상에서 신학적 약속들은 어떤 유익을 주는가? 그렇게 위협적인 환경 속에서도 하나님의 말씀을 신뢰할 수 있는가, 아니면 인간적인 논리와 어리석음이 더 좋은 자원이 될 수 있는가?

B. 본문 이해

1. 취한 자 에브라임의 운명(28:1-13)
2. 경만한 지도자들을 대신할 돌(28:14-22)
3. 농부에게 배울 수 있는 사실(28:23-29)
4. 아리엘을 위한 탄식(29:1-8)
5. 기계적인 종교의 몰락(29:9-16)
6. 겸손한 사람들을 위한 거룩한 도움(29:17-24)
7. 무익한 애굽의 대사들(30:1-7)

8. 추방을 불러오는 책(30:8-17)
9. 더 이상 울지 않게 되기를 기다림(30:18-26)
10. 맹렬한 불(30:27-33)
11. 보잘것없는 사람들의 도움(31:1-3)
12. 앗수르 침략으로부터의 보호(31:4-9)
13. 왕권의 회복(32:1-8)
14. 안일한 부녀들아, 슬퍼하라(32:9-14)
15. 구원을 심는 하나님의 성신(32:15-20)
16. 이방의 적들을 물리친 것을 축하하는 잔치(33:1-24)

C. 결론: '분노와 절망' 을 읽어주라.

1. 요약: 하나님께서 하나님의 나라를 약속하셨다. 하나님께서는 하나님께 충성하는 의로운 사람들을 위해 하나님 자신의 의를 따라 행하실 것이다. 하나님의 신실하심을 신뢰하는 사람들은 자신들의 죄를 회개하고, 세상이 줄 수 있는 군사적, 정치적 자원들을 의지하고 싶은 유혹을 거부하며 하나님을 전적으로 신뢰해야 한다.

2. 도전: 사람들과 맺고 있는 동맹 관계나 결연 관계를 모두 열거해보라. 그런 관계를 맺고 있는 각각의 사람들, 즉 의사, 기술자, 친구, 사회 지도자, 가족 등에게 신뢰할 만한 요소들은 어떤 것들인가? 그들과의 관계들이 하나님을 믿고 신뢰하는 데 어떤 영향을 미치는가? 하나님께서 원하시는 대로 전적으로 하나님을 신뢰하는 것을 방해하고 있지는 않는가? 그렇다면 어떻게 해야 할 것인가?

토의 질문

1. 이사야가 남은 자에 대해 많이 이야기하고 있는 이유는 무엇인가? 교회는 어떤 의

미에서 남은 자라 할 수 있겠는가? 당신이 속한 교회에는 남은 자가 있는가?

2. 성경은 술과 음주에 대해 어떻게 가르치고 있는가? 당신은 술과 음주를 어떻게 다루고 있으며, 그렇게 하는 이유는 무엇인가?

3. 하나님의 말씀을 권위 있는 가르침으로 받아들이고 따르기 위한 구체적인 방법들을 이야기해보라.

4. 의로운 사람의 특성들을 열거해보라.

5. 어떤 면에서 당신은 사람들이 만든 규정(29:3)에 따라 하나님을 예배하고 있는가? 예배의 내용과 형식이 되어줄 수 있는 다른 자원들은 어떤 것들인가?

이사야 34-35장

하나님의 때에

“사건들 속에는 삶의 가장 세밀한 부분들까지 포함시켜
그 때와 시기를 계획하고 조정하는 설계자가 있다.”

- 찰스 스윈돌(Charles R. Swindoll)

하나님께서는 온 세상, 특히 하나님의 백성들을 학대한 사람들을 심판하실 마지막 날을 계획하셨다. 그러나 하나님의 백성들을 구원하고 그들의 필요를 채워주기 위해 오신다.

Isaiah

들어가는 글

주디의 훌륭한 어머니

불공평이 상당히 지배적이었다. 유죄가 입증된 범죄자들이 특혜를 받고, 죄를 지었음에도 불구하고 그 대가를 지불하지 않아도 되는 것처럼 보였다. 기업가들과 정치인들은 고위직에 오르면서 모든 도덕률을 무시했다. 피부색이나 성별에 대한 편견과 선입견 때문에 자신이 선택한 분야에서 성공할 수 없는 사람들도 있었다.

그러나 주디(Judy)의 어머니처럼 훌륭한 사람들도 있었다. 그녀는 누구에게나 친절했다. 사람들은 희망이 사라진 것처럼 보일 때 그녀가 보내준 격려의 편지를 받았다. 그녀는 지팡이와 목발을 짚고 교회를 찾았고 친구들의 집을 방문했다. 그녀는 수십 년 동안 큰 불편을 주는 관절염 통증으로 몸에서 힘이 빠져나가는 것을 경험해왔다. 그래서 사람들은 공평하지 않다고 생각했다. 악한 사람들은 벌을 받아야 하지만 그녀와 같이 사랑스런 여인은 아무런 고통이나 슬픔 없이 행복하게 살아야 한다고 생각했다. 최소한 그렇게 되어야 한다고 생각했다.

하나님께서는 긴 안목을 가지고 하나님의 때에 하나님의 방법으로 일하신다. 이사야서 34-35장은 이 문제의 양면을 보여주고 있다. 악한 사람들은 결국 그들에게 임하게 될 결과를 맞게 될 것이다. 의인들은 인생의 괴로움에서 벗어나 영원한 기쁨을 누릴 것이다.

본문 이해

하나님의 때에

Main Idea	하나님께서 하나님의 때에 하나님의 방법으로 모든 사람의 상처를 치유하시고 이 세상에 공의를 회복하실 것이다.

A. 유죄 판결(34:1-17)

이방 나라들에 대한 경고(B.C. 695년)

Supporting Idea	사람들이 비록 역사 속에서 하나님께서 하시는 일을 보지 못한다 할지라도 하나님께서는 세상의 공의를 회복하기 위해 하나님의 일정에 따라 일하고 계신다는 사실을 하나님의 말씀이 알려주고 있다.

34:1-4. 이스라엘은 에돔을 가장 가까운 나라로 여기고 있었다. 에돔 족속은 이스라엘의 형인 에서의 후손들이었다(창 25:30). 에돔은 하나님께 특별한 혜택을 받았다(신 2:4-5). 그들이 살던 세일 산(창 36:8-9)은 여호와께서 거하시던 곳이었으며, 그곳에서 이스라엘을 돕기 위해 오셨다(삿 5:4). 그러나 이스라엘이 광야 생활을 하게 된 이후 두 나라 사이에는 싸움이 끊이지를 않았다. 에돔이 예루살렘을 정복하려는 바벨론과 합세했을 때 에돔에 대한 유다의 분노는 최고조에 달했다(옵 11장). 에돔은 이방 나라들에 대한 유다 선지자들의 경고 대상 1호가 되었고, 하나님의 진노와 미움의 상징처럼 되었다. 이 장에는 종종 정확하게 정의할 수 없는 희귀한 히브리 단어들이 많이 사용되었다. 이 장을 공부하는 사람들은 여러 번역본을 참조하여야 할 것이다. 이사야서 34장은 만국에 대한 하나님의 맹세를 증거할 증인으로 열국과 땅과 세계를 불러냄으로 유죄 판결을 알리는 합창에 가세하고 있다. 하나님께서 노를 발하실 것이다('하나님의 진노' 에 대해서는 12장의 '심층 연구' 를 참고하라). 에돔이 받을 형벌은 적에 대한 하나님의 우주적인 심판의 일부가 될 것이다. 그 형벌은 그 사체에 대한 명예로운 장례조차도 허락하지 않는 끔찍한 심판이 될 것이다. 심판이 하늘에까지 미쳐 하늘과 하늘의 만상이 다 사라지게 될 것이다. 적을 패배시킨 군사적 승리, 그 이상을 넘어서서 마지막 날과 마지막 심판을 묘사하고 있다. 우리는 34-35장을 인간 역사의 일시적인 한 단계 그 이상으로 보아야 한다. 그것은 하나님의 세상과 하나님의 백성들을 위한 하나님의 영원한 계획의 마지막 단계다.

34:5-8. 이 장은 하나님의 적에 대한 하나님의 진노와 심판을 섬뜩하리 만치 상세하게 묘사하고 있다. 하나님께서는 보수할 날에 전쟁터를 향해 전진하는 피로 얼룩진 용사시다('여호와의 날' 에 대해서는 13-14장의 '심층 연구' 를 참고하라). 하늘에서 승리를 거두신 하나님께서 땅에서 그 적을 멸망시키기 위해 오신다. 그것은 8절에 진술된 신학

을 기초로 하고 있다. 역사를 주관하시는 하나님의 통치가 언제나 눈에 보이는 것은 아니다. 하나님의 적들이 우세한 것처럼 보이기도 할 것이다. 그러나 하나님께서 하나님의 일정에 따라 일하고 계신다. 적들에게 공의를 행하기 위해 개입하실 것이다. 에돔의 수도인 보스라는 지금의 부세이라(Buseirag) 마을의 페트라(Petra)라는 곳에서 북쪽으로 약 43.5킬로미터 가량 떨어진 곳에 위치해 있었다(창 36:33, 렘 49:13, 22). 보스라는 동과 서로 이어지는 도로와 남과 북으로 이어지는 도로가 만나는 주요 수송 중심지의 역할을 하고 있었다.

34:9-17. 에돔은 들짐승들과 부엉이와 올빼미 등의 야생동물들(11-15절, 이 동물들의 정확한 특성들에 대한 다양한 이해를 위해서는 KJV, NRSV, NIV, REB, NKJV, JPS, NASB 등의 번역본을 비교해보라)이 사는 땅이 될 정도로 철저한 심판이 이루어질 것이다. 이 예언의 권위는 이 예언이 여호와의 책에서 발견되고 성경의 한 부분이 되었다는 사실이 입증해주고 있다. 선지자는 자신이 한 말의 권위를 주장했고, 독자들에게 예언이 성취될 때 다시 책을 펴고 확인해볼 수 있을 것이라는 사실을 상기시켜주었다. 하나님께서 선지자가 한 말대로 정확하게 행하실 것이다. 여기서 우리는 선지자의 말이 성경으로 기록되었다는 것을 다시 볼 수 있다(30:8). 제비를 뽑아 땅을 나누는 법적 절차를 언급함으로(수 18:6) 예언의 확실성을 강조하고 있다. 에돔의 땅은 사람들이 아니라 들짐승들에게 배분될 것이다. 하나님의 신이 그 모든 일을 이루실 것이다.

B. 남은 자들의 귀환(35:1-10)

구원에 대한 예언(B.C. 695년)

Supporting Idea	하나님께서 하나님의 거룩한 백성들과 세상을 구원하시고, 인간의 모든 연약함을 치유하실 계획을 계시하셨다.

이 부분은 36-39장의 이야기가 시작되기 전에 선지자가 한 마지막 예언 설교다. 이 설교는 유다가 앗수르와 바벨론에 의해 굴욕을 겪는 암담한 시기와 포로 생활에서 귀환한 후에 대한 새로운 소망의 간격을 메우면서, 40-55장에 기록된 예언 메시지를 맞이할 수 있도록 준비시키는 역할을 하고 있다. 이 장은 34장의 어두운 배경과는 달리 밝은 빛을 던져주고 있다. 1-39장에 기록된 유다의 소망이 이 장에서 절정을 이루고 있다. 그리고

이사야서 전체의 메시지를 간략하게나마 요약하고 있다.

35:1-2. 이스라엘의 소망에는 인류의 질서뿐 아니라 자연의 질서까지 포함되어 있다. 구원의 날에는 가장 황량한 광야에서도 꽃이 무성하게 필 것이다(33:9과는 대조적으로). 새롭게 싹이 돋아나는 광야는 비옥한 사론 평지와 많은 열매를 맺는 갈멜 산 정상에 비교될 수 있을 것이다. 하나님께서 하나님의 영광을 보이시므로 땅도 그 영광을 누리게 될 것이다('하나님의 영광'에 대해서는 6-8장의 '심층 연구'를 참고하라).

35:3-7. 드러난 하나님의 영광은 선지자에게 새로운 임무를 수행할 배경을 제공해주었다. 하나님께서 마른 광야를 그렇게 놀랍게 변화시키실 수 있다면 사람들을 위해서는 그보다 더 놀라운 일을 하실 수 있지 않겠는가! 선지자에게는 약한 사람들을 격려해야 할 사명이 있었다. 그들을 두렵게 하는 것들은 사라질 것이다. 하나님께서 보복하여 주실 것이다. 하나님께서 친히 적들에게 보복하여주실 것이다(34:8). 그러나 하나님의 백성들에게는 구원을 베푸실 것이다. 그 구원은 영적인 영역에만 국한된 것이 아니다. 병든 사람들과 불구가 된 사람들이 그들의 열등감을 사라지게 할 이유들을 찾을 것이다.

35:8-10. 여전히 최상의 것이 남아 있었다. 하나님의 백성들은 더 이상 이방 나라에서 고립되는 일을 당하지 않을 것이다. 하나님의 깨끗한 사람들은 거룩한 길이라 일컫는 대로를 지나 시온에 이를 것이다. 하나님께서 즐거운 여행을 위해 안전을 지켜주실 것이다. 하나님께서 속량하신 사람들만이 그 길을 지나게 될 것이다. 거룩하지 못한 우매한 사람들은 하나님의 거룩한 길에 들어설 수 없을 것이다. 여호와께 노래하는 축제가 구속함을 입은 사람들의 삶이 될 것이다. 구속의 날에 슬픔과 탄식은 사라지고 기쁨과 즐거움은 영원할 것이다.

Main Idea 복습	하나님께서 하나님의 때에 하나님의 방법으로 모든 사람의 상처를 치유하시고 이 세상에 공의를 회복하실 것이다.

결론

장기적인 안목

현재 상태대로라면 우리는 불공평하다고 주장할 수 있을 것이다. 이 세상은 불의가 지배하고 있다고 말할 수 있을 것이다. 그러나 그것은 안목이 짧은 것이다. 하나님께서 장기적인 안목을 갖게 해주신다. 하나님께서 하나님 자신이 정하신 일정에 따라 이 세상에 의와 공평을 회복하실 것을 약속하셨다. 사악한 사람들은 그들에게 합당한 벌을 받을 것이다. 의인들은 노래하고 춤추고 기뻐하고 즐거워하며 축하해야 할 이유를 알게 될 것이다.

▣ 진리 알기

- 하나님께서 세상을 심판하실 때 죄에 대한 하나님의 진노를 드러내실 것이다.
- 하나님께서는 하나님 자신이 정하신 일정대로 이 세상을 위한 하나님의 계획을 수행해 나가신다.
- 하나님께서는 하나님의 말씀에 기록된 것을 행하신다.
- 하나님께서 자신의 영광을 드러내기 위해 하나님의 백성들을 구원하신다.
- 하나님께서는 하나님의 백성들이 거룩할 것을 기대하신다.
- 하나님의 계획은 하나님의 백성들로 영원한 기쁨을 누리게 하는 것이다.

▣ 적용하기

- 우리의 극심한 곤경을 아시고 우리를 구원하기로 계획하신 하나님을 신뢰하라.
- 두려움을 하나님께 맡기라.
- 자신의 연약함에 대해 더 이상 불평하지 말라. 스스로 딱하다고 생각하며 원망하지 말라.
- 하나님께서 행하신 구원의 흔적들을 보고 하나님을 찬양하라.

삶의 적용

공평의 진정한 원천

분개! 분개라는 말이 우리 삶을 묘사할 수 있는 유일한 단어처럼 보일 때가 있다. 내 친구를 찾아갈 때마다 내 마음속에서 분개가 일어난다. 어릴 때 소아마비를 앓은 그녀는 목발을 짚고 생활해야 한다. 그녀는 발걸음을 옮길 때마다 몸부림을 쳐야 한다. 그녀가 용감하게 한쪽 다리를 차 안으로 들어올리고 또 다른 한쪽을 마저 들어올린 다음 차를 몰고 가는 모습을 지켜보는 것은 삶에 대한 끈덕진 헌신을 배우게 하고, 악이 이 세상을 어떻게 지배하고 있는지를 상기시켜주는 하나의 교훈이 된다. 불공평한 일은 개인적인 차원을 넘어서서 더 큰 규모로도 일어나고 있다. 죄를 범한 개인과 국가가 벌을 받지 않고 넘어간다. 그들이 오히려 더 번창하는 것처럼 보일 때도 있다. 과연 공평이 이루어질 수 있을 것인가? 이사야서 34-35장은 우리의 솔직한 감정이 분명히 드러나게 해준다. 공평한 대우를 받지 못해왔다고 느끼기 때문에 실망하고 있는가? 공평이 이루어지지 않고 있다고 생각하는가? “하나님, 가만두지 마세요”라고 말하고 싶은 원수 같은 사람이 있는가? 이 장들을 공부하면서 그런 감정들을 하나님 앞에 내려놓아라. 하나님께서 의와 공평을 이룰 수 있는 진정한 원천과 소망을 보여주실 수 있게 해드려라.

기도

사랑의 주님, 저는 아주 성급합니다. 당장 세상이 바뀌는 것을 보고 싶습니다. 오늘 공의가 이루어지길 바라고, 그 공의가 어떤 것인지를 명백히 보고 싶습니다. 하나님을 더 신뢰하고 하나님께서 공의의 하나님이심을 알 수 있게 도와주십시오. 하나님께서 하나님의 일정대로 이 세상에 의와 공평을 회복하시는 것을 인내하며 기다릴 수 있게 도와주십시오. 주님을 신뢰합니다. 주님을 사랑합니다. 결과를 당장 보고 싶어하는 제 성급함을 회개합니다. 악한 자들을 물리치고 하나님의 백성들을 구원할 것이라고 말씀하신 하나님의 약속에 감사를 드립니다. 아멘.

심층 연구

여호와의 책(34:6)

학자들은 이 '여호와의 책' 이 뜻하는 바를 설명하기 위해 애를 쓰면서 주석서와 정기 간행물과 수첩들을 메워왔다. 존 오스왈트(John Oswalt)는 "저자가 어떤 책을 언급한 것인지 분명하지 않기 때문에 문제가 된다" 고 말했다(Oswalt, p. 617). 초기 번역자들은 그 의미를 이해하는 데 어려움이 있었다. 헬라어로 가장 먼저 번역된 70인역에는 "하나도 빠진 것이 없고 짝이 없는 것도 없다" 라고 설명되어 있다.

학자들은 (1) 이사야서 13장 21-22절에 대한 언급, (2) 이사야의 메시지에 대한 후기 편집자들의 저술, (3) 구원받을 사람들의 명부가 포함된 하늘에 있는 하나님의 책, (4) 예언이 이루어질 때 사람들에게 상기시켜주기 위한 언급 등의 네 가지 해결책을 제안하고 있다.

첫 번째 제안은 선지자가 똑같은 비유적 표현을 두 번 사용하고 있다는 사실 외에는 거의 아무것도 입증하지 못했다. 34장에는 이 구절을 해석하는 데 따르는 어려움을 제외하고는 13장에 대해 언급하고 있다는 것을 보여주는 요소가 전혀 없다. 두 번째 제안은 선지자의 관점에서 쉽게 풀 수 없는 문제에 대한 해결책으로 후기 편집자들의 저술을 사용할 준비가 언제나 되어 있는 학자들이 편리하게 사용하는 방법이다. 세 번째 제안은 이사야가 독자들에게 책을 자세히 읽어보라고 말하고 있다는 사실을 제외하면 상당히 매력적인 해결책으로 보일 수 있다. 다만 하늘에 있는 기록은 그 어떤 사람도 읽을 수 없다. 따라서 여호와의 말씀이 어떤 것인지를 바로 확인할 수는 없다 할지라도 그 말씀의 권위를 주장하고 있는 선지자를 보여주는 또 하나의 실례인 것만은 분명하다.

여호와의 책은 미래 세대가 읽을 수 있도록 보존된 선지자의 기록 전체가 아니라면 그 일부분을 말하는 것이다. 하나님께서는 하나님의 약속을 지키는 분이시며, 따라서 하나님의 백성들은 하나님께로부터 온 선지자의 조언을 따라야 한다는 것이 선지자가 전하려는 메시지였다. 그래서 선지자는 하나님께서 성취하실 하나님의 예정표를 감추고 계시는 동안(8:16-17) 자신의 설교를 기록으로 남겨 제자들에게 넘겨주었다.

고안

A. 들어가는 글

1. '주디의 훌륭한 어머니' 이야기로 시작하라.

2. 배경 설명: 이사야는 회개를 촉구하시는 하나님의 초청(1-11장), 하나님의 날이 올 때 부를 승리의 노래(12장), 이방 나라들에 대한 승리의 약속(13-23장), 적절한 축하의 노래가 따르는 마지막 묵시적 소망(24-27절), 그리고 정치적 군사적 힘으로는 하나님과 맞설 수 없다는 사실을 보여주는 강한 어조의 예언적 경고(28-33장)를 그의 제자들에게 알려주었다. 이사야는 34-35장에서 "하나님께서는 공의로운 분이신가?", "하나님의 공의를 입증하는 것은 무엇인가?", "우리는 언제 공의를 이루게 될 것인가?"라는 뜨거운 쟁점들을 다루면서 이사야서의 첫 번째 부분을 요약했다.

3. 적용: 정치적, 군사적 힘을 신뢰할 수 없다면 불공평한 세상에서 공평을 이루기 위해 어떻게 해야 하는 것인가? 우리 주변에서는 불의와 불공평을 보여주는 증거들을 쉽게 볼 수 있다. 몇 분 안에 그 예들과 증거들이 적힌 긴 목록을 작성할 수 있을 정도다. 이사야서 34-35장은 불공평이 지배하는 세상에서 공평이 이루어지는 소망을 찾기 위해 어디를 향해 나아가야 하는지를 보여주고 있다.

B. 본문 이해

1. 유죄 판결(34:1-17)

2. 남은 자들의 귀환(35:1-10)

C. 결론: '공평의 진정한 원천' 을 읽어주라.

1. 요약: 하나님께서 이 세상에 공평을 이루실 것이다. 그러나 하나님께서는 하나님의 계획과 일정에 따라 그 일을 행하신다. 우리는 하나님을 신뢰하면서 우리가 불공평하다고 생각하는 상황 가운데 하나님께서 어떻게 공평을 이루시는지를 보기 위해 기다려야 한다.

2. 도전: 살아가면서 가장 많이 불평한 점들을 5개 정도 적어보라. 기도하면서 그 각각을 하나님께 알려드리고, 하나님께서 그 문제들을 다루시는 하나님의 방법을 보여주실 때까지 인내할 수 있도록 도와주시기를 기도하라.

토의 질문

1. 이 세상에서 공평을 기대할 수 있을 것인가? 그 이유는 무엇이며, 만약 기대할 수 없다면 그 이유는 무엇인가?

2. 생활 가운데서 공의를 이루시는 하나님을 어떻게 증거하고 있는가?

3. 공의가 이루어지기를 정말로 바라는가, 아니면 하나님의 은혜를 더 많이 의지하는가? 공의가 이루어지기를 바라는 것과 하나님의 은혜를 의지하는 것의 차이는 무엇인가?

4. 곤경에 처한 친구에게 하나님께서 하나님의 때에 하나님의 방법으로 공의를 이루실 것이라고 말하는 것이 그 친구를 위한 진정한 해답이 될 수 있다고 생각하는가?

5. 공의를 이루어가시는 하나님의 계획과 하나님의 보복은 어떻게 연결되어 있는가?

이사야 36-39장

기도와 예언의 능력을 입증해주는 증거

"하나님을 사모하고 동경하는 것은 하나님의 율법처럼 우리의 결점들을 보여주고 우리의 잘못들을 뉘우치게 하는 역할을 한다."

- 스프라울(R.C. Sproul)

개인적으로나 국가적으로 위기에 처한 히스기야 왕은 애굽과 같은 정치 동맹국들 혹은 침입한 앗수르 군대의 힘을 의지할 것인지, 아니면 하나님을 의지할 것인지를 선택하지 않을 수 없었다. 하나님을 신뢰하고 기도하면 적으로부터 나라를 구하고 질병에서 치유될 것이다. 그러나 늘 그랬던 것처럼 정치적인 전략으로 되돌아가면 하나님의 심판이 선포될 것이다.

Isaiah

들어가는 글

플로렌스 나이팅게일

어려운 시기는 우리를 하나님으로부터 멀어지게도 하고 또 더 가까워지게도 한다. 플로렌스 나이팅게일(Florence Nightingale)은 부유한 가정에서 자라며 영국 런던의 상류층 인사들과 함께 생활했다. 그러나 13살 때 그녀는 "죽음 외에 오늘 내가 원하는 것은 아무 것도 없다"라는 일기를 썼다. 이 불행한 소녀는 자신의 삶을 평가해보았다. 그리고 자신이 원하는 한 가지를 알게 되었다. 그것은 간호사가 되어 사람들을 돕는 것이었다. 부모들은 그렇게 하찮은 직업을 선택한 그녀와 의절했다. 그녀의 어머니는 "남편과 나, 우리는 두 마리 집오리다. 그런데 야생 백조를 낳았다"라고 썼다.

어머니의 그런 생각에도 불구하고 플로렌스는 크림 전쟁(Crimean War)에서 부상당한 사람들을 돕기 위한 간호사로 자원하면서 백조의 아름다움과 우아함을 지닌 삶을 살았다. 그녀의 어머니는 그녀에게 귀신이 들었거나 아니면 그녀가 신경 쇠약이라는 병에 걸렸다고 생각했다. 3년 간의 영웅적인 임무를 마친 후 플로렌스는 새로운 형태의 병원에서 새로운 유형의 간호를 꿈꾸며 고향으로 돌아갔다. 하나님께서 주신 꿈과 열정적인 믿음은 몹시 우울했던 한 사교계 명사를 현대 간호와 건강 관리의 어머니로 만들어놓았다(Schuller, pp. 178-179).

유다의 히스기야 왕도 절망적인 상황 속에 빠져 있는 자신을 보게 되었다. 죽음이 앗수르 왕 산헤립이라는 사람을 통해 그를 노려보고 있었다. 백성들은 히스기야가 항복하고 그렇게 함으로 죽음을 맞이하거나 아니면 포로로 잡혀가게 될 것이라 생각했다. 그러나 히스기야는 이사야 선지자를 찾아갔고, 그의 조언에 따라 하나님께 기도했다. 그 결과 적어도 일정 기간 동안 변화된 왕조가 유지될 수 있었다.

본문 이해

기도와 예언의 능력을 입증해주는 증거

이사야서 첫 번째 부분의 마지막 네 장(36-39장)은 열왕기하 18장 13절-20장 19절에 기록된 내용과 거의 비슷하다. 그리고 똑같은 내용을 역대하 32장 1-31절에서도 볼 수 있다. 흥미롭게도 앗수르 사람들이 기록한 산헤립의 연대기 속에서도 이 사건이 기록된 것을 볼 수 있다.(translated in Pritchard, ed., Ancient Near Eastern Texts Relating to the Old Testament, 2nd ed., pp. 287-288; translated by Cogan, The Context of Scripture, vol. 2; Monumental Inscriptions from the Biblical World, eds. Hallo, Younger, Leiden, pp. 202-203).

이 사건을 기록하고 있는 네 개의 문헌(그 가운데 세 기록은 성경에 기록되어 있으며, 각기 독특한 방식으로 기록되어 있다)이 있다는 사실은 성경을 공부하는 우리가 염두에 두어야 할 중요한 사실을 말해주는 듯하다. 하나님께서 성경에 기록해 보존하시는 사건들은 그 이야기가 중요하다는 사실을 우리에게 강조하는 것이다. 따라서 자세하게 살펴보아야 할 만한 가치가 있는 그런 사건들이다. 여러 기록들의 독특성은 그 각각의 기록이 성경 안에서 그 기록만의 기능과 목적을 가지고 있기 때문에, 그 각각의 이야기가 그 자체의 문맥 속에서 말하고자 하는 것이 무엇인지를 알아내기 위해 각각의 기록들을 자세히 살펴보아야 한다는 사실을 우리에게 상기시켜준다. 이런 공부에 도움이 되는 한 가지 방법은 그 자료들의 차이점들을 정확하게 살펴보는 것이다. 종종 그 차이점들 속에서 이야기의 관점과 목적이 발견될 수 있다. 왜냐하면 각 저자가 자신이 강조하고자 하는 바를 강조할 때 그런 차이점이 생겨날 수 있기 때문이다. 우리가 해야 할 일은 36-39장의 이야기가 이사야서라는 전체적인 문맥 안에서 어떤 말을 하고 있는지를 알아보는 것이다.

산헤립의 보고를 통해 우리는 산헤립 때문에 시돈 왕이 사이프러스로 도망하지 않을 수 없었고, 산헤립은 그를 대신할 새로운 '꼭두각시 왕'을 세웠다는 것을 알 수 있다. 산헤립은 비블로스, 아스돗, 벳아민, 모압, 에돔 등으로부터 조공을 받았다. 그는 아스글론 왕을 앗수르로 보내고 산헤립에게 조공을 바쳤던 이전 왕으로 그의 자리를 대신하게 했다. 에글론 사람들은 그들의 왕을 반역하고 그를 히스기야에게 넘겨주었고 애굽에게 도움을 청했다. 산헤립은 엘데게에서 애굽의 구스 왕을 물리치고 에글론의 왕을 복위시켰다. 그는 46개의 유다 성읍들과 수많은 작은 마을들을 정복했고 20,000명 이상의 포로를 사로잡았다. 그는 히스기야를 '새장에 갇힌 새' 처럼 예루살렘 성 안에 가두고 히스기야의 군대가 패배한 이후 많은 조공을 니느웨로 보낼 것을 강요했다.

성경의 기록은 히스기야가 산헤립에게 항복하고 많은 조공을 보낸 것을 보여주고 있다(왕하 18:14-16). 그러나 이사야서는 다른 내용들을 기록하고 있다. 그것은 이사야서의 주된 관심사를 우리에게 보여준다. 이사야서는 극한 정치적 위기 속에서 드러난 하나님과 하나님의 선지자의 권위와 능력을 보여주려 노력하고 있다.

Main Idea	하나님께서는 재난 앞에서 기도하는 충성된 지도자들을 보호하시고 구원하심으로 하나님의 권위와 능력을 드러내신다.

A. 권위를 주장하는 앗수르(36:1-22)

역사적 사건의 기록(B.C. 701년)

Supporting Idea	하나님의 백성들은 정치적, 군사적 힘을 가진 강대국을 의지할 것인지, 아니면 그들을 구원하기로 약속하신 하나님을 신뢰할 것인지를 선택해야 했다.

36:1-3. 권위라는 문제가 복잡한 이야기의 중심 주제를 이루고 있다. 따라서 이야기의 첫머리는 히스기야와 그의 하나님 여호와 앞에서 절대적인 힘을 주장하는 앗수르 사람들을 보여주고 있다. 히스기야 왕 십사 년이라는 연대는 히스기야가 B.C. 715년부터 통치하기 시작했음을 뜻한다. 이것은 이스라엘의 호세아 왕 삼 년, 즉 B.C. 729년 혹은 728년에 히스기야가 통치하기 시작했다는 것을 보여주는 열왕기상 18장 1절의 기록과는 차이를 보인다. 아마도 열왕기상의 기록은 히스기야가 왕세자로 책봉되었거나, 아니면 그가 왕위에 오르기 전부터 그의 아버지와 함께 국사를 책임지기 시작한 때를 말하는 것으로 보인다.

히브리어로 랍사게라 불렸던 지휘관은 궁중에서 '술 따르는 사람들의 수장' 을 뜻하는 아카드어를 음역한 것으로 보인다. 그가 맡은 정확한 임무는 알려져 있지 않지만 앗수르의 최고위층 외교관이었던 것이 분명하다. 그 앗수르 지휘관은 군장교가 아니라 외교관이었다. 그와 동행한 군대는 예루살렘을 공격하기 위한 병력이 아니라 그를 보호하기 위한 병력이었다. 회담이 열린 곳은 이사야가 앞서 아하스를 만났던 곳이다(7:3). 히스기야는 랍사게에게 그의 신하들을 보냈다(22장). 이것은 이 서두가 연대순으로 이어지는 이야기의 시작점이 아니라 산헤립이 한 모든 일들을 요약하고 있는 부분이라는 사실을 우리에게 말해주는 것이다.

라기스는 유다를 공격하기 위해 출정한 산헤립의 군대가 일단 정지했던 곳들 가운데 하나였다. 라기스는 예루살렘에서 서남쪽으로 약 48.2킬로미터, 그리고 헤브론에서 서쪽으로 약 24.1킬로미터 가량 떨어진 곳에 위치한 30에이커의 넓은 땅으로 현재의 텔 에드 드웨이르(Tell ed-Duweir) 지역이다.

36:4-12. 사건을 묘사하고 있는 이야기의 핵심 단어는 '신뢰', '믿음', '확신', '의뢰'를 뜻하는 하나의 히브리 단어이며, 36장 4-7, 9절, 37장 10절에서 8번에 걸쳐 다양한 형태로 나타나고 있다. 랍사게는 히스기야가 취할 수 있는 다양한 입장들을 열거하며 그를 비난했다. (1) 히스기야는 강력한 군사력은 없지만 싸울 모략이 있다고 믿고 있다(5절). (2) 바로가 그 의뢰하는 자의 손을 찌르는 갈대 지팡이와 같다는 사실이 여러 차례 증명되었음에도 불구하고 그는 애굽을 신뢰하고 있다(6절). (3) 히스기야는 모든 산당들을 훼파했음에도 불구하고(왕하 18:4) 그의 하나님 여호와를 의뢰하고 있다고 생각한다. 하나님의 사자들은 산당에서 드리는 예배를 책망했지만, 그의 이런 주장은 예루살렘 밖에 있는 고대의 예배 처소들을 사용하고 싶어하는 백성들에게는 상당히 설득력 있는 주장이었다(7절).

그런 다음 그는 앗수르가 유다에게 기꺼이 무기를 제공해준다 해도 유다에는 그 무기를 사용할 군인들이 없을 것이라고 조롱했다. 산헤립은 여호와를 두려워하지 않는데, 그 이유는 앗수르의 신들뿐 아니라 이스라엘의 하나님의 이름으로 맹세하고 히스기야와 맺은 조약 문서가 있기 때문이라고 했다. 히스기야는 그 조약을 파기했고, 따라서 앗수르에게는 그 조약을 맺으며 맹세했던 하나님의 이름으로 예루살렘을 칠 권리가 있다고 주장했다(10절).

그곳에 앗수르 군대만 있었던 것은 아니었다. 유다의 군인들도 자신들의 사절단을 보호하기 위해 성벽 위에 앉아 있었다. 유다의 사절단은 그들의 협상 내용을 군인들이 듣게 되는 것을 원치 않을 만큼 곤란한 입장이었다. 그래서 그들은 그 지역 주민들이 사용하던 유다 방언인 히브리어 대신 공식 외교 석상에서 사용하는 아람 방언으로 말해줄 것을 랍사게에게 간청했다. 그러자 랍사게는 군인들도 다 들을 수 있도록 유다 방언으로 오히려 더 크게 외쳤다.

36:13-20. 군인들은 히스기야 왕과 그가 말하는 하나님의 약속들을 의뢰할 것인지, 아니면 그들에게 당장 양식을 주고 또 앗수르와 같이 이국적이고 강력한 힘을 가진 나라에 사는 사람들처럼 오랫동안 살 수 있는 거처를 공급해줄 수 있는 앗수르 왕을 신뢰할 것인지를 선택해야 하는 기로에 서 있었다. 랍사게는 여호와의 도성이었던 사마리아도 이미 멸망하지 않았느냐고 반문하며 하나님의 약속이 허망하다는 것은 이미 역사 속에서 증명되었다고 주장했다.

36:21-22. 히스기야의 사절단은 말하지 말고 듣기만 하라는 명을 받고 있었다. 그래서 그들은 아무 말도 하지 않고 돌아왔지만 슬픔에 잠겨 있었다. 앗수르의 권위는 높아졌고 히스기야와 여호와의 권위는 부인되었다. 그런 상황 속에서 누구를 신뢰해야 할 것인지에 대한 고민이 계속되었다.

B. 보상받은 통치자의 믿음(37:1-38)

역사적 사건의 기록(B.C. 701년)

Supporting Idea	사람들은 다윗과 맺은 언약을 성취하고 명성을 지킴으로써 자신이 거룩한 하나님이라는 사실을 드러내시는 창조주 하나님을 신뢰할 수 있었다.

37:1-4. 히스기야 왕은 슬퍼했지만 적절한 곳에서 적절한 방법으로 그 슬픔을 표현했다. 하나님의 집으로 올라가 호소하며 하나님의 선지자의 조언을 구했다(7장과 대조적으로). 히스기야는 하나님께 참 하나님을 감히 조롱하는 자들에게 복수해주시기를 바랐다. 그는 자신이 산헤립과 맞서 이미 상당한 군사력을 잃었기 때문에 이제 남아 있는 자들을 위한 소망만이 남아 있다는 사실을 알고 있었다.

37:5-13. 이사야는 불경스런 말을 하는 앗수르 사람을 두려워하거나 믿지 말라고 히

스기야에게 말하며 이스라엘이 구원받게 될 것을 예언했다. 하나님께서 이미 그와 그의 군대를 물리칠 계획을 세우셨다. 산헤립의 군대가 라기스에서 북쪽으로 6마일 떨어진 지금의 텔 엘 보르넷(Tell el-Bornat)에 해당하는 립나로 물러나게 될 때가 다가오고 있었다. 디르하는 앗수르 사람들이 생각하듯이 그렇게 믿을 수 없는 사람은 아니었다. 애굽의 바로가 돕기 위해 왔다(이사야서 36-39장에 기록된 사건의 역사적 문제들에 대해서는 '심층 연구' 를 참고하라).

산헤립은 서둘러 협상을 시도하려 했다. 앗수르 왕은 여호와께서 예루살렘을 지키실 것이라는 유다의 주장이 역사적으로 잘못된 것이라는 증거가 있다는 논리를 펼쳤다. 그러므로 또다시 누구를 신뢰할 것인지가 중요한 문제로 대두되었다. 하나님의 역사를 믿어야 할 것인가, 아니면 산헤립의 역사를 믿어야 할 것인가?

37:14-16. 히스기야는 또다시 여호와께 대한 자신의 신뢰를 보여주었다. 그는 다시 앗수르에서 온 글을 들고 성전으로 올라갔다. 그리고 여호와 앞에 그 글을 펴놓았다. 하나님께서는 창조 세계를 계속해서 주관하시는 창조주 여호와라는 신학적 고백이 그의 믿음의 기초가 되었다('창조주 하나님' 에 대해서는 40-41장의 '심층 연구' 를 참고하라). 히스기야는 앗수르의 협박을 심각하게 받아들였다. 그러나 과거에 앗수르에 패배한 사람들의 손으로 만든 신들과 두 손으로 이 세상을 붙들고 있으며, 이제 앗수르와 맞서게 될 창조주 사이에 분명한 선을 그었다.

히스기야는 만군의 여호와께 기도했다('만군의 여호와' 에 대해서는 1장의 '심층 연구' 를 참고하라). 만군의 여호와는 야곱 당시로까지 거슬러 올라갈 수 있는 하나님의 이름이고, 이스라엘 역사 속에서 중요한 전환점을 맞이할 때 사용되던 이스라엘의 하나님을 지칭하는 이름이었다(창 33:20 수 24:23, 삼하 12:7, 왕상 1:48, 사 21:10, 29:23, 37:16, 21, 45:3, 15, 52:12). 그분은 '그룹 사이에 계신 분' 이다(삼상 4:4, 왕하 19:15, 시 80:1). 그룹 사이에 계신 분은 하나님께서 하나님의 백성들을 만났던(출 25:22) 언약궤를 기초로 한 하나님을 묘사한 것이다.

그 하나님께서는 이스라엘의 역사 속에서 자신을 드러내셨다. 그러므로 히스기야는 산헤립에 맞서 여호와만이 천하 만국의 유일하신 하나님이라고 주장할 수 있었다. 그는 세계 초강대국이 성문 앞에 서서 그들을 쓸어버리겠다고 위협하는, 이스라엘 역사상 가장 암담해보이던 시기에 그런 무모한 주장을 할 수 있었다.

37:17-20. 그런 신학적 기초 위에서 히스기야는 열국들 가운데 스스로 드러내주실 것을 여호와께 간청했다. 승리 자체에 신학적 목적이 있었다. 왕 자신을 위한 이기적인 목적만을 위해 승리를 바란 것은 아니었다. 산헤립은 하나님을 훼방하는 말을 했다. 산헤립이 한 말 가운데 옳은 말도 있었다. 그 어느 신도 산헤립의 공격으로부터 그들 자신을 추종하는 사람들을 구할 수 없었다. 그러나 하나님께서는 산헤립을 물리치심으로 하나님의 능력을 증명할 수 있는 분이셨다. 그리고 그 일을 통해 천하 만국으로 주만 여호와이신 줄을 알게 하실 것이다.

37:21-29. 하나님께서 다시 선지자를 통해 하나님의 반응을 알려주셨다. 히스기야가 결정을 앞에 두고 하나님께 기도했기 때문에 하나님께서 그 기도에 응답하셨다. 산헤립은 처녀 딸 예루살렘에게 사랑을 호소하는 연인으로 묘사되었다. 그러나 그녀는 모든 구애를 거절하는 용기를 보였다. 하나님께서 그분의 딸을 보호하고 이스라엘의 거룩한 자(1장의 '심층 연구'를 참고하라)를 감히 능욕하는 오만한 산헤립을 책망하기 위해 일어서셨다.

산헤립은 다른 나라들을 멸망시키며 거둔 놀라운 자신의 업적들을 모두 열거했다. 그러나 인간의 역사를 주관하신 분은 하나님이셨다. 산헤립이 아니었다. 하나님께서 사건들의 행로를 정하셨다. 그렇다. 앗수르 왕이 거둔 승리들도 이스라엘의 하나님께서 그렇게 정하셨기 때문이다. 산헤립은 유다에서 장래를 기대할 수 없었다. 하나님께서 그에게 그가 온 곳으로 돌아가라고 말씀하셨다. 그가 많은 사람들을 포로로 추방하고 유배시켰듯이 하나님께서 그를 그의 나라로 돌아가게 하실 것이다.

37:30-32. 이사야에게는 히스기야를 위한 메시지뿐 아니라 산헤립에게 전할 메시지도 있었다. 앗수르의 포위 공격으로 농작물들이 소실되었다. 하나님께서 2년 동안 자연에서 스스로 날 것들을 통해 식량을 공급해주실 것이다. 그런 다음 정상적인 농사를 다시 재개할 수 있을 것이다. 그것은 유다가 비록 농작물처럼 다 죽은 것처럼 보이지만 다시 자라게 될 것을 보여주는 하나의 상징이 되었다. 남은 자들만이 자랄 것이다. 왜냐하면 하나님께서 유다를 벌하심으로 많은 사람들이 전쟁으로 목숨을 잃거나 포로로 잡혀갈 것이기 때문이다('남은 자'에 대해서는 2-4장의 '심층 연구'를 참고하라). 히스기야는 어떻게 하나님의 약속이 실제로 이루어질 것이라는 사실을 확신할 수 있었는가? 여호와 하나님의 열심이 그 일을 이루실 것이기 때문이었다('여호와의 열심'에 대해서는 9-

11장의 '심층 연구' 를 참고하라).

37:33-35. 이사야의 메시지가 이 구절에 요약되어 있다. 예루살렘에서는 전쟁을 볼 수 없을 것이다. 하나님께서 하나님의 명성과 다윗에게 한 약속을 지키기 위해(삼하 7장) 예루살렘을 방어하실 것이다. 북왕조는 멸망했다. 유다에 있는 많은 사람들은 산헤립이 유다에 죽음을 몰고 올 것이라고 말할 것이다. 인간적인 관점에서 볼 때는 모든 것이 절망적으로 보였다. 그러나 하나님께서 그분의 약속을 지키셨다. 하나님께서는 하나님 자신의 명성을 지키고, 다윗의 후손이 하나님의 백성들을 위해 늘 왕위를 지킬 것이라고 말씀하신 그분의 약속을 신실하게 지키고 계심을 보여주셔야 했다. 그렇다. 하나님께서 유다 백성들에게 하나님 자신은 신뢰할 수 있는 분임을 입증하실 것이다.

37:36-38. 하나님께서는 하나님의 말씀을 충실하게 지키셨다. 산헤립이 포위를 풀고 아무 전투도 벌어지지 않았음에도 불구하고 혼비백산한 그의 군대를 이끌고 앗수르로 돌아가게 만드셨다. 그 후 20년(하나님의 시간표에 의하면 매우 짧은 기간이라 할 수 있는 기간)이 지난 B.C. 681년에 일어난 반란으로 산헤립은 목숨을 잃었다. 앗수르 연대기는 수호신으로 알려진 우상이 그의 머리 위로 떨어져 박살이 났다고 기록하고 있다.

니스록이라는 신은 다른 고대 문헌에는 나타나지 않는다. 아라랏은 앗수르 문헌에는 우라투로 기록되어 있으며, 아르메니아의 반 호수를 중심으로 하고 있다. 앗수르 자료들은 아드람멜렉을 아르다 물리시로 기록하고 있다. 재복구된 앗수르 기록에는 사레셀에 대한 언급이 없다. 그러나 '신의 가호가 있기를' 이라는 뜻의 앗수르어 사라 웃세르라는 이름이 있었다(사 36-39장에 기록된 사건의 역사적 문제들에 대해서는 '심층 연구' 를 참고하라).

C. 확실한 처방, 기도(38:1-22)

역사적 사건의 기록(B.C. 701년)

Supporting Idea	하나님께서는 구원과 치유를 구하는 기도에 응답하시며 하나님의 백성들과의 인격적인 관계를 유지하신다.

38:1-3. 이야기의 초점은 국가의 번영에서 왕의 개인적인 건강으로 옮겨간다. 핵심 주제는 여전히 신뢰와 기도에 초점이 맞추어져 있다. 우리는 고대 이스라엘이 선지자의

직무에 대해 부분적으로 어떻게 이해하고 있었고, 기도를 통해 사람들과 하나님 사이에서 이루어지는 관계에 대해 어떻게 이해하고 있었는지를 알 수 있다. 이사야가 히스기야를 직접 만난 것은 히스기야의 이야기(36-39장) 가운데 이곳에서 처음 나온다. 선지자는 죽음을 예측했다. 그러나 히스기야는 확실한 처방을 찾았다. 그것은 기도였다.

히스기야가 한 기도의 내용은 흥미롭다. 시편에서 자주 볼 수 있는 것처럼(시 7, 26편) 그는 자신의 무죄를 호소하고 있다. 이스라엘 백성들은 그의 고통을 알지 못했다. 그는 그가 처한 상황에 대한 전적인 책임을 즉각 받아들일 준비가 되어 있지 않았다. 자신에게 닥친 죽음을 받아들일 수 없다고 생각한 히스기야는 직접 하나님을 향해 탄식했다. 그는 독선적인 자세를 보이지 않았다. 그는 하나님과의 인격적인 관계를 이해하기 위해 몸부림치고 있었다. 그는 자신이 사형 선고를 받아야 할 만큼 그렇게 엄청난 잘못을 어디서 어떻게 저질렀는지 알고 싶었다. 그 과정 속에서 히스기야는 심히 통곡했다.

38:4-8. 하나님께서는 그런 진지한 눈물과 기도를 들으시고 새로운 말씀과 함께 선지자를 그에게 보내셨다. 우리는 이 구절이 보여주고 있는 예언에 대한 이해에 주목해야 한다. 선지자는 앞에서 그가 한 예언과는 상반되는 메시지를 전했다. 하나님께는 이미 선언한 내용을 번복하면서까지 기도에 응답하실 수 있는 자유가 있다. 하나님의 백성들과의 인격적인 관계가 미리 정하신 하나님의 계획보다 우위를 차지한다. 선지자는 이 사실을 이해하고 있었기 때문에 말에 일관성이 없다는 비난을 받고 자신의 명성에 타격이 된다 할지라도 기꺼이 하나님의 도구가 되고자 했다.

선지자의 예언은 왕의 개인적인 문제뿐 아니라 나라의 소망까지 언급했다. 하나님께서 히스기야에게 놀라운 징조를 주심으로 그의 기도에 응답하시려는 하나님의 결의를 강조하셨다. 그 징조를 정확하게 이해하기는 어렵다. 왜냐하면 히브리어 원문이 분명하지 않기 때문이다(여러 번역본들을 비교해보라). 일영표는 시간을 측정하기 위해 사용된 일종의 층계였거나 그림자를 정기적으로 볼 수 있는 단순한 층계였을 것이다. 중요한 것은 하나님께서 그 그림자를 정상적인 진행 방향과는 반대로 움직이게 하셨다는 사실이다. 하나님께서 그 상황 속에서 함께하신다는 사실을 보여주시기 위해 사람이 할 수 없는 일을 하셨던 것이다.

38:9-20. 히스기야가 어려움에 처했을 때만 기도한 것은 아니다. 그는 시편에서 많이 볼 수 있는 형태의 감사 기도(시 9, 34, 118편)를 하나님께 드렸다. 열왕기하 20장에서는

이 기도를 볼 수 없다. 따라서 이 부분은 이 사건에 대한 이사야의 해석을 이해하는 데 중요한 역할을 한다. 더 나아가 하나님과 하나님의 백성들의 관계 속에서 기도의 중요성을 강조하는 것이다. 히스기야는 곤경에 처했을 때 느꼈던 내면의 감정들을 표현했고(10-12절), 자신이 얼마나 간절하게 하나님을 찾았는지를 고백한(13-16절) 다음 놀라운 기적을 행하신 하나님께 대한 감사와 찬양으로 기도를 마쳤다(17-20절).

히스기야의 기도는 사망에 대한 히브리인들의 생각을 드러내주고 있다. 그들은 죽은 사람들이 음부에서 사는 것을 사망이라고 생각했다(18절, '음부 또는 스올' 에 대해서는 5장의 '심층 연구' 를 참고하라). 그들은 여호와나 사람을 다시 볼 수 없었다. 그들에게는 집도 할 일도 없었고, 더 이상 하나님을 찬양하지도 못했다. 그들에게는 아무 소망도 없었다. 그들은 멸망의 구덩이에 있었다. 죽음에 대한 이런 이해는 부활의 복음이 정말로 얼마나 좋은 것인지를 보여준다. 이 장의 마지막 두 구절은 열왕기하 20장 7-8절에서도 볼 수 있다. 그러나 이사야가 히스기야의 기도를, 예배하기 위해 성전으로 올라가려는 그의 열망으로 마무리하면서 그의 의를 강조하고 있다는 점에서 열왕기하에서 이 구절이 차지하고 있는 역할과는 다른 역할을 하고 있다.

임박한 죽음을 앞에 두고 있었지만 히스기야는 여전히 사람을 치료하고 살려주시는 분은 하나님이시며, 하나님께서 자신에게 큰 고통을 더하신 것은 평안을 주려 하심이라는 고백을 할 수 있었다. 히스기야는 또 그의 고통은 자신의 죄와 관계가 있음을 인정하고, 하나님께서 그의 '모든 죄를 주의 등 뒤에 던지셨기' 때문에 회복될 수 있었다고 고백했는데, 그와 똑같은 표현은 히브리어 성경의 다른 어느 곳에서도 찾아볼 수 없다. "무엇을 누군가의 등 뒤로 던진다"는 표현은 하나님이나 하나님의 율법을 경시한 인간의 죄를 언급할 때 사용되었다(왕상 14:9, 겔 23:35). 히스기야는 종종 하나님께서 하나님의 자리에 인간의 죄를 두시며 인간의 행동을 역전시키신다는 것을 알고 있었다. 이 기도는 믿음과 신뢰의 표현이었다. 히스기야의 죄와 그의 회개의 본질은 역대하 32장 25절에서 분명히 볼 수 있다.

38:21-22. 이 구절은 이사야서의 연대기적 순서에 맞지 않는 반면, 열왕기하 20절은 이사야서 38장 6절과 같은 내용 뒤에 이어지고 있다. 많은 해석가들은 이 부분이 열왕기에 기록된 내용을 모두 이사야서에 포함시키려고 했던 후기 편집자들의 작업이기 때문이라는 설명을 하려고 애를 썼다. 그러나 그보다는 이사야가 이 구절을 마지막까지 남겨

두었던 것으로 보인다. 이사야가 그렇게 했던 이유는 하나님께서 히스기야를 치유하신 방법을 강조하기보다는 히스기야와 함께 일하신 하나님의 사역 속에서 기도가 차지하는 역할을 보여주고 싶었기 때문이다. 이사야는 열왕기상에 기록된 이 내용을 전승의 중요한 한 요소로 포함시키기는 했지만, 일어난 모든 일들 속에서 기도가 얼마나 중요한 핵심 요소가 되었는지를 보여준 다음에야 포함시켰다. 치료를 위해 한 뭉치의 무화과를 사용한 것과 같은 일이 기도보다 더 중요한 것이 될 수 없었다. 치유는 히스기야가 솔직하고 담대하게 기도했을 때 이루어졌다.

D. 미리 알려준 무시무시한 미래(39:1-8)

역사적 사건의 기록(B.C. 701년)

Supporting Idea	인간의 교만과 이기심은 치유를 받은 경험이 있는 사람에게도 하나님의 심판을 불러오게 한다.

39:1-2. 이야기의 마지막 부분은 이방 나라들에 대한 경고(13장)로 다시 돌아갔다가 40-55장에 기록된 바벨론 포로 생활에서의 구출에 대한 선포를 향해 나아간다. 므로닥발라단은 앗수르에 저항해 B.C. 721년부터 710년까지(사르곤이 그를 물리치고 바벨론 왕좌에 오르게 됨) 계속된 전쟁에서 독립을 이끌어낸 바벨론의 왕자였다. 그는 유배되었지만 계속해서 분쟁을 일으키며 B.C. 703년에 다시 잠시 동안의 독립을 얻어냈다. 말년에 그는 예루살렘으로 사절단을 파견했다. 그들은 히스기야의 병에 대한 소식을 듣고 예물을 들고 와 정치적인 예우를 표했다. 그러나 사실 그들은 서쪽에서 앗수르에 맞서 싸우는 일에 히스기야를 끌어들여 두 군데의 전쟁터에서 싸워야 하는 어려움에 앗수르를 빠뜨리기 위한 정치적 임무를 띠고 그를 찾아갔던 것이었다. 히스기야는 그들에게 그 전쟁에 사용될 수 있는 자신의 자원들을 모두 보여주었다.

39:3-8. 이사야는 매우 노했다. 그는 앗수르와 싸우기 위한 도움을 얻기 위해 이방 나라들과 동맹을 맺으려 하는 대신 하나님을 신뢰해야 한다고 유다의 왕을 설득시키려 노력해왔다(6-8장). 선지자에게는 불길한 소식이 있었다. 바벨론은 유다가 맞이하게 될 다음 번 적이었다. 유다의 보물들은 앗수르가 아니라 바벨론으로 옮겨지게 될 것이다. 그것은 B.C. 597년에 일어난 예루살렘의 첫 번째 패배를 언급하는 것이었다(왕하 24:10-17).

히스기야의 반응은 우리를 놀라게 한다. 그는 이사야에게 유다의 멸망을 알리는 선지자의 말에 좋소이다라고 대답했다. 그는 그의 생전에 일어날 일에만 관심을 보였다. 그러나 선지자는 유다의 전 역사를 염려하고 있었다. 그 유다의 역사는 왕의 행복이 아니라 하나님을 신뢰하는 왕의 믿음에 달려 있었다. 성경은 유다가 B.C. 597년에 패배하고 B.C. 586년에 결국 멸망하게 된 것은 선지자의 경고를 무시하고, 하나님의 심판이 자신에게 직접 영향을 미치지 않는 한 문제가 되지 않는다고 생각했던 교만하고 이기적인 왕으로부터 기인한 것이라고 말하고 있다. 의로운 왕은 예루살렘을 구할 수 있었지만(37-38장), 이기적인 왕은 예루살렘의 멸망을 불러왔다(39장).

이사야서의 첫 번째 부분은 두려운 공포의 때에 필요한 소망의 말씀을 전달하는 이사야서의 두 번째 부분을 준비하며 여기서 끝이 난다.

Main Idea 복습	하나님께서는 재난 앞에서 기도하는 충성된 지도자들을 보호하시고 구원하심으로 하나님의 권위와 능력을 드러내신다.

결론

우리의 기도와 하나님의 주권

우리의 기도 생활이 하나님과 우리의 관계를 보여준다. 어려운 때에 믿음의 사람은 자신의 개인적이고 감정적인 생각들과 느낌들을 하나님께 알린다. 그는 무슨 일이 일어나고 있으며, 왜 그런 일이 일어나고 있는지 알려주실 것을 하나님께 간청한다. 그러나 그는 또 일어나고 있는 모든 일이 하나님의 계획과 일치할 것이라는 사실을 인정한다. 구원을 위한 기도가 응답될 수도 있다. 그러나 그렇다고 해서 그것이 하나님께서 반드시 따라야 할 패턴이 되는 것은 아니다. 우리가 이기적인 자세와 방법으로 되돌아가기로 한다면 하나님의 치유도 심판의 선언으로 바뀔 수 있다.

■ 진리 알기

· 절박한 상황은 하나님의 백성들에게 기도할 것을 요구한다.

· 하나님께서는 온 세상에 자신만이 유일한 참 하나님이라는 사실이 알려지기를 원하신다.

· 하나님께서는 하나님의 백성들에게 한 약속을 지키는 분이시다.

■ 적용하기

· 하나님께로부터 멀어지게 하는 세상 약속들을 무시하라.

· 소망이 보이지 않을 때 하나님께 도와주시기를 기도하라.

· 고난 속에서 우리가 깨달아야 할 유익들을 깨달을 수 있도록 하나님께 기도하라.

· 이기심에서 구해주시고, 하나님의 방법과 계획을 따를 수 있도록 하나님께 기도하라.

삶의 적용

가장 암담할 때

쉐리 로즈 쉐퍼드(Sheri Rose Shepherd)는 기도의 중요성을 극적으로 보여주었다. 연설을 하러 가기 위해 비행기를 탄 그녀는 편안한 자세로 잠들 때까지 몸을 이리저리 뒤척였다. 하나님께서는 그녀가 잠자는 것을 허락지 않으셨다. 그리고 그녀에게 부드럽게 "옆 좌석에 앉아 있는 사람에게 곤경에 빠진 딸이 있다. 그 사람과 이야기하라"고 말씀하셨다. 쉐리는 "하나님께서는 이런 식으로 말씀하지 않으신다"라고 생각하며 그냥 자신이 그렇게 생각하는 것뿐이라고 자신을 설득시키며 거부하려 했다. 그런데 그 옛날 사무엘에게 그랬던 것처럼(삼상 3장) 그녀에게도 그 목소리가 계속 들려왔다.

마침내 그녀는 항복하기로 하고 "좋아요. 정말 하나님께서 하시는 말씀이라면 창피를 당할 각오를 하고 전혀 모르는 저 신사에게 그의 딸에 대해 물어볼 수 있는 기회를 만들도록 할게요"라고 하나님께 말씀드렸다. 그리고 그녀는 그 사람을 바라보며 불쑥 말을 꺼냈다. "죄송합니다. 혹 따님에게 문제가 있습니까?" 깜짝 놀란 듯한 그의 눈에 곧 눈물이 고였다. 마침내 그는 "어떻게 아셨어요? 대학에 다니는 딸이 있는데 지금 심각한 문제가 생겼습니다. 딸아이가 일하는 곳에서 강간을 당했고, 지금 임신중입니다"라고 말했다.

쉐리는 "선생님, 제가 알고 있는 가장 좋은 방법은 기도하는 것입니다. 선생님의 짐을 덜어드리기 위해 무슨 말을 해야 할지 모르겠습니다. 그러나 제가 아무 말도 할 수 없을 때 하나님께서 말씀하신다는 것을 전 알고 있습니다"라고 말했다. 그래서 두 사람은 그의 딸과 아기와 임신하게 한 남자와 그의 가족을 위해 기도했다. 비행기가 이륙하자마자 그 사람은 집에 전화를 걸어 그의 아내에게 하나님께 자신들의 삶을 맡기고 딸을 위해 기도하며 다시 교회에 나가기 시작해야겠다는 말을 했다. 6개월 후 그 사람은 쉐리에게 그의 딸이 얼마나 달라진 삶을 살고 있는지를 이야기했다. 그 딸은 아기를 낙태시키지 않았고 아기를 입양할 사람을 찾기로 했다. 그리고 교회에 다니고 있으며 그녀의 부모도 그랬다. 기도는 가장 암담한 순간을 하나님께 나아가는 길로 만들어준다(Sheri Rose Shephard, Life Is Not a Dress Rehearsal).

히스기야도 기도가 국가적으로 가장 암담했던 순간을 그리고 개인적으로 죽음에 직면했던 순간을 하나님께 나아가는 길로 만들어준다는 사실을 알게 되었다. 우리 역시 아무리 암울한 순간에도 하나님께서 우리에게 말씀하시고, 우리를 위해 하실 일이 있다는 사실을 깨달을 수 있다. 하나님께서는 하나님을 신뢰하고 우리에게 닥친 어두움을 숨김없이 솔직하게 들고 나오라고 우리를 초청하신다.

기도

하나님, 그저 편안할 때만 기도할 때가 너무 많았습니다. 제가 원하는 것을 언제든지 구할 수 있는 편의점처럼 하나님을 대했습니다. 하나님, 제게 기도를 가르쳐주시고 가장 암담한 시기에 그 고통을 하나님께 맡기는 것을 가르쳐주십시오. 힘든 문제들이 있을 때 하나님을 신뢰하고 하나님의 때에 응답해주시는 하나님을 기대할 수 있게 도와주십시오. 아멘.

심층 연구

이사야서 36-39장에 기록된 사건의 역사적 문제들

비평 학자들은 이야기 속에 나타나는 시대적인 착오 때문에 이사야서 36-39장의 역사성을 의심하는 여러 가지 문제들을 제기하고 있다.

그런 문제들 가운데 하나는 37장 9절에서 볼 수 있는 애굽의 디르하가다. 원래 수단 출신인 디르하가는 애굽의 25번째 왕조의 한 왕이었으며, B.C. 690년에서 664년까지 통치했다. 그는 500년 전 상태로 있던 애굽의 건축 공사를 새롭게 보완했다. 그는 멤피스에서 살았지만 테베(Thebes)와 나파타(Napata)에 있는 아문(Amun) 신전을 위해 국고를 사용했다. 그리고 B.C. 683년부터 680년까지 가나안을 침략해 두로와 시돈과 조약을 맺었다. 마침내 그는 B.C. 674년에 애굽을 공격한 앗수르의 엣살하돈을 격퇴시켰다. 그러나 B.C. 671년 엣살하돈이 디르하가를 불시에 기습해 멤피스를 점령했다. B.C. 666년에 다시 앗수르바니팔이 이끄는 앗수르 군대가 디르하가를 물리쳤다. 어느 정황으로 보나 B.C. 701년 산헤립이 히스기야를 공격했을 때 디르하가는 애굽을 통치하고 있지 않았다.

이 문제에 대한 두 가지 해결 방법이 제시되었다. 위자파라나와(S. H. Widyaparanawa, ITC, p. 241)는 상당히 비평적인 접근 방법을 보이고 있다. 그는 "B.C. 701년 애굽 군대를 통솔하기에 디르하가는 너무 어렸다. 아마도 남쪽에서 애굽이 앗수르 군대와 싸웠던 (이름이 알려지지 않은) 다른 전쟁을 이 전쟁으로 착각했던 것 같다. 디르하가는 25번째 왕조의 왕들 가운데 가장 잘 알려진 바로 왕이었기 때문에 이 이야기에 그의 이름을 별 생각 없이 사용했을 것이다"라고 설명했다.

존 오스왈트(John N. Oswalt)는 "현대 주석가들의 대다수는 이 구절이 디르하가가 그의 생애 후기에 맡았던 지위에 대해 그의 신분을 밝힌 것일 수 있다는 가능성을 인정하고 있다"고 주장했다(NICOT, p. 649). 그는 케네스 키친(Kenneth A. Kitchen, The

Third Intermediate Period in Egypt, pp. 154-172, 387-393)의 말을 인용했다. 월터 카이저(Walter Kaiser) 역시 키친의 말(A History of Israel, p. 381, n. 14)을 인용해 다음과 같은 결론을 내렸다. "B.C. 701년에 디르하가가 십대 청소년이었을 것이라는 주장은 애굽의 25번째 왕조의 연대와 카와에서 온 4-5개의 석비의 연대를 잘못 계산했기 때문이다. 케니스 키친은 디르하가가 B.C. 701년에 스무 살이었거나 스물한 살이었으며, 실제로 열왕기하 19장 9절에서 그를 '구스 왕' 이라 부를 만한, 또한 B.C. 690년에 시작된 그의 왕권을 앞서 예상할 만한 '정당한 권리를 가지고 원정대를 지휘한 우두머리' 가 될 수 있었다는 사실을 보여주었다."

위의 두 주장 모두 그들의 입장을 증명할 수 없었다. 왜냐하면 그것은 증거의 문제가 아니라 성경에 대한 이해의 문제이기 때문이다. 하나님께서 행하신 일을 보여주는 신뢰할 만한 기록으로 성경을 보는 사람들은 앗수르 인들과 맞서 싸우는 동안 군대를 이끌도록 임명된 애굽인을 기대할 것이다. 저자가 자신의 독자들에게 잘 알려진 약간 후기의 직위나 직함을 사용한 것은 기록에 최신 정보를 제공하고 원 독자들에게는 자신이 말하는 사람이 누구인지를 정확하게 알려주기 위한 한 방법이었다. 그것은 오늘날 우리가 트루먼(Truman) 이나 아이젠하워(Eisenhower) 대통령이 실제로 대통령이 되기 오래 전에 했던 행동들이나 대통령의 임기를 마친 후에 한 행동들에 대해 이야기하면서도 그들에게 대통령이라는 직함을 사용하는 것과 비슷하다.

이사야서 37장의 마지막 부분은 이스라엘이 아무 노력도 하지 않고 185,000명의 앗수르 군대를 물리칠 수 있도록 하나님의 사자 또는 천사의 모습으로 찾아오신 하나님을 보여주고 있다. 이 부분이 구약 성경에 나오는, 출애굽기 13-15장에 기록된 출애굽 사건 등과 같은 놀라운 기적들과 매우 흡사한 이야기처럼 들림에도 불구하고 이 부분에 대해 여러 가지 문제점들을 제기하는 주석가들이 많이 있다.

예를 들어 로널드 클레멘츠(Ronald Clements)는 이 부분에서 가르치고 있는 믿음 때문에 이 이야기의 역사성에 이의를 제기했다. 그는 "이사야가 극한 위기 속에서 예루살렘에 대한 그렇게 놀라운 확신과 보호를 단언한 것은 많은 문제점들을 야기한다. … 그것은 이사야의 메시지를 해석하면서 '유토피아' 또는 '비현실적' 이라는 꼬리표를 달지 않을 수 없게 만든다. … 한 세기 후 예루살렘은 산헤립으로부터 받았던 것과 비슷한 위협을 바벨론으로부터 십 년 사이에 두 차례나 받았다. 그 두 경우 모두 예루살렘은 결국 패배했고, 공격해오는 적을 물리치기 위한 '여호와의 사자'는 나타나지 않았다. 예루살렘이 구원될 것이라는 701년의 선언과 시편 46편과 48편 등에 반영된 믿음은 그런 패배로부터 예루살렘이 안전할 것이라는 잘못된 기대를 갖게 하는 데 적지 않은 공헌을 했다. … 그러므로 실제 사건이 어떻게 전개되었는지에 상관없이 이사야는 히스기야와 그의 백성들에게 B.C. 701년에 산헤립에게 도전하는 용기와 보기 드문 믿음의 행동을 불러일으키게 했다는 결론을 내린다 하더라도 그것은 결국 이사야가 극히 위험하고 사람들을 잘못 오도하는 그런 선지자였다는 사실을 말해주는 것이 될 수 있지 않겠는가? … 그런 믿음은 백성들을 진정시키고 적의 군대를 물리칠 수 있는 이상적인 믿음이기는 하지만 평범한 사람들에게는 불가능해보이는 믿음이라는 인상을 심어줄 뿐이다. 역사와 하나님의 섭리에 대한 지혜는, 적을 무찌르기 위해 천사들이 하늘에서 내려오지 않는다는 사실을 우리에게 명백하게 보여준다"고 말했다.

그러므로 클레멘츠는 두 가지 믿음 사이에 긴장 상태가 존재한다는 결론을 다음과 같이 내렸다. "안전과 구원을 보장해주는 대상을 찾는 믿음과 재앙과 심판을 깨닫고 기꺼이 받아들일 수 있는 믿음 사이에 긴장 상태가 존재한다. 이스라엘의 구원자로 오신 분의 십자가와 죽음 속에서 모든 성경 역사의 핵심을 보는 사람들은 그 두 믿음 가운데 어떤 믿음이 인간 존재의 더욱 깊은 곳까지 파고 들어갈 수 있는지를 확실히 알고 있다" (Clements, Isaiah and the Deliverance of Jerusalem, pp. 25-27).

이에 대해 존 오스왈트는 다음과 같이 주장했다. "이사야는 앗수르 왕이 히스기야의 항복에 만족했기 때문에, 또는 서쪽에서의 자신의 목표가 달성되었기 때문에, 또는 그의 제국 어디에선가 발생한 다른 위기 사태 때문에 그의 나라로 돌아간 것이 아니라고 강조하고 있다. 선지자는 그가 고국으로 돌아간 것은 다음 두 가지 이유 때문이라고 말하고 있다. 하나는 산헤립이 인간의 영광이 하나님의 영광보다 우월하다고 주장했고, 또 하나는 히스기야가 담대히 하나님을 신뢰했기 때문이다. 즉 하나님께서 그 사건에 개입하시고 앗수르 군대의 상당수를 죽이셨기 때문이다. 이 사건을 역사적인 사실에서 제거한다면(많은 주석가들이 그렇게 하고 싶어하듯이) 이 구절의 모든 신학적 내용은 실패로 돌아갈 것이다. 하나님께서는 므나헴에게 하셨던 것(왕하 15:19-20) 이상으로 히스기야를 구원하지 않으셨다. 그리고 디글랏 빌레셀 3세에게 하셨던 것 이상으로 산헤립을 벌하지도 않으셨다. 익명의 편집자들이 그것이 역사적으로 확인된 것이라는 이유 때문에 그

것을 사실이라고 악의 없이, 또는 잘못 주장하면서 고원한 신학적 체계를 세웠다. 그 확인이 잘못된 것이라고 우리가 지금 주장한다면 그 신학도 잘못된 것이 된다. 므나헴의 경험과 히스기야의 경험 사이에 중대한 차이가 정말 있을 때에만 하나님의 주권과 하나님의 신실하심에 대한 이사야의 감동적인 신학을 만족스럽게 설명할 수 있는 것이다" (Oswalt, NICOT, pp. 668-669).

브레버드 차일즈(Brevard Childs)는 이 기록이 '고백적인 역사' 라는 중요한 사실을 강조했다. 고백적인 역사 속에서는 "대립이 전적으로 신학적 대결로 보여진다. … 하나님의 행동은 모든 자연스런 요인들과 분리된 것으로 보여지고, 인간에 대한 언급은 없다. … 하나님의 현현을 설명할 때 일반적으로 사용되는 malak YHWH라는 관용어를 통해 하나님의 손에 의해 악이 박살나게 된다. 따라서 하나님께서 친히 원수를 근절하셨고 군대가 정신을 차렸을 때 그들 주위에는 18,500구의 시체가 널려 있었다. … (이것은) 하나님께서 하나님의 백성들에게 약속하셨던 것처럼 정말 그들에게 승리를 주셨다는 고백이다" (Childs, OTL, pp. 277-278).

클레멘츠의 주장과 상반되는 점을 하나 더 밝힐 필요가 있다. 그것은 두 가지 믿음의 대립이 아니라 선과 악의 대립이라는 점이다. 믿음은 하나님께서 선택하신 각각의 상황에서 자유롭게 행동할 수 있는 하나님의 자유를 인정한다. 믿음은 하나님께서 언제나 같은 유형의 결과를 불러오는 행동을 해야 한다고 하나님을 제한하지 않는다. 우리가 하나님을 정형화하고 매번 똑같은 행동을 기대하기 위해 하나님께서 행하신 특정한 한 행동을 사용할 수 있다고 해서, 그것이 하나님께서 처음에 한 다른 행동이 잘못되었다거나 그 행동이 기대하고 불러일으키는 믿음이 잘못되었다는 것을 의미하지는 않는다.

하나님께서는 죄를 범한 사람에게 심판을 약속하셨고, 그 약속을 이루셨다. 믿음의 사람들은 하나님께서 미래의 구원을 이루시기 위해 함께 일하시는 남은 자들이 되었다. 하나님께서는 하나님의 백성들을 위한 승리를 약속하시고, 그들이 잠잠히 앉아 그 승리를 기다릴 것을 기대하시며 그 승리를 거두게 하신다. 이것이 이사야의 메시지 속에서 볼 수 있는 긴장이다. 그것은 심판 앞에서 회개해야 할 때와 승리의 약속 앞에서 잠잠히 믿어야 할 때 사이에 있는 긴장이다. 그리스도께서 오셔서 고난당하셨다. 그러나 그 고난은 승리를 거두기 위한 서곡이며 그 방편이라는 것이 신약 성경의 메시지다.

므로닥 발라단에 대한 언급(39:1)은 이사야가 기록한 사건의 시간적 순서에 대한 의문을 제기한다. 이사야서 36-39장이 암시하고 있는 것처럼 바벨론이 B.C. 701년에 또는 그보다 약간 뒤에 유다를 찾아왔다면, 그들에게는 히스기야의 질병보다 훨씬 더 중요하게 논의해야 할 문제들이 있었을 것이다. 그들은 산헤립의 군사력, 그가 히스기야에게 강요한 조공, 유다가 새로운 자원을 찾을 수 있는 방법 등을 다루지 않을 수 없었을 것이다. 그런데 그들은 히스기야의 질병에 초점을 맞추었고, 히스기야는 그들에게 자신의 무기고와 보물고를 다 열어 보여주었다. 따라서 39장에 기록된 사건과 아마 38장에 기록된 사건까지도 36, 37장에 기록된 사건보다 먼저 일어난 사건처럼 보일 수 있다. 기록된 이야기의 순서는 시대적인 순서가 아니라 역사 신학에 의해 결정된다.

이사야서 39장은 이사야서에서 앗수르에 관한 부분을 마치고 40장부터 시작되는 바벨론에 관한 부분을 암시하고 있다. 히스기야는 앗수르의 위협과 죽음이나 유배 생활을 피할 수는 있었지만, 이스라엘에 가해지는 위협을 영구적으로 제거하지는 못했다. 그는 이스라엘의 마지막 승리를 가져온 궁극적인 메시아가 아니었다. 대신 그는 강한 믿음과 정치적 야망을 가진 사람이었다. 때때로 그는 그 야망 때문에 믿음을 저버리기도 했다. 이사야서에 기록된 그의 마지막 이야기는, 후손들에게 닥치게 될 위험이 앗수르가 아니라 바벨론이라는 사실을 보여주기 위해 뒷부분이 강조되어 있다.

고안

A. 들어가는 글

1. '플로렌스 나이팅게일' 이야기로 시작하라.

2. 배경 설명: 이사야서 36-39장은 앗수르로 인해 유다와 이스라엘과 궁중의 지도자들이 처하게 된 위기를 중심으로 다룬 이사야서의 첫 번째 부분을 마무리하고 있으며, 1장에 소개한 중요한 주제, 즉 정치적 동맹 관계가 아니라 하나님을 신뢰할 것에 대한 촉구를 다시 강조하고 있다. 그리고 기도가 매우 강조되어 있다. 하나님을 신뢰

하는 사람은 좋을 때나 그렇지 못할 때나 늘 하나님의 계획과 방법 그리고 하나님의 때를 구하기 위해 기도한다. 문제는 믿음의 사람도 중요한 순간에 하나님을 잊고 정치적 책략으로 돌아가려는 강한 자아와 개인적인 야망을 가진 사람일 수 있다는 사실이다. 이사야서 36-39장은 하나님께서 개인적으로나 국가적으로 어려운 때에 하나님의 백성들을 어떻게 구하실 수 있는지를 보여주고 있으며, 또 하나님을 신실하게 따르던 사람이 위기 앞에서 갑자기 세속적인 방법으로 돌아갈 때 하나님께서 그에게 어떻게 반응하시는지를 보여주고 있다. 그렇게 함으로 이 부분은 앗수르가 지배하던 시대를 넘어서서 바벨론이 지배하게 될 역사가 기다리고 있음을 우리에게 보여주고 있다.

3. 적용: 우리는 하나님께 무엇을 기대할 수 있는가? 깊은 신뢰와 기대를 가지고 한 기도가 정말로 변화를 가져오고 있는가? 우리가 기도 생활을 무시하고 일상적인 일들과 세속적인 관점으로 돌아갈 때 어떤 일이 일어나는가? 이사야서 36-39장의 교훈은 우리에게 하나님보다 정치적인 술수나 세상의 권력을 더 의지하려는 유혹 때문에 방해받는 일 없이 지속적으로 하나님을 신뢰하기로 다짐한 우리의 결단과 그분을 신뢰하는 우리 믿음의 깊이를 점검해볼 것을 요구한다.

B. 본문 이해

1. 권위를 주장하는 앗수르(36:1-22)
2. 보상받은 통치자의 믿음(37:1-38)
3. 확실한 처방, 기도(38:1-22)
4. 미리 알려준 무시무시한 미래(39:1-8)

C. 결론: '가장 암담할 때' 를 읽어주라.

1. 요약: 하나님께서는 하나님의 백성들이, 특히 그 지도자들이 어떤 상황에서나 심지어는 가장 암담할 때에도 하나님의 방법과 계획 그리고 그분의 때를 따르기로 다짐하기를 바라신다. 그러면서 더불어 믿고 솔직하며 숨김없는 기도를 통해 하나님에 대한 신뢰를 나타내보일 것을 요구하신다.

2. 도전: 지금 겪고 있는 가장 심각한 문제들을 하나님 앞에 펼쳐놓고 하나님과 자기 자신과 미래에 대해 어떻게 느끼고 있는지를 하나님께 솔직하게 말씀드려라. 그리고 그 문제들을 해결하기 위해 일하시는 하나님과 지금 당장은 하나님께서 일하시는 증거를 볼 수 없다 할지라도 필요를 채워주실 것이라는 사실을 알려주는 징조를 보여주시도록 기도하라.

토의 질문

1. 절망적이고 견디기 힘든 상황 속에서 기도할 때 어떤 일이 이루어지기를 기대하는가?

2. 당신이 정말로 하나님을 믿고 신뢰한다는 사실을 하나님과 교회와 세상에 어떻게 보여주고 있는가?

3. 당신은 하나님과 함께할 미래를 어떻게 내다보고 있는가? 그 이유는 무엇인가?

이사야 40-41장

위로자로 법정에 오신 창조주 하나님

*"하나님을 믿기 어려울 때 하나님을 외면하고
하나님께로부터 멀어지기 쉽다. 그러나 그렇게 해서
도대체 무엇을 어떻게 하겠다는 것인가?"*

- 체스터톤(G. K. Chesterton)

하나님의 백성들에게는 심판으로 모든 것이 끝나는 것이 아니다. 심판을 받고 유배 생활을 하게 된 이유를 열거한 다음, 하나님께서는 바벨론에서의 유배 생활을 마치고 광야를 통과하는 대로를 지나 하나님과 함께 예루살렘으로 돌아갈 것을 준비하라고 말씀하시며 그들을 위로하신다. 그 여행에 대한 확신을 심어주기 위해 하나님께서는 바벨론의 신들을 재판하는 법정 공판을 열고, 그들이 인간의 손으로 만든 물건에 불과하며 역사 속에서 일어날 일을 예측할 수도 없으며 또 역사 속에서 무언가를 할 수도 없는 거짓된 우상이라는 사실을 보여주셨다. 그리고 참 하나님께서는 바벨론을 무너뜨리고, 유배 생활을 하고 있는 유대인들을 고향으로 돌려보낼 고레스의 출현을 알리셨다.

Isaiah

들어가는 글

역사가 보여주는 것은 무엇인가?

스코틀랜드의 회의론자 데이비드 흄(David Hume)은 자신의 회의론을 매우 극적으로 변호했다. 그는 "느닷없이 이 세상에 던져진 이방인이 있다면 나는 그에게 병자들로 가득 찬 병원, 범인과 채무자들로 가득 찬 형무소, 시체들이 즐비하게 흩어져 있는 전쟁터, 바다 속에서 허우적거리는 함대, 독재와 기근과 역병으로 고통당하고 있는 나라를 보여줄 것이다. 솔직히 나는 이런 것들을 사랑이라는 궁극적인 목적과 어떻게 일치시킬 수 있는지 모르겠다"(Zacharias 인용, p. 63)라고 말했다.

이스라엘은 흄과 같은 입장이었다. 예루살렘은 멸망했고, 유대인의 대다수가 바벨론에서 포로 생활을 하고 있었다. 이스라엘의 하나님 여호와가 바벨론 군대와 그 신들에게 패배한 것처럼 보였다. 그런 상황 속에서 유대인들이 무엇을 기대할 수 있었겠는가? 그들은 하나님은 잊어버리고 최선을 다해 살아가야 할 때라고 생각했을 것이다. 그러나 하나님께서는 그렇게 끝나신 것이 아니었다. 하나님께는 바벨론에서 유배 생활을 하는 사람들에게 나이 든 선지자를 통해 전해줄 메시지가 있었다. 그 메시지는 이스라엘의 여호와와 바벨론의 우상들이 맞대결을 벌이는 법정의 모습으로 전달되었다. 누가 진짜 하나님이신가? 여호와께서는 그들을 향해 역사 속에서 무슨 일을 하고 있으며, 또 역사 속에서 앞으로 무슨 일이 일어날 것인지를 말해보라고 주문하셨다. 그들이 세상을 창조했기 때문에 역사를 주관하고 있다는 사실만이라도 증명해보라고 주문하셨다. 바벨론의 신들은 아무 말도 하지 못했다. 그들에게는 역사를 주관할 능력과는 감히 견줄 수도 없는 말하는 능력조차 없었다.

우리도 데이비드 흄처럼 우리에게 직면한 문제들과 우리의 삶을 시들게 하는 이겨내기 어려운 문제들을 열거할 수 있다. 우리에게는 하나님께서는 여전히 하나님이시며, 새 소망을 가질 수 있는 새로운 삶으로 우리를 인도해가실 것이라는 사실을 보여주는 하나님의 말씀이 필요하다. 이사야서 40-41장의 교훈은 위로자이신 하나님께 소망을 두고 기다리는 것을 배우는 데 도움이 될 것이다.

본문 이해

위로자로 법정에 오신 창조주 하나님

이사야서 40장에서는 역사적인 초점이 극적으로 바뀌고, 우리는 B.C. 545년의 공기로 숨을 쉬게 된다. 정치적으로는 바사의 고레스가 중앙 무대를 차지하고 있다(41:2, 45:1, 13, 48:14-15). 이스라엘 백성들은 예루살렘이 아니라 바벨론에서 살고 있다(42:24, 47:1). 재앙에 대한 선지자의 선언은 사라지고 없다. 하늘로부터 온 소망만이 나타나 있다. 전체적으로 하나님께서 주시는 위로를 받아들이도록 설득하기 위한 논쟁과 포로 생활을 하고 있는 사람들을 위로하는 내용이 주를 이루고 있다. 선지자는 바벨론에서의 유배 생활을 준비시키기 위해 이사야서의 첫 서른아홉 장을 할애했다. 그러나 이제 그는 그런 유배 생활에서 벗어나는 길을 보여주기 위해 모퉁이를 돌아섰다. 1-39장에서 볼 수 있는 많은 경고들과는 달리 40-41장에 기록된 소망과 위로의 메시지는 선지자가 그것을 언제 어디서 전달하고 있는지에 대한 실마리를 우리에게 보여주지 않는다.

Main Idea	이스라엘의 목자이며 유일한 창조주이신 하나님께서 그분의 백성들을 돌보시고 위로하시며 구원하기 위한 행동을 취하셨다.

A. 위로의 사명(40:1-11)

군사적 명령 계통

Supporting Idea	목자이신 하나님께서 그분의 백성들을 위로하고 영원한 약속을 성취함으로 하나님 자신의 영광을 드러내셨다.

백성들을 책망해야 하는 이사야의 사명이 6장에 나타나 있다. 40장에서는 그와 대조적으로 백성들을 위로해야 하는 사명을 볼 수 있다. 그 사명은 마치 다음 4단계를 거쳐 군대에 전달되는 군사적 명령 계통처럼 보인다.

1. 명령은 내 백성을 돕기 위해 천상의 평의회를 구성하고 있는 일원들을 소집하는 천

상의 평의회에서 시작된다(6장 참고). 6장에서처럼 여기서도 선지자는 그 평의회에 참석해 있다.

2. 선지자는 3절에서 그 명령을 우리 하나님의 행동과 연결시켜 백성들에게 보고했다.

3. 선지자는 계속 보고하고 있지만, 새로운 명령이 백성들을 향한 복수형이 아니라 자기 자신을 향한 단수형이라는 사실을 6절에서 깨달았다. 그는 선지자로서의 경험 속에서 매우 자주 일어났던 것처럼(6:5) 자신에게 주어진 임무를 완수할 능력이 자신에게 없음을 고백하며, 질문을 통해 자신의 반응을 나타냈다. 그리고 자신의 불평에 대한 퉁명스러운 대답을 듣게 된다(8절).

4. 선지자는 메시지를 예루살렘, 즉 바벨론에서 포로 생활을 하고 있지만 예루살렘을 자신들의 고향이라고 주장하는 유다의 백성들에게 전달했다. 예루살렘은 유다의 성읍들에게 승리의 소식을 전하는 전령사가 되어야 한다(9절).

40:1-2. 선지자의 과업은 하나님의 백성들을 완고하게 하는 것에서 그들을 위로하는 것으로 바뀌었다. 그 위로는 위로할 사람이 없음을 슬퍼하는(애 2:13) 백성들의 탄식에 대한 하나님의 반응이었다. 인간의 힘은 그 어떤 위로도 되지 못했다. 사람들은 너희 하나님(바벨론의 신이 아니라 이스라엘의 하나님 여호와)께서 위로를 주실 수 있다는 사실을 기억했다. 그 위로는 분명해졌다. 그들의 복역의 때가 끝이 났다는 것이다. 바벨론 유수는 전쟁 포로들이 그들의 정복자를 위해 해야 하는 일로 해석되었다. 하나님께서 그 포로들을 돌연 사면하셨다. 외적으로 볼 때 군사적으로 미약했던 유다는 분명히 바벨론의 포로처럼 보였다. 그러나 좀더 높은 관점에서 보면 여호와께 죄를 범한 유다는 사실 여호와의 포로였다.

여호와께서는 유다를 방면할 준비가 되셨다. 그러나 바벨론은 그렇지 않았다. 여호와께서 유다는 여호와 자신의 손에서 배의 형벌을 받았다고 선언하셨다. 그것은 특정한 범죄로 인한 피해의 변제와 보상을 요구하는 이스라엘의 율법과 일치하는 것이었다(출 22:1, 7. 9).

40:3-5. 이스라엘이 광야로 피신하면서 첫 번째 구원을 경험했듯이 하나님께서 새로운 광야의 경험을 계획하셨다. 그리고 그 경험을 위해 대로를 예비할 것을 요구하셨다. 그것은 종교적인 축제 행사를 위해 우상들이 사람들 앞에서 행진할 수 있도록 대로를 닦았던 바벨론 사람들 풍습을 모방한 것이었다. 그러나 여호와의 대로는 아름다운 수공예

품이나 의상을 자랑하기 위한 것이 아니라, 역사적 위기에 처한 하나님의 백성들을 구원하기 위한 것이었다. 그런 대로는 하나님의 백성들이 그들의 하나님을 따라 자유롭게 아무 어려움 없이 지날 수 있도록 평탄케 될 필요가 있었다. 이 역사적 사건은 온 세계에 하나님의 영광을 드러내게 될 것이다. 왜냐하면 바벨론에게 아직 준비되지 않은 일을 하나님께서 성취하실 것이기 때문이었다('여호와의 영광'에 대해서는 6-8장의 '심층 연구'를 참고하라).

하나님께서 바벨론 제국의 막강한 힘을 능가하는 하나님 자신의 능력을 보여주실 것이다. 고향에서 멀리 떨어져 있는 사람들은 그런 소식이 잘 믿어지지 않았을 것이다. 선지자는 분명히 그런 일이 일어날 것이라고 말했다. 왜냐하면 하나님께서 그 소식의 출처가 되시기 때문이었다.

40:6-9. 이사야는 그런 확신에도 불구하고 불시에 습격을 당했다. 그러자 그는 백성들이 일반적으로 하는 불평을 했다. 인간은 그 의미를 상실했고, 베이기 위해 싹을 틔우는 풀포기보다 나을 바 없었다. 히브리어 원문의 6절에서는 '아름다움' (NLT, NJB), '향구성' (NRSV), '영광' (NIV), '사랑스러움' (NKJV, NASB) 같은 인상은 전혀 받을 수 없다. 6절에 사용된 히브리 단어 chesed는 종종 인간에 대한 하나님의 자비 또는 변함없는 사랑(출 20:6)을 표현하기 위해서 그리고 사람들이 하나님께 또는 서로에게 보여야 하는 헌신(호 2:19, 6:4)을 표현하기 위해 사용되었다. 여기서는 인간의 모든 기품이나 우아함을 뜻하는 용어로 사용되었다. 기품이나 우아함 같은 속성들 때문에 인간은 믿음과 신뢰를 받을 수 있었다. 그런데 여호와의 기운('바람' 또는 '신'으로 번역될 수도 있는)이 인간이 줄 수 있는 모든 것을 파괴했다. 그래서 선지자는 사람들의 반응이 아무런 의미가 없는데 왜 메시지를 전해야 하는 것인가라는 이의를 제기하며 불평했다.

하나님께서 응답하셨다. 위로는 인간에게서 나오는 것이 아니라 하나님께로부터 나오는 것이다. 하나님의 말씀은 확실한 것이다. 그리고 하나님께서 위로를 약속하셨다. 선지자는 마침내 예루살렘에게 높은 산에 올라 승리의 소식을 전할 것을 촉구하는 그의 사명을 수행했다. 너희 하나님을 보라. 함께하시는 하나님 때문에 승리를 거두었다. 우리와 함께하시는 하나님께서는 언제나 우리에게 위로가 되신다.

40:10-11. 하나님께서 강한 자로 임하실 것이다. 그 하나님의 팔을 상대할 수 있는 사람은 아무도 없을 것이다. 하나님께서 오셔서 보응하실 것이다(34:8). 그리고 전리품이

나 조공을 백성들에게 돌리는 풍습을 반영해주듯이 하나님의 백성들에게 상급을 주실 것이다. 이스라엘은 전리품을 의지할 필요가 없었다. 하나님께서 그들에게 필요한 모든 것을 채워주실 것이다. 그러나 하나님께서는 용사가 아니라 종종 왕의 이미지를 보여주는 목자로 오실 것이다. 하나님께서는 특별한 도움이 필요한 사람들을 아시고 젖 먹이는 암컷과 그 새끼처럼 그들을 돌보실 것이다. 친히 어린양을 그 팔로 모아 품에 안으시며 젖 먹이는 암컷들을 온순히 인도하실 것이다. 이것이 우리에게 필요한 위로다.

B. 위로하기 위해 오신 창조주(40:12-31)

법률적 논쟁

Supporting Idea	거룩하고 영원하신 창조주는 그분 자신의 백성들에게 새로운 힘을 주시는 단 한 분뿐인 하나님이시다.

40:12-17. 선지자는 그의 청중들을 법정으로 불러 다른 모든 신들의 주장, 특히 바벨론 신들의 주장을 반박하는 이스라엘의 하나님의 비길 데 없는 특성을 증명하기 위한 법적 논쟁을 일으켰다. 창조주만이 세상의 크기를 알고 있다. 바벨론 왕의 모사가 아니라 창조주 하나님께는 그런 지혜와 지식이 있다. 하나님께는 열방도 저울의 적은 티끌 같으며 섬들도 떠오르는 먼지와 같다. 하나님께서는 번제와 화목제를 받기에 합당한 분이시다. 유명한 레바논 삼림과 방목지도 하나님께서 받으시기에 합당한 제물과 땔감을 충분히 다 공급할 수 없었다.

40:18-26. 이사야는 하나님을 비길 수 없는 분이라고 선언했다. 우상들은 인간의 손으로 만든 형상일 뿐이었다. 그들은 세상을 창조하지도 않았다. 히브리어 원문의 19절 하반부와 20절 상반부는 거의 읽을 수 없기 때문에 이사야가 우상에 대해 얼마나 정확하게 설명하고 있는지는 잘 알 수 없다. 우상을 만드는 사람의 주된 관심사는 그 우상이 약속대로 구원할 수 있는 능력이 있는지 없는지가 아니라 흔들릴 것인지 아닌지에 있었다. 그 신에게는 두 다리로 서 있을 만한 힘도 없었다.

하나님의 능력에 관한 소식은 새로운 것이 아니다. 하나님의 능력은 태초부터 알려져 있었다. 하나님의 보좌에서 볼 때 귀인들과 세상의 사사들은 메뚜기와 같다. 그들은 하나님의 회리바람에 불려가는 초개 같다. 그렇다. 하나님께서는 비길 데가 없는 분이시다.

하나님과 동등이 될 수 있는 것은 아무것도 없다. 하나님께서는 만상을 이끌어내시고 각각 그 이름을 부르실 만큼 권세가 크고 능력이 강한 분이시다('창조주 하나님'에 대해서는 '심층 연구'를 참고하라).

40:27-31. 선지자는 유다 백성들에게 그들의 연약한 믿음과 터무니없는 불평(자신도 가지고 있었던)을 보여주는 몇 가지 질문을 했다(6절). 모든 별들의 이름을 알고 있는 창조하신 자는 자신이 선택한 백성들이 안고 있는 문제들도 틀림없이 알고 있다. 그리고 그분은 젊고 강한 용사도 완전히 지칠 만큼 어려운 상황 속에서도 자기 백성들에게 능력을 주실 것이 확실하다. 국제적인 분쟁을 정치적, 군사적 수단을 통해 이기는 것은 고갈을 불러오고, 또 다른 분쟁을 불러일으킬 수 있다. 고갈로부터의 탈출은 하나님을 통해서만 온다.

여호와를 앙망하는 사람들은 전에는 몰랐던 새 힘을 얻게 된다. 그들은 더 높은 곳을 향해 날개 치며 올라가는 독수리처럼 솟아오를 것이다. 그리고 달음박질하여도 피곤하지 않을 것이다. 그들은 가장 힘든 상황 속에서도 포기하거나 약해지지 않을 것이다. 이것이 혼란에 빠져 염려하는 피조물들을 위해 창조주가 생각하고 있는 위로다. 이스라엘 백성들에게 그들의 조상들과 그 조상들이 살았던 고향 땅으로 돌아갈 수 있는 길이 열리고 있었다. 하나님께서 대로를 예비하시고 그 길을 인도하시며 여행중에 견딜 수 있는 힘을 주실 것이다.

C. 법정에 소환된 정복자들(41:1-7)

법적 결론의 개요

Supporting Idea	영존하시는 하나님께서 놀라운 일을 통해 역사 속에서 하나님 자신의 능력을 입증하실 것이다.

41:1-4. 선지자는 국제 재판정을 향해 말씀하시고 이방 신들을 고발하는 진술을 간략하게 설명하시는 하나님을 묘사했다. 앞으로 열국들도 그들의 진술을 요약할 기회를 갖게 될 것이다. 하나님께서는 역사를 지적하시며 동방에서 일어난 통치자 고레스로 하여금 예상치 못했던 승리를 거두게 한 장본인이 누구인지를 물으셨다. 하나님이셨다. 그리고 열국들 가운데서, 공평을 이루고 모든 사람에게 공평과 공의를 행하시는 하나님의 변

함없는 헌신을 보여주는 한 방법인 의로 그 일을 행하셨다. 이 구절은 고레스가 메대와 리디아를 이기고 거둔 승리를 묘사한 것으로 보인다.

2-3절의 질문에 답하기 위해 하나님께서는 또 다른 질문을 제기하셨다. 누가 태초부터 만대를 명정했느냐? 누가 태초부터 역사를 주관해왔는가? 대답은 명명백백하다. 그분은 바로 역사를 태초부터 주관하고(창 1-3장), 역사의 나중까지 지휘하며 주관하실(요한계시록을 보라) 여호와시다. 이스라엘의 하나님께서는 놀라운 역사적 활동들을 통해 자신만이 하나님이시고, 세상의 창조주이며 역사의 주관자임을 증명하셨다.

41:5-7. 1절에서 소환을 받은 섬들은 아무 말도 하지 못했다. 그들은 무서워 떨며 그 이웃을 격려하려 애를 썼다. 그들은 1절에서 요구받은 대로 앞으로 나아가야 했다. 그러나 그것이 그들이 할 수 있는 전부였다. 선지자는 조롱하는 탁월한 재주를 가지고 우상을 만든 장인들의 반응을 묘사했다. 그들은 자신들의 작품이 얼마나 훌륭한지를 서로 이야기했다. 그들이 만든 우상들은 흔들리지 않고 받침대 위에 앉아 있을 수 있었다. 그러나 우상을 만드는 사람들은 그들의 종교와 사업을 모두 잃게 되었다. 그것 또한 하나님의 백성들에게는 하나의 위로였다.

D. 주의 종을 위로하는 구세주(41:8-20)

구원에 대한 예언

Supporting Idea	거룩하신 구세주께서 자연 속에서 하시는 일을 통해 그 택하신 종들을 어떻게 보살피고 계시는지를 보여주신다.

41:8-10. 선지자는 하나님의 백성들을 위한 구원을 선포하기 위해 법정을 배경으로 한 무대에서 성전을 배경으로 한 무대로 옮겨갔다. 그는 하나님의 백성들에게 그들을 위해 하나님께서 하신 모든 일을 상기시켜주기 위해 아브라함으로부터 시작했다. 그 목적은 이스라엘 백성들에게 자신들의 능력이나 업적에 의해서가 아니라, 하나님의 목적과 하나님께서 하시는 일에 의해서 그 본질이 결정된다는 사실을 보여주는 것이었다. 이스라엘은 하나님의 종이었다('여호와의 종'에 대해서는 52-53장의 '심층 연구'를 참고하라). 하나님의 종이라는 표현에는 두 가지 의미가 포함되어 있다. 하나는 이스라엘이 여호와 왕을 섬기는 정치적 신하이며, 모든 정치적 힘을 위해 여호와를 의존하고 있다는

뜻이다. 둘째는 이스라엘이 슬퍼하며 자신을 주인이신 하나님의 종으로 언급함으로 여호와의 권위를 인정했음을 뜻한다. 이사야서 40-66장에서 종은 중요한 신학적 주제가 되고 있다('하나님의 선택과 우리의 자유'에 대해서는 45-46장의 '심층 연구'를 참고하라). 하나님께서는 하나님 자신만 섬길 민족을 모든 나라 가운데서 찾으셨다. B.C. 587년 예루살렘의 몰락으로 하나님의 선택까지 취소된 것은 아니었다. 오히려 하나님의 택함에는 책임과 사명이 포함되어 있다는 사실을 확인해주었다. 하나님께서 하나님의 백성을 싫어 버리신 것이 아니었다. 그저 하나님을 위해 그들의 사명을 새롭게 하시고 재확인시켜주신 것이었다.

하나님의 택함에는 땅 끝에서 아브라함을 부르신 것과 애굽에서 이스라엘을 구원하신 일이 포함되었다. 결국 하나님께서 바벨론과 애굽으로 오셔서 포로 생활을 하는 그들을 위해 선택하신 곳으로 되돌아가게 하셨다. 그러므로 택함이라는 말은 두려움을 주는 말이 아니라 위로를 주는 말이었다. 이상하게 뒤틀린 모든 역사와 개인적인 경험에도 불구하고 하나님께서는 여전히 너(우리)와 함께하신다. 그리고 네(우리) 하나님이시다(40:1). 하나님께서는 그들의 연약함을 알고 계셨다. 그러나 하나님의 의로운 오른손으로 그들을 붙들어주시고 그들을 굳세게 하셨다.

41:11-16. 이스라엘을 택하신 하나님의 선택으로 이스라엘이 도움을 얻고 승리를 거두게 되는 결과를 불러왔을 뿐 아니라, 그들의 적들을 멸망시키고 부끄럽게 하는 결과를 불러왔다. 하나님의 도우심은 이스라엘로 하여금 본토로 돌아가는 길에서 만나는 모든 장벽을 극복할 수 있게 해주었다(40:3-4). 그것은 이스라엘로 하여금 불평과 탄식을 그치고 하나님께서 그들을 위해 성취하신 위대한 일들을 기뻐하며 돌아가게 하기 위해서였다.

41:17-20. 여행중 그들에게 필요한 모든 것을 하나님께서 채워주실 것이다. 모세를 따라 애굽을 떠나 광야를 지나는 동안 만나와 메추라기를 공급해주셨던 것처럼 바벨론을 떠나 본향으로 가는 광야에서도 물과 식량을 공급해주실 것이다. 하나님께서 도중에 그들을 버리는 일은 결코 없을 것이다. 하나님께서 그렇게 하시는 목적이 있었다. 하나님께서는 사람들에게 역사 속에서 여전히 일하시는 하나님 자신을 알리고 싶으셨다. 예루살렘의 멸망이 이스라엘의 거룩하신 자에게 있어서는 끝이 아니었다(1장의 '심층 연구'를 참고하라). 이스라엘을 구원하시는 하나님의 일은 열방에 그분 자신의 능력을 입

증하는 하나님의 증거였다.

E. 우상들에 대한 고발(41:21-29)

법정 공판

Supporting Idea	하나님만이 역사를 예측하실 수 있다. 왜냐하면 다른 신들은 약하고 무기력하기 때문이다.

41:21-24. 하나님께서는 바벨론의 신들을 법정으로 부르시고 증거를 보일 것을 요구하셨다(40:12-31). 사람이 만든 형상들은 야곱의 왕, 즉 위대한 족장들의 시대로부터 이스라엘을 통치해오신 분을 피할 수 없었다. 누가 장래사를 예언하고, 그 예언을 수행할 수 있는가? 우상들은 장차 당할 일을 말할 수 없었다. 그들은 과거에 일어났던 일조차 설명할 수 없었고, 그 결국에 대해서도 말하지 못했다. 좋은 일이건 나쁜 일이건 그들이 할 수 있는 것은 아무것도 없었다. 따라서 그들은 아무것도 아니라는 사실이 입증되었다. 하나님께서 하신 일은 보잘것없는 유한한 존재에게 경이로움과 두려움을 일으키신 것이었다. 그러나 움직이지 못하는 신들은 자기 자신뿐 아니라 그들을 섬기는 모든 사람들에게 혐오스러운 것이었다.

41:25-29. 움직일 수 없는 신들과 여호와의 차이는 매우 현저하다. 여호와는 북방에서 고레스를 불러 세상을 지배하게 하셨다. 25-27절의 히브리어 원문은 그리 잘 보관되지 않은 상태다. 그래서 정확한 의미를 파악하고 번역하기가 어렵다. 25절의 '내 이름을 부르는 자'가 사해 사본에서는 '그가 그 이름을 불렀다'라고 되어 있는데, 아마도 하나님께서 고레스를 지명하여 그 이름을 부르셨다는 것을 의미일 것이다(45:1). 26절에서 하나님께서는 계속해서 이방 신들에게 물으셨지만 아무 대답도 듣지 못하셨다. 여호와께서 기쁜 소식 전할 자를 통해 예루살렘에 비로소 말씀하셨다(40:9). 다른 신들은 여호와의 반대 심문에 아무 대답도 하지 못했다. 사실 그들은 한 마디도 할 수 없었다. 법정의 판결은 분명했다. 여호와만이 시험에 합격하셨다. 다른 신들은 모두 허탄한 신이었다. 만들어진 형상이었고, 모든 행사가 공허하고 허무한 허풍선이었다. 여호와만이 세계 역사를 주관하고 연출하신다. 따라서 여호와만이 하나님이시다. 그러므로 여호와만이 우리의 예배를 받으시기에 합당한 분이시다.

Main Idea 복습	이스라엘의 목자이며 유일한 창조주이신 하나님께서 그분의 백성들을 돌보시고 위로하시며 구원하기 위한 행동을 취하셨다.

결론

위로의 하나님

어둠이 모든 사람들의 삶 속으로 파고든다. 우리가 처한 상황에서 벗어날 길이 보이지 않는다. 그리고 하나님께서는 지금 일어나고 있는 일들과는 무관한 아주 먼 딴 세상에 계시는 것처럼 보인다. 그런 우리를 위해 이사야가 해주는 말이 있다. 하나님께서는 심판하고 징벌하시는 분 그 이상이시다. 그분은 우리를 위로해주시고 음침한 사망의 골짜기를 지날 때 우리를 지켜주시는 목자시다. 우리는 악을 두려워할 이유가 없다. 왜냐하면 어두운 순간에도 하나님께서는 여전히 하나님이시고, 또 여전히 우리와 함께하시기 때문이다. 우리를 돌보시는 우리의 위로자를 신뢰해야 한다. 단, 그분께서 선택하신 방법으로 우리를 돌보실 수 있도록 해드려야 한다.

■ 진리 알기

- 하나님께서는 어떤 한 사람의 죄를 너무 가혹하게 벌하시지는 않는다.
- 하나님께서 모든 사람들과 나라들의 운명을 주관하신다.
- 하나님께서는 목표를 이루기 위해 선택하신 그 누구라도 사용하실 수 있는 분이시다.
- 하나님만이 미래를 아실 수 있는데, 그것은 하나님만이 역사를 주관하시기 때문이다.

■ 적용하기

- 고난을 당하고 있다 할지라도 우리를 구원하시겠다고 약속하신 하나님을 신뢰하라.
- 선한 일을 하다 지칠 때는 계속해서 하나님을 섬길 수 있는 힘을 하나님께 구하라.

· 모든 두려움을 하나님께 맡기라.

삶의 적용

사랑을 찾아서

어린 캐시(Kathy)는 더러운 누더기 옷을 걸치고 있는 아이들이 모여 사는 곳으로 가게 되었다. 그녀가 들고 있는 것은 오래된 알루미늄 페인트 통 하나뿐이었다. 그녀는 늘 그 통을 들고 다녔다. 통 속에 무엇이 들었는지 알고 싶어하는 사람들에게 그녀는 어깨를 들썩 올리며 "오늘은 말해줄 수 없어요"라고 대답했다. 종종 그녀는 기숙사 방에 혼자 앉아 그 통을 가슴에 안고 가끔씩 그 통에게 말을 하기도 했다. 어느 날 캐시와 함께 아침 식사를 하기 위해 한 상담자가 그녀를 찾아왔다. 두 사람은 150여 명의 아이들이 아침을 먹는 왁자지껄한 식당에서 이야기를 나누었다. 마침내 그 상담자가 용기를 내어 캐시에게 물었다. "그것 참 멋있는 통이구나. 그 속에 뭐가 들어 있는지 궁금한데?"

잠시 시간이 흘렀다. 캐시는 한동안 아무 말이 없었다. 캐시의 눈에는 눈물이 고였고, 캐시는 힘들게 입을 열었다. "우리 엄마예요. 장례식장에서 엄마의 재를 담아 왔어요." 캐시는 통을 끌어안으며 이야기를 계속했다. "저는 엄마를 잘 몰라요. 제가 태어난 지 이틀째 되는 날 엄마가 날 쓰레기통에 버렸고, 그 후 위탁 가정을 이리저리 옮겨 다니면서 엄마를 점점 더 미워하게 되었어요. 그러다가 엄마를 찾기로 했어요. 운이 좋았어요. 엄마가 살고 있는 곳을 가르쳐준 사람이 있었거든요. 그런데 엄마는 거기 없었어요. 에이즈 때문에 죽어가면서 병원에 누워 있었어요. 엄마가 숨을 거두기 바로 전날 엄마를 만났어요. 엄마는 '사랑한다!' 고 말했어요. 엄마가 저를 사랑한다고 말했어요."

사랑해줄 누군가를 찾았던 이스라엘도 캐시와 매우 비슷했다. 그들은 이상한 신에게 패배하고 자신들을 버린 하나님을 섬기는 자신들을 절망적이라 생각했다. 그러나 그때 하나님의 메시지를 듣게 되었다. "나는 너희를 사랑한다. 너희를 위해 미래를 준비하고 있고 너희를 고국으로 인도할 것이다." 이스라엘은 '사랑한다' 고 말한 어머니의 말을 들은 자신의 귀를 거의 믿을 수 없었던 캐시처럼 그 말을 거의 믿을 수 없었다(Zacharias, pp. 165-167). 당신을 사랑하는 사람을 찾고 있는가? 이리저리 떠밀리는 듯한 삶을 살아가고 있는가? 들어보라. 하나님께서 당신을 위해 말씀하신다. 그런 당신을 하나님께서 사랑하시고 당신에게 사랑과 위로와 소망과 구원을 베풀어주고 싶어하신다. 과연 하나님의 음성을 듣고 하나님께서 인도하시는 곳으로 기꺼이 따라가겠는가?

기도

목자 되신 주님, 제게 말씀해주십시오. 외로움과 상실감이라는 어둠 속에서 주님을 잃었습니다. 주님이 정말 계시는지를 때때로 의심하기도 합니다. 소망과 위로의 말씀이 주님께로부터 온 것이라는 사실을 알 수 있도록 분명한 방법으로 제게 말씀해주십시오. 하나님께서 저를 위해 예비하신 대로를 보여주십시오. 지금까지와는 다른 방법으로 주님을 신뢰하고 따를 수 있게 도와주십시오. 아멘.

심층 연구

창조주 하나님

이사야는 다른 어느 선지자보다 하나님의 창의적인 활동을 많이 언급했다. 그는 하나님을 온 세계를 창조하신 창조주로 묘사하기 위해 다양한 표현들을 사용했다. 그러나 그가 그렇게 한 것은 창조를 설명하기 위해서가 아니라 다른 신들에 비해 월등히 뛰어나신 하나님의 위대하심을 알리고, 이스라엘 백성들에게 약속을 수행하시는 하나님의 능력을 상기시켜주기 위해서였다.

· 창조주 하나님께서는 만드는 분이시다(히, ʻasah, 창 2:4, 왕하 19:15, 욥 4:17, 시 104:19, 118:24, 124:8, 136:7-9, 사 22:11, 44:24, 66:22, 렘 27:5, 호 8:14, 요 1:9).
· 하나님께서는 마치 토기장이처럼 만드신다(히, yatsar, 왕하 19:25, 시 33:15, 74:17, 104:26, 사 22:11, 37:26, 44:2, 21, 24, 46:11, 렘 1:5, 18:11, 51:19, 암 4:13).
· 하나님께서는 만드는 것을 통해 획득하신다(히, qanah, 창 4:1, 신 32:6, 시 74:2, 104:24, 잠 8:22, 사 11:11, 말 2:10).
· 하나님께서는 펴짐을 통해 생겨나게 하신다(히, natah,욥 9:8, 사 40:22, 44:24, 51:13, 렘 10:12, 슥 12:1).
· 하나님께서는 무언가를 펴서 그것을 만드신다(히, tippach, 사 48:13).
· 하나님께서는 기초를 놓으신다(히, yasad, 욥 38:4, 시 24:2, 89:11, 104:5, 잠 3:19, 사 48:13, 암 9:6).
· 하나님께서는 견고케 하신다(히, cun, 출 15:17, 삼하 7:13, 24, 욥 31:15, 시 8:3, 48:8, 119:73, 90, 잠 3:19, 사 45:18, 시 9:7, 87:5).
· 하나님께서는 목수처럼 지으신다(히, banah, 창 2:22, 암 9:6, 렘 31:4).

· 하나님께서는 조성하신다(히, yalad, 신 32:18, 시 2:7, 90:2, 욥 38:8).
· 하나님께서는 산고의 고통을 통해 생기게 하신다(히, chil, 시 90:2, 잠 8:24-25).
· 하나님께서는 이끌어내신다(히, yatsa' , 창 1:24, 사 40:26).
· 하나님께서는 깊은 것이나 라합이나 리워야단이나 이스라엘 주변 국가들의 창조 이야기에 속한 것들을 무효화시키고, 이스라엘 신앙 역사의 한 부분이 되게 하셨다(창 7:11, 욥 3:8, 9:8, 13, 38:9-11, 16, 30, 시 33:7, 74:12-17, 89:9-13, 104:5-9, 26, 사 51:9, 렘 5:22, 시 87:4, 사 30:7, 겔 31:15, 암 7:4).
· 하나님께서는 말씀으로 생겨나게 하신다(창 1:3, 6, 9, 11, 14, 20, 24, 26, 시 33:6, 사 41:4, 암 9:6).
· 하나님께서 언제나 주체가 되어 창조하신다(히, bara' , 창 5:1-2, 6;7, 출 15:11, 민 16:30, 신 4:32, 시 51:10, 102:18, 148:5, 전 12:1, 사 4:5, 41:20, 43:1, 7, 15, 48:7, 57:19, 렘 31:22, 암 4:13).

이사야는 특별히 40-55장에서 창조에 관한 이야기와 그 이야기를 논리적인 주장으로 만드는 다양한 표현 방법들을 다음과 같이 사용했다. 하나님께서는 우주의 유일한 한 분 하나님이시다. 하나님께서는 창조주시다. 그러나 다른 모든 신들은 사람들이 계획하고 사람들의 손으로 만든 것이다(45:16-21). 하나님께서는 땅의 기초를 놓으시고 하늘을 펴시며 모든 역사적 사건을 예언하실 수 있는 처음이고 마지막이시다(48:12-14).

하나님께서 과거에 행하신 창의적인 놀라운 승리들을 기억하는 것은 미래에 대한 소망을 가져다준다(51:9-10). 하늘과 땅을 지으신 분께 문제를 들고 나아가 그분만이 유일한 하나님이심을 선포하고 기도에 응답해주시는 그분을 기다려라(37:16, 64:8-9). 고난이 따르고 위험이 따를 때 하나님께서 늘 곁에 계신다는 사실을 알게 될 것이다(43:2). 우리는 하나님께서 모든 역사적 사건들, 심지어는 적국의 통치자들을 세우시는 일들까지도 다 계획하신다는 사실을 인정하며 적의 오만한 주장을 물리칠 수 있다(37:26, 44:28).

주님만이 유일한 하나님이시기 때문에 주께서 빛과 어둠과 평안과 환난을 창조하신다(45:7). 우리는 하나님의 계획과 하나님의 방법들을 언제나 이해하는 것은 아니다(40:27-28). 그러나 우리는 여전히 하늘을 펴시고 모든 것을 만드신 분께서 약속하신 구원을 의지하면서 거짓 선지자들을 밝혀내고 어리석은 점쟁이들을 무시할 수 있다(44:24-

28, 51:14-16). 하나님을 신뢰하며 바라보고 하나님의 능력과 신실하심을 확신할 수 있다(40:26). 숨쉬고 호흡하게 하시는 하나님을 의지할 수 있다(42:5).

우리는 과거의 심판을 돌아보고 창조주 하나님, 이스라엘의 거룩하신 자에게 초점을 맞추고 인간의 손으로 만든 제단이나 우상들을 섬기지 않았기 때문에 남은 자가 된 것을 기뻐할 수 있다(17:7-8). 우리는 우리를 지으신 하나님께서 우리를 구속하시고 우리를 친밀하게 대하실 것을 알고 있다(43:10). 하나님께서 구원과 의를 창조하셨다(45:8). 그러므로 우리는 하나님께 돌아갈 수 있다(44:2). 하나님께서 우리를 위로하시므로 우리는 두려워할 이유가 없다(51:12-13). 하나님을 잊고 있을 때에만 우리는 두려움과 공포에 빠진다(51:13).

하나님께서는 종으로 삼으신 하나님의 백성들을 결코 잊지 않으실 것이다(44:21). 하나님의 자녀들을 먼 곳에서부터 불러모으실 것이다. 왜냐하면 하나님께서 하나님 자신의 영광을 위해 그들을 지으셨기 때문이다(11:11, 43:6-7, 14-15). 하나님의 백성들이 하나님의 목적을 이루고 하나님을 찬양할 수 있도록 하나님께서 그들에게 필요한 모든 것을 공급해주실 것이다(4:5, 43:20-21, 57:18-19). 하나님께서 약속하신 것을 행하실 것이다(40:28).

하나님께서 지으신 새 하늘과 새 땅을 보게 될 것이다. 모든 사람들이 유일하신 참 하나님께 경배하기 위해 그 곳으로 올 때까지 그 곳에서 우리와 우리 자손들이 참고 기다릴 것이다(66:22-23). 그런 다음 땅 끝의 모든 백성이 구원을 얻을 것이다(45:22). 모든 적들, 심지어는 끔찍한 바다의 용까지도 다 멸망할 것이다(27:1).

하나님께서 창조주라는 주장을 모든 사람이 다 받아들이는 것은 아니다. 그들은 자신들을 지으신 분과 논쟁하고 싶어한다. 따라서 그들에게는 '화' 가 있을 것이다(45:9). 그들은 하나님께서 정하신 장래 계획에 이의를 제기하고, 하나님께 자신들이 원하는 방식을 따르도록 요구하려 한다(45:11). 모든 것을 지으신 창조주와 모든 것을 계획하신 분을 거부하는 것은 심판과 재앙을 불러오는 것이다(22:11). 우상의 제단과 아세라 목상에 절하는 사람들은 그들을 지으신 하나님께서 불쌍히 여기지 않으실 것이다(27:11). 그러나 만유를 지으신 창조주 하나님께는 그분이 원하시는 방법, 즉 그것이 하나님의 백성들에게 자유를 주고 하나님의 성을 재건할 수 있도록 바사 왕을 일으키는 방법일지라도 그 방법을 통해 역사를 계획하실 권리가 있다(45:13). 하나님께는 또 세상의 통치자들로 부끄러움을 당하게 하실 권리도 있었다(40:15, 17, 22-23). 이방인들 역시 하나님께서 유일하신 분이라는 사실을 이해하게 될 것이다. 따라서 이스라엘은 쉽게 이해할 수 있어야 했다(45:14). 하나님께서는 비할 데가 없는 분이시다(40:18, 25). 다른 모든 우상들은 가짜(사람의 손으로 만든 형상)들이다(40:19-20).

교안

A. 들어가는 글

1. '역사가 보여주는 것은 무엇인가?' 이야기로 시작하라.

2. 배경 설명: 이사야서는 40장에서 내용상 뚜렷한 변화를 보인다. 40장 전까지는 앗수르와 수리아가 이스라엘의 적으로서 그 중심 무대에 서 있었다. 당대에 임할 심판과 미래로 연기된 소망이 주를 이루었다. 40장에서 우리는 역사적으로 새로운 시기를 맞이하게 된다. 바벨론이 이스라엘을 지배하고 있었다. 바사의 고레스라는 사람을 통해 이루어질 소망이 가까이 다가오고 있었다. 따라서 우리는 B.C. 700년 히스기야 왕 당시에서 B.C. 538년 바사의 고레스 왕에게로 넘어와 있다. 이스라엘은 모든 소망과 정체성을 잃어버린 것처럼 보인다. 그들은 세계 역사 속에서 다시는 언급되지 않을 하나의 각주처럼 되었다. 그러나 하나님께서 그들에게 하실 말씀이 있었다. 역사를 주관하시는 분은 하나님이시다. 그 하나님께서 자신의 계획을 알릴 준비를 하고 계셨다.

3. 적용: 회의론자들이 옳은 것인가? 소름끼치는 현실은 하나님께서 계시지 않고 사랑으로 극복할 수 없다는 뜻이며, 소망은 그저 꿈에 불과한 것이라는 뜻인가? 성경은 우리로 하여금 그런 어두운 비관론에 굴복하게 하지 않을 것이다. 성경은 소망을 보여준다. 가장 암울한 때에 하나님께서는 "내가 너희의 위로자와 목자와 구원자가

될 것이다. 나는 하나님이이며 다른 신은 없기 때문이다"라고 말씀하신다. 이사야서 40-41장을 읽으면서 우리는 회의적인 비관주의자가 옳은지, 아니면 성경의 하나님이 옳은지를 결정해야 한다.

B. 본문 이해

1. 위로의 사명(40:1-11)
2. 위로하기 위해 오신 창조주(40:12-31)
3. 법정에 소환된 정복자들(41:1-7)
4. 주의 종을 위로하는 구세주(41:8-20)
5. 우상들에 대한 고발(41:21-29)

C. 결론: '사랑을 찾아서' 를 읽어주라.

1. 요약: 산다는 것이 비참하고 절망적으로 보일 수도 있다. 그러나 하나님께서 그런 상태가 계속되도록 하지 않으실 것이다. 하나님께서는 우리를 위로하고 그 품에 안으시기 위해 우리를 찾아오시는 우리의 목자이시다. 하나님께서는 우리가 우리 자신을 위해 세운 계획보다 더 나은 계획을 우리를 위해 세우신다.

2. 도전: 환경에 굴복하고 포기할 수도 있고, 아니면 우리를 위로하고 구원하기 원하시는 창조주를 신뢰하라는 성경의 도전을 받아들일 수도 있다. 그 선택은 우리 각자에게 달려 있다. 당신은 어떤 선택을 할 것인가?

토의 질문

1. 하나님의 사랑을 부인하게 만드는 회의론자의 주장은 무엇인가?

2. 회의론자의 주장을 반박할 수 있는 증거는 무엇인가?

3. 하나님께서는 하나님의 영광을 어떻게 보여주시는가?

4. 낙심과 비관주의와 회의주의에 빠져 있는 사람에게 무슨 말을 해줄 수 있겠는가?

이사야 42-44장

의인을 위한 구원

"우리가 가장 존경하는 사람들은 극심한 고난을 기꺼이 견뎌낸 사람들이다."

- 케이 아더(Kay Arthur)

하나님께서 이스라엘을 구원하실 방법을 알리셨다. 하나님의 신으로 권능을 부여받고 인도받는 하나님의 종을 보내실 것이다. 그 종은 공의를 베풀고 이방인도 구원할 것이다. 유일하고 참되신 능력의 하나님께서는 그렇게 놀라운 일을 말씀하시고 행하실 수 있는 분이시다. 그러므로 하나님의 백성들은 하나님을 찬양해야 한다. 그러나 그들은 그렇게 반응하지 못하는 눈먼 종이 되었다. 따라서 하나님께서 그들을 적에게 넘기실 것이다. 그러나 그 기간이 길지는 않을 것이다. 왜냐하면 하나님께서 사랑으로 하나님의 백성들을 구원하시고 그들로 안전하게 고향으로 돌아갈 수 있게 하실 것이기 때문이다. 이스라엘은 하나님께서 다른 신들은 할 수 없는 것을 하시기 때문에 유일한 참된 하나님이라는 사실을 증거해야 할 증인들이다. 그들은 자신들이 증인이 될 수 있는 새로운 구원을 보게 될 것이다. 이스라엘은 그 동안 섬겨온 우상을 버리고 하나님의 신실한 종이 되어야 한다. 그리고 바사의 고레스를 통해 구원을 베푸시는 하나님의 일을 증거해야 한다.

Isaiah

들어가는 글

슬픔에 대한 반응

아내가 세상을 뜬 후 나는 하나님께서 새로운 소망을 가지고 새롭게 살아갈 수 있게 해주시기를 기도했다. 나는 고통 속에서 기도했고, 성경 연구에 전념했으며, 소망과 삶의 방향을 찾기 위해 내가 할 수 있는 모든 방법을 다 찾아보았다. 그리고 거의 포기하게 되었다. 나는 하나님께서 나와 내가 사랑하는 사람의 죽음을 통해 무슨 일을 하시려는 것인지 이해하지 못한 채 평생 외롭게 살아가기로 했다. 마침내 나는 슬픔을 경험한 사람들의 모임에 참석하기 시작했다. 왜냐하면 슬픔에 빠진 사람들은 그렇게 하는 것이라고 알고 있었기 때문이다. 그곳에서 나는 내가 느끼는 것과 같은 감정과 불평과 슬픔과 의문을 안고 있는 사람들을 보았다. 나는 그 모임에서 적어도 내가 이상한 사람이 아니라는 사실을 보여주신 하나님께 감사할 수 있었다. 다른 사람들이 하듯이 나도 내가 경험하게 된 슬픔에 반응하고 있었던 것이다.

그 후 하나님께서 나를 놀라게 하셨다. 하나님께서는 선교 여행 프로그램을 시작한 사람을 만나게 하셨다. 나는 케냐로 갈 것을 지원한 첫 번째 사람이 되었다. 그곳에서 하나님의 일에 새롭게 참여하게 되었고, 하나님께서 다른 사람들을 돕고 그들이 하나님을 구세주로 알 수 있도록 인도하는 일에 여전히 나를 사용하고 계신다는 사실을 알게 되었다.

하나님께서는 또다시 나를 놀라게 하셨다. 슬픔을 경험한 사람들의 모임에서 한 사람과 가까워지게 하셨고, 결혼을 약속할 수 있게 인도해주셨다. 10살짜리 딸도 함께 왔다. 새로 맞이한 아내와 딸과 선교지를 통해 하나님께서 나를 다시 살게 하셨다. 실제로 하나님께서는 내 생명을 구하시고 나를 하나님의 종으로 만드셨다.

이스라엘도 거의 죽게 되었다고 스스로 느끼고 있었다. 우상에 둘러싸인 이방 지도자들의 통치하에서 포로 생활을 하던 이스라엘은 외롭고 버림받은 듯한 느낌이었다. 또한 절망적이며 스스로 무가치하다고 느꼈다. 자포자기에 빠져 있었다. 그때 그들은 하나님께서 오래 전에 하나님의 선지자에게 주신 약속을 듣게 되었다. 선지자의 말은 이제 새롭게 들렸고 새로운 사실이 되었다. 하나님께서 새로운 사명과 새로운 예배와 새로운 구원의 경험을 위해 이스라엘을 부르고 계셨다.

본문 이해

의인을 위한 구원

Main Idea	하나님의 종 된 백성을 구원하시고 하나님의 신을 통해 그들을 의로운 공동체로 만들기 위해 하나님께서 일하셨다.

A. 하나님의 신을 통해 보내신 종(42:1-4)

형식을 갖춘 소개

Supporting Idea	하나님의 신으로 능력을 부여받은 하나님의 종이 열방에 공의를 베풀기 위해 오셨다.

42:1. 이것은 이사야서 40-55장에 나오는 네 개의 '종의 노래' 가운데 그 첫 번째다(49:1-6, 50:4-9, 52:13-53:12). 여기서 하나님께서는 청중들에게 하나님의 종을 소개한다. 신비스럽게도 종의 이름과 청중들의 특성은 명백하지 않은 상태로 남아 있다('여호와의 종'에 대해서는 52-53장의 '심층 연구'를 참고하라). 종에 관한 모든 질문에 대답해야 하는 것은 아니다. 그러나 그가 하나님께서 택하신 자이고, 하나님께서 기뻐하시는 자이며, 하나님께서 붙들고 지원하시는 자라는 것은 알 필요가 있다.

종의 사명은 이스라엘을 놀라게 했고, 또 우리를 놀라게 한다. 그의 사명은 포로로 생활하던 이스라엘 백성을 구하는 것이 아니었다. 그의 사명은 열방들을 위한 것이었다. 종은 그 이전의 통치자들과 선지자들처럼 그의 사명을 감당하기 위한 힘을 하나님의 신으로부터 부여받았다('여호와의 신'에 대해서는 62-64장의 '심층 연구'를 참고하라). 종의 임무는 열방에 공의를 베푸는 것이었다('공의'에 대해서는 1장의 '심층 연구'를 참고하라). 공의는 그 의미가 매우 광범위하다. 4절에서 공의는 토라, 율법 또는 교훈과 거의 대등하다. 공의는 재판관이 내린 판결이고(왕하 25:6), 전체적인 판결 과정이며(사 3:14), 하나님의 자비롭고 은혜로운 판결이고(사 30:18), 한 사람 또는 한 그룹이 주장한 자연권이나 질서다(출 23:6).

본문에서 종의 사명을 언급하는 용어에는 넓은 의미가 포함되어 있다. 모든 나라들이 기대하는 세계 질서와 권리를 말한다. 하나님께서 하나님의 율법이나 교훈을 기초로 하나님의 자비롭고 은혜로운 판결을 통해 그 질서를 회복하실 것이다.

42:2-4. 종이 그 사명을 이루는 방법 역시 놀랍다. 그는 왕의 성명서를 발표하는 궁중의 사자나 사람들을 선동하는 정치적 반역자, 혹은 길거리에서 외치는 설교자와 같지 않을 것이다. 그 종은 왕이신 하나님께로부터 왕의 권세를 받았다. 그러나 그는 그 권세를 사용하되 아무것도 해하지 않는 방법으로 사용할 것이다. 상한 갈대도 꺾지 않을 것이며 꺼져가는 등불도 끄지 않을 것이다.

그러나 그 종은 성공할 것이다. 그는 '쇠하지 아니하며 낙담하지 아니하고' 목소리를 높이지 않고 세상에 공의를 세울 것이다. 공의가 승리하게 될 것이다. 그 종은 진리로 공의를 베풀 것이다. 그는 왕에게 '임무 완수'라고 보고할 것이다. 마태는 첫 번째 종의 노래가 예수님의 치유 사역에서 성취되는 것을 보았다(마 12:17-21). 겸손하고 온유한 구세주께서 자기 백성들과 이방 나라의 불의 때문에 고난을 받으면서도 공의라는 소망과 의미를 세상에 보여주셨다.

B. 나라들을 위한 언약(42:5-9)

임명에 대한 예언

Supporting Idea	역사를 주관하시는 창조주 하나님께서 약하고 무시받는 사람들을 돌보는 의로운 공동체를 만들기 위해 그 종을 보내셨다.

42:5. 청중들에게 종을 소개한 후 하나님께서는 예언을 통해 종에게 직접 말씀하셨다. 땅 위의 백성에게 호흡을 주시고 땅의 소산을 주시는 유일한 분이실 뿐 아니라, 하늘과 땅의 창조주이신 하나님을 찬양하는 잘 알려진 찬송을 인용해 말씀을 시작하셨다. 그

것은 땅 위에 있는 모든 사람의 중요성과 종의 능력을 확증하는 것이었다.

42:6-7. 그런 다음 하나님께서는 종의 임무를 분명히 하셨다. 하나님께서는 의로 그를 부르셨다. 하나님 자신이 의로운 분이라는 명백한 사실을 다시 반복하지는 않으셨다. 대신 새로운 임무를 수행할 권세를 명백히 말해주고 있다. 하나님께서 그에게 세상에 의를 회복할 수 있는 권세, 즉 구원을 베풀 수 있는 권세를 주셨다. 그는 하나님께서 그 손을 잡아주실 것이기 때문에 그 일을 할 수 있었다. 너를 세워라고 번역된 부분의 의미는 불분명하다. 아마도 '내가 너를 지었다' (NAB, REB), '너를 조성했다' (NJB) 또는 '너를 창조했다' (NAB, REB)라는 뜻일 것이다. 새로 종을 임명한 하나님의 목적은 분명했다. 그는 하나님의 언약, 즉 어두운 곳에 빛을 비추기로 하신 하나님의 약속을 상징했다. 그것은 무력한 사람들을 위한 도움이었다. 소경의 눈을 밝혀주고 갇힌 자에게 자유를 주는 것이었다.

42:8-9. 분위기가 갑자기 달라진다. 하나님께서 새로 임명된 종에게 그에게는 한계가 있다는 사실을 상기시켜주셨다. 여호와만이 영광과 찬양을 받으셔야 한다. 다른 신들이나 우상을 숭배하는 것이 금지되었다. 그 이유는 무엇인가? 왜냐하면 하나님께서는 역사 속에서 행하시는 일을 통해 자신이 하나님이심을 입증하셨고, 종을 통해 다시 그렇게 하실 것이기 때문이다. 출애굽을 포함해 전에 예언한 일을 이미 이루셨고, 유배 생활에서의 구출과 같은 새 일을 하실 것이다. 9절의 너희는 복수형이다. 따라서 하나님의 선포와 경고(8절)는 종에게뿐 아니라 많은 청중들, 즉 오랫동안 5절의 찬양을 예배 가운데 불러온 하나님의 백성들에게도 적용된다.

여호와께서 위임하신 "이 종은 누구인가"라는 중요한 질문은 여전히 그대로 남아 있다. 아마도 명확한 역사적 언급이 있었을 것이다. 주석가들은 종종 그를 고레스(44:28)와 이스라엘이나 그 나라 안에 남아 있는 사람들일 것이라 생각했다. 그러나 기록된 성경 안에서 그것은 하나님의 임명을 받은 한 민족 또는 한 개인을 통해 하나님께서 미래에 하실 일들에 대한 약속이었다. 나사렛 예수는 그 임명을 진지하게 받아들이고 실행에 옮긴 하나님-사람이었다. 그리스도를 따르는 사람들에게 종의 노래는 예수님을 우리가 본받아야 할 귀감이 되는 종으로 삼고, 그분을 따르는 하나님의 백성들이 되어야 한다는 또 하나의 도전이 되고 있다.

C. 승리에 대한 감사(42:10-13)

찬송

Supporting Idea	세상은 하나님의 백성들을 구원하시는 하나님을 기뻐해야 한다.

42:10-13. 이 구절은 앞 구절을 마무리하는 찬송의 역할을 하고 있다(12장의 역할과 비교해보라). 이 구절은 하나님의 새로운 일을 축하하기 위해 세상과 가장 먼 곳에 격리되어 있는 사람들을 부르고 있으며, 시편 96, 98, 149편과 비슷하다('게달'에 대해서는 사 21:16-17을, 단순히 '반석'을 뜻하는 것처럼 보이는 '셀라'에 대해서는 16:1을 참고하라). 새 일은 여호와께서 이끄는 성전(聖戰)으로 보여진다(출 15:3). 적은 패할 것이다. 온 세상으로 즐거워하게 하라.

D. 행진할 때(42:14-17)

구원의 약속

Supporting Idea	하나님께서 침묵을 깨고 다른 신들을 의뢰하는 사람들을 벌하시는 한편, 고통받는 하나님의 백성들을 구원하실 때가 이르렀다.

42:14. 바벨론에 유배된 이스라엘 백성들은 하나님께서 그 능력을 상실하셨거나 아니면 자기들을 완전히 잊으셨다고 생각하는 경향을 보였다. 선지자는 하나님께서 오랫동안 그들을 위해 일하지 않으셨다는 사실을 잘 알고 계신다고 말하기 위해 일어섰다. 하나님께서는 하나님의 백성들과 격리된 고통을 더 이상 참으실 수 없었다. 그분은 마치 해산하는 여인처럼 부르짖으며 하나님의 백성들을 위해 벌떡 일어서실 것이다.

42:15-17. 하나님께서 모든 장애물을 제거하시고 소경이 된 하나님의 백성들을 위해 광야에 길을 내실 것이다. 그리고 고향으로 가는 길을 빛으로 밝혀주실 것이다. 그때 그들은 하나님께서 그들을 버리지 않으셨다는 사실을 확신할 수 있을 것이다. 하나님의 백성들의 구원에는 신학적인 결과가 따른다. 하나님을 저버리고 다른 신들에게 영광을 돌렸던 사람들은 그 결과를 피할 수 없었다. 하나님을 의뢰하는지, 아니면 사람의 손으로 만든 우상을 의뢰하는지에 따라 모든 것이 달라질 것이다.

여기서 이사야는 히브리 단어 'aman 대신 batach를 사용했다. Batach는 '강하고 안전하게 느끼다'라는 의미이며, 시편의 기도 속에서 자주 나타나는 것을 볼 수 있다(사 12:2, 26:4). 안전을 위해 무엇인가를 굳게 의지하는 것을 말한다. 이사야는 실제로 의로운 삶을 통해서만 안전을 확신할 수 있음에도 불구하고(32:17) 잘못된 군사적 동맹을 의지하며(31:1, 36:4) 쓸데없는 우상이나 개인적인 권력을 잘못 의지하고 있는(30:12, 47:10) 이스라엘의 상태를 묘사하기 위해 이 단어를 사용했다. 그러므로 이사야는 이스라엘에게 하나님 안에서 안전을 찾을 것을 촉구했던 것이다(26:4, 30:15).

E. 눈에 보이지 않는 종을 위한 구원(42:18-43:13)

논쟁 뒤에 이어진 구원에 대한 예언

Supporting Idea	하나님과 구세주만이 그 백성들을 창조하고 벌하며 그들을 보호하고 구원할 계획을 세우신다. 왜냐하면 그들을 사랑하고 그들의 증거를 통해 영광을 얻기로 계획하셨기 때문이다.

42:18-20. 구원에 대한 예언은 멸망을 예언한 사람들이 받았던 것만큼이나 거센 반대에 부딪혔다. 여기서 우리는 선지자와 믿지 않는 청중 사이에서 일어난 뜨거운 논쟁을 분명히 볼 수 있다. 마침내 선지자는 청중들의 주의를 환기시키기 위해 비난이라는 방법을 채택했다. 이스라엘은 자신들을 하나님의 종으로 보았다. 그러나 그들은 자신들의 역할을 선지자가 보는 것처럼 보지 않았다(42:1-9). 그래서 선지자는 그들을 귀머거리와 소경이라고 불렀다. 이스라엘은 하나님께서 그들의 역사 속에서 하신 일을 이해하지 못하고 있었다. 그래서 그들은 소경이었다. 이스라엘은 하나님의 선지자와 그가 전한 메시지에 귀를 기울이지 않았다. 그래서 그들은 귀머거리였다.

42:21-23. 하나님께서는 의로운 분이시며, 의를 회복하고 싶어하셨다(42:6). 그래서 하나님의 백성들을 의로운 길로 인도할 수 있는 하나님의 토라나 율법이나 교훈을 존귀케 하려 하셨다. 그러나 백성들은 하나님의 교훈에 귀를 기울이지 않았다. 그래서 하나님의 의로운 심판을 받았다. 소경과 귀머거리가 된 그들은 유배지로 행진했고, 정복자의 손에 끌려 감옥에 갇힌 자신들을 보게 되었다. 그러나 그들에게는 그들을 구할 만큼 강한 힘을 가진 자가 없었다.

백성들은 선지자를 비난하며 자신들의 절망을 호소하기 위해 그렇게 된 그들의 상황을 이용했던 것이 분명하다. 22절은 선지자의 구원의 메시지는 이루어질 수 없는 허무한 공상에 불가한 것이라고 말하며 그들이 선지자에게 한 탄식을 보여주고 있다. 탈취한 것을 그들에게 도로 주라 할 수 있는 자가 아무도 없었다. 선지자는 19절 말씀을 설득력 있게 반영하고 있는 23절의 쓰라린 질문으로 결론을 맺으며 그들이 조롱한 말을 그대로 그들에게 되돌려주었다. 어떻게 하면 사람들이 자기 연민에 빠져 한탄하는 일을 멈추고 하나님께서 그들에게 말씀하시는 것에 귀를 기울이게 될 것인가?

42:24-25. 그들 가운데 선지자가 묘사한 여호와의 종의 역할을 받아들인 사람이 있었는가, 아니면 모두 그냥 눈먼 상태로 남아 있었는가? 그들에게는 선지자의 촉구에 응해야 할 충분한 이유가 있었다. 그러나 그들은 그렇게 하지 않았다. 결국 하나님께서 그들의 죄에 대한 반응으로 그들을 그 상황에 그대로 처하게 하셨다. 죄는 하나님의 율법을 순종치 않고 그 길로 행치 않는 것이다. 죄는 언제나 하나님께 범죄하는 것이며 하나님의 진노를 불러온다. 사람들은 바벨론이 승리를 거두고 유대인들을 바벨론으로 유배시킨 것은 바벨론 사람들과 그들 신들의 공로라고 생각했다. 그러나 선지자는 하나님께서 맹렬한 진노를 이스라엘에게 퍼붓지 않으셨다면 바벨론은 아무것도 할 수 없을 것이라고 주장했다. 사람들이 하나님께서 그들의 문제를 야기하셨다는 것을 보게 된다면 그분이 다시 행동하실 것이라는 사실을 믿을 수 있을 것이다. 그 와중에 하나님께서는 하나님의 구원에 반응하고 증거할 종으로서 그들 자신의 새로운 역할을 받아들일 것을 하나님의 백성들에게 촉구하셨다.

43:1-3. 그 촉구는 포로 생활을 하면서도 두려워할 이유가 없다는 것을 하나님의 백성들에게 약속한 구원에 대한 예언을 기초로 하고 있었다(43:1-7). 이스라엘을 창조하신 하나님께서 그들을 포로 생활에서 구속하실 것이다('창조주 하나님' 에 대해서는 40-41장의 '심층 연구' 를, '하나님의 구속' 에 대해서는 60-61장의 '심층 연구' 를 참고하라). 구속은 수많은 군중을 위한 화려하고 거대한 일이 아니라, 구속받은 사람의 이름을 각각 지명하여 불러내실 수 있는 하나님께서 행하시는 매우 개인적인 일이었다. 구속받은 사람들은 너는 내 것이라 말씀하시는 하나님께 속한 사람들이었다.

하나님께서 모든 장애물들을 제거하실 것이다(43:2). 이 약속이 구체적인 역사적 상황 속에서 이루어졌음을 주목하라. 이스라엘이 고향을 향해 갈 수 있도록 하나님께서 광야

길을 여실 것이다. 하나님께서는 그들이 돌아가는 길에 부딪힐 수 있는 가장 위험한 장벽들을 열거하시고, 그것들을 제거해주실 것을 약속하셨다. 그 약속들 가운데 하나는 불에 데이지 않고 불 속을 통과하게 된다는 것이었다. 그러나 그 약속이 하나님께서 정말 그들을 불길 속에서 구원하시는지를 시험하려는 사람들을 위한 무제한적인 약속은 아니었다.

이스라엘은 이스라엘의 거룩한 자이며 그들의 구원자이신 하나님을 의지할 수 있었다. 일찍이 하나님께서 애굽으로부터 이스라엘을 구원하셨다['구스(에티오피아)'에 대해서는 18:1-2의 설명을 참고하라]. 세바(창 10:7, 시 72:10)는 애굽과 구스 근처의 북동 아프리카 지역에 있었던 나라이며, 그 사람들은 기골이 장대한 것으로 잘 알려져 있었던 것이 분명하다(45:14). 그곳은 아마도 아비시니아(에티오피아의 별칭)였고, 지금의 예멘 지역인 쉐바에서 온 사람들이 정착한 곳이었을 가능성이 크다.

하나님께서는 하나님의 백성들의 자유와 바꾸기 위해 애굽을 새로운 통치자, 곧 바사의 고레스에게 넘겨줄 준비가 되셨다. 그것은 작은 나라 유다를 위한 엄청나게 큰 배상금이었다.

43:4-7. 하나님께서 그 백성들을 지극히 사랑하셨다. 유배 생활을 하면서도 이스라엘 백성들은 두려워할 필요가 없었다. 하나님께서는 하나님의 백성들이 세상에 흩어져 유배 생활을 하고 있는 곳에서 그들을 모두 불러내는 데 필요한 일을 하실 준비가 되어 있었다. 그들은 하나님의 아들들이었고 딸들이었다. 하나님께서 그들로 하나님의 이름으로 일컫는 자들이 되게 하셨다. 그것은 그들이 여호와의 백성들이기 때문이었다. 하나님께서 하나님의 영광을 위해 그들을 창조하셨고(1절), 이제 그 영광을 위해 그들을 회복시키실 것이다.

43:8-9. 구원의 약속을 선포한 다음 선지자는 청중들과의 논쟁으로 되돌아갔다. 법정 용어를 다시 사용하면서 그는 하나님의 백성들을 증인과 배심원으로 소집하고 자신의 비난을 다시 시작했다(42:18). 그런 다음 그는 그 과정에 열방을 소환하고, 그들에게 첫 번째 질문을 던졌다. 그들이 자신들이 섬기는 신들의 권리를 옹호할 수 있을 것인가? 그들이 역사 속에서 일어나게 될 일들을 예언할 수 있었다는 증거는 무엇인가? 이전 일들이 일어나기 전에 그 일들을 능히 고할 수 있는 사람이 있었는가? 여호와만이 그렇게 하실 수 있었다. 열방의 신들은 여호와만이 증거를 제시할 수 있는 것들을 주장하며 자신

들을 신이라고 거짓 주장하는 죄를 범했다. 열방의 증거를 듣고 옳다라고 말할 수 있는 사람은 아무도 없었다.

43:10-13. 하나님께서는 하나님의 백성들을 향해 자신의 증인이라 부르며 그들을 하나님의 종이라 선포하셨다. 그리고 그들이 거부하고 수행하지 않았던 일들(42:19)을 그들에게 다시 위임하셨다. 그들은 하나님의 종이 될 자격이 없었다. 그러나 하나님께서 그 일을 위해 그들을 택하셨다. 하나님의 백성들에게는 여호와의 종으로서 수행해야 할 사명이 있었다. 그들은 하나님을 창조주와 구원자와 유일하신 분으로 알고 믿어야 했다. 다른 신이 있었던 적은 결코 없었으며 앞으로도 없을 것이다. 그분은 유일한 분이시다. 그들은 오직 그분에게만 전적으로 충성해야 한다. 그들은 자신들의 과거 역사를 돌아볼 수 있었다. 그리고 그 역사는 하나님께서 하나님 자신에 대해 주장하신 것들의 정당성을 입증해주고 있었다.

출애굽 이후, 하나님께서 이스라엘을 구원하시고 그들에게 하나님의 말씀을 선포해 오셨다. 이제 소경 된 종들이 눈을 떠서 하나님께서 하신 일들을 보고, 귀머거리 된 종들이 귀를 열어 하나님의 말씀을 들어야 할 때가 되었다. 그 후에 그들은 여호와가 유일하신 참 하나님이라는 주장을 알리는 증인으로서 입을 열 수 있게 될 것이다.

12절은 번역하고 해석하기가 어렵다. 너희 중에 다른 신이 없었나니라고 번역된 부분은 원래 "너희 중에 낯선 자가 없었다"라고 되어 있었다. 아마도 현재나 과거 시제가 될 수 있을 것이다. '낯선 자'는 아마도 (1) 낯선 신, (2) 여호와는 낯선 자가 아니다, (3) 외국인이 없었다, (4) 소식을 듣지 못한 외부인이 그들 가운데 없었다 등의 뜻이었을 것이다. 이 가운데 마지막 해석이 가장 타당한 것으로 보인다. 선지자는 청중들이 하나님께서 하신 말씀과 하신 일들을 모두 알고 있으며, 그것을 증거할 수 있다고 말함으로 그들에게 증인의 자격을 부여해주었다.

하나님께서 늘 이스라엘의 하나님과 구원자였듯이 앞으로도 계속 그럴 것이라는 결론으로 끝을 맺고 있다. 바벨론에서의 유배 생활에서 구출될 것이라는 약속은 이룰 수 없는 불가능한 약속이 아니었다. 그 약속은 하나님께서 하나님의 백성들과 늘 함께 해오신 일들과 잘 맞는 것이었다. 하나님께서 선택하신 방법으로 행하시는 것을 막을 수 있는 힘을 가진 사람은 아무도 없었다. 그렇다면 이제 이스라엘은 각성하고 하나님을 믿고 하나님을 증거하는 증인이 될 것인가?

F. 바벨론의 방책을 깨뜨리고(43:14-21)

구원의 약속

Supporting Idea	거룩한 구속자 하나님께서는 괴로워하는 하나님의 백성들을 위해 놀라운 일을 계획하시고, 그들에게 하나님을 따르고 찬양하게 될 것을 기대하셨다.

43:14-15. 선지자에게는 바벨론에서 포로 생활을 하고 있는 사람들에게 줄 구체적인 약속이 있었다. 하나님께서 바벨론을 쳐부수실 것이다! 그 약속은 언약을 신실하게 지키는 거룩한 자라는 하나님의 성품에 그 기초를 두고 있었다. 14절 하반부의 히브리어 원문은 매우 불분명하기 때문에 번역이 거의 불가능하다. ASV 성경은 "내가 갈대아인들까지 모두 그들이 기뻐하는 배를 타고 달아나는 도망자가 되게 할 것이다"라고 번역했다. 반면에 NRSV 성경은 "너희를 위하여 내가 바벨론으로 보내어 모든 방책을 무너뜨릴 것이며, 갈대아인들의 환호를 비탄의 소리로 바꿀 것이다"라고 번역했다.

하나님께서 하나님의 백성들에게 자신을 나는 여호와 너희의 거룩한 자요, 이스라엘의 창조자요 너희의 왕이니라고 또다시 소개하심으로 자신의 약속을 확증하셨다. 하나님의 백성들이 멈추어 서서 하나님께서 어떤 분이시며 얼마나 놀라운 능력을 가진 분이신지를 깨닫게 하기 위해 하나님께서는 자신의 칭호들을 이렇게 열거하셔야 했다. 분명히 그들은 하나님께서 바벨론을 무너뜨리실 때 하나님의 약속을 믿고 고향으로 돌아갈 준비를 하게 될 것이다.

43:16-21. 하나님의 약속과 소망의 말씀과 하나님의 변함없는 성품을 기초로 선지자는 결론을 이끌어냈다. 출애굽의 하나님께서 그들을 위해 새 일을 하실 것이다. 그들은 이전 일과 그 문젯거리들을 잊어야 했다. 그들은 여호와께서 과거 좋던 시절에만 그들의 하나님이셨다는 생각을 버려야 했다. 하나님께서 행하실 새 일을 기대해야 했다. 그들은 하나님 때문에 놀라게 될 것이다. 하나님께서 자기 백성들을 위해 새 강을 건너 새 광야를 지나는 새 출애굽을 계획하셨다. 그것은 하나님께서 지으신 백성들로 하나님을 찬양하는 노래를 부르게 하기 위해서였다. 다양한 성경 번역본들이 상당히 다른 방식으로 들짐승들을 설명하고 있다는 사실에 주목하라.

G. 범죄한 종들을 위한 구원(43:22-28)

법적 호소 뒤에 이어진 구원에 대한 예언

Supporting Idea 용서받고 싶다면 하나님의 백성들은 하나님의 주인이 되려는 대신 하나님의 종이 되어야 한다.

43:22-24. 하나님의 백성들의 문제가 또다시 나타나고 있다. 하나님께서는 그들이 하나님 자신을 거역했다는 그들에 대한 비난의 정당성을 입증하셔야 했다. 하나님께서는 이스라엘이 하나님 그분을 잊고 기도하지 않았다는 주장으로 대응하셨다. 그들은 하나님을 싫증냈으며, 제물로 하나님을 공경하지 않았다('번제'에 대해서는 레 1장을, '예물'에 대해서는 레 3장을 참고하라). 바벨론에서는 그런 제물을 드릴 수 없었다. 그러나 포로 생활을 하기 이전부터 그들의 잘못된 마음 자세와 태도 때문에 하나님과의 교제는 끊어졌고, 다만 형식적인 예배를 드렸을 뿐이었다. 성전이 있었을 때 그들이 기꺼이 예물을 드렸던 것은 분명하다(사 1:11). 그러나 그 예물들은 여호와를 향한 헌신을 표현하거나 여호와께 영광을 돌리기 위한 것이 아니었다. 그저 국가적인 자존심과 업적을 더하기 위한 것이었다. 그들은 그런 자신들이 하나님께서 요구하신 모든 것을 매우 잘 수행하고 있다고 생각하며 감사하고 있었다.

그러나 실제 상황은 매우 달랐다. 왕이신 하나님께서는 준비하기 힘든 **예물**(소제, 레 2장 참고)로 이스라엘을 수고롭게 함으로 그들이 다른 노예나 종들처럼 섬기도록 요구하지 않으셨다. 또 왕에게 바치는 조공처럼 보일 수 있는 비싸고 구하기 힘든 유향을 요구하며 그들을 괴롭히지도 않으셨다. 실제로 그들은 하나님께 드릴 특별한 선물을 마련하기 위해 힘들게 번 돈을 지불한 적도 없었고, 가외의 수고를 한 적도 없었다. 그들의 예물로는 여호와의 실제적인 필요도 채울 수 없었다.

문제는 이스라엘이 여호와를 주님으로 인정하는 대신 종으로 삼으려 했다는 점이다. **나를 수고롭게** 했다는 것은 "나를 종으로 삼았다" 또는 "나에게 너를 섬기게 했다"라는 뜻이다. 여호와의 종이 되는 대신 이스라엘은 여호와의 주인이 되고자 했다. 하나님께서는 이스라엘과 그들의 죄를 다루는 일 때문에 **괴로우셨다**. 죄를 범한 것은 여호와가 아니라 이스라엘이었고, 이스라엘이 법정에 소환된 것은 마땅한 일이었다.

43:25. 이스라엘은 자신들의 하나님께서 정말 어떤 분이신지를 다시 상기해야 할 필

요가 있었다. 하나님께서는 이스라엘이 약간의 수입을 가지고 문 앞에 나타날 때까지 숨 가쁘게 열망하는 비상식적인 감독이나 굶주린 병약자가 아니다. 이스라엘의 하나님 여호와는 이스라엘의 죄를 거듭 용서하시고 기억하지 않으시는 분이다. 하나님께서는 그들의 허물을 도말하신다. 그들에게 자격이 있기 때문이 아니라 그들이 하나님께 용서를 구하기 때문에 그렇게 하시는 것이다. 하나님께서는 하나님을 부르지 않는 나조차도 용서하셨다. 그 이유는 무엇인가? 나(하나님)를 위해서였다. 하나님의 목적을 이루기 위해서였다. 이스라엘은 모든 족속에게 복을 주시는 일에 하나님께서 사용하실 하나님의 종이었다(창 12장). 그 결과 모든 족속이 하나님을 예배하게 될 것이다. 하나님께서는 이스라엘로 하나님의 증인이 되게 하시고, 하나님의 목적을 이루시기 위해 그들을 정결케 하셨다. 분명히 하나님께는 아무 죄도 없었다. 하나님께서는 자비를 베푸셨던 것이다.

43:26-28. 하나님께서 이스라엘을 향해 법정으로 나와 서로 변론하자고 도전하셨다. 하나님께서는 그들에게 그들의 조상 야곱의 때로부터(22절) 이스라엘의 역사가 죄의 역사가 되었으며 그들의 교사들, 즉 정치적 지도자들이 그 좋은 예가 되었다는 사실을 상기시켜주셨다. 그 죄에는 결과가 따를 것이다. 하나님께서 이스라엘의 종교 지도자들로 욕을 보게 하시고 나라 전체를 망하게 하실 것이다. 그들은 적들의 비방거리가 될 것이다.

H. 종에게 주신 하나님의 신(44:1-5)

구원에 대한 예언

Supporting Idea	하나님께서 범죄한 하나님의 백성들에게 하나님의 신을 주시고 아브라함에게 주신 복을 그들을 위해 새롭게 갱신하심으로 그들을 소생시키실 것이다.

44:1-5. 하나님의 심판이 하나님의 최종 선언은 아니었다. 하나님의 백성들이 하나님을 노예로 만들려 할 때에도 하나님께서는 자유로우셨다. B.C. 586년에 일어난 사건들에도 불구하고 이스라엘은 하나님의 종으로, 하나님의 택한 백성으로 남아 있었다. 하나님께서는 그들이 하나님을 부르지 않을 때에도 그들을 부르셨다. 그리고 생명을 주는 신과 아브라함에게 약속하신 복을 새롭게 하심으로 그들을 되살아나게 하셨다(창 12:2,

13:16). 하나님을 섬기는 이스라엘 백성이 된 것을 누구나 자랑스럽게 여겼다. 그렇다. 하나님이 아니라 하나님의 백성들에게 죄가 있었다. 하나님께서는 그들을 벌하실 수 있는 자유를 가지고 계셨다. 그러나 또 그들을 용서하고 그들에게 새로운 미래를 약속하실 수 있는 자유도 있었다. 백성들이 그 약속을 믿을 수 있을 것인가, 아니면 계속해서 하나님을 비난하고 자신들의 목적을 위해 하나님을 노예로 만들려 할 것인가?

I. 오직 유일하신 우리의 하나님(44:6-8)

구원에 대한 예언

Supporting Idea	이스라엘의 영원한 왕이며 구속자이신 하나님과 견줄 수 있는 것은 아무것도 없다. 하나님만이 영원한 분이시며 그분만이 역사를 주관하신다.

44:6-8. 이사야는 그의 중심 메시지를 반복했다. 하나님께서 하나님 자신만이 유일한 하나님이라는 사실을 증명하셨다(40:12-31, 42:8, 17). 여호와께서 하신 것처럼 자신의 역사적 계획들을 자기 백성들에게 알릴 수 있었던 사람은 아무도 없었다. 그 어떤 신도 장차 올 일을 알릴 수 없었다. 이스라엘에게는 두려워할 이유가 없었다. 바벨론 유수라는 최악의 역사적 상황 속에서도 약속을 지키시는 여호와를 신뢰할 수 있었기 때문이다. 그들은 하나님 자신을 유일한 하나님과 유일한 반석과 신뢰할 수 있는 유일한 분으로 입증하시는 하나님의 역사를 진술할 증인들이었다. 구원 역사 속에서 하나님께서 행하시는 위대한 새 일이 일어나기 직전에 그들은 과연 하나님께서 약속하신 것을 믿고 그분과 함께 광야를 지나 행진할 준비를 할 것인가?

J. 어리석은 우상 숭배자들(44:9-20)

조롱의 노래

Supporting Idea	우상 숭배자들은 자신의 손으로 만든 것들을 숭배하는 것이 얼마나 터무니없는 일인지를 보지 못한다.

44:9-11. 이스라엘은 적들에게 받은 수모와 조롱을 혐오했다. 여기서 우리는 선지자

가 우상 만드는 과정을 빈정대며 자세하게 묘사하면서 조롱하는 것을 분명히 볼 수 있다. 숙련된 기술을 가진 장인의 손으로 만든 것들은 하나님께서 세상을 창조하실 때 창세기 1장 2절에서 혼돈이라고 번역한 무의 상태로 이미 존재하고 있었던 것들이다. 이스라엘은 창조주 하나님을 증거하는 일을 어려워 했지만, 그들의 적들은 거리낌없이 자신들의 무익한 우상들을 위한 증인이 되었다. 그렇게 함으로 그들은 스스로 보지도 못하고 알지도 못하는 자신들을 드러내었고 수치를 당하게 되었다. 무익한 신상을 만들기 위해 왜 조각칼로 깎고 그 위에 금속으로 장식을 해야 하는 것인가? 그 신상을 조각한 사람은 노동의 대가로 그 삯을 받겠지만 결국에는 아무 유익도 얻지 못하게 될 것이다. 그들은 이제 법정에 모여 서서 그들의 신을 증거해야 한다. 그리고 곧 두려워하며 수치를 당하게 될 것이다.

44:12-17. 숙련된 장인들이 신상을 만드는 일로 자신들을 쇠약하게 만들고 있었다. 그들은 주리고 곤비하게 되었다. 기력이 떨어졌다. 신의 능력과 영광 대신 인간 형상의 아름다움과 영광만을 만들어내는 그런 사람들은 수치를 받아 마땅할 것이다. 그들은 자기 몸을 더웁게 할 불쏘시개로 신상을 만들고 그 앞에 절했다. 그들은 불을 피울 때 쓰는 것과 똑같은 재료로 만든 것 앞에 부복하고 절함으로 자신들의 어리석음을 드러냈다. 그들은 자기 손으로 만든 것 때문에 생긴 어려움에서 구출되기를 기대하며 기도했다. 바벨론의 우상 숭배를 모방하고 따라하면서 이스라엘은 사고력을 모두 잃고 보지도 못하게 되었다(42:18).

44:18-20. 이스라엘과 바벨론은 둘 다 알지도 못하고 깨닫지도 못하고 보지도 못하고 생각하지도 못했다. 힘든 모든 노동을 통해 그들은 결국 가증한 물건을 만들었고, 나무토막 앞에 굴복하고 재를 먹으며 마음이 미혹되어 그 오른손에 거짓된 것을 들게 되었다. 이것은 아마도 바벨론의 장인들과 우상을 만드는 바벨론 사람들을 묘사하고 있는 것처럼 보이지만, 여호와를 비난하고 싶어하고(43:22) 바벨론 사람들이 만든 우상을 숭배하고 싶어하는(42:8-17) 이스라엘 백성들의 슬픈 현실을 낮은 목소리로 이야기하는 것이었다.

K. 네 구속자를 기억하라(44:21-28)

회개의 촉구

Supporting Idea

하나님께서 하나님의 종 이스라엘로 하여금 그들 자신의 잘못을 회개하고 예루살렘을 재건하는 일을 시작하게 하기 위해 고레스를 사용하시는 그들의 구속자를 찬양할 것을 촉구하셨다.

44:21-23. 하나님께서 청중들에게 그들의 진정한 정체성을 다시 한번 상기시켜주셨다. 그들은 여호와의 종 이스라엘이었다. 하나님께서 지으시고 결코 잊지 않으실 나라였다. 바사의 고레스를 통해 그들을 구속하실 것이라고 약속하셨다. 하나님께서는 그들의 죄를 용서하셨다. 이스라엘은 하나님께 대한 반응으로 그들이 맡은 역할을 감당해야 했다. 그들은 하나님께서 하신 일과 하시는 일을 기억하고 하나님께 돌아와야 했다. 그것은 죄와 바벨론의 신들을 버리고 그들을 구속하신 하나님께 돌아오는 것이었다. 그들은 그들을 구속하신 하나님을 찬양하는 노래를 소리내어 불러야 했다. 그 이유는 무엇인가? 하나님께서 하나님의 백성들을 구속하시며 이스라엘로 하나님을 영화롭게 하실 것이기 때문이었다.

44:24-28. 또 다른 일이 이스라엘을 기다리고 있었다. 그들은 왕이신 하나님께서 새로운 정치적 무대를 알리며 선포하시는 말씀에 귀를 기울여야 했다. 하나님께서는 먼저 자신이 누구인지를 정확하게 설명하심으로 하나님께서 하실 일의 기초를 놓으셨다. 하나님께서는 창조주시며 참된 예언의 근원이시며 바벨론의 거짓 선지자들과 지혜로운 자들의 적이시다. 그런 다음 하나님께서는 하나님의 백성들을 위해 예루살렘과 유다를 재건하기로 약속하신 대로 그 계획을 설명하셨다. 하나님의 목자 바사 왕 고레스를 사용해 유프라테스 강 유역에 자리잡은 교만하고 무질서한 세계 최강국 바벨론을 무너뜨리실 것이다.

하나님께서 성전과 예루살렘을 재건하시려는 목적을 이루기 위해 그 일을 하셨다. 얼마나 놀라운 일인가! 바벨론에서 유배 생활을 하며 그 소식을 듣게 된 사람들은 하나님께서 다윗의 계보를 이은 사람이 아니라 이방의 왕을 사용하실 것이라는 사실에 큰 충격을 받았을 것이다. 그보다 더 이상한 일이 또 있을 것인가? 그들은 과연 선지자의 말을 믿을 것인가? 그리고 금식하며 슬픔을 표하던 의식을 바벨론의 신들과 함께 다 밀어내고 선지자가 그들에게 알려준 놀라운 찬송을 부르려 할 것인가?

Main Idea 복습	하나님의 종 된 백성을 구원하시고 하나님의 신을 통해 그들을 의로운 공동체로 만들기 위해 하나님께서 일하셨다.

결론

충격의 하나님

하나님의 방법은 우리의 방법과 같지 않다. 이 세상에서 하나님의 목적을 이루기 위해 하나님께서 선택하시는 방법은 끊임없이 우리를 놀라게 한다. 땅도 성전도 다 잃은 백성들의 '패배한' 하나님께서 어떻게 감히 이 세상의 유일한 참 하나님이라고 주장할 수 있는가? 그런 하나님의 약속을 누가, 왜 믿어야 하는가? 그러나 이스라엘의 소망은 하나님의 백성인 자신들을 구속하고 자신들의 땅을 되찾고 성전을 재건하기 위해 바사의 통치자를 사용하실 하나님께 있었다. 그들은 하나님께서 그들에게 부어주시는 신을 받을 것인가? 기꺼이 광야를 지나 행진할 것인가? 아니면 바벨론 생활에 익숙해진 채 그런 종교적인 선동에 방해받고 싶어하지 않을 것인가?

그리스도인들도 그 못지않게 힘든 일에 부딪히게 된다. 우리는 갈릴리 목수가 하나님에 대해 이 세상에서 살았던 그 누구보다 잘 알고 있다는 사실을 사람들이 믿게 되길 바란다. 그리고 그들이 이천 년 전에 살았고 죽었다가 부활하신 분에게 경의를 표하게 되길 바란다. 우리는 목수로 살다 부활하셔서 주님 되신 분이 육체를 입고 오신 하나님이시며, 지금 하늘에 살고 계신다는 사실을 사람들이 믿게 되길 바란다. 그리고 그 예수님께서 이 세상에 다시 오실 것과 인간의 운명은 그분이 어떻게 반응하시는지에 따라 달라진다는 사실을 그들이 믿게 되길 바란다.

이스라엘은 고레스가 바사 제국을 세계의 강대국으로 세우고 이스라엘 백성들의 귀환을 허락해주며 성전을 재건할 수 있게 해주는 것을 보았다. 하나님만이 그런 일을 예언하고, 또 그 예언을 실제로 이루어지게 하실 수 있다. 메시아에 대한 하나님의 모든 예언도 사실이다. 우리에게는 예수님께서 주님이시며 다시 오실 것이라는 사실을 믿을 수 있는 충분한 이유가 있다.

▣ 진리 알기

· 하나님의 목적은 이 땅에서 공의가 이루어지게 하는 것이다.
· 하나님께서는 하실 일을 백성들에게 미리 알리는 것을 통해 일하신다.
· 하나님께서는 자신에게 영광을 돌리고 찬양하게 하시려고 사람들을 만드셨다.
· 하나님께서는 하나님의 백성을 결코 잊지 않으신다.
· 하나님께서는 계획하고 약속하신 모든 것을 성취하신다.

▣ 적용하기

· 하나님께서 당신을 위해 하신 모든 일에 대해 하나님의 백성들과 함께 하나님을 찬양하라.
· 하나님께서 미래에 구원해주실 것을 믿고, 과거에 얽매이지 말며 더 이상 불평하지 말라.
· 당신의 죄를 용서해주신 하나님께 감사하라.

삶의 적용

최고의 순간

마리안 앤더슨(Marian Anderson)은 탁월한 목소리로 노래하는 사람들 가운데 하나였다. 당대 최고의 심포니 오케스트라의 지휘자였던 아르투로 토스카니니(Arturo Toscanini)는 "그녀의 목소리는 한 세기에 한 번 나올까 말까 한 목소리"라고 칭찬했다. 그녀의 목소리는 사람들이 경험할 수도 감히 꿈 꿀 수도 없는 그런 최고의 순간들을 그녀에게 누릴 수 있게 해주었다. 1955년 그녀는 뉴욕 메트로폴리탄 오페라 극단과 함께 노래하게 된 최초의 흑인 가수가 되었다. 그 다음 해에는 베스트셀러가 된 그녀의 자서전 「My Lord, What a Morning」이 출간되었다.

1958년 아이젠하워(Dwight D. Eisenhower) 대통령은 유엔에서 미국을 대표할 사람으로 그녀를 임명했다. 그녀는 대통령과 그의 귀빈들(영국 왕과 왕비)을 위해 개인 음악회를 열었다. 1963년에는 대통령이 수여하는 자유훈장을 수여했다. 그리고 어느 부활절 주일 그녀는 워싱턴 D.C.에 서 있는 에이브러햄 링컨의 동상 아래 서서 국정 지도자들 대부분을 포함해 75,000명 가량의 사람들 앞에서 노래를 불렀다.

그 후 어느 날 그녀는 한 기자를 만났다. 많은 질문들 가운데서 그녀를 잠시 멈추게 한 질문이 있었다. "살면서 가장 최고의 순간은 언제였는가?" 놀랍게도 그녀가 그 질문에 대답하기까지는 그리 오래 기다릴 필요가 없었다. 그녀는 가장 먼저 손꼽을 것으로 여겨지는, 앞에서 열거된 순간들을 선택하지 않았다. 대신 그녀는 어머니에게 가서 "어머니, 이제 더 이상 빨랫감을 가져오지 않으셔도 돼요. 우리 두 사람이 생활하는 데 필요한 돈은 충분히 있어요"라고 말했을 때를 이야기했다(Swindoll, p. 390).

이스라엘은 그들의 역사 속에서 놀라운 순간들을 많이 경험했다. 그들은 국제 정세 판도에서 자기들의 나라를 높은 자리에 올려놓을 수 있었던 모세, 여호수아, 다윗, 솔로몬, 히스기야, 요시야와 수많은 영웅들을 되돌아볼 수 있었다. 그러나 이스라엘 최고의 순간은 아마도 그들에게 정치적 지도자도, 통치할 땅도, 예배드릴 수 있는 성전도 없던 때였을 것이다. 바벨론에서 포로 생활을 하던 이스라엘은 하나님의 종이 되도록 그들을 부르시는 하나님의 음성을 들었다. 그것은 이스라엘이 기대하던 것이나 이스라엘이 자신들을 보고 있던 것과는 전혀 다른 것이었다. 하나님께서는 하나님의 백성들에게 승리를 거두거나 위대한 업적을 이룬 순간들이 아니라, 하나님과 다른 사람들을 섬긴 순간들 속에서 그들의 정체성을 찾도록 계속 촉구하셨다.

기도

주님, 제게 새로운 정체성을 갖게 해주십시오. 세상의 명성과 성공을 추구하는 일에 지쳤습니다. 어제의 승리는 이미 잊혀졌기 때문에 오늘 다른 사람들에게 기억되기 위해 또다시 승리의 득점을 올려야 한다는 것이 저를 피곤하게 만듭니다. 하나님, 하나님의 종이 되게 해주십시오. 하나님의 구원을 전적으로 의지하는 사람이 되게 해주십시오. 주님, 오늘 주님을 섬기며 제가 가장 먼저 해야 할 일이 무엇인지 알려주시기를 기도합니다. 아멘.

심층 연구

하나님의 계획과 목적

하나님께서는 이 세상을 위한 구원 계획을 가지고 그 계획을 이루기 위해 백성들 가운데서 일하고 계신다는 것이 성경이 말하는 근본적인 메시지다. 이 계획을 설명하는 히브리 단어는 'etsah 인데 '조언' 과 '계획' 이라는 두 가지 뜻을 모두 담고 있다. 이 단어는 욥기 38장 2절, 42장 3절, 시편 33편 11절, 73편 24절, 106편 13, 43절, 107편 11절, 잠언 19장 21절, 이사야서 5장19절, 7장 5-7절, 14장 26절, 25장 1절, 28장 29절, 44장 26절, 46장 11절, 예레미야서 32장 19절, 49장 20절, 50장 45절, 미가서 4장 12절 등에서 하나님의 계획을 언급하는 데 사용되었다. ya'ats는 하나님께서 조언하시거나 계획을 세우시는 것을 언급하고 있는 역대하 25장 16절, 시 16편 7절, 32편 8절, 이사야서 14장 24절, 19장 12, 17절, 23장 8-9절, 예레미야 49장 20절, 50장 45절 등에서 볼 수 있다.

하나님의 계획과 모사와 경영은 다른 어느 성경 기자들보다 이사야에게 중요한 주제였다. 인간 지도자들은 계획을 세우고 그 계획을 하나님께 숨기려 한다(29:15). 그들은 하나님께로 말미암지 않은 계교를 베푼다(30:1). 지혜로운 자들은 하나님께서 계획하셨다는 사실을 모른 채 모략을 제공한다(19:12). 그러나 하나님께서는 "그 도모가 서지 못하며 이루지 못하리라" 고 말씀하신다. 왜냐하면 인간의 계획이 아니라 하나님과 하나님의 계획을 믿고 신뢰할 것을 기대하시기 때문이다(사 7:5-9). 그러므로 인간 지도자들은 계획과 전략을 세우겠지만 "그들의 도모는 필경 이루지 못하고 시행되지 못할 것이다. 하나님께서 우리와 함께하시기 때문이다" (8:10). 하나님의 "모략은 기묘하며 지혜는 광대하다" (28:29).

하나님의 계획은 하나님께서 주관하신다. 인간이 그 계획을 드러내거나 그 계획을 속히 실행하도록 하나님을 재촉할 수는 없다(5:19). 하나님의 계획이 두로(23:7-9)와 애굽

(19:14-17)과 앗수르와 같은 나라들의 미래를 결정한다. 하나님께서는 '온 세계를 향하여 정한 경영' 을 가지고 계신다(14:26). 하나님께서는 "나의 생각한 것이 반드시 되며 나의 경영한 것이 반드시 이루리라" 고 주장하실 수 있다(14:24). 하나님의 경영을 폐하거나 돌이킬 수 있는 사람은 아무도 없다(14:27). 그러므로 하나님을 경배하는 사람들은 "주는 기사를 옛적의 정하신 뜻대로 성실함과 진실함으로 행하셨음이라" 고 노래하며 하나님의 이름을 찬송한다(25:1).

하나님께서 하나님의 계획들을 혼자만 알고 있는 비밀로 삼지는 않으신다. 하나님의 때에 그 계획들을 선지자들에게 알리고, 백성들에게 전하게 하신다. 그런 다음 하나님께서 그 계획들을 수행하신다(44:26). "내가 종말을 처음부터 고하며 아직 이루지 아니한 일을 옛적부터 보이고 이르기를 나의 모략이 설 것이니 내가 나의 모든 기뻐하는 것을 이루리라 하였노라 내가 동방에서 독수리를 부르며 먼 나라에서 나의 모략을 이룰 사람을 부를 것이라 내가 말하였은즉 정녕 이룰 것이요, 경영하였은즉 정녕 행하리라" (46:10-11).

하나님의 모사와 계획이 구약 시대로 끝난 것은 아니다. 왜냐하면 하나님께서 '지혜와 총명의 신' (11:2)을 가진 '기묘자' (9:6)가 될 메시아를 보내기로 계획하셨기 때문이다.

교안

A. 들어가는 글

1. '슬픔에 대한 반응' 이야기로 시작하라.

2. 배경 설명: 이사야서 42-44장은 자기 연민에 빠져 역사를 망각하고 현실에 절망하면서 포기하고 있는 사람들에게 보낸 하나님의 메시지를 소개하고 있다. 이스라엘 백성들은 한 세대를 바벨론에서 보내고 있었다. 그곳에 있는 유대인의 대부분은 예루살렘에서 살아본 경험이 없었고, 그곳으로 돌아갈 희망도 찾을 수 없었다. 그들은

외국 땅에서 그곳을 고향으로 삼으려는 의도를 가지고 정착해가고 있었다. 그러나 하나님의 계획은 달랐다. 하나님께서는 그들에게 바벨론을 잊고 예루살렘을 바라볼 것을 촉구하셨다. 그들이 그들을 위해 계획하신 놀랍고 새로운 구원을 증거하는 하나님의 종이 되길 바라셨다. 하나님께서 그들에게 구속이라는 용어에 새로운 의미를 부여해주실 것이다. 이스라엘은 하나님의 구속을 소망으로 그리고 좋은 소식으로 받아들일 것인가, 아니면 현실과는 아무 상관도 없는 과거 좋았던 시절의 허무한 공상이라 생각해버리고 말 것인가? 이스라엘의 하나님께서 정말로 역사를 주관하시는 유일한 하나님이시며, 바벨론이 아니라 예루살렘을 하나님께서 거하실 도성으로 만드실 것이라는 사실을 그들은 믿을 수 있을 것인가? 보기에는 불가능한 일처럼 보였다. 그러나 믿음은 하나님께서 계획하시고 선지자를 통해 알려주신 일을 행하실 것이라고 말한다. 당신은 어느 쪽을 따를 것인가? 눈에 보이는 것을 따를 것인가, 아니면 믿음을 따를 것인가?

3. 적용: 바벨론에 거주하던 이스라엘 백성들은 두 세계, 즉 출애굽을 이루시고 다윗과 언약을 맺으신 하나님을 믿는 옛 세계와 새로운 신들이 세상을 지배하고 있는 것처럼 보이고, 경제 정치적 상황으로 볼 때 그들에게 옛 세계에 대한 꿈을 버리라고 말하는 바벨론의 포로로 생활해야 하는 새 세계 속에서 살아가고 있었다. 그들은 주일에는 믿음의 세계에서 살고 월요일에는 사회 경제적 현실 세계 속에서 살아가는 사람들과 흡사했다. 주일 설교를 통해 들은 메시지가 월요일부터 토요일까지의 거친 현실을 살아가는 데 어떤 영향을 미칠 수 있을까? 이사야서 42-44장을 통해 우리는 주일뿐 아니라 일주일 내내 어떻게 하나님의 종으로 살아가야 하는지를 아는 데 도움을 받을 수 있어야 한다.

B. 본문 이해

1. 하나님의 신을 통해 보내신 종(42:1-4)
2. 나라들을 위한 언약(42:5-9)
3. 승리에 대한 감사(42:10-13)
4. 행진할 때(42:14-17)

5. 눈에 보이지 않는 종을 위한 구원(42:18-43:13)
6. 바벨론의 방책을 깨뜨리고(43:14-21)
7. 범죄한 종들을 위한 구원(43:22-28)
8. 종에게 주신 하나님의 신(44:1-5)
9. 오직 유일하신 우리의 하나님(44:6-8)
10. 어리석은 우상 숭배자들(44:9-20)
11. 네 구속자를 기억하라(44:21-28)

C. 결론: '최고의 순간' 을 읽어주라.

1. 요약: 진상은 명백하다. 하나님께서는 유일한 분이시다. 하나님을 대신하려는 모든 사람과 모든 것은 가짜이고 허풍선이다. 하나님께서 하나님의 백성들을 위한 계획을 선포하셨다. 우리는 세상을 위한 하나님의 구원 계획을 증거하는 하나님의 종이 되어야 한다.

2. 도전: 지금이 바로 결정해야 할 때다. 나사렛 예수 안에서 자신을 가장 잘 드러내신 이스라엘의 하나님을 믿는가? 그렇다면 그분의 종이 되기로 헌신할 것인가, 아니면 스스로 주인이 되어 통제권을 유지하려 할 것인가?

토의 질문

1. 하나님의 종으로 살아간다는 것의 의미는 무엇인가?

2. 오늘날 하나님의 종으로 살아가면서 이 세상에서도 성공한다는 것이 가능한 일인가?

3. 지금까지 살면서 경험한 최고의 순간은 언제였는가? 그렇게 생각하는 이유는 무엇인가?

4. 절망하면서 삶을 포기해야겠다고 생각한 적이 있는가? 그렇게 느꼈던 이유는 무엇이며, 하나님께서 어떤 방법으로 그런 느낌에서 벗어날 수 있게 해주셨는가? 가장 먼저 해야 할 일을 보여주셨는가? 그리고 당신은 그 일을 받아들였는가?

이사야 45-46장

놀라운 방법으로

"하나님의 방법은 우리의 방법과 다르기 때문에 사람에게는 터무니없는 것처럼 보인다 할지라도 사실인 경우가 있다."

- 제프리 그로간(Geoffrey W. Grogan)

하나님께서 바사의 고레스를 불러 하나님의 백성 이스라엘을 바벨론 포로 생활에서 구원하실 것이다. 하나님께서 창조주로서 자신이 선택한 최선을 행할 수 있는 권리를 주장하시며, 하나님의 계획과 하나님의 방법에 이의를 제기하는 사람들에게 재앙을 선포하셨다. 하나님께서 다른 모든 신들을 불러모으시고 앞일을 예언하는 것을 통해 그들의 신성을 증명할 것을 요구하셨다. 그리고 하나님만이 유일한 하나님이며 창조주라는 하나님의 주장을 반복하셨다. 하나님께서는 돌아와 구원을 받을 수 있도록 땅에 거하는 모든 사람들을 초청하셨다. 하나님 외에는 아무도 그렇게 하지 못했다. 하나님께서는 특히 이스라엘에게 하나님의 약속에 귀를 기울이고 그 약속들을 믿고 하나님의 구원을 맞이할 채비를 하라고 말씀하셨다.

Isaiah

들어가는 글

잘못된 근거를 바탕으로 하나님을 알려 함

작가인 헨리 블랙가비(Henry Blackaby)는 "하나님과 동행하는 삶에 대해 처음으로 알게 되었을 때 나는 다른 사람들을 상당히 많이 의지했다. 다른 사람들을 찾아가 '이게 정말 하나님께서 하신 일이라고 생각하세요? 전 이렇게 생각하는데 어떻게 생각하세요?' 라고 말했다. 무의식적으로 또는 의식적으로 나는 하나님과 내가 맺고 있는 관계보다 그들을 더 많이 의존하고 있었다"라고 고백했다.

"결국 나는 '주님께서 내게 말씀하신 것이라는 사실을 확신하기 위해 주님을 찾아가 분명히 확인할 것이다. 그런 다음 하나님께서 그것을 어떻게 확증해주시는지를 지켜볼 것이다' 라고 다짐하지 않을 수 없었다. 그리고 내 삶의 많은 영역에서 그 다짐을 실천하기 시작했다. 그 후 하나님과 나누는 사랑의 관계가 그 무엇보다 중요해졌고, 나는 하나님께서 그분의 방법을 알려주시는 분명한 한 가지 방식을 발견하기 시작했다. 하나님께서는 말씀을 통해 하나님의 방법을 알려주신다. … 하나님께서는 우리가 하나님을 알게 되고 하나님을 따르게 되길 원하신다. 하나님을 신뢰하는 믿음을 가지고 하나님께서 우리에게 맡기신 일을 할 수 있도록 우리에게 말씀하시며 하나님을 우리에게 계시해주신다. 또 하나님을 위해 우리가 할 수 있는 일들을 그저 막연히 바라는 대신 하나님의 일에 참여할 수 있도록 우리에게 하나님의 목적을 알려주신다. 그리고 하나님께서 모든 영광을 받을 수 있는 방법 안에서 우리를 통해 하나님의 일을 성취하실 수 있도록 우리에게 하나님의 방법을 알려주신다(Blackaby, pp. 159-160).

오래 전 이스라엘도 헨리 블랙가비가 고백한 것과 같은 문제를 안고 있었다. 그들은 하나님께서 말씀하신 것을 이해할 수 없었고, 하나님께서 그들에게 말씀하신 것인지를 확신하지 못했다. 그들은 그 메시지가 하나님께로부터 온 것이라면 자신들이 하나님의 방법을 이해하지 못하고 있는 것이라는 사실을 깨닫게 되었다. 온 우주의 참 하나님께서 어떻게 자신의 백성들에게 그들의 고국과 고국의 땅과 성전을 잃어버리는 일을 일어나게 하실 수 있다는 말인가? 하나님의 백성들이 포로로 끌려가고 있는데 어떻게 가만히 보고 계실 수 있단 말인가? 구원의 약속에 어떻게 다윗의 계보를 이을 왕이 아니라 바사의 고레스 왕 같은 이방인이 포함될 수 있는 것인가?

이스라엘처럼 작은 나라의 하나님께서 어떻게 온 우주의 창조주이며 유일한 참 하나님이라고 주장할 수 있는 것인가? 고레스의 인정을 받을 만한 방법으로 자신을 소개할 것을 어떻게 생각할 수 있다는 말인가? 이스라엘의 하나님께서 어떻게 세상의 모든 나라들을 자신의 구원에 감히 다 초청할 수 있다는 말인가! 하나님께서는 하나님이시다. 그리고 우리가 일하는 방식으로 일하지 않으신다. 인간의 논리와 택한 백성의 기대와는 너무나 거리가 먼 방식으로 일하시는 하나님을 우리는 믿고 신뢰할 수 있을 것인가?

본문 이해

놀라운 방법으로

Main Idea	유일하신 참 하나님께서는 뜻밖의 방법으로 하나님의 백성들을 구원하고 하나님의 세상에 복 주시기로 한 자신의 약속을 지키신다.

A. 정복하고 건설하도록 부름받은 고레스(45:1-7)

임명식

Supporting Idea	하나님께서는 하나님의 백성들을 위한 구원 목적을 이루고 유일하신 참 하나님을 세상에 소개하기 위해 예상 밖의 사람들에게 기름을 부으신다.

45:1-3. 이 구절은 이사야서 40-55장에서 볼 수 있는 정치적 메시지의 핵심이다. 선지자는 바사의 고레스가 여호와의 기름부음받은 자로 임명된 것을 묘사했다. 여호와께서 고레스의 손을 잡으시고(42:6) 그에게 맡기실 임무를 설명하셨다. 그에게 이스라엘의 하나님께서 인도하시는 대로 열국을, 특히 바벨론을 항복시키는 일을 맡기셨다. 그리고 열

국으로 은밀한 곳에 숨겨둔 재물을 조공으로 받게 하셨다. 하나님께서는 고레스에게 하나님 자신을 소개하고, 고레스는 이스라엘의 하나님의 신하와 같은 왕일 뿐이라는 사실을 그에게 알리기 위해 그렇게 하셨다. 고레스는 하나님께서 이스라엘을 돕기 위해 세상을 정복하도록 그를 부르셨다는 사실을 알아야 했다. 그는 자신의 힘으로 권력이나 지위를 얻은 것이 아니었다.

45:4-7. 여호와께서 택한 이스라엘을 위하여 친히 일하셨다. 그렇다. 하나님께서는 자신의 뜻을 이루고 하나님의 백성들을 돕기 위해 하나님을 알지도 못하는 사람까지 사용하실 수도 있었다. 하나님께는 그 어떤 경쟁자도 없었기 때문에 그렇게 하실 수 있었다. 나 외에 다른 이가 없나니 나밖에 신이 없느니라. 바사의 고레스는 자신의 능력과 명성을 조로아스터교가 섬기는 신 아후라 마즈다(Ahura Mazda)의 공로로 돌릴 수 없었다. 그가 비록 그 공로를 바벨론의 신 마르둑(Marduk)에게 돌린 것을 바벨론에서 발견된 유명한 고레스 실린더(Cyrus Cylinder)에서 볼 수 있긴 하지만, 실제로는 마르둑에게도 그 공을 돌릴 수 없었다(다른 관점-고레스 실린더에 대해서는 '심층 연구' 를 참고하라).

사실은 이스라엘의 여호와, 유일하신 참 하나님께서 세상을 다스리신다는 사실을 온 세상에 알리기 위해 고레스를 사용하셨던 것이다. 하나님께서는 하나님의 목적을 이루기 위해 다른 강대국을 사용하시려고 이스라엘이라는 경계를 벗어나셨다. 그 이유는 무엇인가? 하나님의 목적이 알려지고 존중되는 영역을 넓히고 싶으셨기 때문이었다. 그것은 하나님께서 좋은 것과 악한 것을 둘 다 만드시고 전 세계 역사를 주관하신다는 것을 의미했다. 하나님께서는 백성들이 회개를 촉구하는 선지자를 거부했을 때 그들을 멸망시키셨다. 그리고 그들이 하나님의 이름을 영화롭게 할 때 포로 생활에서 벗어나 귀환하게 하실 것이다. 이스라엘은 좋을 때나 나쁠 때나 하나님을 섬기고 하나님께 영광 돌리는 것을 배워야 했다('창조주 하나님' 에 대해서는 40-41장의 '심층 연구' 를 참고하라).

B. 의를 부어내리라(45:8-13)

재앙을 경고하는 노래의 전주곡

Supporting Idea	하나님의 피조물인 인간에게는 하나님께서 의로운 세상을 만들기 위해 일하실 때 그분의 목적과 방법에 이의를 제기할 수 있는 그 어떤 권리도 없다.

45:8-10. 일단 고레스를 세우신 후 하나님께서는 일을 진척할 준비를 하실 것이다. 세상의 적절한 질서와 구원과 의, 즉 하나님과의 관계와 세상 질서와의 관계 속에서 인간이 갖추어야 할 적절한 모습을 이루기 위해 하늘과 궁창을 부르시고 세상의 강대국들과 합세하도록 명하셨다('의'에 대해서는 50-51장의 '심층 연구'를, '구원'에 대해서는 47-49장의 '심층 연구'를 참고하라). 그것은 하나님께서 포로 생활이라는 암흑을 만드셨을 뿐 아니라, 의와 구원이라는 새 날의 빛도 조성하실 수 있다는 사실을 말해주는 것이었다.

그런 확신을 심어주셨음에도 불구하고 하나님께서는 하나님의 백성들과 더 논쟁하셔야 했다. 그리고 하나님과 다투고 맞서는 사람들에게 경고의 메시지를 보내셨다(사 5:8, 11, 18, 20-22, 29:15, 33:1 참고, 1:4, 10:5, 28:1, 30:1). 하나님께서는 먼저 창조주 하나님 아버지께 맞서려는 그들이 아무 힘없는 피조물이라는 사실을 상기시켜주셨다. 그들은 토기장이인 하나님께서 원하시는 것으로 다시 만들어주시기를 기다리며 그분의 손에 들려 있는 진흙에 불과했다. 그들은 쓸모없이 깨진 질그릇 조각일 뿐이었다.

45:11-13. 그런 다음 하나님께서는 매우 구체적으로 말씀하셨다. 누가 하나님께서 만드신 그분의 아들들을 오용하셨다고 하나님을 비난할 수 있겠는가? 하나님의 자녀들을 하나님께서 원하는 대로 대하실 수 없다는 말인가? 그들의 아버지보다 그들에게 좋은 길을 더 잘 알고 있는 분이 또 어디 있겠는가? 하나님께서 고레스를 기름부음받은 자로 임명하심으로 세상과 세상에 살고 있는 사람들을 잘못 사용하시는 것이라고 누가 비난할 수 있겠는가? 하나님께서는 땅을 만들고 그 위에 사람을 창조하신 분이시다. 그들을 지으신 하나님께서는 그들을 위한 최선이 무엇인지를 그 누구보다 잘 알고 계신다.

그러므로 하나님께서는 하나님의 손으로 하시는 일을 간단하게 설명하시며 마무리를 지으셨다. 그분은 이 세상의 바른 질서를 회복하기 위해 고레스를 부르실 것이다(42:6, 45:8). 그들의 성읍이 있는 땅에 사로잡힌 하나님의 백성들을 위해 질서를 바로잡는 것이 그 일의 중심이 될 것이다. 하나님께서는 그 일을 위해 왕이 용사나 가신을 고용하는 것처럼 고레스를 고용하지는 않으실 것이다. 고레스를 하나님께서 맡기시는 일을 수행할 하나님의 목자로 임명하실 것이다. 고레스는 하나님의 고용인이 아니라 하나님의 관리가 될 것이다.

C. 적에게 복음을 전하는 일(45:14-25)

법정 연설

Supporting Idea	영원한 구원자이신 하나님께서 세상 사람들에게 하나님 자신을 알리고 섬기게 하려는 자신의 목적을 이루기 위해 종종 알려지지 않은 방법으로 일하신다.

45:14-17. 이 구절은 다양하게 해석되는 복잡한 내용으로 되어 있다. 그러나 이사야서의 핵심이 되는 신학적 내용들을 담고 있는 매우 중요한 부분이다. 이스라엘의 구원을 선포하는 것으로 시작한 이 부분은 하나님의 적들이 하나님께 제기한 논쟁에 대한 답변으로 이어지고 있다.

고레스(45:1-3)는 애굽과 애굽의 아프리카 동맹국들의 무릎을 꿇게 할 것이다(43:3-4). 그러나 그들은 고레스에게 조공을 바치지 않을 것이다. 대신 그들은 여성 단수 대명사로 이 구절을 장악하고 있는 '너' 라는 존재를 따를 것이다. 그 '너' 는 시온/예루살렘인 것이 분명하다. 그들은 정치적인 이유 때문이 아니라 종교적인 이유 때문에 그렇게 할 것이다. 아프리카 나라들은 고레스가 하는 일이 이스라엘 하나님의 능력을 통해 할 수 있는 일이라는 사실을 깨닫을 것이다(45:6). 그리고 그것은 그들에게 성경의 위대한 신학적 진리들 가운데 하나를 보게 해줄 것이다. 이스라엘의 하나님께서는 사방팔방에서 허풍을 떨며 자기 자랑을 하는 화려한 행진이나 홍행거리의 하나님이 아니시다. 그분은 고대 근동 사회가 예측할 수 있는 일반적인 방법으로 언제나 공개적으로 그리고 분명하게 일하지는 않으신다.

대신 하나님께서는 종종 사람들이 하나님께서 하시는 일을 보고 이해하기 위해서는 매우 예민하게 주의를 기울여야 할 만큼 조용하게 일하신다. 그들의 관점에서 보면 스스로 숨어 계시는 하나님으로 보인다. 하나님의 백성들조차도 하나님께서 하시는 많은 일을 보지 못했다(43:8). 하나님께서 하나님의 백성들과 함께 일하셔야만 하는 것도 아니었다. 고레스와 같은 이방의 통치자를 통해 일하실 수도 있었다(10:5). 그러나 하나님께서 무슨 일을 하고 계시는지를 마침내 이해하게 되면 구원자 이스라엘의 하나님이여라는 찬송을 부르게 될 것이다.

선지자의 예언에는 또 다른 면도 있었다. 그것은 하늘 보좌에 대한 다른 신들의 주장이 얼마나 허망한 것이며(44:9-20), 하나님의 백성들에게 그것이 얼마나 중요한 것인지를 깨닫게 하는 것이었다. 우상들과 우상을 만드는 사람들은 부끄러움을 당하고 욕을 받게 될 것이다. 이스라엘은 구원될 것이다. 이것이 성경이 말하고 있는 핵심 주제이며, 이사야서에서 중요하게 강조하고 있는 점이다. 이스라엘에게 구원은 고난 속에서 받게 되는 도움, 특히 적과의 전쟁에서 구출되거나 고소당한 법정에서 구출되는 것을 뜻하는 매우 구체적인 용어였다.

그 정반대가 부끄러움을 당하는 것이었다. 즉 전쟁이나 재판에서 지고 적에게 승리를 내주는 것이었다. 그러므로 선지자는 이스라엘이 전쟁에서 승리를 거두거나 사회 질서를 회복하기 위해 더 이상 하나님께 호소하지 않아도 될 때를 내다보고 있었다. 그때가 되면 하나님께서 영원한 구원으로 단번에, 그리고 영원히 그 일을 이루실 것이다. 신약성경은 이 구원이 전쟁터나 법정에서 얻어지는 것이 아니라는 사실을 우리에게 보여주고 있다. 영원한 구원은 십자가에서 돌아가신 하나님의 어린 양 예수 그리스도를 통해 온다.

45:18-19. 문제는 선지자의 청중들이 그의 말을 믿지 않았다는 것이다. 그들은 하나님께서 모든 것을 혼란스럽게 하셨다고 주장했다. 창세기 1장에 사용된 용어를 활용하면서(특히 공허와 혼돈을 뜻하는 tohu와 창조를 뜻하는 bara' 라는 특별한 히브리 용어를 사용하면서) 선지자는 "아, 그렇지 않다! 태초로 돌아가보라. 하나님께서 공허를 창조하신 것이 아니다. 하나님께서는 공허를 사람이 살 수 있는 세상으로 바꾸셨다"라고 말했다. 혼돈은 바벨론 신들의 세계다. 그들과 그들의 선지자들은 그들 신의 메시지를 찾기 위해 흑암한 곳, 심지어는 죽은 자들의 세상으로 내려가야 했다. 하나님께서 헛되이(히, tohu) 하나님을 찾도록 하나님의 백성들을 부르신 것이 아니었다. 대신 정직(히, tsedeq, 의, 42:6)을 말씀하셨다. 그리고 언제나 그렇게 하셨듯이 선지자를 통해 공개적으로 말씀하셨다.

45:20-21. 하나님의 새 약속을 믿지 않는 백성들과만 논쟁하신 것이 아니었다. 하나님께서는 또 이스라엘의 하나님께 패배한 후 살아남은 나라들도 다루고자 하셨다. 그래서 그들을 법정으로 부르셨다. 그리고 나무 우상을 가지고 다니며 능히 구원치 못하는 신에게 구하는 그들의 무지를 지적하셨다. 하나님의 주장은 분명했다. 하나님께서는 역사를 주관하는 분이시며, 따라서 미래를 예언하실 수 있다는 것이다.

45:22-25. 하나님께서 역사를 주관하시는 일에는 패배한 적들을 대하는 전적으로 새로운 방법이 포함되어 있었다. 하나님께서는 엄하게 보복하시거나 노예처럼 부리지 않으셨다. 대신 하나님을 인정하고 하나님께 경배하기를 바라셨다(14-15절, 42:10-13). 하나님께서는 이스라엘뿐 아니라(17절) 땅 끝의 모든 백성에게 구원을 베푸셨다. 하나님의 궁극적인 목적은 전쟁에서 승리를 거두는 것이 아니었다. 대신 온 세상이 하나님을 알고 하나님께 경배하기를 바라셨다. 그들은 여호와 안에서만 "구원과 의를 찾을 수 있다"는 사실을 보아야 했다(24절, TEV, REB, JPS를 비교해보라. NJB는 "여호와 안에만 구원하는 의와 힘이 있다"라고 번역했다). 이 사실을 깨닫지 못하고 하나님을 대적하는 사람들은 부끄러움을 당하게 될 것이다.

이사야는 그의 주장에 마지막 유의 사항을 추가했다. 이스라엘은 군사력을 가지고 패권을 쥐게 될 날을 내다보고 있었다. 선지자는 그런 일은 여호와께만 속한 것이라고 말했다. 이스라엘은 하나님께서 그들이 옳다는 것을 입증해주시는 것으로 만족해야 했다. 하나님께서 그들을 부르신 것은 그들의 군사적 승리를 자랑하게 하기 위해서가 아니었다. 그들은 하나님 외에 다른 이가 없음을 열방들에게 확인시켜줄 수 있는 하나님의 승리만을 찬양하고 자랑할 수 있었다.

그러므로 이 부분은 "옳은 일을 신속하게 행하시려는 여호와의 광대한 권위와 능력을 노래하는 시다. … 여호와의 의는 행복을 위한 일과 연결되어 있다. 이스라엘은 여호와의 의라는 선물을 통해 유익을 얻었고 열방들도 참여하도록 초청되었다. 그러나 이스라엘도, 열방들도 무릎을 꿇고 여호와의 주권을 인정하는 사람들과 함께하지 않는다면 변화의 힘이 나타나는 일을 경험하지 못할 것이다"(Brueggemann, Theology of the Old Testament, p. 306).

D. 짐을 지고(46:1-13)

법정 논쟁

Supporting Idea	다른 신들의 무능은 하나님께서 하나님의 백성들을 구원하려는 목적을 이루실 것이라는 사실을 보여준다.

46:1-2. 하나님께서는 이스라엘과 거듭 논쟁하셔야 했다. 유배 생활을 하던 이스라엘

은 고국과 성전과 정치적 권력을 다 잃어버렸다는 자기 연민에 너무 깊이 빠져 있었기 때문에 그들을 구원할 수 있는 힘이 하나님께 있다는 사실을 믿지 못하고 있었다. 선지자는 바벨론의 운명을 묘사하며 신랄하게 비꼬았다. 유다처럼 바벨론도 다른 나라에 포로로 잡혀가게 될 것이다. 그렇게 되기 전에 그들은 그들이 섬기는 신들(벨과 그의 아들 느보)도 끌려가는 그들과 함께 유배지로 갈 수 있도록 나귀에 실어야 할 것이다. 바벨론 신들은 불쌍한 가축들을 짓누르는 무거운 짐이 되는 것 외에는 아무 쓸모도 없게 될 것이다. 그런 신들에게 절할 사람은 아무도 없을 것이다. 그런 신들은 구부러지고, 그들을 실은 나귀들은 그 무게에 짓눌려 엎드러질 것이다.

46:3-7. 여호와께서는 그들과 정 반대셨다. 이스라엘의 짐을 그들이 배에서 남으로부터 하나님께서 품으셨고, 그들이 살아가는 동안 계속해서 그렇게 하실 것이다. 하나님께서 지으신 것을 안으시고 구해내실 것이다. 그 누구도 그들을 품거나 안을 필요가 없었다. 여호와께서는 스스로 신이라고 주장하는 다른 우상들처럼 자신을 옮기게 하는 짐을 사람들에게 지우는 대신 그들의 짐을 맡아주실 수 있는 분이시다. 하나님께서는 하나님의 백성들을 구원하기 위해 하늘에서 땅으로 그리고 예루살렘에서 바벨론으로 자리를 옮기셨다. 그러나 사람의 손으로 만든 우상들은 사람들이 둔 처소에서 능히 움직이지 못했다.

46:8-10. 이스라엘이 자기 연민이라는 죄를 떨쳐버리고 하나님께서 함께하신 그들의 역사를 기억한다면, 과거처럼 현재와 미래에도 하나님의 모략이 서고 하나님께서 기뻐하시는 모든 것이 이루어질 것이라는 사실을 이해할 것이다.

46:11-13. 그렇다. 하나님께서 이스라엘이 아니라 먼 동방의 나라에서 통치자를 부르기로 하셨지만 여전히 하나님의 목적을 이루실 것이다. 이스라엘은 완악한 마음을 버리고 그들의 역사 속에서 행하실 하나님의 놀라운 새 일을 맞이할 준비를 하고 있어야 했다. 그들은 의를 통해서만 준비될 수 있었다. 하나님께서 비록 이방의 왕을 사용하기로 하셨지만, 하나님의 백성 이스라엘을 구원하시는 것이 하나님의 목적이었다.

Main Idea 복습	유일하신 참 하나님께서는 뜻밖의 방법으로 하나님의 백성들을 구원하고 하나님의 세상에 복 주시기로 한 자신의 약속을 지키신다.

결론

최선을 아시는 하나님

하나님께서는 신실한 분이시다. 약속한 일을 행하는 분이시다. 문제는 우리가 때때로 약속들을 성취해나가시는 하나님의 길을 제한하려 한다는 점이다. 하나님께서 우리의 방식으로 일하지 않으신다면 무언가 잘못되었다고 우리는 생각한다. 그러나 천하를 지으신 창조주 하나님께서는 어떤 것이 옳고 어떤 것이 선하며 의로운 것인지를 우리보다 더 잘 아신다. 왜냐하면 하나님께서 옳고 선하며 의로운 분이시기 때문이다. 하나님께서는 바사의 고레스를 사용하기로 선택하실 수 있는 분이시다. 또 하나님의 뜻과 목적을 이루기 위해 마틴 루터 킹(Martin Luther King)이나 마더 테레사(Mother Teresa)나 심지어는 마하트마 간디(Mahatma Gandhi)까지도 사용하실 수 있다. 하나님께서는 또 우리가 우리 방식을 고집하는 대신 하나님의 방법으로 하나님께서 일하실 수 있도록 해드린다면 우리도 사용하실 수 있다.

■ **진리 알기**

- 하나님의 목적이나 하나님의 통제에서 벗어난 일은 그 어떤 일도 이 땅에서 일어나지 않는다.
- 하나님의 계획은 의와 구원의 새 세계를 만드시는 것이다.
- 하나님께서는 하나님을 신뢰하는 모든 사람들에게 구원을 베푸신다.
- 하나님께서는 만방이 그분 자신을 하나님으로 인정할 수 있도록 계획을 수행하실 것이다.

■ **적용하기**

- 하나님을 개인적으로 만나 하나님에 대해 알게 된 놀라운 일들을 그분에게 말씀드리라.
- 하나님과 논쟁하고 하나님께 이의를 제기했던 것들에 대한 용서를 구하라.
- 하나님의 영원한 구원에 감사하라.
- 매일 함께하시는 하나님을 찬양하라.

삶의 적용

문제가 있는 것을 하나님께 감사하라?

상당히 화가 난 여자가 있었다. 자신이 겪고 있는 문제들에 대해 하나님께 감사하라고 말한 '친구' 때문이었다. 그녀는 조언을 구하기 위해 노만 라이트(Norman Wright) 박사를 찾아가 "이렇게 고통스러운 상실감 속에서 어떻게 하나님께 감사할 수 있겠어요? 그 일로 저는 살 의욕을 잃었어요"라고 말했다.

라이트 박사는 스물두 살 된 정신 지체아 아들을 잃었던 자신의 경험을 바탕으로 그녀를 상담하며 지혜롭게 그녀에게 물었다. "친구가 그 일 자체가 잘된 일이기 때문에, 또는 그런 일이 일어났기 때문에 하나님께 감사하라고 말해주었다고 생각하세요? 아니면 하나님께서 변화하고 성장할 수 있는 기회를 주시기 위해 그 일을 사용하실 수 있기 때문에 하나님께 감사하라고 말해주었다고 생각하세요?"

그녀는 잠시 생각에 잠겼고 라이트 박사는 계속 말을 이었다. "고통스러울 거예요. 가족들 모두 그런 일은 일어나지 않기를 바랐을 거예요. 그런데 일어났어요. 과거는 달라질 수 없어요. 그리고 자신이 무기력하게 느껴질 거예요. 아마 앞으로 일어나게 될 일들에 대해서도 그럴 거예요. 그러나 이미 일어난 일들에 대해 어떻게 반응할 것인지는 본인이 결정할 수 있어요."

그녀는 좀더 생각해보기로 하고 집으로 돌아갔다. 그리고 얼마가 지난 후 드디어 그녀는 자신과 함께하시며 성숙할 수 있는 기회를 주신 하나님께 감사하게 되었다. 그녀는 "제가 선택할 수 있는 것들을 생각해보았어요. 하나님을 신뢰하고 하나님께 감사하며 하나님을 찬양하고 하나님께서 저를 통해 일하시도록 해드리거나, 아니면 계속 화를 내며 고통스러워할 수도 있었어요. 이 두 가지 선택안을 놓고 볼 때 하나님을 찬양하는 쪽이 그렇게 나쁘게 보이지 않았어요"라고 말했다.

예레미야애가는 우리에게 이스라엘 백성들이 예루살렘의 멸망을 얼마나 고통스러워하고 있었는지를 보여준다. 그들은 하나님께 화를 내며 하나님께서 방법을 바꿀 것을 요구했고 또 하나님을 하나님으로 인정하지 않으려고 했다. 하나님께서는 그들의 그런 비난을 듣고 가만히 앉아 계시지 않았다. 그들을 찾아와 "좋은 일이건 나쁜 일이건 간에 역사 속에서 일어나는 모든 일은 내가 주관하고 있다. 너희가 회개하고 내게 돌아오도록 너희를 벌한 것이다. 나는 너희를 구원하기 위한 새로운 계획을 가지고 있다. 내가 사랑하는 예루살렘을 멸망시켰던 것처럼 이 일에도 놀라운 일들이 많이 포함되어 있다. 이제 그만 울분을 가라앉히고 내 말에 귀를 기울이겠는가, 아니면 평생 분노하고 원망하며 살아갈 것인가?" 라고 말씀하셨다.

우리 모두 살아가면서 분노와 좌절을 느끼게 만드는 상황에 부딪힌다. 그리고 우리는 하나님께서 어디 계시는지 그리고 왜 그런 일이 일어나는 것인지를 의아해한다. 그러나 늘 그 의문 속에 휘말리는 삶을 살아서는 안 된다. 우리도 선택하고 결정해야 한다. 하나님의 방법을 따를 것인가, 아니면 화를 내며 원망하며 살아갈 것인가? 성숙하고 싶은가, 아니면 늘 화를 내며 격리된 채 시들어가는 삶을 살 것인가?

기도

모든 것을 아시는 지혜로우신 하나님, 제가 하나님보다 더 지혜롭고 영리한 것처럼 행동했던 것을 용서해주십시오. 어둔 골짜기에 갇힌 채 눈 덮인 산 정상과 눈부신 태양과 아름다운 달빛이 비치는 밤하늘을 올려다보지 못했던 것을 용서해주십시오. 화를 내고 불평하는 것으로 위안을 삼으며 점점 더 원망했던 것을 용서해주십시오. 하나님의 약속을 믿기 전에 하나님의 방법을 이해해야 한다고 요구했던 것을 용서해주십시오. 주님, 주님을 신뢰합니다. 주님의 길을 따르겠습니다. 주님께서 저를 위해 열어주신 문을 볼 수 있게 해주십시오. 그 문으로 저와 함께 통과할 사람이 누구이건, 또 누가 하나님의 백성들을 인도하건 간에 저는 주님의 것입니다. 아멘.

심층 연구

A. 다른 관점: 고레스 실린더(45:1-7)

성경은 이스라엘의 하나님이시며 우리 주 예수 그리스도의 아버지이신 여호와께서 바사의 고레스를 지명하며 부르시고, 그를 하나님의 기름부음받은 종으로 임명하시며, 이스라엘이 포로 생활하던 바벨론을 떠나 고국으로 귀환할 수 있도록 바벨론을 물리치고 승리하게 하셨다고 분명히 말하고 있다. 고고학자들은 현대 학자들이 고레스 실린더라 부르는 문헌을 바벨론에서 발견했다. 고레스 실린더는 고레스의 바벨론 정복에 대한 바벨론 사람들의 견해를 보여주고 있으며, 고레스가 자신의 승리를 바벨론의 신 마르둑의 공로로 돌린 것을 인용해놓았다.

고레스 실린더는 마르둑이 "자신이 지원할 수 있는 의로운 왕을 찾기 위해 온 땅을 돌아보았다. 그리고 안샨(Anshan)의 왕 고레스를 불러내어 세상을 다스릴 왕으로 지명했다. 마르둑은 구티움(Gutium) 땅과 움만-만다[Umman-manda(메대)]를 그의 발 앞에 무릎 꿇게 했다. 고레스는 마르둑의 도움으로 승리한 검은머리의 사람들을 의과 공평으로 돌보았다. 자기 백성의 위대한 주이며 후견인인 마르둑은 고레스의 선행과 곧은 마음을 기뻐했다. 그리고 바벨론으로 행진할 것을 명했다. 그는 친구처럼, 동료처럼 고레스와 함께 바벨론으로 향했다. 그 수가 바닷물 같고 아무도 셀 수 없는 거대한 군대가 그의 옆에서 완전 무장하고 행군했다. 그는 전투 없이 바벨론 성에 입성했고, 바벨론을 고역에서 구원했다. 그는 자기를 존경하지 않는 왕 나보니두스를 자기 손아귀에 넣었다. 바벨론의 모든 사람들과 수메르와 아카드의 모든 땅과 왕자들과 대신들이 그에게 절하고 그의 발에 입을 맞추었다. 그들은 그의 왕권을 기뻐했고, 그들의 얼굴은 환해졌다" 고 말하고 있다.

실린더의 뒷부분에는 고레스의 말이 다음과 같이 인용되어 있다. "무혈 전쟁으로 바벨론에 입성한 나는 기쁘게 왕위에 올랐다. 위대한 주 마르둑은 바벨론의 관대한 사람들을 나에게 … 했고, 나는 매일 그를 섬기는 예배에 참석했다. … 나는 바벨론 성과 그 신성한 중심지들의 행복을 추구했다. … 마르둑은 나의 (선)행을 기뻐했다. 그는 그를 섬기는 왕 나 고레스에게 은총을 베풀었다. … 나는 오랫동안 신전이 버려졌던 티그리스의 (반대편에 있는) 거룩한 중심지들로 우상들을 되돌려보냈고, 그곳에서 영원히 거주하게 했다. 나는 모든 거민들을 모아 그들의 거주지로 되돌려보냈다. 그리고 마르둑의 명에 따라 나는 그들의 거주지, 나보니두스가 바벨론으로 데려온 수메르와 아카드의 신들이 만족스럽게 거하던 거주지에 정착했다. 내가 정착한 신성한 중심지들의 모든 신들, 곧 벨과 느보가 매일 나의 장수를 부탁하고 나의 행복을 위해 중재해주길 바란다. 그들이 나의 주 마르둑에게 '당신을 존경하는 왕 고레스와 그의 아들 캄비세스를 위하여…' 라고 말하기를 바란다. 나는 모든 땅을 평화로운 거주지로 만들었다"(Cogan, trans, in Hallo and Younger, eds., The Context of Scripture, vol. 2: Monumental Inscriptions from the Biblical world, pp. 314-316).

B. 하나님의 선택과 우리의 자유(45:4)

주권자이신 하나님께서는 특별한 사람들과 특히 특별한 그룹의 사람들을 통해 역사를 주관하신다. 성경은 그들이 하나님께서 사용하실 도구가 될 수 있는 권리를 스스로 획득한 것이 아니라는 입장을 고수하고 있다. 대신 하나님께서 하나님의 지혜와 은혜로 그들을 선택하고 고르고 택하셨다고 말한다. 다음은 그 사실을 보여주는 중요한 히브리 단어다.

- 선택된, 경건한 자들(히, bachir - 대상 16:13, 시 89:3, 106:5, 23, 사 42:1, 5:4).
- 하나님께서 택하시다(히, bachar - 민 16:7, 신 14:2, 23-25, 16:2, 6-7, 11, 15-16, 26:2, 수 9:27, 왕상 3:8, 14:21, 왕하 21:7, 23:27, 대상 15:2, 29:1, 대하 7:12, 16, 29:11, 느 1:9, 시 78:68, 70, 135:4, 학 2:23).

이 특별한 단어를 공부하면서 우리는 이 단어에 대한 공부는 큰 그림의 매우 작은 한 부분에 불과하다는 사실을 기억해야 한다. 이스라엘은 구체적인 용어를 사용하는 대신 이야기 형식으로 그들 신학의 많은 부분을 언급했다. 창세기와 출애굽기에는 이 단어가 사용되지 않았다. 창세기와 출애굽기에서 하나님께서는 특정한 용어를 사용하지 않고,

아브라함과 그의 뒤를 이은 족장들을 부르시고, 요셉을 애굽으로 보내시며, 모세를 애굽에서 불러내시고, 이스라엘을 시내 산으로 인도하시는 등 선택과 택함에 속한 일을 모두 하셨다.

구약 성경은 하나님과 이스라엘 왕과의 관계(신 17:15), 특히 다윗과의 관계를 다루면서(삼하 16:18) '선택' 이라는 단어에 강조점을 두었다. 하나님께서는 사울을 버리고 다윗을 택하셨다(삼하 6:21, 삼상 10:24, 16:8-13, 시 78:68). 하나님께서 인간의 기준이 아니라 하나님의 불가사의한 기준에 의해 다윗을 선택하셨다는 사실에 주목하라. 사울을 버리신 것 역시 군사적, 정치적 이유 때문이 아니라 하나님과의 관계를 근거로 한 것이었다. 하나님께서 선택하신 사람을 버리신 것은 선택이라는 교리에 대해 성경이 유지하고 있는 긴장 상태를 보여준다. 하나님께서 하나님의 일을 위해 사람들을 선택하신다. 그러나 그들로 하나님께 순종해야 할 책임을 지게 하신다.

한스 윌드버거(Hans Wildberger)는 "왕의 실패가 하나님의 거절을 설명해준다. 그것은 '하나님께서 선택하신 사람이 어떻게 넘어질 수 있는가' 라는 의문을 야기하는 것 못지않게 하나님의 선택에는 선택받은 사람의 적절한 반응이 요구된다는 사실을 분명히 말해주는 것이다" 라고 설명했다(TLOT, 1, p. 214).

남왕조에서는 다윗의 뒤를 이은 왕의 계보가 끊이지 않고 계속되었는데, 그것은 하나님께서 다윗과 그의 가계를 선택하셨기 때문이다(시 78:67-72, 132:10-12). 그러나 다윗의 뒤를 이른 계보조차도 예루살렘을 잃게 되었다(시 89:38-51). 하지만 이스라엘은 여전히 이새의 집이라는 그루터기에 대한 소망을 놓지 않았다(사 9, 11장).

이스라엘 주변 국가들 역시 그들의 왕을 그들의 신이 선택한 사람이라 생각하고 있었다. 다만 이스라엘은 하나님께서 전 세계적인 사명을 위해 이 세상의 모든 족속으로부터 한 족속을 선택하셨다고 강하게 주장했는데, 그것이 주변 국가들과 다른 이스라엘만의 특이한 점이었다(신 7:6-7, 왕상 3:8, 시 135:4). 출애굽기 3, 6, 19-24장 역시 선택이라는 전문적인 용어를 사용하지는 않았지만 선택에 관련된 매우 중요한 부분이다. 하나님께서는 거룩한 백성, 제사장의 나라가 되도록 한 민족을 선택하셨다. 하나님의 선택은 인간의 기준이나 장점 때문이 아니라(신 9:4-6) 하나님의 사랑 때문이었다(신 4:37, 7:6-8, 10:15, 시 47:4). 이스라엘이 선택되고 사랑을 받은 이유는 족장들에게 한 약속과 출애굽 사건 속에서 찾아볼 수 있다(신 7:6-8). 그러나 이스라엘은 처음부터 선택에는 하나님께 순종하고 그분을 선택해야 하는 책임이 따른다는 사실(수 24:15)과 그렇게 하지 않을 경우 재앙이 따른다는 사실(신 7:9-11, 왕하 17:19-20, 암 3:2)을 피할 수 없었다. 그러나 재앙 속에서도 영원한 선택과 소망을 기대할 수 있었다.

윌드버거는 그것을 매우 강한 어조로 다음과 같이 요약했다. "이스라엘의 선택은 설명할 수 없는 이스라엘을 향한 하나님의 사랑만을 기초로 한 것이었다. … 그리고 그 선택은 하나님의 백성들에게 여호와의 사랑을 증언하고 신실하게 순종할 것을 요구했다" (Wildberger, p. 217).

하나님께서는 한 민족과 왕을 선택하신 후 그들이 하나님을 예배할 수 있는 장소인 예루살렘, 곧 시온을 선택하셨다(신 12:5-26, 16:2-26, 시 132). 그곳에서 섬길 제사장도 선택하셨다(신 18:5). 따라서 선택된 사람들에게는 하나님께서 지시하신 곳에서 지시하신 방법으로 예배할 책임이 따랐다.

이스라엘의 선택은 다른 모든 사람들을 배제하는 배타적인 선택이 아니었다. 모든 나라에게 복이 되는 선교 목적을 이루기 위한 선택이었다(창 12장). 그러므로 아모스는 선택을 이스라엘의 주변 국가들과 적국들에게까지 확장시켰다(암 9:7). 그것은 이스라엘의 선택에 따르는 위험을 방지하는 것이었다. "이스라엘의 선택은 이스라엘의 구원이 이교도의 산당을 제거하는 것을 통해 보장된다고 생각하거나, 이스라엘은 선택된 백성이기 때문에 재앙을 받지 않게 될 것이라고 생각하는 위험한 착각을 쉽게 불러일으킬 수 있었다" (Wildberger, p. 218).

이스라엘이 경험한 선택과 거절은 완성된 이야기로 끝난 것처럼 보일 수도 있었을 것이다. 그러나 이사야는 선택의 문제를 그렇게 묻어두지 않았다. 유배 생활을 하고 있던 사람들에게, 아브라함을 선택하실 때 그들을 선택하신 하나님께로부터 온 새로운 구원의 소식에 귀를 기울이라고 촉구했다(41:8-13). "너는 나의 종이라 내가 너를 택하고 싫어버리지 아니하였다" (사 41:9). 그러므로 이스라엘은 두려워할 필요가 없었다. 대신 그들의 적을 다루실 하나님을 신뢰해야 했다. 다윗과 맺은 영원한 언약은 포로 생활을 하고 있는 사람들에게까지 유효한 것이었다(렘 49:19, 슥 6;9-15). 이스라엘을 위한 하나님의 계획은 다윗이나 모세나 아브라함을 지나 창조로까지 거슬러 올라간다('창조주 하나님'에 대해서는 40-41장의 '심층 연구'를 참고하라). 그러므로 이스라엘은 하나님을 구하고 악을 버려야 했다(사 55:6-7). 하나님께서 이스라엘을 다시 선택하시고 그들을 고국으로 돌려보내실 것이다. 이방인들이 그들과 합세하고 야곱의 집에 속하게 될 것이다(14:1, 65:9, 15-25).

그러나 하나님의 백성들에게는 여전히 순종해야 할 책임이 있었다(66:3-4). 그들은 하나님의 종이 되어야 했다('여호와의 종'에 대해서는 52-53장의 '심층 연구'를 참고하라). 그리고 '많은 사람을 의롭게 하며 그들의 죄악을 친히 담당할' 하나님의 고난의 종을 기다려야 했다(53:11). "하나님의 종을 택한 선택이 대리적인 고난으로 성취되었다는 사실은 선택에 대한 이전 해석들을 모두 초월하는 것이었다. … 여기서도 선택은 의무를 져야 한다는 것을 뜻하는데, 순종해야 할 의무뿐 아니라 분명한 실패와 고난과 죽음을 통해 열방 중에 증거해야 하는 여호와의 종으로서 의무까지 져야 한다는 것을 의미한다"(Wildberger, p. 22).

따라서 이스라엘에게 있어서 선택은 안전을 보장해주는 것이 아니다. 그것은 순종하고 섬길 것을 요구하는 것이다. 선택은 사람들에게 모든 나라를 향한 하나님의 영원한 계획의 일부가 되는 기회를 주기 위한 하나님의 초청이다. 선택은 하나님의 과업을 이루어가시는 하나님의 방법이다.

고안

A. 들어가는 글

1. '잘못된 근거를 바탕으로 하나님을 알려 함' 이야기로 시작하라.

2. 배경 설명: 이사야서 40-41장은 포로 생활을 하고 있는 하나님의 백성들을 위로하라는 촉구와 함께 이사야서의 후반부를 시작하고 있다. 세상을 지으신 창조주 하나님께서 그들의 목자가 되어 그들에게 새 힘을 주기 위해 그들에게 오셨다. 하나님께서 하나님의 계획을 수행하고 하나님의 백성들을 고국으로 돌려보내기 위해 동방으로부터 한 종을 부르셨다. 하나님께서는 또 이스라엘에게 하나님의 신실하고 담

대한 종이 될 것을 촉구하시고, 열방과 그들의 신들에게 역사를 예언함으로 그들의 능력을 증명해볼 것을 요구하셨다. 42-44장은 계속해서 창조주 하나님께 초점을 맞추면서 스스로 하나님이라고 주장하는 다른 모든 신들 위에 뛰어나신 하나님의 탁월성을 강조하고 있다. 하나님께서는 하나님의 신으로 권한을 위임받은 온유하고 겸손한 종을 소개하시고, 하나님의 종 된 백성인 이스라엘을 열방에 대한 언약으로 삼으셨다. 그들을 통해 하나님께서는 세상을 구원하시려는 영원한 계획을 성취하실 수 있었다. 그러나 앞을 보지 못하는 이스라엘에 의해 하나님의 그 계획은 중단되었고, 하나님께서는 그들을 벌하셔야 했다. 그 사건은 하나님의 위대하심과 능력을 또다시 증거하는 것이 되었다. 그들을 벌하신 후 하나님께서는 그들을 구원하셨는데 그것은 그들을 사랑하셨기 때문이다. 이스라엘은 열방에 하나님을 알리는 증인이 될 것이다. 그 일을 위해 먼저 이스라엘은 바벨론에서 그들을 구원하여 광야를 지나게 하시는 하나님의 새로운 일에 동참해야 한다. 그리고 그들의 죄를 벌하신 하나님의 의를 인정해야 한다. 이스라엘을 종으로 부르시고, 범죄한 이스라엘을 책망하시는 일이 반복되는 동안 이사야는 하나님께서 세상을 다루시는 새로운 장을 맞이할 수 있도록 우리를 준비시켜주고 있다.

3. 적용: 이사야서 후반부는 하나님의 종 이스라엘에 대한 새로운 부르심, 하나님의 신을 부어주실 것에 대한 새로운 약속, 열방들과 그들의 신들에게 자신들을 증명해보이거나 그렇게 할 수 없으면 입 다물고 가만히 있으라는 도전, 바사의 고레스를 하나님의 종으로 임명한 것 등의 내용으로 시작된다. 이스라엘은 어리둥절했다. 어떻게 하나님께서 하나님의 백성들을 구원하기 위해 이방의 왕을 사용하실 수 있는 것인가? 다윗에게 맺으신 언약은 어떻게 된 것인가? 고레스가 그 역할을 한다면 자신들은 어떻게 하나님의 종이 될 수 있는 것인가?

B. 본문 이해

1. 정복하고 건설하도록 부름받은 고레스(45:1-7)
2. 의를 부어내리라(45:8-13)
3. 적에게 복음을 전하는 일(45:14-25)

4. 짐을 지고(46:1-13)

C. 결론: '문제가 있는 것을 하나님께 감사하라?' 를 읽어주라.

1. 요약: 하나님께서는 세상을 창조하시기 전에 이미 세상이 지은 죄의 결과로부터 세상을 구원하고 그들을 종으로 삼으실 하나님의 계획을 세우셨다. 하나님의 계획을 이루기 위한 하나님의 방법에는 죄를 범한 백성들을 벌하시고, 바사의 이방인 왕 고레스를 하나님의 기름부음받은 종으로 임명하시는 일이 포함되어 있었다. 하나님의 방법은 하나님의 백성들을 혼란스럽게 했고, 그들에게 인간의 방법이 아니라 하나님의 방법을 믿고 신뢰해야 하는 새로운 믿음을 요구했다.

2. 도전: 우리의 삶이 우리가 그린 청사진대로 늘 되는 것은 아니다. 오히려 우리가 피하고 싶은 많은 일들을 견뎌야 하고 참아내야 한다. 살아가면서 어둠을 만날 때, 그 어둠도 세상과 우리를 구원하시려는 하나님의 방법에 포함되어 있는 것을 볼 수 있기까지 하나님을 신뢰할 것인가?

토의 질문

1. 이스라엘의 하나님만이 유일하신 참 하나님이라는 사실을 증명해주는 사건과 환경들은 어떤 것들인가?

2. 하나님의 방법을 의아하게 여기게 만드는 어떤 일들이 있었는가? 그때 어떤 대답이 하나님을 더욱 신뢰할 수 있도록 도와주었는가?

3. 자신을 숨기시는 하나님을 어떻게 경험했는가? 그 경험을 통해 배운 것은 무엇인가?

4. 하나님께서 어떤 방법으로 당신을 구해주시고 지탱해주셨는지를 이야기해보라. 당신은 정말 하나님의 증인인가?

이사야 47-49장

계획의 수행

"하나님께서 나처럼 약하고 피곤하며 지친 사람에게 하나님의 능력을 주신다는 것은 정말이라고 하기에 너무 좋아 보이는 사실이다."

- 빌 하이벨스(Bill Hybels)

하나님께서 사술과 점성술에 심취해 있던 바벨론에게 슬퍼할 것을 촉구하셨다. 그리고 이스라엘 백성들에게 그들의 구원을 새롭게 약속하셨다. 그런 다음 바벨론을 떠나라는 명령을 내리셨다. 갑자기 하나님의 종이 증언을 했다. 하나님께서 증인의 사명으로부터 온 세상을 밝히는 빛으로서의 사명으로 이스라엘의 책임을 확장시키셨다. 하나님께서 자기 백성들을 고국으로 귀환하게 하실 것이다. 그리고 하나님의 백성들과 그들의 필요를 결코 잊지 않으실 것이다. 그 일로 이스라엘과 모든 나라들은 여호와께서 하나님이요, 이스라엘의 구속자와 구원자시라는 사실을 알게 될 것이다.

Isaiah

들어가는 글

구원하는 능력

빌리 그래함(Billy Graham)은 도저히 어쩔 수 없었던 상황을 경험한 한 친구의 이야기를 들려주었다. 그는 산꼭대기에서 아름다운 계곡을 내려다보고 서 있었다. 그때 끔찍한 일이 벌어졌다. 차 한 대가 그의 왼편에 있던 산을 돌아오고 있었다. 그리고 오른편에서도 다른 차가 돌아오고 있었다. 그 두 대의 차는 아무것도 모른 채 서로를 향해 달리고 있었다. 그리고 또 다른 차가 눈에 들어오면서 왼편에서 달리던 차를 추월하면서 두 대가 함께 반대편이 보이지 않는 커브 길로 들어섰다. 그 광경을 지켜보던 그래함 박사의 친구는 멀리 떨어진 산꼭대기 정상에서 위험을 알리기 위해 큰 소리로 외쳤다. 물론 아무도 그 소리를 들을 수 없었다. 충돌을 피할 수 없는 상황이 벌어졌고, 그 사고로 몇 사람이 목숨을 잃었다. 그래함의 친구는 어떤 일이 벌어지게 될지를 알고 있었다. 그러나 그 위험으로부터 사람들을 구할 수 있는 능력은 없었다(Graham, p. 21).

이사야는 두 나라, 즉 바벨론과 이스라엘에게 큰 참사가 될 수 있는 충돌을 알렸다. 하나님께서 그 두 나라 각각에게 하실 말씀이 있었다. 바벨론에게는 슬퍼하라고 말씀하셨고, 이스라엘에게는 구원을 선포하셨다. 메시지의 청중이 달랐기 때문에 메시지도 달랐다. 우리는 어떤 메시지가 우리에게 적용되는지를 알아보기 위해 두 메시지 모두에 귀를 기울여야 한다. 어떤 나라가 당신과 더 많이 비슷한가? 그리고 당신에게 적용되는 하나님의 메시지는 무엇인가?

본문 이해

계획의 수행

Main Idea	하나님께서 세상에 구원을 베푸시기 위해 하나님의 백성들을 통해 일하시는 동안 하나님을 신뢰할 것을 그들에게 촉구하셨다.

A. 갈대아인들에 대한 고발(47:1-15)

탄식할 것에 대한 초청

Supporting Idea	하나님의 백성들은 미래를 내다보고 대처할 수 있는 가장 좋은 방법을 알기 위해 이방인들의 방식을 모방하는 대신 하나님의 말씀을 신뢰하고 따라야 했다.

47:1-3. 하나님의 백성들은 자신들에게 일어난 일을 불평하며 오랫동안 바벨론에서 살았다(예레미야애가를 보라). 그런데 드디어 하나님께서 형세를 역전시키셨다. 이제 정복자들이 탄식할 때가 되었다고 말씀하셨다. 그들이 어떻게 탄식하게 될 것인지를 정확하게 묘사하셨다(1-3절). 그들은 포로로 잡혀가게 되고, 따라서 보좌를 잃고 모든 권세가 다른 사람들에게 넘어갈 것이다. 그들이 다른 사람들을 괴롭게 한 그 고통과 부끄러움이 그들에게 돌아갈 것이다. 왜 그런 일이 일어나는 것인가? 하나님께서 보수하실 것이기 때문이었다.

47:4. 권세는 바벨론이 아니라 구속자 곧 만군의 여호와, 이스라엘의 거룩한 자에게 있었다. 이 구절이 앞뒤 구절들과 어떤 관계가 있는지는 분명하지 않다. REB 성경은 1-3절까지를 하나님의 말씀을 인용한 것으로 보고 "우리의 구속자, 만군의 여호와라 칭하는 이스라엘의 거룩한 자가 말씀하셨다"라고 번역했다. 그와 달리 NJB 성경은 5절을 소개하는 인용문 형식으로 보고 "우리의 구속자, 만군의 여호와라 칭하는 이스라엘의 거룩한 자가 말씀하시기를"이라고 번역했다. 그러나 히브리어 원문에 추가된 말이 없는 것으로 보아 이 구절은 주어진 상황에 대한 독자들의 적절한 반응을 위해 제공된 간단한

또 하나의 찬양으로 보인다. 하나님께서 그들의 적에게 행하신 일을 듣게 된 그들은 하나님께서 얼마나 위대한 분이신지를 강조하기 위해 그분의 칭호들을 열거하면서 하나님에 대한 믿음을 고백했다.

47:5-7. 하나님께서 하나님의 백성들에게 노하셨다. 그리고 하나님의 목적, 즉 이스라엘을 벌하기 위해 바벨론을 사용하셨다. 그러나 바벨론은 너무 멀리까지 나갔다. 그들은 이스라엘을 긍휼히 여기지 않았고 늙은이에게까지 무거운 짐을 지웠다. 이제 하나님께서 바벨론을 벌하시고 하나님의 백성들을 구원하기 위해 고레스를 사용하실 것이다. 스스로를 열국의 주모라 말하는 바벨론의 주장을 꺾으실 것이다. 그들을 어두운 지하 감옥으로 잠잠히 사라지게 하실 것이다. 권세와 영광을 누리던 바벨론은 영영히 주모가 될 것이라 생각하고 있었다. 그러나 그들은 좀더 깊이 생각하고 하나님을 염두에 두어야 했다.

4:8-11. 바벨론은 평안히 지내며 자신들 외에 다른 이가 없다고 주장하는 교만에 빠졌다. 그러나 그런 주장은 하나님께만 속한 것이다(45:14). 바벨론은 하나님만이 그런 주장을 할 수 있는 유일한 분이라는 사실을 잊고 있었다. 그들은 자신들에게 성공할 수 있는 비밀이 있다고 생각했다. 그들은 다양한 제사장들과 선지자들과 점술가들과 박수와 점쟁이들을 통해 신들의 뜻을 알아내는 복잡하고 포괄적인 시스템을 개발했다. 그리고 별들과 동물들과 죽은 사람들과의 접촉 등 상상할 수 있는 거의 모든 방법을 통해 미래를 결정할 수 있다고 생각하고 있었다. 그런데 하나님께서 갑자기 그들을 멈추게 하셨다. 그들은 미래로 나아갈 수 있는 한 방법을 잊고 있었다. 그들은 유일하신 참 하나님의 방법 대신 악한 방법을 의지했다. 그들의 선지자들과 지혜로운 조언자들의 명성에도 불구하고 그들은 슬퍼하고 탄식할 준비를 하지 않을 수 없게 되었다. 바벨론의 지혜자들이 아니라 이스라엘의 하나님께서 역사의 운명을 주관하시기 때문이었다. 하나님께서 재앙을 약속하셨다. 그러나 바벨론에게는 그 어떤 대응책도 없었다.

47:12-15. 하나님의 말씀이 신랄해졌다. 젊어서부터 힘쓰던 진언과 많은 사술을 가지고 계속 시험해보라. 저희 지혜로운 자들의 모략에 귀를 기울이라. 점술가들에게 월삭을 예언하게 하라. 그들 가운데 너를 구원할 자를 찾을 수 있겠는가? 실제로 미래를 알려는 그들의 모든 방법은 그 어떤 도움도 되지 않으면서 그들을 지치게 만들 뿐이었다. 그들에게는 구원자가 없었다.

이사야는 포로 생활을 하는 이스라엘 백성들을 향해 말했다. 그들은 미래를 예언하기 위한 바벨론의 시스템이 아무리 복잡하고 흥미를 끄는 것이라 할지라도 그 헛된 시스템에 유혹되어서는 안 되었다. 이스라엘은 선지자의 말을 신뢰하고 구원의 날, 즉 하나님의 백성들을 위한 새로운 운명의 날을 기다려야 했다.

B. 계시와 반역자들의 석방(48:1-22)

법정 논쟁

Supporting Idea	하나님의 백성들을 구원하고 악한 자들을 벌하시는 하나님의 자비로운 일을 신뢰하는 것이 평안의 길이다.

48:1-5. 선지자가 말한 대로 하나님께서 행동하실 수 있을지를 계속 의심하는 청중들에게 하나님께서 말씀하셨다. 하나님께서 이스라엘이라 알려진 야곱과 유다의 자손들을 자신의 청중으로 삼고 말씀하셨다. 그들은 이스라엘의 하나님 여호와의 이름으로 모든 국제적 협정을 체결하고 공개적인 성명서를 발표하는 사람들이었다. 그러나 그들은 그 일을 '성실과 의로움이 없이'(REB) 수행했다. 대신 그들은 종교적인 상투어들을 입심 좋게 인용했다. 하나님께서는 약속하신 일을 신실하게 수행해오셨다. 그러나 이스라엘은 그렇지 못했다. 하나님 자신에게만 속한 것이라고 주장하신 하나님의 권세를 자신들의 우상들의 것이라고 주장하는 바벨론을 비롯한 다른 이방 나라들처럼 그들은 우상들을 의지했다. 이스라엘은 하나님께서 주신 증거들을 받아들이려 하지 않았다.

48:6-11. 하나님께서 증거들을 주셨다. 이제 이스라엘이 반응을 보여야 했다. 그들은 이제 하나님의 증거가 참되다는 것을 보고, 하나님께서 하시는 일을 증거하는 증인으로서의 그들의 역할을 수행할 것인가? 하나님께는 더 많은 증거들이 있었다. 이스라엘은 하나님에 대한 전문가라는 주장을 할 수 없었다. 왜냐하면 하나님께서 새 일을 준비하고 계셨기 때문이다. 하나님께서는 하나님 자신이 하실 일이 이전에는 듣지 못했던 이제 창조된 새로운 일이라는 사실을 강조하셨다. 이스라엘이 그들의 사명에 충실했다면 그 새로운 일은 필요하지 않았을 것이다. 그러나 그들은 그렇지 못했다. 그들은 궤휼하고 모태에서부터 패역한 자였다. 그래서 하나님께서 지금까지 이 새 일을 준비해두고 계셨다.

새 일은 전적으로 하나님께서 은혜로 행하시는 일이었다. 하나님께서 하나님의 백성들을 전멸시키지 않으실 것이다. 이 새 일은 하나님께서 늘 가지고 계셨고, 하나님의 놀라운 이름에 찬양과 영광을 돌리려는 목적을 계속 이루어나가는 것이다. 그것이 하나님께서 그들을 멸절하지 않으신 유일한 이유였다. 하나님께서는 그들을 멸절하는 대신 남은 자들을 남겨두시고 고난의 풀무에서 그들을 연단하셨다. 히브리어 원문은 하나님의 선택이 세계 역사와 고통의 장에서 이루어졌음을 보여주며, 시련하였노라고 말하는 대신 '택하였노라' 고 말하고 있다. 그 택함에는 안전과 소망뿐 아니라 시련도 포함되어 있었다('하나님의 선택과 우리의 자유' 에 대해서는 45-46장의 '심층 연구' 를 참고하라). 그들은 여전히 열방 가운데서 그들의 역할을 수행할 수 있었다. 그들은 하나님 대신 다른 신들에게 열광을 돌리며 하나님을 조롱하는 일을 해서는 안 될 사람들이었다.

48:12-15. 하나님께서 이스라엘을 다시 법정으로 부르시고 역사(부른)와 창조(나는 처음이요 또 마지막이라 … 땅의 기초를 정하였고 … 하늘에 폈나니)와 예언(이 일을 예언하였느뇨)을 통해 하나님께서 주장하신 하나님의 독특한 신성을 입증해주는 증거들을 또다시 말씀하셨다. 그리고 이스라엘을 놀라게 하시며 왜 고레스를 하나님의 택하신 동맹(문자적 의미로는 '사랑하는 자' 다. NJB, REB, JPS, KJV, NKJV, NASB, NRSV를 비교해 보라)으로 삼으셨는지 그 이유를 알려주셨다. 그보다 더 이상한 일이 있을 수 있겠는가! 어떻게 하나님께서 적국의 왕을 사랑하실 수 있단 말인가? 분명히 하나님께서는 이스라엘을 사랑하셨다. 그러나 이스라엘의 모든 왕들 가운데서 솔로몬만이 여호와께서 사랑하시는 자라는 말을 들었다(삼하 12:24). 솔로몬 외에 구약 성경에 나오는 사람들 가운데 하나님의 사랑하는 자라는 말을 들을 사람은 고레스뿐이었다.

이스라엘은 그런 선언을 들은 자신들의 귀를 믿을 수 없을 지경이었다. 그들이 하나님과 논쟁한 것도 그리 이상한 일이 아니었다. 그러나 하나님께서는 자신의 말을 고수하셨다. 하나님께서는 바사 왕을 사랑하셨고, 그를 하나님의 목적을 이루는 데 사용하실 것이다. 하나님께서 선지자를 부르셨던 것처럼 그렇게 확실하게 그를 부르셨다(사 6장, 40장).

48:16-19. 그렇게 충격적인 말은 사람들이 만들어낸 것도, 환상적인 꿈도 아니었다. 하나님께서는 아브라함과 모세를 통해 이스라엘과 처음 일하셨을 때부터 하나님의 뜻을 비밀히 말하지 않고 공개적인 선포를 통해 알리셨다. 그리고 그 선포대로 행하실 때가 되었을 때 하나님께서는 내가 거기 있었노라고 말씀하셨다. 그리고 똑같은 일을 하고 계셨다. 하나님께서 하나님의 신으로 선지자를 통해 고레스에 관한 말씀을 보내셨다('하나님의 신' 에 대해서는 62-64장의 '심층 연구' 를 참고하라).

하나님의 백성들은 여호와의 기름부음받은 사랑하는 이방인에 관한 말씀을 듣고 싶어하지 않았다. 하나님께서 그들에게 확신을 주려 하셨다. 하나님께서는 여전히 이스라엘의 구속자, 이스라엘의 거룩하신 자, 여호와로 변함이 없으셨다. 고레스를 통해 행하실 새 일은 이스라엘을 대적하기 위한 것이 아니었다. 이스라엘에게 유익하도록 가르치기 위한 것이었다. 따라서 그들은 하나님께서 마땅히 행할 길로 그들을 인도하실 것을 확신하고 있어야 했다. 그분은 내내 이스라엘에게 복 주고자 하셨지만(창 12:1-3) 이스라엘이 협조하지 않았다. 그런 이스라엘에게 이제 한 번의 기회가 더 주어졌다.

48:20-22. 하나님께서 새로운 행군 명령을 내리셨다. 바벨론에서 나오라! 이스라엘은 하나님의 증인이 되고 땅 끝까지 하나님의 이름에 영광을 돌리도록 되어 있었다. 즐거운 소리로 발할 메시지는 분명했다. 여호와께서 그 종 야곱을 구속하셨다('하나님의 구속'에 대해서는 60-61장의 '심층 연구'를, '여호와의 종'에 대해서는 52-53장의 '심층 연구'를 참고하라).

위로의 말은 명령과 함께 왔다. 하나님께서 애굽을 떠나도록 이스라엘을 도우셨다. 그것은 이스라엘이 이 새 명령에 따라 바벨론을 떠나기로 결정할 경우 일어나게 될 일들을 보여주는 역할을 하는 것이었다. 애굽을 떠나 광야를 지날 때 하나님께서 그들의 모든 필요를 채워주셨다. 그 가운데서도 특히 물을 공급해주셨다(출 17:6). 이스라엘은 이 새 명령을 믿고 그대로 행하기 위해 하나님과 오랫동안 씨름해온 논쟁을 과연 멈출 수 있을 것인가?

이 모든 일들을 통해 우리는 마지막 교훈이며 57장 21절에 반복된 교훈을 끌어낼 수 있다. 그것은 악인에게는 평강이 없다는 사실이다. 그들은 완전함을, 선하고 충만한 삶을 누릴 수 없다.

C. 구원을 위해 보낸 종(49:1-6)

위임에 관한 기록

Supporting Idea	하나님께서 좋은 소식의 빛을 열방에 그리고 신실하지 못한 이스라엘 백성들에게 비추기 위해 하나님의 백성들을 하나님의 왕실 대리인으로 임명하셨다.

49:1-4. 이 구절은 이사야의 두 번째 '종의 노래'(42:1-4)다. 하나님의 종은 선지자의 소명을 묘사하기 위해 종종 사용되던(렘 1:5) 표현으로 열방들을 향해 말했다. 그는 열방들의 궁중 법정에서 자신의 자격 증명서를 제시하면서 자신이 여호와의 법정으로부터 온 특사 또는 사자인 것처럼 행동했다. 그는 여호와께서 보호하시는 하나님의 비밀스런 병기였다. 하나님께서 그를 왕가의 종이라는 직위에 임명하셨다. 3절 뒷부분은 선지자의 청중들을 놀라게 했을 것이다. 예언적인 그의 임명 이야기는 한 개인이 하나님 앞에서 경험한 일을 언급한 것이 아니었다. 이스라엘 전체가 증인이 되어야 할 것을 뜻했다. 유배지에서 한탄하면서 자신들의 운명을 원망하며 지내던 이스라엘이 하나님의 왕실 대리인으로서의 자신들의 자격을 먼 나라들에게 알리도록 되어 있다는 것이다. 이스라엘은 하나님을 영화롭게 하고, 열방들에게 하나님의 왕다운 영광을 보여주도록 되어 있다는 것이다.

선지자들에게서 종종 볼 수 있듯이(사 6:5) 부르심을 받은 사람들은 자신에게 주어진 임무가 너무 막중하고 자신의 능력은 보잘것없다고 불평했다. 유배 생활은 이스라엘의 전 역사를 아무것도 아닌 것처럼 보이게 만들었다. 내가 헛되이(히, tohu, 모호) 수고하였으며 공연히(히, hebel, 무의미, 허무, 공허) 내 힘을 다하였다. 이 두 단어의 결합은 창세기에서 하나님께서 세상으로 만드신 형체 없는 혼돈을 의미하는 용어가 되었고, 전도서에서는 무의미하고 결과도 목적도 없는 삶을 뜻하는 용어로 사용되었다. 유배 생활을 하던 사람들은 "정녕히 나의 신원이 여호와께 있고 나의 보응이 나의 하나님께 있느니라"(REB, NAB, NJB, JPS)는 말로 체념할 수밖에 없었다. 그러나 하나님께서는 체념 그 이상을 원하셨다. 행동할 것을 요구하셨다. 즉 바벨론에서 나올 것을 요구하셨다(48:20).

49:5-6. 하나님께서는 여느 때처럼 불평에 응답하셨다. 종은 일인칭 증언으로 하나님의 대답을 보고했다. 종의 개념은 하나님께 전혀 새로운 것이 아니었다. 하나님께서는 이스라엘이 있기 전부터 그 일을 계획하셨다.

하나님께서는 야곱을 자기에게로 돌아오게 하시려고 종을 사용하기로 하셨다. 종 이스라엘이 어떻게 이스라엘을 하나님께 돌아오게 할 수 있단 말인가? 선지자는 청중들의 호기심을 불러일으키기 위해 수수께끼 같은 표현을 사용했다. 그는 또 언어 도단과도 같은 신학을 넌지시 내비쳤다. 선지자는 자신의 개인적인 소명에 대한 언급을 계속 유지하면서, 하나님께서 이스라엘로 그들의 죄에서 돌이키게 하기 위해 종을 사용하셨다고 말했다. 그러나 그 종이 이스라엘이라면(3절), 선지자는 이스라엘을 두 그룹(죄인과 종)으로 분류하는 것이었다. 여기서 48장 1-5절이 함축하고 있는 내용이 이어지고 있다. 이스라엘이라고 해서 모두 다 하나님의 백성 이스라엘이 되는 것은 아니었다. 혈통적으로 이스라엘이라고 해서 다 하나님의 이스라엘이 되는 것은 아니었다. 종 이스라엘에게는 죄인 이스라엘에 대한 사명이 있었다. 모든 이스라엘 사람들이 자동적으로 하나님의 대리인으로 임명되는 것은 아니었다. 불평을 그치고 과업을 받아들이기로 자원하는 사람들에게만 종의 역할이 주어졌다.

과업을 받아들인다는 것은 여호와께 영광을 돌리는 것일 뿐 아니라(42:8, 12, 48:11) 여호와의 보시기에 존귀한 자가 되는 것, 즉 하나님께로부터 영광과 힘을 얻게 되는 것을 말한다. 왕이신 하나님께서 하나님의 능력과 영광을 하나님의 종들과 공유하기로 약속하셨다.

종의 임명에 관한 놀라운 사실이 밝혀져 있다. 유배 생활이 종 이스라엘의 임무 범위를 좁혀 놓은 것이 아니었다. 오히려 그 범위를 넓히는 기회를 만들어주었다. 종 이스라엘의 주 임무는 이스라엘을 소생시키는 것이었음이 분명하다. 그러나 하나님의 종에게 그것은 너무 경한 일이었다. 그에게는 새 일이 필요했다. 선지자가 그 새 일이 무엇인지를 드러냈을 때 그것은 큰 충격이었다. 그것은 이스라엘이 이방의 빛이 된다는 것이었다. 이스라엘은 상복을 벗고, 왕족의 의복을 입고, 하나님의 대사로서 완벽한 자격을 갖추고 이방 법정에 참석하게 될 것이다.

하나님의 백성들이 처한 절망적인 상황은 불평의 원인이 될 수 없다. 오히려 사명을 수행할 기회가 된다. 하나님께서는 땅 끝까지 구원하고 싶어하신다. 그 일을 수행하도록 이스라엘을 종으로 임명하셨다. 이스라엘은 그 사명을 위해 일어설 것인가, 아니면 탄식하며 자기 연민의 늪에 빠져 있을 것인가?

D. 갇힌 자들을 위한 번영(49:7-26)

법정 논쟁

Supporting Idea	하나님의 백성들을 구원하시는 하나님의 일은 그분이 구원자시며 구속자 그리고 거룩하신 하나님이라는 사실을 만방에 알리게 될 것이다.

49:7-12. 이스라엘은 만족하지 않았다. 그들은 계속 논쟁했고, 하나님께서는 계속 응답해주셨다. 멸시를 당하고 미움을 받으며 유배 생활을 하던 사람들에게는 종 이스라엘에게 주어질 것으로 묘사된 지위를 얻는다는 것이 마치 불가능한 꿈처럼 보였을 것이다. 그러나 이스라엘의 거룩한 자는 자신의 약속과 목적을 신실하게 지키는 구속자이기도 했다. 그리고 그분이 이스라엘을 택하셨다. 따라서 이스라엘은 패할 수 없었다('하나님의 선택과 우리의 자유'에 대해서는 45-46장의 '심층 연구'를 참고하라).

8절은 해석하기가 어렵다. 본문은 아마도 "은혜의 때에 내가 네게 응답하고 구원의 날에 내가 너를 도와 황폐하게 된 땅을 기업으로 주고 나라를 일으키기 위해 너를 백성의 언약으로 삼을 것이다"라고 읽을 수 있을 것이다(NASB, REB, NRSV, JPS, NJB를 비교해보라).

선지자가 선포한 구원은 하나님께서 하나님의 백성들을 회복시키시고 그들에게 새 일을 주시기로 선택한 날에 이루어질 하나님의 응답이었다. 그러나 그들은 하나님과 맺은 언약의 관계를 자랑할 수 없었다. 실제로 하나님께서 이스라엘과 언약을 맺으신 것은 열방들로 자신이 베푸시는 구원을 받을 수 있도록 하시기 위해서였다(42:6). 그 일을 통해서만 이스라엘은 다시 그들의 땅을 기업으로 상속할 수 있다는 소망을 가질 수 있었다. 그것은 정복을 이루는 새로운 방식이었다. 이스라엘은 여호수아를 따랐던 것처럼 그 명령에 순종하며 행군할 것인가?

하나님께서 행군 명령을 내리셨다. 열방의 숨어 있던 곳에서 나와, 하나님께서 인도하시고 보호하실 광야를 지나 행군하라. 하나님께서 그들을 인도하고 보호하시는 것은 그들을 긍휼히 여기셨기 때문이다. 이스라엘은 바벨론뿐 아니라 세계 각처에, 심지어는 애굽 남쪽에서까지 유배 생활을 하고 있었다(시님 또는 수에네는 애굽의 남쪽 끝, 에티오피아 북쪽의 첫 번째 큰 폭포가 있는 지역에 위치한 성읍이었다. 겔 29:10과 비교해보라. 그곳은 무역과 채광의 중심지였다. 유배된 많은 이스라엘 사람들이 엘리펀타인(Elephantine)이라 불리던 근처 섬에서 살았다).

49:13-21. 이스라엘에게는 행군하면서 하나님의 위로와 긍휼을 찬양하며(40절) 부를 노래가 있었다(13절). 그러나 그들은 선지자가 전하는 흥분케 하는 좋은 소식을 이해하지 못했다. 그들은 논쟁하기를 더 선호했다. 선지자의 말 그 이상을 원했다. 그들은 여호와께서 나를 버리시며 주께서 나를 잊으셨다고 계속 주장하고 싶어했다. 그 주장은 시온,

즉 폐허가 된 예루살렘 성의 입에서 나온 말이라는 사실에 주목하라. 유배 생활을 하는 이스라엘은 비참해진 시온의 운명에 대해 하나님께서 해명해주시기를 바랐다.

또다시 하나님께서 응답하셨다. 하나님께서는 젖 먹는 자식을 사랑하는 어미보다 더 깊이 시온을 사랑하셨다. 그분은 절대로 잊을 수 없는 자기 손바닥에 그 성을 위한 계획을 새겨놓은 건축가셨다. 17절은 예루살렘 성이 어려움 없이 재건될 것이라는 확신을 주고 있다. 그러나 번역하기가 어렵다(NRSV, NIV, REB, KJV, JPS 등을 비교해보라). 원문 그대로 번역하면 "너희 자녀들은(또는 너희 건축자들은) 서두르고 너희를 괴롭히던 자들과 상하게 하던 자들은(너희를 고갈시키던 자들은) 너희를 떠난다"라고 할 수 있다. '자녀들' 이라는 말에는 상당히 비슷한 철자로 된 '건축자들' (REB, TEB, NASB, NJB, NAB)이라는 말을 암시하는 언어유희가 포함되어 있다. 실제로 전승된 히브리어 원문에는 '자녀들' 로 되어 있는 반면, 사해 사본과 초기 헬라어 번역본에는 '건축자들' 로 되어 있다.

자녀들은 예루살렘으로 서둘러 귀환하는 포로들의 모습을 보여주고, 건축자들은 예루살렘 성을 재건하는 일을 서둘러 마치는 목수들의 모습을 보여준다. 히브리어에서 처음 세 철자가 똑같은 '서두르다' 와 '괴롭히다' 라는 두 단어와 첫 번째 철자와 세 번째 철자는 앞의 두 단어와 똑같고 가운데 철자는 비슷한 '상하게 하다' 라는 단어를 사용한 것에서도 언어유희가 나타나는 것을 볼 수 있다. 선지자는 "나는 너를 잊지 아니할 것이라. 왜냐하면 너의 성벽이 항상 내 앞에 있기 때문이다"라고 말씀하신 하나님의 약속을 강조하기 위해 흔히 볼 수 없는 탁월한 표현 기술을 사용했다. 실제로 이사야는 구원 사역이 서둘러 이루어졌음을 암시하고 있다. 시온이 해야 할 일은 눈을 들어 사방을 바라보는 것뿐이었다. 너희 자녀들이 오는 것을 보라. 귀환하는 사람들은 시온의 신부의 예복을 꾸미는 장식이나 보석처럼 그렇게 아름다웠다.

하나님께서 예루살렘의 인구가 급속히 증가할 것이라는 약속을 반복하셨다. 그것은 슬퍼하는 성을 놀라게 했다(48:19). 성은 갑자기 누구에게서 낳았는지를 기억할 수 없는 자녀들을 갖게 될 것이다.

49:22-26. 이방인들은 예루살렘에 사람들을 태워 실어오는 가축처럼 될 것이다. 열방의 통치자들이 예루살렘을 향해 경의를 표하게 될 것이다. 이 모든 것들은 이스라엘을 그들의 하나님 여호와께 다시 소개하는 일이 될 것이다. 배워야 할 교훈이 잠언의 형태

로 주어져 있다. "나를 바라는 자는 수치를 당하지 아니하리라"(KJV, JPS, NRSV, NASB).

고집스런 사람들은 논쟁을 계속했다. 그들은 승리한 군대에게 빼앗긴 것을 되찾을 수 있을 만큼 강한 사람은 아무도 없다고 주장했다. 하나님께서 참을성 있게 응답하셨다. 왜냐하면 하나님께서 하시는 일에 목적이 있었기 때문이다. 사람들은 불가능하다고 생각하는 일을 하나님께서 하실 것이다. 그들의 적들을 대적하실 것이다. 그들의 자녀들을 구원하실 것이다. 강포자들은 B.C. 587-586년 이스라엘 백성들이 예루살렘 성에 포위되었을 때 겪었던 것과 같은 고통을 당하게 될 것이다. 하나님께서는 온 세계, 즉 모든 육체가 하나님께서 이스라엘을 위해 하신 일을 보고 하나님 자신이 이스라엘의 구원자…구속자, 야곱의 전능자라는 사실을 정말로 알게 되길 바라셨다. 이 명칭들은 하나님의 백성들을 선택하고 구원하신 여호와를 연상케 하는 오래 된 전통적인 이름들이었다.

그렇다. 하나님께서는 하나님의 계획을 이루기 위해 하나님의 백성들의 딱한 불평들을 참아내셨다. 그리고 이스라엘뿐 아니라 온 세상에 하나님과 하나님의 성품을 알리고 싶어하셨다. 하나님께서는 이스라엘을 결코 잊지 않으셨다. 그러나 이스라엘은 하나님께서 자신들을 위해 하신 일을 쉽게 망각했다. 그들은 하나님께서 하나님의 약속을 성취하실 것을 더 이상 믿으려 하지 않았다. 그들은 하나님만이 유일한 참 하나님이시라는 사실을 더 이상 믿으려 하지 않았다. 하나님의 구원을 더 이상 기대하지도 않았다.

Main Idea 복습	하나님께서 세상에 구원을 베푸시기 위해 하나님의 백성들을 통해 일하시는 동안 하나님을 신뢰할 것을 그들에게 촉구하셨다.

결론

본질적인 질문

하나님께서는 어떤 분이신가? 이것은 우리가 살아가면서 피할 수 없는 본질적인 질문이다. 그리고 대답은 경험과 신뢰를 통해 온다. 하나님께서 자신들을 버리고 잊으셨다고 생각했던 이스라엘 백성들처럼 마음이 굳어진 적이 있었는가? 아니면 당신을 사랑하며 돌보신다고 말씀하시는 하나님께 귀 기울일 것인가? 하나님께서 당신의 주님이시며 구원자시며 구속자시라는 사실을 믿고 있는가? 하나님께서 당신의 적들을 물리쳐주시고, 당신으로 하여금 그분에게 돌아갈 수 있게 하실 것이라 여전히 믿고 있는가? 그렇다. 하나님께서는 당신을 위한 계획을 가지고 그 계획을 이루어가고 계신다. 당신을 너무나 사랑하시기 때문에 결코 당신을 잊지 않으신다. 하나님께서는 당신이 하나님께 돌아와 다시 하나님의 증인이 되고 세상을 비추는 하나님의 빛이 되길 원하시며 기다리신다. 하나님께 돌아올 믿음이 있는가, 아니면 하나님을 미심쩍어하며 따지는 일에 분주한가?

■ 진리 알기

- 하나님의 백성들에 대한 진노는 하나님으로 하여금 그들을 징계하고 심판하시게 한다.
- 고난과 고통은 종종 하나님의 백성들을 연단하고 정화하기 위해 하나님께서 사용하시는 방법이다.
- 하나님의 백성들을 위한 그분의 일은 하나님의 구원이 이 세상 모든 사람들에게 미치게 하는 것이다.

■ 적용하기

- 마술이나 요술이나 운세나 점성술 같은 것을 다시 찾지 않기로 하나님과 약속하라. 그리고 그런 것 대신 기도와 하나님의 말씀 속에서 하나님의 뜻을 찾기 위해 노력하라.
- 하나님의 모든 명령은 우리의 최선을 위한 것이라는 당신의 확신을 하나님께 말씀드려라.
- 하나님께 용서를 구하고 하나님의 의와 평강을 구하라.

삶의 적용

엉킨 실 풀기

루스 벨 그래함(Ruth Bell Graham)은 남편 빌리 그래함(Billy Graham)이 출장을 갔다가 아이들을 위해 막대기 끝에 달린 작은 인형을 선물로 가져왔던 날 밤을 기억하고 있다. 아이들은 그 인형을 갖가지 다른 용도로 사용했다. 발로 차고 던지며 마치 공처럼 가지고 놀았다. 얼마 지나지 않아 그 인형의 실이 꼬이고 매듭이 생기면서 더 이상 가지고 놀 수 없을 정도가 되었다. 루스 그래함은 벽난로 장식 선반에 달려 있는 고리에 그 인형을 매달아놓았다. 그리고 찬찬히 정성 들여 인형의 엉킨 매듭들을 하나하나 풀어나갔다. 드디어 실이 다 정리되었고, 인형은 다시 아이들이 가지고 놀 수 있는 상태가 되었다.

이스라엘은 자신들이 그 인형과 많이 비슷하다고 생각했다. 삶이 그들을 강타해 멍들게 했다. 하나님의 택한 백성으로서 그들은 안전하게 지내야 했다. 그런데 그들은 고향 땅에서 멀리 떨어진 곳에서 하나님께 버려진 삶을 살며, 마치 엉켜진 실타래처럼 된 자신들을 보고 있었다. 그들에게는 그들을 다시 쓸모 있게 될 수 있도록 인내하며 바로잡아줄 누군가가 필요했다. 하나님께서 그들에게 필요한 그 일을 행하시기 위해 그들을 찾아오셨다. 이스라엘은 "아, 안 돼요! 하실 수 없을 거예요. 어떻게 해야 하는지 모르시잖아요. 이미 우리를 이 지경이 되도록 만들어놓으셨잖아요. 다시 돌아와 떠맡으려 하지 마세요"라고 말했다.

하나님께서는 인내하며 말씀하셨다. "내가 너희를 지었다. 내가 너희의 부모다. 나만이 너희를 도울 수 있는 유일한 하나님이다. 내게는 너희를 회복하고 새롭게 하고 구원할 계획이 있다."

당신도 이스라엘 백성들처럼 버림받고 잊혀진 존재가 되었다고 느끼는가? 세상에서 학대받고 잘못 남용된 인형처럼 되었다고 생각하는가? 하나님께서 엉킨 실들을 풀어주시고 당신을 위해 계획하신 일들을 해나갈 수 있도록 회복시켜주시기를 바라는가? 하나님께서는 당신을 구원하고 회복시키기를 원하신다. 하나님의 일에 당신을 의미 있게 사용하고 싶어하신다. 하나님께서는 당신이 불평을 멈추고 의심을 버리며 하나님의 지시에 귀 기울이게 되기를 바라며 기다리신다.

기도

하나님, 불평하면서 이미 충분한 시간과 힘을 낭비했습니다. 하나님을 늘 비난했고 거의 신뢰하지 않았습니다. 이제 하나님께서 저를 구원하고 사용하시기 위한 계획을 이루어가고 계신다는 것을 믿게 해주십시오. 그리고 저를 보내주십시오. 아멘.

심층 연구

구원(히, yasha')

허버드(Hubbard)는 "일반적으로 어근 ysh'에는 어려움 속에 처한 사람들을 그 어려움에서 구출해낸다는 뜻보다는 그 어려움 속에서 그들을 돕는다는 뜻이 내포되어 있다. 그것은 여호와를 주체로 하고 그 백성들을 객체로 하는 거의 배타적인 신학적인 용어다"라고 설명했다(Hubbard, NIDOTTE, 2, p. 556). 구약 성경에서 볼 수 있는 중요한 구원 사건은 출애굽이다. 달아나는 이스라엘을 바로의 군대가 추격했다. "이스라엘 자손이 심히 두려워하여 여호와께 부르짖었다"(출 14:10). 모세는 이스라엘 백성들에게 "가만히 서서 여호와께서 오늘날 너희를 위하여 행하시는 구원(yeshu'ah)을 보라"고 담대하게 지시했다(출 14:13). "그 날에 여호와께서 이스라엘을 애굽 사람의 손에서 구원하셨다"(출 14:30). 그래서 이스라엘은 "여호와는 나의 힘이요, 노래시며 나의 구원이시로다"라고 노래할 수 있었다(출 15:2).

사사기 당시에도 이스라엘 백성들의 "괴로움이 심했고 그 때 여호와께서 사사를 세우사 노략하는 자의 손에서 그들을 건져내게 하셨다"(삿 2:15-16). 시편에서도 개인적인 차원에서 같은 일이 벌어졌다. 시편 18편 3절이 그 전형적인 예라 할 수 있다. "내가 찬송 받으실 여호와께 아뢰리니 내 원수들에게서 구원을 얻으리로다." 하나님께서 사람들을 교만하게 만들 수 있는 인간의 자원을 통해서가 아니라 하나님의 방법을 통해 구원을 베푸신다(욥 40:14). "여호와의 구원하심이 칼과 창에 있지 아니하고 전쟁은 여호와께 속한 것이다"(삼상 17:47). 그러므로 어근 ysh'에서 파생된 명사형은 종종 '구원, 도움, 승리, 안전, 행복' 등으로 번역되었다. 이스라엘은 "너는 악을 갚겠다 말하지 말고 여호와를 기다리라 그가 너를 구원하리라"(잠 20:22)는 말씀을 알고 있었다.

이사야는 ysh'를 이사야서에서 56번 사용했다. 이스라엘이 "보라 하나님은 나의 구원이시라 내가 의뢰하고 두려움이 없으리니 주 여호와는 나의 힘이시며 나의 노래시며 나의 구원이심이라"(12:2-3)고 노래하게 되는 것이 그의 목표였다. 그들은 "자기 구원의 하나님을 잊어버리고" 있었다(17:10). 망각하는 백성들과 그들이 구원되기를 바라시는 하나님 사이에서 일어나는 긴장 상태를 이사야서에서 엿볼 수 있다. 이사야는 이스라엘 백성들이 하나님을 다시 부르게 되고, "여호와께서 한 구원자, 보호자를 보내사 그들을 건지실"(19:20) 날을 강조하고 있다.

구원이 필요한 이유는 무엇인가? 하나님 편에 부족함이 있기 때문이 아니라(59:1), "너희 죄악이 너희와 너희 하나님 사이를 내었고 너희 죄가 그 얼굴을 가리워서 너희를 듣지 않으시게" 했기 때문이었다(59:2, 11-12절도 보라). 하나님께서는 하나님의 백성들이 범한 죄에 진노하셨다. 그들은 그 진노를 경험했고, "우리가 어찌 구원을 얻을 수 있으리이까?"(64:5)라고 말했다. 이 질문은 이사야서의 끝 부분에 나온다. 그러나 이사야서가 설명하고 있는 구원을 전체적으로 지배하고 있다. 그들은 자신들의 죄와 하나님을 청종하고 순종하기를 거부한 불신 때문에 절망적인 상황 속에 빠져 있는 것처럼 보였다. 그들은 고향과 예배 처소를 잃었다. 외국 땅에 끌려온 포로로 살고 있었다. 그들에게는 모세도 삼손도 다윗도 히스기야도 없었다. 그런데 어떻게 구원을 얻을 수 있겠는가?

구원은 어떻게 얻을 수 있는 것인가? "너희가 돌이켜 안연히 처하여야 구원을 얻을 것이요 잠잠하고 신뢰하여야 힘을 얻을 것이어늘 너희가 원치 아니하고"(30:15). 이스라엘의 문제는 그들이 구원과 힘을 원치 않는 데 있었다. 하나님께는 구원하시는 양식이 있다. 사람들이 우상을 버리고 하나님께 돌아와야 한다(45:22). 하나님께서 초청하신다. 그러나 이스라엘이 구원을 경험하기 위해서는 자신들의 방식을 버리고 하나님을 신뢰하는 것이 필요했다. 그들은 '환난 때에'(33:2) 시편 기자처럼 탄식하며, 히스기야가 본을 보였던 것처럼(37:20) 하나님의 은혜와 능력과 구원을 구해야 했다. 그렇게 하면 하나님께서 '구원을 풍성케'(33:6) 하실 것이다. 그리고 '그 성을' 보호하실 것이다(37:35). 그리고 "너를 대적하는 자를 대적하고 네 자녀를 구원하실" 것이다(49:25). 따라서 이스라엘은 히스기야처럼 "여호와께서 나를 구원하시리니"라고 선언하게 될 것이다(38:20).

구원에 포함되어 있는 것은 무엇인가? 심판을 받은 이스라엘에게 있어서 구원은 예루살렘을 다시 보고 그 곳에서 "재판장이시요 … 율법을 세우신 자시요 … 왕이시며 우리를 구원하시고"(33:21-22) 다스리실 하나님과 함께 하나님의 절기를 축하하는 것이었다.

그 때 하나님께서 약한 자를 강하게 하시고 상급을 주시며 신실한 자들을 격려해주실 것이다(35:2-4). 그리고 강포 대신 의와 화평을 이루실 것이다(60:18, 62:1). 구원에는 또 '백성의 언약' 이 되어야 하는(49:8) 구원받은 종 이스라엘의 사명도 포함되어 있다. 그 사명은 '공평을 지키고 의를 행하는' (56:1) 것이었다.

구원은 왜 이루어졌는가? 하나님께서 열방들과, 유배 생활을 하도록 벌하신 그분의 백성들을 대하는 그들의 방식에 진노하셨기 때문에 구원이 이루어졌다(63:3-6). 하나님께서 하나님의 백성들을 구속하기로 하신 '너희의 구원자' 로 자신을 간주하셨기 때문에 구원이 이루어졌다(43:3). 하나님의 '긍휼과 많은 자비' 와 '사랑과 은총' 때문에(63:7-9) 구원이 이루어졌다. 하나님의 백성들과 그 자녀들의 환난에 동참하시는 하나님의 헌신 때문에 구원이 이루어졌다(63:8-9). 하나님의 계획을 수행해야 할 때, 즉 '내 구속할 해' (63:4)가 되었기 때문에 구원이 이루어졌다.

하나님께서는 '구원하기에 능한 자' 시다(63:1). 하나님께서는 그분의 백성들을 위해 의와 구원을 베풀 수 있는 사람이 없다는 것을 알고 계신다(59:14-17, 63:3). "나 외에 구원자가 없느니라." 왜냐하면 "그들 중에 있는 그 어떤 우상이 아니라 … 하나님께서 구원하셨기" 때문이다(43:11-12, 45:15-22, 47:13-15). 하나님께서는 구원을 창조하신다(45:8). 구원은 하나님의 목적이 있기 때문에 이루어진다. "모든 육체가 나 여호와는 네 구원자요, 네 구속자인 줄 알리라" (40:26, 52:10).

누가 구원받을 수 있는가? 이사야는 시온/예루살렘/이스라엘의 구원에 초점을 맞추고 있다(46:13, 62:1, 11). 그러나 이사야는 또 이스라엘 백성들을 아연하게 했다. 하나님께서 그들을 통해 온 세상을 초청하셨기 때문이다. "땅 끝의 모든 백성아, 나를 앙망하라 그리하면 구원을 얻으리라 나는 하나님이라" (45:22).

구원은 언제 이루어지는가? 하나님께서 이스라엘에게 "나의 구원이 지체치 아니할 것이라" (46:13)고 약속하셨다. 이미 다가오고 있었다(51:5). 하나님께서는 예루살렘을 향해 "보라 네 구원이 임하느니라" 고 말씀하셨다(62:11). 구원은 먼저 이스라엘을 위한 것이었다. 그것은 포로 생활을 하는 그들을 도우시고, 그들을 의와 공평과 화평이 다스리는 예루살렘으로 귀환하게 하시는 하나님의 일이었다.

그러나 바벨론의 포로 생활에서 벗어나게 되는 구원만이 이사야가 강조한 유일한 구원은 아니었다. 이스라엘이 "이는 우리의 하나님이시라 우리가 그를 기다렸으니 그가 우리를 구원하시리로다 이는 여호와시라 우리가 그를 기다렸으니 우리는 그 구원을 기뻐하며 즐거워하리라"고 선포하게 될 마지막 날이 오고 있었다(25:9). 그들은 구원을 이룰 수 없는 자신들의 무능함을 고백하고, 죽은 자들이 다시 살아나는 경험을 하게 될 것이다(26:18-19). 그리고 긴장이 해소될 것이다. 사람들은 더 이상 그들의 구원자를 잊지 않을 것이다. 그들은 그분을 신뢰하고 모든 곤경에서 자신들을 구해내시는 그분의 구원을 경험할 것이다. 그 후 "이스라엘은 여호와께 영원한 구원을 얻게" 될 것이다(45:17).

고안

A. 들어가는 글

1. '구원하는 능력' 이야기로 시작하라.

2. 배경 설명: 하나님께서는 바벨론에서 포로 생활을 하고 있는 이스라엘 백성들을 구원하기 위한 하나님의 도구로 바사의 고레스를 사용하실 것이라는 계획을 선포하셨다. 이스라엘은 그런 메시지를 믿을 수가 없었다. 그들은 바사 왕이 아니라 그들의 왕을 원했다. 하나님께서 그들의 논쟁을 들으시고 그들에게 하나님의 방법이 이해되지 않을 수도 있겠지만, 그 방법이 그들을 불러 하나님을 신뢰하고 하나님의 종이 되어 하나님의 일에 참여하게 만들 수 있는 가장 최선의 방법이라는 것을 보여주셨다.

3. 적용: 이사야서 47-49장에는 세 무리가 나타나는 것을 볼 수 있다. 먼저 바벨론은 고레스의 군대가 다가오고 있는 것과 이스라엘의 하나님께서 그들에게 선포하신 재앙을 슬퍼하며 죄와 먼지 속에 앉아 있었다. 그들이 사용해온 전통적인 방식 가운데 그들에게 도움이 되거나 그들을 구출할 수 있는 것은 아무것도 없었다.
   두 번째 무리인 이스라엘은 하나님께서 하시는 일에 대한 설명을 요구하며 하나님 앞에 서 있었다. 하나님께서는 완고한 백성들을 위해 약속을 성취해나가시는 하나님의 역사에 그들의 주의를 환기시키셨다. 그들은 하나님께서 자신들을 위한 최선을 행하실 것이라는 사실을 신뢰할 것인가? 일어서라. 바벨론을 떠나라. 순종하라! 마지막 무리로 나타나는 하나님의 종 이스라엘은 그들을 돌아오게 하고 열방을 비추는 빛이 되게 하신 하나님을 증거하는 사람들이었다.

이 장들을 읽으면서 슬퍼하는 바벨론, 싸우려는 이스라엘, 종 이스라엘, 이 세 무리 가운데 자신은 누구와 가장 가까운지를 생각해볼 수 있을 것이다. 열방을 위한 하나님의 일에 기꺼이 참여할 것인가, 아니면 앉아서 "하나님이 날 잊으셨다!" 고 소리칠 것인가?

B. 본문 이해

1. 갈대아인들에 대한 고발(47:1-15)
2. 계시와 반역자들의 석방(48:1-22)
3. 구원을 위해 보낸 종(49:1-6)
4. 갇힌 자들을 위한 번영(49:7-26)

C. 결론: '엉킨 실 풀기' 를 읽어주라.

1. 요약: 하나님께서 우리를 잊으신 것이 아니다. 하나님께서는 기꺼이 우리를 구원코자 하신다. 우리의 문제를 아시고 돕고 싶어하신다. 우리를 도울 힘과 계획은 하나님께만 있다. 하나님의 계획이 우리가 생각하는 것과 같은 계획은 아니지만 우리에게 가장 좋은 계획이다.

2. 도전: 하나님께서는 계획을 가지고 계시며 기꺼이 일하고자 하신다. 문제는 우리의 태도다. 불평하고 논쟁하기에 급급해서 하나님의 일에 참여할 것을 초대하시는 하나님의 음성을 듣지 못하고 있는 것은 아닌가? 최선의 길로 인도하시는 하나님의 방법을 따르는 대신 자신의 방식을 고수하려 고집을 피우고 있는 것은 아닌가? 하나님께 자원하는 마음을 달라고 기도하라. 하나님께 돌아가 하나님의 구원을 경험하기 위해 필요한 첫 단계를 보여주시기를 기도하라.

토의 질문

1. 사람들로 하나님께서 자신들을 잊으셨다고 생각하게 만드는 것은 무엇인가? 그런 사람들에게 그렇지 않다는 것을 어떻게 보여줄 수 있겠는가?

2. 환난의 때에 구원을 베푸시는 하나님을 어떤 방법으로 볼 수 있었는가?

3. 당신과 당신이 속한 교회는 열방을 위한 빛으로서 어떻게 섬기고 있는가?

이사야 50-51장

역전

"부족하고 거친 삶의 혼란 속에서도 사람들은
살아 계신 하나님의 계시를
그 어떤 것보다 간절히 바란다."

- 조지 나이트(George A. E. Knight)

하나님께서 하나님의 백성들에게 질문하시고, 그들이 자신들의 죄 때문에 고난받게 되었다는 설명을 해주시며, 과거에 그들을 구원하기 위해 행하셨던 일들을 상기시켜주셨다. 그런 다음 하나님의 종은 하나님께서 도와주시기 위해 가까이 계신다는 것을 알기 때문에 힘을 얻을 수 있었다는 사실을 증언하고 있다. 그는 어둠 속에서도 하나님을 신뢰하고 하나님의 빛 속에서 살아갈 것을 백성들에게 촉구하고 있다. 그렇지 않으면 그들은 고통을 받게 될 것이다.

하나님께서 하나님의 백성들에게 그들의 조상 아브라함과 사라처럼 하나님 자신을 신뢰할 것을 촉구하셨다. 하나님의 공의가 나라들을 비추는 빛이 될 것이다. 그리고 하나님의 구원이 다가오고 있었다. 그러므로 그들은 사람들의 조롱을 두려워하는 대신 하나님의 의와 구원을 선택해야 한다.

갑자기 승리의 노래를 부르며 시온으로 돌아올 하나님의 해방된 백성들에게 구원을 베푸실 것을 구하는 소리가 들려왔다. 그러자 하나님께서는 하나님만이 그들의 유일한 위로자이므로 하나님을 잊어서는 안 된다는 사실을 그들에게 상기시켜주셨다. 그 소리는 예루살렘에게 깨어날 것을 촉구했다. 그들은 그들의 죄 때문에 고통을 받았고, 하나님의 진노와 견책이 그들에게 가득했다. 이제 하나님께서 예루살렘으로부터 그 고통을 제거하고, 그 고통을 그들을 괴롭힌 사람들에게 돌릴 것이다.

Isaiah

들어가는 글

영원한 패배자?

다양한 사람들이 스포츠에 열광한다. 그러나 그들은 적어도 한 가지 점에 있어서는 모두 비슷한데, 그것은 그들이 자신이 응원하는 팀이 이기기를 바란다는 것이다. 그들이 원하는 대로라면 그들 각자가 응원하는 팀이 일년 내내 한 번도 지지 않고 언제나 우승을 해야 한다. 그들은 스포츠라는 경쟁 세계에서 패배는 불가피한 일이라는 사실을 잊고 있다.

그러나 가끔 한 번씩 패하는 것과 늘 패하기만 하는 것은 전혀 다른 것이다. 때때로 한 팀이 한 시즌 내내 또는 몇 시즌 계속해서 한 번도 이기지 못하는 경우도 있다. 그 팀을 응원하는 사람들은 '언제나 이길 수 있을까? 이제 응원하는 팀을 바꾸어야 할 때가 된 것은 아닐까? 올해는 상황이 역전되어 지난 시즌에 완패를 안겨주었던 팀을 이기고 완승을 거둘 수 있을까?' 라는 생각을 하게 된다.

포로 생활을 하던 이스라엘은 패배가 어떤 것인지를 잘 알고 있었다. 40년 간 포로 생활을 해왔지만 해방될 기미는 보이지를 않았다. 그 고통과 그 형벌에서 벗어나기 위해 그들은 어떻게 해야 하는 것인가? 하나님께서 정말 그들을 잊으신 것인가? 자신이 패배했다고 그리고 다시는 기억되지도 구출되지도 못할 것이라는 결정을 내려야 할 때는 언제인가? 하나님께서 하나님의 백성들에게 오셔서 그들을 위해 형세를 역전시키는 일이 일어나려면 어떻게 해야 하는 것인가? 이사야서 50-51장은 '패배한 사람' 을 도우시는 하나님의 방법을 볼 수 있도록 도와주고 있다.

본문 이해

역전

Main Idea	하나님의 백성들은 자신들의 죄 때문에 고통을 받는다. 그러나 어느 날 하나님께서 상황을 역전시키시고 그들의 적들에게 역습을 가하실 것이다. 그때 그들은 하나님의 백성들에게 가했던 고통을 그대로 받게 될 것이다.

A. 포로 생활에 대한 진단(50:1-3)

법정 공판

Supporting Idea	하나님께서 하나님의 백성들을 구원하고 되찾기 위해 오실 때 그들은 하나님을 환영할 준비가 되어 있어야 한다.

50:1. 하나님께서는 법정에서 또다시 피고가 되어 있는 자신을 보셨다. 그리고 이스라엘에게 질문하셨다. 하나님께서는 자신을 변호하기 위해 이스라엘의 가족법을 사용하셨다. 하나님께서 하나님의 아내 이스라엘과 이혼하셨다면 그녀에게 이혼서를 주셨을 것이다. 그러나 이혼서를 주신 적이 없다. 그러나 그녀는 바벨론과 바벨론의 우상들과 결혼한 상태였고, 그 때문에 하나님께서는 그녀와 다시 결혼하실 수 없었다(신 24:1-4). 하나님께서 그분의 자녀들을 노예로 팔았다면 그들에 대한 권리를 더 이상 주장하실 수 없었다(출 21:7-11). 여호와께서 두 경우 모두를 부인하셨다. 죄를 범한 쪽은 여호와가 아니라 이스라엘이었고, 그 결과 그들이 처하게 된 운명은 그들에게 합당한 것이었다. 그러나 법적으로 이스라엘은 여호와께 속해 있었다. 왜냐하면 이스라엘에게는 이혼서나 매도증이 없었기 때문이다. 이스라엘은 그들 자신의 죄 때문에 유배 생활을 하게 되었다. 그러나 하나님께서는 여전히 하나님의 신부를 사랑하셨다.

50:2-3. 여호와께서 법정을 향해 하나님을 고소한 자들이 어디 있는지를 물으셨다. 이 구절에서 접대 풍습에 대한 언어유희가 나타나는 것을 볼 수 있다. 여호와께서 오셨다. 그러나 맞이하는 사람이 아무도 없었다. 예상치 못했던 손님이었는가? 이스라엘을

애굽에서 불러내어 약속의 땅을 주셨던 것에서 볼 수 있듯이 하나님께서 그들의 구속자이며 구원자라는 사실을 그들은 역사를 통해 배우지 못했던 것인가? 하나님께서 포로 생활에서 그들을 해방시켜주시기 위해 그들을 찾아오셨다. 흑암은 하나님께서 이스라엘 백성들과 함께 그들의 포로 생활을 슬퍼하시는 것을 상징적으로 보여주는 것이다. 그러나 그들은 하나님의 슬픔도, 자신들이 곧 구원될 것이라는 사실도 보지 못했다. 하나님의 백성들은 탄식하며 하나님께서 그들을 대신해 일하지 않으신다는 비난을 계속하고 있었다.

B. 종의 설교(50:4-11)

선지자의 확신을 보여주는 노래

Supporting Idea	하나님과 매일 함께 나누는 교제는 가장 어려운 때에도 하나님을 향한 확신을 유지하는 데 도움이 된다.

50:4-5. 이 구절은 이사야서에 나오는 '종의 노래' 가운데 세 번째 노래다(42:1-4). 종은 또다시 일인칭으로 말하고 있다(49:1-6). 청중들의 불평과는 대조적으로 그는 자신이 당한 모든 핍박과 조롱에도 불구하고 하나님께 대한 자신의 믿음을 증거하고 있다. 그는 하나님께서 맡겨주신 일을 알고 있었기 때문에 확신에 차 있었다. 종은 곤핍한 자, 즉 불평하는 동료를 어떻게 말로 위로해주어야 하는지를 알고 있었다. 그것은 매일 아침마다 새 말을 듣기 위해 하나님께 귀를 기울였기 때문이다. 그리고 그는 거역하지 않았기 때문이다. 그는 하나님께서 하시는 말씀을 듣고 순종했다.

50:6-9. 그런 하나님과의 교제는 가장 어려운 상황 속에서도 확신할 수 있게 해주었다. 핍박하는 사람들은 그에게 고문을 가했다. 그의 수염을 뽑고 그의 얼굴에 침을 뱉었다. 그러나 그는 그 모욕을 피하기 위해 얼굴을 가리지 않았다. 왜 그는 판을 뒤엎고 맞서 싸우지 않았는가? 왜냐하면 하나님께서 그를 도우셨기 때문이다. 결국에는 하나님께서 그로 수치를 당하지 않게 하실 것이다.

그는 법정에 끌려갈 수도 있었다. 그러나 그의 판사가 그의 정당성을 입증해줄 것이다. 그 어떤 판사도 그를 정죄할 수 없었고, 그에게 유죄 판결을 내릴 수 없었다. 그를 고발한 바벨론 사람들은 무기력하게 서 있었다. 그들은 점점 쇠약해지고 옷처럼 해지게 될 것이다. 그러나 그의 하나님께서 도와주실 것이다.

50:10-11. 갑자기 종은 그의 어조를 바꾸고 청중들을 마주했다. 그리고 그들에게 너희 중에 여호와를 경외하며 그 종의 목소리를 청종하는 자가 누구뇨라고 물었다. 하나님 편에 서 있는지를 알아보기 위한 한 시금석이 될 수 있는 질문이 하나 있다. 그것은 "하나님께서 세우신 종의 목소리에 순종하는가"라는 질문이다. 유배 생활을 하는 사람들처럼 종에게도 길을 보여주는 특별한 빛은 없었다. 다만 그는 매일 아침마다 하나님을 의뢰했다(4절). 유배지에서 흑암중에 행하던 이스라엘 백성들은 그들의 구원을 위해 하나님을 신뢰해야 했다. 하나님을 신뢰한다는 것은 하나님의 종이 전하는 말씀을 믿는다는 것을 뜻했다.

이스라엘 백성들이 모두 다 하나님을 경외한 것은 아니었다. 그들은 고난과 수치를 마다하지 않는 종이 하나님께서 선택하신 사람이라는 것을 믿을 수가 없었다. 하나님께서 그들에게 판결을 내리셨다. 그들은 그들 자신이 피운 횃불 가운데로 들어가게 될 것이다. 슬픔 가운데 눕게 될 것이다.

C. 여호와를 바라보고 여호와께 귀를 기울이라(51:1-8)

법정 논쟁

Supporting Idea	하나님께서 함께하셨던 과거 역사를 기억하고 하나님의 말씀에 주의를 기울이는 것은 하나님의 영원한 구원이 멀지 않다는 확신을 갖게 해준다.

51:1-3. 사람들은 계속 입을 삐죽 내밀고 하나님께 항변했다. 자신들은 경건한 자들이며 아브라함과 사라의 직계 자손들이지만 그 수가 얼마 되지 않고 무력하게 되었다고 주장했다. 하나님께서 하나님을 찾는 그들에게 역사를 자세히 들여다보라고 직접 대답해주셨다. 처음으로 돌아가 계보의 가지 수를 세려 하지 말고 그 의미에 주목하라고 말씀하셨다. 하나님께서는 아브라함과 사라만으로 시작하셨다. 그 두 사람이 자녀를 갖는다는 것은 불가능한 일처럼 보였다. 그러나 하나님께서는 아브라함에게 복을 주어 창성케 하셨다. 그들의 조상들이 하나님의 약속을 받고 열방 가운데서 하나님의 일을 시작할 수 있었다면 그들은 더욱더 소망의 메시지를 믿어야 하지 않겠는가? 하나님께서 실제로

시온을 위로하실 것이다. 예루살렘을 둘러싸고 있는 황폐한 광야와 마른 시내를 에덴 동산 같은 낙원으로 만드실 것이다. 그 결과 기뻐함과 즐거워함과 감사함과 창화하는 소리로 가득한 새로운 환경이 만들어질 것이다.

51:4-6. 하나님께서 하나님의 백성들에게 무너지기 쉬운 좌절감에 더 이상 귀를 기울이지 말고 하나님의 새 칙령에 주의를 기울이라고 명하셨다. 그들의 왕이신 하나님께서 온 세상에 하나님의 백성들을 구원할 하나님의 때가 도래했음을 선포하실 것이다. 그 구원(47-49장의 '심층 연구' 참고)은 이스라엘이 그들의 적으로부터 구출되었던 과거의 그 어느 경험과도 같지 않을 것이다. 그 구원에는 만민이 포함될 것이다. 실제로 그들은 새 날에 대한 소망을 안고 하나님을 앙망하게 될 것이다. 그 날은 의와 공의의 날이 될 것이다('공의' 에 대해서는 1장의 '심층 연구' 를, '의' 에 대해서는 본장의 '심층 연구' 를 참고하라). 그 구원은 모든 시간을 초월할 것이다. 자연 질서까지도 사라지게 될 것이다. 그 구원은 영원할 것이다.

51:7-8. 그러나 백성들은 여전히 투덜거렸다. 그들은 하나님의 율법을 알고 지켰지만 그것이 별 도움이 되지 않았고('율법' 에 대해서는 2-4장의 '심층 연구' 를 참고하라), 자신들은 정복자들의 훼방과 비방의 대상으로 남아 있다고 불평했다. 하나님께서 그런 그들에게 이전 약속을 상기시켜주셨다. 그들을 훼방하고 비방한 자들은 죽게 될 것이다. 그러나 하나님의 약속된 구원은 세세에 미칠 것이다.

D. 구속된 자들을 위한 길(51:9-16)

탄식과 구원에 대한 예언

Supporting Idea	안전은 오직 창조주/구속자로부터 오는 것이다. 그러므로 사람들은 그분을 경외해야 한다. 그리고 다른 사람들을 두려워해서는 안 된다.

51:9-11. 그러나 백성들은 전통적인 탄식으로 응답했다. 그들은 하나님을 깨우려 했다(시 80편). 그들은 하나님의 능력을 증명해주는 창조와 출애굽에 대해 많이 이야기했다. 그런데 지금 그들은 그 모든 일들을 행하신 이가 정말 하나님이 맞는지를 묻고 있다(9절에 나오는 '라합' 에 대해서는 30:7을 참고하라). 말하자면 하나님께서 그런 능력을 지니신 분이라면 왜 자신들이 바벨론에서 포로 생활을 하고 있어야 하는 것이며, 또 왜

그 능력을 다시 한번 더 보여주시지 않는 것인가라고 묻고 있었던 것이다. 선지자는 구원을 약속하는 노래(여호와께 구속된 자들이 돌아올 것이다, 35:10)로 그들에게 대답했다('하나님의 구속'에 대해서는 60-61절의 '심층 연구'를 참고하라). 따라서 슬퍼하고 탄식할 이유가 없었다. 이제부터 영원까지 기뻐하고 즐거워하게 될 것이다.

51:12-16. 하나님께서 구원을 알리는 예언을 소개하셨다. 두려워할 이유가 없다고 말씀하셨다. 왜냐하면 하나님께서 그들을 위로하시기 때문이었다. 그 위로는 그림의 떡이 아니었다. 이스라엘 백성들이 두려워하는 사람들은 풀같이 속히 죽게 될 유한한 존재에 불과했다. 강력한 힘을 가진 유한한 존재를 두려워하느라 그들이 잊고 있었던 영원하신 창조주와 그들을 비교해보라. 항상 종일 두려워하는 것은 믿음이 없다는 것을 보여주는 것일 뿐이었다. 그들은 하나님이 아니라 사람들을 바라보고 있었다. 강한 학대자들의 힘을 보여주는 증거가 무엇이기에 그들을 그렇게 두려워하는 것인가?

이 질문에 이스라엘 백성들은 다음과 같이 응수했다. "그렇지만 바벨론 사람들이 우리에게 심히 노하기 때문에 우리는 굴복하고 노역을 할 수밖에 없습니다." 그런 그들에게 하나님께서는 "너희가 아니라 그 학대자들이 죽게 될 것이다. 내가 너희를 놓아줄 것이다. 그들이 누구인지가 아니라 내가 누구인지를 기억하라. 다시 말한다. 내 이름은 만군의 여호와다. 땅의 기초를 정한 내 손안에서 너희는 안전하다. 너희는 내 백성이다. 그 때문에 너희가 어떤 상황에 있건 너희는 위로받기에 충분할 것이다"라고 대답하셨다.

E. 정복자들을 위한 분노의 잔(51:17-23)

구원에 대한 예언

Supporting Idea	하나님의 백성들을 포로로 잡고 있는 사람들을 향한 하나님의 진노와 심판은 형세를 역전시키고, 하나님의 백성들에게 위로와 구원의 길을 열어줄 것이다.

51:17-23. 이 부분은 9절에서 시작된 이스라엘 백성들의 탄식을 패러디한 내용으로 시작되고 있다(52:1). 그들은 하나님께 깨어나실 것을 요구했다. 그런 그들에게 행동할 것을 요구하셨다. 하나님께서 그들의 상황을 인정하시며 하나님 자신이 그런 상황을 야기한 장본인이라고 자백하셨다. 예루살렘은 여호와의 손에서 그 분노의 잔을 마셨던 것이

다. 하나님께서 정치 지도자나 종교 지도자를 그들에게 허락하지 않으셨다. 그들에게는 그들을 위로할 사람이 아무도 없었다(40:1). 답은 하나님께 있었다. 하나님께서 형세를 역전시키실 것이다. 여호와는 그 백성을 신원하시는 그들의 하나님이시다. 하나님께서 처음에 이스라엘에게 주셨던 분노의 잔을 이스라엘을 포로로 잡고 있는 자들이 마시게 될 것이다.

Main Idea 복습	하나님의 백성들은 자신들의 죄 때문에 고통을 받는다. 그러나 어느 날 하나님께서 상황을 역전시키시고 그들의 적들에게 역습을 가하실 것이다. 그때 그들은 하나님의 백성들에게 가했던 고통을 그대로 받게 될 것이다.

결론

고난을 바라보는 관점

하나님의 백성들은 고난을 겪게 된다. 하나님께 속했다고 해서 평생 평온 무사하게 살 수 있는 것은 아니다. 우리는 종종 우리의 죄 때문에 고난을 겪게 된다. 하나님의 백성들은 그런 죄들을 고백하고 자신들이 받고 있는 것이 받아 마땅하다는 사실을 인정해야 한다. 또 하나님의 백성들은 하나님께 돌아가 하나님을 신뢰할 수 있다. 하나님께서는 그분의 백성들을 구원할 계획을 가지고 계신다. 적이 강할 수도 있다. 그러나 우리는 하나님께 초점을 맞추고 우리의 창조주께서 우리의 구원자로 일하실 것을 기다려야 한다.

■ 진리 알기

· 징계는 죄 때문에 받게 되는 것이다.

· 하나님의 역사는 하나님을 신뢰하고 하나님의 구원을 기대할 충분한 이유를 갖게 해준다.

· 하나님께서 마침내 하나님의 백성들을 구속하시고 그들의 적들에게 심판이 임하게 하실 것

이다.

▣ 적용하기

· 하나님께서 무슨 일을 하고 계시는지 볼 수 없을 때에도 하나님을 신뢰하라.

· 하나님께 감사와 기쁨을 표현하라.

· 최악의 상황 속에서도 하나님을 소망의 원천으로 삼으라.

삶의 적용

암울한 때에 유용한

공산 게릴라들이 브루스 올슨(Bruce Olson) 선교사를 잡은 다음 남미 정글을 지나 콜롬비아의 격리된 한 막사로 끌고 갔다. 브루스 올슨은 말라리아와 그의 몸을 적시고도 남는 많은 비로 인한 고통이 기다리고 있다는 것 외에 매일 무슨 일이 일어날지 알 수 없는 상황에서 몇 개월을 보냈다. 매 시간 새로운 보초가 그를 감시했다. 매일 그리고 매주 그는 밀림 속에서 새로운 은신처로 향하는 새 길을 마주 대해야 했다. 탈구된 골절이 아무리 고통스러워도 그것이 밀림 속에서 걸어가지 않을 핑곗거리가 될 수는 없었다. 그는 자신에게 고통을 무시하는 기술을 가르쳤다. 그는 "고통스럽다. 그러나 이 고통은 내 육신을 고통스럽게 하는 것일 뿐이다. 나는 육신이 아니다. 내 마음과 영혼은 육신의 일부가 아니라 육신을 초월하는 것이다"라고 말했다.

올슨은 "이상하다고 생각하는 사람들도 있겠지만 그 상황에서 내가 기적적으로 구출되는 것이 하나님의 책임이라는 생각을 한 번도 하지 못했다. 대신 나는 내가 처한 곳에서 하나님을 바로 섬기는 것이 내 책임이라고 생각하고 있었다"라고 썼다. 그래서 매일 그는 "하나님 아버지, 저는 살아 있습니다. 그리고 이 시간을 건설적으로 사용하고 싶습니다. 어떻게 하면 오늘 하루 하나님께 유용한 사람이 될 수 있을까요?"라고 기도했다.

그것은 브루스 올슨에게 전혀 새로운 것이 아니었다. 그는 "나는 평생 매일 그렇게 살았다. 내가 게릴라들의 손에 잡혀 있다고 해서 내 기도나 견해가 왜 달라져야 하는 것인가? 나는 (나를 잡고 있는 사람들이 아니라) 하나님께서 그 상황의 결과를 통제하시는 분이라는 사실을 알고 있었다"라고 썼다(Kay Arthur, pp. 137-139).

하나님께서는 이러한 교훈을 바벨론에서 포로 생활하던 하나님의 백성들에게 가르치기 위해 이사야의 메시지를 사용하셨다. 그들이 브루스 올슨이 겪었던 것과 같은 고통과 낙심을 견뎌야 했던 것은 아니었다. 그러나 그들은 탄식하며 신음했다. 우리도 살아가면서 고통과 낙심을 경험하게 될 것이다. 그러나 그런 일이 벌어지기 전에 결정해야 한다. 고난의 때를 대비한 특별한 계획이 있어야 하는가? 아니면 우리의 상황이 어떻게 달라지든지 매일 같은 식으로 기도할 수 있을 것인가? 암울한 때를 만나더라도 하나님께 건설적인 방법으로 사용해주시기를 기도할 수 있을 것인가? 암울한 때가 오기 전에 매일 그렇게 기도하는 삶을 살아간다면 그런 때가 오더라도 그렇게 기도할 수 있게 될 것이다. 하나님의 구원을 어떻게 부르짖어야 할지를 알게 될 고난의 때가 오기를 기다리는 대신, 하나님께서 당신을 어떻게 사용하실지를 기대하는 것이 습관이 되게 하라.

기도

주 하나님, 어떤 상황에서도 하나님을 신뢰하는 법을 가르쳐주십시오. 재난이 덮친 것처럼 보일 때에도 늘 그러셨듯이 하나님께서 저를 사용하실 것을 잠잠히 기도할 수 있도록 늘 신실하게 기도하며 하나님을 섬기는 삶을 살 수 있게 도와주십시오. 기쁠 때나 슬플 때나 하나님을 사랑하며 섬기고 순종하며 살아갈 것을 다짐합니다. 아멘.

심층 연구

의(51:1)

히브리 단어 tsedeq와 거기서 파생된 tsadiq와 tsedeqah는 공동체에 유익이 되는 충성과 신실함을 뜻하는 단어들이다. 의는 "공동체에서 인정하는 기준에 맞는 행동이나 상태를 보여준다. … 그러나 그 기준이 뚜렷하게 명시된 곳은 어디에도 없다"(Reimer, NIDOTTE, 3, p. 750). 그 기준은 자연 법칙처럼 누구나 다 알고 있다고 여겨지고 공동체 전체가 인정하는 그런 것이다. 그리고 하나님과 인간 모두에게 적용될 수 있다. "하나님의 의는 은혜를 통한 하나님의 구원 사역과 관계가 있다. 그리고 인간의 의는 하나님과의 언약과 관계가 있으며 또 윤리적으로 다른 사람들을 어떻게 대하는지와 관계가 있다"(Smith, Old Testament Theology, p. 221).

구약 성경에서는 의과 관계가 있는 용어들이 523번 나타나고 있는데, 그 가운데 이사야서에서는 81번 나타나는 것을 볼 수 있다. 그 용어들은 또 시편과 잠언에서도 많이 나타난다. 의에 대한 정의는 의를 다시없이 잘 보여주시는 하나님을 통해 규정된다. 하나님께서는 하나님의 언약 백성과 하나님께서 창조하신 세계의 유익을 위해 가능한 것이라면 모든 것을 행하신다(사 5:16). "여호와의 의는 구약에서 볼 수 있는 신학의 가장 광범위하고 가장 포괄적인 개념이다. … 여호와의 의는 창조 세계 속에 나타나 있고, 시내산에서 선포된 여호와의 목적에 따라 세상을 다스리고 통치하는 방식을 의미한다. 하나님의 의의 본질은 세상의 복리다. 따라서 세상에서 여호와의 의가 온전히 확립되면 풍요함과 번영과 공의와 화평과 안전과 행복이 이루어지게 된다(shalom)"(Bruggermann, Theology of the Old Testament, p. 303).

인간의 의가 사라지면 하나님께서 하나님의 백성들을 방어하고 하나님의 의로운 통치를 열방들 가운데 확립하기 위해 하나님의 의를 병기처럼 두르고 개입하신다(59:16-

18, 63:1). 따라서 하나님의 백성들을 구원하기 위해 하나님께서 역사 속에 개입하시는 동안 의는 종종 '승리' 또는 '정복' 등의 단어로 번역되었다(사 45:8, 21, 25, 51:1, 5-6, 8).

'의' 를 뜻하는 히브리 단어들은 종종 종이 그의 왕이나 주인과 맺고 있는 관계를 언급할 때 사용되었다. 그러나 또 그 단어들은 한 사회의 훌륭한 시민을 묘사하는 용어가 될 수도 있다(창 18:24-25, 삼하 4:11). "이사야는 tsdq를 사회적 공평과 억압받는 사람들의 필요와 연결시키고 있다(Reimer, NODOTTE, 3, p. 763). 1-39장에서 이사야는 종종 의를 mishpat 또는 공평과 연결시키고 있으며, 따라서 의는 하나님의 통치하에서 인간 행동의 기준으로 여겨지는 규범과 연결해서 인간이 행동할 것으로 기대되어지는 것이다. 이사야서 40-55장에서 의는 ysh' 또는 구원과 가장 자주 연결되어 나타난다. 그것은 하나님의 백성들에 대한 하나님의 약속된 선물, 즉 나라의 의를 회복하게 될 승리의 선물을 보여주는 것이다.

하나님께서 그분의 백성들에게 의를 세우셨다. 그러나 그들은 살인자들에게 나라를 내주면서 의로운 질서를 파괴했다(1:21). 그들은 자신들의 죄와 불의를 인식하지 못한 채 습관적으로 형식적인 예배를 계속했다(58:1-5). 그들은 우상을 숭배하면서 더 이상 하나님께 신실하지 못했기 때문에 의를 이루지 못했다(64:5-7). 따라서 하나님께서는 '의에서 멀리 떠난' 사람들을 다루셔야 했다(46:2). 왜냐하면 그들이 진리를 말하지 않았기 때문이다(48:1). 그들의 불충과 부정은 하나님께서 그들에게 주고 싶어하셨던 의와 화평을 그들로부터 앗아갔다(48:18-19, 32:16-17, 60:17).

죄를 멀리하는 사람들도 있다. 그들은 "기쁘게 의를 행한다"(64:5). 그것은 그들이 "주의 길을 기억한다"는 뜻이다(64:5). 그것이 하나님께서 원하시는 예배와 금식이며, 하나님의 백성들을 보호해주는 것이다(58:6-8). 이 땅에서 하나님의 의를 세우기 위해 하나님께서는 하나님의 "교훈을 크게 하며 존귀케 하셨다"(42:21). 의로운 사람들은 '그 행위의 열매'를 누리며(3:10, 28:16-17) 복된 삶을 살게 될 것이라고 하나님께서 약속하셨다. 하나님께서는 그들을 하나님의 종이라 부르시고 하나님의 의로운 오른손으로 그들을 지킬 것이라고 약속하셨다(41:10). 하나님께서 하나님의 종을 옹호하실 것이다. 즉, 그가 의롭다는 것을 입증해주실 것이다(50:8). 그렇다. 하나님의 의가 서둘러 오고 있는 중이다(46:13). 하나님의 백성들이 아무것도 두려워하지 않도록 하나님께서 그 백성들 가운데 의를 세우실 것이다(54:14). 하나님께서 하나님의 의를 드러내시고 이스라엘에 의로운 질서를 새롭게 세우시기 위해 바사의 고레스를 사용하실 것이다(45:13).

이스라엘에 대한 하나님의 궁극적인 목적은 이기적인 조작이 아니라 의로운 관계가 중요한 사회 질서로 확립되는 것이었다(1:26-27, 33:5, 60:17). 하나님의 의로운 백성들은 하나님의 영광을 열방 가운데 드러낼 것이다(61:3, 11). 하나님께서 '구원의 옷'을 입은 하나님의 사자를 보내시며(61:10) '하나님의 신을 부어주시고'(11:2, 32:14-17, 61:1-3), 하나님의 구원자를 의로운 왕으로 세우심으로(11:1-9, 32:1) 그 일을 이루실 것이다. 하나님의 백성들은 하나님을 바라며 의를 추구하게 될 것이다(45:25).

하나님께서 하나님의 백성들 가운데 의가 드러나게 하실 것이다. 그래서 모든 나라들이 그 의를 보고 하나님을 찬양하게 될 것이다(45:8). 그들의 모든 적들이 하나님의 의를 인정하고 하나님 앞에 머리 숙여 절하게 될 것이다(45:23-24). 의를 이루시려는 하나님의 계획은 이스라엘을 넘어 만방으로 확장될 것이다(51:4-5). 의로운 하나님께서 하나님의 종을 '백성의 언약과 이방의 빛'이 되게 하실 것이다(42:6). 하나님의 의로운 종이 고난을 당하고 이 세상의 죄를 위해 대신 목숨을 바칠 것이다(53:11). 하나님께서 영원한 의를 세우실 것이다(51:6).

고안

A. 들어가는 글

1. '영원한 패배자?' 이야기로 시작하라.

2. 배경 설명: 하나님께서 바벨론에게 그들의 포로들을 잃게 될 것을 슬퍼하라고 말씀하셨다. 그리고 이스라엘에게는 귀환하기 위해 바벨론을 떠나라고 명하셨다. 하나님의 종 이스라엘이 온 세계의 증인이 되도록 그들의 역할을 확장시키셨다. 하나님께서 그들을 결코 잊지 않으실 것이다. 대신 그들에게, 그리고 열방들에게 자신을 구속자와 구원자로 알리실 것이다. 그러나 바벨론을 떠나 온 세계에 하나님의 증인

이 되라는 하나님의 부르심에 이스라엘 백성들은 어떤 반응을 보일 것인가?

3. 적용: 고난 속에서 낙심하게 된 이스라엘은 과업을 수행할 준비가 되어 있지 않았다. 하나님께서는 그들이 불평하는 곤경 속에 빠지게 된 이유와 하나님 자신이 과거에 그들을 어떻게 구원해주셨는지를 그들에게 상기시켜주셨다. 주님의 종은 끔찍한 고난에도 불구하고 하나님의 신실한 종으로 남아 있을 수 있는 동기들을 보여주어야 했다. 그는 하나님께서 자신을 도우실 것을 알고 있었기 때문에 계속 신실하게 남아 있을 수 있었다. 이스라엘은 선택의 기로에 서 있었다. 하나님을 신뢰할 것인지, 아니면 계속 우상을 섬기면서 고통 속에서 살아갈 것인지를 선택해야 했다. 하나님께서 아브라함과 사라에게 하셨듯이 하나님의 백성들에게도 구원을 약속하셨다. 하나님께서는 이스라엘에게 하나님의 영원한 의와 하나님의 백성들에게 구원을 베풀기로 하신 하나님의 전적인 헌신을 신뢰할 것을 촉구하셨다. 그들은 하나님을 신뢰할 것인가, 아니면 계속 그들을 포로로 잡고 있는 사람들을 두려워하며 살아갈 것인가? 하나님을 향한 백성들의 계속되는 조소와 그들의 의심에도 불구하고 하나님께서는 그들을 위로하기로 약속하셨다. 하나님께서 그들 적의 형세를 역전시키실 것이다.

이스라엘은 또다시 선택을 앞에 두고 있었다. 그들은 매력적인 하나님의 말씀을 믿고 신뢰할 것인가, 아니면 어두운 현실을 바라볼 것인가? 우리도 살아가면서 같은 선택에 직면하게 된다. 사람들이 권력을 잡기 위해 끊임없이 싸우며, 가장 강한 자가 결국은 승리를 거두는 것이 역사라고 생각하는가? 아니면 하나님께서 역사를 주관하신다고 믿고 있기 때문에 두려움에 짓눌릴 필요가 없다고 생각하는가?

B. 본문 이해

1. 포로 생활에 대한 진단(50:1-3)
2. 종의 설교(50:4-11)
3. 여호와를 바라보고 여호와께 귀를 기울이라(51:1-8)
4. 구속된 자들을 위한 길(51:9-16)
5. 정복자들을 위한 분노의 잔(51:17-23)

C. 결론: '암울한 때에 유용한' 을 읽어주라.

1. 요약: 이스라엘 백성들은 그들이 처한 곤경에 대해 하나님과 논쟁을 했다. 그들에게는 해결하기 어려운 문제가 있었다. 그들을 포로로 잡은 바벨론과 그들의 위협에 굴복해야 하는 것인가, 아니면 하나님의 약속과 선포를 신뢰해야 하는 것인가? 그들은 하나님께 순종하고 바벨론을 떠나야 할 것인가, 아니면 바벨론을 두려워하며 남아 있어야 할 것인가? 하나님께서 기대하시는 죄에 대한 모든 대가를 다 치른 것인가? 고난의 때가 이제는 지나간 것인가?

2. 도전: 죄는 고통을 불러온다. 우리도 우리 자신의 죄 때문에 또는 우리가 알지 못하는 그 누군가의 죄 때문에 고통을 당할 수 있다. 또 우리 주변에서 일어난 범죄 때문에 고통받을 수도 있다. 중요한 것은 "내가 고통받게 될 것인가?" 라는 질문이 아니라 "고통에 나는 어떻게 반응할 것인가?" 라는 질문이다. 불평과 분노를 분출시키는 기회로 사용할 것인가? 아니면 하나님께서 내 삶을 주관하시고 하나님께서 원하시는 대로 이끌어가실 것을 신뢰할 것인가? 하나님께서는 의로운 분이신가, 그렇지 아니한가? 우리는 이런 질문들에 어떻게 대답할 것인지를 결정하고 그 결정에 따라 행동해야 한다.

토의 질문

1. 우리에게 고난과 곤경이 닥칠 때 하나님께서는 어떤 역할을 하시는가?

2. 오래 전 하나님의 백성들을 돕기 위해 하나님께서 하신 일들에 대한 이야기를 듣는 것이 우리에게 닥치는 고난과 곤경에 어떻게 반응할 것인지를 결정하는 데 어떤 도움이 되는가?

3. 절망적인 상황에서 하나님께서 하신 일들을 당신은 어떻게 증거할 수 있는가? 그런 어려움 때문에 믿음이 더 강해졌는가, 아니면 의심이 더 깊어졌는가?

4. 하나님께서는 의로운 분이시며 우리도 의롭게 되기를 기대하신다는 말이 뜻하는 바는 무엇인가?

5. 하나님의 위로를 어떻게 경험했는가? 그 위로는 고난을 받지 않는다는 것을 의미하는 것인가?

이사야 52-53장

고난의 종

"이 경우 대리인이 되어 대신 속죄할 수 있는 권리를 갖게 하는 고난이 상당히 평범하고 약하며 하찮은 존재 속에서 발견되었다는 점은 오늘날 설교자에게 매우 놀랍고도 혁명적인 것이다. 그가 받은 고난과 고초는 그를 경멸과 혐오의 대상이 되게 했다."

- 클라우스 웨스터만(Claus Westermann)

이사야서 52-53장에서는 여호와의 종에 관한 가르침이 절정에 이른다. 하나님께서 예루살렘을 향해 깨어나 구원을 준비할 것을 명하셨다. 열방들이 더 이상 하나님의 이름을 모독하지 않게 될 것이다. 대신 그들은 하나님께서 역사적 사건들을 미리 말씀하시는 유일한 분이라는 사실을 알게 될 것이다. 좋은 소식과 화평과 구원을 전하는 사자가 하나님의 승리를 만방에 선포하기 위해 오면서 찬양을 받게 될 것이다. 하나님께서 이스라엘 백성들에게 하나님의 보호하심 아래서 유배지를 떠나 고향으로 귀환할 것을 촉구하셨다. 그런 다음 하나님께서는 상처 나고 추하게 보이는 하나님의 새 종을 소개하셨다. 하나님께서 그를 높이실 것이라고 약속하셨다. 하찮아 보이고 사람들에게 거절당한 종은 사람들이 경험하는 슬픔과 고통을 알고 있다. 그러나 그의 고통에는 목적이 있었다. 왜냐하면 우리에게 평강을 주기 위해 우리 죄를 담당했기 때문이다. 우리는 모두 길 잃은 양과 같았지만 하나님께서 우리가 받아야 할 형벌을 그에게 내리셨다. 그는 아무 불평 없이 모든 형벌을 감수했다. 그는 아무 죄가 없었지만 죽음이라는 형벌까지 감수했다. 그 모든 것은 하나님의 그 종을 우리의 죄를 덮기 위한 제물로 만들면서, 하나님의 목적을 성취하는 역할을 했다. 죽음과 장사로 이야기가 끝난 것은 아니었다. 그는 다시 살아나 하나님께 놀라운 상급을 받을 것이다. 그가 많은 사람들의 죄를 담당하고 죄인들을 대신했기 때문이다.

Isaiah

들어가는 글

변화시키는 힘을 가진 희생적인 사랑

어네스트 고든(Ernest Gordon)은 「Miracle on the River Kwai」라는 책에서 일본 점령군들의 감시를 받으며 강제로 밀림 속에 철로를 만드는 노역을 해야 했던 스코틀랜드 군인들에 대한 이야기를 했다. 그들은 포로 생활이라는 피로감 속에서 야만인처럼 행동하는 퇴보를 보이고 있었다. 그러던 어느 날 오후 충격적인 일이 벌어졌다.

"삽이 한 자루 없어졌고, 책임을 맡고 있던 감독은 심하게 화를 냈다. 그는 삽을 잃어버린 사람이 누구인지를 물었다. 그러나 나서는 사람이 아무도 없었다. 그러자 그는 손에 총을 들고 그 자리에서 모두 다 죽이겠다고 위협했다. … 그냥 하는 소리가 아니었다. 드디어 한 사람이 앞으로 나섰다. 감독은 총을 치우고 삽을 집어든 다음 그 사람을 쳐 죽게 만들었다. 그 일이 끝난 후 살아남은 사람들은 피 범벅이 된 그 사람의 시체를 치우고 다시 연장을 점검했다. 없어진 삽은 없었다. 사실은 처음 연장 점검을 하면서 삽의 수를 잘못 세었던 것이었다.

소문은 삽시간에 막사 전체로 퍼져나갔다. 무고한 사람이 다른 사람들을 살리기 위해 스스로 죽음을 택했던 것이다! … 그 사건은 사람들에게 깊은 영향을 미쳤다. … 그 이후 사람들은 서로를 형제처럼 여기기 시작했다.

연합군이 승리를 거두는 동안 그곳에 남아 있던 사람들은 점령군 앞에 일렬로 서 있었다. … 그들은 (그들의 점령군을 공격하는 대신) '더 이상의 증오는 없어야 한다. 더 이상의 살인이 일어나서는 안 된다. 지금 우리에게 필요한 것은 용서다' 라고 주장했다." 희생적인 사랑에는 사람들을 변화시키는 힘이 있다(Don Ratzlaff, Christian Leader).

여호와의 종에 대한 묘사로 이사야의 예언이 절정을 이루고 있다. 그의 묘사는 성경을 공부하는 사람들에게 그가 실제로 누구를 생각하고 있었는지를 알아내고 싶은 마음을 갖게 했다. 빌립과 에티오피아 내시 때로부터(행 8:31-34) 그 질문은 제기되었다. 수많은 구약 성경의 인물들 가운데서 모세, 여호수아, 다윗, 히스기야, 웃시야, 여호야긴, 스룹바벨, 세스바살, 바사의 고레스, 이사야, 예레미야 그리고 현대 독자들에게 알려지지 않은 포로 한 사람이 이사야가 묘사한 고난의 종이 될 수 있는 후보자로 거론되었다.

또 다른 사람들은 이사야서 40-55장의 앞부분에 나타난 종의 노래들(42:1-9, 49:1-13, 50:4-11)을 돌아보고 이사야가 계속해서 이스라엘을 언급한 것이라고 생각했다. 아니면 적어도 이스라엘의 남은 자들을 그 종이라 생각했다. 보다 전통적이고 보수적인 학자들은 이사야서 52장 13절-53장 12절을 구약 성경에서 예수 그리스도의 오심을 가장 분명하게 예언한 특별한 문헌으로 보았다. 구약 성경의 가장 절묘한 부분을 공부하면서 우리는 선지자가 고난의 종을 얼마나 신비롭게 묘사하고 싶어했는지를 볼 수 있을 것이다.

본문 이해

고난의 종

Main Idea	하나님께서는 하나님의 백성들이 지은 죄 때문에 하나님의 종을 보내시어 그들 대신 고난받고 목숨을 바치게 하심으로 그들을 위한 하나님의 열심을 보여주셨다.

A. 시온을 위한 열심(52:1-12)

행진 명령

Supporting Idea	하나님께서 하나님의 구원을 만방에 알리시기 위해 하나님의 백성들을 구원하시고 구속하시고 회복하실 것이다.

52:1-2. 선지자는 그의 군대를 지휘하는 사령관이 되었다. 첫째, 그는 그들을 깨워 축제 행진을 위해 행렬 복장을 준비하게 했다. 하나님의 백성들은 상복을 영원히 벗어버리고 안식일 예복으로 갈아입을 수 있게 되었다. 그 거룩한 날에 그들은 거룩한 성으로 올라가야 한다. 그들은 이제 할례 받지 않은 자들과 부정한 자들로 인한 고통을 더 이상 받지 않을 것이다. 그들은 슬퍼하며 앉아 있던 티끌을 떨어버리고 예루살렘의 보좌 위에

앉아 사로잡은 자들이 맨 줄을 스스로 풀게 될 것이다. 하나님께서 그의 백성들에게 "바벨론을 떠나라"고 명하셨다(48:20). 이제 그들은 하나님께서 주시는 사명을 다시 받기 위해 거룩한 성으로 되돌아가야 한다.

52:3-6. 사로잡혀 있던 사람들이 어떻게 포로의 사슬을 벗어 던지고 자유를 주장하며 떠날 수 있을 것인가? 하나님께서 하나님의 백성들을 구속하실 것이다. 그러나 그들의 몸값을 지불하지는 않으실 것이다. 그들을 바벨론에게 주셨을 때에도 아무 대가를 받지 않으셨다. 그리고 이제 그들을 구속하시며 그 대가로 돈을 지불하지도 않으실 것이다(43:3).

하나님께서 이스라엘의 억압의 역사를 간략하게 요약하셨다. 그 역사는 애굽에서부터 시작되었고(출 1-15장), 앗수르에서 그 절정을 이루었다(사 7-8장). 하나님께서 "여기서 내게 속한 것이 무엇이냐?"라는 반어적인 질문을 하셨다. 하나님께서 이방 통치자들에게 하나님의 백성들을 포로로 잡게 하셨지만, 이스라엘의 포로 생활을 통해 그 어떤 것도 취하지 않으셨다. 따라서 더 이상 그들의 적에 의해 하나님의 이름이 더럽혀지는 일이 없게 하실 것이라고 약속하셨다. 대신 하나님의 백성들과 그들의 예배를 회복시키실 것이다.

6절은 압축적이고 신비적인 히브리어로 기록되었다. 따라서 다양하게 번역되었다. 웨스터만은 "5절 하반부와 6절은 그 본래의 의미를 알 수 없을 정도로 변조되었다"라고 말했을 정도다(OTL, p. 248). 6절은 "그러므로 내 백성은 내 이름을 알리라 그러므로(이 접속사는 사해 사본과 초기 번역본들에서는 볼 수 없다) 그 날에는 그들이 이 말을 하는 자가 나인 줄 알리라 곧 내니라"고 번역될 수 있다. '예언하다'라고 번역한 NIV 성경은 이사야서의 전체적인 메시지에 비추어볼 때 맞기는 하지만, 이 본문의 의미를 넘어선 것이라 할 수 있다.

출애굽기(출 3:14-15)에서처럼 하나님께서는 하나님의 백성들에게 하나님의 이름, 곧 여호와로 자신을 소개하셨다. 또다시 하나님의 백성들은 하나님의 음성에 귀를 기울이고 유일한 하나님이신 그분을 믿어야 했다. '내니라'는 표현을 사용해 그 누구와도 비할 수 없는 하나님의 독특성을 선포하신 것에 주목하라(신 32:38, 사 41:4, 46:4, 구약 성경 가운데서 이와 같은 표현을 볼 수 있는 다른 곳은 다윗이 한 말을 기록한 대상 21:17 한 곳뿐이다).

52:7-10. 선지자는 기쁘고 즐거운 귀향 행진에 적절한 노래를 제공해주고 있다. 그 노래는 예루살렘으로 하여금 좋은 소식을 전하는 자를 찬양할 수 있게 해주었다. 하나님께서 또다시 자신이 우주의 왕인 하나님이심을 보여주셨다(시 47:93). 합창은 파수꾼들이 노래하며 거룩한 성으로 향하는 여호와의 행진을 보게 되면서 더욱 고조되었다. 마침내 무너진 성의 황폐한 곳들이, 하나님의 백성들을 위로하고(40:1) 그들을 구속하신(41:14, 44:6, 22-24, 48:17, 20, 54:5, 8, 63:9, 16) 여호와의 과업이 성취된 것을 축하하는 대합창에 참여했다.

노래의 절정은 이스라엘을 또다시 열방으로 향하게 했다. 하나님께서 세상에 소망을 주시기 위해 하나님의 백성들 속에서 일하셨다. 그러나 하나님의 거룩한 팔이 하나님을 거역하는 자들을 심판하기 때문에(시 98:1) 구원이라는 말 속에는 위협적인 요소가 포함되어 있었다.

52:11-12. 드디어 이스라엘이 바벨론에서 오랫동안 기다렸던 지시, 곧 유배지로부터 떠나라는 명령이 떨어졌다. 행진 명령에는 구체적인 조건이 따랐다. 그들은 하나님의 거룩한 백성들로서 바벨론이 전쟁 약탈물로 옮겨 온 성전 기물들 외에는 손대지도 말며 아무것도 가지지 말고 떠나야 했다(왕하 25:13-17). 하나님께서 이스라엘에게 그들의 거룩한 기구들을 모을 수 있는 시간을 주기로 약속하셨다. 그들은 질서 있게 행진하도록 되어 있었다. 목숨을 구하기 위해 도망치듯 그렇게 떠날 필요가 없었다. 그들은 뒤에서 호위를 받으며 행진하는 하나님의 군대가 될 것이다.

하나님께서 행진 의상과 행진곡과 행진 순서를 마련해주셨다. 한 가지 남은 문제는 누가 그 행진에 참여할 것인가라는 점이었다. 역사는 포로로 잡혀 있는 사람들이 바벨론에서의 정착된 생활을 뒤로 하고 떠나, 그들이 재건해야 할 도성에서의 새로운 날을 맞이하기 위해 행진하라는 하나님의 초청을 받아들이는 데 그리 신속하지 못했다는 사실을 입증해주고 있다.

B. 고난의 종에게 주어질 보상(52:13-53:12)

증언식

Supporting Idea	눈에 띄지도 않고 진가를 인정받지도 못하는 여호와의 종이 하나님의 백성들의 죄를 대신해 고난을 받고 목숨을 바치게 될 것이다.

52:13-15. 네 번째이며 마지막이기도 한 '종의 노래' (42:1-4) 속에서 여호와의 종을 찬양하기 위해 하나님과 하나님의 백성들이 함께 목소리를 발하고 있다. 이 구절은 아마도 구약 성경 가운데서 가장 잘 알려진 본문일 것이다. 또 여러 가지 면에서 번역하고 해석하며 이해하기에도 가장 어려운 부분이라 할 수 있다.

들어가는 글에서 보았듯이 이 구절에서 가장 큰 관심을 끌어온 것은 그 종이 누구인지를 확인하려는 노력이었다. 그런데 그것은 근본적으로 불가능한 일이다. 왜냐하면 선지자가 의도적으로 불가사의한 표현으로 기록했기 때문이다. 그는 우리가 신비를 풀려는 시도 그 이상으로 나아가기를 바랐다. 그는 우리가 청중들에게 전하고자 하는 본문의 메시지를 찾아내고, 또 그 메시지가 하나님에 대한 우리의 경험에 비추어볼 때 우리에게 어떤 의미가 있는 것인지를 찾아낼 수 있게 되길 바랐다. 그는 고레스와 이스라엘과 이스라엘의 남은 자들이 여호와의 종이라 불리는 사람들이라는 것을 이미 우리에게 보여주었다. 그리고 이제 그는 여호와의 종이 세상을 향해 그의 백성 이스라엘을 대표하는 참으로 주목할 만한 사람이라는 사실을 보여주고 있다.

이 구절을 읽으며 우리는 이사야가 이스라엘과 모든 나라들의 고통을 의인화하고 있는 것인지를 확인해보아야 한다. 또한 자기 백성들 가운데서 구체적인 한 지도자를 지칭하고 있는 것인가? 40장과 또 다른 곳에서 그랬던 것처럼 자기 자신의 임무를 설명하고 있는 것인가? 하나님께서 궁극적으로 보내실 미래의 어떤 사람을 보여주고 있는 것인가? 아니면 그 인물의 초상화를 우리 앞에 두고 우리 자신의 사진을 그 초상화에 대신 넣어볼 것을 초청하고 있는 것인가? 하나님께서 고난의 종을 그린 선지자의 초상화가 우리가 열거한 이 모든 것을, 혹은 그 몇 가지를 조합한 모습이 되도록 의도하신 것일 수도 있는가? 우리는 본문이 우리에게 가르치고 있는 것들과 그 가르침에 어떻게 반응해야 하는지를 알아보기 위해 본문을 자세하게 살펴보아야 할 것이다.

그 연구를 시작하기 위해서는 가능한 한 여러 성경 번역본들을 사용하면서 52장 14-15절과 53장 7-11절에 특별한 주의를 기울여야 할 것이다.

하나님께서는 하나님의 종이 **형통하고 받들어 높이 들려서 지극히 존귀하게** 될 것이라는 예언으로 종의 노래를 시작하셨다. '형통하다' 라는 말에는 지혜롭게 행동하고, 그래서 성공하게 될 것이라는 이중적인 의미가 포함되어 있다. '받들어' 라는 말은 능력을 가지고 승리를 거두며 높은 지위에 올라 하나님처럼 찬양을 받고 높임을 받게 될 것이라는 뜻이다. '높이 들리' 는 것은 높은 곳으로 옮겨지고 높은 자리로 들어올려지는 것을 말한다. 이 말은 또 높은 곳에 계시는 하나님을 찬양하기 위해 종종 사용될 수도 있었다. '지극히 존귀하게' 된다는 것은 하나님처럼 높아지고 고귀하게 되고 높은 자리에 오르게 된다는 뜻이다. 종의 미래에 대한 이런 묘사는 뒤에 이어지는 모든 것들에 영향을 미치고 있다. 종에 관한 모든 묘사를 읽는 동안 이 찬양과 찬미가 우리 마음속에 남아 있어야 한다. 명예와 명성은 그에게 속한 것이 되어야 한다. 그는 하나님께서 받으시는 것과 같은 찬양을 받게 될 것이다.

선지자는 하나님께로부터 온 이런 긍정적인 초상화와 대중들의 기대를 비교했다. 히브리어 원문에서는 그것이 증언의 형식으로 묘사되어 있다. "이왕에는 그 얼굴이 타인보다 상하였고 그 모양이 인생보다 상하였으므로 무리가 그를 보고 놀랐거니와"(14절). 그들은 종의 외모에 심한 반감을 느꼈고, 그 앞에서 그렇다고 그에게 말했다. 그는 사람처럼 보이지 않을 정도였다. 무엇이 그를 그렇게 만들었던 것인가? 그런 사람에게 어떻게 승리와 찬양을 기대할 수 있을 것인가? 또 50장 4-6절에서 묘사하고 있는 종의 모습과는 어떤 관계가 있는 것인가?

15절은 문맥상 이해하기 어려운 진술로 시작되고 있다. 히브리어 원문에서는 '그가 열방을 흩뿌릴 것이며' 라고 되어 있다. 초기 헬라어 번역가들은 '그가 열방을 놀라게 할 것이며' 라고 이해했다. 일반적으로 우리는 히브리 시의 한 행을 그 앞뒤 행과 같은 뜻을 가지거나, 아니면 상반되는 뜻을 가지는 것으로 해석해야 한다. 이 경우 그 다음 행은 "열왕은 그를 인하여 입을 봉하리니"라고 되어 있는데, 이 행 역시 여전히 긍정적인 반응인지 아니면 부정적인 반응인지를 우리에게 알려주지 않는다. 문학적인 비유인지, 아니면 군사적인 은유인지 알 수 없기 때문이다. 열방들은 그의 외모에 혐오감을 느낄 것인가? 아니면 그들에게 보여준 그의 군사력 때문에 놀라서 입을 열지 못할 것인가? 아니면 그가 너무 높은 자리에 올랐기 때문에 모든 고위 인사들이 말하기 전에 입을 다물고 그가 말하기를 기다려야 하는 상황이 될 것인가(욥 29:8-9)? 종의 노래 대부분처럼 이 본문 역시 신비롭고 모호하다.

첫 구절은 구체적인 결과를 알 수 없게 하는 놀라움과 기대에 찬 분위기를 조성하고 있다. 그리고 결론은 신비로운 어조로 표현되어 있으며, 듣지 않던 이스라엘이 전에는 알려진 적이 없는 새로운 일에 대해 듣게 될 것이라는 약속을 하고 있는 48장 4-8절과 연결되어 있다. 52장 15절 하반부에서 우리는 종을 둘러싸고 있는 사람들이 아직 전파되지 않은 것을 보고 아직 듣지 못한 것을 깨닫게 되리라는 것을 알 수 있다. 종의 미래가 모든 기대와 다른 것처럼, 종을 둘러싸고 그를 증거하게 될 그들의 미래 역시 모든 기대와 다를 것이다. 그들은 이스라엘의 남은 자들인가, 아니면 15절 상반부에 나타나는 열방과 열왕인가?

53:1-3. 장면이 극적으로 바뀐다. 증언하는 사람들이 무대의 중앙을 차지하고 있다. 그들은 52장 15절의 열왕들인가, 아니면 선지자가 메시지를 전한 청중들, 곧 바벨론에서 포로로 살고 있는 사람들인가? 그들은 믿을 수 없는 것을 보았고, 놀라움을 표하고 있다. 그들은 가장 예상치 못했던 사람(백성들)에게 나타난 여호와의 팔을 보았다. 그리고 그들은 그 사건을 묘사하기 위해 우리를 바라보며 다시 우리를 놀라게 하고 있다. 그들은 사건에 대해서는 전혀 묘사하지 않았다. 대신 있을 수 없을 것 같은 한 사람의 삶을 묘사했다. 그는 하나님의 은혜를 받지 못하고 하나님 앞에서 자라났다. 대신 그는 저주받은 사람처럼 보였다. 그의 외모에는 다른 사람이 한 번 더 쳐다볼 만한 매력 같은 것은 전혀 없었다. 사실 사람들은 그를 상대하려 하지 않을 것이다.

3절은 다시 번역상의 문제를 보여주고 있다. 글자 그대로 번역하면 "그는 멸시를 받아서 사람에게 싫어 버린 바 되었다. 간고와 질고를 많이 겪은 자다. 사람들에게 얼굴을 가리우고 보지 않음을 받는 자 같아서 멸시를 당하였고 누구도 그를 귀히 여기지 아니하였다"라고 할 수 있다. 그는 육체적으로 병들었고 그의 병 때문에 볼 수 없도록 가려져 있거나 함께 있으면 위험한 사람이었다. 그의 이웃들은 그를 피했고, 그에게서 그 어떤 가치도 찾을 수 없었다.

53:4-6. 이제 놀라운 사실이 드러나게 된다. 그 사람들은 "그는 실로 우리의 질고를 지고 우리의 슬픔을 당하였거늘 우리는 생각하기를 그는 징벌을 받아서 하나님에게 맞으며 고난을 당한다 하였노라" 고 고백하지 않을 수 없었다. 이것은 육체적인 것에만 국한되는 문제가 아니었다. 신학이 포함되어 있었다. 그는 우리의 죄 때문에 고난을 당했다. 그것은 우리가 평화를 누리고 나음을 입게 하기 위해서였다. 더구나 하나님께서 우리에게 속한 죄와 허물의 무거운 짐을 종에게 지우시는 동안 우리 모두는 어리석은 양처럼 각자 가고 싶은 곳으로 마구 돌아다녔다.

53:7-9. 그는 곤욕을 당하여 괴로울 때에도 그 입을 열지 않았다. 암살대 앞에서도 그

는 잠잠했다. 곤욕과 심문을 당하고(KJV, REB, KNJV, TEV, NLT, NJB는 구체적인 법정 용어로 표현했으며, ASV, NRSV, NASB, JPS, NAB, NIV는 추상적인 용어를 사용했다) 끌려가기까지 했다. 그 세대 가운데 아무도 무슨 일이 일어나고 있는지를 알려 하지 않았다. 그는 사람들로부터 완전히 끊어졌는데, 그것은 형벌받아야 할 백성들의 허물 때문이었다.

사태는 점점 더 심각해졌다. 그들은 그를 마지막 장례 절차마저 제대로 치르지 못한 악인과 함께 묻었고, 그 자신의 동료 대신 부유한 적들과 함께 묻었다. 그는 그런 끔찍한 대우를 받아 마땅한 일을 한 적이 없었다. 그렇다면 그 모든 것들이 의미하는 것은 무엇인가? 그 모든 것들의 목적은 무엇인가? 어떻게 그런 일들이 일어날 수 있었던 것인가?

53:10. 여호와께서 그 모든 일을 하셨다. 그것은 하나님께서 원하셨던 것이다. 하나님께서 하나님의 종에게 질고를 당케 하셨다. 10절의 히브리어 원문은 해석하기가 어렵다는 것에 주목하라. 아마도 "그러나 여호와께서 그의 상함을 기뻐하셨다. 여호와께서 그를 상하게 하셨다. 그 영혼을 속건 제물로 드리기에 이르면 그가 그 씨를 보게 될 것이다. 그의 날은 길 것이며 여호와의 기쁨은 그의 손안에서 커질 것이다"라고 번역될 수 있을 것이다. 하나님의 종이 받은 고난은 속건 제물이었다(레 5:14-19). 성전이 파괴되고 포로로 잡혀가게 되면서 다시는 그런 제사를 드릴 수 없었다. 하나님의 종이 행한 일은 여호와의 계획이 이루어지도록 돕게 될 것이다.

속건 제물은 종의 죄 때문이 아니라 백성들의 죄 때문이었다. 여전히 하나님께서는 그 종을 번성케 하실 것이다. 그것은 장례 후 맞이하게 될 새로운 삶을 의미하는 것이었다. 그는 그 씨를 보게 되고 그 날은 길 것이다. 포로 생활을 하던 백성들은 여호와께서 활동을 그치고 그들을 잊으셨다고 생각했다. 그러나 하나님께서는 하나님의 종을 통해 일하고 계셨다. 이 얼마나 놀라운 계시인가!

53:11-12. 그 계시는 확실한 것이었다. 여호와께서 백성들에게 다시 말씀하셨다(52:13-15). 본문에 대한 이해는 또다시 번역의 문제를 불러온다. 그 문제는 사해 사본과 70인 역에서부터 나타났다. 이 두 번역본은 종이 보게 될 것이 무엇인지를 밝히지 않은 어려운 히브리어 원문에 빛이라는 단어를 추가했다. 11절을 문자 그대로 번역하면 "자기 영혼의 고통을 통해 그는 보게 될 것이다. 그는 만족할 것이다. 그의 지식 때문에 의로운 자인 나의 종은 많은 사람들에게 의를 가져다줄 것이다. 그는 그들의 죄의 짐(형벌 또는 불의한 행동)을 질 것이다"라고 할 수 있다.

하나님께서는 종의 영혼이 받게 될 고난을 알고 계셨다. 그러나 그 고난이 죽음이라는 어둠 속에 그를 가두어두지는 않을 것이다. 그는 다시 보게 될 것이다. 그는 자신이 한 모든 일들에 만족할 것이다. 특히 자신의 지식, 즉 다른 사람들을 위한 고난과 희생 때문에 만족할 것이다. 그리고 그들은 그의 죽음 때문에 하나님 앞에서 그리고 다른 사람들과의 관계 속에서 의롭게 될 것이다. 그가 짐스러운 그들의 죄를 친히 담당할 것이다. 그는 죄인들을 위해 기꺼이 죽고자 했기 때문에 영웅들 가운데 포함될 것이다. 또한 그는 하나님의 승리를 분깃으로 받게 될 것이다. 왜냐하면 그는 하나님께 순종하고 죽음을 선택했기 때문이다.

종은 기꺼이 자신의 명성을 희생시키고 범죄자 중 하나로 헤아림을 입었고 범죄자를 위하여 기도했다. 그는 불리해 보이는 전선을 택하고 승리를 거두었다. 그 이유는 그가 하나님의 편에 서 있었기 때문이다. 따라서 하나님께서 사람들에 대한 심판을 재확인하셨다. 종은 사람들을 위해 그들의 죄를 담당했다. 그들은 그에게 목숨이라는 빚을 지게 되었다. 그러나 그들은 그가 무슨 일을 하고 있는지 전혀 깨닫지 못하고 있었다.

우리는 끝이 났다. 그러나 다시 시작하게 되었다. 우리는 한 구절이 기록된 역사적 배경을 이해하는 것이 왜 필요한 것인지를 성경의 그 어느 곳에서보다 이곳에서 분명하게 볼 수 있다. 이사야서는 중동의 강대국들 가운데서 경제적 기적을 이루었던 이스라엘이 앗수르에게 조공을 바치고 산헤립 군대의 포위 전략에서 벗어나기 위해 하나님의 기적을 의존해야 하는 나라로 점차 쇠퇴해가던 B.C. 8세기를 그 시대적 배경으로 하고 있다. 그들에게 고난의 종은 승리를 거두기 전에 고난과 죽음이 요구되는, 국제적인 정세 속에 있는 그들의 모습을 보지 않을 수 없게 만드는 무시무시한 요소가 되었을 것이다.

이사야서의 중간 부분(40-55장)은 이스라엘 백성들이 이국 땅에서 고국에 대한 기억을 서서히 잊어가며 자신들의 새로운 정체성을 찾으려고 애를 쓰고 있던 바벨론 시대를 중심으로 하고 있다. 그들은 선지서를 하나의 대화로 읽었을 것이다. 그들은 하나님께 불평하고, 하나님께서 행하시는 일을 잘 알지 못하는 자신들의 이해력 부족을 증거하는 자신들의 목소리를 들을 수 있었을 것이다. 고레스가 어떻게 하나님께 기름 부음을 받은 종이 될 수 있단 말인가? 이스라엘이나 바벨론에 남게 된 자들이 어떻게 열방의 빛이라 불리고, 하나님의 백성들을 위한 속건 제물로 자신을 희생시킬 고난의 종의 역할 속에서 어떤 의미를 찾을 수 있을 것인가?

이사야서의 마지막 부분(55-66장)은 귀환한 이스라엘, 즉 포로 생활에서 벗어났지만 돌아온 자신들의 고국이 낙원이 아니라는 사실을 깨닫게 된 사람들을 염두에 두고 있다. 그들은 헛되이 고난의 종의 역할을 감당한 자신들을 보게 될 수도 있다. 하나님께서 하나님의 약속으로 그들을 속이신 것인가? 포로 생활보다 그리 나을 것 없는 삶이라는 사실을 확인하기 위해 가나안으로 돌아가는 힘든 여정과 성전을 재건하는 수고를 감수하려 할 것인가? 고난의 종은 귀환한 유대인들로 하여금 계속해서 종의 역할을 수행해야 한다는 사실을 보지 않을 수 없게 만들었다. 그들은 잠시 동안의 고난과 영원한 번영을 예상할 수 없었다. 그들은 하나님께서 하나님의 약속을 이루기 위해 하나님의 일을 마치실 때까지 열방들을 위한 희생 제물과 증인의 역할을 하는 고난 받는 백성이 되어야 했다.

이스라엘의 각 세대가 그들의 소명을 찾고 여호와의 종과 자신들을 동일시할 수 있었지만, 그 어떤 세대도 선지자가 예언한 소망이 정말로 이루어지는 것을 보지는 못했다. 실제로 노스(C. R. North)는 "선지자는 여호와의 종으로서의 이상적인 모습을 보다 완벽하게 구체화할 사람이 오게 될 것을 내다보고 있었다"라고 아주 잘 설명했다(IDB, 4. p. 293).

히브리어 성경은 기독교 정경의 중요한 한 부분이 되었다. 여기서 교회는 이스라엘의 그 어떤 개인이나 공동체도 고난의 종의 역할을 정말로 완수하지 못했다는 것을 볼 수 있다. 그 누구도 종의 자세와 자기 희생적인 정신을 가지지 못했다. 참 이스라엘의 남은 자들은 결국 이사야서 53장과 종에 관한 다른 구절들 속에 나타난 메시아와 동일시할 수 있는 한 사람, 곧 나사렛 예수로 좁혀졌다. 그는 실제로 세상의 죄라는 문제를 해결한 속건 제물이 되었다. 그는 기꺼이 십자가에서 우리 죄를 담당했다. 그분 안에서 우리는 치유와 화평과 소망과 미래를 찾을 수 있다. 그리스도인으로서 우리는 예수님을 하나님의 유일한 참 고난의 종으로 되돌아보게 된다. 그러나 우리는 또 현재를 보고 있다.

노스는 "그 종이 누구였는지보다 더 중요한 것은 '그 종이 무엇을 해야 했는가?' 라는 질문에 대한 답이다. … 종의 독특성은 그가 자신이 하는 일 속에서 고난을 받고 그 고난을 감수했다는 사실만이 아니다. 마지막 단계에서 고난은 그의 일을 완수하는 수단이 되었고, 다른 사람들을 구원하는 효과를 가지게 되었다. 그는 자신을 '속건 제물' (53:10)이 되게 했다. … 그 일로 우리는 회개하고 자백하며 개심할 마음을 갖게 된다" (IDB, 4, pp. 293-294)라고 조언했다.

고난의 종은 그의 교회에게 십자가를 지고 그를 따를 것을 촉구했다. 그것은 그가 교회에게 우리 세대와 우리 시대의 나라들을 위한 고난의 종이 되어야 한다는 명령을 내렸다는 것을 뜻한다. 이사야서 53장의 의도와 그 초청은 예수님의 삶으로 끝난 것이 아니다. 교회가 성공하고 두드러지기 위해 이 세상이 사용하는 정치적, 경제적, 군사적 책략들을 버리기 위해서는 새로운 힘이 있어야 한다. 그러기 위해서는 종의 본성과 그의 드러나지 않는 외모를 우리의 것으로 받아들이고, 기꺼이 그의 발자취를 따라감으로 고난의 종에게 신실할 것이 요구된다. 고난의 종의 일은 십자가에서 성취되었다고 선포되었다. 그러나 우리 각자가 세상 사람들에게 증거하고 예수님께서 그들을 위한 속건 제물과 구세주가 되신다는 사실을 알려주기 위해 십자가를 지는 종의 역할을 받아들일 때까지 그 일은 끝나지 않는다.

선지자의 메시지가 이스라엘 백성들에게 처음 선포되었을 때 그리고 바벨론에서 살았던 사람들과 예루살렘으로 귀환한 사람들이 그 메시지를 듣게 되었을 때 그것을 따르려는 사람은 거의 없었던 것이 분명하다. 다른 예언들처럼 이 메시지는 이것을 읽고 이해하며 따를 새로운 세대를 위해 간직되었다. 그 메시지는 각 세대에게 세상 죄를 담당하고 목숨까지 바친 여호와의 종의 임무를 맡을 것을 도전했다.

결국 외로운 한 갈릴리 사람이 고난의 종의 형상을 취하고 골고다의 십자가를 지는 그 사명을 수행했다. 하나님께서는 선지자에게 약속하셨듯이 하나님의 아들의 그 헌신을 높여주시고 역사의 영웅이 되게 하셨다. 실제로 세계 영웅들의 이름 가운데 가장 뛰어난 이름이 되게 하셨다. 예수 그리스도라는 한 이름을 통해 세상의 모든 사람들에게 그들의 죄를 벗고 새로운 삶의 길을 선택할 수 있는 기회가 주어졌다. 그 새로운 삶의 길은 여호와의 종이 간 옛길로 계속되고 있다. 주의 길을 만든 이 본문이 우리의 길도 만드는 것이 되어야 한다.

Main Idea 복 습	하나님께서는 하나님의 백성들이 지은 죄 때문에 하나님의 종을 보내시어 그들 대신 고난 받고 목숨을 바치게 하심으로 그들을 위한 하나님의 열심을 보여주셨다.

결론

고난의 종의 역할

외형적으로는 그 어떤 위대함도 없었던 사람의 위대함을 증거하라는 촉구가 이사야서의 절정을 이루고 있다. 그 본문은 교회에게 예수 그리스도의 죽음과 장사와 부활이라는 놀랍고 좋은 소식을 선포할 것을 도전하고 있다. 동시에 이 세상에서 예수님의 십자가를 지고 우리 세대의 구원을 위해 자신의 삶을 기꺼이 희생할 수 있는 고난의 종이 되라고 우리를 담대하게 초청하고 있다.

▣ 진리 알기

- 하나님께서 하나님을 경시하고 그 이름을 모독하는 사람들을 심판하신다.
- 하나님의 구원은 기쁨의 노래를 부르게 한다.
- 하나님께서 모든 사람이 볼 수 있도록 세계 역사 속에서 하나님의 백성들을 구원하신다.

▣ 적용하기

- 하나님께 절하며 그분이 당신의 왕이심을 인정하라.
- 하나님께서 당신의 유일한 구원자이심을 고백하라.
- 우리의 죄를 위해 대신 목숨을 바치도록 고난의 종을 보내신 하나님께 감사하라.
- 예수님께서 이 세상에 보여주신 것과 같은 자세와 마음으로 이 세상에서 자신이 감당해야 할 십자가를 지고 고난의 종을 따르기로 다짐하라.

삶의 적용

우리의 대속자, 예수님

마틴 루터(Martin Luther)는 "모든 선지자들은 그리스도께서 이 세상에 존재했던, 혹은 존재할 수 있는 가장 악독한 범법자, 살인자, 간통자, 도둑, 강도, 불경자가 되셔야 한다는 것을 예견했다. 왜냐하면 세상의 죄를 위한 희생 제물로 오신 그리스도는 죄가 없는 사람이 아니라… 죄인이어야 했기 때문이다"라고 썼다. 물론 그는 우리의 대리자로서 우리의 잘못을 담당하신 그리스도에 대해 말한 것이다.

루터는 계속해서 "우리의 자비로우신 아버지께서… 독생자를 이 세상에 보내시고 모든 사람의 죄를 그분께 전가하셨다. 예수님을 모른다고 부인한 베드로의 죄, 예수님을 핍박하고 모독하고 잔인하게 압제한 바울의 죄, 간음한 다윗의 죄, 낙원에서 금지된 과실을 먹은 사람들의 죄, 십자가에 달린 강도의 죄, 간단히 말해서 모든 사람이 범한 모든 죄를 그분께 전가하셨다. 율법은 '그는 죄인이다. … 그러므로 그를 십자가에 매달아야 한다' 라고 말한다. 그래서 예수님께서는 자신을 내어주시고 죽임을 당하셨다. 그것은 온 세상이 모든 죄로부터 깨끗하게 씻어졌음을 뜻하는 것이다"라고 말했다.

우리를 대신한 그리스도의 죽음은 십자가의 사랑을 그 어떤 것보다 풍성하고 완전하며 영광스럽고 선명하게 보여준다. 루터는 그것을 보았고, 그 안에서 영광을 누렸다. 그는 한 친구에게 "그리스도와 그리스도의 십자가에 대해 알아보고 그분을 향해 노래하며 '주 예수님, 주님께서는 저의 의가 되셨고 저는 당신의 죄가 되었습니다. 주님께서는 제가 받아야 할 것을 대신 받으시고 주님의 것을 제게 주셨습니다. 주님께서는 주님이 아닌 존재가 되셨고, 그래서 저는 제가 아닌 존재가 될 수 있었습니다' 라고 말할 수 있게 되길 바라네"라고 썼다.

이 얼마나 놀랍고 멋진 변화인가! 그와 같은 사랑이 또 어디 있겠는가(Packer, Your Father Loves You)?

기도

주 예수님, 주님께서 저를 위해 고난을 받으시고 목숨을 버리셨습니다. 십자가의 길을 제게 보여주십시오. 오늘 그리고 매일 주님께서 제게 인도하시는 사람들을 위한 고난의 종이 될 수 있게 도와주십시오. 아멘.

심층 연구

여호와의 종

여호와의 종('ebed Yahweh)이라는 히브리 표현은 '나의 종' 또는 '당신의 종' 과 같은 간단한 형태와 함께 구약 성경에서 268번 사용되었다(TLOT, 2, pp. 820-821). 이 용어의 다양한 사용은 이 용어가 특정한 개인이나 그룹에 국한되어 사용되거나 구약 성경의 한 부분에서만 집중적으로 사용된 용어가 아니라는 것을 우리에게 보여준다. 다음은 하나님의 종으로 언급된 각기 다른 개인이나 그룹을 열거한 것이다.

· 아브라함(창 26:24, 시 105:6, 42)
· 아브라함, 이삭, 야곱(출 32:13, 신 9:27)
· 아히야(왕상 14:18, 15:29)
· 다윗(삼하 3:18, 7:8, 왕상 8:66, 대상 17:4, 7, 24, 대하 6:15-17, 42, 시 18편과 36편의 표제, 78:70, 132:10, 사 37:35, 겔 34:23, 37:24-25)
· 엘리아김(사 22:20)
· 엘리야(왕하 10:10)
· 여호와의 언약을 지키는 이방인(사 56:6)
· 한 개인(사 41:9, 52:13)
· 이삭(창 24:14)
· 이사야(사 20:3)
· 이스라엘(레 25:55, 신 32:43, 시 113:1, 135:1, 사 41:8, 44:1-2, 21, 54:17)
· 야곱(사 44:1-2, 48:20, 렘 46:27-29, 겔 28:25)
· 욥(욥 1:8, 2:3, 42:7-8)

· 요나(왕하 14:25)
· 여호수아(수 24:29, 삿 2:8)
· 모세(출 14:31, 신 34:5, 수 8:31, 33, 11:12, 15, 13:8, 18:7, 왕상 8:53, 56, 왕하 21:8, 대상 6:49, 대하 1:3, 느 1:7-8, 10:29, 단 9:11)
· 느부갓네살(렘 25:9, 27:6)
· 선지자들(왕하 9:7, 17:13, 스 9:11, 렘 25:4, 35:15, 겔 38:17, 암 3:7)
· 도비야(느 2:10)
· 스룹바벨(학 2:23, 슥 3:8)

이 용어를 이해하기 위해서는 '종' 이라는 뜻을 가진 'ebed라는 단어의 폭넓은 사용을 살펴보아야 한다. 'ebed는 문맥에 따라 그리고 주인과의 관계에 따라 '노예, 부하, 신하, 가신, 용병, 관리, 대리인' 등의 의미로 사용될 수 있었다. 더 나아가 공식적인 주인과 종의 관계가 아닌 경우라 할지라도 권세를 가진 사람 앞에서 정치적 예의 범절을 지키며 자신을 지칭하기 위해 '당신의 종' 또는 '나의 주' 라는 용어를 사용하기도 했다(창 32:5, 33:14).

한 국가의 시민들은 왕의 종들이었다. 그들은 전쟁에서 그를 따랐다(삼상 27:5, 12). 최고위층 관리들은 노예가 아니라 자유인이었으며 국제 무대에서 권위를 행사할 수 있었음에도 불구하고 왕의 종으로 여겨졌다. 그런 관리들에게는 그들에게 속한 종들이 있었다.

다른 나라에 정복을 당하거나 조공을 바치게 된 나라는 노예의 나라로 여겨졌다(신 5:15, 수 9장, 왕하 16:7).

"이스라엘도 종들을 재산으로 여기는 고대인들의 개념(창세기 12:16, 24:35의 재산 목록에서 볼 수 있는 것처럼)을 공유하고 있었다." 종으로서의 복무는 쌍방 간에 이루어지는 단기간의 협정(창 29-31장)으로 정해질 수도 있었고, 영구적인 소유 상태가 될 수도 있었다(출 21:2, 6, 신 15:12). 주인의 권위와 소유를 뜻하는 용어로 사용될 때에도 "종의 개념에 속하는 중요한 요소는 종은 포로가 아니라 구성원으로서의 자격을 가지며 안전이 보장된다는 점이었다" (Westermann, TLOT, pp. 822).

'여호와의 종' 이라는 말은 하나님과 인간의 관계를 묘사하기 위해 인간 편에서 사용하는 용어를 보여주는 많은 예들 가운데 하나다. 그 관계에서 하나님께서는 주가 되시고, 인간은 하나님의 종이 된다. 여기서 이 용어는 매우 다른 의미를 가질 수 있다. 모세나 아브라함이나 여호수아에게 적용할 경우, 이 용어는 권위를 가지고 존경을 받으며 하나님을 섬기는 일에 전적으로 헌신된 사람을 뜻한다. 여호수아가 그의 신실한 섬김에 대한 존경의 표시로 마침내 여호와의 종이라 불리게 된(수 29:29) 그의 생애 말년까지 '여호와의 종' 이라는 표현은 모세에게 줄곧 사용되었다.

"어떤 사람의 'ebed 가 되는 것은 가혹한 제한을 받게 되는 것을 뜻했다. 그러나 하나님의 'ebed가 되는 것은 언제나 선한 주인을 갖게 되는 것을 뜻했다. 그러므로 부정적인 의미에서의 예속을 뜻하는 것이 될 수 없었다" (TLOT, 2, p. 826). "여호와의 종은 누구나 특권이 주어진 사람이었다" (North, IDB, 4, p. 292).

시편에는 하나님의 종에 대한 언급이 54번 나오는데, 종종 탄식의 기도 속에서 볼 수 있다. 종은 주인에게 도움을 구하고 도울 수 있는 주인의 능력과 의향을 표현했다(시 86:2, 민 11:11).

'여호와의 종' 이 사용된 가장 중요한 경우가 이사야서의 중간 부분에서 나타나는 것을 볼 수 있다. 거기서 이스라엘은 완수해야 할 특별한 과업을 맡은 하나님의 종으로 임명되었다. 그 과업은 열방에 비치는 빛이 되는 것으로 요약될 수 있다. 이스라엘은 하나님의 법정 각료와 특정한 책임과 권위를 가진 궁중 관리로 구체화되어 있다. "모세가 여호와의 종으로 불렸던 것과 똑같은 방법으로 이 구절에서 이스라엘을 묘사하고 있는 것은 이스라엘의 중요성을 보여주는 것이다" (TLOT, p. 827).

여호와의 종이 일인칭으로 말하는 종의 노래(42:1-4, 49:1-6, 52:13-53:12, 50:4-9)에서 종에 대한 이사야의 개념이 절정을 이루고 있다. 종은 열방을 향해 여호와를 오실 왕으로 제시하고 있다. 종은 여호와의 메시지를 오게 될 선지자로 증거하고 있다. 결국 종은 제사장의 임무인 속건 제물로 자신을 바치고 있다. 종은 공의를 이루고(42:1-4), 여호와의 구원이 땅 끝까지 이를 수 있도록 열방에 비치는 빛이 되고(49:6), 여호와께서 정당성을 입증해주실 때까지 기꺼이 고난을 받고(50:4-9), 사람들을 위한 속건 제물로 아무 불평 없이 고난을 받고 죽음을 맞이하도록(53:10) 임명되었다. 노스가 "종은 어떤 한 부류에 맞는 그런 인물이 되기에는 너무 복잡하다" (IDB, 4, p. 293)라고 내린 결론은 옳은 것이었다.

이스라엘은 '나의 종' 이라 불렸고(41:8-10), 그 종은 이스라엘이라 불렸다(49:3). 그러나 그 종은 이스라엘을 향한 사명이 있었다. 어떻게 그런 일이 있을 수 있는가? 노스는 "왕이 자기 백성에게 포함되듯 그는 아마도 이스라엘에 편입된 한 개인 또는 한 그룹이었을 것이다" (IDB, 4, p. 293)라고 설명했다.

상당히 독특하게 종의 고난에 초점이 맞추어져 있으며(42:4, 49:7, 50:4-9, 52:13-53:12), 다른 사람들의 죄를 대신한 그의 희생적인 죽음을 향해 나아가고 있다. 보상과 승리는 죽음 후에만 얻을 수 있는 것이다. 그런 주장은 놀라우리 만치 새로운 것이었다. "그 주장은 구약 성경 가운데 이곳에서 처음 나타나는 진술이었고, 종이 여호와를 섬기며 그 이전에 했던 모든 주장을 능가하는 것이었다" (TLOT, 2. p. 528).

모세는 백성들의 불평과 반역을 참아냈고, 약속의 땅에 들어가지 못한 채 숨을 거두었다. 예레미야는 바벨론에게 항복하라는 메시지를 전하며 극심한 고난을 받았다. 이스라엘은 앗수르와 바벨론에게 그리고 귀환 후 바사의 지배 아래 고통을 받았다. 비유적으로 말하자면, 모세와 예레미야와 이스라엘은 이스라엘의 남은 자들을 위해 고난을 받고 죽었다고 말할 수 있을 것이다. 그러나 그들 가운데 그 누구도 여호와의 종에 대한 묘사에서처럼 그렇게 자발적이고 의식적으로 그런 일을 감당하지는 않았다. 그들은 모두 여호와의 참된 종이 된다는 것이 뜻하는 바가 무엇인지를 보여주는 전조가 되었다.

우리는 나사렛 예수 안에서만 고난의 종의 존재와 임무가 의식적으로 그리고 온전하게 나타나고 수행된 것을 볼 수 있다. 이에 대해 노스는 "예수님께서 몇몇 학자들이 연작가곡에 포함시킨 이사야서 61장 1-2절을 언급하며 '이 글이 오늘날 너희 귀에 응하였느니라' (눅 4:21)고 말씀하시긴 했지만, 현대 학자들이 종의 노래라고 한정한 구절을 직접 인용하신 적은 한 번도 없었다. 예수님께서는 '자기에 대하여 기록된 대로' (마 26:24, 54, 56, 눅 18:31) 자신은 고난을 받고 있다고 생각하셨다. 따라서 이사야서 53장과 예수님께서 언급하신 '성경' 의 관련 구절들을 포함시키지 않는 것은 혹평이 될 것이다. 마가복음 10장 45절의 '많은 사람' 은 이사야서 52장 14-15절, 53장 11-12절의 '많은 사람' 을 뚜렷하게 상기시켜준다" (North, IDB, 4. p. 293)라고 말했다.

그렇다면 결국 이사야서가 말하는 고난의 종은 예수님이다. 그러나 본문에서 설명했듯이 그것으로 이야기가 끝난 것이 아니다. 우리는 "각 종들이 보여준 것처럼 모든 이스라엘은 하나님의 뜻과 계획을 받아들일 때 종이 된다. 사람들이 하나님의 말씀에 순종하지 않을 때, 종은 백성들을 책망하고 회개할 것을 그들에게 촉구하는 자리에 서야 한다"(Clifford, ABD, 3. p. 499)라고 주장한 리처드 클리포드(Richard J. Clifford)의 말을 기억해야 한다.

예수님께서는 우리 사회와 세계를 위해 고난의 종이 되는 길을 우리에게 보여주셨다. 이사야 53장은 우리가 그 길을 따르지 않는다면 마지못해 행하는 이스라엘이 책망받았듯이 우리도 책망받게 될 것을 말하고 있다. 또 한편으로는 우리가 하나님 나라의 백성이라면 예수님께서 보여주신 대로 될 수 있고, 또 그렇게 되도록 만드는 새로운 초청의 역할도 하게 될 것을 말하고 있다.

고안

A. 들어가는 글

1. '변화시키는 힘을 가진 희생적인 사랑' 이야기로 시작하라.

2. 배경 설명: 반복적으로 나타나는 여호와의 종의 모습이 이사야서의 절정 부분을 이끌고 있다. 종은 이스라엘과 이스라엘의 남은 자와 불가사의한 한 사람으로 묘사되고 있다. 이 부분에서는 그 사람이 중앙을 차지하고 있다. 그는 누구인가라고 우리가 계속 묻는 동안, 본문은 계속해서 그 종이 우리를 위해 행하고 있는 일과 다른 사람들을 위해 그 사람이 우리에게 요구하는 일을 보여주려 한다.

3. 적용: 종은 성공할 것이다. 그것이 이 부분에 나타난 하나님의 약속이다. 그러나 성공을 어떻게 규정하고 어떻게 간파할 것인가? 그런 성공에 어떻게 반응해야 하는 것인가? 고난의 종의 임무를 공부하면서 성공의 패턴을 볼 수 있을 것인가? 구원의 길을 찾을 수 있을 것인가?

B. 본문 이해

1. 시온을 위한 열심(52:1-12)
2. 고난의 종에게 주어질 보상(52:13-53:12)

C. 결론: '우리의 대속자, 예수님' 을 읽어주라.

1. 요약: 구원을 위한 하나님의 계획은 예루살렘에 남아 있던 이스라엘 백성들과 포로로 끌려간 이스라엘 백성들 모두를 놀라게 했다. 이스라엘의 왕은 조용히 사라지고 한 종이 왕을 대신하고 있다. 이 독특하고 신비로운 인물은 기사 거리가 되거나 자신이 영웅시되는 것을 거부했다. 그는 자신에게 사람들의 주의를 끌지 않았고, 표면에 나서지 않았다. 혐오감을 주는 외모와 그가 받은 무자비한 고난만이 사람들에게 그를 주목하게 만들었다. 그리고 갑자기 하나님의 계획이 하나님께서 약속하신 대로 분명해졌다. 구원은 왕이 이끄는 군사적인 승리를 통해서가 아니라 다른 사람들을 위해 겸손하게 고난받은 종을 통해 왔다. 그의 고난은 그의 죽음으로 이어졌다. 그러나 그 종의 고난과 죽음은 그의 생애에서 볼 수 있었던 그 어떤 것보다 큰 영향을 미쳤다. 그것은 사람들에게 "그가 우리를 위해 죽었다. 그는 우리의 죄를 담당했다. 그가 맞음으로 우리가 나았고 평화를 누리게 되었다. 그의 죽음은 하나님께서 우리를 의롭게 보시고 그에게 걸맞는 보상을 하나님께서 그에게 해주실 것을 뜻한다"라는 증언을 하게 만들었기 때문이다.

2. 도전: 우리는 고난의 종을 만났다. 그리고 고난의 종이 되어야 하는 사명을 이스라엘 백성들이 온전히 감당하지 못했고, 하나님께서 그들에게 원하는 그런 사람들이 되지 못한 것을 보았다. 나사렛 예수만이 고난의 종으로서의 역할을 온전히 감당하셨다. 그분은 우리를 살리려고 우리의 죄를 위해 돌아가셨다. 예수님의 그 죽음을 인정하고 예수님을 주님과 구세주로 영접했는가? 그분의 종으로 살아가고 있는가? 다른 사람들이 하나님의 구원을 알 수 있도록 예수님께서 하셨듯이 기꺼이 십자가를 지고 고난의 길을 가고자 하는가?

토의 질문

1. 고난의 종으로서의 역할을 예수님께서는 어떻게 완수하셨는가?

2. 당신은 예수님께서 베풀어주신 구원을 받았는가?

3. 하나님께서 고난의 종으로서의 역할을 당신이 수행하게 될 것을 기대하신다고 생각하는가? 그렇게 생각하는 이유는 무엇인가? 또 그렇게 생각하지 않는다면 그 이유는 무엇인가?

이사야 54-55장

위로와 긍휼에 대한 약속

"이방 세계에 하나님의 성전이 세워진다면 그것은 통치자의 힘이나
권력이나 권위나 웅변가의 달변에 의해서가 아니라
나의 신에 의해서일 것이라고 만군의 여호와께서 말씀하셨다.
그러므로 우리는 수고를 복되게 하시는
하나님의 은혜를 간절히 구해야 한다."

- 윌리엄 캐리(William Carey)

하나님께서 방탕한 아내를 다시 불러 돌아오게 하고 번성하게 하셨다. 진노의 때는 끝이 났고 위로의 때가 되었다. 심판은 과거 역사가 되었다. 하나님께서 그들의 도성을 다시 재건하시고 의와 평강을 이루게 하실 것이다. 하나님의 백성들에게 하나님을 찾을 수 있을 때 찾으라고 촉구하시는 한편, 이방 나라들은 이스라엘로 달려가게 만드실 것이다. 악한 길을 버리고 하나님께 돌아온 사람들은 용서와 자비를 얻을 것이다. 이스라엘은 하나님의 영광과 명예를 위해 포로 생활에서 풀려날 것이다.

Isaiah

들어가는 글

세계 선교의 발판이 된 성경 본문

이사야서 54-55장은 현대 선교 운동의 모체가 되었다. 윌리엄 캐리(William Carey)는 구두 수선공이었고, 스물두 살 되던 1783년 10월 5일 세례를 받았다. 그는 곧 침례교 교인들에게 설교를 시작했다. 그는 체구가 작았고, 일찍 머리가 벗겨지기 시작했으며, 잘 맞지 않은 붉은 색 가발을 썼던 것으로 알려져 있다. 그는 올니(Olney)에 있는 한 교회에서 여름 내내 설교했지만 설교를 잘하지 못해 그 교회는 목사 안수식에 그를 추천하지 않기로 했다. 그는 작은 교회들을 돌보며 계속 구두를 수선했고 학교에서 가르쳤다. 그는 구두를 수선하는 자리에 앉아 헬라어, 히브리어, 독일어, 불어 그리고 라틴어를 독학했다. 그는 폭넓은 독서를 했다. 그리고 곧 영국의 국경을 훨씬 넘어서는 세상에 대한 열정을 품게 되었다.

캐리는 영국 침례교회에서 마음으로 설교하며 사람들에게 인도를 위한 선교 운동에 동참할 것을 요청했다. 이사야서 54장 2절이 그의 설교 본문이었다. 그는 하나님으로부터 위대한 일을 기대하고, 하나님을 위해 위대한 일을 시도하라고 강조했다.

마침내 사람들은 이방인들에게 복음을 전하기 위한 침례교 특별 단체를 조직했다. 캐리는 일주일에 1페니만이라도 선교를 위해 헌금하기 시작할 것을 도전했다. 처음으로 모금한 헌금은 13파운드였다. 아무도 선교지로 가려 하지 않았기 때문에 캐리 자신이 인도로 가기로 하고, 사람들에게 예수 그리스도 안에 있는 하나님의 사랑을 가르쳤다. 그는 한 가지 힘든 장애에 부딪혔다. 아내 도로시(Dorothy)가 선교를 위한 그의 노력에 반대 의사를 표했던 것이다. 그러나 나중에 그녀는 마음을 돌리고 인도로 갔다. 그러나 자신의 가족과 건강을 대가로 치러야 했다.

오랜 세월에 걸친 노력에도 불구하고 그 결과는 매우 미미했다. 그가 이룬 가장 큰 업적은 성경을 벵골어로 번역한 것이었다. 그러나 그를 통해 세계 선교 운동이 시작되었고 오늘날까지 계속 확장되어 왔다.

윌리엄 캐리만큼 세계 선교에 중요한 계기를 마련했던 사람도 아마 없을 것이다. 이스라엘은 캐리처럼 자원도 기술도 재능도 거의 없었다. 그러나 하나님께서 구원의 메시지를 가지고 세계 만방으로 나아가는 새로운 모험을 하나님과 함께 수행하도록 이스라엘을 부르셨다.

본문 이해

위로와 긍휼에 대한 약속

Main Idea	하나님의 백성들을 벌하신 후 하나님께서 그들을 다시 부르시고, 하나님의 의를 실천하면서 영원히 약속하신 위로와 평강과 위안을 얻게 하셨다.

A. 잉태치 못한 사람들의 장막 터를 넓히라(54:1-17)

구원에 대한 예언

Supporting Idea	진노하신 하나님께서 하나님의 백성들을 벌하신 후 사랑과 평강과 긍휼과 위로의 말씀을 그들에게 약속해주셨다.

54:1-3. 선지자는 이스라엘 백성들에게 하나님의 새 약속들을 신뢰하도록 촉구하기 위해 이스라엘의 예배 용어를 사용하셨다. 서두의 찬송은 그들의 탄식에 대한 반응이었다(애 1장). 시온은 자식이 없는 과부와 같이 되었다. 찬송은 아브라함에게 하신 약속을 또다시 지키신 하나님을 찬양하고 있다(창 13:1-3). 자식을 잉태하지 못하고 노년이 된 사라에게 하셨듯이 하나님께서 잉태치 못하여 생산치 못한 여인에게 복을 주실 것이다. 이스라엘의 인구가 상상할 수 없을 만큼 폭발적으로 늘어날 것이다. 그들은 장막 터를 넓히고 처소의 휘장을 널리 펴지 않을 수 없게 될 것이다. 국제 사회에서 이스라엘은 다시 부상하게 될 것이다. 하나님께서 열방을 얻게 하시고 황폐한 성읍들로 사람 살 곳이 되게 하실 것이라고 약속하셨다.

54:4-8. 이스라엘에게 두려워하지 말 것을 알리는 구원의 예언이 이 구절에서 이어지고 있다. 포로 생활의 **수치**는 과거 역사가 되었다. 시온의 **남편**이 그녀를 되찾기 위해 왔다. 그분은 이 땅에서 가장 인상적인 칭호들에 대한 권리를 주장할 수 있었다. 그리고 그 각각은 그분의 능력과 권세를 보여주는 것이었다. 그분은 **지으신 자**, **만군의 여호와**, **이스라엘의 거룩한 자**, **구속자**, **온 세상의 하나님**이라 칭함을 받으실 것이다. 그분은 이 땅에서 자신이 원하는 대로 무엇이든 할 수 있는 권세를 가지고 있었다. 왜냐하면 그분이 이스라엘과 온 세상을 지으셨기 때문이다. 이스라엘에게는 불평할 권리가 있었다. 이스라엘은 버림을 받았지만 그것은 하나님께서 의로운 **진노** 때문에 **잠시** 얼굴을 가리셨기 때문이다. 이제 새 날, 즉 **큰 긍휼**의 날이 임했다. 한 여인이 방금 자기 태에서 난 아기를 향해 느끼는 것과 같은 마음을 하나님께서 그들에게 보이실 것이다('하나님의 긍휼' 에 대해서는 13-14장의 '심층 연구' 를 참고하라). 하나님께서는 **영원한 자비** 또는 신실한 사랑을 보이실 것이다(히, chesed, '하나님의 신실한 사랑' 에 대해서는 본장의 '심층 연구' 를 참고하라). 그 영원한 자비는 이스라엘 백성들에게 한 하나님의 언약이었다. 사랑과 긍휼은 하나님의 신부 이스라엘에게 하나님께서 그들을 되찾으실 것이라는 확신을 가질 수 있게 해주는 것이었다.

54:9-10. 유일하게 비교될 수 있는 상황을 찾기 위해서는 하나님께서 새로운 일을 시작하신 **노아의 홍수** 때(창 6-9장)로 거슬러 올라가야 한다. 그때 하나님께서 인류에게 새로운 맹세를 하셨는데, 그 맹세는 하나님의 백성 이스라엘과 **화평**을 이루기 위해 하나님께서 하신 일을 중심으로 한 언약이었으며, 그들을 열방을 비치는 하나님의 빛으로 사용할 것을 약속하신 것이었다. 그 새 일은 하나님의 **긍휼**을 기초로 한 것이었다(7-9절 참고, 47:6에 사용된 똑같은 용어와 대조해보라). 긍휼은 자녀들을 위한 부모의 헌신이며, 모든 순간적인 분노들을 다 사라지게 하는 것이다.

54:11-17. 하나님께서 하나님의 백성들을 위로할 사람을 부르셨다(40장). 그러나 그 일을 하기 위해 나서는 사람은 아무도 없었다. 그래서 하나님께서 하나님의 방법으로 위로하실 것이다. 큰 긍휼 때문에 하나님께서는 외형적인 광채뿐 아니라 내면적인 견고함까지 회복하시면서 예루살렘의 영광과 위엄을 재건하실 것이다. 그리고 하나님의 교육 프로그램을 시작하시게 될 것이다. 그래서 그 자녀들이 어려서부터 **평강**을 알게 될 것이다. 두려움과 공포는 더 이상 없을 것이다. 하나님께서 내내 찾으셨던 의를 이루실 것이

다(1:17, 21, 26, 27 비교, '의' 에 대해서는 50-51장의 '심층 연구' 를 참고하라).

여기서는 그 회복이 이루어지기 전에 또 한 번의 진노가 임하지는 않을 것임을 강한 어조로 말하고 있다. 대신 하나님께서 새 창조에 해를 가하지 못하게 적들을 막으실 것이다. 이스라엘을 치려고 제조된 기계가 없을 것이다. 왜냐하면 그런 무기를 만드는 사람들도 하나님께서 만드셨기 때문이다. 이스라엘을 대적할 수 있는 적들도 하나님께서 만드셨다. 그저 땅을 회복하게 되는 것뿐 아니라 안전을 보장받을 수 있는 것이 그들의 새로운 기업이었다(47:6 참고). 그것은 14절에서 볼 수 있는 하나님께 얻은 의였으며, 하나님께서 하나님의 세상에서 이루실 바른 질서였다(42:6). 그 누구에게도 하나님께 다시 불평할 이유가 없게 될 것이다. 하나님께서 하나님의 백성들을 구원하시며 하나님의 정당성을 입증하실 것이다.

B. 대가를 요구하지 않는 언약(55:1-13)

노상 판매원의 선전

Supporting Idea	하나님께서 그분의 백성들에게 악한 생활 방식을 버리고, 용서와 긍휼과 영원한 축복을 약속하신 언약을 위해 돌아오며, 하나님의 증인이 될 것을 촉구하셨다.

55:1-5. 법정과 성전과 장례식장을 배경으로 한 언어를 사용해온 선지자는 백성들을 향한 자신의 간청을 요약하기 위해 마침내 장터를 배경으로 한 언어를 사용했다. 하나님께서는 백성들이 받아들이기만 한다면 그들에게 가장 좋은 거래가 될 수 있는 제안을 하셨다. 그보다 더 좋은 판매 조건을 제시할 수 있는 가게는 없을 것이다. 모든 것이 공짜였다. 판매자가 돈을 받으려 하지 않았다. 그는 다만 구매자가 자신의 상품을 믿어주기만을 바랐다. 그 상품은 불필요한 장식이 아니었다. 살아가는 데 없어서는 안 될 필수적인 것이었다. 판매자는 그것이 삶의 모든 면에서 만족스러운 것이 될 것이라고 장담했다. 그런 거래를 누가 거부할 수 있겠는가?

그러나 경쟁자들이 있었다. 선지자는 다른 판매자들이 양식 아닌 것을 양식이라 주장하며 사람들을 유인하고 있다는 사실을 알고 있었다. 그는 그런 경쟁자들로부터 고객들의 관심을 자신에게 돌려 그들로 하나님을 청종할 수 있도록 해주어야 했다. 그래서 선지자는 평생 보장되는 영원한 언약을 제시했다. 하나님께서 유배 생활을 하고 있는 사람들에게 다윗에게 약속하셨던 것과 똑같은 약속을 하셨다. 다윗과 맺은 언약(삼하 7장)은 의심과 탄식의 주제가 되어 왔다(시 89:38-51). 선지자는 판매 선전을 새롭게 하기 위한 기회를 잡았다. 하나님께서 다윗 언약을 갱신하셨다. 그 언약을 한 사람 또는 한 직책에 국한시키지 않으셨다. 온 나라가 다윗에게 주어졌던 역할을 수행할 것이다. 여기서 그 역할이 놀랍게 해석되고 있다. 다윗은 세상을 정복할 뿐 아니라 이스라엘로 영광을 누릴 수 있게 했다. 그는 열방으로 하여금 그의 명령을 따르고 하나님께 돌아올 수 있도록 증거하는 역할을 하도록 되어 있었다. 알지 못하는 나라들이 이스라엘의 하나님을 영화롭게 하기 위해 이스라엘로 달려올 수 있도록, 유배지에서 포로 생활을 하던 이스라엘도 그와 같은 역할을 해야 했다. 이스라엘은 열방에 복의 근원이 되어야 했다(창 12:2-3, 26:3-4).

55:6-11. 판매 선전이 미묘하게 비틀어졌다. 판매자는 고객들에게 예상치 못했던 일을 요구했다. 그들은 상품에 대한 대가로 돈을 지불하는 대신 여호와를 찾아야 했다. 그것이 가능한 일이었겠는가? 여호와를 찾는다는 표현은 일반적으로 예배하기 위해 성전에 올라가는 것을 뜻했다(신 12:5, 시 105:4). 그러나 유배 생활을 하는 사람들에게는 성전이 없었다. 선지자는 여호와를 찾는 것을 하나님의 백성들이 일상 생활 속에서 하나님의 방식을 추구해야 한다는 의미로 바꾸어 사용하셨다(암 5:4-7, 14-15).

자신들과 다윗 언약을 하나님께서 잊으셨다고 불평하며 포로 생활을 하던 사람들에게 여호와를 찾는다는 것의 의미는 매우 간단했다. 불평을 그치고 바벨론과 그 신들이 승리를 거두었다는 생각을 버리는 것이다. 하나님께서 그들에게 귀를 기울이시며 그들과 함께 계셨다. 가까이 계실 때에 여호와를 부르라. 회개하고 여호와께로 돌아오라. 악인은 그 길을 불의한 자는 그 생각을 버리고 하나님과 함께 다시 시작하라. 하나님께서는 다 용서하시고 역사의 새로운 장을 여실 준비가 되어 있었다. 진노는 더 이상 그들을 향한 하나님의 입장이 아니었다. 그들을 긍휼히 여기시고 널리 용서하실 것이다.

이사야는 포로 생활을 하는 이스라엘 백성들에게 하나님께서는 그들과 다른 분이라는 사실을 일깨워주고 있다. 하나님께서는 그들의 상상을 초월하는 계획을 세우셨다. 그들이 절망과 자기 연민이라는 불평 속에 빠져 있지 않고 하나님과 함께 기꺼이 높이 날아오르고자 하기만 한다면 하나님의 새 계획 속에 그들도 포함될 수 있었다. 그 사실에 사람들은 어떻게 반응했겠는가? 한 세대 동안 (대부분 고국을 한 번도 보지 못하고) 포로 생활을 하던 사람들이 하나님의 그런 예언을 믿을 수 있었겠는가? 바벨론의 의기양양한 신들에 대해 그들이 들었던 모든 선전은 어떻게 할 것인가? 그들이 그 선전을 믿어서는 안 되는 이유는 무엇인가? 바벨론이 세상을 지배하고 있는 것이 사실이 아닌가? 바벨론에서 그들이 보고 들을 수 있던 증거들이 창조와 출애굽으로 거슬러 올라가는 증거들보다 더 확실한 것이 아닌가? 현재의 신들과 손을 마주 잡아야 하는 것이 아닌가? 하나님의 백성들을 위한 새로운 구원의 약속과 새로운 출애굽은 허무한 공상이 아닌가? 하나님과 하나님의 새로운 세상은 비가 하늘에서 내려 토지를 적시어 싹이 나게 하는 것처럼 그렇게 확실한 열매를 맺게 될 것이라 확신할 수 있을 것인가? 하나님께서는 그들에게 내 입에서 나가는 말도 헛되이 내게로 돌아오지 아니할 것이라는 약속을 또다시 해주셨다.

하나님의 말씀에 한 가지 조건이 있었다. 하나님의 말씀은 하나님께서 계획하신 열매를 거둘 것이다. 즉 하나님께서 하나님의 말씀을 보낸 뜻을 이루실 것이다. 사람들이 하나님의 말씀에 조건을 달고, 자신들이 생각하는 것처럼 하나님으로 행동하시게 만들 수는 없다. 그들은 예언의 말씀을 통해 하나님께서 설명하신 방법대로 기꺼이 따라야 한다. 그들이 이 조건을 수용하면서 하나님을 찾을 것인가?

55:12-13. 이사야는 이 조건을 수용할 경우 일어나게 될 결과를 선포했다. 하나님의 백성들은 유배지를 떠나 영광스러운 행진을 하게 될 것이다. 기쁨과 평안을 누릴 것이다. 자연도 그들과 동참하게 될 것이다. 광야 자체가 가시나무와 질려가 나던 곳에서 잣나무와 화석류가 나는 곳으로 바뀔 것이다. 그것은 하나님의 명예가 될 것이다. 그 새로운 출애굽은 역사 속에서 결코 지워질 수 없는 표징이 될 것이다.

이사야서 40-55장의 메시지를 요약해보면 이렇다. 하나님께서 하나님의 백성들을 위한 구원을 계획하셨다. 그리고 그 구원을 알리시기 위해 선지자를 통해 말씀하셨다. 사람들은 광야를 지나는 기쁨에 찬 여행길에 참여하고, 하나님의 영광을 세상에 알리는 증인의 역할을 감당하기 위해 절망을 딛고 일어나기로 결정해야 한다.

Main Idea 복습	하나님의 백성들을 벌하신 후 하나님께서 그들을 다시 부르시고, 하나님의 의를 실천하면서 영원히 약속하신 위로와 평강과 위안을 얻게 하셨다.

결론

포로 생활 저편에

포로 생활이 끝은 아니었다. 하나님께서는 절망에 빠져 있는 하나님의 백성들이 누리게 될 기쁨과 영광을 준비하셨다. 그러나 포로 생활에서 벗어나게 하는 하나님의 길은 자동적인 것이 아니었다. 사람들의 반응이 요구되었다. 그들에게는 무의미한 우상들에 대한 믿음을 떨쳐버리고, 하나님의 약속의 말씀을 다시 믿고 신뢰하는 것이 필요했다. 그렇게 하면 아브라함에게 하신 약속들이 이루어지고, 모세의 출애굽이 다시 일어날 것이다. 다윗 언약이 갱신될 것이며, 새롭고 충만하며 기쁜 삶이 가능해질 것이다. 그것은 이스라엘뿐 아니라 지금 우리에게도 마찬가지다. 하나님께서 당신을 위해서도 그렇게 하고 싶어하신다고 생각하는가?

▣ 진리 알기

- 하나님께서 보호하시는 사람들을 해칠 수 있는 무기는 없다.
- 하나님께서는 우리가 알 수 없는 생각과 계획과 방법을 가지고 일하시는 초월적인 분이시다.
- 하나님의 말씀은 언제나 그 목적을 이룬다.

▣ 적용하기

- 하나님의 은혜와 긍휼에 감사하라.
- 영적 양식을 위해 기도하라.
- 우리 죄를 용서해주시고 평안을 주시는 하나님을 찬양하라.

삶의 적용

지경을 넓히는 일

하나님께서 포로 생활을 하고 있는 이스라엘에게 복을 주시고, 그들의 지경과 사역을 그들이 꿈꾸었던 것 이상으로 넓히시기 위한 준비를 하셨다. 그러나 그들은 하나님의 선물을 받아들이지 않았고 생명수를 마시지 않았다. 그들은 장막 터를 넓히고 처소의 휘장을 널리 펴며 말뚝을 견고히 해야 했다. 그들은 하나님께서 하나님의 방식으로 일하실 수 있게 해드려야 했다. 모든 백성이 하나님을 신뢰하는 삶의 열매인 평화와 사랑과 기쁨을 경험하도록 하나님께서 계속 그들을 부르셨다. 우리는 우리의 방식을 버리고 하나님의 인도하심을 따르는 삶을 살아야 한다. 당신은 하나님께서 주시는 복을 받아들이고 성령의 열매로 당신의 삶을 채워주시도록 기도할 것인가?

기도

모든 복의 근원이 되시는 하나님 아버지, 오늘 우리에게 오셔서 우리의 몸과 영혼을 지탱케 하는 양식과 물을 주십시오. 비록 희망이 없어 보일지라도 하나님을 위한 사역을 시작할 수 있는 믿음을 주십시오. 하나님의 말씀은 헛되이 하나님께 돌아가지 않을 것입니다. 우리의 뜻과는 비록 매우 다를지라도 하나님의 뜻은 이루어질 것입니다. 하나님을 신뢰하고 의지합니다. 하나님의 방법을 따르겠습니다. 아멘.

심층 연구

하나님의 신실한 사랑(54:8)

히브리 단어 chesed(신실한 사랑, 인애)는 구약 성경에 나오는 가장 중요한 단어들 가운데 하나이며, 구약 성경에는 약 245번 나온다. 그러나 이사야서에서는 8번밖에 사용되지 않았다. 이 단어는 두 사람 사이에서 행동으로 표현되는 사랑을 뜻하는 것으로, 두 사람이 서로에 대한 배려를 보여주기 위해 사회에서 일반적으로 기대하는 정상적인 정도를 넘어서는 행동을 하는 경우를 말한다. 사람들과 하나님 모두 그런 신실하고 충성된 사랑을 보여주는 방식으로 행동할 수 있다. 그 사랑은 하나님의 한 성품이다(출 34:6, 민 14:18, 느 9:17, 시 86:15, 145:8, 욜 2:13). 그러나 그것은 하나님에 대한 정적이고 추상적인 묘사가 아니라 동적이고 관계를 중심으로 한 성품이다. 이 사랑은 하나님의 백성들과 세상을 위한 하나님의 구원 활동 속에서 하나님의 선하심과 신실하심이 드러나게 된다는 사실을 뒷받침해준다. chesed는 하나님께서 우리 죄를 용서하시는 근간을 이루고 있다(민 14:17-10). 이 구원 활동은 자동적으로 이루어지는 것이 아니다. 하나님께 신실한 사람들은 각각의 새로운 위기 속에서 하나님께서 chesed를 나타내주실 것과 시편에서 거듭 볼 수 있듯이 비참한 상황에서 그들을 구원해주실 것을 하나님께 간청한다. 그리고 그들은 하나님의 교훈과 율례를 신실하게 따르며 순종한다(시 119).

하나님께서 시작하신 이 관계는 "섬기고 존경할 것을 요구하고, 심지어는 chesed에 상응하는 행동을 기대하기도 하는 쌍방간의 상호 작용이다"(NIDOTTE, 2, p. 213). 인간 세상에서 chesed는 "내가 내 친구에게 보이는 사랑"이다(삼하 16:17). 그 사랑은 사회적인 관습이나 도덕적인 규정에 얽매이지 않고 내가 배려하는 사람에게 보이는 자연스런 반응이다. 친구에 대한 그런 신실한 헌신은 '하나님의 은총과 같은 변함없는 친절'을 베푸는 것이다(삼하 9:3). Chesed는 어떤 희생이 따르더라도 서로를 돌보는 관계를 신실하게 유지해나간다. 정치적인 환경에서 chesed는 협상이나 조약이나 약조를 지키는 것을 뜻한다(삼상 20:8). 이 경우 chesed는 "언약의 요소나 내용 같은 것이 아니다. 오히려 언약은 일반적으로 chesed가 기대되지 않는 상황이나 미래 상황 때문에 chesed를 보이기 어려운 상황에서 chesed에 대한 헌신을 강화해주는 역할을 한다"(Baer와 Gordon, NIDOTTE, 2, p. 212).

하나님께서는 하나님의 백성들이 서로에게 그리고 하나님께 그렇게 신실한 헌신을 나타내 보일 것을 기대하신다. 하나님께서는 그들을 향해 "이 땅에는 진실(히. 'emeth)도 없고 인애(chesed)도 없고 하나님을 아는 지식(히, da'at)도 없다"고 책망하셨다(호 4:1). 이런 자질들, 특히 chesed는 사람들이 하나님과의 관계를 표현하기 위해 행하는 종교적 의식들보다 훨씬 중요한 것이다(사 6:6, 8). 이사야는 사람들은 '신실한 사랑을 보이는 사람들'(chesed를 지닌 사람들)이 없어진 것을 아무렇지도 않게 생각하지만, 하나님께서는 그런 사람들을 찾으신다는 것을 보여주고 있다(사 57:1). 인간의 chesed는 '들의 꽃'처럼(40:6) 쉽게 시들고 말라버린다. 그래서 하나님의 진노와 심판을 불러온다. 그러나 하나님의 chesed는 일시적인 진노 대신 사랑과 긍휼을 불러온다(사 54:8, 미 7:18). 그러므로 하나님의 진노는 '잠시'(사 54:8) 동안 나타나지만, 하나님의 chesed는 '떠나지 않을' 것이다(사 54:10, 시 89:2, 28, 33, 117:2, 렘 31:3). 성경은 하나님의 chesed는 영원하다고 반복해서 말하고 있다(대상 16:34, 41, 스 3:11, 시 100:5, 렘 33:11).

그래서 하나님의 백성들은 찬양받기에 합당하신 '하나님의 자비'를 증거하는 것이다(사 63:7). 여호와의 자비는 '그의 많은 자비'(사 63:7)에 따라 행해진다. 이스라엘은 그들의 왕이 오직 하나님의 chesed 때문에 왕권을 얻게 되었으며, 미래의 왕 역시 그 하나님의 chesed를 통해서만(사 16:5) 권력을 행사하게 될 것이라는 사실을 알고 있었다. 그래서 하나님께서는 포로 생활을 하고 있는 그들에게 '다윗에게 허락한 확실한 은혜(신실한 사랑, chesed)로 영원한 언약'(사 55:3)을 맺을 것이라고 약속하셨다.

교안

A. 들어가는 글

1. '세계 선교의 발판이 된 성경 본문' 이야기로 시작하라.

2. 배경 설명: 이 두 장은 이사야서의 중간 부분에 속하는 바벨론 시대(40-55장)를 마무리하고 있다. 이 두 장은 이스라엘 백성들에게 하나님과의 신실한 관계로 돌아와 자신들의 방법 대신 하나님의 방법을 신뢰하고, 그들을 유배지에서 구원하실 하나님의 신실하심과 긍휼을 의지할 것을 열렬하게 호소하고 있다. 그러므로 위로하기 위해 이스라엘 백성들을 부른 40장의 초청은 하나님을 찾을 만한 때에 하나님을 찾고 용서를 받으며 자비를 얻기 위해 하나님께 돌아오라는 주 하나님의 초청으로 끝이 나게 된다.

3. 적용: 위로와 소망과 용서는 모든 사람에게 필요한 것이다. 이 두 장은 우리에게 그런 것들의 원천을 보여주고 있다. 하나님께서는 우리를 사랑하시고 우리가 하나님의 위로와 긍휼을 알게 되기 원하시기 때문에 기꺼이 길거리를 돌아다니며 우리를 부르고자 하신다.

B. 본문 이해

1. 잉태치 못한 사람들의 장막 터를 넓히라(54:1-17)
2. 대가를 요구하지 않는 언약(55:1-13)

C. 결론: '지경을 넓히는 일' 을 읽어주라.

1. 요약: 하나님께서는 값없이 우리에게 주실 가장 좋은 것을 가지고 계신다. 하나님께서는 우리에게 자비와 긍휼과 위로와 소망을 찾기 위해 하나님을 믿고 신뢰할 것을 요구하신다.

2. 도전: 하나님께서 거저 주시는 선물들을 받아들일 것인가? 그렇게 하기 위해서는 하나님께서 우리의 뜻과 성품과 방법이 아니라 하나님의 뜻과 성품과 방법에 따라 이 세상을 운영하신다는 사실을 받아들여야 한다. 하나님의 방법을 따르고 우리의 방법을 포기해야 한다. 그렇게 할 수 있겠는가?

토의 질문

1. 하나님께 거절당하며 버림당했다고 느꼈던 경험을 이야기해보라. 하나님께 다시 돌아갈 수 있도록 하나님께서 어떤 일을 하셨는가?

2. '양식 아닌 것에 돈을 쓰는' 것이라 말할 수 있는 일은 어떤 일들인가? 그보다 더 만족스러운 방법을 찾았는가?

3. 하나님의 말씀은 헛되이 하나님께 되돌아가지 않는다는 사실을 보여주는 경험들을 이야기해보라.

이사야 56-57장

공의 또는 심판

"거절하는 것을 배우라. 라틴어를 배우는 것보다
거절하는 것을 배우는 것이 훨씬 더 유익할 것이다."

- 찰스 해든 스펄전(Charles Haddon Spurgeon)

하나님께서 구원이 임박했으므로 공의를 지키고 옳은 일을 하라고 그분의 백성들에게 명하셨다. 하나님께서는 하나님을 신뢰하는 모든 사람들의 예배와 예물을 받으실 것이다. 그러나 이스라엘의 지도자들은 탐심에 눈이 멀었다. 우상을 숭배하는 자들은 아무런 소망도 찾지 못하게 될 것이다. 그러나 하나님께서 하나님 안에서 피난처를 찾은 사람들에게는 기업을 주실 것이다. 높고 거룩하신 하나님께서 낮고 애통해하는 사람들을 사랑하신다. 그러므로 고향으로 향하는 길을 예비하라고 그들에게 말씀하셨다. 그들을 향한 하나님의 진노는 계속되지 않을 것이다. 하나님께서 그들을 치유하시고 신실한 자들을 평강의 길로 인도하실 것이다. 그러나 악인은 평안을 누리지 못하게 될 것이다.

Isaiah

들어가는 글

의미 있는 폭풍우

빌 하이벨스(Bill Hybels)는 중학교 시절 그의 아버지와 함께했던 신나는 모험을 기억했다. 어느 날 오후 그들은 함께 즐거운 시간을 갖기 위해 미시간 호를 항해했다. 그런데 갑자기 빌의 아버지의 눈 속에 장난기가 어리기 시작했다. "우리 둘이서만 밤새도록 시카고까지 항해해보면 어떨까?" 중학생에게 아버지와 함께 75마일을 밤새도록 항해한다는 것은 세상에서 가장 신나는 일처럼 보였다. 그래서 두 사람은 시카고를 향해 항해를 떠났다. 항해중에 그들은 잊지 못할 폭풍우를 만났다. 빌은 그 폭풍우를 의미 있는 폭풍우라고 불렀다. 그는 아버지가 그의 허리에 노끈을 감아 배에 묶었을 때 그 모험이 얼마나 엄청난 일이 될 것인지를 깨달았다. 두 사람은 밤새 폭풍우에 맞서 무시무시한 전쟁을 치른 후 새벽녘에 시카고를 밝히고 있는 불빛들을 볼 수 있었다. 결국 두 사람은 항구로 배를 몰아 부두에 닿을 수 있었다.

빌은 "내 생애 처음으로 나는 안전한 항구가 얼마나 좋은 곳이 될 수 있는지를 생생하게 알게 되었다. 약 275미터 밖에서 폭풍우는 미시간 호를 항해하는 모든 배를 향해 사나운 분통을 터뜨리고 있었다. 그러나 안전한 포구에서 우리는 폭풍우를 피할 수 있는 피난처를 찾을 수 있었다"라고 말했다(Hybels, The God You' re Looking For, pp. 81-82).

이스라엘 백성들은 성전을 되찾고 약속의 땅에서 다시 살게 되었다. 그러나 그들이 유배지에서 돌아오면서 기대했던 축복과 평강과는 전혀 다른 폭풍우가 몰아쳤다. 그러나 선지자에게는 그들이 귀를 기울이기만 한다면 찾을 수 있는 평강에 대한 약속이 있었다.

그러나 애석하게도 하나님의 백성들은 파멸에 대한 선언을 믿지 않았던 것만큼이나 구원에 대한 예언도 믿으려 하지 않았다. B.C. 538년 고레스가 바벨론을 정복했고, 바벨론의 포로들이 본국으로 돌아가는 일을 허락해주었다(스 1, 6장을 보라). 그러나 소수의 사람들만이 돌아가기로 했다. 그들은 성전을 재건하기 시작했다. 그러나 반대와 분열로 중단되었고, B.C. 520년 학개와 스가랴가 성전 재건을 다시 시작하게 되었다.

성전은 B.C. 515년 완성되어 봉헌되었다. 이사야서 56-66장에 나오는 선지자의 설교들은 흩어진 사람들에게 정체성을 회복하고 다시 시온으로 돌아올 것을 격려하며, 그들 앞에 놓인 과업에 참여하고 새로운 역사적 상황 속에서 하나님께서 그들에게 원하시는 생활 방식을 찾기 위해 노력해야 했던 당시의 문제들을 다루고 있다. 하나님과 화목해지는 일은 성전을 한 번도 보지 못하고 유배지에서 살았던 사람들에게 힘든 일이었던 것 못지않게 약속의 땅으로 돌아와 재건된 성전을 가지게 된 사람들에게도 힘든 일이었다.

본문 이해

공의 또는 심판

Main Idea	하나님께서 기도와 예배를 드리고 신뢰하며 순종하고 구원을 얻도록 모든 사람을 부르셨다. 그러나 여전히 거역하고 심판을 받아야 했던 사람들이 있었다.

A. 추방된 사람들에게 주어진 제안(56:1-8)

제사장의 지시

Supporting Idea	거부당한 것에 대한 두려움 없이 예배하고 기도할 수 있도록 하나님께서 모든 사람을 초청하셨다.

56:1-2. 선지자는 성전 예배를 다시 시작하긴 했지만 여전히 정치적인 상황 때문에 탄식하고 있는 사람들에게 이의를 제기했다. 그들은 하나님의 백성이 된다는 것의 의미를 깨닫고 새로운 상황에서 하나님의 백성으로서 가지는 소망을 지키는 것을 배워야 했다. 성전 재건이라는 새로운 과업의 성취가 곧 **구원**을 뜻하는 것은 아니었다. 구원은 여전히 미래에 속한 것이었다(46:13).

성전 건물(성전 예배와 제사)이 구원의 새로운 길이 되는 것은 아니었다. 하나님께서 거하실 하나님의 집을 그들 가운데 지은 후 그들이 가장 먼저 해야 할 일은 거룩하신 하나님께 드리는 예배에 합당한 삶을 살아가는 것이었다(1:17). 그런 삶은 종교적인 예배와 사회적인 공의 두 부분으로 이루어졌다. 안식일 예배는 성전이 없었을 때 여호와의 백성이라는 것을 보여주는 표시로서 특히 중요했다. 하나님께서는 성전이 재건되었을 때에도 안식에 대한 그런 충성을 원하셨다. 그러나 안식일을 충실히 지키는 것으로 의를 행하고 손을 금하여 모든 악을 행치 아니하는 삶을 대체할 수는 없었다.

56:3-8. 하나님께서 하나님의 종에게 열방에 공의를 세우는 일을 위임하셨다(42:1-4). 그 임무 수행의 첫 번째 단계가 이 구절에 분명히 나타나 있다. 이스라엘은 자신들의 예배에 이방인들이 참여하는 것에 대한 논쟁을 끊임없이 제기했다(신 23:2-9, 스 4:1-6, 느 9:2). 이방인들과 육체적인 결함을 가진 고자는 하나님의 집에 들어갈 수 없다는 주장에 대부분 동의하고 있었다.

고자는 54장 1절에 약속된 많은 자녀를 두는 복을 경험할 수 없었다. 그러나 그들에게는 후세를 위한 본보기가 될 수 있는 성전 안의 기념물이 되는 더 큰 복이 있었다. 이방인들도 성전 안에 들어가게 되고, 하나님께서 그들을 기꺼이 받으실 것이다. 그들도 기도하는 집에서 예배하는 기쁨을 누릴 것이다. 그렇다. 이방인들도 새 성전의 단에서 번제와 희생을 드릴 수 있었다.

그것은 전통적으로 하나님의 백성이었던 사람들에게는 엄청난 이설이었을 것이다. 그들은 배제시키는 것이 아니라 포함시키는 것이 하나님의 목적이라는 사실을 잘 받아들이지 못하고 있었다. 그 목적은 역사의 한 시기에만 제한되어서는 안 된다. 계속되어서 다른 사람들도 하나님께 나아가는 문이 열려 있음을 볼 수 있어야 한다. 현대 교회들도 누가 교회 안에 들어와서는 안 되는지, 또 어떤 사람이 들어오기를 기대하고 있는지에 대한 불문율을 가지고 있다.

하나님의 백성들이 그랬던 것처럼 새로 회심한 사람들은 그들 가운데 함께하시는 하나님께 적합한 새로운 삶의 방식을 찾아야 한다. 그 생활 방식은 규칙적인 안식일 예배, 하나님을 기쁘시게 하는 결정, 하나님의 언약을 굳게 지키고 순종하는 일, 다른 신들이 아니라 하나님을 섬기기 위해 하나님께 자신들을 연합하는 일 등의 매우 분명한 모습으로 나타난다. 이런 삶을 사는 사람들은 그들의 태생이나 언어나 관습이나 인종에 관계없이 하나님을 예배하기 위해 하나님의 집을 찾을 수 있고 또 환영받을 수 있다.

B. 악인을 삼킴(56:9-12)

재앙에 대한 예언

Supporting Idea	하나님께서 구원을 선포하셨음에도 불구하고 하나님을 믿고 순종하기를 거부하는 사람들은 하나님의 심판을 받게 된다.

56:9-12. 이스라엘이 경험한 포로 생활은 상류층의 실질적인 변화를 불러오지 못했다. 그들은 외부의 적으로부터 하나님의 백성들을 보호하는 파수꾼이 되어야 했다. 그러나 그들은 오히려 하나님의 백성들의 적이 되었다. 그들은 짖지 못하는 벙어리 개처럼 되었고, 자신들의 직무를 알지 못하는 몰각한 사람들이었다. 그들은 잠자기를 좋아하고, 사람들을 돕기 위해서가 아니라 자신들의 탐욕을 채우기 위해 일하는 사람들이었다. 술자리에서 부르는 노래가 그들의 주제가가 되었다(12절). 그들은 하나님께서 그들에게 책임을 물으시고 하나님의 백성이 되기를 거부하는 사람들을 다시 심판하실 수 있다는 사실을 잊고 있었다. 그래서 하나님께서 들의 짐승들아, 삼림 중의 짐승들아 다 와서 삼키라고 크게 외치셨다. 포로 생활에서 벗어나 귀환한 사람들은 짐승들에게 먹혀 죽는 새로운 운명을 맞이했다.

C. 우상 숭배라는 환상(57:1-13)

법정 공판

Supporting Idea	우상 숭배는 파멸을 불러온다. 그러나 하나님을 신뢰하면 하나님께서 주시는 기업을 받게 된다.

57:1-2. 종교적인 상황도 정치적인 상황 못지않게 달라진 것이 별로 없었다. 사람들은 주변 나라들처럼 가능한 한 많은 신을 섬기면서 모든 내기에 대한 보상을 받으려 했다. 그러나 그 결과 진짜 의인이 사람들의 무관심 속에서 죽어야 했다. 사람들은 모든 신들의 요구를 만족시키는 일로 분주했다. 그 의인은 세상의 재앙을 피해 침상에서 편히 쉬며 평안을 누리게 되었다('평안'에 대해서는 '심층 연구'를 참고하라).

57:3-10. 그 동안 내내 대부분의 사람들은 그 의로운 도구를 희롱하고 놀려대며 조롱했다. 그들은 농작물의 풍성한 수확과 다산을 위해 문란한 성행위를 하는 사교에 빠져

있었다. 그들은 자기 자녀를 죽여 제물로 바치는 일까지 행했다.

8절과 9절의 정확한 번역과 해석은 여전히 불분명한 상태로 남아 있다. 글자 그대로 번역하면 "너희는 문과 문설주 뒤에 기념표를 두었다. 너희는 나와 헤어져 몸을 드러내고 올라갔다. 너희는 침상을 넓혔다. 너희는 그것들(그들이 알고 있는 언약)로부터 너희 자신을 끊었다. 너희는 그들의 침상을 사랑하고 손(나체를 뜻하는 완곡어법)을 보았다. 너희는 올리브 기름을 가지고 왕(모음을 바꾸면 이방 신 몰렉이 됨)에게 나아갔다. 너희는 향품을 더했고 사신을 원방에 보내었으며 음부까지 낮아졌다"라고 할 수 있다.

그것은 다산을 위해 이방 신들을 섬기고 마술과 죽은 사람과의 교감을 통해 미래를 점치는 행위들을 언급한 것이었다. 이스라엘은 호세아와 예레미야와 다른 사람들이 그들에게 가르치고자 했던 교훈들을 결코 배우지 못했다.

그런 일들 속에서 그들에게 남은 것은 착각뿐이었음에도 불구하고 그들은 무엇인가를 가지고 있다고 생각하며 자신들을 속이고 있었다. 그들은 잘못된 길을 계속 가기 위한 힘을 얻기 위해 더 깊이 빠져 들어가고 있었다. 참 하나님이신 여호와만이 소망을 줄 수 있었지만 그들은 그분께 돌아가지 않았다.

57:11-13. 선지자는 죄인들을 불러(3절) 그들의 죄과를 열거한 후(4-10절) 그들에게 자신들을 변호할 것을 요청했다. 하나님께서 그들을 오래 참아주셨기 때문에 그리고 그들의 모든 죄에도 불구하고 오래 동안 잠잠하셨기 때문에 하나님을 경외하지 않는 것인가? 그들은 왜 그렇게 불쾌한 우상들을 섬기고 두려워하는 것인가? 왜 하나님보다 그런 신들을 더 선호하는 것인가?

12절에는 이중적인 의미가 있다. 선지자는 피고에게 그들의 권리와 적절한 (법적?) 행동을 열거해보려 했다. 또 종교 활동에서 드러난 그들의 의를 보이려 했다. 그러나 모든 것이 다 무익했다. 따라서 이제 판결을 내릴 때가 되었다. 판결은 간단했다. 하나님께서 우상에 대한 그들의 환상 속에 그들을 내버려두실 것이다. 그런데 그 우상들이 바람에 떠가고 기운에 불려갈 것이다. 그들은 하나님께서 하나님의 백성인 자신들에게 주시려고 계획한 새로운 기업을 얻지 못하게 될 것이다. 그것이 하나님께 신실하지 못한 사람들에 대한 하나님의 심판이었다. 그들은 그들의 우상이 줄 수 있을 것이라 생각했던 선물들을 받지 못했다. 또 하나님께서 하나님의 백성들에게 주시겠다고 약속하신 기업도 받지 못했다.

D. 겸손한 사람들을 치유함(57:14-21)

구원의 약속

Supporting Idea	거룩하고 영원하신 하나님께서 벌하셨던 하나님의 백성들을 치유하고 소생시키실 것이다. 그러나 악인은 평강을 누리지 못할 것이다.

57:14-15. 포로 생활에서 돌아와 귀환했다고 해서 하나님의 백성들의 삶 속에 있는 모든 장애물이 다 제거된 것은 아니었다. 선지자는 하나님의 새로운 구원 사역을 위해 길을 예비하라는(40:3) 초청을 반복하지 않을 수 없었다. 하나님께서 유배지였던 외국 땅에서뿐 아니라 그들의 고국에서도 그들을 위한 길을 닦고자 하셨다. 하나님께서는 높고 거룩한 곳에 거하셨다(6:1). 그러나 높고 거룩하신 하나님께서 멀리 떨어진 하늘에 거하지 않으시고 겸손하고 통회하는 사람들과 함께 거하기로 하셨다. 하나님께서 그들의 소망과 꿈을 소성케 하시고 새 날을 향해 나아가는 길을 보여주실 것이다. 하나님께서는 백성들이 길에서 만나는 장애물들을 받아들이고, 하나님께서 그들을 위해 길을 닦으실 때까지 계속해서 하나님을 신뢰하게 되기를 바라셨다.

57:16-19. 사람들은 하나님의 진노에는 끝이 없다는 불평을 계속했다. 그런 그들에 대한 하나님의 대답은 분명했다. 하나님께서는 하나님 자신이 지으신 영과 혼(창 2:7)이 곤비케 되는 것을 원치 않으시는 창조주시다. 진노와 죽음이 마지막이 아니었다. 하나님께서 진노하신 것은 정당한 이유, 즉 하나님께서 지으신 자들의 탐심과 죄악 때문이었다. 하나님께서는 하나님의 백성들을 되돌리기 위해 그들을 벌하셨다. 그러나 그렇게 되지 않았다. 그래서 이제 하나님께서는 새로운 방법으로 일하실 것이다. 그들의 악한 길을 고치시고 그들로 다시 위로를 얻게 하실 것이다(40:1). 그래서 탄식이 찬양이라는 입술의 열매로 바뀌게 될 것이다.

하나님께서 예루살렘에 있는 사람들뿐 아니라 먼 데 있는 자에게도 평강을 선포하셨다. 치유에는 기대하지 않았던 효과가 따를 것이다. 그 효과는 재건된 예루살렘 주위의 좁은 영역에만 국한되지 않을 것이다. 가까이 있건 멀리 있건 모두 다 포함될 것이다. 특히 다양한 곳에 흩어져서 포로 생활을 하면서 아직 예루살렘으로 돌아오지 않았거나 신실하지 않았던 사람들까지도 포함될 것이다.

57:20-21. 그러나 여전히 보편적인 치유는 아니었다. 앞부분에 생생하게 묘사된 악

한 길을 따르는 사람들이 여전히 있었다. 그들은 그들의 악한 길을 포기할 수 없었다. 악인은 평강이 아니라 심판을 맞이하게 될 것이다.

Main Idea 복습	하나님께서 기도와 예배를 드리고 신뢰하며 순종하고 구원을 얻도록 모든 사람을 부르셨다. 그러나 여전히 거역하고 심판을 받아야 했던 사람들이 있었다.

결론

달라지지 않음

사회적, 역사적 상황들은 급격히 변화되었다. 이스라엘은 고국으로 돌아왔다. 새 성전은 번제와 희생 제물을 가지고 와서 절기를 축하하고, 하나님께서 약속하신 메시아를 기대하도록 그들을 초청했다. 그러나 한 가지 달라지지 않은 것처럼 보이는 것이 있었다. 사람들은 종교를 선택할 수 있는 기회가 계속 그들에게 열려 있기를 바라고 있었다. 그들은 성전에서 하나님의 역사와 승리를 축하했다. 그런 다음 산당과 나무 아래와 계곡에 있던 예배 처소들을 찾아갔다. 거기서 그들은 오랫동안 지속해온 바알과 다산과 풍요를 약속하는 다른 신들을 숭배했다. 그들은 하나님께서 그들을 정치적으로 보호해주실 것이라고 선언하면서 또 한편으로는 그들이 가장 바라는 것들, 즉 땅의 비옥함과 다산을 다른 신들이 이루어준다고 선언했다.

그런 그들에게 하나님께서는 "그런 일은 용납할 수 없다. 나는 여전히 유일한 하나님이다. 의와 공평을 행하고 나만을 섬기라는 내 요구도 그대로다. 이 사실은 어떤 가정이나 어떤 국적이나 어떤 문화를 가지고 있든지 나를 예배하기 위해 오는 사람 모두에게 적용된다. 누구나 다 예배하기 위해 올 수 있다. 나를, 오직 나만을 믿고 예배하는 사람들에게 나는 구원과 평강을 약속한다. 그러나 그렇게 하지 않는 악인들은 내가 악인을 향해 늘 선포했던 심판을 받게 될 것이다" 라고 말씀하셨다.

■ 진리 알기

· 하나님께서는 모든 사람에게 하나님의 백성이 되라는 초청을 하신다.
· 하나님의 집은 어느 한 집단만이 아니라 모든 사람을 위해 기도하는 집이다.
· 하나님께서는 하나님께 신실한 사람들을 위해 믿을 만한 피난처가 되어주신다.

■ 적용하기

· 하나님 앞에서 공평하고 의로운 삶을 살기로 결단하라.
· 이기적이고 물질주의를 추구하는 자신의 모습을 보여주는 구체적인 행동들에 대해 하나님께 용서를 구하라.
· 생활 속에서 우상이 될 수 있는 것들을 멀리하라.

삶의 적용

하나님과 함께 싸우라

폴 칼슨(Paul Carlson) 박사는 캘리포니아에 병원을 개업한 잘 나가던 의사였다. 그는 벨지언 콩고(Belgian Congo)라 불리는 구조 단체와 함께 6개월 동안 의료 선교사로 봉사하기로 했다. 그 일을 마치고 캘리포니아로 돌아왔을 때 그는 다른 사람이 되어 있었다. 그는 콩고에서의 경험을 잊을 수가 없었다. 그는 다른 한 의사에게 "그 '가난을' 보게 되면 음식이 넘어가지 않을 걸세" 라고 말했다. 그리고 곧 그 젊은 의사는 자신의 가족들을 데리고 콩고로 가는 것 외에는 아무것도 할 수 없었다. 가장 원시적인 환경에서 그는 진료소를 열고 콩고 사람들을 치료하기 시작했다. 일년 총 비용은 약 320만 원($3,230)이었다.

2년 후 칼슨 박사는 자신이 해결할 수 없는 상황에 부딪혔다. 내란이 발발했고, 그는 다른 몇 사람의 미국 사람들과 함께 전쟁 포로로 잡혔다. 도망할 수 있는 기회를 본 그는 방벽 쪽으로 달려가 꼭대기까지 기어올라갔다. 총탄 소리가 울리면서 총알이 그의 몸 속 깊이 박혔다. 그는 방벽에서 떨어져 목숨을 잃었다.

〈타임(Time)〉지는 그 몰상식한 살해에 대해 다음과 같이 보도했다. "수백 명의 백인들과 수천 명의 흑인들과 함께 칼슨 박사가 살해된 것은 특별히 비극적인 일이었다. 그는 아프리카를 도울 수 있는 기회 이외에는 아프리카로부터 아무것도 원치 않았던 모든 백인들과 그 밖의 수많은 사람들을 대표하는 사람이었다. 그가 성자나 순교자가 되려 한 것은 아니었다. 그는 기독교 신앙과 평범한 인간애를 가지고 환자들을 돌보기 위해 콩고로 간 매우 탁월한 의사였다."

그는 겸손하고 통회하는 마음을 가진 신자를 보여주는 좋은 본보기였다. 신자들은 하나님께서 인간의 필요를 채워주기 위해 일하시는 곳을 찾는다. 가난과 무지와 질병과 미신과 불의와 죽음에 맞서 싸워야 하는 전쟁터에서 하나님과 함께 싸운다. 겸손한 신자는 경제적인 손실을 계산하지 않는다. 그는 하나님께서 말씀하신 것을 따르지 않을 때 따르는 손실만을 계산한다.

물질주의에 젖어 사는 생활 방식에서 벗어나 하나님의 사랑으로 다른 사람들을 섬기기 위한 길을 찾도록 하나님께서 당신을 부르고 계시는가? 칼슨 박사의 마음속에 콩고를 품게 하셨듯이 당신의 마음속에도 무언가를 품게 해주셨는가? 세상에 있는 모든 것이 "난 그런 일을 할 수 없어. 말도 안 돼"라고 말하게 만드는가? 하나님의 길은 우리의 길과 다르다는 사실을 기억하라. 하나님께서 '말도 안 되는' 길을 보여주실 때 그 길에 주목하라. 하나님의 방법에 의하면 분명히 말이 되는 길일 것이다.

기도

하나님, 하나님께서는 예수 그리스도를 알지 못하는 세상 사람들의 필요를 제게 보여주셨습니다. 그리고 제가 이 세상이라는 큰 그림 속에서 공평하고 올바른 일을 하기 원하십니다. 저와 제 가족은 공평하고 올바른 것이 무엇인지만을 늘 생각할 것입니다. 하나님의 길을 보여주십시오. 제가 어디로 가기 원하시는지 또 무엇을 하기 원하시는지를 보여주십시오. 저를 겸손하게 만들어주시고, 하나님의 방법으로 기꺼이 살아가고자 하는 통회하는 마음을 지니게 해주십시오. 아멘.

심층 연구

평강(히, shalom)

구약 성경에는 평강(히, shalom)이 237번 사용되었고, 그 가운데 29번이 이사야서에서 사용되었다. 성경이 말하는 평강은 전쟁이나 다툼이 없는 상태 그 이상을 말한다. 평강과 관계가 있는 히브리어 동사에는 "무언가를 무언가로 상환하거나 보답하다"라는 뜻이 내포되어 있다. 어떤 면에서 샬롬(shalom)은 부족한 무언가에 대한 보상이라는 뜻이다. 인간적인 관점으로 볼 때 그런 보상은 좋을 수도 있고 좋지 않을 수도 있다. 하나님께서 빛과 어둠과 행복(샬롬)과 불행(악, 사 45:7)을 지으셨다. 우리의 고통스러운 고뇌는, 하나님의 사랑을 보여주시고 우리의 모든 죄를 하나님의 등 뒤로 던지심으로 우리를 멸망의 구덩이에 빠지지 않게 하시는 하나님의 한 방법으로 우리의 평강을 위한 것이 될 수도 있다(사 38:17). 하나님께 신실하게 순종하는 길로 우리를 이끌어가기 위한 하나님의 한 방법이 될 수 있다(사 54:8). 평강은 우리가 취할 수 있는 어떤 것이 아니라 항상 하나님께서 베푸시는 것이다(사 26:12).

우리 죄 때문에 진노하신 하나님께서 우리를 징계하고 심판하신 후, 가까운 곳과 먼 곳에 있는 모든 사람들에게 평강을 선포하시며 치유를 약속하셨다(57:19). 하나님께서는 시온을 회복시키시고 '평강을 강같이' 주심으로 포로 생활하는 하나님의 백성들을 위로하셨다(66:12). 하나님께서 주신 그 평강은 특별한 사람들만을 위한 것이 아니었다. 하나님께서는 바사의 고레스 왕도 보호하실 수 있는 분이시다. 그에게 적군을 추격하게 하시고, "그 발로 가보지 못한 길을 안전히 지나가게" 하실 수 있는 분이시다(41:3).

하나님께서는 모든 사람들이 피난처를 찾아 하나님께 나아오기를 원하신다. 그들은 하나님을 유일하신 하나님으로 인정하고, 자신들의 이기적이고 물질주의적이며 세속적인 생활 방식 대신 하나님의 방법대로 살아가기로 결단하고, 하나님과 화목하게 된 후에야 그렇게 할 수 있다. 평강은 공의를 이루기로 헌신하고 화평하며 확신에 찬 삶을 살아갈 때 오게 된다(사 32:17). 평강은 '공의를 따르는 깊은 헌신' 이다(Healey, ABD, 5, p. 206).

하나님께 순종하면서 의로운 삶을 신실하게 살아가면 생명과 평강을 얻을 수 있다. 하나님께서 도움을 구하는 사람들에게 완전한 평강을 약속하셨다. 그런 사람은 하나님을 신뢰한다(사 26:3). 그는 하나님께서 원하시는 삶을 살아간다(출 18:23). 부족함이 없는 삶을 살며, 두려움 없이 의미 있고 목적 있는 삶을 살아간다. '화평한 집과 안전한 거처와 종용히 쉬는 곳' 이 있는 삶을 살며(사 32:18), 성공과 재물을 누리는 삶을 살게 된다(창 29:6, 렘 6:14). 인간이 좋아하고 기뻐할 수 있는 삶을 살며(사 55:12), 전쟁이 없고 평화를 누리며 서로 돕는 삶을 살게 된다(삿 4:17, 슥 6:13). 자녀들도 하나님께 배우고 순종하며 큰 평강을 경험하기 때문에 미래의 평강이 보장된 삶을 살아간다(54:13).

때때로 이 세상에서 평강을 찾아볼 수 없는데, 그것은 악이 크게 번성하기 때문이다. 그럴 때 의인들은 '자기들의 침상에서 편히 쉬게' 된다(57:2). 그러므로 하나님께서 새로운 통치자, 곧 평강의 왕을 보내실 때에만 완전하고 진정한 평강이 이루어진다(사 9:6, 슥 9:9-10). 하나님께서 '화평을 세워 관원으로 삼으시고 의를 세워 감독으로 삼으실' 것이다(사 60:17). 평강의 삶은 하나님께서 하나님의 백성들을 구원하시고 그들의 왕으로 통치하실 때 오게 되는 승리와 평화를 선포하는 사자들을 찬양하는 삶이다(52:7). 무엇보다 평강은 우리가 평화를 누리도록 대신 형벌을 받으신 고난의 종을 통해 온다(53:5). 하나님께서 메시아와 왕이신 고난의 종을 통해 주시는 그 평강은 시간적으로나 공간적으로나 '끝' 이 없다(사 9:7).

대부분의 사람들은 그런 평강을 경험하지 못한다. 왜냐하면 '그들의 행하는 곳에는 공의가 없기' 때문이다(사 59:8). 평화의 사절단이 슬피 운다. 왜냐하면 인간의 욕심과 이기심과 권력에 대한 욕구 때문에 평화를 추구하기 위한 제도들이 무너져 내리기 때문이다(사 33:7). 하나님께서 악인에게는 평강을 허락지 않으신다(사 48:22, 59:8). 하나님께는 보수하시는 날, 즉 되갚아주시는 날('샬롬' 과 관계가 있는 용어, 34:8)이 있다. 그것은 사람들이 어떻게 평강을 경험하게 되고, 무엇이 평강을 앗아가게 되는지를 보여준다. 하나님의 백성들에 대한 관심보다는 우리 자신이 처한 상황에 더 많은 관심을 가질 때에는 현재의 평강에 대한 하나님의 말씀 속에 미래에 대한 심판의 선언이 포함될 수 있다.

"선지자의 설교에 따르면 평강은 회복된 의의 결과이며 죄와 악을 행하면서 동시에 얻을 수 있는 것이 아니다"(사 32:17, 48:18, 54:13, 60:17, Nel, NIDOTTE, 4, p. 132). "평강은 창조 세계가 공평과 진리와 의를 회복하게 되는 개념을 포함하고 있다. 평강은 첫 창조 때와 마찬가지로 새로운 창조 세계의 복된 삶을 보여주는 신호다. … 평강은 하나님의 창조 계획의 회복이며, 앞으로 오게 될 완성된 삶을 미리 보여주는 것이다"(Healey, ABD, 5, p. 207).

교안

A. 들어가는 글

1. '의미 있는 폭풍우' 이야기로 시작하라.

2. 배경 설명: 하나님께서 값없이 와서 먹고 마시라고 사람들을 초청하셨다. 그들은 하나님께 돌아와 하나님께서 그들을 위해 마련하신 구원을 누릴 수 있었다. 그러나 그들에게는 "그 초청을 얼마나 잘 이해했는가 그리고 그 초청을 받아들였는가?"라는 문제가 남아 있다.

3. 적용: 이사야서 56-57장은 하나님께서 값없이 주시는 물과 양식과 하나님의 백성들의 구원에 대한 내용을 분명히 보여주고 있다. 구원은 그들이 공평과 의를 유지하고 평강을 받게 될 것을 의미한다. 그 반대는 그들이 그들 조상이 섬기던 거짓 우상들에게 돌아가기로 한 것 때문에 또다시 하나님의 심판을 받게 되는 것이다. 이 본문을 공부하면서 우리는 어떤 선택을 할 것인지 결정해야 한다. 하나님께서 말씀하시는 구원과 평강을 당신은 어떻게 이해하고 있는가? 당신의 삶 속에서 하나님의 심판을 불러오게 될 요소는 어떤 것들인가? 공의와 심판 가운데 어떤 것을 원하는가?

B. 본문 이해

1. 추방된 사람들에게 주어진 제안(56:1-8)
2. 악인을 삼킴(56:9-12)
3. 우상 숭배라는 환상(57:1-13)
4. 겸손한 사람들을 치유함(57:14-21)

C. 결론: '하나님과 함께 싸우라' 를 읽어주라.

1. 요약: 하나님께서는 사회적, 정치적, 지리적, 경제적, 인종적 배경에 상관없이 모든 사람들에게 하나님의 구원을 제안하신다. 그리고 그들이 이 세상에서 공평과 의를 행할 것을 기대하신다. 하나님께서는 또 하나님 자신이 명하신 방법대로, 선택하신 곳에서 하나님을 섬길 것을 기대하신다. 그것은 다른 우상들을 버리고 비도덕적이고 비생산적이고 악한 일에 참여하지 않는 것이다. 하나님의 제안을 받아들인 사람들은 구원과 평강을 얻고 공의를 이루기 위한 하나님의 프로그램에 참여하게 된다. 반면 하나님의 제안을 거부한 사람들은 심판을 받게 된다.

2. 도전: 자신이 살고 있는 도시를 직시해보라. 어떤 불의가 행해지고 있는가? 기꺼이 나서서 옳은 일을 행하고 공의를 위해 싸울 것인가? 이 질문에 아니라고 대답한다면 하나님과의 관계를 매우 심각하게 점검해보아야 할 것이다. 왜냐하면 하나님께서는 언제나 공의 편에 서 계시기 때문이다. 자신이 오늘도 어제와 똑같을 것이라 생각하며 먹고 마시며 즐기는 눈먼 파수꾼은 아닌지 잘 확인해보라. 그리고 겸손한 마음으로 하나님의 평강을 구하라.

토의 질문

1. 자신이 살고 있는 도시에서 의와 공평을 위해 싸울 사람들을 외쳐 부르고 있는 상황

을 두 가지 정도 설명해보라.

2. 하나님께서 기뻐하실 사람들에게서 볼 수 있는 특성은 어떤 것들인가?

3. 이스라엘은 하나님과 우상을 함께 섬겼다. 오늘날 우상 앞에서 절하지는 않는다 할지라도 우리 역시 하나님과 우상을 함께 섬기는 일을 하고 있지는 않은가? 그렇게 하고 있음을 보여주는 것은 어떤 일들인가?

이사야 58-59장

하나님께서 기뻐하시는 금식

"구약 성경에서 죄는 현존하는 그대로의 상태를 어지럽히는 교란이나 질서를 유지하고 있는 것들의 조화를 깨트리는 탈선이 아니다. 죄는 하나님과의 교제를 끊고 하나님의 사랑을 배반하며 하나님의 주권에 도전하는 것이다."

- 랄프 스미스(Ralph L. Smith)

하나님께서 판에 박힌 종교 활동에 아무 생각 없이 참여하는 하나님의 백성들의 죄를 지적하고 경고하기 위해 선지자를 보내셨다. 그들은 진정한 금식과 예배가 어떤 것인지, 즉 혜택 받지 못한 사람들을 불쌍히 여기고 공의를 추구하는 것이 어떤 것인지를 배워야 했다. 그런 금식을 행할 때 하나님께서 우리의 필요를 채워주실 것이다. 문제는 하나님의 무능이 아니라 우리의 죄다. 하나님께서 특별한 무기를 들고 불의를 행하는 하나님의 적에게 그 불의의 대가를 되돌려주실 것이다. 회개하는 사람들은 자신들에게 하나님의 신을 주시는 하나님을 볼 것이다.

Isaiah

들어가는 글

잘못 알고 있는 신분

우리는 종종 우리가 전혀 모르고 있는 어떤 것에 대해 자랑스럽게 점잔을 빼며 말하다가 우리의 잘못을 용감하게 지적해주는 사람을 마주 대하게 된다. 한 배구 코치의 놀라운 업적을 기사화했던 한 기자에게도 그런 일이 있었다. 그 보도에 따르면 그 코치는 배구계에서 할 수 있는 모든 일을 다 했다. 기자는 그녀의 사적인 배경, 배구를 하면서 이룩한 업적들, 선수들을 지도하는 비법들, 자기 팀의 경기 방식으로 그녀가 강조하는 경기 스타일 등을 소개했다.

다음 날 신문에는 그 기사에 대한 정정 보도가 실렸다. 그 배구 코치는 여자가 아니라 남자였다.

이스라엘도 자신들의 신분에 대해 그와 비슷한 실수를 하고 있었다. 그들은 결국 성전을 재건하고, 성전에서 행해지는 모든 행사에 기쁘게 참여하고 있었으며, 예루살렘의 멸망을 기억하기 위한 금식까지 행하고 있었다. 그들은 자신들이 하나님의 지시를 정확하게 수행하고 있는 매우 종교적인 사람들이라 생각했다. 그러던 어느 날 하나님께서는 그들이 사실은 그렇지 않다는 사실을 보여주기로 하셨다. 하나님께서는 이스라엘의 본래 모습을 보여주기 위해 그들의 죄를 신랄하게 드러내셨다. 그것은 스스로 만족하고 있던 하나님의 백성들에게 큰 충격이 되었다. 잘 살펴보라. 우리에게도 그와 같은 충격 요법이 필요할지도 모른다. 우리가 자랑스럽게 여기고 있는 우리의 신분이 우리를 바라보시는 하나님의 견해와 일치하지 않을 수도 있다(Swindoll, p. 496).

본문 이해

하나님께서 기뻐하시는 금식

Main Idea	하나님께서는 사람들에게 죄를 버리고 의로운 삶을 살면서 그들의 기도에 응답하고 치유하시는 하나님을 발견하라고 말씀하셨다.

A. 죄인들을 위한 조언(58:1-14)

제사장의 교훈

Supporting Idea	가난한 사람들을 위한 의로운 삶은 하나님께서 기도를 들으시고 응답해주시는 관계를 가져온다.

58:1-2. 선지자는 새 성전을 갖게 된 새로운 시대의 기대들을 이스라엘 백성들에게 알리는 것을 제사장의 역할로 보고 있었다. 백성들은 자신들이 종교의 이름으로 얼마나 기꺼이 포기하고 있는지를 보여주기 위해 금식 규정을 정확하게 따라야 한다고 생각했다. 하나님께서 중요한 말씀을 하셨다. 그 말씀은 종교 의식이라는 유홍 속에서도 들릴 수 있도록 나팔같이 큰 목소리로 전달되어야 했다. 공개적인 의식이 아니라 죄라는 문제가 종교의 핵심이었다. 사람들은 하나님을 만나 하나님의 길을 알기 위한 열망을 안고 성전으로 갔다. 그들은 마치 의를 행하는 나라처럼 행동했다. 하나님께서 그들의 종교적인 활동들을 다 무시하셨다. 그리고 한 가지 사실에만 주목하셨다. 그들은 하나님의 규례를 폐한 백성이었다. 예배를 드리고 하나님께서 원하시는 것이 무엇인지를 묻는 것만으로는 충분하지 않다. 하나님의 백성들은 하나님께서 원하시는 것을 행해야 한다.

58:3-5. 성전에서 일상적인 종교 의식을 계속 수행하는 사람들은 마치 그들이 하나님께서 그들에게 부과하신 책임을 다하고 올바른 행위를 한 것처럼 행동했다. 그들은 하나님께서 자신들의 의로운 행위들을 제대로 인정해주시지 않는다는 불평을 늘어놓기까지 했다. 그들은 금식하고 마음을 괴롭게 했지만 하나님께서는 알아주지 않으셨다.

하나님의 대답은 분명했다. "너희의 금식은 나와는 상관없는 것이다. 실제로 너희는 금식을 하면서 나를 찾는 대신 오락을 찾아 즐겼다. 너희는 너희의 역군들을 압제했다. 다른 사람들에게 너희를 위해 종일토록 일하게 함으로 그들은 예배에 참석할 수 없게 되었다. 너희는 예배드려야 할 때에 끝없이 다투며 싸웠다." 하나님께서는 금식 규정을 정확하게 따르는 사람들을 찾지 않으신다. 하나님께서는 도움을 필요로 하는 사람들에 대한 관심과 배려를 통해 자신들의 종교를 표현하는 사람들을 찾으신다. 굵은 베를 입고 재를 펴는 것을 금식이라 할 수 없었다. 그것은 그들이 자신들의 겸손을 자랑하고 있는 것뿐이라고 하나님께서 말씀하셨다. 그런 금식을 하는 날은 여호와께 열납될 날이 아니었다.

58:6-7. 형식적인 금식이 자신의 종교적인 자만심을 세우기 위한 것이라면 하나님의 은혜가 무슨 의미가 있겠는가? 하나님께 어떻게 받아들여질 수 있겠는가? 하나님께서는 도움이 필요한 사람들을 도와주는 것과 같은 구체적인 행동을 요구하셨다. 의로운 행동으로 흉악의 결박을 풀어주는 것에 강조점이 있었다. 하나님께서는 누구도 다른 사람의 멍에 아래 있는 것을 원치 않으신다. 그것이 모든 종류의 노예화에 맞서 싸우는 싸움의 기초가 된다. 하나님께서는 압제를 미워하신다. 하나님의 백성들이 압제당하는 자를 자유케 해주기를 바라신다. 하나님의 백성들은 생활에 없어서는 안 될 필수품을 가지지 못한 사람들의 기본적인 필요를 채워주는 일에 헌신해야 한다. 우리는 주린 자를 먹이고 유리하는 빈민들에게 거처를 제공해주어야 한다. 벗은 자를 보면 입히고 우리의 골육을 돌보아야 한다.

하나님께서는 가난한 골육을 피해 자신을 숨기는 사람들의 핑계를 받아주지 않으신다(신 22:1-4). 14절까지 나오는 '너'는 단수형으로 개인적인 책임과 복을 강조한다. 단수형 '너'는 하나님의 백성 각각을 지칭하는 것이며, 각 개인이 어떤 사람이 되는지에 따라 그들이 모인 집단체의 성격이 달라진다.

58:8-10. 하나님의 백성들이 구원은 다른 사람들을 위해 공평과 의를 세우는 일에 자신을 헌신하는 것을 뜻한다는 사실을 배우게 될 때 하나님의 약속과 목적이 이루어질 것이다. 그때 '이방의 빛'(49:6)이 비칠 것이다. 이방 나라들과 도움을 필요로 하는 사람들이 치료를 받게 될 것이다. 그것은 상처 위에 곧바로 딱지가 생기는 것과 같이 될 것이다. 의로운 행동 속에서 드러나는 하나님의 의가 이방인들에게로 이어지는 행진을 불러올 것이다. 하나님의 영광이 그들 뒤에서 그들을 호위할 것이다(52:12). 40-55장에서처럼 광

야를 지나 예루살렘으로 향하는 탈출 행렬에 대해서는 더 이상 말하지 않게 될 것이다. 대신 하나님을 위해 그들의 과업을 수행하고 예루살렘에서 예배하도록 온 세상을 초청하며 행진을 이끄는 이스라엘 백성들에 대해 이야기하게 될 것이다.

그런 상황에서 신실한 신자들은 하나님을 부르고 그 응답을 기대할 수 있었다(3절과 대조적으로). 선지자가 그를 부르시는 하나님께 내가 여기 있나이다라고 응답했던 것처럼(사 6:8) 하나님께서 순종하는 종들에게 응답하실 것이다. 하나님께서는 하나님의 백성들이 다른 사람들을 위해 그들의 모습을 나타낼 때에만 하나님의 백성들과 함께하신다. 다른 사람들을 위해 하나님의 백성들이 그 모습을 나타내는 일에는 말과 행동이 모두 포함된다. 다른 사람들을 비난하고 탓하기 위해 손가락질을 하거나 다른 사람들을 해치는 허망한 말을 하는 것은 주린 자에게 심정을 동하지 않는 것과 같이 악한 것이다. 그런 것들을 제하여 버릴 때 하나님의 구원의 빛이 그들과 주린 자들과 열방들을 위해 낮과 같이 비칠 것이다.

58:11-14. 가난하고 압제받는 사람들을 위해 의를 행할 때 하나님께서 이스라엘의 기도에 귀를 기울이시고(9절) 하나님의 손으로 그들을 인도하시며 그들을 만족시켜주실 것이다. 이것은 국가적인 의미를 내포하고 있는데, 그 이유는 예루살렘과 나라의 재건이 계속될 것이기 때문이다. 하나님께서 순종하는 사람들을 위해 그들의 꿈만이 아니라 하나님의 꿈을 이룰 수 있도록 인도하실 때, 폐허가 된 예루살렘에 대한 귀환한 사람들의 실망은 끝이 날 것이다. 여호와를 제대로 경외하고 예배하는 날이 오면 좋던 과거가 되돌아올 것이다.

선지자의 교훈이 끝났다. 선지자가 의미하는 종교가 설명되었다. 그 종교는 가난한 사람들을 배려하고 돌보는 것과 하나님께서 명하신 예배를 존중하는 것 이 두 가지가 결합된 것이었다. 진정한 종교는 예루살렘의 새 날과 하나님의 백성들이 누리게 될 새 기쁨을 불러오는 의와 공평을 행하는 것으로 표현되었다.

B. 죄 때문에 구원자와 단절된 상태(59:1-15상)

회개

Supporting Idea	우리를 하나님과 단절시켜놓는 것은 죄뿐이다.

59:1-8. 사람들은 듣고 구원하는 하나님의 능력이 없어졌다고 불평했다(50:2). 선지자는 그렇지 않다고 대답했다. 그들의 죄악이 하나님으로부터 그들을 단절시켜놓았다. 하나님께서 듣지 않으시는 것은 그들의 죄가 하나님의 얼굴을 가리웠기 때문이다. 죄는 가난한 자들을 압제하고(1:15) 거짓을 말하며 공정한 재판 과정을 왜곡시키고(1:21-23) 자신의 주머니를 채우기 위해 다른 사람들을 해치는 것이라고 분명히 말하고 있다. 성경은 시편 58편 4절과 잠언 1장 16절에서와 같이 잘 알려진 속담을 통해 그런 죄악을 묘사하기도 했다. 8절은 이스라엘의 죄를 간결하게 요약하고 있다. 그들은 평강의 길을 알지 못하고, 그들이 행하는 곳에는 공의가 없었다('평강'에 대해서는 56-57장의 '심층 연구'를, '공의'에 대해서는 1장의 '심층 연구'를 참고하라).

59:9-15. 선지자는 갑자기 죄를 자백하는 백성들과 합류했다. 백성들은 자신들이 선지자가 지적한 것과 같은 죄를 지으며, 공평과 의를 따라 행하라는 하나님의 명령을 거역했음을 시인했다. 그들은 마치 소경처럼 어두움 속에서 의지할 데 없이 더듬고 있었다. 그들은 죽은 자와 같았다. 그들은 자신들이 범한 죄의 본질을 말했다. 외적으로는 다른 사람들에게 해를 가하며 자신들의 배를 불렸고, 내적으로는 하나님을 거역했다. 그들은 공평의 의를 무시하고 외면하면서 하나님을 좇는 데서 돌이켰다.

C. 무장한 전능자(59:15하-21)

구원에 대한 약속

Supporting Idea	하나님께서는 하나님의 백성들을 구원하기 위해 친히 무장하시고 죄에서 돌이킨 사람들에게 하나님의 신을 주신다.

58:15하-17. 하나님께서 백성들의 자백에 응답하시고 구원을 약속하셨다. 하나님께서는 그들 가운데 공평이 없었기 때문에 진노하셨다. 동시에 적절한 질서를 회복할 수 있는 중재자(글자 그대로는 중재할 자) 없이 고통받는 그들을 보시고 이상히 여기셨다. 그래서 하나님께서 용사로 무장하셨다. 하나님의 강한 오른팔로 구원을 베푸실 것이다. 하나님의 의가 하나님께서 필요로 하는 모든 것을 공급하고 지원할 것이다. 하나님께서는 하나님을 거역하고 공의를 이루려는 하나님의 백성들을 대적한 모든 사람들에게 열심을 품고 보수하실 것이다('여호와의 열심'에 대해서는 9-11장의 '심층 연구'를 참고

하라).

58:18-21. 열방이, 심지어는 멀리 있는 섬들까지도 하나님을 경외하고 그분께 영광을 돌리게 되는 것이 하나님의 목적이었다. 동(해 돋는 편)에서 서방까지 온 세계가 하나님을 경외하고 두려워하게 될 것이다. 하나님께서는 그분의 백성들에게 구속자로 오실 것을 약속하셨다. 그러나 자신들의 죄과를 떠나는 자에게만 임하실 것이다. 하나님의 구원은 언약으로 조심스럽게 규정되었다. 선지자의 입에 두신 하나님의 말씀과 그 위에 있는 하나님의 신이 하나님의 백성들을 떠나지 않고 영원히 함께할 것이다.

구원은 하나님의 백성들이 죄를 지적하는 선지자의 말을 듣고, 선지자와 함께 자신들의 죄를 고백하며 위기에 처한 자신들을 구원하겠다고 하신 하나님의 약속의 말씀을 듣는 것이었다. 오순절이 되어서야 영원히 함께하시는 성령님께서 하나님의 백성들에게 임하셨다('하나님의 구속'에 대해서는 60-61장의 '심층 연구'를, '구원'에 대해서는 47-49장의 '심층 연구'를 참고하라).

Main Idea 복습	하나님께서는 사람들에게 죄를 버리고 의로운 삶을 살면서 그들의 기도에 응답하고 치유하시는 하나님을 발견하라고 말씀하셨다.

결론

자백과 회개

하나님께서는 죄와 맞서신다. 그분은 우리가 우리 자신의 죄를 알고, 자백하며, 회개하기 원하신다. 계속 죄를 지으면서 하나님께서 우리 기도를 들으시며 응답하실 것이라고 또는 우리 원수에게서 우리를 구출해주실 것이라고 기대할 수는 없다. 하나님께서는 구원을 베풀고 싶어하신다. 그러나 우리가 전심으로 하나님을 섬기고자 할 때만 그렇게 하신다. 하나님께서는 이스라엘이 압제당하는 사람들과 가난한 사람들을 돕는 하나님의 일에 동참함으로 그들 자신의 참된 믿음을 드러내보일 수 있게 되기를 바라셨다. 그리고 하나님의 백성들의 원수를 갚아주시고, 그들에게 하나님의 신을 주시겠다고 약속하셨다. 그러나 그 약속은 자백과 회개 후에만 이루어질 수 있었다.

▣ 진리 알기

- 하나님께서는 하나님을 거역하는 사람들의 경건을 무시하고 그들의 죄를 심판하신다.
- 다른 사람들을 이용하고 조종하는 것은 하나님께서 멸시하는 죄다.
- 죄를 범하는 삶을 계속 살아간다면 하나님께서 기도에 응답하지 않으실 것이다.
- 하나님께서는 이 세상에서 의와 공평을 추구하는 사람들의 기도를 들으신다.

▣ 적용하기

- 압제와 불의 때문에 고통받고 있는 특정한 사람이나 사람들을 돕기 위한 계획을 세우라.
- 지역 사회에서 굶주리고 있는 사람들을 돕기 위한 계획을 성경 공부 모임에서 함께 세워보라.
- 하나님께서 당신에게 어떤 기대들을 하시는지 확인하라. 그래서 그 기대들을 이루어드리고, 하나님의 기쁨을 경험하라.

삶의 적용

정말 이상하게 훌륭한 사람

마크 트웨인(Mark Twain)에 의하면 '정말 이상하게 훌륭한' 사람들이 있다. 필립 얀시(Philip Yancey)는 도움을 청하기 위해 자신을 찾아왔던 한 어머니의 경험을 통해 마크 트웨인의 말이 옳다는 것을 보여주었다. 그녀는 최근에 열다섯 살 된 자신의 딸과 함께 예배당에 서 있었던 이야기를 했다. 목사의 아내가 외로운 그녀에게 다가와 "이혼을 하게 되었다면서요. 부인이 예수님을 사랑하고 남편도 예수님을 사랑한다면 어떻게 이혼할 수 있는지 이해할 수가 없어요"라고 말했다. 목사의 부인과 이야기해본 적이 없었던 그녀는 그순간 할 말을 찾지 못하고 서 있었다. 그녀의 딸도 마찬가지였다. 그녀는 얀시에게 "고통스러웠던 것은 제 남편과 제가 모두 예수님을 사랑하지만 우리 결혼 생활은 돌이킬 수 없도록 깨지게 되었다는 사실이었어요. 그녀가 제 어깨를 감싸고 '일이 그렇게 되어서 정말 안타까워요' 라고 말해줄 수는 없는 건가요?" 라고 불쑥 말했다(Yancey, p. 31).

그 목사의 아내는 정말 이상하게 훌륭한 사람이었다. 그녀는 옳은 것에 대해 너무나 강한 태도를 취하고 있었기 때문에 고통 속에서 도움을 받아야 할 사람을 도와주기 위한 손을 뻗을 수 없었다. 이혼한 여성의 어린 딸은 "하나님, 나쁜 사람은 좋은 사람이 되게 해주시고, 좋은 사람은 친절한 사람이 되게 해주세요" 라고 기도했다.

이사야는 '훌륭한 사람들' 에게 말했다. 그들은 어떻게 금식해야 하는지를 알고 있는 사람들이었다. 그러나 그들은 하나님께 기도하면서 다른 사람들의 잘못을 비난하고 창피를 주기 위해 손가락질을 했다. 이사야는 하나님께서 우리의 죄를 알고 계시고 용서하시며, 우리를 구원해주고 싶어하신다는 사실을 우리에게 분명하게 상기시켜주고 있다. 우리는 말뿐 아니라 모든 사람을 위해 의와 공평을 세우시는 하나님의 일에 동참함으로써 회개하는 것이다. 우리는 다른 사람들에게 사랑과 자비를 베풀고 비록 희생이 따르더라도 사람들의 기본적인 필요를 채워주어야 한다. 당신은 '정말 이상하게 훌륭한' 사람이 아니라 하나님의 진리를 따르고 하나님의 구원을 기다리면서 의와 공평을 행하는 사람인가?

기도

모든 진리의 하나님이시며 공의로우신 아버지 하나님, 너무 종교적인 나머지 그 누구에게도 또 그 무엇에게도 아무 도움이 되지 못하는 것을 용서해주십시오. 종교적인 자만심과 오만을 회개합니다. 다른 사람들을 불의와 압제에서 자유롭게 하는 대신 그들을 판단하며 너무 훌륭한 사람이 되었던 그런 순간들을 용서해주십시오. 이 세상에서 의와 공평을 이루시고 압제로부터의 자유와 진리를 이루시려는 하나님의 일에 어떻게 동참해야 하는지를 알려주십시오. 아멘.

심층 연구

죄를 자백하는 이스라엘

이스라엘 백성들에게는 우리를 하나님으로부터 격리시키는 인간의 죄를 묘사하는 다양한 용어들이 있었다. 앞으로 살펴볼 죄에 관련된 용어들이 죄의 모든 속성을 다 포함할 수는 없을 것이다. 죄는 몇 단어로 국한되는 것이 아니기 때문이다. 죄에는 하나님의 뜻과 방법에 어긋나는 우리의 모든 행동과 모든 태도가 다 포함된다.

이사야서 58-59장에는 죄와 관련된 다음 용어들이 포함되어 있다.

pesha' 는 형벌을 받게 되는 범죄로 법적 질서에 반하는 것이다. 이 범죄에는 다른 사람에게 속한 재물을 불법적으로 소유하는 것(출 22:8)과 다른 사람에게 속한 재물이나 사람에게 손상을 입히는 것(암 1:3-2:6)이 포함된다. 자녀들은 그들의 부모를 거역했다(사 1:2, 1:28). 이스라엘의 지도자들과 그들의 대변인들, 즉 하나님과 백성들 사이에서 중재자의 역할을 해야 할 책임이 있는 사람들은 하나님을 거역했다(사 43:27). 그러나 가장 큰 거역은 창조주이며 이스라엘의 구속자이신 하나님 대신 다른 신을 섬긴 것이었다(46:7-8). 그런 거역은 새로운 것이 아니었다. 그것은 이스라엘이라는 나라가 탄생하면서부터 시작된 것이었다(48:8).

그런 반역은 하나님의 백성들을 하나님으로부터 격리시켰고, 하나님께서는 그들을 다른 나라에 파셨다(50:1). 하나님의 백성들은 자신들의 반역을 깨닫지 못했고, 그래서 하나님께서는 그들을 깨우치기 위해 선지자를 임명하셨다(사 58:1). 그러나 하나님께서는 우리의 반역을 그분의 기록에서 기꺼이 지우신다(사 43:25). 우리는 우리의 반역적인 행동과 태도가 그저 어쩌다 한 번 하게 된 실수가 아니라는 사실을 자백해야 한다. 우리의 그런 반역이 너무 많아서 그 허물이 우리와 함께 있다(59:12). 그런 행동이 다른 사람에게 범하는 죄가 될 뿐 아니라 하나님께 죄를 범하는 반역이라는 사실을 우리는 자백해야 한다(59:13).

우리는 회개하고 그런 반역으로부터 돌아서야 한다(59:20). 하나님의 고난의 종은 반역자의 명단에 자신의 이름이 포함되게 하셨다(53:12). 그는 우리의 반역적인 행동 때문에 찔리고 맞으셨다(53:5, 8). 그러나 우리를 위해 여전히 기도하셨다(53:12). 회개하지 않고 고난의 종의 속죄 사역을 받아들이지 않는 사람들은 죽음과 고통을 맞이할 것이다(66:24).

Chata'ah는 구약에 나오는 '죄'를 뜻하는 기본적인 단어다. 이 단어는 표적을 향해 쏜 화살이 표적에서 '빗나간' 것을 뜻한다(삿 20:16). 이 죄는 하나님이나 다른 사람들에게 범할 수 있는 죄다(삼상 2:25). 그리고 무의식적으로 범할 수도 있다(창 20:9, 레 4-5, 시 41:4). 이 죄는 이스라엘 역사 속에서 가장 먼저 등장하는 사람들에게까지 거슬러 올라간다(아담이나 아브라함이나 야곱, 사 43:27). 이 죄도 여전히 죽음을 불러온다(민 27:3, 왕하 14:16, 단 9:16). 하나님께서는 이 죄 때문에 백성들에게 하나님의 거룩한 얼굴을 가리고 그들의 기도를 듣지 않으셨다(사 59:2).

애석하게도 하나님의 백성들은 자신들의 죄를 자랑스럽게 여기며, 다른 사람들에게 그 죄를 알리려 했던 것처럼 보인다(사 3:9). 그들은 그들의 죄를 모아 쌓으며 죄에 죄를 더했다(사 30:1). 그들은 법정에서 헛된 말로 다른 사람들에게 해를 가했다(29:21). 그들의 죄로, 특히 우상을 만든 악한 손으로(31:7) 하나님을 괴롭게 했다(43:24). 우리의 죄가 하나님을 너무 진노하시게 만들었기 때문에 구원은 마치 불가능한 꿈처럼 보였다(64:5). 하나님께서 야곱의 집에게 그들의 죄를 알게 하시려고 선지자를 임명하셨다(58:1). 악인(1:4)은 하나님을 상대로 한 소송에서 승리할 수 있다는 소망을 가질 수 없었다. 왜냐하면 그들의 죄가 그들을 고발하고 있었기 때문이다(59:12).

죄의 대가는 지불되어야 한다. 죄인들은 패망할 것이다(1:28). 그들은 주의 날에 파멸할 것이다(13:9). 이방 나라에서 포로 생활을 하던 하나님의 백성들은 그들의 모든 죄를 두 배로 돌려받았다(40:2). 그러나 하나님께서는 여전히 우리의 죄를 사하시고(사 6;7, 27:9) 도말하고 싶어하신다(44:22). 하나님만이 그렇게 하실 수 있는 분이시다. 하나님께서는 우리의 죄를 더 이상 기억하지 않을 준비가 되어 있으시다(43:25). 하나님의 고난의 종이 많은 사람들의 죄를 담당하셨다(53:12).

'Awen은 '해악' 또는 '재앙'을 뜻하는데, 비참한 결과가 따르는 범죄와 죄를 묘사할 때 사용된다. 이 단어는 악한 행동과 그 결과를 설명하는 것으로 글자 그대로 하면 '재앙의 힘' 이란 뜻이다. 또 '속임수' 나 '무' 를 뜻할 수도 있다. 이 경우 종종 거짓 우상 숭배를 언급하는 의미로 사용되었다(사 41:290. 구약 성경에서는 98번 사용되었고, 언제나 산문이 아니라 시에서 나타나는 것을 볼 수 있다. 해를 미치고 재앙을 불러오는 죄는 어리석은 자의 마음을 차지하고 있으며, 어리석은 자로 하여금 하나님과 맞서게 만든다(사 32:6). 그런 사람은 사고 방식을 바꿀 필요가 있다(사 59:7). 그런 사고 방식은 위험하고 무의미한 말을 하게 만들기 때문이다. 그런 말은 달라지고 없어져야 한다(사 58:9).

이 위험한 죄는 하나님께 도움을 구하는 대신 이방의 정치적인 힘과 결탁하고(31:2), 악하고 위험하고 무의미한 법령을 발포하며(10:1), 불의와 사적인 이익을 위해 법적 제도를 교묘하게 조작할 때 범하게 된다(29:20). 법정에서 벌어지는 그런 잘못된 일들이 이런 유형의 죄를 낳게 한다(59:4). 그런 행동이 불러오는 결과는 해롭고 악한 것이다(59:6).

대부분의 경우 'awen을 행하는 사람들은 "그들의 권력과 중상과 저주와 거짓 증거와 입으로 범하는 다른 죄들을 남용함으로 여호와를 섬기는 사람들에게 해를 가한다" (Carpenter and Grisanti, NIDOTTE, 1, p. 313). 그런 사람들은 예배 방식을 바꾸어야 한다. 왜냐하면 그들의 예배 행위들이 비록 하나님께 헌신된 것이라 해도 모두 'awen에 불과하기 때문이다(1:13). 실제로 " 'awen을 행하는 사람들은 언약 공동체의 신실한 구성원, 특히 혜택을 받지 못한 사람을 뒤흔들려 하고 심지어는 죽이려고까지 한다" (Carpenter and Grisanti, NIDOTTE, 1, p. 310).

'Awen은 "건전하지 못한 모든 행동들과 그 행동들의 결과에 보편적으로 적용된다. 이 단어는 기본적으로 언제나 파멸하는 과정 전체를 떠올리게 해준다" (Knierim, TLOT, 1, p. 61). 그리고 정치, 경제, 사법, 군사 등 삶의 모든 영역에서 작용한다.

하나님께서는 결코 'awen을 조성하거나 야기하지 않으신다. 그러므로 'awen은 하나님의 백성들에 대한 징계의 일부가 아니다. 반면에 r '는 하나님께로부터 오는 재앙이다.(렘 4:6, 11:11, 17, 23, 미 2:3).

"모든 행태의 'aoewen의 행동과 영역은 암시적으로나 명시적으로나 사악하다. 따라서 언제나 신학적으로 부적격한 것으로 나타난다. … 그 이유는 'aoewen이라 불리는 것이 권세라는 영역에 영향을 미치는 구원을 왜곡하고, 따라서 하나님의 임재에 영향을 미치는 구원을 왜곡한다는 사실 때문이다" (Knierim, TLOT, 1, p. 62). 그러나 하나님께서는 여전히 위험하고 해로운 악을 행하는 사람들에게 회개하고 하나님께 돌아올 수 있는 새로운 기회를 제공해주신다(사 55:7). 그들은 공평한 대우를 받지 못하고 기회를 얻지 못한 사람들을 구체적으로 돕는 것을 통해 그들이 회개하고 하나님께 돌아왔다는 사실을 증명하게 된다.

'Awon은 '불의하고 옳지 않은 행동이나 실수' 이며(HALOT) 그런 행동의 결과다. 그 결과에는 악을 행한 사람들이 경험하고 야기한 죄가 포함된다(사 59:3). 거기에는 뒤틀리고 왜곡되며 하나님께서 정하신 도덕적 한계를 넘어서는 것들도 포함된다. 그리고 죄에 대한 형벌도 포함된다(64:7). 이 단어는 구약 성경에서 331번 나오는데, 그 가운데 22번이 이사야서에 나온다.

그런 왜곡된 행동을 하는 모든 사람은 바람에 날려가게 될 것이다(64:6). 우리의 왜곡된 행동은 하나님을 괴롭히고(43:24), 우리와 하나님 사이를 갈라놓은 벽을 세운다(59:2). 그래서 하나님께서 하나님의 얼굴을 우리에게 숨기시는 것이다(64:7). 하나님께서는 그런 행동을 벌하신다(13:11, 57:17). 심지어는 다음 세대까지도 벌하신다(14:21). 이방 나라들은 이 죄를 쌓아두고 '거짓의 끈' 으로만(5:18) 사용했다. 그들은 하나님과 하나님의 말씀을 신뢰하지 않았다. 그래서 불룩 나온 담을 가진(30:13) 포위된 도성처럼 특정한 몰락을 맞이했다. 그 악한 행동들은 감당하기에 너무 힘에 겨운 죄와 그 형벌의 무게로 한 나라를 짓누른다(사 1:4).

하나님의 백성들은 그들의 죄를 깨닫고 하나님의 진노가 지나가기를 기도한다(64:9). 이사야의 개인적인 경험은 하나님께서 그의 죄와 부당한 행동을 기꺼이 용서하신다는 것을 보여주었다(6:7). 물론 하나님께서 용서하기를 거부하실 때가 올 것이다(22:14). 그러나 하나님께서는 죄의 왜곡된 행동들을 대속할 길을 보여주신다(27:9). 하나님의 때에 하나님께서 죄가 용서되고 제거되었다고 선포하실 것이다(40:2). 하나님의 고난의 종이 우리의 불의하고 왜곡된 악한 행동들 때문에 찔리고 맞으셨다(53:5). 멸망받아 마땅한 우리의 행동에 대한 형벌을 그가 대신 받으셨다(53:6). 그리고 우리의 죄를 담당하셨다(53:11).

교안

A. 들어가는 글

1. '잘못 알고 있는 신분' 이야기로 시작하라.

2. 배경 설명: 이사야서 56-57장은 평강을 주시고 치유하시는 하나님으로부터 오는 소망을 하나님의 백성들에게 약속하고 있다. 그러나 악인들에게는 평강을 경험하지 못하게 하실 것이다. 이어지는 58-59장에서는 이스라엘에게 그들의 죄를 상기시켜 주고, 하나님의 평강을 얻기 위해서는 형식적인 종교 의식 그 이상의 것이 요구된다는 사실을 보여주기 위해 그들의 죄를 한 번 더 조목조목 짚고 있다. 하나님을 알고 싶은 열망을 안고 모든 종교 활동에 참여하지만 여전히 하나님의 심판을 받게 될 사람들이 있을 것이다.

3. 적용: 금식과 종교 의식을 기꺼이 행하는 철저하게 종교적인 사람이 죄를 범하고 하나님의 심판을 받게 되는 일이 어떻게 있을 수 있는가? 이사야서 58-59장은 하나님을 기쁘시게 하는 참된 종교의 요소들을 보여주고 있다. 그 두 장은 우리의 삶을 살펴보고 참된 종교의 요소들이 나타나고 있는지, 아니면 하나님을 기쁘시게 하는 일보다는 그저 교회가 요구하는 것들을 지키고 있지는 않은지 점검해볼 것을 우리에게 촉구하고 있다.

B. 본문 이해

1. 죄인들을 위한 조언(58:1-14)
2. 죄 때문에 구원자와 단절된 상태(59:1-15상)
3. 무장한 전능자(59:15하-21)

C. 결론: '정말 이상하게 훌륭한 사람' 을 읽어주라.

1. 요약: 종교적인 사람들도 죄인일 수 있다. 자신이 처한 비참한 상황 때문에 불평하

고 슬퍼하며 금식하는 사람은 하나님께서 기대하시는 것과 자신의 일상 생활을 자세하게 점검해볼 필요가 있다. 모든 사람들을 위해 의와 공평을 이루시려는 하나님의 일에 동참하지 않는 것은 하나님의 구원을 경험하지 못하게 만드는 것이다. 그 죄는 구원자로부터 우리를 격리시키고, 하나님께서 하나님의 백성들을 구원하실 때 그 기쁨에 참여할 수 없게 만든다.

2. 도전: 자신의 죄를 찾아내는 한 지침으로 이사야서 58-59장을 사용하면서 자신의 삶 가운데 나타나는 죄들을 확인하고 그 죄들을 회개하라. 구원자께서 다시 오실 것이기 때문이다.

토의 질문

1. 사람들이 자신들의 죄를 숨기기 위한 방편으로 사용하는 종교 활동에는 어떤 것들이 있는가? 그런 활동들에 대해 하나님께서는 어떻게 말씀하시는가?

2. 이사야서 58-59장은 하나님께 도움을 간구하지만 하나님께서 아무 응답도 해주시지 않는 것처럼 보일 때를 이해하는 데 어떤 도움이 되는가?

3. 주변에 있는 사람들 가운데 다른 사람들의 비난과 험담의 대상이 되고, 기독교 사역의 수혜자가 되어야 할 사람들은 어떤 사람들인가?

4. 참된 자백과 회개에는 어떤 것들이 포함되어야 하는가?

이사야 60-61장

영광을 드러내심

"하나님께서는… 내 속사람의 빛과 소리와 향기와 양식과 포옹이 되신다.
그곳에서 그 빛은 그 어떤 장소도 품을 수 없는 내 영혼을 비추며,
시간의 흐름도 그 아름다운 소리를 빼앗아갈 수 없다.
그곳에서는 그 향기를 제거할 수 있는 그 어떤 바람도 불지 않으며,
아무리 먹어도 그 양식이 끊이지 않고,
그 어떤 싫증도 느끼게 하지 않는 포옹이 있다.
그것이 내가 내 하나님을 사랑할 때 사랑하는 것이다."

- 어거스틴(Augustine)

하나님께서 예루살렘을 깨우시고, 예배하기 위해 성전을 찾아온 이방의 대표단을 영접하게 하셨다. 그들은 하나님께 예물로 드리기 위해 많은 재물을 가지고 왔다. 하나님께서는 더 이상 하나님의 백성들에게 진노하지 않으셨다. 대신 긍휼을 베푸시고 하나님께서 그들의 구원자와 구속자가 되심을 그들에게 가르치기 위해 이방 나라들의 방문을 사용하셨다. 의와 평강이 폭력과 파괴를 대신하게 될 것이다. 하나님께서 가난한 사람들에게 아름다운 소식을 전하고, 마음이 상한 사람들을 고치시며, 포로 된 사람들에게 자유를 주시고 보수하시는 하나님의 날이 왔음을 선포하시기 위해 하나님의 사자에게 기름을 부으셨다. 폐허가 된 도성들과 황폐해진 땅이 회복될 것이다. 하나님의 백성들은 세상을 위한 제사장이 되고 영원한 기쁨을 경험하게 될 것이다. 이것이 하나님께서 약속하신 영원한 언약의 한 부분이다. 그래서 하나님의 사자는 하나님을 찬양하는 노래를 부르고 있다.

Isaiah

들어가는 글

하나님의 손길

7월 5일 주일, 네 사람을 태운 비행기가 추락했다. 사흘 동안 수색한 후 드디어 비행기 잔해가 발견되었다. 버델 데이비스(Verdell Davis)는 그동안 내내 애타게 기다리며 생사를 알 수 없는 남편을 위해 기도했다. 그녀는 또 그 상황 속에서 아이들이 하나님의 손을 볼 수 있게 되기를 기도했다. 그녀의 딸 쇼나(Shawna)는 아버지가 살아 있을 것이며 모든 일이 다 잘될 것이라는 굳은 확신을 갖고 있었다. 마침내 소식이 왔다. 버델은 쇼나의 어깨를 감싸고 아버지가 결국 세상을 떠나고 말았다는 소식을 전해주었다. 쇼나는 "믿을 수 없어요"라고 말했다.

사흘 후 텍사스 코만체(Comanche) 교회에서 장례식이 시작되기를 기다리는 동안 버델은 목사와 이야기를 나누고 있었다. 주위를 돌아보던 그녀는 관 앞에 무릎을 꿇고 있는 두 소년을 보았다. 두 소년은 그들 사이에 무릎을 꿇고 있는 누이의 어깨를 감싸고 있었다. 어머니는 소년들이 자기들의 아버지처럼 하나님을 사랑할 수 있게 해주시기를 기도하는 것을 듣게 되었다. 그것은 하나님께서 그녀의 기도에 응답해주셨고, 자신과 아이들이 그 참사 속에서도 하나님의 손길을 볼 수 있다는 사실을 확신할 수 있게 해주었다.

그와 비슷하게 하나님께서는 예루살렘의 몰락과 포로 생활 속에서 보낸 세월을 통해 이스라엘에게 주어진 유익을 볼 수 있게 도와주려 하셨다. 하나님께서는 예루살렘과 함께 다시 시작할 준비를 하고 계셨고, 열방들이 하나님의 영광을 보고 하나님께 예배드릴 수 있도록 예루살렘 성문으로 불러모으실 준비를 하고 계셨다. 문제는 예루살렘 거민들이 참사 속에서 하나님의 손길을 보고 회복의 때에 참여하라는 하나님의 부르심에 귀를 기울일 것인가라는 점이었다(Davis, p. 18).

본문 이해

영광을 드러내심

Main Idea	하나님께서는 하나님의 백성들에게 의로운 삶과 영광스러운 예배를 회복시키시고 열방을 위해 그들을 제사장으로 보내신다.

A. 하나님의 영광의 빛 주위에 모임(60:1-9)

구원의 약속

Supporting Idea	하나님께서 하나님의 백성들을 하나님의 집으로 돌아오게 하심으로 그들을 영광스럽게 하실 것이다.

60:1-3. 하나님의 백성들은 그들의 도성으로 돌아가 도성과 성전을 재건하려 했다. 그러나 빠진 것이 있었다. 그들의 소망과 꿈이 실현되지 않았다. 실망과 좌절감이 자리를 잡기 시작했다. 선지자는 그들에게 용기를 주는 말로 그들의 주의를 환기시켰다. 하나님께서 그들을 위해 일하실 것이다. 절망과 패배라는 어두움이 땅을 덮을 것이다. 그러나 하나님께서 그들에게 하나님의 영광을 비추실 것이다. 그리고 그 하나님의 영광의 빛이 열방을 예루살렘으로 이끌 것이다('하나님의 영광'에 대해서는 6-8장의 '심층 연구'를 참고하라).

60:4-9. 열방들은 남은 포로들을 예루살렘으로 데려올 것이다. 그리고 예루살렘 성의 영광을 재건하기 위해 많은 조공, 즉 바다의 풍부와 열방의 재물을 가져올 것이다. 열방들에는 다시스와 먼 곳에 있는 섬들에 이르기까지 이스라엘에게 알려진 모든 나라들이 포함되었다. 이 이방인들은 또 성전에서 예배드리기 위해 올 것이다. 그리고 하나님께서 그들을 받으실 것이다(2:2-4, 55:5). 그 열방들은 하나님께서 어떻게 시온을 영화롭게 하셨는지를 보게 될 것이다. 이 모든 일은 이스라엘의 거룩하신 자에게 영광이 될 것이다.

B. 구속자를 알아보게 됨(60:10-18)

구원의 약속

Supporting Idea	열방을 지배하는 하나님의 승리는 하나님께서 구원자와 구속자가 되시며 거룩한 전능자라는 사실을 보여줄 것이다.

60:10-14. 이스라엘 백성들은 그들의 도성과 성전이 옛 영광을 되찾을 수 있도록 수고해야 할 필요가 더 이상 없게 될 것이다. 이방 나라들과 그 왕들이 성벽을 재건하는 데 필요한 인력과 재정을 공급해줄 것이다. 어떻게 그런 일이 일어날 수 있는 것인가? 하나님께서 죄를 범한 하나님의 백성들에 대한 진노를 거두셨기 때문이다. 이제 하나님께서 그들에게 긍휼을 베푸실 것이다(13-14장의 '심층 연구'를 참고하라). 시온이 두려움 때문에 성문을 닫게 되는 일은 이제 없을 것이다. 대신 그 성문은 예물을 가지고 오는 사람들을 수용하기 위해 하루 스물네 시간 열려 있게 될 것이다. 시온을 섬기지 않는 나라는 파멸되고 그 백성들은 반드시 진멸될 것이다.

백향목으로 잘 알려져 있던 레바논은 새로운 성전을 위해 그 자랑거리를 이스라엘로 옮겨올 것이다(왕상 5:6-18). 성전은 여호와의 발 둘 곳이며(대상 28:2, 시 99:5, 사 66:1, 마 5:35), 하나님께서 그곳을 영화롭게 하실 것이다. 열방들이 두려워하는 그곳에 살고 있는 이스라엘 백성들은 한때 자신들을 무시무시하게 멸시하던 자들이 자신들 발 앞 아래 엎드리며 예루살렘을 향해 오는 것을 보게 될 것이다. 그들은 그곳이 이스라엘의 거룩한 자의 시온이라는 것을 인정하게 될 것이다.

60:15-18. 하나님의 영광스러운 구원의 날은 덧없이 지나가는 것이 아니라 영영할 것이다. 자족과 기쁨이 다시 예루살렘 백성들의 특성이 될 것이다. 이 모든 일은 이스라엘이 여호와를 그들의 하나님으로 인정하고, 그분은 그들을 침묵시키는 분이 아니라 그들의 구원자이며, 그들을 파멸시키는 분이 아니라 그들의 구속자라는 사실을 확신하게 될 때 이루어질 것이다('구속'에 대해서는 '심층 연구'를 참고하라). 하나님께서는 야곱의 전능자로 변함이 없으셨다. 그것은 이스라엘이 존재하는 한 하나님께서는 이스라엘의 하나님이라는 사실을 말해주는 것이었다. 왜냐하면 야곱은 이스라엘이라는 이름도 가지고 있었기 때문이다(창 32:28). 그의 열두 아들들이 이스라엘의 열두 지파가 되었다.

구원의 날은 임시 변통에 사용되는 물건들이 아니라 특상품의 물건들로 그 특징을 이룰 것이다. 건물들은 더 이상 방어물로서의 역할을 하지 않고, 화평과 의가 나라를 다스리게 될 것이다. 방어벽은 구원이라 불리고, 강포와 파멸은 사라질 것이다.

C. 이스라엘의 영광이 되신 하나님(60:19-22)

구원의 약속

Supporting Idea	하나님께서는 하나님의 백성들의 영원한 빛과 영광이시며, 그들을 위해 의와 평화를 이루실 것이다.

날씨와 같이 예측할 수 없는 자연 현상과 빛에 더 이상 의존하지 않아도 될 만큼의 완전한 구원이 시온에 이루어질 것이다. 하나님의 영광이 해보다 밝을 것이며 어둠은 더 이상 존재하지 않게 될 것이다. 따라서 그들의 슬픔의 날도 끝이 날 것이다. 그런 놀라운 새 약속은 한 가지 조건 아래서만 가능한 것이었다. 사람들이 완전히 달라져야 했다. 그들은 하나님의 바른 우주 질서의 일부인 의를 이루는 사람들이 되어야 했다. 59장에서 자백한 죄로부터 돌아서야 했다('의'에 대해서는 50-51장의 '심층 연구'를 참고하라). 그런 다음에야 그들은 그들의 땅을 영영히 차지할 수 있을 것이다. 그리고 적들에게 그 땅을 빼앗길 것이라는 두려움이나 하나님께서 그들의 죄를 또다시 벌하실 것이라는 두려움은 가질 필요가 없게 될 것이다.

그런 조건 아래 아브라함의 자손들에게 하신 약속이 또다시 이루어질 수 있었다. 그 약속은 인간의 노력이 아니라 하나님의 능력에 달려 있었다. 하나님의 백성들은 하나님께서 그들 가운데 하나님의 영광을 나타내실 영광스러운 날을 위해 모이게 될 것이다(49:3, 61:3).

D. 하나님의 동산에서 누리게 될 기쁨(61:1-11)

위임에 관한 보고

Supporting Idea	하나님께서 좋은 소식을 전하고 도움이 필요한 사람들을 돕도록 하나님의 사자를 보내셨다. 하나님의 백성들을 하나님의 구원의 즐거움을 축하하는 열방의 제사장으로 세우셨다.

61:1-3. 선지자는 포로 생활에서 귀환한 공동체의 필요를 채워주기 위해 하나님께서 그를 임명하신 것에 대해 설명하고 있다(6, 42장, 50:4-11). 이 구절은 예수님께서 나사렛에서 하신 첫 번째 설교의 본문이 되었고, 그 설교에서 예수님께서는 이 구절에서 묘사하고 있는 역할과 자신의 역할을 동일시하셨다(눅 4:16-21). 선지자의 직무는 가난한 자와 도움을 필요로 하는 사람들에게 설교하는 것을 중심으로 이루어져 있다. 자유라는 말은 희년에 종들을 풀어주는 것을 말할 때 보통 사용되었다(fp 25:10, 13, 렘 34:8-10). 선지자의 사역의 원천은 여호와의 신이었다(59:21).

하나님께서 은혜를 베풀어주시는 때가 정해져 있는 것은 아니지만, 그때가 있는 것만은 분명하다. 하나님께서 슬퍼하는 모든 사람들을 위로(1:24, 12:1, 22:4, 40:1, 49:13, 51:3, 12, 19, 52:9, 54:11, 54:11, 66:13에서 볼 수 있는 히브리 용어와 같다는 사실에 주목하라) 하실 것이다. 그 결과 예루살렘에 거하는 사람들의 슬픔과 불평은 단번에 그리고 영원히 사라질 것이다. 아마도 꽃으로 만든 화관인 면류관이 슬퍼하는 사람들이 그 머리에 쓰는 재를 대신하게 될 것이다. 살갗에 바르는 기름이 다시 사용될 것이다. 슬퍼하는 사람들이 사용하지 않던 기름(삼하 14:2)이 다시 사용된다는 것은 사람들이 다시 희락을 느끼는 삶을 살게 될 것을 뜻한다. 선지자가 맡은 직무의 목적은 하나님의 영광을 나타내는 것이었다(49:3). 영광은 찬양과 긍지를 불러일으키는 것을 뜻하는 용어로 사용되었다.

61:4-7. 장기적으로는 오랫동안 황폐하게 남아 있던 예루살렘과 주변 성읍들이 재건될 것이다. 선지자의 선포로 나타날 구원으로 새로워진 상황은 이방인들을 불러모을 것이며, 따라서 하나님의 백성들은 하나님의 일에 이바지하게 될 것이다. 아론 지파만이 아니라 모든 백성이 이방 나라들을 위한 여호와의 제사장이 되고 하나님의 봉사자가 될 것이다. 이방 사람들은 하나님의 백성들을 위해 힘든 일을 할 뿐 아니라, 선지자들로 구성된 새로운 나라의 비용을 지불하기 위해 호화로운 예물들을 가지고 올 것이다. 재물과 분깃과 영영한 기쁨이 하나님의 백성들을 특징짓는 새로운 요소들이 될 것이다.

7절은 번역하기 어려운 구절이다. 문자 그대로 번역하면 "너희의 수치와 능욕이 배가 되는 대신 그들은 그들의 분깃 때문에 즐거워하게 될 것이다. 그러므로 그들의 땅에서 그들은 배를 얻고 영영한 기쁨을 누릴 것이다"라고 할 수 있는데, 이것은 이스라엘 백성들이 바벨론 땅에서 그리고 귀환한 직후 맞이했던 힘든 상황 속에서 고통스럽게 감수해야 했던 수치 대신 영원한 기쁨을 누리며 더 많은 땅을 얻게 될 것을 약속하고 있는 것으로 보인다.

61:8-9. 선지자는 하나님의 논거에 구원의 약속을 추가했다. 하나님께서 징벌하셨기 때문에 사람들이 고통을 받고 있을 때에도 하나님께서 미워하시는 불의와 강탈을 제거하시고, 하나님께서 사랑하시는 공의를 회복하기로 하셨다. 하나님께서는 하나님의 백성들이 받은 고통의 대가를 지불하시고 공의를 약속하는 영원한 언약을 그들과 맺으실 것이다. 그것이 흔적으로 그들에게 남아 있어서 그들이 다른 사람들과는 다르다는, 즉 그들은 하나님께 복 받은 자손이라는 사실을 모든 사람이 알아볼 수 있게 될 것이다. 그리고 그 결과 여호와께서 영광을 받으실 것이다.

61:10-11. 선지자는 하나님께서 그를 통해 이루시는 일들을 찬양하는 노래로 자신이 전한 메시지에 반응했다(12장). 하나님께서 열방들이 볼 수 있도록 하나님의 공의로운 질서를 세우시고 하나님의 위대하심이 움이 돋는 것처럼 나타나게 하실 것이다. 하나님의 사자는 그분을 본 사람들이 하나님의 구원과 의를 보게 될 것처럼 그렇게 하나님의 구원과 의를 덧입고 있었다. 그 아름다움은 결혼 예복처럼 아름다웠다. 그것은 가난하고 고통받는 사람들에게 좋은 소식을 전하기 위해 하나님의 신이 기름을 부으실 때, 하나님의 사람이 추구하는 목표다.

Main Idea 복습	하나님께서는 하나님의 백성들에게 의로운 삶과 영광스러운 예배를 회복시키시고 열방을 위해 그들을 제사장으로 보내신다.

결론

제사장의 나라

하나님께서 괴로워하는 그분의 백성들을 구속하기 위해 오셨다. 하나님의 영광은 열방들을 하나님의 도성으로 이끌었고, 풍성한 예물을 가지고 와서 황폐해진 곳을 재건하게 만들었다. 하나님의 영광은 도성에 필요한 빛과 완전한 날씨를 제공해주었다. 하나님께서는 진노가 아니라 긍휼이 하나님의 두드러진 특성이라는 사실을 보여주셨다. 하나님의 목적은 파멸이나 형벌이 아니라 하나님의 백성들을 구속하는 것이었다. 하나님께서는 공평과 화평을 이루고자 하셨다. 그렇게 하기 위해 하나님께서는 가난하고 마음이 상했으며 도움을 필요로 하는 사람들을 위한 소망의 메시지를 가지고 열방들을 위한 제사장이 되도록 하나님의 백성들을 부르셨다.

이스라엘은 그 도전과 선지자가 그들에게 알려준 정체성을 부인했지만 하나님께서는 하나님의 백성들을 저버리지 않으셨다. 나사렛 예수께서 오셔서 하나님의 사자에게 지정된 사명을 맡으시고, 세상에 새로운 소망과 구원을 주셨다. 하나님께서는 이제 우리가 예수님과 같은 사명을 맡고 세상의 소망 없는 사람들에게 소망을 전해주는 하나님의 백성이 되도록 우리를 부르신다. 그 부르심에 응답할 때 우리는 하나님의 은혜를 경험하고 영원한 기쁨이 우리의 것이라는 사실을 분명히 알게 된다. 그리고 하나님의 영광을 세상에 보여줄 수 있게 된다.

■ 진리 알기

- 하나님께서는 하나님의 백성들이 세상 모든 사람들에게 빛을 비추는 사람들이 되기 원하신다.
- 하나님께서는 세상의 모든 나라들을 다스리는 주권을 가진 분이시다.
- 하나님께서는 하나님의 백성들에게 평강을 주시고, 모든 슬픔이 사라지게 되길 바라신다.
- 하나님의 계획은 하나님의 영원한 언약을 통해 하나님의 백성들에게 복을 주시는 것이다.

■ 적용하기

- 하나님께서 당신의 구원자와 구속자가 되셨을 때 경험한 일들을 누군가에게 이야기하라.
- 하나님께서 당신을 부르시고 하나님을 위해 수행하도록 맡기신 일을 설명해보라.
- 인종적, 민족적 편견을 거부하라.

삶의 적용

샘슨의 꿈

우리는 세상에 드러난 하나님의 영광을 어디서 볼 수 있는가? 나는 체구가 작고 강인한 케냐 사람의 표정에서 보았다. 샘슨 키시아(Samson Kisia)는 하나님의 영광을 내가 알고 있는 그 누구보다 잘 보여주었다. 몇 년 동안 샘슨은 그가 섬기는 교회의 목사라는 직책 외에는 다른 아무 직책도 맡지 않았다. 그럼에도 불구하고 그는 케냐의 침례교회들과 복음주의자들의 지도자로 알려졌다. 지금까지 4년 동안 우리는 샘슨의 꿈을 실현하는 일을 돕기 위해 자원 봉사자들을 그에게 보내왔다. 3년 동안 그는 케냐의 서쪽 끝 전초 기지로 우리를 데려갔다. 거기서 우리는 예수 그리스도에 대해 들어야 할 필요가 있는 사람들을 찾기 위해 이 산 저 산으로 다녔다.

샘슨은 이웃 나라들에 복음 메시지를 전할 수 있도록 자기 나라 전체를 그리스도께 인도하고 싶었다. 어느 지역에 교회가 필요한지를 세밀하게 검토하고 계획한 후, 샘슨은 그들 지역에 복음을 전하고 새로운 교회를 시작할 수 있는 자원 봉사자들을 보냈다. 그리고 그 교회들을 섬기도록 하나님께서 부르신 사람들을 찾았다. 샘슨이 하나님께서 그에게 주신 꿈을 좇아 나아갔기 때문에 지금 케냐 서부 지역에는 약 백여 개의 교회가 세워져 있다.

1977년 1,271명의 사람들이 하나님께 돌아오게 된 일을 목격한 아홉 사람이 있었다. 1998년에는 29명의 자원 봉사자들이 하나님께서 5,963명의 사람들을 그리스도께로 인도하시는 것을 보았다. 그리고 1999년에 86명의 미국 자원 봉사자들은 15,082명의 케냐 사람들의 삶을 변화시키는 하나님의 능력을 경험했다. 2001년 샘슨은 북쪽 지역 사람들에게 복음을 전하기 위해 케냐 북동쪽으로 가면서 또 다른 꿈을 이루어나가기 시작했다. 그리고 하나님께서 16명의 자원 봉사자들의 증거를 통해 1,913명의 사람들을 그리스도께로 인도하셨다.

2001년 10월, 22명의 자원 봉사자들이 하나님께서 케냐에서 하시는 일을 보기 위해 그들과 합세했다. 샘슨은 어느 곳에서 복음을 증거하고 어느 곳에서 교회를 시작해야 하는지를 세밀하게 보여주는 지도를 이미 보낸 바 있었다. 그는 미국에서 온 자원 봉사자들과 함께 일할 사람들과 통역할 사람들을 훈련시켰다. 그는 또 세워질 새로운 교회들을 맡을 새로운 목사들의 명단을 작성했다. 샘슨은 케냐의 시골이 새로운 신자들로 가득 찬 교회들로 수놓아지고, 그래서 케냐의 전 지역과 그 이웃 나라들이 예수님을 그리스도로 인정하고 그분의 영광을 누리게 될 것을 보았다.

샘슨은 이사야가 선포한 일과 예수님께서 자신의 사명으로 여기셨던 일과 하나님께서 교회들에게 맡기신 일을 행했을 뿐이다. 하나님께서는 예수님을 구원자와 주님으로 알고 있는 각 사람에게 샘슨과 같은 꿈을 가지고 예수님을 주님으로 알리는 일을 하게 하셨다. 당신도 이와 같은 꿈을 가지고 있는가? 당신도 하나님께서 당신이 속한 곳에서 그분의 영광을 보이기 위한 하나님의 도구로 사용되고 있는가?

기도

영광스러운 하나님, 하나님의 영광과 존귀와 위엄은 말로 표현할 수 없습니다. 우리는 놀라며 하나님 앞에 서 있습니다. 하나님께서 하나님의 영광과 위엄을 세상에 알리시기 위해 우리를 사용하기로 하셨다는 사실에 놀라지 않을 수 없습니다. 하나님의 비전을 볼 수 있게 우리의 눈을 열어주십시오. 하나님께서 우리를 통해 일하기 원하시는, 가난하고 소외되며 상한 마음을 가진 갇힌 사람들을 보여주십시오. 제한된 시각을 가진 우리를 용서해주시고, 세상을 구원하기 원하시는 하나님의 꿈으로 우리를 채워주십시오. 그 꿈을 이루기 위해 어떻게 하나님과 함께 동역해야 하는지를 알려주십시오. 아멘.

심층 연구

하나님의 구속(60:16)

이사야는 하나님을 하나님의 백성들의 구속자로 보았다. 하나님께서는 백성들이 겪어야 했던 곤경과 그들이 안고 있는 문제들을 알고 계셨다. 하나님께서는 그들을 포로생활에서 귀환하게 하셔서 그들을 구속하는 일을 시작하셨다. 그리고 그들을 열방을 위한 제사장과 증인으로 사용하심으로 구원 사역을 계속하기 원하셨다. 그러나 구속자가 구속할 것이라고 한 선지자의 말의 정확한 의미는 무엇인가?

히브리어는 '구속하다' 라는 뜻의 동사형으로 ga'al을 사용하고, '구속자' 를 뜻하는 말로는 동사의 분사형인 go'el(고엘)을 사용한다. 동사는 기본적으로 '어떤 것을 다시 사다' 라는 뜻을 가지고 있으며, 집(레 25:33), 빚을 갚기 위해 팔린 사람(레 25:48-49), 희생제물(레 27:13), 하나님께 봉헌되었던 집(레 17:15), 땅이나 다른 재물(27:19-26)을 다시 사게 될 경우 등에 사용되었다. 예레미야 50장 34절은 이 표현을 하나님께 사용하기도 했다(욥 19:7-25, 시 119:154).

'고엘' 은 남편이 세상을 떠나고 자녀 없이 아내만 남게 된 경우, 가족법에서 사용되는 하나의 전문 용어가 되었다. 법과 관습에 따라 과부가 된 사람과 가장 가까운 친척이 그녀와 결혼하고 죽은 사람의 이름으로 자녀를 양육하도록 되어 있었다(창 30:1, 룻 4:4, 6). 이 책임을 완수한 그 남자 친척을 '고엘', 곧 '구속자' 라고 불렀다.

형법에서 죄를 범한 사람은 해를 가한 사람에게 보상을 해야 할 책임이 있었다. 어떤 이유 때문에 해를 입게 되었지만 손해 배상을 받을 수 없는 상태가 된 경우에는 그의 가장 가까운 친척이 손해 배상을 대신 받게 되어 있었는데 그때 그 친척을 '고엘' 이라 불렀다(민 5:8).

살인의 경우에도 원수를 갚아야 할 책임이 가장 가까운 친척에게 있었다. 이 경우 그 친척은 피의 '고엘' 이라 불렸다. 그러나 통제할 수 없는 장기간에 걸친 상호 복수를 방지하고 끊기 위해 살인자로 고소된 사람을 보호하기 위한 도피성들이 마련되어 있었다(민 35:12, 수 20:3-9, 왕상 16:11). 따라서 이스라엘의 율법에서 구속은 "한 일가에 속한 것을 외부의 지배권으로부터 구속하는 것" 이었다(Stamm, TLOT, 1, p. 291).

하나님께서는 애굽에서 종살이하던 하나님의 백성들을 애굽에서 이끌어내시고 자유를 주시며, 그들을 위해 하나님께서 하신 일을 설명하기 위해 '구속' 이라는 개념을 사용하셨다(출 6:6, 시 74:2, 78:35, 107:2, 렘 31:11, 호 13:14). 구속자이신 하나님의 형상은, 포로 생활을 하는 이스라엘 백성들의 상태(40-55장)와 귀환했지만 여전히 실망한 그들의 모습(56-55장)을 언급하고 있는 이사야서의 핵심 주제가 되고 있다. 출애굽을 통한 멋진 구속의 시기는 하나님의 백성들이 그분을 거역하고 그분의 성신을 근심케 하자 곧 끝이 났다(63:9-10). "첫 번째 출애굽을 기억함으로… 선지자는 노예 생활에서 벗어나 원래 그들에게 속했던 정당한 소유권을 회복하게 될 미래의 사건들을 새로운 출애굽으로 묘사했다(Hubbard, NIDOTTE, I, p. 792). 하나님께서는 하나님의 백성들에게 두려워하지 말라고 말씀하셨다. 왜냐하면 그들의 구속자가 그들을 도와줄 것이기 때문이었다(41:14). 하나님께서 진노하셨기 때문에 그분의 백성들이 고통을 겪어야 했지만, 그들에게 그 고통은 곧 끝이 날 것이며 긍휼을 베푸실 것이라고 말씀하셨다(54:8).

그들은 여전히 포로 생활을 하며 모든 사람에게 미움과 학대를 받고 있었다. 그러나 하나님께서 그들을 구속하셨고, 그들을 하나님의 백성이라고 선언하셨다(49:7). 하나님께서는 그들이 당하는 수치와 치욕을 알고 계셨다. 그러나 그들은 이제 그런 것들을 잊을 수 있게 되었다(54:4-5). 하나님께서는 모든 장애를 극복하고 그들을 귀환하게 하실 계획을 가지고 계셨다(43:1-2). 바벨론이 아무리 강한 적으로 보인다 할지라도 하나님께서 그들을 맡으실 것이다(43:14). 따라서 하나님께서는 이스라엘에게 바벨론을 떠나라고 명하시며(48:20) "여호와께서 하나님이 종 야곱을 구속하셨다" 는 사실을 열방에 알리실 것이다. 이스라엘을 바벨론에서 구속하셨을 뿐 아니라 예루살렘도 구속하셨다(52:9). 그러므로 국제 지도자들과 통치자들이 하나님의 능력을 인정하고 예루살렘으로 와서 하나님의 백성들 앞에 무릎을 꿇고 절하게 될 것이다(49:7, 26). 그들은 하나님의 백성들에게 자양분을 공급해줄 것이다. 왜냐하면 하나님께서 그들의 구속자이시기 때문이다(60:16).

이스라엘의 구속자이신 하나님을 필적할 자는 아무도 없다. 그 어떤 신도 하나님과 같지 않다(44:6-7). 하나님께서는 온 땅을 다스리는 분이시다(54:5). 이스라엘은 하나님의 종으로서 기뻐할 수 있었다. 왜냐하면 하나님께서 그들을 잊지 않으시고 구원하셨으며, 그들의 죄를 용서하셨기 때문이다(44:22-24). 그들의 구속자가 세상의 창조자시다. 그러므로 이스라엘은 그 어떤 나라도 그리고 힘없는 우상들도 두려워할 필요가 없었다(44:24-25). 이스라엘은 기도를 통해 고통과 좌절을 그들의 구속자이신 하나님께 호소할 수 있었다(63:16).

그러나 이스라엘의 구속자는 이스라엘을 구속하시는 것으로 만족하지 않으셨다. 그들에게 기대하시는 것이 있었고, 그 기대들을 채울 사람들을 위한 계획을 가지고 계셨다(48:17-19). 그들은 죄를 버리고 돌아서야 했다(59:20). 세계 역사의 마지막 장에서 드디어 이스라엘은 '여호와의 구속하신 자' 라 불릴 것이다(62:12). 그들은 위험한 짐승이 없는 곳에서 영원히 즐거워하는 삶을 살게 될 것이다(35:9-10). 따라서 이사야는 "처음부터 이스라엘 역사의 마지막에 닻을 내리고 있었다" (41:8-9, 51:1-3 참고). … " '고엘' 이신 여호와께서 이상한 물건을 사신 것이 아니라 언제나(아브라함 때로부터) 여호와께 속했던 것을 다시 찾으셨다. 여호와께서 이스라엘에 대한 자신의 오래 된 권리를 주장하셨다. 그들을 지으시고 선택하셨으며, 그들의 왕이시기 때문에 그들에 대한 권리를 주장하셨고 또 그 주장을 실현하셨다" (TLOT, 1, p. 294).

고안

A. 들어가는 글

1. '하나님의 손길' 이야기로 시작하라.

2. 배경 설명: 하나님께서는 이스라엘을 포로 생활에서 구속하셨다. 그러나 그 이상을 원하셨다. 예루살렘을 회복하시고, 하나님의 백성들이 열방에 대한 그들의 사명을

깨닫고 하나님의 영광을 드러내는 증인 역할을 해주기 바라셨다. 이사야서 60-61장은 이스라엘 백성들에게 그들을 구속하시는 하나님의 일을 깨닫고, 그들이 해야 할 예배와 증거라는 새로운 역할을 받아들일 것을 계속해서 촉구하고 있다.

3. 적용: 예루살렘으로 돌아온 이스라엘 백성들은 바벨론에서 그랬던 것과 별다를 바 없이 불평하기를 좋아했다. 하나님께서 그런 불평에 응답하시고, 하나님의 영광을 이 세상에 보여주기 위해 만들고 싶어하시는 새 예루살렘의 놀라운 그림을 보여주셨다. 오늘날 우리는 하나님의 영광을 온 세계에 증거하고 하나님의 영광과 위엄을 온 세상에 보이기 위한 하나님의 계획에 동참해야 할 사명이 우리에게 있다는 사실을 보고 있다.

B. 본문 이해

1. 하나님의 영광의 빛 주위에 모임(60:1-9)
2. 구속자를 알아보게 됨(60:10-18)
3. 이스라엘의 영광이 되신 하나님(60:19-22)
4. 하나님의 동산에서 누리게 될 기쁨(61:1-11)

C. 결론: ‘샘슨의 꿈’ 을 읽어주라.

1. 요약: 하나님의 계획은 우리의 계획보다 크다. 우리는 우리 자신의 구원만을 생각하지만 하나님께서는 온 세상을 구원하고 구속하고자 하신다. 우리는 우리가 처한 상황에 대해 불평한다. 그러나 하나님께서는 우리의 적을 우리 앞에서 무릎 꿇게 하시는 기적을 보게 하시려고 우리를 부르신다. 우리는 할 일이 너무 많다고 불평하지만, 하나님께서는 온 세상을 위한 제사장이 되어 하나님의 성전과 예배에 변화를 불러오는 일에 온 세상이 함께 참여케 하는 일을 하도록 우리를 부르신다. 그러나 그 일에는 예배에 참석하는 일 그 이상이 포함되어 있다. 그것은 예배에 참여하지 못하는 가난하고 도움을 필요로 하며 애통해하는 사람들에게 좋은 소식을 알려주는 것을 뜻한다. 그리고 우리를 찾아오는 풍족한 나라들에 하나님의 영광을 보이고, 또 메마른 세상에 하나님의 영광을 나타내는 것을 뜻한다.

2. 도전: 당신은 이사야가 그린 그림 가운데서 어느 위치에 서 있는가? 하나님을 모르며, 그분을 인정하지 않고 살아가는 사람들 가운데 속해 있는가? 그렇다면 예배에 참석해 하나님께서 당신의 구속자가 되고 싶어하신다는 사실을 발견해야 할 필요가 있다. 불평하는 하나님의 백성들 가운데 속해 있는가? 그렇다면 하나님의 영광을 이 세상에 알리는 제사장이 되도록 당신을 부르시는 하나님의 음성을 들어야 할 필요가 있다. 가난하고 갇혀 있으며 애통해하는 사람들을 만나고 있는가? 그렇다면 그들에게 하나님께서 사랑하시며, 그들을 향한 계획을 가지고 계시다는 사실을 말해주어야 할 필요가 있다.

토의 질문

1. 하나님을 모르는 다른 국적의 사람들을 어떻게 만나고 있는지 이야기해보라. 그들에게 어떻게 하나님의 영광을 보여줄 수 있겠는가?

2. 하나님께 어떤 불평들을 해왔는가? 그런 불평들을 넘어서서 하나님의 좋은 소식을 필요로 하는 사람들을 섬기는 일에 동참하도록 하나님께서 당신을 부르시는 것은 아닌가?

3. 슬픔과 가난과 투옥과 기아로 고통받고 있는 사람들을 5-10명 정도 생각해보라. 하나님께서 공평을 이루시고 그들에게 소망과 사랑을 주실 수 있다는 사실을 보여주기 위해 당신은 어떤 일을 할 수 있는가?

이사야 62-64장

잠잠치 않으시는 구원자

“사람들이 그대가 원하는 사람이 되지 않는다고 화내지 말라.
왜냐하면 우리 자신도 우리가 원하는 사람으로 만들 수 없기 때문이다.”

- 토마스 아 캠피스(Thomas a Kempis)

하나님께서 침묵을 깨고 불평하는 이스라엘 백성들을 향해 새로워진 이스라엘의 영광과 위대함을 약속하셨다. 그분은 이스라엘에게 다른 나라들이 예루살렘으로 올 수 있도록 길을 준비하라고 명하셨다. 하나님께서 자기의 백성들을 거룩한 백성으로 만들고 계셨기 때문이다. 적을 물리치기 위해 이미 일하고 계시며 자신이 이스라엘을 구원하는 전능자임을 보여주시기 위해 피로 물든 옷을 입고 에돔에서 오셨다. 선지자는 과거에 이스라엘을 구원하신 하나님의 위대한 구원 사역과 또 그들이 하나님을 적으로 만들면서 하나님의 신을 얼마나 근심케 했는지를 상기시켜주는 애가를 지어 이스라엘 백성들에게 전해주었다. 그래서 이스라엘 백성들은 하나님의 길을 따르지 않는 자신들의 마음을 완고하게 하시는 일을 이제 멈추어주시도록 하나님께 간청했다. 그리고 돌아오셔서 과거에 하셨던 것처럼 자신들을 회복시켜주시기를 간청했다. 그들은 하나님께 자신들의 죄를 고백하면서 진노를 거두시고 용서해주시기를 간청했다. 그들은 하나님께서 계속 침묵하시며 그들을 벌하시는 것은 아닐까라는 의혹을 가지고 있었다.

Isaiah

들어가는 글

말이 없는 친구

내게 큰 기쁨과 행복을 느끼게 해주는 귀한 친구가 있다. 우리는 많은 일들을 같이 하고 우리의 마음을 서로 나눈다. 그러나 우리의 관계를 저해하는 한 가지 요소가 있는데, 그것은 그 친구가 말을 잘 하지 않는다는 점이다. 그래서 오랫동안 심어지는 몇 시간 동안 대화가 단절되기도 한다. 그럴 때 내 마음속에서는 수많은 생각들이 일어나고 두려움을 느끼게 된다. 내가 이 친구를 몹시 화나게 할 만한 실수를 한 것인가? 이 친구는 왜 아무 말도 하지 않는 것인가? 이 친구를 영원히 잃어버리는 것은 아닐까? 우리 사이를 정상으로 되돌리고 다시 대화가 이어지게 하려면 어떻게 해야 하는 것인가?

이사야도 하나님과의 사이에서 그런 경험을 했다. 이스라엘은 하나님께서 그들과 함께하시며 그들을 위해 싸우시고 그들에게 복 주셨던 놀라운 경험들을 많이 기억할 수 있었다. 그러나 하나님께서 침묵하실 때가 있었다. 그들은 하나님께 나아갈 수 있는 길을 찾을 수 없었다. 적이 승리를 거두었지만 하나님께서는 아무것도 하지 않으셨다. 질문이 꼬리에 꼬리를 물었다. 그들은 하나님께서 침묵하시는 이유를 찾아내기 위해 소리를 지르고 토라져 뿌루퉁했다. 이사야서 62-64장은 하나님께서 침묵을 깨고 이스라엘을 놀라운 방법으로 구원하실 것이라는 하나님의 약속을 재확인시켜주셨을 때를 보여주고 있다. 여기서 우리는 하나님의 침묵과 인간의 죄와 미래에 이루어질 구원에 대해 많은 것들을 배울 수 있다.

본문 이해

잠잠치 않으시는 구원자

Main Idea	하나님께서 적을 물리치고 승리를 거두실 것이다. 그리고 하나님의 백성들을 의로운 공동체로 변화시키실 것이다. 그래서 그들은 자신들의 죄를 회개하고 하나님 아버지와의 새로운 관계를 추구하게 될 것이다.

A. 끊임없이 일하시는 구속자(62:1-12)

구원의 약속

Supporting Idea	하나님께서 열방에 대한 분명한 목적을 가지고 하나님의 백성들을 구원하시고, 그들을 거룩하고 의로운 백성이 되게 하실 것이다.

62:1-5. 사람들은 하나님께서 약속을 지키지 않으셨다고 계속 불평했다. 반면에 하나님께서는 잠잠하셨다. 그들의 **공의**와 **구원**(바른 질서와 구원된 상태)을 회복하기 위해 행동하실 것을 약속하심으로 그들의 간청에 응답하셨다. 그 일은 은밀하게 이루어지지 않을 것이다. 대신 열방과 그 지도자들이 다 보게 될 것이다. 하나님께서 예루살렘의 이름을 새롭게 하셨기 때문에 그 명성도 달라질 것이다. 다른 나라들이 마음대로 황폐화시킨 폐허더미가 아니라 하나님의 손에 들려 하나님을 돋보이게 하는 **면류관**이 될 것이다. 예루살렘의 새 이름은 버리운 자가 아니라 **헵시바**(**나의 기쁨**)가 될 것이며 황무지가 아니라 **쁄라**(**결혼한**)가 될 것이다. 결혼이라는 개념은 한 걸음 앞으로 더 나아간다. **그 땅이 결혼한 바가 될 것이며… 청년이 처녀와 결혼함같이 그 아들들이 그를 취할 것이다.**

이 구절은 성경을 공부하는 사람들에게 매우 다양한 해석을 불러왔다. 올바로 해석했다고 확신한 사람은 아무도 없었다. 내가 볼 때에는 하나님께서 60장 21-22절에서 약속하신 풍요에 대한 약속을 더 강화하고 있는 듯하다. '시온', '예루살렘', '땅' 은 모두 이스라엘 백성들을 의미한다. 그 땅을 떠나 먼 곳에서 유배 생활을 하던 사람들이 이제 그 땅과 결혼해 영원히 그곳에 머물게 될 것이다. 결혼이 신실한 사람들에게 축복이 되고 땅을 넓히며 그 땅을 채우게 되듯이(창 1:28) 사람과 땅의 영구적인 결합을 통해 하나님의 복된 백성들의 자손들이 번식하게 될 것이다. 하나님께서 그 결혼 잔치에서 기뻐하는 사람들 가운데 가장 기뻐하실 것이다. 하나님의 기쁨은 신부를 맞이하는 신랑의 기쁨과 같을 것이다.

62:6-9. 하나님께서는 또 다른 개념으로 하나님의 약속을 재차 확인시켜주셨다. 예루살렘의 성벽을 보호하기 위해 하나님께서 파수꾼들을 세우실 것이다. 그들이 천사인지, 선지자인지, 군인인지에 대해서는 언급하지 않으셨다. 그들은 침묵하지 않으시는 하나님처럼 잠잠하지 않을 것이다(1-6절 참고). 그들의 과업은 독특할 것이다. 그들은 예루살렘을 위해 행하기로 약속하신 것을 하나님께서 잊지 않으시도록 하나님의 약속 달력을 상기시켜주는 개인 비서와 같은 역할을 하게 될 것이다. 하나님의 목적은 예루살렘을 세워 세상에서 찬송을 받게 하심으로 하나님께서 영광을 받으시는 것이었다.

하나님께서는 맹세하신 일을 행하시는 하나님의 열심을 강조하셨다. 이방인들이 예루살렘을 지배하게 되는 일은 결코 다시 일어나지 않을 것이다. 예루살렘의 원수들이 조공이나 세금으로 예루살렘에서 나는 생산물과 곡식을 요구하는 일은 앞으로 다시없을 것이다. 대신 그것들은 새로 지은 성소 뜰에서 예배와 잔치에 사용될 것이다.

62:10-12. 하나님의 약속을 보이신 후 하나님께서는 앞에서 출애굽 당시 백성들을 위해 사용하셨던 것과 같은 표현(40:3)으로 그들에게 행동할 것을 촉구하셨다. 새로운 대로가 건설되어야 했다. 그러나 그 대로는 성전에서 예배드리기 위한 길을 예비하는 것이 될 것이다. 열방들에 대한 새로운 신호(49:21)는 여호와께서 하신 일을 열왕들에게 깨닫게 할 것이다. 그리고 그들은 적절한 조공을 가지고 올 것이다(60:2). 시온은 더 이상 임금을 기다릴 필요가 없게 될 것이다(61:8, 49:4). 상급은 새로운 성품과 조화를 이룰 것이다. 왜냐하면 그들은 거룩한 백성이라 여호와의 구속하신 자라 불리게 될 것이기 때문이다('여호와의 구속' 에 대해서는 60-61장의 '심층 연구' 를 참고하라). 따라서 열방들은 이스라엘의 하나님께서 이스라엘을 버리신 것을 조롱하는 대신 이스라엘을 찾아올 것이다(4절).

따라서 하나님의 백성들은 하나님께서 침묵하시는 것에 대한 불평을 그치고 목적을 이루시는 하나님을 맞이할 준비를 하고 있어야 했다. 그들은 과연 입을 삐죽거리는 대신 찬양하며 기다릴 수 있을 것인가?

B. 진노하시는 우리의 용사(63:1-6)

파수꾼에 대한 반응

Supporting Idea	용사이신 하나님께서 원수에게 진노하심으로 약속하신 것을 이루셨다.

63:1-2. 하나님께서 하나님의 약속을 이루실 것이라는 사실을 청중들에게 설득시킬 수 없었던 선지자는 이사야서 가운데서 가장 섬뜩한 그림을 그려내고 있다. 그는 국경을 파수하는 외로운 파수꾼의 역할을 보여주었다. 그 파수꾼은 동남쪽에서 일어나고 있는 일을 감시하고 있었다.

"들어보라! 에돔과의 경계에서 오는 자는 누구인가?"(보스라는 에돔의 수도였다. 34:6의 설명과 렘 49:13, 22 참고, 창 36:33 비교), "우리 적들의 하나가 공격하고 있는 것인가?"(34:5, 오바댜, 야곱의 형 에서의 후손인 에돔 족속에 대해서는 창 36장과 민 20:14-21, 왕상 11:14-22, 시 137:7, 겔 25:12-13, 애 4:21-22, 암 1:11을 보라), "어둠 속에서 움직이는 저것은 홍의가 아닌가?"

"아니다, 쏘지 말라. 너희를 구원하기로 약속한 나다."

"하나님의 용사란 말인가? 그런데 왜 그렇게 붉은 옷을 입고 있는 것인가?"

63:3-6. "내가 너희에게 했다고 너희가 주장하는 것을 원수들에게 행했다. 술을 만들기 위해 포도즙틀을 밟듯이 그렇게 그들을 짓밟았다. 내 약속을 기억하라(61:2). 만민 가운데 나와 함께한 자가 없어 나 홀로 그 일을 하지 않을 수 없었다. 너희는 이제 그 어떤 적도 더 이상 두려워할 필요가 없다. 내가 한 약속을 지키기 위해 내가 너희와 함께 있다." 그렇다. 하나님의 원수 갚는 날이 이르렀다(34:8, 61:2). 그 날은 원수들이 이스라엘에게 한 일을 하나님께서 그들에게 되갚아주시고, 이스라엘을 하나님께서 의도하신 대로 회복하시는 때, 곧 구원의 해였다.

불평을 그치라. 하나님께서는 침묵하지 않으신다. 우리의 용사가 오고 있다. 이제 일할 때라고 마음을 정하셨다. 그 누구도 그분을 막을 수 없다. 이미 시작하셨다. 그의 옷은 적의 피로 붉게 물들었다. 내가 노함을 인하여 만민을 밟았으며 내가 분함을 인하여 그들을 취케 하고 그들의 선혈로 땅에 쏟아지게 하였느니라.

C. 아버지의 약속에 대한 간청(63:7-64:12)

애가

Supporting Idea	하나님의 백성들은 자신의 죄를 회개하고 하나님 아버지와의 새로운 관계를 요청하며 하나님께서 내리신 벌에 대한 반응을 보였다.

63:7-9. 선지자는 탄식하는 청중들에게 하나님의 응답을 알렸을 뿐 아니라, 백성들이 그들의 좌절감과 불안을 하나님께 표현할 수 있는 적절한 언어를 제공해주었다(12, 25장, 61:10-11). 이 구절은 오늘날 하나님의 백성들이 쉽게 무시하고 있지만 성경이 말하고 있는 매우 놀라운 기도의 한 요소다. 시편들과 성경에 나타나는 다른 기도들은 위기에 처한 하나님의 백성들이 종종 느끼는 분노와 좌절감을 상당히 공개적으로 그리고 상당히 극적으로 표현하고 있다. 이 구절에 기록된 기도는 하나님의 자비(54-55장의 '심층 연구' 참고)와 찬양받기에 합당한 하나님의 은총과 긍휼(13-14장의 '심층 연구' 참고)을 언급하며 마치 하나의 찬송가처럼 시작하고 있다.

이스라엘 백성들은 하나님에 대해 말하고 있는 자신들의 전승을 되돌아봄으로 하나님의 자비와 은총과 긍휼을 알 수 있었다. 하나님께서는 그들을 위해 많은 일들을 행하셨다. 그들을 거짓을 행치 아니하는 자녀라 하셨고, 출애굽 사건 속에서는 그들의 구원자가 되셨다(출 1-15장, 사 59:1, 60:16, '구원'에 대해서는 47-49장의 '심층 연구'를 참고하라). 하나님께서는 그들의 모든 환난에 동참하셨다.

이 구절은 처음부터 해석하기 어려운 구절이 되어 왔다. 구약 성경을 헬라어로 번역한 70인역은 9절을 "모든 환난 속에서 그들을 구원한 것은 대사도 아니고 사자(또는 천사)도 아니었고 여호와 자신이었다"라고 번역했는데, 그것은 히브리어 원문과는 다르다. 그러나 어떤 경우든지 하나님의 백성들을 구원하신 하나님의 행동을 강조하고 있다(출 33:2). 하나님께서는 아버지처럼 사랑하셨기 때문에 그들을 구속하시고 그들을 위해 할 수 있는 모든 일을 다 하셨다(43:4). 그래서 옛적 광야를 지날 때 그리고 그 이후 모든 날에 아버지가 아이를 등에 업고 가듯 그들을 드시며 안으셨다.

63:10-14. 찬송의 분위기가 갑자기 사라진다. 이스라엘은 하나님의 기대를 저버렸다. 반역을 했다. 그들은 하나님께 신실한 자들이라는 신뢰를 줄 수 없었다(8절). 그들은 주의 성신을 근심케 했다. 구약 성경에서 동사 형태가 사용된 곳은 이곳과 시편 56편 5절

두 곳뿐이다. 글자 그대로 번역하면 "그들은 종일 흠을 찾고 내 말(또는 내 것)에 해를 가했다"가 된다. 동사에는 개인적인 모욕이나 상처로 인한 고통과 심한 염려가 내포되어 있다. 이스라엘은 하나님을 거역함으로, 즉 순종적인 사랑으로 아버지의 사랑에 반응하지 않음으로 하나님께 그런 상처를 주었다. 하나님께서는 그런 그들을 향해 구원자로 행동하는 용사가 되는 대신 그들의 대적이 되셨다.

그러자 이스라엘은 멈추어 생각했다. 글자 그대로 번역하면 "그리고 그는 옛적 일을 기억했다"라고 시작되는 11절은 몇 가지 질문을 불러일으킨다. '그'는 누구인가? 앞 절에 나오는 하나님을 가리킬 수도 있다. 그리고 그렇게 성경을 보는 학자들도 있다. 또 모세 혹은 모세와 그의 백성들로 보는 사람들도 있다. 히브리어 구문상 그것도 가능한 일이다. 그러나 히브리 이야기체에서 종종 볼 수 있듯이, 글을 쓴 사람은 이스라엘을 구체적으로 거론하지 않아도 '이스라엘'이 주어라는 사실을 자신의 청중들이 알고 있을 것이라 여겼던 것이 분명하다.

이 해석을 따르면 이스라엘 백성들은 하나님께서 함께하신 자신들의 역사를, 특히 출애굽이라는 중요한 구원 사건을 되돌아보았다(추억했다). 이스라엘은 현재 상황에 대한 질문을 제기하기 위해 그 사건을 사용했다. 바다를 가르고 바다 한가운데로 이스라엘 백성들을 지나가게 하신 모세의 하나님께서는 어디에 계시는 것인가(출 14-15장)? 그들 중에 두신 여호와의 성신은 어디에 계시는 것인가? 광야에서 약속의 땅으로 그들을 인도하시고 그들에게 안식을 주셨던 분은 어디에 계시는 것인가(출 33:14, 신 3:20, 25:19, 수 1:13-15, 22:4)? 그 이름을 영영케 하려 하셨던 하나님께서 왜 더 이상 일하지 않으시는 것인가?

63:15-19. 현재 일하시는 하나님의 모습을 전혀 볼 수 없었음에도 불구하고 이스라엘 백성들은 여전히 하나님께서 일하실 것을 요청했다. 그것은 어느 탄식에서나 볼 수 있는 기본적인 간청이었다. 그들은 하나님께서 거룩하신 분이며 영광스러운 분이라는 사실을 인정했다('이스라엘의 거룩한 자'에 대해서는 1장의 '심층 연구'를, '하나님의 영광'에 대해서는 6-8장의 '심층 연구'를 참고하라). 그리고 자신들의 의가 아니라 긍휼을 베푸시는 아버지의 사랑을 근거로 간청했다. 그들은 자신들이 하나님의 백성이라는 사실을 근거로 요청할 수 없었다. 왜냐하면 그들의 조상들이 그들을 모르고 인정하지 않았기 때문이다. 그들의 유일한 소망은 하나님께서 함께하시는 그들의 역사에 있었다. 상

고로부터 그들의 구속자가 되셔서 열성으로 그들을 보호하신 하나님께서 그들과 함께 하셨다('여호와의 열심'에 대해서는 9-11장의 '심층 연구'를 참고하라).

이스라엘 백성들은 혼란에 빠졌다. 그들의 구속자가 되셨던 하나님께서 이제 그들의 대적이 되기로 하셨다. 그렇게 하심으로 하나님께서는 그들의 마음을 강퍅하게 하셨다(6장). 그들에게는 하나의 대안밖에 없었다. 하나님께 달려가 '어찌하여'라고 탄원하는 것이었다. 그 탄원은 모든 탄식의 핵심 요소다. 그들은 "당신만이 유일한 하나님이십니다. 당신께서 역사를 주관하십니다. 당신은 우리를 지으신 창조주시며 우리의 아버지이십니다. 그런데 왜 우리를 몰아내시고 하나님을 경외하며 존경하지 못하게 하시는 것입니까? 왜 지금 이런 상황에 처하도록 하시는 것입니까?"라고 외쳤다. 그러므로 그들은 하나님께 돌아오실 것을 간청했던 것이다. "우리는 우리의 정체성을 다 잃어버렸습니다. 하나님께서는 하나님의 집을 잃어버리셨습니다. 우리는 하나님의 거룩한 백성입니다. 그런데 지금 우리는 다른 사람들과 조금도 다를 바가 없게 되었습니다. 도와주십시오!"

64:1-5. 2-6절의 번역과 해석은 이사야서에서 가장 어려운 작업들 가운데 하나다. 여러 번역본과 주석서들을 대조해보면 그렇다는 사실을 쉽게 확인할 수 있을 것이다. 도움을 청하는 간청이 격한 용어로 표현되어 있다. "전에 하셨던 것처럼 하십시오. 하늘을 가르고 우리에게 강림하십시오"(히브리어 원문에서 이 문장은 63:19의 끝맺음으로 되어 있다). "주의 대적으로 주의 앞에서 떨게 하시고 그들로 주의 이름을 알게 하십시오. 주께서 인간의 역사 속에서 중요한 일을 하신 지가 너무 오래 되었기 때문에 그들은 주의 이름을 잊었습니다."

하나님께서 어떻게 일하셨으며 어떻게 다시 일하시는지를 묵상하는 것은, 하나님을 앙망하면서 순종하고 기대하는 백성들을 위해 일하시는 유일무이하신 하나님 앞에서 경외감을 느끼며 잠시 말을 잃게 한다. 드디어 이스라엘 백성들은 하나님께서 자신들에게 알리고자 하셨던 것이 무엇인지를 알게 되었다. 하나님께서는 다른 모든 신들과 전혀 다른 분이시다. 인간의 역사를 주관하시고 역사 속에서 일하실 수 있는 하나님의 능력이 그들과 다른 점이었다. 그러나 그 묵상은 현재의 상태를 생각나게 할뿐이었다. 하나님께서 그들의 죄 때문에 진노하셨다. 이스라엘은 이제 하나님께서 죄를 범하게 하셨다고 주장하는 대신(63:17) 자신들이 죄를 범하기로 선택했다는 사실을 고백했다. 그들의 죄는 선지자가 그의 책을 통해 알렸던 바로 그 죄였다. 그들은 하나님의 길을 기억하고 기쁘게 의를 행하는 자들을 대적했다. 그러므로 그들은 그런데 우리가 어찌 구원을 얻을 수 있으리이까라고 스스로 물어야 했다. 그들은 그 대답을 알고 있었다. 그들에게는 구원을 기대할 수 있는 근거가 전혀 없었다.

64:6-7. 이스라엘은 자신들의 죄를 열거하며 탄식을 자백으로 바꾸었다. 그들의 죄는 허다했다. 그들은 우리는 다 부정한 자 같다고 고백했다. 그들은 종교적이었다. 의를 행하는 것처럼 보였다. 그러나 모두 헛된 일들일 뿐이었다. 청소할 때나 사용하는 더러운 옷처럼 쓸모없는 것들이었다. 그들의 죄는 그들을 파멸로 몰아갔다. 여호와의 이름을 부르는 사람이나 주를 붙잡는 사람은 아무도 없었다. 기도하면서 하나님의 뜻을 구하는 사람도 없었다. 따라서 63장 11절-64장 12절의 탄식은 기도로 이어지는 출발점이 되었다. 하나님께서 그 얼굴을 숨기시고 하나님의 백성들로부터 물러나 그들이 범한 죄의 대가를 치르며 고통받게 하셨던 것은 충분히 이해할 만한 일이었다.

64:8-12. 그러나 하나님의 백성들은 포기할 수 없었다. 그들은 다시 하나님께 돌아와 아버지의 긍휼을 간청했다. 이 구절은 구약 성경에서 하나님을 아버지라 부른 몇 안 되는 구절들 가운데 하나다(신 32:6, 삼하 7:14, 왕하 2:12, 시 68:6, 89:27, 사 63:16, 64:8, 렘 31:9, 말 1:6, 2:10). 창조주가 자신의 피조물을 잊을 수 있겠는가(사 29:16과 41:25에서 이사야가 토기장이와 토기를 비유로 사용한 것에 주목하라)? 하나님께서 영원히 진노하실 수 있는 것인가(45:9에서 볼 수 있는 하나님의 주장이 이 구절에서 전도된 것에 주목하라)? 하나님께서는 어떻게 용서하고 어떻게 잊어야 하는지를 아시는 분이 아닌가? 우리가 다 주의 백성이라는 사실을 기억하고 계시는 분이 아닌가? 이스라엘 백성들은 하나님의 땅의 상태를 하나님께 설명했다. 특히 하나님께서 거하시는 아름다운 곳, 즉 우리 열조가 주를 찬송하던 우리의 거룩하고 아름다운 전이 폐허로 변한 모습을 안타까워하면서 처절하게 묘사했다. 예루살렘은 하나님께서 그렇게 되지 않을 것이라고 약속하신 바로 그 모습이 되어버렸다(62:4). 그런데도 하나님께서 영원히 잠잠하실 수 있는 것인가?

이스라엘 백성들에게는 그들의 죄와 불신앙을 고백할 뿐 아니라 창조주의 긍지와 아버지의 사랑에 호소하는 기도(선지자가 그들에게 알려준)가 있었다. 이제 무슨 일이 일어날 것인가? 그들은 하나님께 신실하게 기도하고, 하나님 앞에 서 있는 자신들의 상태를 있는 그대로 인정할 것인가? 그래서 하나님께서 그들의 기도에 응답하실 것인가? 아니면 시큰둥한 표정으로 그들은 계속 하나님께 불평을 늘어놓을 것인가?

Main Idea 복 습	하나님께서 적을 물리치고 승리를 거두실 것이다. 그리고 하나님의 백성들을 의로운 공동체로 변화시키실 것이다. 그래서 그들은 자신들의 죄를 회개하고 하나님 아버지와의 새로운 관계를 추구하게 될 것이다.

결론

하나님의 영원한 계획

이스라엘이 불평하는 것은 옳지 않은 것이었다. 하나님께서는 잠잠하지 않으셨다. 그들을 위해 계획을 가지고 계셨다. 그리고 하나님의 일정에 따라 역사 속에서 일하시면서 승리를 거두시며, 하나님의 백성들을 하나님께서 늘 계획하셨던 의로운 공동체로 변화시키실 것이다. 실제로 하나님께서는 이미 하나님의 구원의 능력을 보이시며 대적인 에돔과 싸우기 위해 행진하고 계셨다. 이스라엘은 광야에서처럼 여호와의 신을 근심케 하며 계속 불평할 것인가, 아니면 자신들의 죄를 고백하고 용서를 구할 것인가?

하나님의 백성들은 오늘날에도 침묵하시는 하나님을 종종 경험한다. 성경은 우리가 불평을 그치고 우리 죄를 자백한다면 하나님께서 다시 일하실 것이라는 사실을 믿도록 우리에게 도전하고 있다. 그리고 이 세상에서 하나님의 일을 이루시기 위해 찾으시는 의로운 믿음의 사람들이 될 것을 촉구하고 있다.

▣ 진리 알기

- 하나님께서는 하나님 자신이 기뻐할 수 있는 의로운 사람들을 만드실 계획을 가지고 계신다.
- 하나님께서는 하나님의 백성들을 구원할 수 있는 분이시며 그들을 기뻐하신다.
- 하나님께서는 아무의 도움 없이 홀로 모든 승리를 거둘 수 있는 분이시다.
- 하나님의 백성들이 고통스러워할 때 하나님도 그들의 고통에 동참하신다.

· 구원은 오로지 하나님께서 하나님의 백성들을 사랑하시고 그들에게 자비를 베푸시기 때문에 가능한 것이다.

■ 적용하기

· 현재가 아무리 어두워보일지라도 미래를 계획하신 하나님에 대한 당신의 신뢰를 표현하라.

· 구원자께서 다시 오실 것을 기대하라.

· 하나님을 찬양해야 할 이유들을 열 가지 정도 열거해보라.

· 지금까지 범한 모든 죄를 용서해주시도록 하나님께 기도하라.

삶의 적용

들을 준비가 되었는가?

말이 없는 편인 내 친구는 종종 "이제 들을 준비가 된 거야?"라는 간단한 질문으로 긴 대화를 시작하곤 한다. 그럴 때면 나는 내 친구의 관심사나 필요는 무시한 채 내가 생각하고 있는 문제들을 털어놓거나, 아니면 내가 받은 질문에 정말로 귀를 기울이고 있지 않다는 사실을 드러내면서 전혀 적당하지 않은 방식으로 내 친구의 질문에 대답하곤 하는 내 자신을 보게 된다. 실제로는 내 친구가 설명하고 있는 현실을 무시하고 내가 꿈꾸는 세상 속에 빠져 있으면서도 마치 내가 모든 것을 다 알고 있는 것처럼 생각하고 있었다. 내 친구는 나를 도와주고 싶어했지만, 내게 현실을 직시하거나 내가 무시하고 싶어하는 상황에 주의를 기울이게 만들 수는 없었다.

이스라엘은 하나님께서 택하신 백성이었다. 하나님께서는 그들을 하나의 나라로 만드시고 땅을 주시고 지도자들을 세우시고 열방 가운데서 명성을 얻게 하셨다. 무엇보다 이스라엘은 다른 나라들처럼 삶을 즐기면서 하나님을 자기들 편에 둘 수 있는 방법들을 모색했다. 그들은 하나님께 신실하지 못했다. 그래서 하나님께서는 그들에게 한 가지 교훈을 가르치셔야 했다. 하나님께서는 잠잠히 그들을 위해 아무것도 하지 않으시는 것을 통해 그 교훈을 가르치셨다. 이스라엘은 잠잠하신 하나님 때문에 한동안 불평을 늘어놓았다. 그러나 결국 그들은 하나님께 귀를 기울이게 되었다. 그들이 의롭게 될 준비가 될 때 하나님께서 일하실 것이다. 그들은 하나님의 구원 역사뿐 아니라 죄로 얼룩진 자신들의 역사를 인식할 필요가 있었다. 자신들의 죄를 고백하면서 구원의 능력을 가지고 일하고 계시는 하나님을 보게 되었다.

지금도 하나님께서 잠잠하신 것에 대한 사람들의 불평은 여전하다. 그래서 많은 사람들이 하나님을 믿지 않으려 한다. 그들은 하나님께서 최근에 하신 일들을 보지 못하기 때문이다. 하나님을 믿는 우리들의 경우도 하루 또는 한 주간을 힘들게 보내면 하나님께서 휴가중이실 것이라는 결론을 내리거나 하나님께서 우리를 잊으셨을 것이라는 결론을 내린다. 이제 우리도 불평을 그치고 귀를 기울여야 할 때가 되었다. 하나님께서는 우리가 죄를 자백하고 하나님의 의로운 목적에 헌신하면서 하나님의 일정표에 따라 일하시는 하나님을 기다릴 것을 우리에게 요구하신다. 탄식이 용납될 수는 있다. 그러나 그 탄식은 자백과 회개와 회복을 불러오는 것이 되어야 한다.

기도

잠잠하신 하나님, 하나님과 하나님의 방법을 이해하기가 어렵습니다. 하나님께서 우리를 위해 하셨던 많은 일들을 보았습니다. 하나님의 구원을 경험하고 세례를 받은 일들과 심지어는 재난에서 구출된 일들까지 자세히 증언할 수 있습니다. 그런데 지금 우리가 처한 이 고통스런 상황에 대해 기도하고 탄식하지만 하나님께서는 귀를 막고 계신 것처럼 보입니다. 우리 죄를 자백합니다. 하나님을 따르는 동시에 세상을 따르려 하면서 하나님을 수없이 실망시켜드렸습니다. 그런 우리의 죄를 회개합니다. 하나님, 우리를 용서해주시고 새롭게 회복시켜주십시오. 침묵을 깨시고 우리를 구원해주십시오. 아멘.

심층 연구

성신

구약 성경에 나오는 '성신' 또는 '여호와의 신'을 연구하고 규정하는 일은 여러 가지 면에서 매우 어려운 과제다.

첫째, 그리스도인들은 오순절에 임한 신약 성경의 성령에 대한 이해를 가지고 구약을 대하며, 그 이해를 가지고 구약 성경을 읽는다.

둘째, 히브리 단어 ruach는 구약 성경에 378번 나오는데(이사야서에서는 51번) '성신'을 뜻하는 용어로 사용되었을 뿐 아니라 '신, 바람, 생기, 호흡' 등을 뜻하는 용어로도 사용되었다. 따라서 하나님의 ruach는 하나님의 호흡(출 15:8, 10, 사 11:15), 즉 하나님의 입에서 나오는 것으로 하나님의 말씀(사 11:4)을 뜻하는 용어로 사용되었을 것이다. 이것이 계시에 따르는 하나의 신비다. 하나님께서 하나님의 백성들에게 또는 하나님의 영감을 받은 성경 기자에게 바람이 언제 어떻게 하나님의 호흡을 의미하는 용어로 사용되어야 하는지를 알려주셔야 했기 때문이다. 바람이 하나님의 호흡으로 인식되는 경우, 하나님께서는 바람 속에서 하나님의 백성들과 함께하셨다.

셋째, ruach는 하나님뿐 아니라 인간을 포함한 모든 살아 있는 생물체를 구성하고 있는 한 요소다. 피조물의 신/호흡과 하나님의 신/호흡 사이의 관계가 언제나 분명하게 나타나는 것은 아니다. 또 그 둘을 쉽게 구분할 수 있는 것도 아니다. 창세기 2장 7절의 히브리어 원문은 하나님께서 아담에게 '생기'를 불어넣으셨다고 말하고 있다. 그러나 그 구절에서는 ruach가 사용되지 않았다. 대신 neshemah가 사용되었다. 창세기 6장 17절과 7장 15절에서는 모든 피조물과 인간의 호흡을 뜻하는 용어로 ruach가 사용되었다. 창세기 7장 22절은 생명체 ruach(호흡)의 neshmah(생기)가 모든 생물, 즉 사람과 동물 속에 있다는 것을 말해주고 있다. 이사야서 42장 5절은 인간에게 ruach를 주시는 하나님을 묘사하고 있다(57:16). 스가랴 42장 5절에서는 하나님께서 인간에게 ruach를 주시는데, 그 ruach는 호흡으로 또는 영으로 볼 수 있을 것이다. 그리고 욥기 27장 3절에 나오는 인간의 코에 있는 기운은 하나님의 ruach다.

인간의 ruach는 호흡을 의미할 뿐 아니라 "가장 강한 감정으로부터 모든 활력의 상실에 이르기까지 인간 마음의 전 영역을 설명하기 위한, 극히 중요한 생명력으로까지 그 의미가 확장될 수 있다"(Albertz and Westermann, TLOT, 3, p. 1210, 수 2:11, 5:1, 사 25:4, 57:15, 65:14 참고).

넷째, 바람은 형벌과 파멸을 위해 하나님께서 창조하고(암 4:13) 사용하시는 도구다. 따라서 바람은 종종 하나님의 ruach이다(시 35:5, 사 27:8, 57:13, 렘 4:11-12, 겔 13:11, 13, 19:12, 호 13:15). 하나님께서는 또 구원을 베푸시기 위해 바람의 방향을 지휘하시고(민 11:31), 바람 속에서 하나님의 백성들에게 나타나신다(삼하 22:11, 단 7:2).

다섯째, 선지자들을 이동시키기 위해 하나님께서 바람을 사용하실 수도 있다. 그러나 이 경우 하나님의 바람과 하나님의 신을 구별하기가 상당히 모호해진다. 영어로 번역하는 사람들은 바람이나 신, 둘 가운데 하나를 선택해야 하지만 히브리 용어에는 두 의미가 다 함축되어 있다(왕상 18;12, 겔 3:12, 14, 11:1, 24, 43:5, 행 8:39).

여섯째, ruach는 감정적이고 심리적인 영향이 따르는 외적 또는 내적 힘을 묘사하는 것일 수도 있으며, 대부분의 경우 부정적인 의미로 사용된다(민 5:14, 호 4:12, 슥 13:2). 이 경우 '여호와의 부리신 악신' 이라 불렸다(삼상 16:14-16, 23, 19:9, 왕하 19:7). 인간의 ruach는 인간의 의지와 행동을 불러오는 지력의 중추가 될 수 있다(대하 36:22, 렘 51:11).

그러므로 인간에게는 '새로운 ruach' (겔 11:19, 36:26)가 필요한데, 그것 역시 하나님께로부터 오는 것이다.

따라서 ruach는 인간의 존재와 경험을 형성하는 한 부분이며, 하나님께서 창조하시고 지휘하시는 부분이다. 어떤 면에서 사람들의 내적 ruach는 그들 가운데서 선과 악, 축복과 저주를 위해 하나님께서 행하시는 일이라 할 수 있다. 구약 성경은 하나님의 ruach를 더 직접적으로 언급하고 있다. 하나님의 ruach는 요셉에게 꿈을 해석할 수 있는 능력을 주셨다(창 41:38). 선지자들은 특별한 신을 가지고 있었으며(왕하 2:9, 15), 그것이 언제나 좋은 것만은 아니었다. 왜냐하면 '신에 감동한 사람' 은 '미친' 사람이라 불릴 수도 있었기 때문이다(호 9:7). 하나님께서 선지자들의 입에 속이는 신을 임하게 하실 수도 있었다. 그들은 한 하나님의 이름으로 다른 말을 하면서 신이 어떻게 한 선지자에게서 다른 선지자에게로 옮겨갈 수 있는지를 논쟁했다(왕상 22:24, 대하 18:23).

여호와의 ruach는 구약 성경에 27번 나타난다. 때때로 그것은 바람이었다(사 40:7, 호 13:15). 여호와의 신은 성급할 수도 있었다(미 2:7). 그리고 그 어떤 조언도 필요로 하지 않는 하나님의 마음이 될 수도 있었다(사 40:13). 여호와의 신은 이스라엘을 약속의 땅으로 인도하고 안식을 주었다(사 63:14). 또 사사들이 이스라엘을 다스리고 전쟁터로 군대를 이끌 때 그들에게 임했고(삿 3:10, 11:29), 삼손에게 가공할 만한 힘을 발휘할 수 있게 해주었다(삿 13:25, 15:14). 여호와의 신은 사울로 하여금 무아지경에 빠진 것과 같은 모습으로 다른 선지자들과 함께 예언하는 사람이 되게 할 수 있었다(삼상 10:6). 그러나 사울에게 여호와의 부리신 악신이 들자 그를 떠났으며, 어린 다윗에게는 왕이 될 수 있는 지혜와 능력을 제공해주었다(삼상 16:13-14). 여호와의 신은 다윗(삼하 23:2)과 에스겔(겔 11:5)과 미가(미 3:8)와 하사엘(대하 20:14)과 이사야(61:1)가 시를 쓰고 노래하며 예언할 때 그들에게 임했다. 여호와의 신은 또 약속된 메시아의 배후에서 움직이는 힘이었다(사 11:2).

하나님(히, 'elohim)의 ruach는 16번 나타난다(창 41:38, 겔 11:24절 포함). 많은 성경학자들이 창세기 1장 2절의 ruach를 '바람' 으로 이해하고 있기는 하지만, 그 구절은 하나님의 신을 창조 사역의 한 주체로 포함시키고 있다. 하나님의 신은 장인에게 필요한 재주와 지혜를 주었다(출 31:3, 35:31). 또 발람과 사울과 사울의 사자들과 아사와 스가랴에게는 예언을 할 수 있게 해주었다(민 24:2, 삼상 10:10, 19:20, 23, 대하 15:1, 24:20). 또 사울을 크게 노하게 만들기도 했다(삼상 11:6).

대명사와 하나님의 이름을 나타내는 다른 표현들을 통해 여호와의 신을 언급하고 있는 구절도 30군데 이상 나타나는 것을 볼 수 있다. 성신은 사람을 창조하고 세상을 새롭게 하는 힘이다(시 104:30, 욥 33:4). 이스라엘의 계획은 하나님의 신을 통해 이루어져야 했다. 그러나 그렇지 않을 때가 너무 많았다(사 30:1). 그래서 하나님께서는 하나님의 신으로 그들을 애굽에서 나오도록 지시하셨다(느 9:20, 사 63:11). 그리고 모세와 70인의 장로들과 함께 하나님의 신을 공유하셨다(민 11:17, 25). 여호수아에게도 하나님의 신이 함께했다(민 27:18). 하나님께서는 하나님의 신을 선지자들에게 주심으로 사람들의 악한 행위를 바꾸려 하셨다(느 9:30). 하나님의 신이 사람들에게 예언하게 한 후 모세는 하나님의 백성들이 모두 다 예언할 수 있게 되기를 기도했다(민 11:26-29). 그리고 하나님의 선지자는 하나님의 신이 자신을 하나님의 백성들에게 보냈다는 것을 알고 있었다(사 48:16). 그러나 하나님의 백성들은 하나님을 거역하며 하나님의 신을 근심케 했다(사 63:10, 슥 7:12).

하나님의 신은 하나님의 종의 사역을 지시했다(사 42:1). 시편 기자는 여호와의 신의 인도하심을 구했다(시 143:10). 시편 기자는 용서를 위해 기도했고, 하나님께서 그를 정결케 하시며 그에게서 성신을 거두어가지 마실 것을 간청했다(시 51:11). 한편 시편 기자는 자신이 하나님의 영을 결코 피할 수 없다는 사실을 잘 알고 있었다(시 139:7). 하나님께서 하나님의 신을 통해 포로 생활을 하던 마른 뼈와 같이 된 이스라엘을 되살리셨다(겔 37:14). 하나님께서 하나님의 신을 이스라엘 자손들에게 부어주시고, 아브라함에게 약속하셨던 것처럼 그들의 수가 셀 수 없이 많아지게 될 것을 약속하셨다(사 44:3). 하나님께서는 하나님의 신을 하나님의 백성들에게 임하게 하시고, 하나님의 말씀을 그들의 입에 두심으로써 그들로 하여금 하나님께 순종하도록 하는 것을 포함하고 있는 하나님의 언약을 새롭게 하셨다(겔 36:27). 그들에게 부어주신 하나님의 신은 하나님께서 그들과 함께하실 것이며, 그들에게서 하나님의 얼굴을 다시는 숨기시지 않을 것이라는 하나님의 약속을 보여주는 표시였다(겔 39:29).

마지막 날에 하나님의 신은 모든 사람이, 심지어는 종들까지도 예언할 수 있게 할 것이며(욜 2:28-29) 땅을 비옥하게 하고 공의가 이루어지는 아름다운 땅으로 만들 것이다(사 32:15-16).

따라서 구약 성경에서 하나님의 신은, 하나님의 세상에서 창조하고 하나님의 뜻을 알리며 하나님의 백성들을 징계하기 위해 그들과 함께하시는 하나님의 강력한 임재를 표현하는 한 방식이었다. 그리고 하나님의 백성들이 하나님의 뜻을 알고, 선지자로서 다른 사람들에게 그 뜻을 알리며, 새 창조와 의로운 새 백성에 대한 하나님의 약속이 성취되는 것을 보게 될 새 날에 대한 약속이기도 했다.

교안

A. 들어가는 글

1. '말이 없는 친구' 이야기로 시작하라.

2. 배경 설명: 이스라엘 백성들은 포로 생활을 마치고 고국으로 돌아오기는 했지만 가난 속에서 살아야 하는 것에 대한 좌절감과 침묵하시는 하나님에 대한 불만으로 뿌루퉁해 있었다. 그러나 하나님께서는 의로운 나라를 세우시려는 하나님의 뜻을 보여주시기 위해 침묵을 깨고 원수의 피로 물든 옷을 입고 행진하셨다.

3. 적용: 하나님의 백성들이 불평하면서 뿌루퉁해진 이유는 무엇인가? 그들은 하나님의 말씀을 듣고 반응할 것인가? 계속 불평하는 사람들에게 하나님께서는 무슨 말씀을 하셔야 하는가? 이 장을 공부하면서 우리는 하나님을 희생시키고 우리 자신을 정당화하려는 우리의 잘못을 깨달아야 한다. 그리고 불평을 그치고 우리가 생각하는 대로 모든 것이 이루어지지 않을 때에도 하나님께서 기대하시는 것들을 향해 우리의 얼굴을 돌려야 한다.

B. 본문 이해

1. 끊임없이 일하시는 구속자(62:1-12)
2. 진노하시는 우리의 용사(63:1-6)
3. 아버지의 약속에 대한 간청(63:7-64:12)

C. 결론: '들을 준비가 되었는가?' 를 읽어주라.

1. 요약: 하나님께서는 때때로 하나님의 백성들을 향해 침묵하셨다. 그들은 침묵하시는 하나님께 소리를 지르고 불만을 터뜨리며 탄식을 쏟아놓았다. 그러나 결국 그들은 하나님의 일정표에 따라 그들과의 언약을 새롭게 하시며 그들을 위해 일하고 계시는 하나님을 보게 되었다. 하나님의 백성들은 탄식을 죄에 대한 자백과 회개로

바꾸고 용서를 구해야 한다.

2. 도전: 혹시 지금 하나님의 침묵을 경험하고 있는가? 하나님께 탄식하고 있는 시편들을 읽고, 그 시편들을 통해 분노와 좌절감을 표현할 수 있게 하라. 그런 다음 자신의 삶을 점검해보고, 죄를 자백하며, 용서를 구하고, 하나님의 계획과 시간표에 따라 일하시는 하나님을 인내하며 기다리라.

토의 질문

1. 하나님께서 침묵하시는 때가 있다고 생각하는가? 우리의 죄가 하나님과 우리를 갈라놓기 때문에 하나님의 음성을 우리가 들을 수 없는 것은 아닌가? 아니면 둘 다 사실인가?

2. 하나님께서 침묵하시는 동안 경험한 일들을 성경 공부 모임에서 서로 나누라. 하나님과의 대화가 다시 시작되기 위해 어떤 일이 일어났는가?

3. 하나님께서 이스라엘의 적을 맞이해 싸우심으로써 침묵을 깨셨다. 하나님께서 침묵을 깨시고 놀라운 방법으로 우리와 함께하시는 것을 오늘날에는 어떤 방법으로 보여주시는가?

이사야 65-66장

신실한 사람들의 장래

"'내 이름으로 불리는' 이라는 말 속에 참된 예배의 의미가
요약되어 있다. 하나님의 이름으로 기도한다는 것은
하나님께 복종하는 것이며, 드러난 하나님의 성품과 뜻에 따라 기도하는 것이다."

- 존 왓츠(John D. W. Watts)

하나님께서는 찾으실 때 응답하지 않았던 이스라엘을 책망하시며 그들이 몰두하고 있는 죄들을 지적하셨다. 하나님께서 이스라엘을 멸망시키기 위해 기록된 흉조들을 행하실 것이라고 위협하셨지만, 남은 자들은 구원하실 것을 약속하시며 뒤로 물러나셨다. 그러나 그것은 여전히 많은 사람들이 불행을 겪게 될 것이며, 하나님께서 새롭고 신실한 백성들을 만드실 것이라는 뜻이었다. 실제로 하나님께서는 예루살렘과 하나님의 백성들을 기뻐하시며 새 하늘과 새 땅을 지으실 것이다. 새 낙원에 있는 사람들을 위협할 수 있는 악은 하나도 없을 것이다. 하나님을 위해 이 땅에 지은 집은 하나님께 필요하지 않다. 하나님께서는 종교적인 의식을 행하며 즐거워하는 악한 사람들이 아니라 겸손하게 통회하는 사람들을 찾으신다. 하나님의 신실한 사람들을 고통스럽게 하는 원수에게 보복하시고, 신실한 사람들을 기적적으로 증가시키실 것이다. 하나님께서는 예루살렘의 위로자가 되실 것이다. 그러나 하나님의 원수에게는 격노하실 것이다. 하나님의 백성들을 먼 곳으로 보내실 것이다. 그래서 모든 사람이 하나님의 영광을 알게 될 것이다. 모든 사람들이 참 하나님을 예배하기 위해 예루살렘으로 올 것이다.

Isaiah

들어가는 글

교회가 원하지 않는 사람들

윌리엄 부스(William Booth)는 아내가 성경을 가르치는 동안 런던의 동쪽 끝 지역을 산책하고 있었다. 그 거리에는 술집이 다섯 집 건너 하나씩 있었다. 어떤 술집에는 계단이 있어서 어린아이들도 올라가 술을 주문할 수 있었다. 그곳에 갈 때마다 그는 손에 술병을 들고 시간과 가족들의 경제적인 자원을 낭비하고 있는 똑같은 사람들을 보았다. 그 모습에 분개한 부스는 1865년 그곳에서 가까운 곳에 기독교 선교 단체를 시작하게 되었다. 그는 교회가 관심을 보이기에는 너무 먼 곳까지 나가 있었기 때문에 교회에게 외면당하고 있는 그 사람들을 돌보기 시작했다. 교회의 반대가 너무 심했기 때문에 부스는 사람들이 찾아와 죄를 자백하고 회개하며 예수 그리스도 안에 있는 하나님의 은혜를 받아들일 수 있도록 따로 교회를 만들었다. 물론 그 일을 통해 구세군이 성장하게 되었다(Yancey, p. 254).

하나님도 이스라엘과 비슷한 경험을 하셨다. 하나님께서는 하나님 자신이 하시는 일을 보도록 그들을 부르셨지만 그들은 하나님을 외면했다. 그들은 일상 생활을 부지런히 하면서 사치스런 예배 의식을 거행했다. 그러나 하나님께서 그들에게 원하시는 것은 그런 것이 아니라는 사실을 깨닫지 못하고 있었다. 하나님께서는 다수의 종교적인 사람들의 비웃음을 사는 소수의 신실한 사람들에게 하나님의 약속과 은혜를 주셨다. 나머지 다른 사람들은 죽음의 예식에 초대되었다. 이사야서 65-66장은 하나님께서 하나님의 백성들을 위해 예비하신 은총들을 우리에게 상기시켜줄 것이다. 그러나 또 한편으로는 매우 종교적인 사람들이 하나님의 집안에서 너무나 분주하기 때문에 때때로 함께하시는 하나님을 의식하지 못하는 우를 범할 수 있다는 사실을 우리에게 경고해줄 것이다. 하나님께서는 하나님의 이름으로 모이는 교회에서 매우 멀리 떨어진 곳에서 일하실 때가 종종 있다.

본문 이해

신실한 사람들의 장래

Main Idea	하나님께서는 평안과 기쁨과 번영을 누릴 하나님의 남은 백성들로 이루어진 새로운 세상을 만들어가신다. 그러나 하나님을 무시하고 계속 죄를 범하는, 특히 헌신은 하지 않고 종교적인 의식만을 준수하는 죄를 계속 범하는 사람들을 벌하실 것이다.

A. 악한 제사 때문에 깨어진 침묵(65:1-7)

구원과 심판에 대한 약속

Supporting Idea	하나님께서 악한 백성을 다시 부르셨다. 그러나 그들이 하나님을 무시하고 무의미한 종교 행위를 계속 고집한다면 결국 그들을 벌하실 것이다.

65:1-7. 하나님께서 이스라엘 백성들의 기도에 응답하셨다. 그러나 그 응답은 그들이 기대했던 그런 응답은 아니었다. 하나님께서는 "그래 내가 너희를 사랑한다. 내가 무엇을 해주길 바라느냐?" 라고 말씀하지 않으셨다. 대신 책망하는 어조로 "그동안 어디 가 있었느냐? 나는 너희가 부르기를 내내 기다리고 있었다. 너희는 다른 신들의 동산에서 분향하고 그들의 끔찍한 종교 행위에 참여하면서 그들을 열심히 섬겨왔다" 라고 말씀하셨다.

하나님께서는 자신을 드러내셨지만(찾아냄이 되었지만) 아무도 하나님에 대해 묻지 않았다. 그분은 하나님을 찾지 아니하던 자들에게 "찾아냄이 되셨다." 그것은 위험한 것이었다. 왜냐하면 하나님께서 그들에게 "여호와를 만날 만한 때에 찾으라" 고 말씀하셨기 때문이다(55:6). 그들은 하나님을 찾아다닐 필요가 없었다. 하나님께서는 "내가 여기 있노라. 내게 도움을 청하라" 고 외치고 계셨다. 하나님께서는 백성들이 하나님께 감사하며 하나님의 이름을 부르게 될 날을 계획하셨다(12:4). 그러나 이스라엘은 하나님께 도움 청하기를 거부했고, 하나님의 이름을 찬양하며 선포하고 증거하기를 거부했다. 여호와께서 부르신 이방의 정복자가 하나님의 이름을 부르게 될 것이다(41:25). 그러나 이스라엘은 그렇게 하지 않을 것이다. 하나님께서 이스라엘을 지명하여 부르셨다(43:1). 그러나 이스라엘은 예배하며 여호와의 이름을 부르지 않았다(64:7).

이스라엘은 왜 하나님의 이름을 부르지 않은 것인가? 순종하지 않았기 때문이다. 그들은 하나님의 길이 아니라 자기 생각을 좇아 불선한 길을 따라가고 있었다. 그들은 이방의 종교 의식을 행하며 하나님을 경멸했다. 그들은 이사야가 처음부터 책망했던 일, 즉 이방의 우상들을 위해 만들어진 동산에서 풍요와 다산을 기원하며 제사하는 일을 계속 행하고 있었다(66:17). 벽돌 위에서 분향하는 것은 아마도 풍요와 다산을 기원하며 아세라를 섬기는 사교와 밀접한 관계가 있었을 것이다. 무덤 사이에 앉는 것은 죽은 자로부터 예언을 받으려는 이방인들의 풍습이었으며, 신명기 18장 11절에서 분명히 금지한 일이었다(삼상 28장). 돼지고기를 먹는 것은 레위기 11장 7절과 신명기 14장 8절을 어기는 일이었다. 특히 그 고기가 이방의 우상에게 바쳐졌던 것이라면 특히 혐오스러운 것이었다.

가증한 물건의 국은 레위기 7장 18절과 19장 7절, 에스겔 4장 14절에 사용된 일반적인 용어다. 그것은 사흘 이상 보관해서 제사에 사용하기에 적당하지 않은 고기를 언급하는 것이 분명하다. 여기서 그것은 이방 신들에게 바쳤던 다양한 제물들을 포함하는 것이다. 그런 징글맞고 어리석은 종교적 행위는 산 위에서 분향하며 작은 산 위에서 하나님을 능욕한 그들의 조상들의 행위를 따른 것이었다. 그것은 이방인의 신전에서 행해지던 제사에 대한 또 다른 언급이었다.

그들은 하나님의 율법을 거역했을 뿐 아니라 하나님의 계시에 귀를 기울이려 하지도 않았다. 그들은 자신들을 거룩하다고 말했다. 그러므로 그들은 그들 특유의 거룩함을 주장한 것이었다. 그 거룩함은 (1) 다른 사람들보다 그들을 우월하다고 생각하게 만들었고, (2) 오염될 것을 두려워하며 다른 사람들과 어울릴 수 없게 만들었고, (3) 하나님의 이름을 욕되게 만들었으며(레 21:6), (4) 다른 사람들에게는 그들의 생명을 위협하는 거룩함이었다(겔 44:19). 하나님께서는 그런 예배자들을 심판하시고 그들을 지속적인 번제 제물로 만드셨다. 하나님께서는 기록된 예언을 기초로 그렇게 하셨는데, 그 기록된 예언은 아마도 62장 1절과 59장 18절을 가리킬 것이다. 새 세대는 조상들의 죄를 반복했고, 선지자가 제시한 대로 기도하지 않았다. 그래서 하나님께서 그들의 행위를 헤아리고 그 품에 보응하실 것이다.

B. 남은 자들을 위해 준비된 응답(65:8-16)

약속과 위협

Supporting Idea	하나님께서 선택하신 모든 사람을 다 멸하지 않으실 것이다. 하나님의 종이 되고 하나님의 은총을 입게 될 남은 자들을 보존하실 것이다.

65:8-10. 심판이 마지막은 아니었다. 하나님께서 그들을 다 멸하기로 하지 않으셨다. 농부는 좋지 않은 포도송이도 버리지 않기로 했다. 왜냐하면 복이 될 수 있는(거기 복이 있느니라 하나니), 즉 수입을 얻을 수 있는 약간의 즙을 낼 수 있기 때문이었다. 그와 비슷하게 하나님께서는 이스라엘에게 소망을 둘 약간의 이유를 찾으셨다. 그분은 후손들로 큰 민족을 이루게 하시겠다고 아브라함에게 하신 약속(창 12:1-3)을 새롭게 하셨다. 이스라엘은 약속을 어겼지만(48:19) 하나님께서는 그 약속을 새롭게 하셨다(54:3). 이스라엘의 그루터기에서 나온 거룩한 씨(53:10), 곧 이스라엘 자손들에게 약속된 복(44:3)이 있었다. 자기 씨를 보게 될 고난의 종에 대한 약속이 성취되었다(53:10). 하나님께서는 이스라엘이 모세와 여호수아에게 먼저 주어졌던 땅을 기업으로 얻게 될 선택된 하나님의 백성이라는 사실을 재확인시켜 주셨다. 그들은 서쪽 골짜기 사론과 동쪽의 아골 골짜기를 모두 소유하게 될 것이다. 그러나 그들은 1절에서 언급하고 있는 사람들과 다른 사람들이다. 그들은 하나님을 찾은 하나님의 백성들이었다.

65:11-12. 그 둘 사이의 엄청난 차이가 분명하게 드러나야 했다. 초기 선지자들은 나라 전체에 대한 심판을 선언했다. 그러나 유배 생활 이후에는 여러 가지 것들이 달라졌다. 복을 야기하는 종들에게는 구원이 약속되었지만, 하나님을 거역하는 사람들에게는 심판이 선포되었다. 개인의 선택이 정치적 권력이 없는 사람들 가운데서는 훨씬 더 중요한 것이 되었다. 심판은 그들이 성전, 곧 여호와의 성산을 떠나 갓(히, Gad-수 11:17과 페니키아 비명에 나오는 바알갓 안에 있던 신)과 므니(히, Meni-아랍의 마낫신의 축약된 형태)와 같은 이방 신들을 섬겼기 때문에 그들에게 임했던 것이다. 멸망이 그들의 운명이었다. 그 이유는 65장의 서두에서 볼 수 있었던 것처럼 그들이 하나님께 귀를 기울이지 않았고, 기도하지 않았으며, 순종하지 않았기 때문이다.

65:13-16. 하나님께서는 의인에게는 복을 그리고 악인에게는 저주를 선포하셨다(13-15절). 악인의 멸망과 의인에게 선물로 줄 새로운 이름이 그 절정을 이루고 있다. 다시 말해서 인간의 복과 저주는 여호와의 이름으로만 가능한 것이었다. 다른 신들을 섬기는 것은 땅에서 사라져버릴 것이기 때문이었다. 하나님께서 실제로 이전 환난을 잊어지게 하셨다. 하나님께서 더 이상 그 얼굴을 숨기지 않으셨다(8:17, 54:8, 64:70). 이스라엘은 더 이상 거짓과 속임수 뒤에 숨지 않게 되었다(28:15-17). 하나님께서 그들의 죄 때문에 더 이상 그들에게 하나님의 얼굴을 가리시지 않게 되었다(59:2). 이스라엘은 자신들의 계획을 하나님께 숨기기 위해 수고하지 않게 될 것이다(29:15). 그들의 사정이 여호와께 숨겨졌다고 불평하거나(40:27) 하나님께서 은밀히 말씀하셨다고 불평하는(45:19) 일도 없을 것이다. 하나님의 종이 조롱하고 침 뱉는 사람들로부터 그 얼굴을 가려야 하는 일도 없을 것이다(50:6). 감추어진 유일한 한 가지는 잊혀진 과거와 그 환난들뿐이었다.

C. 예루살렘에서 누릴 기쁨(65:17-25)

구원의 약속

Supporting Idea	하나님께서 새롭게 창조하신 새 하늘과 새 땅에서는 슬픔과 눈물이 사라지고 기쁨과 평안과 번영이 슬픔과 눈물을 대신하게 될 것이다.

65:17-19. 하나님의 백성들의 일부만을 위한 구원이라는 새로운 상황이 벌어질 수 있었다. 왜냐하면 하나님께서는 무언가를 전적으로 새롭게 창조하시기 때문이다. 새롭게 창조된 세계는 이전 것과 전혀 다른 것으로 기쁨이 우는 소리와 부르짖는 소리를 대신하게 될 것이다. 백성들과 하나님께서 그 기쁨을 함께 공유하게 될 것이다. 물론 이전 세계의 몇몇 특징들을 그대로 지닐 것이다. 여전히 하늘과 땅이 있게 될 것이다. 그리고 거룩한 성 예루살렘이 그 중심을 이룰 것이다.

65:20-23. 불의는 사라질 것이다. 백 세가 못 되어 죽는 자는 저주받은 것이라 말할 만큼 하나님의 백성들은 장수할 것이다. 하나님의 백성들은 모두 오래 살며 그 열매를 먹게 될 것이다. 메시아의 시대가 도래하고 있었다(11:6-9). 사람들이 재산을 잃게 되는 일이나 이방의 침입자들에게 농작물을 잃게 되는 일은 없을 것이다. 하나님의 신실한 백성들은 모두 그 손으로 일한 것을 길이 누리게 될 것이다. 밭에서나 출생지에서 그들이

수고한 것에 대한 대가를 보상받게 될 것이다. 새로 태어난 신생아들은 '갑작스러운 죽음의 공포'(재난)를 피하게 될 것이다. 저주는 사라질 것이다. 모든 세대가 여호와의 복된 자의 자손이 될 것이다.

65:24-25. 그러나 선지자가 마주하고 있는 사람들에게 어떻게 그 모든 일이 일어날 수 있었는가? 그 모든 일은 기도를 중심으로 이루어질 수 있었다. 하나님께서는 그들이 부르기 전에 응답하실 것이다(1절). 하나님의 백성들이 서둘러 기도하기만 하면 될 일이었다. 그들이 그렇게 했을 때 낙원은 회복될 수 있었다(11:6-9). 이제 동산들과 벽돌 제단들은 쓸모없게 될 것이다. 이방 신전들은 땅에서 사라질 것이다. 하나님의 성산이 생활의 중심이 될 것이다. 하나님의 백성들이 움켜쥐고 있는 것들을 버리고 하나님께 돌아와 정직하게 기도할 때 많은 일들이 가능해진다. 기도하는 하나님의 백성들은 어느 날 횡포와 불의가 사라지고 기쁨과 평안이 넘치는 새 하늘과 새 땅, 곧 회복된 낙원을 보게 될 것이다.

D. 다시 시작한 정당한 의식(66:1-4)

재앙에 대한 예언

Supporting Idea	하나님 아버지께서는 하나님의 백성들로부터 그 어떤 것도 받으실 필요가 없는 분이시다.

66:1-2. 포로 생활에서 귀환한 공동체는 성전을 지나치게 중시했다. 그들은 성전이 그들에게 즉각적인 성공과 권력을 보장해줄 것이라 생각했다. 그들은 학개의 예언과 이사야서 61장을 잘못 해석하고, 약속하신 것을 즉각 이행해주실 것을 하나님께 요구했다. 그러나 하나님의 대답은 달랐다. 하나님께서는 그들이 예배 가운데, 또 하나님께서 인간을 의존하지 않으시는 하나님 아버지라는 사실을 기억하기 위해 사용했던 표현을 인용해 대답하셨다. 하나님에게는 안식할 처소가 필요하시지 않았다. 그들이 짓는 것은 다 하나님께서 창조하신 것의 일부에 지나지 않았다. 하나님의 관심을 끌기에 충분한 무언가를 하고 싶다면 그들은 선지자들이 권고한 종교가 요구하는 것들을 이행해야만 했다.

그 종교가 요구하는 중요한 한 가지는 하나님의 말씀에 주의를 기울이는 것이었다. 그들이 계속 의심한 약속과 무시한 경고가 강조되어 있다.

66:3-4. 이 구절의 문법은 불분명하다. 원문에는 '다름이 없고' 라는 말이 없다. 선지자는 하나님의 방법 대신 자신들의 방법을 선택하는 인간의 성향을 보았다. 그들은 하나님의 지시를 따르지 않고 이방인들의 의식을 들여왔다. 그들의 의식은 가증한 것들(히, shiqquts, '괴물', '소름끼칠 듯이 싫은 것', '혐오스러운 것' 을 말하며, 다니엘서 12장 11절에서 '멸망케 할 미운 물건' 으로 번역된 단어)로 가득 차 있었다. 65장 1절의 상황과 달라진 것은 아무것도 없었다. 하나님께서 부르실 때 대답한 사람이 아무도 없었다. 하나님의 말씀에 주의를 기울인 사람도 없었다. 하나님께서도 결정을 내리셨다. 그들이 무서워하는 것을 그들에게 임하게 하실 것이다.

E. 정당한 보응(66:5-6)

구원에 대한 예언

Supporting Idea	하나님께서 하나님의 말씀을 믿지 않는 사람들을 심판하심으로 하나님의 신실한 백성들을 구원하실 것이다.

66:5-6. 예루살렘으로 귀환한 공동체는 하나님의 백성들의 역사 속에서 자주 일어났던 것처럼 신속하게 여러 편으로 나뉘었다. 그리고 서로를 비난하기 시작했고, 서로를 하나님의 백성으로 인정하지 않으려 했다. 분쟁의 핵심은 예언의 말씀이었다. 특히 60장 1절, 55장 12절, 61장 6-7, 10절 말씀을 놓고 서로 다투었다. 선지자가 책망한 사람들은 예언이 이루어질 것이라는 믿음을 저버렸고, 소수의 신실한 사람들만이 하나님의 말씀에 대한 믿음을 굳게 지켰다. 믿지 않는 사람들은 신실한 사람들에게 하나님으로 하여금 약속을 이행하시도록 만들어보라는 주장을 했다. 그 약속은 하나님께서 영광을 받으시고 신실한 그들은 기쁨을 누리도록 하는 것이었다.

선지자는 자신을 따르는 사람들에게 그들의 형제들이 큰 수치를 당하게 될 것을 확신시켜주며, 하나님께서 보응하시는 날에 대한 선포가 성전에서 이루어졌음을 알려주는 전쟁 소리에 귀를 기울일 것을 촉구했다. 그의 적이기도 한 그들의 적은 철저한 보응을 받게 될 것이다.

F. 풍성한 출산(66:7-16)

구원에 대한 약속

Supporting Idea	하나님께서 하나님의 백성들에게는 기쁨과 만족을 주실 것이다. 그러나 하나님의 적들에게는 심판을 내리실 것이다.

66:7-12. 선지자는 자신이 기대하는 구원과 그 구원을 기대하는 이유를 설명했다. 예루살렘의 인구가 급증한 것은 출산을 생각나게 했다. 그런 인구 급증은 거의 믿을 수 없을 만큼 특이한 것이었다. 하나님께서 그런 일을 일어나게 하셨다면 또 멈추게도 하실 것인가? 필연적인 대답은 하나뿐이었다. 그 출생을 축하하는 일에 동참하라는 것이다. 가족의 일원이 되라는 것이다. 예루살렘에서 만족을 얻으라는 것이다. 선지자는 서로 반목하는 사람들에게 서로의 차이점을 조화시키도록 촉구하고 있다. 그는 그들 모두 하나님께 불평하던 것을 잊고 하나님께서 예루살렘을 위해 계획하신 일을 기뻐하라고 말하고 있다. 예루살렘에서 그들의 모든 필요가 채워질 것이다. 61장에 기록된 약속들이 분명히 이루질 것이다.

66:13-16. 예루살렘이 그들의 많은 자녀들을 키우고 양육할 것이다. 이스라엘은 위로를 받게 될 것이다(51:12, 19). 하나님께서 잠잠하시다는 주장과 하나님의 종을 버리셨다는 주장(64:12)이 더 이상 제기되지 않을 것이다. 하나님께서 하나님의 적들을 심판하기 위해 오실 것이다('하나님의 진노' 에 대해서는 12장의 '심층 연구' 를 참고하라).

선지자는 이미 말했다. 그가 새로 한 말이 예루살렘에서 다투는 사람들을 화해시킬 것인가? 아니면 한 쪽에는 새로운 소망을 주고, 또 다른 한 쪽에는 선지자가 제기한 어리석은 소망을 조롱하며 비웃을 수 있는 새로운 이유들을 찾아내게 하면서 오히려 싸움을 더 부추기게 될 것인가?

G. 구원자를 위해 희생하는 종들(66:17-24)

구원의 약속

Supporting Idea	하나님께서 하나님을 예배하도록 열방에서 사람들을 모으실 것이다. 그러나 하나님을 거역하며 범죄하는 사람들에게는 고통을 주실 것이다.

66:17. 이사야서는 우리가 예언 샌드위치라 부를 수 있는 형태로 막을 내리고 있다. 여호와를 거역한 사람들에게 선포한 두 개의 심판(17, 24절) 사이에 영광스러운 하나님의 구원이 그려져 있다(18-23절). 심판은 다른 신들을 섬기는 일에 참여한 사람들에게 임할 것이다(65:3). 그런 일을 주도한 지도자에게 특별한 관심이 집중되어 있다. 우리는 그 사람에 대해 아무것도 알 수 없지만, 사람들은 그를 따랐다.

66:18. 그런 가증한 예배는 하나님의 영광을 단번에 그리고 영원히 드러내기 위한 하나님의 결정을 불러왔다('하나님의 영광' 에 대해서는 6-8장의 '심층 연구'를 참고하라). 여호와께서 그저 소수의 사람들이 아니라 온 세상을 위해 일하기로 계획하셨다. 이제 내(여호와)가 열방과 열족을 모으리니 그들이 와서 모세도 볼 수 없었던(출 33장) 나의 영광을 볼 것이다.

66:19. 하나님께서 열방들이 하나님의 징조를 볼 수 있도록 그들을 모으기 위해 남은 하나님의 백성들을 그들에게 보내실 것이다. 여기서 그 징조가 어떤 것인지는 설명되어 있지 않다(7:14, 55:13 참고). 이곳에 언급된 열방들은 알려진 세상의 끝에 있는 가장 이국적인 나라들이었다('열방' 에 대해서는 '심층 연구' 를 참고하라).

66:20-21. 열방들에 대한 임무에는 즉각적인 결과가 따를 것이다. 열방들은 포로 생활을 하고 있는 이스라엘 백성들을 그들의 고국으로 돌려보낼 것이다. 그것은 이방 나라들을 위한 합당한 제사를 의미하게 될 것이다(60:6-7). 그러나 하나님께서 그보다 더 파격적인 일을 하셨다. 이방인들은 남아 있던 포로들을 데려온 후 그냥 돌려보내지 않을 것이다. 그들 가운데서 선택된 사람들이 성전에서 섬기는 제사장과 레위인이 될 것이다(61:5-6). 이스라엘 백성들은 하나님께서 자신들에게 주신 권리라고 자랑스럽게 여겼던 특권을 이제 더 이상 주장할 수 없게 될 것이다. 하나님께서 빛을 열방으로 확장시키시려는 하나님의 목적을 드디어 이루실 것이다.

66:22-23. 이 구절들은 하나님의 새 창조를 설명하고 있다(65:17). 모든 이방 나라들의 자손들도 하나님을 섬기는 특별한 예배뿐 아니라 성전에서 매주 정기적으로 드려지는 안식일 예배까지 참여하는 하나님의 백성으로 남게 될 것이다. 그것은 선지자의 꿈이었다. 그리고 그것은 이스라엘 백성들의 민족적 우월감과 자기 만족에 이의를 제기하고, 모든 사람을 위해 하나님께서 예비하신 하나님의 위로라는 좋은 소식을 온 세상에 전할 것을 하나님의 백성들에게 계속해서 도전하는 것이었다.

66:24. 그 꿈은 현실과 동떨어진 것이 아니었다. 현실과 일치하는 것이었다. 하나님의 백성이 되도록 부르시는 하나님의 초청을 모든 사람이 다 받아들이지는 않을 것이다(18절). 하나님의 백성들은 하나님을 거역하는 패역한 자들에게 임할 무서운 결과를 볼 것이다(24절, '패역한 자들' 에 대해서는 '심층 연구' 를 참고하라). 패역한 자들은 땅에 묻히지 못하고 벌레들에게 시체를 먹히는 수치를 당하게 될 것이며, 예루살렘의 쓰레기 더미를 태우는 불이 그들을 태울 것이다. 그리고 그들은 악한 자에 대한 하나님의 심판을 보여주는 상징이 될 것이다(렘 7:30-8:3, 막 9:48).

Main Idea 복습	하나님께서는 평안과 기쁨과 번영을 누릴 하나님의 남은 백성들로 이루어진 새로운 세상을 만들어가신다. 그러나 하나님을 무시하고 계속 죄를 범하는, 특히 헌신은 하지 않고 종교적인 의식만을 준수하는 죄를 계속 범하는 사람들을 벌하실 것이다.

결론

새 하늘과 새 땅

세계 선교를 위한 하나님의 계획과 고통받는 하나님의 백성들을 구원하기로 하신 하나님의 약속은 확실한 것으로 입증되었다. 이 원리들을 믿고 따르는 사람들이 있다. 또 신자들을 조롱하고 하나님을 경멸하는 사람들도 있다. 그러나 하나님께서는 잠잠하지 않으신다. 예언의 말씀을 우리에게 제시하고 가담할 것을 요구하신다. 하나님의 말씀을 믿고 우리를 위해 새 하늘과 새 땅을 창조하실 하나님을 기대하는가? 아니면 하나님의 말씀을 그저 허무한 공상에 불과한 것이라 생각하며 세상 방식대로 살아가면서 하나님을 무시하고 있는가? 하나님께서는 우리가 하나님을 무시할 때 맞이하게 될 무서운 형벌을 말씀하셨다. 그런 형벌을 정말로 받고 싶은 것인가? 하나님과 하나님의 약속을 신뢰하라. 그리고 새 하늘과 새 땅을 맞이할 준비를 하라.

■ 진리 알기

· 하나님께서는 그분의 백성들이 순종하고 따를 수 있도록 격려하시기 위해 하나님께서 하셔야 할 일 그 이상을 하신다.

· 하나님께서는 하나님의 심판을 불러오는 것이 어떤 것인지를 그분의 백성들에게 알려주시기 위해 하나님의 기록된 말씀을 그들에게 주셨다.

· 세상을 구원하기 위해 하나님의 남은 신실한 백성들을 통해 일하시는 것이 하나님의 계획이다.

· 하나님의 구원 계획은 죄와 고통이 없는 새 하늘과 새 땅을 창조하시는 것이다.

■ 적용하기

· 하나님께서 금하신 것인 줄 알면서도 호감을 갖게 되는 종교적인 활동들이나 미신적인 활동들이 있다면 열거해보라.

· 하나님 없이 무언가를 이룰 수 있는 힘이 자신에게 없다는 사실을 인정하고 하나님께 대한 믿음과 신뢰를 표현하라.

· 세상에 대한 하나님의 마지막 심판 날을 위해 자신을 준비하라.

· 하나님을 위해 자원해서 선교 여행에 참여하라.

삶의 적용

변화를 일으키는 꿈

게리 스몰리(Gary Smalley)와 존 트렌트(John Trent)는 우리에게 가장 형편없는 럭비 팀을 상상해볼 수 있게 해주었다. 그 팀의 감독은 우승팀과 경기할 일정을 잡았다. 물론 경기는 우승팀의 홈구장에서 벌어졌다. 감독이 기대한 전부는 그 작은 학교의 일년 체육 예산을 채울 수 있는 상당히 큰 금액의 수표뿐이었다. 그 팀은 거의 들리지 않는 박

수 소리와 홈 팬들의 엄청난 야유를 받으며 경기장에 들어섰다. 그 후 우레 같은 환호성이 우승팀의 도착을 알렸다. 그 경기장을 방문한 선수들은 상대팀이 왜 우승팀이 될 수 있었는지를 알게 되었다. 상대팀 선수들은 크고 빠르고 강했다. 그리고 엄청난 확신을 가지고 경기를 펼쳐나갔다. 그런 선수들 앞에서 그들은 자신감이 무너지는 것을 느낄 수 있었다.

그러나 갑자기 그들은 모두 위를 바라보고 꿈을 가지게 되었다. 그 꿈은 그들이 전에 보았던 그 어떤 것보다 실제적인 것이었다. 그들은 땀에 절어 지치고 지저분하며 상처를 입고 붕대를 감은 자신들의 모습을 보았다. 그러나 그들은 엄청난 환호를 받고 있었다. 어떻게 그럴 수 있는 것인가? 그때서야 그들은 점수판을 바라보았다.

홈 우승팀	13	쿼터 : 4
방문 팀	14	시간 : 00:00

꿈을 깨고 현실로 돌아왔다. 경기장을 가득 메운 팬들이 상대편 선수들에게 야유를 퍼붓고 있었다. 그들보다 두 배나 많은 숫자의 선수들이 그리고 그들보다 훨씬 더 크고 강한 선수들이 그들 앞에 서 있었다. 그러나 이제 그들은 다른 팀이 되어 있었다. 그들은 내적으로 달라져 있었다. 힘과 용기가 그들의 마음속에서 솟구치고 있었다. 이제 확신을 가지고 힘껏 싸울 수 있었다. 공을 향해 달리고 태클을 막기 위해 습격을 가하며 뼈가 으스러질 정도의 힘을 발휘해 막고, 역사의 그 한 순간을 위해 그들이 가진 모든 것을 희생하며 점수를 내기 위해 최선을 다했다. 그들은 어떤 일이 일어나게 될지를 보았다. 그리고 그 일을 현실로 이루어낼 준비가 되어 있었다.

홈팀과 그들의 팬들에게 똑같은 꿈을 이야기해보라. 전혀 다른 반응을 보일 것이다. 그들은 웃음을 터뜨리고 조롱하며 비웃고 믿으려 하지 않을 것이다. 작은 꿈은 변화를 불러올 수 없었다. 그 큰 덩치들은 작은아이들을 쉽게 덮칠 수 있다고 생각하고 있었다(Smalley and Trent, Leaving the Light On, p. 188).

각 사람에게는 인생의 마지막, 즉 마지막 목표에 대한 꿈이 있어야 한다. 그 꿈이 하루하루를 어떻게 살아갈 것인지를 결정하게 된다. 이사야는 이스라엘에게 하나님께서 원하시는 것, 즉 신뢰하고 순종하며 소망을 가지고 의와 공평을 행하는 사람들을 그들의 꿈으로 보여주었다. 이스라엘 백성들의 대부분은 예전의 영광과는 거리가 멀 뿐 아니라, 성채도 없고 군대도 없으며 세계 열강들과 맞설 수 있다는 소망도 가질 수 없는 예루살렘의 현실만을 보고 있었다. 그러나 이사야는 모든 열방과 그분의 영광을 나누고 싶어하시는 영광스러운 하나님을 보았다. 그는 열방들이 하나님 앞에서 절하며 하나님을 경배하고 찬양할 수 있도록 그들을 이스라엘로 불러모으고 싶었다.

이사야의 메시지를 이스라엘 백성들과 함께 듣고 있었다면 당신은 어느 편에 섰겠는가? 그리고 지금 당신은 어느 편에 서 있는가? 새 하늘과 새 땅을 기대하며 살아가고 있는가, 아니면 지금 이대로의 삶이 영원히 계속되기를 바라는가? 당신의 꿈이 이 땅에서 어떻게 살아야 하는지를 결정하게 될 것이다.

기도

영광의 하나님, 하나님의 비전을 보여주시고 하나님의 말씀을 신뢰할 수 있게 도와주십시오. 세상 방식대로 생각하고 행동한 것을 용서해주십시오. 하나님만이 유일하신 참 하나님이십니다. 하나님께서 온 세상과 모든 나라와 미래의 모든 날들을 주관하십니다. 하나님을 신뢰합니다. 하나님을 위해 살아가며 세상을 위한 하나님의 비전을 이루는 일에 동참할 것입니다. 아멘.

심층 연구

A. 열방들(66:19)

다음 나라들은 하나님의 사자들이 찾아가 하나님의 영광을 목격하도록 초청하게 될 나라들이다.

다시스는 스페인의 항구로 서쪽 끝에 있었다(60:9, 시 72:10, 겔 27:12, 욘 1:3). 그 다음 나라는 리비아 또는 아프리카의 한 부분이었을 것이다(대부분의 번역자들은 70인역을 따르며, 히브리어 원문에 약간의 변화를 주었다). 룻 역시 아프리카에 있는 나라였거나, 아니면 소아시아 서쪽에 위치한 리디아였을 것이다(렘 46:9, 겔 30:5). 두발은 흑해 동남쪽 시실리아 근처의 소아시아 동편에 있는 땅이었을 것이다(겔 27;13, 39:1). 야완은 이고니아에서 온 헬라인들을 말하는 것이다(욜 3:6). 그들의 땅에는 에베소 시와 서머나 시가 포함되어 있었다. 온 세상에 하나님의 영광을 알리시려는 하나님의 노력에서 제외된 사람은 아무도 없었다.

B. 패역한 자들에게 임할 심판(66:24)

초기 유대인 공동체는 이사야서를 마무리하고 있는 끔찍한 기록들을 좋아하지 않았다. 그래서 예배 시간에 이사야서를 읽을 때 66장 23절을 66장 24절 뒤에서 다시 반복했다. 그 이후에도 사람들은 성경이 말하고 있는 심판의 메시지를 피할 수 있는 길을 모색해왔다. 그러나 성경은 하나님의 백성들에게, 하나님의 약속에는 신실한 자들의 구원과 패역한 자들의 멸망이라는 두 가지 측면이 있음을 계속해서 상기시켜주고 있다.

교안

A. 들어가는 글

1. '교회가 원하지 않는 사람들' 이야기로 시작하라.

2. 배경 설명: 이사야는 하나님께서 침묵하신다고 불평하는 사람들에 대한 하나님의 반응을 다루는 두 개의 장으로 자신의 책을 마무리했다. 그는 하나님을 예배하는 일에 좀처럼 연합하지 못하고, 그당시 두 개로 크게 갈라져 있던 나라를 향해 말했다. 그렇게 분열된 나라를 위해 하나님께서 어떤 말씀을 하실 수 있었겠는가?

3. 적용: 하나님께서는 하나님의 집에서 일어난 분열에 주목하시고 그들을 다시는 하나의 그룹으로 대하지 않을 것이라고 말씀하셨다. 이스라엘에는 참된 이스라엘로 남아 있는 자들이 있었다. 하나님께서는 구원과 새 하늘과 새 땅을 약속하셨다. 그러나 이스라엘 백성들 가운데 일부에게만 그 약속을 하셨다. 우리는 어떤 그룹에 속해 있는지 어떻게 알 수 있는가? 하나님께서 우리에게 복을 약속하시는지, 아니면 저주를 약속하시는지 어떻게 알 수 있는가? 하나님 앞에서 우리는 여전히 기회를 가질 수 있다고 생각하는가? 이사야서 65-66장은 이런 질문들에 대한 답을 찾는 데 도움이 될 것이다.

B. 본문 이해

1. 악한 제사 때문에 깨어진 침묵(65:1-7)
2. 남은 자들을 위해 준비된 응답(65:8-16)
3. 예루살렘에서 누릴 기쁨(65:17-25)
4. 다시 시작한 정당한 예식(66:1-4)
5. 정당한 보응(66:5-6)
6. 풍성한 출산(66:7-16)
7. 구원자를 위해 희생하는 종들(66:17-24)

C. 결론: '변화를 일으키는 꿈' 을 읽어주라.

1. 요약: 책은 끝이 났다. 이사야서는 매 순간, 아무리 어두워보이는 역사 속에서도 여호와를 신뢰할 것을 세 세대에 걸친 이스라엘 백성들에게 촉구하고 있다. 그리고 마침내 이스라엘을 하나가 아니라 둘로 구분하고 있다. 그 구분은 정치적인 것도 종교적인 것도 아니었다. 믿고 순종하는 사람들과 냉소하며 세상 사람들처럼 행동하는 사람들로 구분되었다. 후자는 자신들을 여호와의 백성이라 생각하며 안전하다고 느끼고 있었지만 선지자는 전혀 그렇지 않다고 말했다. 하나님께서는 신실한 사람들의 미래를 예비해놓으셨다. 그러나 세속적인 지혜를 가진 사람들에게는 벌레와 고통만이 있을 것이다.

2. 도전: 우리 각자는 책임을 지게 될 것이다. 당신은 매일 어떤 꿈을 향해 나아가고 있는가? 어떤 약속들과 어떤 위협들을 믿고 있는가? 성경에서 읽게 되는 새 하늘과 새 땅을 소망의 말씀으로 받아들이고 있는가? 아니면 너무 비현실적인 것이어서 그저 웃으며 "보게 되면 믿을 거야"라고 말하는가? 그때는 너무 늦을 것이다. 조롱과 비웃음을 받게 된다 할지라도 바로 지금 하나님 편에 서라.

토의 질문

1. 새 하늘과 새 땅에 대한 약속이 당신에게는 어떤 의미가 있는가?

2. 사람들은 하나님의 부르심과 찾으심을 어떤 방식으로 외면하고 있는가?

3. 크고 아름다운 새 예배당은 하나님께 어떤 의미가 있는가? 또 그 예배당을 지은 사

람들에게는 어떤 의미가 있는가?

4. 하나님께서 주신 약속 가운데 매일 어떻게 살아가야 하는지를 결정하는 데 가장 의미 있는 약속은 어떤 것인가?

■ 용어 해설

1. **속죄**(atonement) - 신자들이 하나님과 올바른 관계를 회복할 수 있도록 그리스도의 순종과 죽음을 통해 죄를 정복하시는 하나님의 방법.
2. **바벨론**(Babylon) - B.C. 6세기 악을 행하던 도시와 제국의 이름. 요한계시록에서 악을 행하는 또 다른 도시의 코드명으로 사용되었음.
3. **자백 또는 고백**(confession) - 죄를 자인하고 다른 사람들에게 용서를 구하는 일.
4. **봉헌**(consecration) - 하나님을 위해 따로 구분해드리는 일.
5. **회심**(conversion) - 다른 종교를 가지고 있거나 혹은 종교가 없던 사람이 회개와 믿음을 통해 그리스도께 돌아온 것에 대한 반응으로 하나님께서 그 사람 속에서 일으키시는 변화.
6. **언약**(covenant) - 하나님께서 하나님의 백성들에게 주시는 자비로운 약속과 그 결과 생기는 하나님과의 관계를 표현하는 계약 또는 협약.
7. **창조**(creation) - 하나님께서 아무것도 없는 상태에서 세상과 세상에 있는 모든 것을 존재하게 하신 일.
8. **주의 날**(day of the Lord) - 하나님께서 역사 속에서 결정적으로 개입하시는 때와 종말에 심판하시게 될 마지막 날.
9. **선택**(election) - 하나님을 따르고 하나님의 명령에 순종할 사람들을 택하신 하나님의 자비로운 행동.
10. **악**(evil) - 하나님의 계획에 대항하는 모든 사람 또는 모든 것.
11. **유배 생활**(exile) - B.C. 722년 이후 앗수르로 끌려간 이스라엘 백성들의 생활과 B.C. 587년 이후 바벨론으로 끌려간 유다 백성들의 생활.
12. **출애굽**(exodus) - 하나님께서 이스라엘 백성들로 애굽을 떠날 수 있게 하신 사건으로 구약 성경 가운데서 가장 중요한 국가적 차원의 구원 행위.
13. **타락**(fall) - 인간에게 있는 하나님의 형상에 손상을 가하고 죄를 짓게 하는 환경을 조성하며 모든 사람에게 죄를 짓게 하는 성향을 갖도록 한 첫 인간이 지은 죄의 결과.
14. **선견**(foreknowledge) - 미래에 대한 하나님의 영원한 지식.
15. **용서**(forgiveness) - 잘못을 벌하지 않고 사면해주는 것. 하나님께서 회개하고 그리스도에 대한 믿음을 표현하는 사람들을 죄의 대가로부터 구해주시는 것. 해를 가한 사람들을

그 책임과 책망으로부터 벗어나게 해주는 그리스도인의 행동.

16. **이방인**(Gentiles) - 혈통적으로 하나님께서 선택하신 백성이 아닌 사람들. 따라서 '이교도'로 여겨질 수 있다.

17. **영화롭게 하심**(glorification) - 신자들이 하늘의 영광에 참여하고 상급을 받을 수 있도록 신자들의 삶 속에서 행하시는 하나님의 일.

18. **은혜**(grace) - 다른 사람들로부터 받는 분에 넘치는 사랑과 인정, 특히 죄인들에게 구원을 베푸신 하나님의 특징적인 성품을 보여주는 태도.

19. **거룩**(holy) - 하나님을 모든 피조물과 구별해주는 하나님의 특징적인 성품. 그리스도인들이 예수 그리스도 안에 계시된 하나님의 성품을 반영하기 위해 노력하고 추구해야 할 도덕적 목표.

20. **성령님**(Holy Spirit) - 삼위 일체 하나님의 세 번째 위. 그리스도께서 약속하시고 오순절날 신자들과 교회와 세상에서 일하시는 하나님을 대신하기 위해 제자들에게 보내신 하나님의 영.

21. **우상 숭배**(idolatry) - 하나님이 아닌 다른 것을 숭배하는 행위.

22. **예루살렘**(Jerusalem) - 구약 당시 이스라엘 백성들의 수도.

23. **심판**(judgment) - 마지막 때에 믿지 않은 사람들을 정죄하시고 신자들에게는 상급을 주시는 하나님의 일.

24. **의롭다 하심**(justification) - 믿음을 가진 죄인에게 예수 그리스도의 보혈을 통해 하나님과 화목하게 되었음을 인정해주시는 하나님의 행위 또는 그 사건.

25. **율법**(Law) - 하나님과 다른 사람들을 어떻게 사랑해야 하는지를 하나님의 백성들에게 알려주시기 위해 하나님께서 명하신 규정들. 구약 성경 전체를 뜻할 경우도 있지만 일반적으로는 모세 오경(창세기에서 신명기까지)을 뜻함.

26. **자비**(mercy) - 다른 사람들의 필요에 관심을 가지고 돌보는 인격적인 특성. 성경이 말하는 자비는 도움이 필요하거나 고통받고 있는 사람들에게 베푸는 도움과 언제나 밀접한 관계가 있다.

27. **메시아**(Messiah) - 선지자들을 통해 약속된 오실 왕. 하나님께서 선지자들을 통해 말씀하신 약속을 성취하신 예수 그리스도. 그리스도는 히브리 단어 '메시아'를 헬라어로 번역한 것임.

28. **선교**(mission) - 하나님의 사랑과 기독교 복음을 전도와 교육과 섬김을 통해 모든 사람에게 전하도록 하나님께서 교회와 각 신자에게 맡겨 주신 사명. 선교라는 말은 특별히 그리스도인들이 자신의 문화권 밖에서 하나님을 위해 한 일을 언급할 때 사용됨.
29. **순종**(obedience) - 하나님의 지시와 교훈을 듣고 따르는 것으로 신자들에게 요구되는 것임.
30. **전능**(omnipotent) - 하나님의 거룩하고 의로운 성품에 속한 것들을 행할 수 있는 하나님의 무한한 능력.
31. **편재**(omnipresence) - 언제나 어느 곳에나 임하시는 하나님의 무한한 실재.
32. **전지**(omniscience) - 하나님의 무한한 지식.
33. **선지자**(prophet) - 하나님을 대신해 말하는 사람.
34. **구속**(redemption) - 포로로 잡힌 사람을 위해 그 대가를 지불하고 자유롭게 해주는 행위. 예수님께서 죄의 권세와 형벌로부터 우리를 구속하시기 위해 자신의 목숨을 바치는 대가를 지불하셨다.
35. **회개**(repentance) - 죄를 뒤로 하고 하나님께 돌아선 결과 나타나는 마음과 생각의 변화를 뜻하는 것으로 회심을 불러오고 믿음을 통해 표현된다.
36. **의**(righteousness) - 하나님과 올바른 관계를 맺고 있는 상태 또는 그 자질. 다른 사람들과의 바른 관계를 통해 하나님과의 바른 관계를 구체적으로 실천하게 됨.
37. **구원**(salvation) - 악과 곤경으로부터의 구출. 하나님께서 하나님의 창조 세계를 구속하시고 하나님의 아들 예수 그리스도의 삶과 죽음과 부활을 통해 완성시키시는 과정.
38. **샬롬**(shalom) - 하나님, 세상, 다른 사람들 그리고 자기 자신과 화목하게 된 풍성한 삶을 뜻하는 온전함과 평화로움을 뜻하는 히브리 단어.
39. **죄**(sin) - 하나님을 거역하며 삶의 목적을 잃고 하나님 대신 악에게 복종하는 인간의 행동.
40. **주권**(sovereignty) - 아무 제약도 받지 않는 하나님의 자유. 제한받지 않고 창조 세계를 지배 또는 통제하시는 하나님의 통치.
41. **신**(spirit) - 하나님과 교제할 수 있는 인간의 자질, 능력, 또는 힘. 하나님의 신.
42. **초월성**(transcendence) - 창조 세계를 능가하는 하나님의 자질과 속성.
43. **하나님의 진노**(wrath of God) - 죄를 금하고 벌하시는 죄에 대한 하나님의 지속적인 반응.
44. **시온**(Zion) - 예루살렘의 또 다른 이름.

■ 참고 도서

Commentaries

Achtemeier, Elizabeth. *The Community and Message of Isaiah 56-66*. Augsburg, 1982.

Allis, Oswald T. *The Unity of Isaiah*. Presbyterian and Reformed Publication Co., 1950.

Blenkinsopp, Joseph. *Isaiah 1-39*. AB 19. Doubleday, 2000.

Brueggemann, Walter. *Isaiah 1-39*. Westminster Bible Companion. Westminster /John Knox, 1998.

Childs, Brevard. *Isaiah*. OTL. Westminster /John Knox, 2001.

Clements, R. E. *Isaiah 1-39*. NCB. Eerdmans, 1980.

Elliger, Karl. *DeuteroJesaja 40:1-45:7*. BK. Neukirchener Verlag, 1978.

Grogan, Geoffrey W. *Isaiah*. EBC 6. Zondervan, 1984.

Gray, George Buchanan. *A Critical and Exegetical Commentary on the Book of Isaiah i-xxvii*. ICC. T. & T. Clark, 1912.

Hanson, Paul. *Isaiah 40-66*. Interpretation. John Knox, 1995.

Keil, C. F., and Delitzsch. *Isaiah*. Commentary on the Old Testament, VII-VIII. Trans. James Martin. Eerdmans, 1954.

Knight, George A. E. *Isaiah 40-55: Servant Theology*. ITC. Eerdmans, 1984.

Knight, George A. E. *Isaiah 56-66: The New Israel*. ITC. Eerdmans, 1985.

Mauchline, John. *Isaiah 1-39*. Torch Bible Paperbacks. SCM, 1962.

McKenzie, John L. *Second Isaiah*. AB 18. Doubleday, 1968.

North, Christopher R. *The Second Isaiah*. Clarendon Press, 1964.

Oswalt, John. *The Book of Isaiah*. 2 vols. NICOT. Eerdmans, 1986, 1997.

Sawyer, John F. A. *The Daily Study Bible: Isaiah*. 2 vols. Westminster, 1984, 1986.

Seitz, Christopher R. *Isaiah 1-39*. Interpretation. John Knox, 1993.

Smith, Ralph L. *Old Testament Theology*. Broadman & Holman, 1993.

Sweeney, Marvin A. *Isaiah 1-39 with an Introduction to Prophetic Literature*. FOTL XVI. Eerdmans, 1996.

Watts, John D. W. *Isaiah*. 2 vols. WBC 24, 25. Word Books, 1985, 1987.

Westermann, Claus. *Isaiah 40-66*. OTL. Westminster, 1969.

Whybray, Norman. *Isaiah 40-66*. NCB. Oliphants, 1975.

Widyapranawa, S. H. *Isaiah 1-39 The Lord Is Savior*. ITC. Eerdmans, 1990.

Young, Edward J. *The Book of Isaiah*. 3 vols. NICOT. Eerdmans, 1965.

Reference Works

Ancient Near Eastern Texts Relating to the Old Testament. Ed. J. B. Pritchard. 2nd ed. Princeton University Press, 1955.

Anchor Bible Dictionary. Ed. David Noel Freedman. 6 vols. Doubleday, 1992.

Brisco, Thomas C. *Holman Bible Atlas*. Broadman & Holman, 1998.

Brueggemann, Walter. *Theology of the Old Testament*. Fortress, 1997.

Clements, R. E. *Isaiah and the Deliverance of Jerusalem*. JSOTS 13. JSOT Press, 1980.

Dictionary of Classical Hebrew. Ed. David J. A. Clines. Vols 1-5+. Sheffield Academic Press, 1993-2001.

Hebrew and Aramaic Lexicon of the Old Testament. Ed. Ludwig Koehler and Walter Baumgartner; rev. Johann Jakob Stamm. Trans. M. E. J. Richardson. 4 vols. 1994-1999.

Holman Bible Dictionary. Ed. Trent C. Butler. Holman Bible Publishers, 1991.

Holman Bible Handbook. Ed. David Dockery. Holman Bible Publishers, 1992.

Interpreter' s Dictionary of the Bible. Eds. George Arthur Buttrick; Keith Crim. 5 vols. Abingdon Press, 1962, 1976.

Kaiser, Walter. *A History of Israel*. Broadman & Holman, 1998.

Kitchen, Kenneth A. *The Third Intermediate Period in Egypt*. Aris & Phillips, 1973.

McBeth, Leon. *A Sourcebook for Baptist Heritage*. Broadman Press, 1990.

Monumental Inscriptions form the Biblical World. Eds. William B. Hallo and K. Lawson Younger, Jr. *The Context of Scripture*. Vol. 2. Brill, 2000.

New International Dictionary of Old Testament Theology and Exegesis. Ed. Willem A. VanGemeren. 5 vols. Zondervan, 1997.

Theological Dictionary of the Old Testament. Eds. G. Johannes Botterweck, Helmer Ringgren, Heinz-Josef Fabry. 11+ vols. Eerdmans, 1974-2001+.

Theological Lexicon of the Old Testament. Eds. Ernst Jenni and Claus Westermann. Tr. Mark E. Biddle. 3 vols. Hendrickson Publishers, 1997.

Scurces of Illustrative Materials

Arthur, Kay. *As Silver Refined*. Waterbrook Press, 1997.

Augustine. *Confessions*. Thomas Nelson, 1999.

Breathnach, Sarah Ban. *Something More: Excavating Your Authentic Self*. Warner Books, 1998.

Blackaby, Henry, and Claude King. *Experiencing God*. Broadman & Holman, 1994.

Christenson, Evelyn. *What Happens When Women Pray?* Victor Books, 1975.

Crabb, Larry. *Connecting*. Word, 1997.

Davis, Verdell. *Riches Stored in Secret Places*. Word, 1994.

Dobson, James. *When God Doesn't Make Sense*. Tyndale House, 1993.

Gordon, Ernest. *Miracle on the River Kwai*.

Graham, Billy. *Hope for the Troubled Heart*. Word, 1991.

Hybles, Bill. *The God You' re Looking For*. Thomas Nelson, 1997.

Kempis, Thomans à. *Imitation of Christ*.

Lucado, Max. *The Applause of Heaven*. Word, 1996.

Lucado, Max. *In the Grip of Grace*. Word, 1996.

Miller, Calvin. *The Empowered Leader*. Broadman & Holman, 1995.

Main Idea 로 푸는

이사야

1쇄 발행 | 2006년 7월 10일

3쇄 발행 | 2014년 12월 13일

책임 편집 | 맥스 앤더스(Max Anders)

지은이 | 트렌트 C. 버틀러(Trent C. Buttler)

옮긴이 | 마영례

펴낸곳 | 주)도서출판 디모데〈파이디온 선교회 출판 사역 기관〉

등록 | 2005년 6월 16일 제319-2005-24호

주소 | 서울특별시 서초구 서초대로 141-25(방배동, 세일빌딩)

전화 | 마케팅실 070) 4018-4141

팩스 | 마케팅실 031) 902-7795

홈페이지 | www.timothybook.com

값 26,000원

ISBN 978-89-388-1247-6 03230